王绍新 著

北京语言大学出版基金资助

隋唐五代量词研究

商務印書館
The Commercial Press

图书在版编目（CIP）数据

隋唐五代量词研究/王绍新著.—北京：商务印书馆，2018
　ISBN 978-7-100-16500-6

　Ⅰ.①隋…　Ⅱ.①王…　Ⅲ.①古代语法－数量词－研究－中国－隋唐时代②古代语法－数量词－研究－中国－五代十国时期　Ⅳ.①H141

中国版本图书馆 CIP 数据核字（2018）第 190340 号

权利保留，侵权必究。

隋唐五代量词研究
王绍新　著

商　务　印　书　馆　出　版
（北京王府井大街36号　邮政编码100710）
商　务　印　书　馆　发　行
北京市艺辉印刷有限公司印刷
ISBN 978-7-100-16500-6

2018年12月第1版　　开本 880×1230　1/32
2018年12月北京第1次印刷　印张 27¾
定价：95.00元

老树春深更著花

——序王绍新《隋唐五代量词研究》

在中国传统文化中，一般都是学术前辈为后辈作序，而我作为学生辈，为王绍新先生的著作作序并不合适。但是我终于接受了这"不合适"的任务，其一是她诚意邀请，却之不恭；其二是我曾经做过"拷贝型"量词的研究，对量词问题确有兴趣；其三是拜读绍新先生的论文论著，多受启发，有话想说，有话可说；其四是为她的学术精神和人生态度所感动，作序也是表达敬意的一种方式。

据我所知，王绍新先生对于汉语史的学术兴趣，始自大学时代。她是北京大学中文系1956级学生，当时北大汉语言文学专业分语言、文学两个专门化，1958年她进了语言班，同学有何九盈、何乐士、程湘清、洪诚玉、施光亨等名家。他们走上汉语史研究之路，都有一个直接原因：他们班曾在魏建功、周祖谟等先生的指导下参加编写《汉语发展史》，受到了一次影响深远的学术洗礼。

大学毕业之时，绍新先生被选派为出国汉语储备师资，在北大东语系进修了三年阿拉伯语，于1964年开始在北京语言学院（今北京语言大学）从事对外汉语教学。刚站讲台之时，经常发现一些看似简单但却解释不清的难题、怪题，她勤于思考，在课余撰写了一系列从教学实践出发的现代汉语词汇、汉外对比及偏误分析的文章，如《从阿拉伯语的语音特点看阿生的汉语教学》《从"难译词"看汉语词汇的表现力》《谈谈后缀》《从两部文学名著看现、当代汉语词汇的差异》《超单句偏误引发的几点思考》等，这些文章受到语言学界和对外汉语教学界的好评。

绍新先生说："由于职业关系，我搞汉语史方面的研究就像个票友，没有舞台、没有剧本、没有剧团、没有演出任务、没有练功时间，全凭对这个行当的癖好，忙里偷闲，个中滋味，一言难尽。"但实际上她在汉语史领域的耕耘很深，绝非"票友"。她的汉语史研究具有以下几个特点。一是时代跨度大：远及上古，如《甲骨刻辞时代的词汇》；近至当代，如《〈红楼梦〉词语与现代汉语词汇的词形异同研究》。二是研究领域宽：语法研究涉及助词，如《"得"的语义、语法作用演变》；语气词，如《从稼轩词中语气词的运用看宋词与唐代近体诗语言的一点差异》；复句，如《稼轩词复句说略》。词汇研究涉及构词法、词义及词形，如关于《红楼梦》词语与现代汉语词语间的同素反序现象、词义与词形异同比较研究的三篇文章；术语，如《〈天工开物〉术语研究》。三是点面兼顾，既关注某一时代词汇的总体特点，如《〈尚书·周书〉中所见周初书面语词汇的几个特点》，又能将观察深入到点，如《量词"个"在唐代前后的发展》。第四点，也是最重要的一点，她在汉语史领域术业有专攻，钟情量词研究 30 余载，收获颇丰。她发表的第一篇量词专论是 1989 年的《量词"个"在唐代前后的发展》，此后陆续发表了十来篇力作，主要有《唐代诗文小说中名量词的运用》《隋唐五代的动量词》《试论"人"的量词属性》《汉语史上名量词语法化问题》等。

绍新先生于 1998 年退休，但学术是一种使命，有起点而无终点，路曼曼其修远兮！她自嘲"隋唐五代量词研究"为"烂尾楼"工程，今天，这座"楼"终于要竣工了，在我看来，这是一座"精品楼"。历史语言学研究，材料最为重要，积累材料也最费工夫。这部《隋唐五代量词研究》非常重视材料工作，使用的材料有如下七类：一、敦煌吐鲁番文书；二、佛教典籍与释家语录；三、唐五代诗词；四、与本期相关的史书；五、经典注疏；六、小说、文集；七、碑帖及医药等方术类书籍。先生十分重视版本问题，如《大唐西域记》，原用上海人民出版社1977年本，后发现2000年中华书局的《大唐西域记校注》，是季羡林等先生所作，当即决定替换，以致现在核查例句页码时仍遇不少麻烦。她也非常重视考古发现等新材料。2007年到西安参加学术会议，在参观扶风法门寺时发现《法门寺志》内有地宫出土的唐碑，碑文中有一类是供养真身的"衣物账"，量词颇多，且有多种量词连用现象，为其他语料所罕见。她如获至宝，这些材料也确使她的研究增色不少。

语言研究的基础工作是对语言材料做充分的观察、描写，这是最显功力的。《隋唐五代量词研究》在这方面用功最勤，特色也最为突出。这部著作就像是一部隋唐五代的量词词典，详细地描写了各种量词的用法。比如个体量词，用24节的篇幅描写了量动物、植物、人、佛像及神鬼画像、衣物、诗文、事件、物之层次等用法；再如集合量词，用7节篇幅描写了量成双成对的人或物、聚集之物、配套之物等用法；还有对于通用量词"枚"和"个"、不定量词"些"和"点"、计量单位词、临时量词、动量词的描写也都做得十分精细。如"只"，作者指出它可以"量鸟类、量成对事物中的一个、量箭矢等细长坚硬之物、量舟船及瓶罐等容器";并指出"只"在唐五代以后最大的变化就是称量兽类等,且那时已经与现代汉语的用法差不多了。

此书还有许多可圈可点之处。比如隋唐五代时期量词的一些特殊用法,如对指量结构、量词独用及其前"一"的省略、量词重叠、量词兼类、量词的换用与连用、数量词加词缀等的描写与解释,包括对"车辆、马匹、棋局、人口、花朵"等"名+量"双音节词语的分析,都很见功力。绍新先生是位诗性学者,她对唐诗中的量词用法观察尤细,全书的最后一节《唐诗中的非典型数量名结构》从语言学的角度分析量词在唐诗里的修辞作用,别具一格,很有启发。

理论不是空洞的,它常常蕴含在对语言事实的描写中,蕴含在对某些观念的处理中。绍新先生的这部著作,兴趣不在理论上,但是细心的读者,可以从中发现作者的理论思考;认真的读者,可以从中得到理论的启示。比如,她认为研究量词要用汉语的视角,应把量词看作量词,而不看作"分类词"。这一观点既有方法论层面的思考,也有对类型学中流行的量词观点的取舍。再如,关于汉语量词何时进入成熟期,牵涉到对量词一系列本质属性的认识。不少学者认为,汉语的量词虽然产生很早,但是到魏晋南北朝才渐趋成熟。本书同意这种看法,并为之补充了四大论据:一、量词数量大增,现代通用量词中有三分之一强已在当时产生;二、量词种类基本齐备,个体量词已成为量词主体;三、操汉语人群的"量词语感"已经建立起来;四、"数量名"语序已经确立。这四大论据是很有说服力的。

随着年龄增长,我更加留意老年人的思维、语言及生活习惯。人都会老,都要学着过老年生活。有些老人,离开了土地和工作,便无所事事，就那样顺其自然地"活着"。有些老人，积极寻求各种增进健康、减缓衰老的方式，看书报看电视甚至发微信，心理上、行为上，依然与社会发展同步，在积极地"活着"。还有些老人，仍在孜孜不倦地研究、写作，丰富着自己的学术人生，也扩充着人类的思想库，他们仍在"创造生活"，端的是"老树春深更著花"（顾炎武《又酬傅处士次韵》之二）。

王绍新先生便是一位仍在创造生活的"著花老树"。在退休的十数年里，在身染重病的悠悠岁月里，她以顽强的毅力，著就了《隋唐五代量词研究》。其前，曾有刘世儒先生的《魏晋南北朝量词研究》，而至王氏此著出版，魏晋至唐五代740年的量词使用状况，就算是基本清楚了。

祝愿王绍新先生康乐长寿！赞佩她"老树春深更著花"！

李宇明

2017年端午节

序于北京惧闲聊斋

目　录

第一章　绪论……………………………………………………… 1
　第一节　什么是量词…………………………………………… 1
　第二节　汉语量词的产生及其在隋唐之前的发展概貌 … 13
　第三节　本书写作宗旨及主要内容…………………………… 30
　第四节　本书所用语言材料的说明及凡例…………………… 33
第二章　个体量词………………………………………………… 39
　第一节　量动物………………………………………………… 39
　第二节　量植物………………………………………………… 66
　第三节　量人　　　　　　　　　　　　　　　　　　106
　第四节　量佛像及神鬼画像…………………………………… 141
　第五节　量衣着、铺盖之物…………………………………… 153
　第六节　量食品药品　　　　　　　　　　　　　　　165
　第七节　量建筑物及建筑结构………………………………… 176
　第八节　量车船　　　　　　　　　　　　　　　　　199
　第九节　量文具、乐器、农具及其他什物…………………… 206
　第十节　量书籍、信函、文件等　　　　　　　　　　228
　第十一节　量诗文……………………………………………… 246
　第十二节　量歌曲及游艺节目………………………………… 269
　第十三节　量泉　　　　　　　　　　　　　　　　　279
　第十四节　量月亮……………………………………………… 280

第十五节　量火 ····································· 286
　　第十六节　量细小之物 ······························· 292
　　第十七节　量丝及其他细长之物 ······················· 294
　　第十八节　量长条形物 ······························· 301
　　第十九节　量球形、圆形及粒状物 ····················· 315
　　第二十节　量块状物 ································· 335
　　第二十一节　量事件及多种事物 ······················· 344
　　第二十二节　量物之层次 ····························· 359
　　第二十三节　量整体中的部分 ························· 366
　　第二十四节　一组兼具名量与动量功能的特殊量词 ··· 393
第三章　集合量词 ·· 408
　　第一节　量成双成对的人或物 ························· 408
　　第二节　量人群 ····································· 417
　　第三节　量聚集之物或人 ····························· 441
　　第四节　量成束之物 ································· 453
　　第五节　量排列、贯穿之物 ··························· 461
　　第六节　量配套之物 ································· 469
　　第七节　量分类别、等级之物 ························· 477
第四章　通用量词 ·· 505
　　第一节　枚 ··· 505
　　第二节　个（個、箇） ······························· 514
第五章　计量单位词 ······································ 550
　　第一节　非标准计量单位词 ··························· 550

第二节　标准计量单位词 …………………………………… 560
　　　第三节　货币单位词 ……………………………………………… 592
第六章　临时量词 ………………………………………………………… 603
　　　第一节　器物名做临时量词 …………………………………… 603
　　　第二节　建筑物名等做临时量词 ……………………………… 633
　　　第三节　景物名做临时量词 …………………………………… 637
　　　第四节　人体器官、服饰名做临时量词 ……………………… 647
第七章　不定量词 ………………………………………………………… 649
　　　第一节　些 ……………………………………………………… 649
　　　第二节　点 ……………………………………………………… 655
第八章　动量词 …………………………………………………………… 656
　　　第一节　隋唐之前原有的专用动量词 ………………………… 659
　　　第二节　本期新生的专用动量词 ……………………………… 721
　　　第三节　借用动量词 …………………………………………… 745
　　　第四节　本期动量词的新发展 ………………………………… 756
第九章　本期量词的一些特点 …………………………………………… 758
　　　第一节　本期新生的个体与集合量词 ………………………… 758
　　　第二节　指量结构 ……………………………………………… 760
　　　第三节　量词独用及其前"一"的省略 ……………………… 778
　　　第四节　本期表总称的"名+量"结构 ……………………… 789
　　　第五节　量词重叠 ……………………………………………… 798
　　　第六节　量词兼类 ……………………………………………… 811
　　　第七节　量词的换用与连用 …………………………………… 816

第八节　数量词加词缀与复音量词 …………… 824
第九节　诗歌中的"非典型数量名结构"
　　　　——兼谈量词的修辞作用 …………… 836

引用书目及简称 ………………………………………… 853
主要参考文献 …………………………………………… 856
量词索引 ………………………………………………… 865
后记 ……………………………………………………… 872

第一章 绪论

第一节 什么是量词

研究汉语量词的断代史,首先需弄清什么是量词。(在这里谈的是名量词,动量词详见第八章)吕叔湘先生(1979:42)说:"量词和数词也许是词类中问题最少的两类。"确实,与现代汉语里动词与介词、形容词与副词等词类彼此纠结难分的情形相比,量词界限清晰,句法功能明确,不易跟其他词类相混[①]。但另一方面,如果谈到汉语量词的本质属性和主要功能是什么?包括哪些种类?人们的看法并不一致。

关于量词的范围、性质和作用大致有两种不同的意见。

第一种意见认为只有个体量词才是量词,作用是表示事物的种类、性质,应该把它和计量单位词(或称度量衡单位名词、度量词等)乃至集合量词严格区分开来。

第二种意见认为量词的主要作用是计量表示人或事物的单位,其他作用(如有时具修辞色彩、跟所量名词的特征有某些关联等)是次要的、后起的;量词包括个体、集合及通用量词,也包括计量单位词、货币单位量词、临时量词、不定量词等,虽然各个小类产生有先后,

---

[①] 吕先生是从每个单词归类的角度而言。至于个体量词是否具有名词性特征,有无"轻名词"一类,则是现代汉语量词语法特征问题,另当别论。(见童秀芳2013;安丰存、程工2011)

性质也有差异，但它们都属于统一的量词系统，共同点是主要的。

　　第一种意见的产生可能与以下事实有关。除汉藏系语言外，世界多种语言虽都有计量单位词，也有取自容器名之类的临时量词，但是基本没有个体量词。所以从这些语言的视角观察，汉语的个体量词显得很特别：对计量而言它似乎是多余的东西，不像度量衡单位那样可表精确的数量；它又是丰富多彩的，带有某种形象性，因之被判定为完全不同的词类。较早的例如日本人宫胁贤之助，认为"连结于数词之后表示事物种类性质的那种词叫作陪伴词"[①]。20世纪中后期兴起了跨语言研究的语言类型学，有人更把汉语量词纳入了"分类词"系统，称之为"数—分类词"。如Tai.J.H认为"量词将某类名词的明显概念特色显示出来……这些特色永远与这类名词所指定的东西结合着。而MW（引者按：即measure word，指计量单位词，或称单位词）并不作分类，但是把一个名词所指的东西的量显示出来"[②]。张赪出版于2012年的《类型学视野的汉语名量词演变史》一书虽然沿用了"名量词"的术语，但她所指的外延只包括个体量词，并认为其实质即类型学所称的"分类词"。与此相类的说法是"量词的功能就是范畴化"（宗守云2014）。法国学者贝罗贝（1998：99）也著文强调必须严格区分量词（classifier, CL）及单位词，不过他承认"很可能量词的主要功能是量化，次要功能是指出性质或分类"。在这一点上，他与第一种意见有区别。

---

　　① 见《北京官话支那语文法》，日本大正八年（1919）出版，转引自黎锦熙、刘世儒（1978）。

　　② 转引自贝罗贝（1998）。

前辈学者刘世儒先生(1965:5)也曾持这类看法,他把通常所说的个体量词称为"陪伴词",说"这是纯然的语法范畴,同实际称量的数量没有关系"。但后来他修正了自己的观点。[①]此外还有一些有趣的说法,如 Erbaugh.M 认为:"汉语中同音词的不断增多触发了量词的需要。量词标记的作用是给予中心名词双重标记,通过给中心名词分类增加它的信息量,从而与其他同音词区分开来。"[②]

不少学者持第二种意见。当然,"量词"的定名也是经历了一个较长过程的,早期的语法著作对于它能否独立于名词另成一类也有不同看法,并曾使用过多种不同名称。举其要者:《马氏文通》用"别称"(属于"肖事物之形"的"静字",是其中用于"言数"的"滋静"一类)、张世禄《因文法问题谈到文言白话的分界》[③]用"数量词"或"陪伴词",王力《中国现代语法》用"单位名词"(归为名词的一个小类),吕叔湘《中国文法要略》用"单位指称"(简称"单位词"),高名凯《汉语语法论》以"数位词""次数词"分别指名量词和动量词,又以"范词"指名量词里的个体量词,等等。但到20世纪50年代初,

---

① 黎锦熙在《论现代汉语中的量词》(1978)一书的《后记》中说,刘在距当时十年前所写的《魏晋南北朝量词研究》一书里说过陪伴词作用只在陪伴名物,不核算分量等,"这种说法是不够全面的,应该加以修订"。该书系黎、刘二人合作,《后记》虽标明"黎锦熙校补后记",但应能代表刘的观点。

② 转引自金福芬、陈国华(2002)。也有个别中国学者持相同看法,如郭绍虞(1979)认为:"量词之起,可能由于汉语同音词太多的关系。如果用了量词,就分得清楚了。"举的例子是"一本书"和"一棵树","三件事"和"三个字",然而"书"和"树"、"事"和"字"本不同音,此说随意性太强,实在缺少根据。

③ 收入《中国文法革新论丛》,商务印书馆,1987年。

当时的中国科学院语言研究所语法小组的《语法讲话》(后增订为丁声树等著《现代汉语语法讲话》)将"量词"正式列为一个词类。此后曾用过其他名称的学者都采用了"量词"之说,如王力为《汉语知识讲话》丛书所写的《词类》一书、吕叔湘的《汉语语法分析问题》等,他们也都承认量词主要就是表数量的单位名称,至此这些大家的意见遂趋于一致。①

关于量词的分类,中国各种权威的语法著作虽略有区别,称说也不尽相同,但都承认包括计量单位词在内的各种量词具有共同的语法性质。身居海外又深谙中华传统文化的赵元任在《汉语口语语法》中将量词分为9类,第一类是个体量词,考虑到它有一定的表类功能,故又称之为"类词",似乎与classifier相应,但他仍将其他小类(如集合量词、临时量词、标准量词即计量单位词等)与之并列,共同归入量词的大类,说明他认为它们的共性是主要的。

我们赞同第二种意见,理由如下:

第一,各类量词的基本功能是用于计数称量,这个认识对操汉语的人群来说是没有疑问、古今皆然的。古人虽不具备现代语法学的观念,没有使用"量词"之称,但他们在叙述时也能说明其作用,在语言实践中能正确地归类和使用。黎锦熙先生在《新著国语文法》中首创"量词"之名,就是着重在"量"字,他后来又申明这是在"唐代各家经注中的说法里提出来的"②。其实早在东汉,郑玄为《礼记·檀

---

① 也有个别不同的声音,如1973年陈望道发表了《论现代汉语中的单位和单位词》,力主"单位词"之称,言辞激烈,难称有理有据,另当别论。

② 见黎锦熙、刘世儒(1978:14)。

弓》"国君七个，遣车七乘；大夫五个，遣车五乘"之句作注，就指出："个，谓所包遣奠牲体之数也。"晋郭璞为《方言》"简，枚也"作注，也说"谓枚数也"。唐孔颖达在《春秋左传正义》中为"识其枚数"（襄公二十一年）一句作疏说："今人数物犹云一枚、二枚也。"[①] 清王念孙说："《仪礼》'俎释三个'郑注云'个，犹枚也'，今俗言物数有若干个者，此读然。"（《广雅疏证》卷五）可见，关于"枚、个"这样的通用量词，历代注家一致认为是用以计数的。有时，诗人解释自己的诗作时也会涉及同类的内容，如柳宗元《游黄溪记》诗"有鱼数百尾"句后自注："楚越之人数鱼以尾不以头。"在语言实践中，古人还常用一种"×数"的格式，在"×"的位置上出现的往往是量词，如《后汉书·西域传·车师》："于是……仍将卑君还敦煌，以后部人三百帐别属役之，食其税。帐者，犹中国之**户数**也。"唐五代至宋初诗文中"量词+数"之例如：

（1）相公问："汝念得多小（少）**卷数**？"远公对曰："贱奴念得一部十二卷……"（敦校 259）

（2）远法师问："据何知菩提达摩在西国为第八代？"答："据《禅经序》中具明西国**代数**。"（神会语录，近代 57）

（3）缣丝不足女工苦，疏织短截充**匹数**。（白居易诗,《全唐诗》4705）[②]

（4）昨以拙诗十首寄西川杜相公，相公亦以新作十首惠然报

[①] 孔疏还指明，在《左传》中"传云以枚数阖，枚谓马挝，以马枚数门扇之板……"，就是说，在先秦时，"枚"是具体的，指用来计数的小棍棍。而到了唐代，"今人数物，犹云一枚二枚也"，则这个"枚"已成为量词了。（见《十三经注疏》1972 页）

[②] 本书下文选自《全唐诗》的例句均直接注明页数，不再出现"全唐诗"字样。

示，**首数**虽等，工拙不伦……（白居易诗题，5059）

（5）多少**般数**人，百计求名利。（寒山诗，9073）

（6）天下几种人，论时**色数**有。（同上，9074）

（7）更一门，尽是高楼，不计**间数**。（玄132）

（8）疾势既困，忽有壮士数人，揎拳露肘，就床拽起，以布囊笼头，拽行不知**里数**……（同上105）

另外还有一例："而汴之库厩，钱以贯数者尚余百万……"（韩集507）其中的"数"是动词（今音shǔ），但同样清楚表明量词"贯"的计量功能。

当然，计数的方式会因统计对象的多寡、形态、价值等特点而有所区别，唐颜师古对此曾有精彩论述。他在《汉书注》中释《货殖传》"狐貉裘千皮，羔羊裘千石"说："狐貉贵，故计其数；羊羔贱，故称其量。"按今人的概念，"皮"是个体量词，"石"是计量单位词。犹如今人购物常问"论什么卖？"，像水果，名贵的论个儿，大路货论斤。一个"论"字后边跟着的就是不同的量词。郭先珍在《现代汉语量词用法词典·前言》中也说："（汉语）凡计量必用量词。'腰围二尺七'表精确量，'腰围两抱粗'表模糊量，'一只碗、一对碗、一摞碗'表个体量、部分量、集合量。社会生活中需要怎样表量，就会相应产生怎样的量词。"从理论上说，计量单位词依度量衡的标准来计量，多数临时量词借容器来计量，个体量词通过把有形或无固定形态的事物个化的方式来计量，等等。种类固不同，"计数称量"的基本功能却是一样的。汉藏语系的语言发展也可证明这一点。覃国生在《略论壮傣语支的量词》一文中指出，"只、个、把、张、双、担、庹、拃、口、掬……"

等量词在各壮傣语支的语言中来自共同的祖语,"这些量词都从自然单位中产生,量的值是近似值,充分体现人类早期对'量'观念的初始认识"。(见李锦芳等2005:247)因此,我们主张把量词统一译作measure word。

第二,再看古人的语言实践。《马氏文通》称量词为"别称",它引用《史记·货殖列传》的两段材料,说其中"记物品之别称""先后参差,足可取法",今录其一段如下:

<u>通都大邑,酤一岁千酿,醯酱千瓨,酱千甒,屠牛羊彘千皮,贩谷粜千钟,薪槁千车,船长千丈,木千章,竹竿万个,其轺车百乘,牛车千两,木器髹者千枚,铜器千钧,素木铁器若卮茜千石,马蹄躈千,牛千足,羊彘千双,僮手指千,筋角丹沙千斤,其帛絮细布千钧,文采千匹,榻布皮革千石,漆千斗,蘖曲盐豉千荅,鲐鮆千斤,鲰千石,鲍千钧,枣栗千石者三之,狐貂裘千皮,羔羊裘千石,旃席千具,佗果菜千钟,子贷金钱千贯</u>……其大率也。

以上凡划黑线者均为"名+数+量"结构,共27组,出现量词19个:有标准计量单位词"钧、石、千、斗",货币单位量词"贯",临时量词"瓨、甒、车、钟、荅",个体量词"乘、两、匹、皮、具、个、枚"①,集合量词"双",还有比较特殊的"足"(属于后来淘汰的称量法,代表个体的一部分,"牛千足"即250头)。太史公使用这些量词"先后参差",错杂排列,而他对它们是一视同仁的。

---

① 在此"个"量竹,尚非通用量词;"枚"是否成为通用量词亦存疑,故均列入个体量词。

再看一则近代的材料。《红楼梦》第105回记有锦衣军查抄宁国府的物件清单：

> 赤金首饰共一百二十三件……珍珠十三挂，淡金盘二件，金碗二对，金抢碗二个，金匙四十把，银大碗八十个，银盘二十个，三镶金象牙筋二把，镀金执壶四把，镀金折盂三对，茶托二件，银碟七十六件，银酒杯三十六个。黑狐皮十八张……，黄狐腿二把，小白狐皮二十块，洋呢三十度……豆鼠皮四方，天鹅绒一卷……元狐帽沿十副……各色布三捆，各色皮衣一百三十二件，棉夹单纱绢衣三百四十件。玉玩三十二件，带头九副……上用蟒缎迎手靠背三分，宫妆衣裙八套，脂玉圈带一条，黄缎十二卷。潮银五千二百两，赤金五十两，钱七千吊。

以上清单中出现的词组全部为"名＋数＋量"结构，其中出现量词共18个，内有标准计量单位词"两、度"[①]，货币单位词"吊"，非标准计量单位词"把、捆、卷"，个体量词"件、把、张、块、方、条"，集合量词"挂、对、副、分、套"，通用量词"个"。删节号处是我们为精简引文省去的使用相同量词的同类物件。可以看出清单完全是依物品类别排序的，现代校点者在每类物品后加一句号，至于各类量词则错杂使用，并未区别对待。

这些材料说明，不同时代的汉语文本把个体量词和其他量词视为同类，都是用于计数称量的。从汉语的视角观察汉语量词，结论

[①] 关于这个"度"，有不同解释。周定一等《红楼梦语言词典》（商务印书馆，1995年）谓当写作"庹"，约合五市尺；人民文学出版社1982年版《红楼梦》105回注文谓"古代称黍百粒横排起来的长度为一度尺，等于清代营造尺的八寸一分"。

是很清楚的。①

第三，对几种具体说法的辨析。

（一）个体量词是否能指示它所搭配名词的性质并为之分类呢？持这种主张的中外学者多未对此作过详尽论说。我们以为这种说法似是而非。朱德熙先生（1982：48）在《语法讲义》中说得很明白："名词和跟它相配的个体量词之间有的时候在意义上有某种联系，例如细而长的东西论'枝'（一枝粉笔，一枝枪），有延展平面的东西论'张'（一张床，一张纸），小而圆的东西论'颗'（一颗珠子，一颗丸药），有把儿的东西论'把'（一把刀，一把斧子）。但这只是少数情况。一般说来，什么名词用什么量词是约定俗成的……"

每一类词都可按不同标准来分类。在《语法讲义》中朱先生确曾把名词按照它与量词的关系来分类（41—42页），但那只是为了说明哪一大类的名词可否加量词、适于用个体量词还是集合量词等。本书的第二章把个体量词分为24组，第三章把集合量词分为7组，也是按照大体称量哪类事物来划分的。这是因为随着词汇数量的发展，各类词语都更加多样化。如名词，在表达同一概念时可能出现许多互有细微差别的同义词。同样，量词也从甲骨文时代仅有的几个不断增加，计量不同事物时为求生动往往选择了不同单词，使量词跟着词汇同步发展，日益丰富，至本期数量已很可观。所以我们仅仅是为了便于叙述，将名量词按其经常称量的事物分成若干组，并叙述其

---

① 研究汉藏语的学者张军（2005）在其专文中对这个问题的看法跟我们意见完全一致，且论述有理有据，可见从汉藏语角度看问题结论是很显然的。详见《量词与汉藏语名词的数量范畴》。

与名词搭配的理据。但以上事实并不能证明量词的本质特征是为名词分类的。

　　首先，新兴量词起初多有一定理据，但使用的时间长了，理据也会渐次模糊。如"枚"和"箇"，原本分别具有木片及竹枚义，但作为通用量词这些实义很早就被使用者遗忘（详见第四章）。而通用量词的存在，在逻辑上就与分类词之说是矛盾的。至于其他量词，很多并非只适用于某一类东西，往往可以称量多种事物。现举一些隋唐五代之例：如"口"既可量人，又可量动物，还可量无生命的器物；"事"既可量抽象事物，又可量衣服等具体事物；"曲"既可量歌曲、乐曲，又可量江河、溪水，还可量山、屏风；"章"既可量诗文，又可量图章、木材等。本书将每词列入它较常称量的一类，如"口"列入量"人"的组内，并同时详述其量动物、器物的功能。事实上，单纯跟同一种事物配合使用的量词屈指可数，如"粒"量球形的东西，"茧"量土，"脔"量肉，"拳"量石，"聚"量灰，"蹄"量马，"尾"量鱼之类，大致不多于10个。而且其中有的早已处于衰落中，像"脔"及"蹄"（四蹄为一马，"马百蹄"即25匹）。另一方面，同一事物也可用不同量词来称量，如羊、狼等既可用"口"，也可用"头"称量；松柏杨桃桑等乔木既可用"株"，也可用"树、本"称量；信笺、文书既可用"纸"，也可用"幅、番、角"称量；在诗歌中，由于修辞等因素，同一事物搭配的量词，据不完全的统计有的竟可达到近30个（详见第九章第九节）。还有一种现象值得一提，即每位写作者在使用量词时可能有不同的习惯或偏好。比较明显的例子是段成式的《酉阳杂俎》，该书喜用量词"头"，据不完全统计，其中跟"头"搭配的哺乳动物有象、驼、马、牛、鹿、驴、狼、狒狒、猫、犬、獭，水生动物有鱼、虾、蟹、螺、蛤、鲟，鸟类有"细鸟"、鸽，还有飞虫和传说中的龙，而这些动物在同时代的其他文献里除了用"头"之外，已经可以分别用"只、条、尾、枚、个"等来称量了。而且同书里也不乏以"只"称鸽（154页）、以"条"称蛇（168页）、以"枚"称象（158页）之例，说明作者使用量词有一定的任意性（详见第二章第一节）。既然如此，怎样靠量词为事物分类呢？

更有甚者，为数不少的量词是跨类的。如"树"既是个体量词，又是临时量词；"竿"既是个体量词，又是非标准计量单位词；"部"既是量书籍的个体量词，又是量人群的集合量词……类似情况不胜枚举。最常见的是个体量词兼做临时量词或集合量词，个体兼临时量词者除上举的"树"外，还有"头、身、尊、床、架、龛、角、盏、封"等；个体兼集合量词者除"部"外还有"驮、辈、窠、部、具"等。个别的词可兼三类乃至四类，如"院"可兼个体、集合与临时量词，"床"可兼个体、集合、临时与计量单位词。"番、通、重、阵、场、顿"等甚至既可做名量词，又可做动量词，并且这些并不是异词同字，名量动量之间的意义联系十分明显。（以上详见第二章第二十四节、第九章第六节）。一个量词发展出不同类别的功能自然会有个过程，从本期的文献材料里就能窥见某些词的这种变化，如"把"从非标准计量单位词发展为个体量词，"点"从个体量词发展为不定量词。还有的量词究竟属于哪类难以判别，如量词"铺"称量佛像时，"一铺"所绘神佛可能是一位，也可能是多位；可能是一幅，也可能是多幅，很难说它是个体或集合量词，或许量词有时就不必这样区分的。

本书所收个体、集合量词共 199 个，加上通用量词"个"与"枚"共 201 个，其中跨类的就有近 70 个，约占三分之一。本书在多数情况下把每个量词的不同属性放在同一章节；只有少数兼任名量和动量的词，因其两种功能都比较重要，用例也很多，才采用了分列在名量词和动量词讲述的方式。这都是为了叙述的方便。另外，本书第九章第七节还谈到了量词的"换用"，即在同一篇诗文的前后或在异文、校注中可用不同量词称量同一事物。这些都是量词使用中的常见现象。

总之量词与所量事物的关系既如上述，凭借它们为事物分类实在没有什么意义。

（二）个体量词有时确有一定的形象性，研究修辞的学者十分看重这一点，而且个体量词的产生过程确与修辞等因素有关，但这不是它的本质特点。汉语构词原本就颇富形象色彩，有许多名词，像植物名"映山红"、山名"鬼见愁"，我们能说它们的功能是描写而非指称吗？犹如瓷杯是喝水用的，有时侧面也绘有花鸟鱼虫，但不能说它是用来画画儿的吧？后世量词还发展出各种语法功能，如从唐五代开始，"个"逐渐发展出助词功能（详见本书第四章第二节），在一些现代方言中起冠词作用等，这些都是量词"个"定型后的新发展，并不能改变其初始的、基本的性质。

（三）至于说量词有区分同音词的作用，恐怕极少实例的支持，究竟有多少同音词是靠不同量词的标记区分开来的？足以形成规律吗？太田辰夫（2003:151）曾举出现代汉语里"一只表（手表）"与"一张表（图表）"，"一句话（话语）"与"一幅画（图画）"的例子，但这在现代数百个量词中极其个别，而且手表跟图表、话语跟图画在实际使用时有多少混淆的概率？汉语发展史上自古有过种种区分同音词的手段。周祖谟先生（1966）曾著专文详述"四声别义"的方法，谈到古代汉语以变换声调或声母韵母使词语分化，实质上就是区分同音词的问题。①更重要的手段是复音化。从先秦开始萌生以双音词为主的复音词，且逐渐增多，到了量词基本成熟的魏晋南北朝恰正是复音词逐渐占有优势的时代，这已经成为学者的共识。②复音化有效地解决了概念无限增加而音节数量有限的矛盾，何需借助量词来区分同音词？

当然，个体量词确实跟计量单位词、容器量词等有一个最重要的区别，那就是从单纯表意的角度看，它并非必不可少，不然为何许多种语言没有这种词类？关于这一点，将在下节谈汉语量词产生过程时详加探讨。

第二节　汉语量词的产生及其在隋唐之前的发展概貌

明确了量词的外延与内涵，现在进一步讨论汉语量词（在此主要谈名量词，关于动量词的历史发展简况见第八章）是何时产生的，又是怎样发展、何时成熟的？对此学者们意见分歧，早则认为产生于先秦（李宇明 2000），晚则主张为元代（李讷、石毓智 1998）甚至更晚（金海月 2006），相差近两千年，这是为什么？上世纪末叶兴起的"语

---

① 见《四声别义释例》，载《问学集》。
② 参见向熹（1993上）中编第二章《中古汉语词汇的发展》。

法化"研究中也涉及汉语量词的问题。"语法化"关注的重点之一即"语法范畴和语法成分的产生和形成"(沈家煊1994)。所以在讨论中也会涉及量词语法化的问题。

一、远古量词的萌芽——原始计量单位词的出现

最早出现的量词是计量词,这是人类社会生产、消费、交换领域必不可少的,任何民族的语言都需要。汉语最初的计量词是原始形态的,非标准的,因为远古时代不可能有严格意义上的度量衡制度。[①] 现已识别的甲骨文中没有表示衡制及度制的词,可称作容量单位的词仅有"升"和"卣",而它们的实际量值于史无考,[②] 有可能是一种通用的、容量大致相同的容器;又,"朋"为货币单位,据考系指两串贝,每串五枚,[③] 它既可视为货币单位词,也可视为集合量词。在量词尚未形成系统时,以上这些都可说是广义的计量单位词。不少学者主张这时的量词应归入名词的范畴,统称为单位词,如王力(1990:31—34)、郭锡良(2005:34—38)、杨逢彬(2003:172—177,杨明确指出殷墟甲骨刻辞中的单位词共有6个:朋、卣、丙、升、屯、彳)。对于词类归属问题在此不详加讨论,即使称作单位词也是用于计量的,那么说它们是后世量词的萌芽也未为不可。

[①] 虽然有专著研究周代以前度量衡器具的数值,但恐非确论;有关先秦度量衡制度参见丘光明等《中国科学技术史·度量衡卷》。

[②]《中国科学技术史·度量衡卷》447页"中国历代度量衡量值表"中,自战国始有"尺、升、斤"的确切数值。

[③] 王国维《说珏朋》:"殷时,玉与贝皆货币也……五贝一系,二系一朋。"载《观堂集林》,中华书局,1959年。

二、殷商时代个体量词的萌生及其机制

世界语言都需表量,为什么独有汉语及其他大多数汉藏系语言拥有个体量词?它的生成机制是什么?不少学者探讨过这个问题,给出了种种回答,如调剂音节、增加清晰度、形式类推、追求各类计量方式在形式上的一致,以及上节讨论过的认为是给名词分类,等等。[①] 我们以为,个体量词起源于计数时对计量单位词的临摹,而调剂音节、增加清晰度等等则是临摹的动因。应该指出的是这类临摹,尤其是大量临摹只有在单音节语里才能实现。

在甲骨刻辞时代,数目的表示法还没有形成固定的规范(参见陈梦家1988:110—111),但一些不成个儿的,不便计数的东西,必须加上原始计量词,如祭祀用的鬯必以"升、卣"计;当作货币的贝串起来才便于携带和使用,于是以"朋"计;若干匹马同拉一车,这些马就以"丙"计,等等。

为了使词语对称或避免仅有数词听来不清晰,即使统计有明确分野的单个事物或人,有时也会仿照上述必不可少的计量词,在数词后补加一个东西,这就是临摹。开始是把被计数的名词重复一遍,仿佛一种拷贝,故李宇明(2000:27—34)称之为"拷贝量词",于是形成"人×人、羌×羌、牛×牛"等格式。因此可以说,原始计量词

---

① 如游顺钊(1988)从认知角度提出使用量词乃由于语言上记忆的需要,李若晖(2000)推测是语言表达中修饰与表意要求综合作用的结果,杨建国(1993)认为可起调剂音节的作用。李先银(2009)的大致意思是连续名词(如水、食等必须用容器量词或度量词计数者)和离散名词(如人、牛、车等上古可不用量词计数者)的表量方式需要达成形式上的一致,所以类推出个体量词来。

是造就其他种类量词的模型和蓝本。李先银(2009)提出最早的个体量词产生于"形式类推",[①]这跟我们所说的临摹意义是相通的。更进一步,古人又以更通用的表上位概念的词来替换重复的名词。如"羌"在卜辞中是方国名,又可指当作牺牲的俘虏,于是有了"羌×人"的格式,表示在所统计的事物或财富中,"羌"是属于人力资源这一类的。这是非常重要的一步,是个体量词产生的关键性的一步。由于人类自身的计量在社会生活中十分重要,统计劳动力、消费者、战争兵员等事都不可或缺,"人"便成了最早的,也是留存至今唯一产生于萌芽期,即甲骨文中的个体量词。

大量的临摹、重复需以词的单音节特性为条件,因为从交际需要看,补加、重复词语不应使语言变得冗长、拖沓,单音的数词与单音的名词更易形成相对稳定的音步。(参见冯胜利2000,第二章)甲骨刻辞的词汇确以单音词为主,这给所称"拷贝量词"的出现创造了条件。[②]

在此不妨看一个汉藏语系里相反的例子——景颇语的情况。据

[①] 他把代表不便计量之物的"酒、贝"之类称为"连续名词",把代表便于计量之物的名词称为"离散名词";前者的表量格式为"数词+量词(容器量词、度量词等)+名词",后者为"数词+名词",为了达到形式上的一致,产生出用于后一种形式的个体量词。

[②] 但有人认为当时的音节结构比后世复杂,如不少学者认为上古声母有复辅音(参见邵荣芬1979:24—28;何九盈1994),韵母的组成成分也比较繁复。冯胜利(2000)认为,周秦时代韵母中的韵素减少才导致双音步的出现。在此暂不讨论现仍缺少共识的上古音问题,我们设想,以一个汉字来书写的一个音节,长度总是有限的。

戴庆厦、蒋颖（2004）的研究，景颇语的量词总数少，而且个体量词很不发达；同时该语言的数词大多是双音节的（10个个位数中占8个），"数词的双音节性，使它在使用时具有一定的清晰度，可以不靠个体量词的辅助就能使听话人理解"。加之景颇语的名词也以双音节居多，双音节名词加双音节数词构成的词组"既符合韵律特点，又有较强的清晰度，当个体名词称量时即使没有量词也能体现名词的数量意义"。因此抑制了个体量词的产生。在这方面，景颇语可能并非孤立的特例。美国学者罗杰瑞先生（1995：11）在《汉语概说》中提供了一张亚洲语言类型特点表，除汉语外共列出16种语言，其中单音节语7种，除书面藏语外均有量词；非单音节语9种，除高棉语外都没有量词。这种现象恐非偶然，是值得深思的。

三、周秦、两汉量词的发展

从周秦到两汉各类量词有了很大发展。

（一）各种计量单位词均较完备。

春秋战国直到秦的统一是度量衡制度从建立到健全的时期。语言中各种计量单位词也发展到相当完备的程度：表示长度单位的有寸、尺、丈、步、武、墨、寻、常、仞、里、舍等，表示容量单位的有勺、合、升、斗、豆、斛、区、石、庾、钟等，表示重量单位的有两、斤、钧、镒、石、鼓等。[①] 此后历代制度不断发展、变革，计量词日益丰富，但丈、尺、寸、里、升、斗、斤、两等虽历代数值有异，但名称一直沿用至今。

---

① 参见向熹（1993下：42—43）。

（二）典型个体量词批量产生。

周初金文仍有少量"拷贝量词"，如"孚牛三百五十五牛，羊廿八羊"（小盂鼎）。秦简也偶有所见，如"隶臣欲以人丁粼者二人赎，许之"（《睡虎地秦墓竹简·秦律十八种》）。除此之外，先秦其他文献不再见这种"拷贝"方法，它已呈被取代之势，如有的铭文以"人×夫"（大盂鼎"庶人六百又五十又九夫"）代替了"人×人"。这跟甲骨文"羌×人"的格式相同，即"指人名词＋数词＋人"。此后这种格式通行起来，如"虎贲三百人"（《左传·僖公二十八年》），"冠者五六人，童子六七人"（《论语·先进》），"女子一人当男子一人"（《睡虎地秦墓竹简·秦律十八种》）等。经常被置于"名＋数＋□"格式中□的位置上的，除"人"之外，出现了一批新词，如"马×匹、车×乘"就很常见。有人甚至认为后世发展为通用量词的"个"也开始表现出泛指人和物的特性（洪诚 1963）。这些虽然在当时的语言里并未普遍使用，数词直接跟名词结合仍是主要的数量表示法，但"匹、乘、个"等具有跟后来发展成熟的量词相通的属性是多数古汉语研究者承认的事实。

（三）积累了一定数量的各类量词。

除计量单位词外，据各家统计，《左传》有"自然单位量词"（含通常所称的个体量词、集合量词、临时量词）29 个，共有用例 158 例（何乐士 2000：332—336）；《吕氏春秋》有"量词"21 个（种类不详），用例 105 例（殷国光 1998：389—390）；《睡虎地秦墓竹简》有"一般量词"19 个（含通常所称个体量词、集合量词、临时量词、准量词、货币量词),用例不少于209例(魏得胜2000:117—128)[①]。当然,他们用来指称量词的术语不同,认定这类词的标准可能也不尽相同,但他们都是对各专书研究有得的学者,分别确认的计量单位词之外表数量的词都在19—29之间,应该说比较接近。

洎乎汉代,量词的数量进一步增多。黄盛璋(1961)统计了包括简牍在内的大量汉代文献,列举出当时使用的量词(除计量单位词、货币单位词等)52个;向熹(1993下:44)举出他认为汉代新生的个体量词20个,若加上前代已有的,也与黄的统计接近。那么,连同不断发现的汉简材料之类,目前已知汉代曾经使用的个体量词可能有六七十个。

(四)出现了"数词+量词+名词"(以下简称"数量名")的语法格式。

量词开始出现后,从甲骨文"贝十朋"(《殷墟文字甲编》)沿袭下来的"名词+数词+量词"(以下简称"名数量")成了主要格式,并长期延续。但至晚在战国初期"数量名"格式就产生了,如"一箪食,一瓢饮"(《论语·雍也》)、"一杯水……一车薪"(《孟子·告子上》)、"一篚锦"(《左传·昭公十三年》)、"一撮土"(《礼记·中庸》)等。有学者说先秦的"数量名"格式里数词仅限于"一",量词都是计量词及借用容器名之类的临时量词。说数词仅为一,并不尽然,请看下面的例子:

(1)生丈夫,二壶酒,一犬;生女子,二壶酒,一豚。(《国

[①] 魏书中有一个量词(口)未给出用例数。

语·越语上》）

（2）上与病者粟，则受三钟与十束薪。(《庄子·人间世》)

（3）故家五亩宅、百亩田，务其业而勿夺其时。(《荀子·大略》)

至于所含量词的种类，确以临时量词为主，不过也有例外，如上举《庄子》中"束"就是集合量词，又如《左传·襄公八年》有"一介行李"，或谓这个"介"读"古贺反"，即"个"（参见洪诚1963）。所以，"数量名"形成之初，也许都是"一箪食"之类，意在强调数量少；但这种格式既经出现，实际语言就不再受其限制，会把别的数词和量词代入其中，只不过开始时使用不广，实例有限罢了。

到了两汉这类用例逐渐增多，所含数词、量词更加自由，如"数万斤金"(《史记·陈丞相世家》)、"千亩漆"(《史记·货殖列传》)、"两卮酒"(《史记·吕太后本纪》)、"数十两车"(《史记·淮南衡山列传》)、"千匹马"(《史记·大宛列传》)、"一炬火"(《论衡·感虚篇》)、"百篇《尚书》"(《论衡·正说篇》)、"一头牛"(《风俗通义》卷九)、"数片饵"（同前）、"一束箭"(《淮南子·氾论训》)、"九枚币"(《居延汉简》)等。不过此时"数量名"格式用例还不是很多，据黄盛璋（1961）统计大量汉代文献的结果，只找到十几个例子，"名数量"仍是占优势的用法。

直至汉代量词虽有长足发展但并未成熟，计量不使用量词仍占优势，以下任举《史记》数例。《李斯列传》："包九夷，制鄢郢。"《万石张叔列传》："万石君少子庆为太仆，御出，上问车中几马，庆以策数马毕，举手曰：'六马。'"以"匹"量马早有先例，司马迁在记录对话时却不用它，说明未成规范。甚至有时计量单位词也被省略，如《孔子世家》:"卫灵公问孔子:'居鲁得禄几何?'对曰:'奉粟六万。'卫人亦致粟六万。"这也许是因叙述先秦之事,或受彼时史籍影响之故。但唐人看不过去了,于是司马贞为《孔子世家》加索隐说:"若六万石似太多,当是六万斗,亦与汉之秩禄不同。"说明唐代跟汉代不同,没有计量词已经是不能接受的了。反映这种语言变化的注疏从汉末魏初就有了,详见下文第四段。

有学者将东周至秦汉的语料按地域分为西北部的汉简、中东部的传世文献及该地区出土的简帛、南部的楚简及《庄子》《楚辞》三个部分,并指出一些量词在各地区的不同使用情况,研究甚为绵密(姚振武2010:195—234)。笔者没有进行过这方面的研究,仅列此备考。

四、汉语量词的成熟期——魏晋南北朝量词的发展状况

汉语量词发展成熟(或谓"量词发展成独立的语法范畴""量词语法化的初步完成"等)究竟在何时?不少学者把答案指向魏晋南北朝。如柳士镇(1992:207)说:"量词在魏晋南北朝时期发展最为显著。以表示天然单位的个体量词为主要标志的名量词,在前期初步运用的基础上得到广泛使用,进入全面成熟的阶段……一个完整的量词使用范畴已经形成。"刘世儒(1965:4)在其专著《魏晋南北朝量词研究》(以下简称"刘书")中也指出:"汉语名量词发展到这一阶段,可以说基本上已经进入成熟时期了。"志村良治(1995:34)说数名结合必以量词做媒介的法则"在中古时即已确立"。太田辰夫(2003:151)说:"可以推测,在计数时按C式(引者按:C式指数量名语序的格式)来使用量词,从魏晋开始就相当盛行了。"这些论断都出自比较权威的汉语史或断代研究的专著,作者对相关语料十分熟悉,很值得重视。

但他们大多未做详尽的统计，那么为什么得出这一结论呢？

在此我们提出几项理由，试图回答为什么说魏晋南北朝是量词语法化初步完成的时期。

（一）数量大增，现代通用量词中有三分之一强当时已经产生。

我们做了一个统计：刘世儒（1965，第二至四章）中列出名量词218个；亓文香（2006）据《世说新语》《颜氏家训》《水经注》《齐民要术》《搜神记》《搜神后记》《洛阳伽蓝记》（下文依次分别简称为《世》《颜》《水》《齐》《搜》《搜后》《洛》）等7部文献的调查，找出刘书未列的量词26个；两者相加共244个。这个数字应该基本能反映当时语言的实际状况。现代部分我们选收词较全且鉴别严谨的《现代汉语量词用法词典》为依据，该书所收与魏晋南北朝时期有可比性的量词共416个。[①] 其中两书共有、且用法虽有发展但基本相通的量词为165个，165与416之比约为40%。就是说，从总数看现代通常使用的名量词中有三分之一以上在魏晋南北朝已经产生。魏晋至今的一千数百年间汉语发生了巨大变化，其他词类成员数量增加何啻数十倍，相比之下，当时量词的规模确已达到很高的水平。

（二）量词种类基本齐备，个体量词成为量词主体。

先秦两汉时期虽然产生了不少个体量词，但在实际语言中使用频率较低，应该说魏晋以后各类量词才形成了完备的体系。刘书共收

---

① 该书共收名量词598个，其中外来语、科技专用量词（包括大量双音及多音者，如英尺、吨公里）及外国货币名95个，口语化的双音词（如疙瘩、轱辘）27个，方言古语46个，准量词（如年、月、日、县）14个，它们有的跟魏晋时期没有可比性，有的方言古语非现代所通用，准量词刘书亦未做统计，这些都应除去，故实为416个。

计量单位词23个，非标准计量词15个，临时量词41个（以上三类刘均称作"称量词"），而个体量词则有127个（刘称"陪伴词"），集合量词23个（刘称"陪伴·称量词"），另有"聚、堆、积"三词刘归为"自然称量法"，实际也可算集合量词。这时还形成了几乎可与所有事物配合的通用量词"枚"。由此可见除计量单位词以外的普通量词，特别是个体量词已占绝大多数，所以刘世儒（1965：5）说"这种量词真正形成一种稳定的范畴则是到了南北朝时代的事"。

（三）操汉语人群的语感——社会的共识。

如果今天外国人说"这是一马、两车"，中国人立刻会提示他应该说"一匹马、两辆车"，这就是社会的共识。然而这种共识却非自今日始。早在汉末魏初，郑玄《毛诗笺》里就有了同样的"提示"，《诗·小雅·无羊》："谁谓尔无羊？三百维群；谁谓尔无牛？九十其犉。"郑笺曰："谁谓女无羊？今乃三百**头**为一群。谁谓女无牛？今乃犉者九十**头**，言其多矣。"（《十三经注疏》438页）此后，这类例子更为常见，如《论语·子罕》："子欲居九夷。"魏何晏集解："马（融）曰，九夷，东方之夷有九**种**。"（同前，2491页）马融亦汉末人，郑玄之师。南朝梁皇侃为《论语》作疏时补出量词的例子更多，如《阳货篇》："子曰，古者民有三疾。"皇疏："疾谓病也，其事有三**条**在下文也。"《子路篇》："颂诗三百。"皇疏："《诗》有三百五**篇**，云三百举全数也。"《宪问篇》："夺伯氏骈邑三百……"皇疏："骈邑者，伯氏所食采邑也，时伯氏有罪，管仲相齐，削夺伯氏之地三百**家**也。"同类之例还有南朝宋裴骃《史记·孔子世家》集解，原文"昔武王克商，通道九夷百蛮……"裴引王肃曰："九夷，东方夷有九**种**也。百蛮，夷狄之百**种**。"

类似情况不胜枚举。不同的注家给多种经典的数词后补出量词,说明使用量词已是当时的语言规范或习惯了。附带说一下,唐代注家所做类似补注更多,如唐司马贞在《史记·高祖本纪》"蛇遂分为两"句的索隐中说:"谓斩蛇分为两**段**也。"唐人注疏里还有补加动量词的例子,如《易·比卦》:"九五,显比,王用三驱,失前禽,邑人不诫,吉。"孔疏:"夫三驱之礼者,先儒皆云三**度**驱禽而射之也。"(《十三经注疏》26页)《礼记·郊特牲》:"三加弥尊,喻其志也。"孔疏:"三加者,谓冠时三**遍**加冠也。"(同前,1456页)唐人张守节在《史记·李斯列传》"正义"中解释"九夷",说是"本东夷九**种**",之后又说:"此言者,文体然也。"就是说,唐人意识到他的语言和司马迁的语言"文体"不同,按我们今天的理解,可以说分别是口语和书面语,实际反映了不同时代的语言规则不同。类似的例子刘世儒还举了不少,详见刘书33页。南北朝以后,加量词已是符合习惯的,何况唐代。

此外,在南北朝乐府民歌那明白如话的歌辞里,也不乏沿袭至今的普通量词,如:"歌谣数百**种**,子夜最可怜""遥见千**幅**帆,知是逐风流""门前一**株**枣,岁岁不知老""军书十二**卷**,**卷卷**有爷名"。如果说这些量词及其用法还处于不成熟状态,那是很难令人信服的。

(四)"数量名"语序的确立。

最后谈一个重要而复杂的问题,即"数量名"语序的问题。多数人认为量词语法化的重要标志之一是"数量名"语序的确立,而这种语序不少学者认为正是发生在这一时期。如王力(1990:42)说:"南北朝以后,这种词序(即指'数量名')变为正常的词序。"从他所举的例子看,是包括南北朝在内的。刘世儒(1965:45)说:"数量词开始转向于以前附于中心名词为原则，这是南北朝时代的事。"柳士镇（1992：106）说数量名形式"此期已成为最为常见的一种类型"。太田辰夫（2003：151）说可以推测，数量名式"从魏晋开始就相当盛行了"。

这种主张也受到了不少人的置疑，主要理由是统计结果"数量名"结构仍不占优势。关于统计的意义，吴福祥（2007：258）的说法很有代表性："我们考察的结果与刘世儒（1965）的结论有较大差别……刘先生的结论主要建立在定性分析之上，本文的研究则完全采用文本统计和定量分析的方法。由此可见，在历史语法研究中，完全缺少较大规模的文本统计和定量分析支持的讨论，难免会遗漏语法演变中某些重要的信息。"对各类表数量语序所占比例的统计材料很多，我们选择亓文香（2006）为例（她选择的《世说新语》等7部书有较强的代表性，数据亦较严谨），据她统计7部书共出现各类结构的数目为：数名2232次，名数量1099次，数量271次，数量名257次，名数154次（其他略）。以此看来，数量名式不但次于名数量式，更次于不用量词的数名式。故她认为"这说明在魏晋时期量词的使用已逐渐普遍，但不使用量词来表达事物数量的情况仍是主流"。

应该怎样看待统计数据？我们以为在社会科学领域不能机械地看待数据，仅凭比例来判定某种格式的发展态势和状况未必妥当。语法化有一个重要的并存原则，即"一种语法功能可以同时有几种语法形式来表示。一种新形式出现后，旧形式并不立即消失，新旧形式并存"（沈家煊1994）。我们认为并存的具体原因如下：

第一，不同语法形式的结构之间形成了某些分工。"数名"常用于相对固定的词组和习惯用法，直至今天仍大量存在，如三军、四肢、五湖四海、十八勇士，甚至有新词语生成，如"二维码"不必说成"两个维度的编码"。当然在魏晋南北朝时"数名"不限于固定词组，"名数量"则常用于统计、列举等。以唐五代材料为例，在法门寺唐塔出土的《监送真身使随真身供养道具及恩赐金银衣物账》中，出现个体量词13个（床、件、结、具、领、面、枚、躯、事、条、腰、张、只），集合量词3个（对、副、量），共出现150余次，全部是"名数量"形式。（法250—253）仅根据这篇文献，岂不可以说"名数量"结构占百分之百吗？但洪艺芳（2000：110）统计的唐五代敦煌文书，则有数量名结构455次（包括中心词312个，量词127个），使用次数居各式之冠。

第二，不同语体的文献采用的语法形式不同，不同语法结构所占比例会有明显差异。仍以亓文香（2006：86）统计的上述魏晋南北朝7部作品为例，它们多数还是文言作品，"数名"占绝大多数是很自然的。而其中最接近口语的农书《齐民要术》里"数名"就只有155例，"名数量"则有613例，约为"数名"的4倍，使用量词的情况多于不使用量词。至于"数量名"与"名数量"的比例，按数值大小依次是：《颜》12：9，《世》26：26，《搜》31：75，《搜后》37：91，《齐》118：613，《水》22：170，《洛》11：115。相近时代的作品比例如此悬殊，除语体、题材等原因，很难说明其他实质性的问题。[①] 尽管"数量名"结构的出现受语体的限制，但还是在各种语体的著作中都出现了，请看下表：

---

① 再证之以唐五代文献，据吴福祥（2007：246）统计，个体量词"条"在《敦煌变文校注》与《旧唐书》中，"数量名"与"名数量"之比分别为14：1与1：41。

表1[①]

类别	书名篇名	"数量名"用例
正史	《三国志》	一卷书（《吴书·赵达传》裴松之注）
	《魏书》	数纸文书（《傅竖眼列传》）、三种人（《释老志》）、一群妇人（《任城王列传》）
	《南齐书》	一通故衣（《张融列传》）、三处田（《萧景先列传》）、数百具榜（《东昏侯纪》）
	《宋书》	数百乘车（《武二王列传》）、数区毡屋（《索虏列传》）
地方史	《华阳国志》	三口刀
佛教史籍	《洛阳伽蓝记》	两行铁字、二层楼
文人诗文	孙绰《喻道》	十二部经
	陶潜《饮酒》	一樽酒
	王羲之《杂帖》	一段奇事
	庾信《游山》	一片雨
	何逊《下方山》	千端愁
	王褒《日出东南隅行》	七条衢
	鲍照《拟行路难》	百个钱
	梁简文帝《春日》	数重衣
	侯夫人《看梅》	一点春
释家诗文	释无名《五苦诗》	一聚土
	竺道壹文	一部法
道家著作	《抱朴子》	数片饼

[①] 其中各书用例分别转引自刘书及亓文香（2005），不再一一说明。

（续表）

类别	书名篇名	"数量名"用例
笔记、小说	《搜神记》	三卷方、一脔肉
	《搜神后记》	数头熊子、一道风云、一群山羊
	《博物志》	数十枚瓜
	《世说新语》	二百五十沓乌檀、七百斛秫米、一剂汤、半小笼生鱼、百许函书
	《幽明录》	六封文书
	《冥通记》	四函书
	《述异记》	一双朱履
传记	《高僧传》	一粒谷、一箱物、三间房
	《神仙传》	一聚枯骨、一只履
	《高士传》	一编书
译经	《百喻经》	半番饼、一领氎、一把豆、五百匹马
农书、地理书等	《齐民要术》	一石豆、一重骨、一掬湿土
	《水经注》	一丸泥、一只鸟、千树橘、三节大竹
	《佛国记》	百枚小塔、三道宝阶
杂记	《颜氏家训》	一条讼、一堵低墙、十许种书
乐府诗	《三洲歌》	千幅帆
	《折杨柳枝歌》	一株枣
	《城上乌谣》	百乘车
	《束薪谣》	一束薪

从以上并非周遍性的举例可以看出，魏晋南北朝时"数量名"结构已经进入各种文体，正史及部分文人作品的书面语性最强，却也不

能阻挡它的进入。说明这种结构确已发育成熟了。

第三,在实际语言中,采用"数量名"或"名数量"有时带有任意性。姚振武(2015:156、159)认为:"就汉语,尤其是古汉语而言,两个不同的语法形式,在语义相同或者相通的条件下,往往可以不加分别彼此通用,这是一条重要规律。正如朱德熙(2015:156、159)所言:'相同的语义关系可以用不同的形式来表达。'"写于唐代的《北史·宇文寿兴列传》就有这样的例子:"我棺中可著百张纸,笔两枚。"此例同一句里并列相连的两个宾语就分别用了"数量名"和"名数量"结构。又如写于初唐的《隋书·食货志》:"丁牛一头,受田六十亩,限止四牛。"同一句里兼有"名数量"和"数名"。日僧圆仁《入唐求法巡礼行记》:"五月中大赦,兼有敕'天下每州造两寺。节度府许造三所寺。每寺置五十僧……'"相邻句中一用"数名",一用"数量名"。类似情况很普通。说明量词可依上下文省略,这些在统计学上是没有意义的。

第四,如果语料中的各种数据都如树木年轮一样刻板、机械地变化,那么后代的"数量名"结构应绝对多于前代,但事实并非截然如此。据上述亓文的统计,7部魏晋南北朝作品中出现"数量名"与"名数量"结构之比是257∶1099,约等于23.4%。但据洪艺芳(2004,第三章)对数以万计的唐五代敦煌社会经济文书的统计,其中纯属"数词+个体量词+名词"的结构仅出现280次,而"名数量"则有15907次,前者仅占1.76%。这当然是因为敦煌经济文书中账册居多的缘故,我们不能据此得出结论说唐五代的量词语法化程度反而降低了。又如《红楼梦》的语言跟现代北京话已经十分接近,可是我们对它的第一回做了一个统计,发现其中出现的"数名"结构仍高达36次,而"数量名"是46次,只多了10次。难道可以说清代的"数名"结构还很常用,"数量名"未占绝对优势,因而量词语法化仍是不彻底的吗?

第三节 本书写作宗旨及主要内容

关于汉语量词,语言学界的前辈、时贤做过许多重要的论述和有益的探索。在汉语史领域,已故刘世儒先生50多年前所著《魏晋南北朝量词研究》是研究断代量词非常系统翔实的著作。如前所述,魏晋南北朝正是汉语量词臻于成熟的时期,名量词的各部类基本完备,个体量词大量增加,分工细密,数名结合通过量词正在成为常规形式,"数量名"词序广泛使用,动量词初具规模。从魏晋至隋唐,汉语面貌发生了重大变化,中古汉语向近代汉语过度,量词在前一时期形成的格局下,在数量、性质、用法方面都有重要发展。唐人段公路著《北户录》一书,恰有一段谈论唐时量词跟前代的区别,值得重视:"……梁刘孝威谢官赐交州米饼四伯屈。详其言屈,岂今之数乎?且前朝短书杂说,即有呼食为头,以鱼为斗,茗为薄、为夹,笔为双、为床、为枚,纸为番、为幅、为枚,布为鼓,锦为两,衣为裁,袈裟为缘,奴为头,麝为子,蜡为饼,槟榔为口,胡桃为子、为口,其事不可备论。"刘孝威(约490—549年)是南朝梁代文学家,段公路是唐代中晚期人,生当九世纪,[①]他对梁代米饼称"屈"发出"岂今之数

[①] 陆心源《重刻北户录叙》:"公路仕历,不见史传,《艺文志》以为文昌孙,文昌临淄人,相唐穆宗……书中称咸通辛卯年从茂名归南海……"以此推知。

乎"的疑问，且特别列举"前朝"多种名词所用的量词，说明这些与他所处时代的语言习惯不同。固然，情况是复杂的，其中或有方言等问题，如"屈"就可能是交州（今两广一带）的方言，但这段话确能反映出从南北朝到唐代中晚期量词的运用有明显变化。唐五代后，宋元话本小说等俗文学愈见繁荣，传世口语材料数量激增，又有大量新兴量词产生，量词的语法性质也有进一步发展。本书意在对介于魏晋南北朝与宋元之间的隋唐五代量词进行系统研究，并理清其来龙去脉。故在描写每个量词时，如果不是本期新生的，都将从其肇端至本期的沿革做一简略总结；同时对包括新生者在内的所有量词，都概括介绍其在本期之后的发展，每词依所掌握的资料叙述有详有略，目的是为今后同行研究量词发展史准备一些资料和条件，这可以说就是本书写作的宗旨。

第一章绪论主要阐述作者对量词属性的看法、简介汉语量词在隋唐五代（书中以下简称隋唐五代为"本期"）之前的发展脉络、说明写作宗旨及所用文献资料。

本书的主要部分是第二章至第八章，分别对这一时期的名量词中的个体量词、集合量词、通用量词、计量单位词、临时量词、不定量词以及动量词进行描写分析，意在尽可能广泛地收集有代表性的语言材料，详尽说明各个单词的语义特点、性质、功能。朱德熙先生在《"的"字的方言比较研究》一文里曾经指出："对方言语法研究来说，调查和描写是最初的也是最重要的一步。有些方言语法调查报告看起来好像很琐碎，可是很有用……语言本身就是那么复杂，不'琐碎'就不足于刻画其细节。"这个原则不仅适用于方言研究，对于汉语史研究同样重要。我们的学科需要理论创新，而这种创新必须以翔实可靠的材料为基础，才不致成为无源之水，才能脚踏实地，而非天马行空。举例来说，有人为了说明数量结构在句中所处位置，选取了4万字的敦煌变文做统计，结果是"数量名"结构在主语位置者为0，在宾语位置者为23，结论是：在绝大多数情况下，数量名结构出现于宾语的位置上。① 敦煌变文卷帙浩繁，仅篇幅较小的《敦煌变文集》（人民文学出版社，1957年）就有68万多字，不知这4万字是怎样选择的。至于主语位置上的"数量名"结构可以信手拈来，如"一个轮王出世来，一朵优昙花始发。一个世尊来出世……""千般变化时时现……""四句偈文，能销无量重业……""一个众生有有多少意……""千道光明遐迩照，几条明焰色如霜""一片慈心盖九州""一件袈裟挂在身……"（以上各例分别选自《敦煌变文校注》711、641、641、635、612、621、667页。）此类"数量名"结构做主语的例子不胜枚举。所以若理论创新依据这样的统计是不可取的。

最后一章是"本期量词的一些特点"。讨论了本期的新生量词、指量结构、量词独用及其前"一"的省略、本期表总称的"名+量"结构、量词重叠、量词兼类、量词的换用与连用、数量词加词缀与复音量词、诗歌中的"非典型数量名结构"等九个方面的问题，均为跟前代（南北朝）相比有所发展变化者。有话则长，话少则短，至于量词的语法功能等内容，凡与前期相同者则不做全面介绍。

---

① 李讷、石毓智（1998）。

第四节　本书所用语言材料的说明及凡例

一、选用文献材料的种类

本书引例所取文献资料大致可分为几类：

（一）敦煌吐鲁番文书，包括变文、歌辞、愿文、社会经济文书。变文主要取自黄征、张涌泉《敦煌变文校注》，此书1997年中华书局出版，较之此前多种变文校录，在写本原卷的校核、俗字的辨认及处理、俗语词的诠释等方面都能荟萃各家之长并迭出新见，堪称后出转精，为我们引文首选。但其中《庐山远公话》《茶酒论》等篇，原卷标明记于宋太祖开宝初年，超出本书研究范围，一般不采用，偶有引用会加以说明。此书阙如的篇目，少量酌取《敦煌变文集》及《敦煌文学作品选》《敦煌变文12种语法研究（附录）》之例。歌辞及愿文分别选用《敦煌歌辞总编》及《敦煌愿文集》。社会经济文书多转引自洪艺芳《敦煌吐鲁番文书中之量词研究》及《敦煌社会经济文书中之量词研究》。

（二）佛教典籍与释家语录，包括《祖堂集》《入唐求法巡礼行记》《六祖坛经》《大唐西域记》等。

本书引用《祖堂集》取自张美兰《祖堂集校注》，该书为作者积十多年研究心得、参照多种校本整理的结晶，详审可信。[①] 引用《神会语录》《六祖坛经》《入唐求法巡礼行记》均采自《近代汉语语法资料汇编》。《大唐西域记》用例引自季羡林等著《大唐西域记校注》。

[①] 据吴福祥、顾之川（1996：2）研究，《祖堂集》或有个别宋代材料掺入，如卷三"慧中国师"，我们的引文未取这些部分。

（三）唐五代诗词，选用《全唐诗》《全唐诗外编》《全唐诗补编》《全唐五代词》《王梵志诗校辑》及《古谣谚》中相关资料。但作者时代可疑者不选，如吕岩。

（四）史书，包括：1. 本期人写本期的《隋书》《旧唐书》；2. 本期人写前代的《南史》《北史》《梁书》《陈书》《北齐书》《周书》；3. 后代人写本期的《新唐书》《旧五代史》《新五代史》。其中以第 1 类为主。

（五）经典注疏，主要是唐孔颖达、贾公彦、徐彦、杨士勋等分别对《易》《诗》《书》《礼记》《周礼》《仪礼》《春秋左传》《公羊》《谷梁》等典籍所做注疏以及司马贞《史记》索隐、张守节《史记》正义。

（六）小说、文集，其中有些原书已佚，则尽可能采用比较可靠的点校本，如中华书局"唐宋史料笔记"及"古体小说丛刊"等系列的校本。个别作品因搜寻不便，采用了宋人所辑《太平广记》之材料。

（七）碑帖（如法门寺出土唐塔碑铭等）及医药等方术类书籍。

二、说明

以上各类材料口语化程度不同。研究隋唐五代语言史，敦煌变文、释家语录等最接近口语的文献当然为首选材料；不过，本书以量词为考察对象，而量词的基本属性是"能够放在数词后头的黏着词"（朱德熙 1982：48），在句中只出现在较为封闭的结构内，如"数量名、名数量、数量"，"指量、指数量、指数量名"或"动（宾）数量、数量动（宾）"等，这是一种短小、相对独立的结构，而量词本身跟句中其他成分在语法上没有直接的关联与呼应。因此，与近代汉语里发展较快的各种助词、语气词相比，量词的使用受整个句型变化的影响较小。甚至语体也只能影响到量词的多寡而非有无。新兴的语气词或结构助词只能出现在口语化的句型中,新兴量词受到的限制则不会这样严格。如文人小说书面语色彩很浓,其中极少会有新兴的助词、语气词,但却有本期新产生的量词,如个体量词"蒂"量瓜果花朵未见于隋唐之前,而段成式的《酉阳杂俎》就有多例,而且这本笔记中频频出现的量词达数十个。这说明量词使用在当时语言中已形成规范,文人写作也难以完全轻忽。所以我们也采用了笔记、小说、散文作品及史书的材料。关于如何看待史书语料,汪维辉先生在《东汉—隋常用词演变研究》一书概论里指出,唐朝的史家在用语上往往"显得拘谨和求雅,所以唐修正史中,'改俗为雅'的多,'改雅为俗'的少"。一般地说"史书中出现的那些俗语俗词,大多是保存前代的原貌,较少出自后人的改写。我们可以拿来作为所记时代的语料使用……"。宋代史家的写作习惯我们没有专门研究。有鉴于此,故把唐人所撰的《隋书》《旧唐书》作为本期语料,唐人所撰前代《南史》《北史》和宋人所撰《新唐书》等作为参照材料,选用相对较少。经传注疏往往包含以当时的"今语"解释古语的内容,有时,从唐人跟汉魏以降历代经师注释用语的比较中亦可显现唐代量词用法的新变化。诗歌虽受格律限制,但如前所述包含量词的各种结构都比较短小,完全可以嵌入诗句里,所以诗词,特别是白居易、王梵志、寒山等人以口语入诗的作品都是有价值的。有些材料如经济文书、法门寺唐塔出土"衣物账"之类大量使用量词,是当时实用的账单,可信度更大。医药等方术书有些特殊用语,用今天的话说就是"科技术语",也包含较多量词,这些都是需注意考察的内容。此外,还有一个可能容易被忽视的现象:不同类型的文献使用量词的范围有别,不同作家也有各自的习惯或偏好。如量词"件"有多种功能，总的使用度也很高，但《全唐诗》所收的48900多首作品中竟然一次都未出现。敦煌文书、《祖堂集》等口语化文献中，量词"事"称量对象都是具体事物，如衣、袈裟等；而史书、韩愈文中则多以"之"称量抽象事物。又如"头"，在口语文献中常限用于牛、驴等，与现代普通话相近；而在小说等文人作品中却可量多种动物，最突出的是《酉阳杂俎》，见前文第一节。这恐与作者个人方言或习惯有关。选用多种文献可以尽可能避免遗漏本期存在的量词，较为全面地了解其在本期的面貌及发展状态。

限于时间和精力，不可能将有价值的资料尽行检阅。如一部分有价值的吐鲁番出土文书因不暇一一考校时代，只能放弃。又如《大藏经》外佛典，特别是盛行于唐五代，面向庶民百姓的"疑伪经"，因非直译自佛经原文，口语化程度更高，我们也没能采用，只能留下遗憾了。

三、凡例

（一）本书一般采用简体字，以《通用规范汉字表》为标准。文献中出现的不同字体，除一般繁体字改为简体外，还有以下几种情况：

1. 原文里的一般异体字均改为规范字，如"徧""盃""迴"分别写作"遍""杯""回"，不再注明原字。

2. 敦煌变文及文书、禅宗语录等录自手写本的文献中往往有不规范的俗字、错字，为反映俗文学语料的原貌予以保留，在标题后加括号放在其他文献中出现的规范字之后。如第二章第十九节"五、饼（餠）"，第三章第三节"二、簇（蔟、蔟）"，在例句中则各依原文照录。

3. 历史上音或义曾经有别，至隋唐已经混用者在分别说明源流后，标题用现代规范字，其他加括号附于其后，如第四章第二节"**个（個、箇）**"，例句中一律采用现代规范字"个"。

4. 有些现在仍为相互独立的同音词，但在某一义项上相同、相近或分别为本字及后起字。二者在隋唐五代如果是用法相同的量词，则在词条标题上列出较习见者，另一个加括号附于其后，例句各依原文照录。如第六章第一节"**三（十七）勺（杓）**"、第八章第一节"**九、返（反）**"。

（二）本书常引用的文献及简称详见《引用书目及简称》，史书及个别较少引用者未列入其中，则注全称，加书名号。此外还有几点说明如下：

1. 取自《全唐诗》的诗及唐五代词在其后括号内只写作者名、逗号、页码，如："浮世若浮云，千回故复新"（于武陵诗，6890），"几回攀折赠行人，暗伤神"（毛文锡词，10087）。取自《全唐诗外编》《全唐诗补编》者除以上几项外，分别加注"唐外"及"唐补"，如："一片孤帆无四邻，北风吹过五湖滨"（包佶诗，唐外397），"青菰八九枝，圆荷四五叶"（钱徽诗，唐补1028）等。个别例句为便于理解内容加注了诗题，如"一架三百本，绿沉森冥冥"（皮日休《新竹》诗，7023）。

2. 选自《近代汉语语法资料汇编》中《游仙窟》《神会语录》《六祖坛经》《入唐求法巡礼行记》各书之例分别注为游仙窟、神会、六祖、入唐"，后加逗号、"近代"二字及页码，如"其时园内，新果万株……（游仙窟，近代19）""所畜奴婢，僧许留奴一人，尼许留婢二人（入唐，近代145）"等。选自《唐五代笔记小说大观》者注书名，后加逗号、

"大观"及页码，如"只如张道符、牛业、赵璘辈三数人足矣，使朕闻所未闻。(《因话录》，大观839)"。

3. 选自洪艺芳著《敦煌吐鲁番文书中之量词研究》及《敦煌社会经济文书中之量词研究》之例分别注为"敦煌文书A页码"及"敦煌文书B页码"，不加逗号，如"壹阡壹伯玖拾伍只弩箭。(敦煌文书B165)"。在这两本书中出现的吐鲁番文书另加说明为"吐鲁番文书、逗号、洪书A/B页码"，如"瘦马肉两腔……(吐鲁番文书，洪书A277)"。

4. 其他不含多种著作或多人诗文的文献，如《敦煌变文校注》《祖堂集》及笔记小说等，在引用时只注明简称及页码，中间不加逗号。如"六师自道无般比，化出两个黄头鬼。(敦校566)""此僧合唤转，与一顿棒。(祖205)""忽有飞虫五六枚……(酉202)"。

5. 如无特殊需要，引文排列先后顺序大致如下：敦煌文献、吐鲁番文书、禅宗语录、其他近代口语资料、唐诗、唐五代词、史书、注疏、小说、文集。

(三) 常用参考文献中，刘世儒《魏晋南北朝量词研究》简称"刘书"，段玉裁《说文解字》注简称"段注"，《十三经》中孔颖达、贾公彦为各书所做注疏分别简称"孔疏""贾疏"。

第二章 个体量词

第一节 量动物

一、只

（一）《说文》："只（原作"隻"，下文一般不再说明繁体），鸟一枚也。"也就是说，一个"只"字包括了名、数、量三重含义。这种现象刘世儒（1965：113）称之为"综合称量法"，并认为它后来是经分解而专做量词的。不过，现存上古文献中"只"并不多见。全部《十三经》只出现了一次，即《公羊·僖公三十三年》"匹马只轮无返者"一句，但此句的"只"是"一个"或"单独"的意思，如后世直至现代常说的"片言只字、只身一人"，与鸟无关。再查荀、墨、庄、韩非诸子及《吕氏春秋》等书亦均无其字。可以说，《说文》的释义，即"鸟一枚"在今存的主要先秦古籍中未见实际用例，我们更无从研究其分解的过程。

（二）那么，"只"到底何时成为量词的呢？洪诚（1964）认为它最早见于《穆天子传卷3》："天子美之，乃赐奔戎佩玉一只。"《穆天子传》一般认为成书于战国时代，洪对量词"只"在上古文献中只此一例表示"不可解"。不过该书"名＋数＋只"还另有四例："玉万只"（卷2）、"银乌一只"（卷4）、"玼佩百只"（卷4）、"佩玉一只"（卷4）。此外，卷1还有"白玉□只"，空缺处疑亦数词。但据前人考证这里的"只"可能均为"双"的简写。① 及至汉代,例仍少见。《论衡》仅两例,见《儒增篇》,但都是引用上文所述《公羊》之句,不是王充的语言。汉简有当时用例,如:"绪卑匲一只……食卑匲一只。"(《凤凰山一六七号汉墓遣策考释》②)同《穆天子传》一样,上例的两个"只"也应解读为"双",因为据上引《考释》一文,凤凰山遣策中,凡言"只"者,出土实物多为双。此外《史记·龟策列传》有"王独不闻玉椟只雉"之句,《集解》引徐广说亦谓:"只一作双。"可见"双"简作"只",盖汉时习惯。③ 故可说我们尚未见到汉代"只"有与后世相同的称量单个动物或其他事物的可靠例证。

(三)南北朝时代的量词"只"。

洪诚对上古"只"的例子罕见感到不解,我们更觉得从上古到中古"只"的隐现过程都有些令人不解:汉代情况已如上述,而到了南北朝"只"却忽然成了一个十分常用的量词。刘世儒(1965:113—115)认为,这时它用于两个系统,其一是量鸟,如"墓下有石为华表柱,石鹤一只"(《述异记》卷上)。还可兼及兽类,但例极少见。④ 其

---

① 如《穆天子传》卷1之例,清陈逢衡在《陈氏四种》中注曰:"只,古双字。"卷2之例,清黄丕烈校本引惠栋曰"只当作双"。卷3之例有异文,《太平御览》卷692引此句"只"径作"双"。所以,这些都不能当作量词"只"的用例。

② 《文物》1976年第10期。

③ 此外还有一例:"牛胗一只,母,直六千。"(《居延汉简考释》卷3)牛胗乃牛舌,不知为何要分公母,且直(值)六千,录此备考。

④ 刘书只举一例:"于是駈麋鹿之大群,入穷谷之峻厄,走者先死,往者被击,前无孑遗,后无一只。"(贾岱宗《大狗赋》)"一只"上承麋鹿,故系量兽类。

二是量成双事物中的一个,如"棺中无人,但遗一只履而已"(《神仙传》卷5)。这两类当时都已很常见。后又扩展为一般坚而长的东西,当时尚不多见。

(四)本期的量词"只"。

与前期相同的用法有:

1. 量鸟类。

  (1)一只黄莺薄天飞,空中罗网嗟长悬。(敦辞 1755)

  (2)霏霏点点回塘雨,双双只只鸳鸯语。(同上 502)

  (3)数只飞来鹤,成堆读了经。(贯休诗,9356)

  (4)数只珍禽寒月在,千株古木热时稀。(黄滔诗,8107)

  (5)春残相忆荆江岸,一只杜鹃头上啼。(齐己诗,9549)

  (6)惆怅春风楚江暮,鸳鸯一只失群飞。(鱼玄机诗,9055)

  (7)老鹤两三只,新篁千万竿。(白居易诗,5153)

  (8)丹穴娇雏七十只,一时飞上秋天鸣。(王毂诗,7986)

  (9)得秦吉了鸟雌雄各一只,解人语。(朝 100)

  (10)僧入佛堂,门才启,有鸽一只拂僧飞去。(酉 213)

  (11)人有鹅二百余只,诣刘放生,恒自看养。(广 175)

本期的语料中我们尚未找到量兽类的例子。

2. 成对器官或器物中的一个。

  (12)空中有一神人,送龙腿一只,可重三十余斤。(敦校 337)

兽有四足,两两相对,故亦可归入此类。

  (13)我以此三处示汝方便,如持一只筯搅大海水,令彼鱼龙知水命。(祖 336)

（14）忆师兄，哭太煞，失却一只眼，下世去。（同上134）

（15）祖师留下一只履，直到如今觅不得。（同上453）

（16）一只箸，两头朱，五六月化为胆。（两头朱童谣，《全唐诗》9945）

（17）以一只履击王头破。（朝175）

（18）汾意惜别，乃潜取女青毡履一只，藏衣笥中。（集75）

3. 量箭矢等细长坚硬之物。

（19）更若人为十只矢，参差重得见家乡。（敦校131）

（20）皇帝闻奏，龙颜大悦，开库赐彤弓两张，宝箭二百只……（同上66）

（21）壹阡壹伯玖拾伍只弩箭。（敦煌文书B165）

（22）肆拾柒只大钏，壹拾捌只小钏。（同上）

（23）大锥头三只。（同上）

（24）一张落雁弓，百只金花箭。（敦辞395）

（25）千车鹿脯作资财，百只枪筹是家产。（同上1773）

（26）笑拂两只箭，万人不可干。（李白诗，1697）

（27）金钗有几只，抽当酒家钱。（杜牧诗，5971）

（28）一只横钗坠髻丛，静眠珍簟起来慵。（毛熙震词，10115）

（29）凡置木契二十只，应须出纳，与署合之。（《旧唐书·职官志三》）

（30）因至坏屋中，碓桯古址，有箭两只。（集60）

（31）有妇人，年二十余……头插金钗十余只。（广42）

与前期不同的是，本期"只"的称量对象进一步泛化，如什物中并不限于长条形的，甚至扩大到舟船、瓶瓯等。

4. 量舟船。

（32）臣能止得吴军，不须寸兵尺剑，唯须小船一只……（敦校 13）

（33）乘一只之舡，过万重之浪。（祖 493）

（34）（刘）①慎言与排比一只船，著人发送讫，今年九月发去者。（入唐，近 152）

（35）一只兰船当驿路，百层石磴上州门。（白居易诗，4915）

（36）十只画船何处宿，洞庭山脚太湖心。（同上，5024）

（37）闲吟见秋水，数只钓鱼船。（齐己诗，9451）

（38）漕吏狡蠹，败溺百端，官舟之沉，多者岁至七十余只。（《旧唐书·食货志》）

量舟船另有专用量词"艘"，详见本章第八节。

5. 瓶、罐等容器。

（39）铜灌壹只壹斗。（敦煌文书 B165）

（40）瑠璃屏子壹只。（同上 166）

（41）木盆壹只三斗。（同上）

（42）一只银瓶子，两手拴。（敦辞 390）

（43）武宗朝，郭道源……善击瓯，率以邢瓯越瓯共十二只，旋加减水于其中，以筋击之，其音妙于方响也。（乐 36）

---

① "（刘）"字系引者为便于理解根据上文所加，为慎言之姓氏。本书下文体例同此者不再说明。

6. 其他。

(44) 伍只剗头刃。(敦煌文书 B165)

(45) 买车毂三只并钏,并入家中。(同上)

(46) 镫三只。(同上)

总之,"只"的使用范围已相当广泛,此后的格局至本期已基本形成。

(五)本期之后最大的变化可能就是称量兽类实例的增加,如《水浒传》第1回"一只吊睛白额锦毛大虫",《红楼梦》第26回"两只小鹿"。《红楼梦语言词典》"只"字条概括的量词称量对象为三种:某些成对事物中的一个,动物、船只及某些器物。《现代汉语量词用法词典》概括为四种:飞禽以及某些兽类和昆虫,成对器官或器具中的一个,某些个体器物(如瓶子、杯子),船只。对照起来不难看出现代与隋唐五代的格局大致相当,只是量兽类的功能显得更为重要了。①

二、头

(一)《说文》:"头,首也。"作为名词指人与动物的脑袋,如《礼记·曲礼》:"头有创则沐。"但上古行用不广,甲骨文有"首"无"头",《十三经》"头"仅见9次。汉代渐渐通行,仅《论衡》中即达62例,如《是应篇》:"河中有此异物,时出浮扬,一身九头……"

(二)"一身九头"不过是神话,一只动物只有一个头,清点时指着头计数最为方便,故以之称量动物。先秦有无用例,现无确证,但

---

① 个别亦可量词曲,如《京本通俗小说·西山一窟鬼》:"这只词名唤做《念奴娇》……""只"后被"支"取代。

《左传·襄公二年》有"马牛皆百匹"句，孔疏："司马法：丘出马一匹，牛三头；则牛当称头……"《司马法》是约成书于战国中期的兵书，大部亡逸。如依孔说，则战国已有量词"头"用于牛。确切的用例是汉代的，如《史记·货殖列传》："塞之斥也，唯桥姚已致马千匹，牛倍之，羊万头……"《汉书·西域传下·乌孙国》："……马牛羊驴橐驼七十余万头。"《汉书·王莽传》："责单于马万匹，牛三万头，羊十万头。"可知各种动物统而言之均可称"头"，析而言之则马称"匹"，牛羊称"头"。南北朝仍因袭这种用法，刘宋范晔著《后汉书·段颎列传》："……虏众大溃，斩首八千余级，获牛马羊二十八万头。"此书记汉代事，采用当时史料也有可能。

（三）在魏晋南北朝，"头"的称量对象除马牛羊等畜类外，有如下扩展：一是兔禽等其他动物，个别有量昆虫之例，如蝇。二是人，关于以"头"指人，论者多引证《文选》王延寿《鲁灵光殿赋》"人皇九头"句之李善注引宋均曰："九头，九人也。"又《史记·司马贞补〈三皇本纪〉》："人皇九头……兄弟九人，分长九州，各立城邑。"但晋王嘉《拾遗记·春皇庖牺》则有"昔者人皇蛇身九首"之句，照此说来"头"或"首"还是指人的头部。多数情况下以"头"称人的例子限于奴仆、盗贼等地位底下，被视同牲畜者。三是佛像、髑髅。四是食品，这一点需稍加说明。我们在绪论里引用过中晚唐时人段公路所著《北户录》，其中《米餅》一节专门谈论唐代与南北朝时使用量词的差别："前朝短书杂说，即有呼食为头……（刘世儒1965：90—94）"还引了晋元帝"谢赐功德净馔一头"，刘孝威"谢赐果食一头"等例（亦转引自《北户录》）。再有一种是量蒜。五是这一时期的吐鲁番文书中有称量冠帽及鹿角者各一例:"故绐尖一头"("尖"指尖顶式帽子),"被符刘崇、令狐受各有鹿角一头",两例见洪艺芳(2000:276—277)。《齐民要术》有一特殊之例,以"头"量成捆的紫草,据汪维辉(2007:126)引缪启愉《齐民要术校释》说这种用法现代还是"群众扎束收获物的通语"。但本期未见其例。

(四)本期"头"仍属高频量词,并多用于动物,如《祖堂集》中仅量驴、牛者即达21次,同时也发展出新的用法。所量义类共有以下几种:

1. 兽类。

(1)劳度差忽于众里化出一头水牛。(敦校564)

(2)须达既蒙受请,更得圣者相随,即选壮象两头……(同上554)

(3)拜舞既了,遂拣细马百匹,明驼千头……(同上304)

(4)王施三岁牛一头。(敦煌文书B53)

(5)师云:"与摩则作一头水牯牛去也。"(祖131)

(6)师云:"见何似生?"对云:"似一头驴。"(同上451)

(7)五十头驴驮油麻油去。(入唐,近代117)

(8)高视七头金骆驼,平怀五尺铜狮子。(阎朝隐诗,770)

(9)夏四月癸亥,上幸西苑,亲射猛兽三头。(《北史·文成帝本纪》)

(10)九年,诏又课关中富人,计其赀产出驴……多者至数百头,每头价至万余。(《隋书·食货志》)

(12)(王敬)还索牛,两头已死,只还四头老牛……(朝108)

(13)寻有畜生数十头来噬成……(广144)

（14）大象百头，头有十牙。（酉 31）

（15）耶希，有鹿两头，食毒草，是其胎矢也。夷谓鹿为耶，矢为希。（同上 161）

（16）其人相率掘此冢，得狼百余头杀之。（同上 160）

（17）狒狒……宋建武高城郡进雌雄二头。（同上 160）

（18）因探怀中，出一牒……为猫犬四百六十头论诉事。（同上 202）

（19）元和末，均州郧乡县有百姓，年七十，养獭十余头。（同上 53）

2. 龙、鱼、虾、蛇、鸟、龟、鼠等其他动物。

刘世儒认为，南北朝时"头"从量兽类推广到禽类及一般昆虫是那一时代特有的用法，其前不多见，以后也逐渐被淘汰了。但据我们的考察不是这样，至少在唐代尚未淘汰。以下是本期"头"量禽类及龙鱼等水生动物之例，并不少见：

（20）朝食千头龙，暮食千头牛。（韩愈诗，3814）

（21）驾车六九五十四头蛟螭虬。（卢仝诗，4365）

（22）鲈鱼千头酒百斛，酒中倒卧南山绿。（李贺诗，4427）

（23）予家井中有鱼数十头……（封 80）

（24）武阳小鱼，一斤千头。（酉 151）

（25）见铁镬数十如屋，满中是虾。有五六头色赤，大如臂，见客跳跃，似求救状。（同上 133）

（26）陆绍郎中言，尝记一人浸蛇酒，前后杀蛇数十头。（同上 140）

（27）汉武时毕勒国献细鸟，以方尺玉为笼，数百头状如蝇……（同上156）

（28）怀中置生雀数头……（大唐143）

（29）陈怀卿，岭南人也，养鸭百余头。（朝37）

（30）（鸡卵）且寄母鸡抱之，遂成三万头鸡。（同上76）

（31）每与妻对食，有鼠数十头，或黄或白……（同上15）

（32）又有灵龟两头，长一尺二寸。（广164）

（33）（鹦鹉）有鸣曲子如喉转者，但小不及于陇右，每飞则数千百头。（《北户录·鹦鹉瘴》）

此句下注："《南史》云，天竺迦毗利国元嘉五年献赤白鹦鹉各一头，又《汉书》曰，献帝兴平元年，益州蛮夷献鹦鹉三枚。"此注所引史书原文未经核查，若准确，则说明汉代用"枚"之处在唐代所写的史书中换成了"头"。

值得注意的是，1、2两类例句中有10例出自《酉阳杂俎》一书，以"头"量鹿、狼、狒狒、猫、犬、獭、蛇、虾等动物仅见于该书，是否有作者方言等特殊原因，不得而知。

3. 人。

（34）给孤长者心中大越（悦），偏（遍）布施五百头童男，五百个童女，五百头牸牛并犊子、金钱、舍勒、三故，便是请佛为王说法。（敦校1134）

（35）处处提拔交（教）出离，头头接引越迷津。（同上976）

（36）一曲高歌红一匹，两头娘子谢夫人。（杨汝士诗，5500）

（37）（李测）莅事数日，宅中有小人，长数寸，四五百头，满

测官舍。(广184)

(38) 须臾，门隙中有一面，如猴，即突入，呼其侣数百头，悉从隙中入。(同上118)

(39) 吾有木奴千头，可为汝业，当终身衣食也。(独70)[1]

例(34)敦煌变文中"头"一作"个"，黄征等依原卷校改为"头"（见敦校1136页注〔二二〕），童男、童女是布施的东西，与下文的各种动物、钱物类同，故用"头"量之；关于例(35)，敦校993页注〔二〇五〕将其与同篇上文之句"个个提携证涅槃，不曾有意言恩德"对照，认为"头头"即"个个"，显系量人；例(36)诗题为《贺筵占赠营妓》，题下注曰："……汝士镇东川，其子知温及第，开家宴相贺。营妓咸集，命人与红绫一匹。"可见"娘子"系指营妓，她们本身既无地位、尊严可言，诗中又带有谐谑的意味，贵妇人和普通良家女子恐怕也不能称"头"。其他各例所量都不是真实的人。例(37)长数寸的人在故事中系由鼠变成，同为《广异记》所载的另一篇故事里，同是由鼠变成的小人却论"枚"："于庭中忽见小人，长五六寸，数百枚……"(185—186页)可见它们更像是物。例(38)里"如猴"会"呼其侣"的只是拟人化的妖物。例(39)的"木奴"实指桔树，用《三国志·吴书·孙休传》之典，因桔可为人服务，故称奴。(《全唐诗》

---

[1] 此外另有《法苑珠林》卷91一例："又贤愚经云：昔佛在世时，舍卫城中有一长者名黎耆弥，有七头儿，皆以婚娶。"同书卷92一例："又杂譬喻经云：佛在世时，有一婆罗门生两头女，皆端正。"(转引自赵中方1991：70)《法苑珠林》撰者释道世虽为唐代僧人，但书中多引文，我们不暇查阅原书，不知出自何处。因此未将此例列入正文。

4329页张籍诗有"已种千头桔"之句,暗含同一典故,并不说明"头"可量一般植物。)

4. 事情。

(40)长时事事发精勤,不向头头生桢据。(敦校 755)

(41)头头增罪,种种造殃,死堕三涂。(同上 1077)

(42)事事憎嫌非此世,头头毁骂出多生。(同上 938)

(43)阿难名字头头唤,嘱咐言音处处陈。(同上 755)

(44)火宅驱牵长煎炒,千头万序何时了。(同上 1176)

(45)既尽知,须打扑,休更头头起贪欲。(敦辞 1116)

(46)今日言,是衷恳,万计头头相接引。(同上 1602)

(47)(李)揆门户第一,文学第一,官职第一。致仕东都,大司徒杜公罢淮海,入洛见之,言及头头第一之说。(《刘宾客嘉话录》)[①]

(48)向北进军,每头军事须得蕃兵一二百骑引行。(李德裕《河东奏请留沙陀军马状》)

敦煌变文里,常见重叠的"头头",其中"头"可能有不同含义,上文例(35)即用于量人。而"头"用于量事情是本期的新发展,例不多见,但确实存在。如例(41)的前文是:"恨你在生之日,悭贪疾妒,日夜只是箅人,无一念饶益之心,只是万般损害。头头增罪……"这里所量对象不可能理解为人或其他,只能是罪孽之事。以上6例中,只有例(48)处于"数量名"格式,比较典型,其他都是重叠式或在

---

① 例(47)转引自蒋礼鸿(1994:319)。

四字格中。(42)、(43)两例还很像动量词,因材料有限,姑置不论。从后世"头"量事的情况来看,与数词、名词的结合始终也不是很自由,数词多限于"一、这"等,名词常为"事、亲事"等。如宋代小说《西山一窟鬼》"却有一头好亲"、《水浒传》45回"也是了当一头事"、同书第5回"这头亲事",现代汉语仍有量"亲事"的用法。至于以"头"量事的理据,可能与量词"端"类似。"头"自魏晋南北朝始有"顶端、起始"义,如晋刘琨《扶风歌》"废鞍高岳头"、《世说新语·排调》"矛头淅米剑头炊"。唐齐己诗更以"头尾"并称:"乱离偷过九月九,头尾箅来三十三。"(9572)据我们考察,"端"量事情、事件缘于"端点、起始"义(详见本章第二十一节"端"字条),则同义的"头"量事是否也有近似的发展轨迹呢?

5. 量头发。

(49)满屋黄金机不息,一头白发气犹高。(贯休诗,9428)

(50)一头细发两分丝,卧见芭蕉白露滋。(刘言史诗,5331)

(51)红樱满眼日,白发半头时。(白居易诗,4880)

(52)典尽客衣三尺雪,练精诗句一头霜。(王建诗,3417)

这类用法的"头"其实不属个体量词,而是临时量词。与之结合的也只能是"一、半"等有限的数词。

至于南北朝时期量食物、蒜头及当时吐鲁番文书中量"缗尖、鹿角"等我们未见本期材料。吐鲁番文书略早于敦煌文书,后者量帽类多用"顶"。

(五)本期量词"头"的各种用途后来历代或有所见,个别作者甚至用为动量词,如《儒林外史》51回:"你……照顾好了客人,我家去一头。"现代方言中"头"的用法也很复杂，但普通话里却有所减少：量动物只用于大牲畜，量植物只限于大蒜，量事在口语里限于"一/这头亲事"这类较为固定的搭配，量人在较早的白话里尚存，如清李渔《奈何天·巧怖》："难道两头人命，了不得他一分人家？"如今不再有此类说法。

三、匹（疋）①

（一）《说文·匚部》："匹，四丈也。"量词"匹"起源早，应用广，流传至今，人所习见，然而它的来源并不清晰。首先，古之辞书对其本义说解不一，大致可分为两种：一种认为与布匹相关，如《说文》。近人林义光也说"匹……象布一匹数襍之形"（见《文源》）。目前所见甲骨文无"匹"字，林说所据是金文字形。另一种认为是"匹配、配合"义，《尔雅·释诂上》："匹，合也。"《广雅·释诂三》："匹、配，耦也。"同书《释诂四》："匹，二也。"

至于为什么用"匹"来称量马，古今歧见较多，故为此多说几句。东汉应劭《风俗通义》（佚文卷一）一书就举出五种不同看法："马一匹，俗说相马比君子，与人相匹。或曰，马夜行目明，照前四丈，故曰一匹。或说，度马纵横适得一匹。或说，马死卖得一匹帛。或云，春秋左氏说，诸侯相赠乘马束帛，束帛为匹，与马相匹耳。"这说明至少在东汉时人们对量词"匹"产生的理据已经众说纷纭，莫衷一是了。《文心雕龙·指瑕篇》："原夫古之正名，车'两'而马'匹'，'匹'、'两'称目，以并耦为用。盖车贰佐乘，马俪骖服，服乘不隻，故名号必双，名号一

---

① "疋"是"匹"的讹体，本音shū，《说文》释为"足也"。

正，则虽单为'匹'矣。"《说文》段注亦谓"马称匹者，亦以一牝一牡离之而云匹，犹人言匹夫也。"释义详密的《说文通训定声》对此解释说："匹者先分而后合，故双曰匹，只亦曰匹。犹独曰特，配亦曰特也。或曰，上古质朴，衣服短狭，二人衣裳，惟共用一匹，故曰匹夫匹妇也。"看来朱骏声老先生也难免犹豫，可见清代发达的训诂学也未能解开这个千年难题。刘世儒倾向起源于匹配、匹偶义，相匹的两方包括马与人、马与束帛、马与马、公马与母马等，并以为源于马与马或牝与牡相配的说法可靠些（参见刘世儒 1965：29、184—187，下同）。

我们基本赞同刘世儒的意见。《说文》段注与《文心雕龙·指瑕篇》所言简明地说，就是古代车论"两（辆）"、马论"匹"，本因车有两轮，马必以双数相匹为乘，故有"车两马匹"之称，称说既定之后，一马也可称"匹"了。这段话最不好理解的是"虽单为匹"：为什么由双数相匹继而将一马称"匹"？我们可否这样猜想："匹马"即"相匹的马"，因而两马或四马之一可称"一/匹马"，在语言运用中与"一箪/食、一瓢/饮"之类的结构相类比，就会发生重新分析，被理解为"一匹/马"。但当时除临时量词及计量单位词之外，"数量名"结构很少，文献中并未见"一匹马"，所以这只能是一种猜想。

（二）由于量词"匹"有上述形成过程，它称量动物时一般多用于马。全部《十三经》共有"名＋数＋匹"结构 9 例，除 2 例外，均量马，如《尚书·文侯之命》："用赉尔秬鬯一卣……马四匹。"《左传·昭公六年》："（楚公子弃疾）以其乘马八匹私面。见子皮如上卿，以马六匹。见子产以马四匹。见子大叔以马二匹。"

除马之外，也用于其他大牲畜。如《十三经》中的另一例《左传·襄公二年》："齐侯伐莱。莱人使正舆子赂夙沙卫，以索马牛，皆百匹。"此例马、牛共用"匹"来称量。此外，《居延汉简》有"得橐驼一匹"之例（转引自刘世儒 1965：184）。

《十三经》还有一例比较特殊，即《孟子·告子下》的"力不能胜一匹雏"，对于这个"匹"认识有分歧。杨伯峻先生的《孟子译注》视为量词，"一匹雏"译作"一只小鸡"，并说："'一匹雏'之语例与'一钩金''一舆羽'同，'钩'与'舆'皆作量词，则'匹'亦为量词。'匹'本为计马数之量词……此则借以计雏。"《说文通训定声》以为"匹"是"尐"（音 jié）之误，先误为"疋"，因又为"匹"。而"尐"系方言，义为"小"。此说是很合理的。而且若此句"匹"为量词，何以"匹"量鸟的同类之例古今罕见？何况"一匹雏"这样的数量名结构先秦本来就是很少的。另外，张永言（1989）认为"匹"即"鸭"，"鸭"是后起形声字，古籍作"匹"，"匹雏"就是鸭雏，此"匹"源于台语或南亚语，并举出多种语言的对音为证。张说可备参考。总之，以《孟子》之例证明"匹"可量鸟是站不住脚的。

综上所述，量词"匹"在上古已基本确定了以量马为主的使用范围。不过它在今天可见的先秦文献中分布并不太广，《十三经》以外的诸子著作荀、庄、韩非等俱无量词"匹"，仅《墨子·贵义》有一例："饰车数百乘，马食菽粟者数百匹。"此外，被认为成书于战国时代的《穆天子传》值得一提。此书共有 15 处提到马的数量，多数不用量词，如卷 2 "因献食马三百"，只有两例用了"匹"："……无臬乃献良马百匹，服牛三百，良犬七千，牸牛二百，野马三百，牛羊二千，穋麦三百车。"（卷2）"……劳用白骖二匹，野马野牛四十，守犬七十。"（卷3）这部书反映了名量词初创时的语言实际：同一名词可用可不用量词，同类名词有的用（马）、有的不用（牛羊犬等），个体量词可用可不用，借用的容器量词（车）必用。同时也反映出各种动物只有马具有专用量词"匹"。上古秦汉的情况大致若此。

（三）魏晋南北朝时代，"匹"主要量马，兼及其他大牲畜的格局并无大的改变。另外，这时"匹"或跟另一量词"头"连用，量多种牲畜的总数，如《世说新语·雅量》："意色举止，不异于常。"刘孝标注引《谢车骑传》[①]："得伪辇及云母车，宝器山积，锦罽万端，牛、马、驴、骡、驼十万头匹。"但据中华书局1984年版《世说新语校笺》注谓，在影印金泽文库藏宋本及沈宝砚校本中此处无"匹"（见该书209页），故仅据此还不能说当时确有"头匹"连用。

（四）降至本期，"匹"仍以量马为主，例如：

（1）拜舞既了，遂拣细马百匹，明驼千头……盘缠天使。（敦校304）

（2）臣闻平时七十万匹马，关中不省闻嘶噪。（元稹诗，4620）

（3）莫言一匹追风马，天骥牵来也不看。（罗虬诗，7627）

（4）闲系长安千匹马，今朝似减六街尘。（司空图诗，7263）

（5）当时四十万匹马，张公叹其材尽下。（杜甫诗，2255）

（6）飞龙骑马三十匹，玉勒雕鞍照初日。（戎昱诗，3010）

---

① 刘世儒（1965：30）谓此句出自刘孝标引《续晋阳秋》，误。

(7) 纷纷伊洛道，戎马几万匹。(刘希夷诗，880)

(8) 何用鞍马多？不能骑两匹。(白居易诗，5132)

有时字面无"马"，而是马的各种别称：

(9) 麒麟独步自可珍，驽骀万匹知何有。(高适诗，2223)

(10) 而今西北自反胡，骐驎荡尽一匹无。(杜甫诗，2582)

(11) 苑中騋牝三千匹，丰草青青寒不死。(同上，2264)

(12) 腾骧磊落三万匹，皆与此图筋骨同。(同上，2322)

(13) 宫军女骑一千匹，繁花照耀漳河春。(李颀诗，1356)

"驽骀、骐驎、騋、牝"分别指劣马、良马、七尺以上的马及母马；"腾骧"是动词，表示马奔腾的动作，"三万匹"在语义上是其施事，自然也是量马的。例(13)的"骑"自古可指骑乘的马，又可指一人一马，此处应指女兵和她们的坐骑，"骑"又做量词，详见下文四。

另外"头匹"连用计量多种动物，本期有了确切用例，如：

(14) ……收夺得驼马牛羊二千头匹，然后唱《大阵乐》而归军幕。(敦校180)

(15) 四面族兵，收夺驼马之类一万头匹。(同上181)

(五) 称量动物的"匹"本期之后主要仍量马以及同类大牲畜。如《水浒传》第2回"一匹高头白马"、《儒林外史》25回"一匹骡子"，不胜枚举。到了现代，"匹"的用法显得复杂起来，出现了"那匹小鱼"(郭沫若《残春》)、"一匹癞蛤蟆"(茅盾《春蚕》)、"一匹猹"(鲁迅《故乡》)等。不过，这与作家语言个性化、修辞手法、方言土语的影响都有关系，未必符合现代的规范。

"匹"还可量布匹，详见第五章第二节"标准计量单位词"。

四、骑

（一）《说文》："骑，跨马也。"这是动词，《战国策·赵策》："今吾将胡服骑射，以教百姓。"在《广韵》中属平声支韵，今音 qí，这应是它的本义。

"骑"又读去声寘韵，今音 jì，义为所骑之马，名词。如《礼记·曲礼上》："前有车骑，则载飞鸿。"名词"骑"可以用"匹"称量，如《战国策·赵策》："车千乘，骑万匹。""骑"又指骑兵，如《史记·项羽本纪》："沛公旦日从百余骑来见项王。"也指一人一马，如白居易《卖炭翁》："翩翩两骑来是谁？黄衣使者白衫儿。"这样常置于数词之后，为量词"骑"的产生提供了句法组合上的条件。

（二）然而量词"骑"的正式形成却是较晚的，直到南北朝时代还很少见到，《论衡》《世说新语》均未见。据洪艺芳（2000：218）统计，表格中显示"骑"在魏晋南北朝语料中已出现，但实际用例的大量出现是在本期，可分以下几类：

1. 真正以"骑"量动物，我们只见到个别的例子：

（1）后岁余，王㟲产一骑牸。（隋唐50）

（2）贼必弃城走矣，请以二百骑马追之……（《旧唐书·仆固怀恩列传》）

例（1）无疑量动物，例（2）表层量马，实则包含骑手在内。

2. 大多量骑手及其坐骑，少数量骑马的人。在举例之前需说明本期仍有名词"骑"用为"骑兵"义者，如"其夕，果有五坊猎骑十人来求宿"（玄112）。这正是2类用法的理据所在。以下各例虽在表层被称量的多为各种指人名词，其实所量都指骑手及所骑的马：

（3）左将丁腰，右将雍氏，各领马军一百余骑。（敦校 66）

（4）得至明年，差公孙遨（敖）领兵五万骑……与单于兵战，云索苏武李陵。（同上 132）

（5）行至雪山南畔，遇逢背逆回鹘一千余骑……（同上 181）

（6）何得辱国自轻，仆从不过十骑？（同上 558）

（7）重门日晏红尘出，数骑胡人猎兽归。（钱起诗，2689）

（8）仍闻数骑将，更欲出辽西。（郑锡诗，2911）

（9）一卷旌收千骑虏，万全身出百重围。（张祜诗，5826）

（10）晓日靓妆千骑女，白樱桃下紫纶巾。（陆龟蒙诗，7221）

（11）经过千骑客，调笑五陵儿。（戴叔伦诗，3086）

（12）千骑黑貂裘，皆称羽林子。（李颀诗，1338）

（13）新丰绿树起黄埃，数骑渔阳探使回。（杜牧诗，5954）

（14）汉代金吾千骑来，翡翠屠苏鹦鹉杯。（卢照邻诗，519）

（15）宫女数千骑，常游江水滨。（祖咏诗，1331）

（16）江海茫茫春欲遍，行人一骑发金陵。（刘长卿诗，1557）

（17）突营射杀呼延将，独领残兵千骑归。（李白诗，1876）

（18）白羽三千骑，红林一万层。（卢纶诗，3169）

（19）向北进军，每头军事须得蕃兵一二百骑引行。（李德裕《河东奏请留沙陀军马状》）

（20）忽见山下红旗数百骑，突前出战……（广 71）

下例有些特殊，所量为骑手，不包括马：

（21）胡还大走，汉亦争奔，斩决凶（匈）奴，三千余骑。（敦校 128）

被斩的只能是匈奴的人，马肯定会留作己用。

根据以上材料，可以看出本期"骑"作为个体量词已很成熟，它频频出现在口语体的变文中，如例（3—6）；同时，也比较自由地进入了"数量名"结构，如例（1、2及7—13）。它所称量的对象虽主要是骑手及其坐骑，但除例（3）字面上还有个马军的"马"字，其他各例都只有代表骑手的名词。他们多数与军伍有关：如兵、将、虏、马军、残兵、探使、金吾；其中有的指古代少数民族，如回鹘、匈奴、胡人，也多为战场上的将士；还有以借代的修辞手法来表示军人的，如黑貂裘是他们的服装，白羽代表携带的箭支，红旗是军队的标志等。除此之外，也有军伍以外的骑马人，如客、女、宫女、仆从、行人，等等。

3. 另一类从表面看，"骑"所量是尘、风、红尘。但这是由于诗歌的句式、格律造成的，我们称之为"非典型数量名结构"，其间有若干省略，如"一骑红尘（或万骑风）"其实是"由一骑（或万骑）飞奔的马带起的褐色烟尘（或风）"，"红尘"和"风"不是"骑"的称量对象。在诗歌中由于特殊节奏和修辞的作用形成了这类结构，但从语言研究的角度却不能承认量词"骑"可量尘、风。由其他量词组成非典型数量名结构也时有所见，参见本书第九章第九节。

（22）羞见孤鸾影，悲看一骑尘。（游仙窟，近代22）

（23）八公山下清淮水，千骑尘中白面人。（刘禹锡诗，4051）

（24）一骑红尘妃子笑，无人知是荔枝来。（杜牧诗，5954）

（25）去年今日到荣州，五骑红尘入郡楼。（刘兼诗，8697）

（26）去为万骑风，住为一川肉。（懿宗朝举子诗，8849）

（三）隋唐之后，量词"骑"曾变得更像普通的个体量词，能自由地称量马。如《水浒传》第50回："鸾铃响处，一骑马跑将出来，众人看时，乃是拼命三郎石秀。"《醒世恒言·徐老仆义愤成家》："挣下一头牛儿，一骑马儿。"明归有光《马政志》："春秋时……诸侯力政，各国有马至千万骑……"《红楼梦》15回："不一时，只见从那边两骑马压地飞来。"同书66回："顶头来了一群驮子，内中一伙主仆十来骑马。"有时甚至可量其他大型动物，如清刘献廷《广阳杂记》卷5："有象四十余骑，自丛篁中出。"当然，这些语料时代、地域有别，语体也不相同，尚需专门考察。但有迹象表明，至少从清代中叶，称量马的量词"骑"在口语中渐被"匹"完全取代，上举《红楼梦》二例都出自脂系的庚辰本，而在时间稍后、更接近现代北京话的程甲本和程乙本中，二例的"骑"均改为"匹"。在现代口语中，量词"骑"已被淘汰，《现代汉语词典》等多种辞书都不收这一义项，连"jì"的注音也不存在了。

五、腔（羫）

（一）"腔"系徐铉校定本《说文》新附字，释为"内空也"。文献上多用于指人或动物体内空的地方，所见最早出现于魏晋时期，如《齐民要术·养牛马驴骡》："（相马）肠欲充，腔欲小。"做量词只能称量宰杀了的牲畜，如庾信《谢滕王赉猪启》："奉教垂赉肥豕一腔。"

（二）这个量词本期无大变化，亦不多见。敦煌文书、《祖堂集》均无此词，初唐时期的吐鲁番文书中有一例：

（1）瘦马肉两腔……（吐鲁番文书，洪书A277）

洪艺芳指出，此例虽也用于宰杀的动物，但其对象（指马肉）异于前后的时代。

《全唐诗》仅一例，是讽刺不学无术的昏官的：

（2）今年选数恰相当，都由座主无文章。案后一腔冻猪肉，所以名为姜侍郎。（选人歌，9896）

同一首诗还出现在《朝野佥载》卷4中，该书《补辑》另有一例，其中用的是"羫"字：

（3）如意年中，断屠极急，先觉知巡事，定鼎门草车翻，得两羫羊……肉付南衙官人食。（朝163）

《说文》无"羫"，《集韵·江韵》："腔，骨体曰腔，或从羊。"故"羫"是"腔"的或体。例（3）的"羫"可视同"腔"。五代徐铉也把"羫"用作量词：

（4）而路左忽有钱五千，羊半羫，樽酒在焉。（《稽神录·康氏》）

（三）唐五代之后，"腔"（羫）仍用于称量宰杀的牲畜，宋吴曾《能改斋漫录·事始二》："犊亦可称羫，鱼亦可称尾。宋沈攸之使范云饷武陵王赞犊一羫，柳世隆鱼三十尾，皆去其首。"吴曾特意说明"羫"可用于犊，而下文的"皆去其首"表明犊亦已宰杀。从所见材料看，至少从元代起"腔（羫）"的称量对象便仅限于羊了。如元曲孙仲章《勘头巾》第2折"赏你一羫羊"，《水浒全传》第113回"宰了一口猪，一羫羊"，《西游记》89回"买办了七八口猪，四五腔羊"，《红楼梦》75回"煮了一口猪，烧了一腔羊"，《官场现形记》14回"赏羊一腔，猪一头"。以上5例都是猪、羊并列，分别用"口/头"与"腔"量之。所以《现代汉语词典》"腔"字条的量词义项说"用于宰杀过的羊（多见于早期白话）"，更确切的说，应该是元代之后的白话。因为在唐宋时期,它的称量对象还不限于羊。

到了现代,除少数带有方言色彩的文学作品外,"腔(羫)"已很少这么用了,但产生了一种新的用法,即称量人的内心情感,其前仅限于数词"一"或形容词"满",如"一腔热情、满腔悲愤"等。

六、蹄

(一)《说文》无"蹄",有"蹏",释为"足也",即古"蹄"字。同一部《庄子》,在《马蹄》篇用"蹄":"马,蹄可以践霜雪……"《徐无鬼》篇用"蹏":"奎蹏曲隈,乳间股脚,自以为安室利处。"《淮南子·兵略》:"有毒者螫,有蹏者趹。"汉代开始以"蹄"为量词称量牲畜,如《史记·货殖列传》有"陆地牧马二百蹄"之说,一头牲畜有四蹄,马二百蹄是五十匹。《史记》同篇下文还有"牛蹄角千"与"马蹄蹾千",说的是多少牛和马呢?就是把蹄跟角、蹾等加起来计算一千只蹄与角或蹄与蹾合多少头牲畜。刘世儒称这种方法为"词汇称量法",就是要考虑各个量词本来的词汇意义,如果日常口语需这样复杂的计算,显然非常不便,且自古注家对此理解不一,[①]因此在南北朝时期就已被淘汰了。(参见刘世儒1965:62—65)

(二)不过,在本期的书面语言中还能找到它的踪迹,如:

(1)一点黄尘起雁喧,白龙堆下千蹄马。(温庭筠诗,6700)

[①]《汉书·货殖传》引"牛蹄角千"句,服虔、应劭《音义》说是"百六十七头也",即一牛四蹄两角,以一千除以四加二,约等于一百六十七。司马贞《史记索隐》则谓"百六十六头有奇"。《汉书》引"马蹄蹾千"作"马蹏噭千",颜师古认为"噭,口也,蹄与口共千,则为二百匹"。而顾胤则云:"蹾谓九窍,通四蹄为十三而成一马……凡七十六匹马。"

（2）万卒千蹄马，横鞭从信骑。(李郢诗，6854)

（3）四荒八极蹋欲遍，三十二蹄无歇时。(白居易《八骏图》诗，4702)

（4）骅骝一百三十蹄，踏破蓬莱五云地。(周匡物诗，5550)[①]

（5）汉马千蹄合一群，单于鼓角隔山闻。(马逢诗，8762)

（6）月窟龙孙四百蹄，骄骧轻步应金鞞。(陆龟蒙《舞马》诗，7225)

（7）路隘车千辆，桥危马万蹄。(元稹诗，4504)

（8）马汗踏成泥，朝驰几万蹄。(岑参诗，2090)

（9）千蹄万毂一枝芳，要路无媒果自伤。(韦庄诗，7996)

（10）曲江初碧草初青，万毂千蹄匝岸行。(林宽诗，7003)

散文亦偶有所见：

（11）蕃将令穴肩骨，贯以皮索，以马数百蹄配之。(酉272)

以上各例多为诗歌，例（11）是笔记小说，口语性强的文献里未见使用。且不少与数词万、千搭配，例（9、10）还构成"千蹄万毂、万毂千蹄"格式，显然带有仿古的修辞色彩。这种方式后世也还沿用，如《聊斋·促织》的"牛羊蹄躈各千计"，也是一种仿古句式，惟强调数量之多而已。

七、驮

（一）《说文》原无驮，大徐本新附谓："驮，负物也……此俗语

[①] 此例诗题《及第谣》，有句云"风吹金榜落凡世，三十三人名字香"。故一百三十蹄实为约数，应为一百三十二蹄，合三十三匹马。

也。"动词，定母平声歌韵，今音 tuó，指以畜载物，《北齐书·彭城景思王浟列传》："又有一人从幽州来，驴驮鹿脯。"又为名词，去声箇韵，今音 duò，指负载之畜或所负之物。贯休《长安道》诗（9306）："千车万驮，半宿关月。"

（二）作为量词始于本期，常见有两种用法。

1. 称驮着货物的牲畜，属个体量词。

（1）……兵士无冤，官马十驮肥硕。（敦煌文书 B102）

（2）县司买得十驮马……（同上）

（3）凡差卫士征戍镇防，亦有团伍。……火十人，有六驮马。（《旧唐书·职官志二》）

（4）（隋炀帝）益遣募人征辽，马少不充八驮，而许为六驮。又不足，听半以驴充。（《隋书·食货志》）

（5）开元中，日以骆驼数十驮入内，以给六宫。（国史 65）

2. 量一畜所装载之物，属集合量词。

（6）张岸又取麦一驮，搬檩两条。（敦煌文书 B101）

（7）如先悔者，罚麦拾驮入军粮，仍决丈（杖）三十。（同上）

（8）僧五人，一年合准方印得菜一十七驮……（同上 102）

（9）张鹄只消千驮绢，蒋蟠惟用一丸丹。（无名氏诗，9888）

（10）西城[①]胡僧者，自西京造袈裟二十餘驮，还天竺国……（广 70）

[①] 此字《广异记》及《太平广记》"张守珪"条均作"城"，但"西城胡僧"疑为"西域胡僧"之误。

（11）乃装金银罗锦二十驮……（传118）

3. 另有计量单位词用法，据王建军（2008）研究，在敦煌社邑文书中，有个特殊计量粮食的容量量词"驮"，用例如：

（12）若有不药（乐）社事，罚麦伍驮。（斯五六二九）[①]

王建军（2008）引宁可、郝春文《敦煌社邑文书辑校》谓："隋唐的'驮'有两种：一是汉名，一为吐蕃量制，敦煌遗书中的驮通为蕃驮。"如此说确实，则上引例（6—8）中的"驮"或亦为计量单位词，对此我们没有专门研究，仅转引如上。

（三）本期之后，量词"驮"还在使用，元许衡《和吴行甫雨雹韵》诗："今年金缯满千驮。"《二刻拍案惊奇》卷27："群盗齐把金银装在囊中，驮在马背上，有二十驮。"清毕沅《续资治通鉴·宋孝宗淳熙四年》："今宕昌四尺四寸下驷一匹，其价率用十驮茶。"现代小说里还偶有人使用这个量词，《现代汉语词典》等辞书也收入了这个词的量词义项。但随着交通工具的进步，以畜力驮运货物越来越少，量词"驮"用得越来越少了。

八、尾

《说文》："尾，微也。从到毛在尸后，古人或饰系尾……"意谓古人的尾饰，与量词没有直接关系。《玉篇》："尾，脊尽处也，鸟兽鱼虫皆有之。"指尾巴，《诗·小雅·鱼藻》："鱼在在藻，有莘其尾。"每条鱼有一个尾巴，故以"尾"计鱼。最早可能见于南北朝，《能改斋漫录》卷2："鱼亦可以称尾，宋（按：指刘宋）沈悠之使范云饷……

---

① 转引自王建军（2008）。

柳世隆鱼三十尾。"[1] 但此系他人转述，只能备考。本期之例罕见：

有鱼数百尾，方来会石下。（柳宗元《游黄溪记》）

柳宗元自注："楚越之人数鱼以尾不以头。"故"尾"在当时可能还仅是南方方言。后来就不限于此了，宋李觏《寄祖必丞》诗："肥鱼斫千尾。"且一度不限于量鱼，更可量畜类乃至舟船，如苏轼《过新息留示乡人任师中》诗"为买乌犍三百尾"，梅尧臣《阻风秦淮令狐度支寄酒》诗"江船百尾泊深湾"。近现代则复专量鱼，《红楼梦》26回："这么长一尾新鲜的鲟鱼。"《儒林外史》27回："当下鲍家买了一尾鱼。"现代"尾"跟"条"并用于量鱼，只是"条"的其他功能很多，"尾"专用于鱼。

此外，用于称量动物的量词还有"窠"（量成群的动物，见本章第二节）、"辈"（见本章第三节）、"角"（量牛及牛角，见本章第九节）、"群"（量成群的动物，见第三章第二节）、"口"（量羊、狼等，见本章第三节）、"封"（量骆驼，见本章第十节）、"首"（量蝉，见本章第十一节）、"对"（量成对的动物，见第三章第一节）、"双"（量成双的动物，见第三章第一节）、"联"（量某些成对的动物，见本章第十一节）、"队"（量排列成队的动物，见第三章第二节）。

第二节 量植物

一、株

（一）《说文·木部》："株，木根也。"徐锴《系传》："入土曰根，

---

[1] 转引自赵中方（1991）。

在土上者曰株。"《韩非子·五蠹》："田中有株，兔走触株，折颈而死。"这是指露出地面上的树桩。此外也可泛指草木，如汉焦赣《易林·观之巽》："泽枯无鱼，山童无株。"

（二）"株"自南北朝始用为量词，草木皆有根株，故以部分量整体，称量树木与草本植物，前者之例如《世说新语·言语》："斋前种一株松。"后者之例如《宋书·符瑞志》："山中生紫芝一株。"刘世儒（1965：97—98）认为这个量词的用法"始终没有超出'植物'这个范围而向外扩展一步；在南北朝是如此，在后来仍然是如此……"这未免武断了，在南北朝确是如此，后来不全如此，看下文4、5两类例句，起码在唐诗中就曾超出植物的范围，这或与诗歌的语言特点有关。

（三）本期量草木仍是"株"的主要功能，但不限于此。

1. 量树木，此类最多。

（1）九十九，临崖摧残一株柳。（敦辞1325）

（2）三寸利刀开旷路，万株榛棘拥身生。（祖123）

（3）房前大桐四株，五月繁茂，一朝凋尽。（同上84）

（4）其时园内，新果万株，含青吐绿……（游仙窟，近代19）

（5）窗外一株梅，寒花五出开。（杨炯诗，612）

（6）苍苍三株树，冥目焉能攀。（李白诗，1675）

（7）楼东一株桃，枝叶拂青烟。（同上，1772）

（8）更有阮郎迷路处，万株红树一溪深。（卢纶诗，3142）

（9）小树两株柏，新土三尺坟。（白居易诗，4658）

（10）桂林须产千株桂，未解当天影日开。（曹邺诗，6880）

（11）不求千涧水，止要两株松。（大愚诗，9297）

（12）异木几十株，林条冒檐楹。（元结诗，2714）

（13）手种黄柑二百株，春来新叶遍城隅。（柳宗元诗，3939）

（14）仁杰淫祠废欲无，枯枫老栎两三株。（熊孺登诗，5420）

（15）奈何以数株小柏而杀大臣？（大唐56）

（16）仆虽不佞，亦相公一株桃李也。（摭68）

（17）至寺北百余步，有葡萄一株。（宣63）

（18）井东北数十步有楚昭王庙，有旧时高木万株……（韩集685）

其中例（16）以桃李喻学生，但表层意义仍量树木。

2. 量花及草本植物。

（19）庭前一株花，芬芳独自好。（敦辞1679）

（20）师入园中，见一株菜……（祖394）

（21）拨弃潭州百斛酒，芜没潇岸千株菊。（杜甫诗，2381）

（22）倾摧千仞壁，枯歇一株兰。（贯休诗，9365）

（23）居邻北郭古寺空，杏花两株能白红。（韩愈诗，3791）

（24）石榴未拆梅犹小，爱此山花四五株。（张祜诗，5849）

3. 量竹。

（25）一畦云薤三株竹，席上先生未是贫。（徐夤诗，8188）

4. 除量植物，"株"还有一些特殊用法。或许因犀角形似竹笋，或许因犀角细长，形似树根，就使株与犀联系起来了。

（26）尚食为盘三百面，引行先托一株犀。（敦辞718）

（27）迸出班犀数十株，更添幽景向蓬壶。（徐光溥《同刘侍郎咏笋》诗，8638）

（28）遥知贼胆纵横破，绕帐生犀一万株。（陆龟蒙诗，7209）

例（26、27）是以"犀"喻竹，例（28）则因犀甲可以为铠甲，犀牛又极凶悍，故以之喻兵。"生犀一万株"，乃一万劲兵之意。还有一例以"株"量线香可能亦因其形状细长之故：

（29）重一箧，香十株，赤金瓜子兼杂麸。（李贺诗，4438）

这样的搭配历代均很罕见。不过李贺的语言本就新奇独特，只能视为一个特例。

5. 更进一步，本期还有一种新的搭配，即以"株"量玉、石。

（30）千峰笋石千株玉，万树松萝万朵银。（元稹诗，4568）

（31）巉岩玉九株，秀湿掩苍梧。（贯休诗，9340）

（32）曲江晴影石千株，吾子思归梦断初。（齐己诗，9542）

（33）思量江令意，爱石甚悠悠……两株荒草里，千古暮江头。（同上，9477）

例（30）的"千株玉"比喻落满晶莹白雪的石峰，这是此前的语料中未曾见到的。

6. 最后一类是"株"与形容词搭配。

（34）豪少居连鹓鹊东，千金使买一株红。（刘言史诗，5323）

（35）不独闲花不共时，一株寒艳尚参差。（方干诗，7466）

（36）一株金染密，数亩碧鲜疏。（徐凝诗，5376）

（37）一株繁艳春城尽，双树慈门忍草生。（李绅诗，5484）

"株"与形容词搭配也属于"非典型数量名结构"，实际它所称量的是花树。这时若数词为"一"，"一株"即"满株"，如"一株红"就是一棵开满红花的树，带有夸张的意味。这在第九章里还会谈到。

"株"与量词"根、树"用法互有异同,详细比较见下文"三、树"。

(四)唐五代是量词"株"用法最丰富的时期,这或与唐诗语言运用有关。此后,它的功能一直比较单一,只量树木、花草。宋诗偶见以之量石,如苏轼《次韵刘京兆石林亭之作》:"况此百株石,鸿毛于泰山。"现代量植物较多见于书面语,口语虽可用,但不及本期以后产生的"棵"普遍。

二、根

(一)《说文》:"根,木株也。"本为名词,指草木的根,《左传·隐公八年》:"绝其本根,勿使能殖。"因植物有根而以"根"量之,始见于南北朝。首先称量生长着的植物,如《水经注·沁水》:"庙侧有攒柏数百根。"《齐民要术·种槐柳楸梓梧柞》:"一亩,二千一百六十根,三十亩,六万四千八百根。"后延伸量无根之木,如《魏书·崔亮列传》:"山水暴至,浮出长木数百根。"另外还可称量其他带根之物,如须毛,《十六国春秋·前赵录》:"须髯不过百余根。"(参见刘世儒 1965:95—96)

(二)本期语料中量词"根"不是一个高频词,敦煌变文偶见,《全唐诗》连重出者仅近10例。所量亦未出前代范围。

1. 量成株的植物。

(1)白怀洛负左憧熹枣树壹根。(吐鲁番文书,洪书A265)

(2)陶(萄)内有枣树大小拾根。(同上)

(3)路隐千根树,门开万仞峰。(刘得仁诗,6299)

(4)千根池里藕,一朵火中花。(贾岛诗,6675)

(5)闻听说五岳,穷遍一根莲。(李洞诗,8284)

（6）奉乞桃栽一百根，春前为送浣花村。（杜甫诗，2448）

（7）老力安可夸，秋海萍一根。（孟郊诗，4266）

（8）天生灵草生灵地，误生人间人不贵。独君井上有一根。始觉人间众芳异。（皎然诗，9264）

（9）斫石种松子，数根（一作株）侵杳冥。（许浑诗，6061）

2. 量木、木棒。

（10）人执一根车辐棒，打着从头面掩沙。（敦校130）

（11）糯木伍拾壹根，胡箦贰拾面……（吐鲁番文书，洪书A265）

（12）禅师造寺，诸方施木数千根，卧在谷口。（朝40）

3. 量毛发。

（13）……鸡鸣惊觉，自是生须数十根。（酉84）

（14）（鸷鹰）其背毛、并两翅大翎覆翮、及尾毛十二根等并拔之，两翅大毛合四十四枝、覆翮翎亦四十四枝。（同上193）

"根"与量词"株、树"用法互有异同，详细比较见下文"三、树"。

（三）这一量词后世变化不太大，但近现代一般不再用于整株的树木，只能说"一根木棍、两根竹子"，更常见的是用于纤细的物品。《红楼梦》44回："（凤姐）说着，回头向头上拔下一根簪子来，向那丫头嘴上乱戳。"66回："（柳湘莲）掣出那股雄剑，将万根烦恼丝一挥而尽。"艾芜《人生哲学的一课》："只是每一条骨髓中，每一根血管里……都燃烧着一个原始的单纯念头：我要活下去。"

三、树

（一）《说文·木部》："树，生植之总名。"是木本植物的总称，在先秦与"木"为同义词,如《左传·昭公二年》:"有嘉树焉,宣子誉之。"但据汪维辉(2000:81—83)研究,先秦表"树木"的概念以用"木"为常,而"树"则更多用为动词,如在《尚书》《易经》《论语》《孟子》里均为动词。至《史记》表"树木"虽仍以"木"为常,不过"树"做名词已大为增多,其中动、名二义出现次数之比为30:22。

(二)汉代开始有了量词"树",称量各种不同的树木,如《史记·货殖列传》:"安邑千树枣;燕、秦千树栗;蜀、汉、江陵千树橘;淮北、常山已南,河济之间千树荻……"①刘世儒说量词"树"与"株、根"功能相同,《魏书·食货志》中曾有"桑五十树,枣五株,榆三根"这样并列的用法,所以他认为"树"在南北朝就开始衰退,有渐被"株、根"取代之势。(参见刘世儒1965:158—159)

(三)然而考察本期材料,量词"树"并未被取代,请看实例:

1. 做个体量词,量各种树木。

(1)一树涧生松,迥向长林起。(敦辞397)

(2)一百终,坟前几树凌霜松。(同上1332)

(3)霜中千树橘,月下五湖人。(陈羽诗,3890)

(4)一树寒梅白玉条,迥临林村傍溪桥。(张谓诗,2022)

---

① 太田辰夫(2003:150)认为《史记》里的这几个"树"与其说是量词"还不如认为,因为它和后面的词构成修饰关系或补充关系,'枣'和'梨'不是指果实,而是指果树……总之,在计数的时候用量词应该是时代再晚一点的事"。但从《史记·货殖列传》中的其他量词与汉魏时期"树"的诸多量词用例来看,"树"及其他一批量词在汉代已经发展得比较成熟了。汪维辉(2000:82)也认为,说这几个"树"是量词应该不成问题。

（5）无端千树柳，更拂一条溪。（杜牧诗，5970）

（6）官罢得丝发，好买百树桑。（同上，5942）

（7）南馆西轩两树樱，春条长足夏阴成。（白居易诗，4960）

（8）新屋五六间，古槐八九树。（同上，4786）

（9）草圣数行留坏壁，木奴千树属邻家。（刘禹锡诗，4120）

（10）贫儿二亩地，干枯十树桑。（王梵志诗，唐外 351）

以上例句半数出自敦煌歌辞及白居易、王梵志等以口语入诗的作品，杜牧、刘禹锡等人诗作也比较通俗，应能代表当时的口语，不会都是仿古或书面语成分。所以本期的个体量词"树"尚未被取代，仅《全唐诗》就有 30 多例。

2. 做临时量词。

A. 量树上的花、鸟、虫等。

（11）千树夜（野）花光灿烂，一溪流水渌潺潺。（敦校 513）

（12）千山白雪分明在，万树红花暗欲开。（同上 531）

（13）无端略入后园看，羞煞庭中数树花。（敦辞 267）

（14）几树晴葩映水开，乱红狼籍点苍苔。（何希尧诗，5746）

（15）千树梨花百壶酒，共君论饮莫论诗。（曹唐诗，7351）

（16）隔帘惟见中庭草，一树山榴依旧开。（刘禹锡诗，4119）

（17）残花半树悄无语，细雨满天风似愁。（崔橹诗，9995）

（18）衡阳旧寺秋归去，门锁寒潭几树蝉。（周贺诗，5731）

（19）绕殿流莺凡几树，当蹊乱蝶许多丛。（张说诗，960）

B. 因修辞关系形成的与风、烟、霜、雪、姿、色等搭配。

（20）琴尊剑鹤谁将去，惟锁山斋一树风。（方干诗，7501）

（21）经年荒草侵幽迳，几树西风锁敝庐。（黄滔诗，8114）

（22）袅袅古堤边，青青一树烟。（雍裕之诗，5349）

（23）零叶翻红万树霜，玉莲开蕊暖泉香。（杜牧诗，6004）

（24）闻道郭西千树雪，欲将君去醉如何？（韩愈诗，3842）

（25）一树浓姿独看来，秋庭暮雨类轻埃。（李商隐诗，6184）

（26）青青一树伤心色，曾入几人离恨中。（白居易诗，4946）

（27）驱使鬼神功，攒栽万树红。（章孝标诗，5759）

（28）一溪寒色渔收网，半树斜阳鸟傍巢。（杜荀鹤诗，7958）

例（28）中的"斜阳"系指代"夕阳的余光"。

（四）"树"与"株、根"之比较。

"树"既然未被"株、根"取代，三者有何异同呢？

相同之处是它们都经常称量各种名目的树木，尤其是"树"与"株"称量松、柏、桑、柳、梅、樱、桃、杏、橘之例都很常见。

不同之处是：首先，"株、根"除量大树还可量花草，又因它们本义都是植物的根部，在形态上与条形物相关，所以"株"可量细长的石、玉乃至线香，"根"可量木棒、毛发，这是量词"树"不具备的功能。这一点很易区分和理解。难点在于"株"和"树"在看似称量相同的对象时，如"数株花"和"一树花"，二者有何不同。

从整个词汇体系来看，至晚从东汉起，名词的"树"已取代"木"成为表示"木本植物"这一概念的最常用基本词，此后至今两千年来树木统称为"树"的格局迄未改变。（汪维辉 2000：81—86）隋唐五代也不例外，具体用例非常普遍，唐诗中就可随意举出"鸟宿池中树"（贾岛）、"万壑树参天"（王维）等。因此"树"做量词使用，有时会受其名词性的干扰，形成临时量词的功能。如例（11—17）各句所量均为开在树上成丛成堆的花（包括晴葩、山榴），"一树花"是满树的花，而不是一朵花，"残花半树"是历经风雨后剩下的花，更不会是半棵树。这些例中的"树"词汇意义很强，只能是临时量词。相比之下，"株"的词汇意义较窄，应用也不那么普遍，使它得以专一地充当个体量词。如《全唐诗》以"株"量花者仅两见："数株花下逢珠翠"（章碣，7650）、"爱此山花四五株"（张祜，5849），前句的"花下"指树下，说的是满头珠翠的妇人站在大树下面；后句诗题为《樱桃》，"山花"实指开着花的樱桃树。两例中的"株"仍是量树的个体量词。同时由于"株"还可量草本植物，"一株花"可指一棵小草花儿，如果用这个结构指整株树上开着的花，就会发生混淆。至少在唐诗里未见充当临时量词的"株"。再有上文"树"的第3类用法，即跟"风、烟"等结合更是"株"所不具备的。

（五）量词"树"本期之后没有大的变化，唯个体量词的用法日渐书面化。至现代口语很少再有"几树桑、千树柳"之类的说法，而代之以"株"和后来产生的"棵"。剩下的只是临时量词功能，如"一树桃花、满树红枣"等。

四、本

（一）《说文》："本，木下曰本。"义指草木的根，《诗·大雅·荡》："颠沛之揭，枝叶未有害，本实先拨。"或指草茎、树干，《史记·魏其武安侯列传》："枝大于本，胫大于股，不折必披。"

（二）"本"成为量词与"株"一样，都是以部分量整体。这在先秦就已现端倪，如《荀子·富国篇》："今是土之生五谷也，人善治之，则亩数盆,一岁而再获之;然后瓜桃枣李,一本数以盆鼓……"王先谦谓"一本,一株也"[①]。当然王是从语义上解释的,句法上"瓜桃枣李"与"一本"并不是"名词+数量词"的关系;但"本"与数词连用并代替各种树木,为以后发展为量词准备了条件。至汉代就有了成熟的量词"本",如《汉书·循吏传·龚遂》:"(遂)劝民务农桑,令口种一树榆、百本薤、五十本葱、一畦韭。"

(三)魏晋南北朝时期,"本"作为量词有几种不同功能:1.量植物。刘世儒据当时语料指出它偏于量草本,少用于木本,如《十六国春秋》:"每日必于牧暇,采樵二束、菜二本。"汪维辉(2007:127)更明确指出它在《齐民要术》中均量草本植物,有薤、葱、冬瓜等。2.量书本。古人传书各有所本,南朝梁皇侃《论语义疏叙》谓《论语》遭秦火后的传承"遂有三本:一曰古论,二曰齐论,三曰鲁论"。在此"本"是"以……为本源、根据"之义。既言《论语》有"三本",量书本的用法由此而生,如《魏书·崔光列传》:"今缮写一本,敢以仰呈。"但"一本书"这样的用法还未见到。3.量衣服。此类古今罕见,例如《南齐书·武帝纪》:"唯装复夹衣各一本。"(参见刘世儒1965:96—97)

(四)本期的量词"本"主要有两类功能。

1.量植物。用例多出自文人诗文,敦煌文书及《祖堂集》未见。与此前不同的是,它量草、树之例都很常见,并不偏于量草。

[①] 见《荀子集解》。又方孝博亦谓"一本即一株"。见《荀子选》61页,人民文学出版社,1958年。

A. 量草本植物。

（1）百本败荷鱼不动，一枝寒菊蝶空迷。（张贲诗，7236）

（2）芙蓉池里叶田田，一本双花出碧泉。（姚合诗，5706）

（3）投以小石，当有水芝一本自出。（集 25）

（4）京城贵游，尚牡丹三十余年矣……一本有直数万者。（国史 45）

（5）去宅一里所，但见人参一本，枝叶峻茂。（《隋书·五行志下》）

B. 量木、竹。

（6）有木名杜梨……四旁五六本，枝叶相交错。（白居易诗，4686）

（7）二京曾见画图中，数本芳菲色不同。（郑谷《荔枝树》诗，7738）

（8）一架三百本，绿沉森冥冥。（皮日休《新竹》诗，7032）

（9）有松一本立于庭……（独 17）

（10）其理无刑名桎梏之具，犯罪者以竹五十本束之……（《旧唐书·南蛮西南蛮列传·骠国》）

（11）植松杉楠柽桧一万本。（白集 1460）

2. 量文书、书本。此类在变文、《祖堂集》及各类诗文中均不罕见：

（12）（前文述《大云经》）崔子玉遂依帝命取纸，一依前功德数抄写一本……（敦校 322）

（13）业官启言大王："青提夫人〔亡来〕已经三载，配罪案

总在天曹录事司太山都尉一本。"(同上 1027)

（14）（草堂和尚）制数本大乘经论《疏钞》、《禅诠》百卷、《礼忏》等，见传域内。(祖 169)

（15）大师问："见说座主讲得六十本经论，是不？"(同上 360)

（16）但是洛阳城里客，家传一本杏殇诗。(王建诗，3434)

（17）愿书万本诵万遍，口角流沫右手胝。(李商隐《韩碑》诗，6154)

（18）以下一本俱作于邺诗。(于武陵诗《感怀》题注，6895)

（19）三年一造户籍。……天下籍始造四本，京师及东京尚书省、户部各贮一本……(《旧唐书·食货志上》)

（20）既盟则贰之。贰之者，写两本盟书：一埋盟处，一藏盟府也。(《左传·襄公十一年》孔疏，十三经 1951)

（21）历城县魏明寺中有韩公碑……魏公曾令人遍录州界石碑，言此碑词义最善，常藏一本于枕中，故家人名此枕为麒麟函。(酉 112)

（22）就求第一本视之，笔迹宛有书石之态。(集 8)

细考本期用例，可以看出"本"之所量，着重在书籍流传的版本、存本，而不是具体书本的数量。今天说"桌上堆着几十本书"，可能是同一种教材，准备发给每个学生的。当时在这个意义上的计量多用"轴"，参见本章第十节"轴"条。此外本期"数＋本＋名"格式见于各种不同文献，如"一本杏殇诗、六十本经论、两本盟书"，说明个体量词"本"较前更为成熟。

（五）此后，"本"仍可量植物，如《元史·世祖纪》有"济南路邹平县进芝草一本"的记述,《红楼梦》也有"数本芭蕉"之说(17—18回);但这个词越来越偏重于量书本,并逐渐取代了"轴",且不再着重称量版本。后又发展出量戏曲的段落,"一本"犹一出、一折,例均多见,不赘举。现代口语则不再用于草木,只用于书本及戏曲,由后者引申量一定长度的影片,如"这部电影有 15 本"。

五、科

(一)《说文》:"科,程也。从禾从斗。斗者,量也。"本义品类、等级。《论语·八佾》:"射不主皮,为力不同科。"

(二)魏晋南北朝时,从此义发展出近乎量词的用法,表示类别,如"孔子门徒三千,而唯有此以下十人名为四科……此第一科也"(《论语·先进》皇侃疏),"分大辟为二科"(《魏书·刑罚志》)。刘世儒(1965:146)说这种量词是不易同名词截然分开的。

此外《广雅·释诂》曰:"树、茎、干……科,本也。"同书《释言》:"科,藂也。""藂"即"丛"的俗体,从后来的实际用例看,它做量词所称量的大多是成丛的植物。北魏贾思勰著《齐民要术·种谷》即有以之量谷苗之例:"凡五谷唯小锄为良,良田,率一尺留一科。"这就已是个体量词了。①

(三)本期的量词"科"。

1. 量植物,如:

(1)润息村田更不过,无论夏麦与秋禾。三升今岁垄三亩,

---

① 我在《唐代诗文小说中名量词的运用》一文里曾将"科"列为唐代新兴量词,洪艺芳(2000)指出了这一疏漏,此例亦引自她的书(264 页)。

一粒来年收一科。(敦校 933)

(2) 昔日万乘坟，今成一科蓬。(李白诗，1742)

(3) 高添雅兴松千尺，暗养清音竹数科。(谭用之诗，8673)

(4) 瑞麦五科。(白集 1207)

这种用法与量词"窠"相同，二者之比较详见下文"**六、窠**"。

2. 表示类别，应视为准量词，如：

(5) 四科弟子称文学，五马诸侯是绣衣。(清江诗，9147)

(6) 拟占名场第一科，龙门十上困风波。(刘复诗，3470)

(7) 颜子将才应四科，料量时辈更谁过。(李涉诗，5437)

(8) 惆怅八科残四在，两人荣闹两人闲。(白居易诗，5077)

这里所指的不是一般的类别，而是科举考试中分科取士的"科"，且作为量词它是不自由的，多数只出现在"数+科"中，更接近名词；只有第(5)例的"四科弟子"似乎像"数量名"结构，但仔细分析，其实是指"四科中的弟子"，"科"并不能称量各种人物。总之，第2类的"科"与刘书所举《魏书》等例一脉相承，属于准量词。

(四)量词"科"此后仍沿用，如宋陈与义《秋雨》诗"菜圃已添三万科"，元曾瑞《端正好·自序》"黄菊东篱栽数科"，清章炳麟在《新方言·释植物》中仍称"今人谓一本树，或曰一株，或曰一科"。但大约从明代开始出现了新生量词"棵"，它专用于量个体的草木，在近代白话中渐渐代替了"科、窠"乃至"树"。《西游记》同时有"科"和"棵"，第2回："摇身一变，就变做一科松树。" 19 回："掣钉钯，把一棵九叉树钯倒。"至《红楼梦》"科"却只用于"前科的探花"(第2回)、"乙卯科进士"(13 回)等，不再做量词，量草木皆用"棵"。

现代的"科"也不再量植物，只做准量词，多用于学科门类，如"大学分文理医农几科"。也用于生物学分类，同一目下分若干科，如松柏目有松、杉、柏诸科。

六、窠

（一）《说文》："窠，空也。穴中曰窠，树上曰巢。"本义鸟窝，左思《蜀都赋》："穴宅奇兽，窠宿异禽。"也可为其他动物的窝。作为量词最早见于南北朝，量同穴生长的成丛植物，《齐民要术·安石榴》："栽石榴法……八九枝共为一窠，烧下头二寸。"

（二）本期的"窠"。

1. 量植物。

用于植物时，"窠"所量多为丛生的灌木，如上引《齐民要术》所谓"八九枝共为一窠"者，即一株，故仍系个体量词。《王力古汉语字典》对"窠"的解释为："通'棵'。量词。植物一株。"所举之例同例（6）。

（1）牡丹昨日吐深红，移向新城殿院中。欲得且留颜色好，每窠皆着碧纱笼。（敦辞717）

（2）大仪前日暖房来，嘱向朝阳乞药栽。敕赐一窠红踯躅，谢恩未了奏花开。（花蕊夫人诗，8980）

（3）眼前无奈蜀葵何，浅紫深红数百窠。（陈标诗，5771）

（4）秋风多，雨如和，帘外芭蕉三两窠。（李煜词，10043）

（5）至汾州众香寺，得白牡丹一窠……（酉185）[①]

[①] 本例出自唐段成式《酉阳杂俎》卷19。洪艺芳（2000：265）引此句时"窠"作"棵"，恐版本有误，"棵"系后起字，用作量词未见早于明代之例。

（6）兴唐寺有牡丹一窠，元和中，著花一千二百朵。（同上 186）

（7）……童子寺有竹一窠，才长数尺。（同上 288）

2. 量印章及印记。

（8）六窠只佩诸侯印，争比从天拥册归。（黄滔诗，8121）

（9）衲补云千片，香烧印（一作焚篆）一窠。（唐求诗，8306）

（10）（石柜）每面各有朱记七窠，文若谬篆，而又屈曲勾连，不可知识。（集 34）

（11）仍以紫印九窠，回旋印之。（同上）

《汉语大词典》"窠"字条谓此类用同"颗"，但我们所见材料只量印章，未见用于其他颗粒状物。

3. 量成群的动物，只得一例：

（12）忽见一窠蚁子，壤壤遍地而行，莫知其数。（敦校 558）

"一窠蚁子"显系多数，"窠"似为集合量词，因材料少，对其量动物的情况不能做更多分析。

（三）"窠"与"科"的异同。

"科、窠"上古同属歌部，中古同为平声戈韵溪母，苦禾切，做量词常通用，都可量植物。区别是"科"可表科举的"科，窠"可量一窝动物及印章，这时两者不能互换。

（四）本期之后，"窠"量动植物的功能都还存在，宋代"窠"量植物与本期相同，如苏轼诗《答子勉》"欲舞腰身柳一窠"，明陶宗仪《辍耕录》卷 23 "（扬州白菜）有膂力人所负才四五窠耳"，这都相当于后起的个体量词"棵"。量动物时皆为集合量词，如《平妖传》

第 7 回：“这窠鸡卵都没用了……”到了现代，量动、植物的功能已分别由"窝、棵"承担，量词"窠"基本不再使用。①

七、茎

（一）《说文》："茎，枝柱也。"本义指草木的主干，如《楚辞·九歌·少司命》："秋兰兮青青，绿叶兮紫茎。"至于其量词功能，刘世儒认为汉代尚未产生，他举"胥宫园中枣树生十余茎，茎正赤"（《汉书·广陵厉王传》）等例，证明当时"茎"即使与数词连用，也还不具备量词的性质（刘世儒 1965：100）。但此说不确，东汉张仲景《伤寒论·通脉四逆汤方》有"面色赤者，加葱九茎"之说，又有《居延汉简》"木二茎"之例（《居延汉简甲乙编》），还有更接近口语的例子，如三国时代支谦译《佛说太子瑞应本起经》："……与五茎华，自留二枚。"所以用于草木的量词"茎"在后汉确已出现了。（参见洪艺芳 2000：267）

（二）至魏晋南北朝，"茎"仍量草木，如江淹《草木颂》："所爱两株树、十茎草之间耳。"此外又可量人身上生的毛，如《魏书·灵微志》："右手大拇甲下生毛九茎。"（参见刘世儒 1965：100—101）

（三）本期"茎"基本保持了前期的性质，主要可分以下几类。

1. 量花草及树木枝条。

（1）贤劫初时，香水弥满，中有千茎大莲华。（祖 15）

（2）师云："你若随我，衔一茎草来。"（同上 405）

---

① 《现代汉语常用量词词典》"窠"字条作为量鸟兽、昆虫的三个例子分别出自《齐鲁晚报》《上海市区方言志》《简明吴方言词典》，实际均为方言，普通话没有这个量词。

（3）欲种数茎苇，出门来往频。（姚合诗，5706）

　　（4）何处邀将归画府，数茎红蓼一渔船。（谭用之诗，8670）

　　（5）学咬两茎菜，言与祖师齐。（拾得诗，9108）

　　（6）纤草数茎胜静地，幽禽忽至似佳宾。（刘禹锡诗，4071）

　　（7）中生白芙蓉，菡萏三百茎。（白居易诗，4671）

　　（8）况此风中柳，枝条千万茎。（元稹诗，4482）

　　（9）成都百姓郭远，因樵获瑞木一茎。（酉173）

　　（10）采得前件（引者按：指娑罗树）树枝二百茎……（同上174）

　　（11）留连永日，命设食，有蒸豆两瓯，菜数茎而已……（明53）

有时"茎"看似量词，如段成式诗"九茎仙草真难得"（6769），但此句是说一棵生有九枝茎的草很难得，"茎"是名词，不是量词。古今兼具量、名两种词性的词比比皆是。

2. 量竹。与前期相比，本期"茎"有一个突出特点，即在所量植物中竹占了很大的比例，这可能跟众多诗人喜欢咏竹有关，例如：

　　（12）无妨数茎竹，时有萧萧声。（施肩吾诗，5588）

　　（13）点检生涯与官职，一茎野竹在身边。（朱庆余诗，5893）

　　（14）三茎瘦竹两株松，瑟瑟愔愔韵且同。（齐己诗，9561）

　　（15）静扫空房唯独坐，千茎秋竹在檐前。（张籍诗，4359）

　　（16）新昌七株松，依仁万茎竹。（白居易诗，4994）

　　（17）野塘水边埼岸侧，森森两丛十五茎……西丛七茎劲而健，省向天竺寺前石上见。东丛八茎疏且寒，忆曾湘妃庙里雨中看。（同

上《画竹歌》，4816）

（18）西斋新竹两三茎，也有风敲碎玉声。（刘兼诗，8695）

（19）檐下疏篁十二茎，襄阳从事寄幽情。（柳宗元诗，3934）

（20）一茎青竹以为杖，数颗仙桃仍未餐。（护国诗，9139）

（21）养一箔蚕供钓线，种千茎竹作渔竿。（杜荀鹤诗，7968）

量竹还包括枝及笋：

（22）竹枝待凤千茎直，柳树迎风一向斜。（元稹诗，4574）

（23）家泉石眼两三茎，晓看阴根紫脉生。（李贺诗《昌谷北园新笋四首之三》，4409）

3. 量手杖、钓竿、撑篙等，这些大都以竹为之，例（20、21、24、25）就清楚反映了这种关系。

（24）六尺白藤床，一茎青竹杖。（白居易诗，5126）

（25）一茎竹篙别船尾，两幅青幕覆船头。（同上，5015）

在《全唐诗》中，以上各类"数词+茎"结构共40例，其中量草木仅7例，量竹、竹枝、竹笋28例，另有量竹杖、竹篙者5例，可见以"茎"量竹类的比例是很高的。

4. 量毛发、髭须等。

（26）若无人道，老僧不惜两茎眉毛道去也。（祖201）

（27）侍者便问："如何是这里佛法？"师抽一茎布毛示，侍者便悟。（同上86）

（28）今日一茎新白发，懒骑官马到幽州。（窦巩诗，3052）

（29）才吟五字句，又白几茎髭。（方干诗，7444）

（30）八月夜长乡思切，鬓边添得几茎丝。（韩偓诗，7805）

（31）六岁蜀城守，千茎蓬鬓丝。（武元衡诗，3549）

（32）一卷素书消永日，数茎斑发对秋风。（刘禹锡诗，4054）

（33）往绪心千结，新丝鬓百茎。（元稹诗，4514）

（34）年来白发两三茎，忆别君时髭未生。（白居易诗，4844）

（35）鬓发茎茎白，光阴寸寸流。（同上，4932）

（36）百补袈裟一比丘，数茎长睫覆青眸。（徐凝诗，5380）

（37）吟安一个字，捻断数茎须。（卢延让诗，8212）

（38）若见儒公凭寄语，数茎霜鬓已惊秋。（薛逢诗，6331）

（39）项有一丛白毛，数之得四十九茎。（独41）

量毛发的例子很多，仅《全唐诗》即有68例，其中也有以霜、雪来指代白发：

（40）莫道少年头不白，君看潘岳几茎霜。（杜牧诗，6029）

（41）衰鬓千茎雪，他乡一树花。（司空曙诗，3333）

毛发与植株同是细长的，故可以"茎"量之，这时的量词"茎"距名词本义更远，也是更为成熟的量词。

（四）本期之后，很长一段时间内"茎"依旧量植物及毛发，《水浒传》105回："宋军不曾烧毁半茎柴草……"《儒林外史》27回："他当日来的时候，只得头上几茎黄毛……"此后口语中渐被"根"取代，与《儒林外史》几乎同时的《红楼梦》66回："（柳湘莲）掣出那股雄剑，将万根烦恼丝一挥而尽。"此书对话里就没有量词"茎"，"根并荷花一茎香"（第5回）是诗，也不属典型的量词。现代仍限于书面语，如谌容《人到中年》："'一茎瘦草！'望着奄奄一息的陆文婷，一种怜悯之情，从他心中油然而生。"《现代汉语量词用法词典》指出"茎"

与"根"都计量细长有根的东西，但"语体色彩不同，'茎'用于书面语，较文雅；'根'书面语、口语均可用，较为通俗、浅白"。

八、竿

（一）《说文》："竿，竹梃也。"其本义指竹的主干，亦可指竹制之钓竿、旗竿等，如《诗·卫风·竹竿》："籊籊竹竿，以钓于淇。"贾谊《新书·过秦论》："斩木为兵，揭竿为旗。"名词"竿"的语义、用法一直比较单纯，使用率也不太高。[①]

（二）以"竿"量物始见于魏晋南北朝，只用于竹，如《搜神记》卷5"俄而被风飐竹数竿……"，庾信《小园赋》"一寸二寸之鱼，三竿两竿之竹"。

（三）本期的量词"竿"。

1. 主要仍用于竹及其别称，且多见于诗歌中。

（1）千枝与万枝，不如一竿竹。（卢士衡诗，8408）

（2）平生憩息地，必种数竿竹。（杜甫诗，2332）

（3）不爱君池东十丛菊，不爱君池南万竿竹。（白居易诗，4979）

（4）四五百竿竹，二三千卷书。（李洞诗，8272）

（5）老鹤两三只，新篁千万竿。（同上，5153）

（6）停车欲去绕丛竹，偏爱新筠十数竿。（韦应物诗，1913）

（7）一船明月一竿竹，家住五湖归去来。（罗隐诗，7531）

[①]《十三经》中"竿"只4见，除《尔雅》系释义外，实际语言运用只2例：前文举《诗》2例，《左传·定公九年》1例："竿旄何以告之，取其忠也。"其他如《世说新语》仅1见，而《论衡》中出现8次，却有7次集中于《说日篇》及《须颂篇》的两小段，均谈论以竿测长度这同一个话题。此外，"竿"又指竹简，用例不多。

(8)不日即登坛,枪旗一万竿。(贾岛诗,6673)

例(7)表面量"竹",实指钓竿;例(8)直接与"枪旗"搭配,而上引贾谊文就有"揭竿为旗"之说。

散文中的同类用例所见不多:

(9)沔初入水,若有人授竹一竿,随波出没。(酉269)

此例所授之竹应是充作救生器具的粗大竹竿。

2. 在诗歌中与"竿"组合的还有一些特殊的对象,如:

(10)即问渔翁何所有?一壶清酒一竿风。(敦辞601)

(11)空持一竿饵,有意渔鲸鱼。(陆龟蒙诗,7118)

(12)一壶酒,一竿身,快活如侬有几人?(李煜词,10043)

风本无形,随竿而动,例(10)以此表现渔翁一无所有;例(11)以"竿"称饵,意指一只钓钩上所有的钓饵,"竿"似乎是容器量词;这些搭配口语里是没有的。例(12)形式上量身,"一竿身"可理解为一个持竿独钓之人,也可说是孤身一人,犹如今天所谓的"光杆儿一人"。参见第九章第九节。

3. "竿"还有一种非标准计量单位词的用法,常用于表示人所看到的日出或日落时距地面的高度,如:

(13)日出三竿春雾消,江头蜀客驻兰桡。(刘禹锡诗,395)

(14)日出两竿鱼正食,一家欢笑在南池。(李郢诗,6855)

(15)两竿落日溪桥上,半缕轻烟柳影中。(杜牧诗,5966)

(16)待得华胥春梦觉,半竿斜日下厢风。(吴融诗,7878)

(四)此后,量词"竿"的用法没有大的变化,既可量竹,如《儒林外史》49回:"屏后有竹子百十竿。"也可约计太阳距地面的高度,如宋杨万里《驾幸聚景晚归有旨次日歇泊》诗:"赐休又得明朝睡,不问三竿与两竿。"现代量竹一般用"根、棵","竿"则多用于文学语言,陈毅《由北京到广州》诗:"清水池塘傍茅舍,鸢飞鱼跃竹万竿。"至于表示日出日落的高度,往往出现在惯用的格式里,如"日上三竿"。

九、枝

(一)《说文》:"枝,木别生条也。"本义树的枝条,《庄子·山木》:"庄子行于山中,见大木枝叶盛茂。"引申为分支、歧出的、旁系的,《吕氏春秋·慎行》:"尽杀崔杼之妻子及枝属。"《列子·杨朱》:"吞舟之鱼,不游枝流。""枝"跟数词连用的较早之例如《吕氏春秋·求人》:"啁噍巢于林,不过一枝。"这里的"枝"仍是名词。

(二)量词"枝"量树枝之类最为合理,量其他事物当由此引申、类推而来。不过目前我们看到的汉代个别用例却均量他物,如《居延汉简》:"所作笔一枝。"(转引自黄盛璋 1961:21)量植物的并未见到,故其在魏晋之前的发展脉络不甚清晰。刘世儒(1965:104—105)说它作为量词在魏晋南北朝时代已不简单,可量植物,如《高僧传·神异篇》"杨柳一枝";扩展为量条状物,如陆云《与兄平原书》"琉璃笔一枝"、《洛阳伽蓝记》卷5"戟二枝"。那时还可量灯、灯光,以至因修辞手法而量"春",如陆凯《赠范晔》诗的"聊赠一枝春",这类用法是在唐代诗歌中大量出现的。

(三)本期的量词"枝"。

1. 量花、叶、树枝、草木等。

(1)化出白象之王……口有六牙,每牙吐七枝莲花。(敦校 565)

（2）一炷名香充供养，百枝花蕊表殷勤。（同上864）

（3）天花落一枝两枝，甘露洒十点五点。（同上861）

（4）一枝花，一盏酒……（敦辞331）

（5）金钗头上缀芳菲。海棠花一枝。（同上610）

（6）沩山把一枝木吹两三下，过与师。（祖370）

《全唐诗》中"数词＋枝"结构共406例（含个别重出），少数"枝"属名词，属量词者多用于植物，如：

（7）盘石垂萝即是家，回头犹看五枝花。（秦系诗，2901）

（8）暮景数枝叶，天风吹汝寒。（杜甫诗，2422）

（9）千枝白露陶潜柳，百尺黄金郭隗台。（罗隐诗，7603）

（10）可怜夜久月明中，唯有坛边一枝竹。（杨衡诗，5289）

（11）不知旧行径，初拳几枝蕨。（李白诗，1860）

（12）闻道旧溪茅屋畔，春风新上数枝藤。（姚合诗，5662）

（13）如何万里计，只在一枝芦。（崔涂诗，7775）

（14）泽国雨荒三径草，秦关雪折一枝筇。（黄滔诗，8127）

（15）千年独鹤两三声，飞下岩前一枝柏。（施肩吾诗，5595）

以下为笔记小说之例：

（16）暮将回，草中见百合苗一枝。（集64）

（17）有枯紫荆数枝蠹折，因伐之，余尺许。（酉187）

（18）合浦有鹿，额上戴科藤一枝，四条直上，各一丈。（同上160）

唐诗里还有量"桂、仙桂"的用例，系用蟾宫折桂之典，以喻金榜题名的人，但表层含义仍量树木。此类不胜枚举，如：

（19）分明一枝桂，堪动楚江滨。（裴说诗，8268）

（20）六枝仙桂最先春，萧洒高辞九陌尘。（罗隐诗，7605）

2. 量竿、杖等由竹、藤制成的条状物。

（21）一枝青竹榜，泛泛绿萍里。（贾岛诗，6675）

（22）飘飘戟带俨相次，二十四枝龙画竿。（温庭筠诗，6695）

（23）自有闲行伴，青藤杖一枝。（唐求，8306）

3. 进而可称量某些硬而直的其他东西，较多的有蜡烛及烛的喻体。

（24）数枝红蜡啼香泪，两面青娥拆瑞莲。（黄滔诗，8115）

（25）夜半醒来红蜡短，一枝寒泪作珊瑚。（皮日休诗，7095）

（26）嫋嫋香英三四枝，亭亭红艳照阶墀。（刘兼《玉烛花》诗，8698）

还有"玉、琼、戟、犀、角"：

（27）九陌华轩争道路，一枝寒玉任烟霜。（杨巨源《奉寄通州元九侍御》诗，3728）

（28）数枝琼玉无由见，空掩柴扉度岁华。（武元衡《春暮寄杜嘉兴昆弟》诗，3574）

（29）阊阖一枝琼，边楼数声笛。（陆龟蒙诗，7132）

（30）好脱儒冠从校尉，一枝长戟六钧弓。（罗隐诗，7548）

（31）不独邯郸新嫁女，四枝鬟上插通犀。（段成式诗，6770）

（32）陇树塞风吹，辽城角几枝。（周朴诗，7697）

"玉、琼"具备硬而直的特性，故例（27）是以"玉"比喻品德高洁的元稹，例（28）以"琼玉"喻杜氏昆弟，例（29）句前有注曰"爱树亭

有故太尉房公诗","琼"用以喻房琯之诗。"枝"甚至可以量炭,或因其由树木烧成,也是条形:

（33）……魏末有人掘井五丈,得一石函,函中得一龟,大如马蹄,积炭五枝于函旁。(酉131)

下例描写丑女,故意用"驴尾一枝枝"来形容她的乱发,但不能因此认定"枝"在日常口语里可量驴尾或头发:

（34）双脚跟头皱又僻,发如驴尾一枝枝。(敦校1103)

4. 量事物的分支。

"枝"又有"分支、歧出的"意思,故还可称量分支、支派,如:

（35）莫是师脚下横出一枝佛法不?（祖82）

（36）艮地生玄旨,（艮地者,东北也。神秀和尚从五祖下,传一枝法在北,自为立宗旨也。）通尊媚亦尊。（同上60）

（37）曹溪一枝,始芳宇宙。（同上92）

（38）路上逢僧礼,脚下六枝分。（……六枝者,牛头融禅师等六祖。）（同上59）

刘世儒（1965:105）称"枝"以量"物"为限,不能量"事",但本期《祖堂集》的用法突破了这个界限,例（35、36）的"佛法、法"是抽象的"事",不是具体的"物"。例（37、38）的"一枝"和"六枝"指的是禅宗里的宗派,也与"物"有别。此外,山、水、路等也可有分支:

（39）一枝曲水,千树山家。（王起诗,5272）

（40）玉峰青云十二枝,金母和云赐瑶姬。（陈陶《巫山高》诗,8475）

（41）门前数枝路，路路车马鸣。（贯休诗，9310）

与"枝"一样具有量事物分支功能的量词还有"支"，见本章二十三节。

5. 因修辞形成的量名搭配。

由于诗歌里的修辞作用，出现一些特殊搭配，形成非典型数量名结构。以上有些例句如（25—29）也是由修辞形成的。下面再集中介绍几种：

A. 跟季节搭配，如：

（42）金榜高悬姓字真，分明折得一枝春。（袁皓诗，6942）

（43）经启楼台千叶曙，锡含风雨一枝秋。（赵嘏诗，6349）

B. 跟风雪、烟雨、云露等自然现象搭配，如：

（44）客吟孤峤月，蝉躁数枝风。（冷朝阳诗，3471）

（45）万枝香雪开已遍，细雨双燕。（温庭筠词，10061）

（46）将谓岑头闲得了，夕阳犹挂数枝云。（成彦雄《松》诗，8627）

（47）孤椁今来巴徼外，一枝烟雨思无穷。（郑谷诗，7738）

（48）万枝朝露学潇湘，杳蔼孤亭白石凉。（陈陶诗，8489）

C. 跟形容词搭配。

（49）佳人自折一枝红，把唱新词曲未终。（司空图诗，7264）

（50）一夜秋声入井桐，数枝危绿怕西风。（陆龟蒙诗，7172）

（51）气度风标合出尘，桂宫何负一枝新。（韦庄诗，8012）

（52）凝情不语一枝芳，独映画帘闲立，绣衣香。（毛熙震词，10117）

（四）此后的量词"枝"功能一直比较单纯，多用于量草木的分枝及细长而坚硬的东西。《水浒传》第5回："鬓旁边插一枝罗皂像生花……"19回："随即取出一张皮靶弓来，搭上一枝响箭……"《红楼梦》31回："他们那边有棵石榴，接连四五枝……"19回："（老耗子）乃拔令箭一枝，遣一能干的小耗前去打听。"至现代，它跟另一同音义近的量词"支"有了较为明确的分工，多称量植物的枝杈，有时也量杆状物，如枪、箭，但不再称量抽象事物的分支。

十、朵

（一）《说文》："朵，树木垂朵朵也。"徐锴《说文系传》："今谓花为一朵，亦取其下垂也。"段注："凡枝叶华实之垂者皆曰朵朵，今人但以一华为一朵。"此字《十三经》仅一见，即《易·颐》之"观我朵颐"，但在此"朵"是"鼓动（腮颊）"义，而非《说文》所载本义。较早的文献里很少有"朵"，更未见用于枝叶华实。名词如北周庾信《春赋》"钗朵多而讶重"，这是借花朵喻钗；杜甫《题新津北桥楼》诗"白花檐外朵，青柳槛前梢"，这才是实指花朵。

（二）量词"朵"始兴于南北朝，但使用频率很低，如"龙眼……一朵五六十颗，作穗如葡萄"（《南方草木状》卷下），"其花深红……日开数百朵"（同前，卷中）。前一例量龙眼果实的"穗"，尚与"下垂"本义相近；后例量花，是传至今日的主要用法。（参见刘世儒1965：188—189）

（三）有人说，"朵"用来称量"花"且用在名词之前最早见于宋代（董志翘2011：103），这不符合事实。与南北朝时期相比，量词"朵"在本期不但用例大增，仅《全唐诗》就有85例，下面例中居于"数量名"结构的例子比比皆是，同时称量对象也扩大了许多。

1. 量花。

（1）池内有两朵莲花，母子各座（坐）一朵。（敦校 440）

（2）一个轮王出世来，一朵优昙花始发。（同上 711）

（3）玉貌细看花一朵，蝉鬓窈窕似神仙。（同上 1106）

（4）十年五岁相看过，为道木兰花一朵。（敦辞 537）

（5）古人为什摩道枯木上生一朵花？（祖 257）

（6）独折南园一朵梅，重寻幽坎已生苔。（杜牧诗，5974）

（7）千朵嫩桃迎晓日，万株垂柳逐和风。（卢真诗，5265）

（8）千根池里藕，一朵火中花。（贾岛诗，6675）

（9）一番春雨吹巢冷，半朵山花咽觜香。（崔橹诗，6569）

（10）樱桃花，一枝两枝千万朵。（元稹诗，4638）

（11）最忆楼花千万朵，偏怜堤柳两三株。（白居易诗，5177）

（12）风切切，深秋月，十朵芙蓉繁艳歇。（尹鹗词，10112）

（13）漳川花，差类海榴，五朵簇生，叶狭长重沓……（酉 281）

（14）……因折牡丹十许朵。（撅 40—41）

2. 量云、烟。

（15）陵母从楚营内，乘一朵黑云，空中惭谢皇帝。（敦校 71）

（16）后又世尊更令上足弟子大目乾连，脚踏一朵紫色祥云，直诣王宫……（敦煌文书 A292）

（17）阆风游云千万朵，惊龙蹴踏飞欲堕。（皎然诗，9256）

（18）平阳池馆枕秦川，门锁南山一朵烟。（王建诗，3414）

（19）天花数朵风吹绽，对舞轻盈瑞香散。（王毂诗，7986）

这种源于比喻的用法直至现代都延续了下来，成为量词"朵"的一项正式功能。

3. 量山。

（20）四五朵山妆雨色，两三行雁帖云秋。（杜荀鹤诗，7973）

（21）他时忆著堪图画，一朵云山二水中。（曹松诗，8243）

（22）万畦香稻蓬葱绿，九朵奇峰扑亚青。（殷文圭诗，8137）

（23）一朵蓬莱在世间，梵王宫阙翠云间。（鲍溶诗，5533）

（24）翠拔千寻直，青危一朵秋。（刘得仁《监试莲花峰》诗，6299）

量山同样源于比喻。例（23）诗题《望江中金山寺》，诗人所见是寺也是山，而以"朵"量之有美化之意。

4. 量妇人妆后的脸颊。

（25）饱食浓妆倚柁楼，两朵红腮花欲绽。（白居易诗，4707）

（26）欹枕残妆一朵，卧枝花。（冯延巳词，10150）

（27）绛衣披拂露盈盈，淡染胭脂一朵轻。（洛下女郎诗，9824）

5. 有时，"朵"与"红、绿、金、银"或季节"春"搭配，实际仍是量花，这种情况跟量词"枝"相似。

（28）灼灼百朵红，戋戋五束素。（白居易诗，4676）

（29）数朵殷红似春在，春愁特此系人肠。（吴融诗，7872）

（30）陶公岂是居贫者，剩有东篱万朵金。（徐夤诗，8152）

（31）千峰笋石千株玉，万树松萝万朵银。（元稹诗，4568）

（32）一架长条万朵春，嫩红深绿小窠匀。（裴说诗，8269）

3、4、5 三类都出自诗词，带有明显的修辞色彩。

（四）本期形成的用法后世仍沿用，除量花常见外，量云亦不少，《水浒传》67回有"似北方一朵乌云"，现代依然。个别作家有些独特的搭配，如郭沫若《星空·海上》："西方的那朵木星哟，又巨，又朗。"这也是文学创作里别出心裁的现象吧。

十一、叶

（一）《说文·艸部》："叶，草木之叶也。"本义植物的叶子。《诗·邶风·匏有苦叶》："匏有苦叶，济有深涉。"又喻亲族，《左传·文公七年》："公族，公室之枝叶也。"此词在先秦使用频率不高，亦未见与数词连用。西汉刘安《淮南子·说山训》"见一叶落而知岁之将暮"当是可见的"数+叶"较早用例，但这时"叶"并非量词。

（二）"叶"做量词始见于南北朝，量轻薄的片状物，如《齐民要术》卷8"作酱等法"："生姜五合，橘皮两叶……"（转引自亓文香2006）或用于植物，但不多见，如《玉台新咏》卷10："桂吐两三枝，兰开四五叶。"

（三）在本期，"叶"量植物仍不多见。《全唐诗》共有"数+叶"的组合226例，但多数不是数量结构：一类用例较多，指叶子、叶片，如王建诗"绕树三两叶"（3422）、梁锽诗"敛形藏一叶"（2115）（指小鸟藏身的一片叶子）。又如"千房万叶"（4815）、"千条万叶"（9974）、"千枝万叶"（305）、"万叶千花"（8731）等四字格。另一类少一些，指花瓣，如罗隐诗"夏窗七叶连阴暗"（7624）[①]，韩愈诗"百叶双桃晚更红"（3846），皮日休诗"千叶莲花旧有香"（7100）等，百叶桃、千

[①] 句后注曰"有树每朵七叶，因以为名"。叶有花瓣义南北朝即见其例，如陈张正见《艳歌行》："莲舒千叶气，灯吐百枝光。"

叶莲均言其花瓣之繁复。以上诸例的"叶"均应视为名词。以下举例说明具有量词资格的"叶"的各种功能：

1. 量植物或其花、叶。

（1）今则四五叶之尧蓂，含烟袅娜；百千蕊之金菊，惹露芬芳。（敦校 623）

尧蓂是传说生于帝尧阶前的瑞草，每月朔日起日生一荚，十六日起日落一荚，四五叶之尧蓂应指四五株这种植物。

（2）新花叶壹伯陆拾柒叶，又旧花柒拾玖叶。（敦煌文书 B164）

此句系敦煌文书中之账目，新花、旧花疑为首饰或其他工艺品，但这也表明了以"叶"量花的事实，同时诗歌里亦有量花及浮萍之例：

（3）有时市廛并屠肆，一叶莲花火上生。（一钵和尚诗，唐外 633）

（4）青菰八九枝，圆荷四五叶。（钱徽诗，唐补 1029）

（5）与君相遇知何处，两叶浮萍大海中。（白居易诗，4903）

（6）孤舟萍一叶，双鬓雪千茎。（同上，4913）

无论是量整株植物，还是量花、叶实际用例都不多。这可能因为以"叶"量叶很难跟名词区分，量植物及花朵理据又不太充分，因为"叶"很难概括花及整株植物。

2. 量如树叶般的片状物。

（7）数叶贝书松火暗，一声金磬桧烟深。（皮日休诗，7069）

（8）岂如全质挂青松，数叶残云一片峰。（卢纶诗，3149）

（9）十六叶中侵素光，寒玲震月杂佩珰。[1]（李沈诗，7909）

---

[1] 这首诗题为《方响歌》，方响是由 16 枚铁片组成的一种乐器。

（10）两叶愁眉愁不开，独含惆怅上层台。（杜牧诗，6030）

（11）骑者即数其幡，凡十八叶，每叶有光如电起。（酉82）

3. 量舟船。

（12）休垂绝徼千行泪，共泛清湘一叶舟。（韩愈诗，3840）

（13）千花高下塔，一叶往来舟。（白居易诗，5139）

（14）暮烟羃羃锁村坞，一叶扁舟横野渡。（徐光溥诗，8637）

（15）宛转数声花外鸟，往来几叶渡头船。（牟融诗，5317）

（16）忽见画船一叶，渺自天末来。（龙城录，大观140）

因船在水上漂浮形态犹如叶片，故以"叶"量舟船，诗歌中很常见，晋干宝《搜神记》已有"又拽一叶舟来"，但不多见。本期则甚多，《全唐诗》里仅"一叶舟"和"一叶＋定语＋舟"这两种格式就有20余例。另外中心语"舟"或"船"省略、隐藏的用例也有很多：

（17）激箭溪湍势莫凭，飘然一叶若为乘。（方干诗，7466）

（18）三老航一叶，百丈空千尺。（王周诗，8683）

（19）何人垂白发，一叶钓残阳。（司马扎诗，6906）

（20）五更听角后，一叶渡江时。（杜荀鹤诗，7941）

"叶"量舟船的时候，前面的数词除个别用例为"几"，绝大多数均为"一"，未见其他数字。这说明它的计量功能较弱，常带有浓重的修辞色彩。但因历代用例极多，也就成为固定的搭配了。

4. 量什物。

据洪艺芳（2004：120）研究，"叶"到五代时用法扩大，搭配对象一般化，可称量床、箱等，如：

（21）箱壹叶，在柜。（敦煌文书B120）

（22）踏床两叶……（同上）

（23）新造鍮石莲花贰和并座具全，计大小捌拾肆叶。（同上）

（24）……骨如意杖壹。踏床两叶，内壹在索僧正。排参面见在。枪壹根。钾壹领。通计陆伯肆拾玖叶。（同上）

从例（23、24）看，"叶"更有了通计各类物品的功能，故洪艺芳说它的用法相当于"件"和"个"。这是历代文献中罕有的现象。

5. 做准量词量世代。

"叶"自古还有世代、时期义，如《诗·商颂·长发》："昔在中叶，有震且业。"它与数词结合成准量词也有较早的用例，如《后汉书·郭躬列传》"三叶皆为司隶"。本期之例如：

（25）一如我皇帝圣枝万叶，皇祚千人……（敦校620）

（26）九年少室，六叶宗师。（祖66）

（27）汉家五叶[①]才且雄，宾延万灵朝九戎。（李峤诗，689）

（28）我李百万叶，柯条布中州。（李白诗，1737）

（29）君不见汉家三叶从代至，高皇旧臣多富贵。（高适诗，2218）

（30）唐兴十叶岁二百，介公酅公世为客。（白居易诗，4691）

（31）神珠无颣玉无瑕，七叶簪貂汉相家。（殷文圭诗，8137）

（32）金貂传几叶，玉树长新枝。（韦应物诗，1953）

（33）郑公四叶孙，长大常苦饥。（杜甫诗，2380）

（34）宫前遗老来相问，今是开元几叶孙？（韩愈诗，3857）

---

① 诗中原注：一作四世。

（四）本期之后量词"叶"常见用于量舟，如柳永《迷神引》词"一叶扁舟轻帆卷"，又量形略似叶的东西，如张耒《风流子》词"向风前懊恼，芳心一点，寸眉两叶"在现代汉语中只见于文学语言，且不能量整株植物及什物，有时可用于树叶，如"一叶红枫、几叶黄栌"；量舟船亦带文学色彩，常说"一叶扁舟、几叶画舫"，很少跟确切的数字连用。口语中船论"条、只、艘"，不论"叶"。至于量世代今用"世"或"代"，也不用"叶"，如"四世同堂、孔子第七十六世（代）孙"。

十二、梃（挺、铤、廷）（附"锭"）

（一）《说文》："梃，一枚也。"为什么径直释"梃"为"一枚"？王筠《说文句读》："谓一枚曰一梃也。下文'材，木梃也'，竹部'竿，竹梃也'，但指其干，不兼枝叶而言。"段注则认为"一枚疑为木枚"。总之"梃"就是植物的干或类似树干、竹竿的棍状物，从语法意义来看，本身未必同时包含数与量。《孟子·梁惠王上》："杀人以梃与刃，有以异乎？"在此义的基础上发展出用于成株植物及棍状物的量词。不过，目前见到最早的量词用例却写作提手旁的"挺"："荐脯五挺，横祭于其上。"（《仪礼·乡饮酒礼》）后世更有作"铤、廷"者，详见下文。

（二）魏晋南北朝时这个量词已广泛使用，最常见的是量甘蔗，如《宋书·张邵列传》："孝武遣送……甘蔗百挺。"引申用于坚硬挺直的蜡烛，如《魏书·李孝伯列传》："义恭献蜡烛十梃。"刘世儒以为"挺"应作"梃"才算正规。（刘世儒 1965：99）

（三）本期的"梃"（挺、铤、廷）

关于这个词的写法，不但刘世儒持上述主张，洪艺芳（2000：414）也认为除"梃"外都是别字。其实混用是普遍现象，如敦煌文书里"挺、梃、铤、廷"四种字形都有,《西阳杂俎》一书也兼用"挺"和"铤"。其原因是"梃、挺"以及"铤"声韵相同,均为徒鼎切,上声迥韵定母,古音属耕部,应系同源字,都有直及条状之义。稍晚南宋戴侗撰《六书故·地理一》说:"铤,五金锻为条朴者,金曰铤,木曰梃,竹曰筳,皆取其长。"也有学者认为古代量词多无定字,具体说"挺、铤"等在唐代尚无定字,变文中甚至有写作"廷"的,但"廷"为平声,可能是误录的别字。(参见敦校112页注〔一七三〕、151页注〔二〇五〕)下面我们将这几个字一起讨论,例句依原文用字照录,不做区分。

1. 量植物。

（1）玉封千挺藕,霜闭一筒柑。(陆龟蒙诗,7167)

（2）庭有老槐四行,南墙巨竹千梃。(韩集90)

2. 量墨、剑、蜡烛。

（3）指如十挺墨,耳似两张匙。(苏颋诗,815)

（4）向者入门来,案后惟见一梃墨。(梁宝诗,9844)

（5）常送墨一铤与飞卿。(五代刘崇远《金华子杂编》卷上)

（6）蜡烛一挺,以照七尺之尸。(《南史·隐逸列传·赵僧岩》)

（7）毛公一挺剑,楚赵两相存。(李白诗,1793)

3. 量虾。

（8）又献海虾子三十梃,梃长一尺,阔一寸,厚一寸许,甚精美。(《太平广记》卷234引《大业拾遗记》)

4. 量金银。

以上1—3类都是个体量词,第4类应属计量单位词,用于金银。

（9）直饶堕却千金赏，遮莫高堆万挺银。（敦校 94）

（10）敕赐赤斗钱二万贯，紫磨黄金一万廷。（同上 132）

（11）……宜赐黄金百梃，乱采（彩）千段，暂放归，奉谢尊堂。（同上 234）

（12）赎香钱减两三文，买笑银潘七八挺。（同上 762）

（13）当时便欲酬倍价，每束黄金三铤强。（同上 359）

（14）世宗于是亲征，既至而克，赏元康金百铤。（《北齐书·陈元康列传》）

（15）今赐卿黄金四十铤，以酬雅意。（《旧唐书·薛收列传》）

（16）遂摸靴中，得金一挺授曰："薄贶，乞密前事。"（酉 141）

（17）此人惟念经题，忽见金一铤放光，止于前。（同上 267）

（18）时公以故相镇淮南，敕邸吏日以银一铤资覃醵罚，而覃所费往往数倍。（摭 38）

（19）（隐者）仍将黄金两挺，正二百两，谓女父曰："此金直七百贯，今亦不论。"……父母将还，隐者以五色箱，盛黄金五挺赠送……（广 10—11）

（四）此后的近代作品里，这个量词还时有所见。量植物之例如宋欧阳修《归田录》卷 2："淮南人藏盐酒蟹，凡一器数十蟹，以皂荚半挺置其中，则可藏经岁不沙。"明方孝孺《借竹轩记》："草户之外，有竹数挺。"量墨之例如宋孙光宪《北梦琐言》逸文卷 3："某曾失墨两挺……"清周亮工《与倪阇公书》："今赠君自制笔一床，小华墨一铤。"量金银例如《旧五代史·陈保极列传》："及卒，室无妻儿，唯囊中贮白金十铤。"《宋史·洪湛列传》："署纸许银七铤……"《聊斋志异·聂小倩》:"至户外复返,以黄金一铤置褥上。"不过以上都是文言作品,《水浒传》《红楼梦》均无此量词,恐当时口语已很少用。在现代汉语中,"铤、梃"都退出了量词之列,唯余"挺",在普通话里也只有称量机枪这一种功能了。

附:锭

"锭"与"铤"有些纠葛,又不在量植物之列,故附于此处。

《说文》:"锭,镫也。"即油灯。此义与量词无关。"锭"又为金银币的单位,清钱大昕《十驾斋养新录》卷19:"古人称金银曰铤,今用锭字。……元时行钞法,以一贯为定,后移其名于银,又加金旁。"依钱说,"定"加金旁作"锭"当在元之后,其实不然。请看变文之例:

(1)当时便欲酬倍价,每来黄金三锭强。(变文234)

此句在《敦煌变文校注》中"锭"字作"铤",见上文例(13)。如果说对这个字的写法或有异议(参见敦校365页注〔九七〕及112页注〔一七三〕),那么出土文物上的刻字则是准确无误的。以下3例中"锭"虽未与数词连用,但可以看出它是用以计量作为货币的银子的。

(2)天宝十三载丁课银匹锭五十两。(唐代丁课银锭刻辞)[①]

(3)杨国忠进信安边郡税山银锭。(天宝十载铸造之器物名称)[②]

[①] 载1964年6月24日《人民日报》,转引自敦校112页。

[②] 例(2、3)引自丘光明等(2001:342)。《王力古汉语字典》引《金史·食货志》有"旧例银每铤五十两,其直百贯",谓"在这个意义上后来写作'锭'"。第(2、3)两例器物上錾刻了银锭的重量恰都是五十两。惟"后来写作'锭'"之说不确,"锭"早在唐代确已产生。

（4）杨国忠进宣城郡和市银锭。（同上）

"锭"只做计量单位词，因与"铤"互相纠缠，附此一并叙述。

十三、蔕（蒂）

《说文》："蔕，瓜当也。"指瓜果或花朵与枝茎相连的部分。宋玉《高唐赋》："绿叶紫裹，丹茎白蔕。"现代通用的"蒂"为后起字，唐诗已见使用。"蔕"做量词此前未见，本期有多例用于量有蒂的瓜果，皆出自《酉阳杂俎》：

（1）是岁自京至河中所过路，瓜尽死，一蔕不获。（酉184）

（2）有桃数百株……论与僧各食一蔕，腹果然矣。（同上22）

（3）忽一日，妻得林檎一蔕，戏与己子……（同上147）

（4）茄……今呼伽，未知所自。成式因就节下食伽子数蔕……（同上186）

此外，张籍诗有"甘瓜生场圃，一蔕实连中"（4301）之句，其中"蔕"非典型量词。故据我们掌握的材料，本期的量词"蔕"只见于书面语体的笔记《酉阳杂俎》，不过其量词的性质却是无可否认的。

此外，用于称量植物的量词还有"**番**"（量荷叶等，见本章第二十四节）、"**辈**"（见本章第三节）、"**房**"（量丛生的花朵或果实，见第三章第二节）、"**层**"（量花、木、苔、林、树等，见本章第二十二节）、"**重**"（量花、叶、枝、树、藓、竹节，见本章第二十四节）、"**条**"（量植物枝条，见本章第十八节）、"**颗**"（量植物的果实、籽粒，个别用例同"株"，见本章第十九节）、"**节**"（量竹、草、木之节，见本章第二十三节）、"**支**"（量花，功能同"枝"，见本章第二十三节）、"**双**"（量成双的瓜、树等，见第三章第一节）、"**林**"（量聚集成片的树、竹等植物，见第三章第三节)。

第三节　量人

一、人

（一）《说文·人部》："人，天地之性最贵者也。"即指我们自身这个物种。"人"又是产生最早的量词之一，并且可以说是汉语里从殷商即现肇端，至今使用而变化很少的唯一一例。[①]

早在甲骨刻辞中就有"人＋数＋人"的格式："……俘人十又六人。"（《殷墟书契菁华》6）尽管对其中的"人"是否量词存在分歧，[②]但这无疑是一种人数的表达方式，或者说是量词的萌芽。此后，在西周金文及秦简中还有同类用例，如《小盂鼎》"俘人万三千八十一人"，《睡虎地秦墓竹简·秦律十八种》"隶臣欲以人丁粼者二人赎，许之"。其他上古文献未见。

甲骨刻辞中另有"名＋数＋人"的格式："□伐羌二人。"（《殷契粹编》272）对于此例的"人"是否就是量词仍有不同看法。[③]但同类

[①] 甲骨文中的量词（或称"单位词"）据杨逢彬说有"朋、卣、丙、升、屯、彳"。也有人举出"丰、羌"等，今俱不存。"升"当时是以容器做计量用的，与今之标准度量词"升"不同。参见第一章第二节及黄载君（1964）、李若晖（2000）、杨逢彬（2003）。

[②] 参见李若晖（2000）。另外，认为量词产生时代较晚的学者当然更会持否定意见。

[③] 同②。

格式在西周铜器铭文及其后文献里历代不绝，如《叔德殷》："王益叔德臣嬛十人。"（转引自黄载君 1964）《周礼·天官》："宫伯中士二人，下士四人，府一人，史二人，胥二人，徒二十人。"《睡虎地秦墓竹简·秦律十八种》："女子一人当男子一人。"《史记·越王句践世家》："乃发习流二千人，教士四万人，君子六千人，诸御千人，伐吴。"《宋书·谢弘微列传》："弘微……唯受书数千卷，国吏数人而已。"《魏书·孝静纪》："奉绢三万匹，奴婢三百人，水碾一具。"类似之例不胜枚举，仅《周礼》一书即达千例以上。

（二）"数＋人＋名"结构的出现。

不少学者认为，量词"人"是不能进入"数量名"结构的，所以始终不是真正的量词。如刘世儒（1965：157）说"人"到了南北朝时"才算向量词靠拢了一步"（我们看不出上文所举《宋书》《魏书》跟商周秦汉之例有什么明显差异，刘先生为何这样判断）。接着他说，但"它并没有真的就变成量词，因为它就是发展到这样的时代也还是不能前附于中心词的"。

然而，恰正是在南北朝的文献中始有量词"人"前附的迹象，如："同……夜中忽见四人乘一新车，从四人传教，来在屋内，呼与共载。"（《法苑珠林》卷 17 引《冥祥记》）[1]"传教"在此是名词，指传达教令的人。[2]《法苑珠林》系唐释道世撰，所引《冥祥记》为南朝齐时人著，

---

[1] 此例及下文（三）中例（2—5）转引自范崇高（2003）。

[2] 范崇高谓根据唐杜佑《通典·卷九食货》，我们还发现《太平广记》卷一一三《陈安居》有"有传教来云，府君唤安居"亦可证之。

故可认为前附的量词"人"是那个时代开始的。[①]

(三) 量词"人"在本期的用例。

首先看进入"数+人+名"结构的例子：

(1) 拾得曰："此是一千五百人善知识，不同常矣。"(祖 413)

(2) 士良等……逢人即杀，王涯、贾𫗧、舒元舆、李训等四人宰相……尸横阙下。(《旧唐书·宦官列传·王守澄》)

(3) 须臾，有三四人黄衣小儿至，急唤苍璧入。(《太平广记》卷 303《奴苍璧》引《潇湘录》)

(4) 有数人少年上楼来，中有一人白衫。(同上，卷 348《牛生》引《会昌解颐录》)

(5) ……乃以三人力士送安居。(同上，卷 113《陈安居》引《法苑珠林》)

(6) 此后三年，兴元当有八百人无主健儿，若早图谋，必可将领。(同上，卷 310《王锜》引《河东记》)

(7) 旁有六人青衣，已捧书立矣。(《龙城录》，大观，140)

再看"名+数+人"的例子，这仍是最普遍的，如：

(8) 笙歌兮美女万人，富贵兮金轮千子。(敦校 707)

(9) 亦如我皇帝圣枝万叶，皇祚千人。(同上 620)

(10) 于时，大众千有余人皆大愕然。(祖 109)

(11) 其时，座下僧尼道俗一万余人。韶州刺史韦璩及诸官僚

[①] 另外被《汉书·艺文志》著录为孔丘门人所撰之《孔子家语·七十二弟子解》有句曰："右件夫子七十二人弟子皆升堂入室者。"其中"七十二人弟子"亦似"数词+人+名词"的结构，然此书据考系三国魏王肃伪撰，故不取其例。

三十余人，儒士三十余人，同请大师说摩诃般若波罗蜜法。(六祖，近代 71)

(12) 所畜奴婢，僧许留奴一人，尼许留婢二人。(入唐，近代 145)

(13) 僮仆八百人，水碓三十区。(寒山诗，9094)

(14) 时辈千百人，孰不谓汝妍。(韩愈诗，3822)

(15) 始建东都……每月役丁二百万人。(《隋书·食货志》)

(16) 河渠署：令一人，丞一人，府三人，史六人。(《旧唐书·职官志三》)

(17) 有妓女四人，皆鬻之。(博 38)

(18) 忽见一女郎自西乘马东行，青衣老少数人随后。(玄 35)

(19) 禄山尤致意乐工，求访颇切，于旬日获梨园弟子数百人。(明 41)

(四) 如何看待"人"的量词属性。

由于"数+人"时常后附于名词，所以对"人"究竟是不是量词存在很多争议。甲、金文的"人+数+人"格式姑置不论，就是对其后"名+数+人"格式中"人"的性质看法也不一致。如太田辰夫(2003：149)认为"乱臣十人"中"十人"是"数+名"做述语，孙锡信(1992：279)却举"虎贲三百人"为个体量词"人"的用例，刘世儒(1965：53、157)则认为在南北朝时代"人"在句中与"卷、匹、具"等并列，所以它"已经断然地是当作量词用了"，但又说"它并没有真的就变成量词"，理由仍是不能前附于中心词。李宇明(2000)认为甲骨文"羌十人"之"人"是拷贝型量词发展来的通用量词。学者意见的分歧由此可见一斑。[1]

我们认为"人"是汉语中产生最早,先秦时代就普遍使用的一个个体量词。发展到隋唐五代,其量词属性已十分成熟。下面主要根据本期语料来说明理由。

1. 作为语法范畴,量词有它的分布特征,它是"能够放在数词后头的黏着词"(朱德熙1982)。从隋唐五代的平面看,其主要分布格式应为"名+数+量"和"数+量+名"。后者在一定条件下,可省略名词,成为"数+量"。(此外,还有指示代词"这/那/此+量",在此从略,详见第九章)而"名+数+人"的格式贯穿古今汉语几三千年,直至今天。"数+人+名"本期亦有多例,只是这种格式都出自南北朝至唐五代文献,[2]更早的用例尚未发现,后代也不再出现,是一种昙花一现的语言现象。尽管如此,它的曾经出现毕竟为"人"增加了一条履历,使其量词资格更为确定。

2. 语法成分的形成一般要经过语法化的过程。多数名量词来自名词,成为量词后,往往会失去或改变原义而发展出概括性更强的语法意义。从魏晋开始,"人"做量词时词汇意义就有所虚化,不一

---

[1] 除以上所说,主张"人"不能看作量词的观点还有:王力(1980)认为"'人'是一般名词,不是特别用来表示天然单位的。所以我们可以说卜辞还没有天然单位词"。郭锡良(1997)认为"在先秦典籍中除容量单位词外,个体(天然)单位词的用例只发现一个",即"力不能胜一匹雏"的"匹"。主张"人"是量词的学者如黄载君(1964)说"俘人十又六人"句中"第一个人是名词,而数词后加'人'字就只能属于量词"。

[2] 成书于宋初记有唐末五代禅师言行的《景德传灯录》等书亦有所见,本书未予采用。

定实指人，如《搜神记》卷二："弘于江陵，见一大鬼，提矛戟，有随从小鬼数人。"鬼非人，但"人"却能量鬼，这类情况本期更为普遍，如：

（1）除佛一人，无由救得……（敦校1028）

（2）须史，有大神五六人，持金杵至王庭。（广59）

（3）僧曰："有两同学僧先死，愿见之。"神问名，曰："一人已生人间，一人在狱……"（冥18）

（4）六道之内……得人道者有数人，如君九品。（同上28）

（5）鬼两人把帖来追……（博40）

（6）更行十里，又见夜叉辈六七人……（同上28）

（7）诸真君亦各下山，并自有龙、虎、鸾、凤、朱鬣马、龟、鱼、幡、节、羽旄等，每真君有千余人……（同上20）

以上称量对象有佛、神、鬼、夜叉等，这些都论"人"称数。例（7）走得更远，"人"所称量的竟是每位真君属下的龙、虎、龟、鱼等动物，还有持幡、节、羽旄等仪仗而本身不明系何物者。这个"人"还能算名词吗？当然，从文学的角度可以说神鬼佛等本是幻想中的人，但毕竟身份不同，如本小节例（3）"一人已生人间"，既然是"人"怎么又生到"人间"去了呢？例（4）"得人道者有数人"，"人"何需又得"人道"呢？可见"一人、数人"作为量词与"人间、人道"的"人"显然有别，其语法意义是称量人、鬼神佛（即幻化的人）以及拟人的动物等，这便是量词语法化的结果。后世同样有这种用法，如话本小说《宋四公大闹禁魂张》："只见水面上有鬼使三人出，把船推将去。"

3. 在语用方面，"人"常用于统计数量。对于人类自身的计量在社会生活中非常重要，举凡劳动力、消费者、战争兵员的统计任何时代都不可或缺，所以"人"才会成为最早出现的量词之一，甲骨文的"俘人十又六人"从功能看正是对俘虏的统计。其他较早之例如《左传·成公六年》："子之佐十一人，其不欲战者，三人而已，欲战者可谓众矣。"孔疏引服虔说将十一人的姓名一一列出，以证其数。《后汉书·光武皇帝本纪》："戊辰，赐天下男子爵，人二级；鳏寡孤独……者粟，人六斛。"这句的两个"人"应释为"每人"，表示人均数额。下面看本期的用例：

（8）经云"千二百五十人俱"，名举数也。憍陈如等五人，迦叶兄弟并眷属共一千人，舍利弗目乾连并眷属二百人，那舍长者子又领五十人，共计一千二百五十五人。（敦校 668）

（9）李陵处分左右，火急交人拆车，人执一根车辐棒，打着从头面掩沙。（同上 130）

（10）后返锡瓯闽，卜于雪峰，众上一千余人。（祖 204）

（11）巡礼五台山送供人、僧尼、女人共一百余人，同在院宿。（入唐，近代 118）

（12）使帖来，当寺僧无祠部牒者卅九人，数内有日本国僧两人名。（同上，159）

（13）聚观之徒，通计不下三万人……（集 61）

以上例（8）中的"名"据考即"明"字，[①]"名举数"意谓"（此经文）是说明数目的"。例（9）"人执一根"的"人"略同于上举《后汉书》中"人二级"的"人"，也是"每人"的意思。例（10—13）分别含上、

---

① 详见敦校 674 页。

共、数内、通计等语,从字面上申明了计数之意。具有较强的统计功能,从又一个侧面证实了"人"的量词属性。

4. 在一定条件下,"人"与通用量词"个"功能相当,可以互换,如:

(14)太子遂问:"只你一个老?为复尽皆如此?"……太子问道:"只此一人死?诸人亦然?"(敦校 471—472)

(15)因两个僧造同行,〔一〕人不安,在涅槃堂里将息,一人看他。(祖 176)

(16)石霜病重时,有新到二百来人,未参见和尚,惆怅出声啼哭,石霜问监院:"是什摩人哭声?"对云:"二百来个新到,不得参见和尚,因此啼哭。"(同上 189)

以上各例都同时含"个"与"人",在上下文里二者完全等同、可以互换,可见"人"即称人的"个",这是从功能的角度来说的。

(五)综上所述,"人"的量词性是不应怀疑的。但"数+人+名"的格式仅在魏晋至唐五代昙花一现,最终没有站稳脚跟,这到底是为什么?原因大概有两个方面:

1. "人"处于基本词汇的核心部分,地位独特:第一,它的基本义——代表人类这种高等动物——在社会交际中十分重要而又高度稳定。从象形文字时代至今始终未变。第二,使用频率极高,古今皆然,在全部《十三经》中共出现 9856 次,与之义近的"民"仅为 1330 次(李波等 1997)。北京语言学院语言教学研究所(1986)统计了 31159 个现代汉语单词,"人"的使用频率居第 18 位,前 17 个依次是"的、了、是、一(数)、不、我、在(介)、有、他、个(量)、这(代)、着、就(副、连)、你、和、说、上(名)",只有一个是名词。对这样一个使用频率占第二位的汉语名词进行彻底的语法化是困难的,它不可能抛开本义及重要职责"脱产"成为专用量词,只能在保存本义及其他重要引申义的同时,兼负量词职能。在这种条件下"数量名"语序容易造成误解。如上文所引《冥祥记》"四人乘一新车,从四人传教"句中含两个"四人",前者"人"是名词,"四人乘一新车"是主谓结构,后者"人"是量词,"四人传教"是数量名结构,但二者在形式上很难区分。若不了解"传教"在中古有上述的名词义,很可能理解为"四人乘一新车跟从另外四人去传达教令"。又如上文引《太平广记》例中"当有八百人无主健儿"句,倘无标点初读可能断为"当有八百人,无主,……"。误解的原因是"人"的本义势力强大,在读者的意识中很难将其虚化,阅读理解时自然首先采取把它归入名词的策略,要替它在句中找一个较为重要的位置,只有发现"此路不通"时(如"八百人,无主"与"健儿"的关系无法搭配),才会重新调整思路,认识到"人"处于量词位置。如果两例是"名数量"语序,即"从传教四人""有无主健儿八百人",在"从"和"有"之后另有实词占据了重要的宾语位置,则"人"只能是量词,误解便无从产生。相形之下,常给交际造成不便的"数+人+名"格式竞争不过"名+数+人"格式,久之就被后者取代。

2. 历史上能够称量人的量词不止一个,仅南北朝至隋唐五代就有"人、口、员、辈、众、名"等(功能不尽相同),以"个"称人也很普遍。后来在这些量词此消彼长,分工更加明确的过程中,"人"退出了它不能适应的"数量名"格式,至迟在近、现代之交已让位给"个、名、位"等,自己只坚守"名数量"格式,专司列举、记账、统计或出现在受格律限制的韵文中。

在语序上有相同变化的量词还有"事",也是在大致相同的历史阶段先进入、后退出了"数量名"结构。详见本章第二十一节。

(六)隋唐以降,量词"人"虽不再进入"数量名"结构,但使用频率一直很高,不必赘举。至今仍可从每天报章上信手拈来用例,如"执业律师10万多人""学生700人,教职工200人"(《人民日报》1999.4.27),等等。"律师10万多人"等与甲骨文的"羌二人"、《周礼》的"下士四人"格式、意义一脉相承。在现代汉语数以百计的个体量词里,唯有"人"在这样长的历史时期内有如此的稳定性。

二、口

(一)《说文》:"口,人所以言食也。"词义单纯,最初仅指人的嘴,后亦用于动物。它很早就与数词结合表人数,《孟子·梁惠王上》:"八口之家可以无饥矣。"不过这还是用于借代的名词,以口代人。"口"又引申为"人口"义,如《论衡·儒增篇》:"(王报)尽献其邑三十六,口三万。"《北史·魏本纪第一》:"诏给内徙新户耕牛,计口受田。"此外,有时"口"在一定语言环境下特指战俘或奴隶,如《三国志·魏书·文帝纪》裴松之注:"……斩首五万余级,获生口十万。"

(二)量词"口"滥觞于秦汉,《睡虎地秦墓竹简·日书乙》:"其食者五口。"(转引自魏德胜2000:225)"食者五口"已可视为"名数量"结构,魏德胜将"口"归为"一般量词"之列。汉代之例如"其明年……乃徙贫民于关以西,及充朔方以南新秦中,七十余万口,衣食皆仰给于县官"(《史记·平准书》),"关东流民二百万口"(《汉书·万石君传》),"府卒男宗妻子四口"(《敦煌汉简494》)。《史记》例的"贫民"与"七十余万口"中间还隔着动词"徙"的补语"于……"和另一动词短语"充……",而《汉书》和汉简的例子则是更典型的"名+数+口"结构。魏晋南北朝这类格式渐多,如《三国志·蜀书·先主传》:"卢江雷绪率部曲数万口稽颡。"石勒《下书赐陈武妻》:"其赐乳婢一口,谷一百石,杂彩四十匹。"在这里"乳婢一口"与另两个"名数量"结构并列,"口"的量词性更为确定。(参见刘世儒1965:87—90,下同)

(三) 本期的名量词"口"。

1. 量人,使用很普遍,如:

(1) 若勘皇帝命尽,即万事绝言;或若有寿,□□(却归)长安,伍佰余口,则须变为鱼肉。(敦校319)

(2) 要马百匹,黄金千两,青衣百口,助物百车。(同上601)

(3) 兄弟四人三百口,不堪闲坐细思量。(李煜诗,72)

(4) 两京三十口,虽在命如丝。(杜甫诗,2416)

(5) 一家五十口,一郡十万户。(白居易诗,4973)

(6) 身为百口长,官是一州尊。(同上,4955)

(7) 四方无静处,百口度荒年。(杜荀鹤诗,7938)

(8) 只残三口兵戈后,才到孤村雨雪时。(同上,7950)

(9) 数口飘零身未回,梦魂遥望越王台。(刘威诗,6525)

(10) 十口沟隍待一身,半年千里绝音尘。(温宪诗,7643)

(11) 诘朝,仁杲请降,俘其精兵万余人,男女五万口。(《旧唐书·太宗本纪上》)

(12) 既明俱发,驰骑袭之,尽获其男女四万口……(《旧唐

书·韦云起列传》）

（13）于是计帐进四十四万三千丁，新附一百六十四万一千五百口。（《隋书·食货志》）

（14）寻而失守，一门遇害，合家六十余口，骸骨在此厅下。（广 54）

（15）仆之家本穷空，重遇攻劫……家累仅三十口，携此将安所归托乎？（韩集 178）

"口"量人，一般不用于有编制的人员、军队，而是用于百姓。这从例（11）看得更清楚，量"精兵"用"人"，量"男女"（当指平民）用"口"。

此时，"口"虽也用于统计较大范围内的人口，如例（11、12、13），但更常见的是称量家庭内的人数。"百口"还成为"全家、近亲一族"的代称，《全唐诗》"百口"连用共 22 例，多为此义，除上举之例，还有"谁云经艰难，百口无夭伤？"（韩愈诗，3772），"百口似萍依广岸，一身如燕恋高檐"（韦庄诗，8002），"一帆随远水，百口过长沙"（耿㳘诗，2978）等。散文之例如《大唐新语》卷之三："今日已后，微躯及一门百口，保见在内外官吏无反逆者。"（45）

此外，出土敦煌文书还有大量户口、田亩统计资料，其中"口"的用例更为典型：

（16）元琮十二口宜秋东支渠五突半一亩十畦……计一十二突。①（敦煌文书 B104）

---

① "突"是唐代敦煌文书中特有的计量土地面积的单位，详见第五章第二节。

（17）白光胤二口双树渠一突四畦……计二突。（同上 105）

（18）武朝副两户九口……计九突一亩。（同上）

计量户籍及家庭人口，在现代仍是"口"的重要功能。

遍查多种资料，发现在本期当"口"称量人时，没有"数量名"的形式，这可能是因为此时"口"借代指人的语义还未被淡忘，有时口语中还作为名词承袭前代借指被贩卖的奴隶或战俘，如《捉季布传文》："朱解忽然来买口，商量莫共苦争论"（《敦校》94）。这时若在"口"之后另加指人名词会有重叠之感，故句中名词常被前置或略去。

2. 量动物。

（19）遂杀牛千头，烹羊万口。（敦校 14）

（20）酤五百瓮酒，杀十万口羊……（同上 159）

（21）贰拾伍硕米，贰伯柒拾硕面，壹拾伍口羊。（敦煌文书 B60）

（22）蕃胡……附经二年者，上户丁输羊二口，次户一口，下三户共一口。（《旧唐书·食货志上》）

（23）有三口狼入营，绕官舍，不知从何而至……（朝 145）

所量只见羊、狼，未见牛、马及其他动物。

3. 量剑、瓮、柜、编钟等器物以及家具、乐器。

（24）陛下但诏净能上殿赐座，殿后蜜（密）排五百口剑……（敦校 340）

（25）瓮大小四口。（敦煌文书 B51）

（26）押衙三人，各十五匹，银腕各一口……（同上 51）

（27）拾硕柜一口。（同上 57）

(28) 灵修银幡贰拾口, 经巾壹条……(同上 131)

(29) 奉磨纳袈裟一领、金钵一口供养大师。(祖 79)

(30) 因施金钱五十, 银钱一千, 绮幡四口……(《大慈恩寺三藏法师传》卷2)

(31) 一家人率一口觅, 版筑才兴城已成。(顾云诗, 7303)

(32) 百口宝刀千匹绢, 也应消得与甘宁。(孙元晏诗, 8702)

(33) 古制, 雅乐宫县之下, 编钟四架, 十六口。(《旧唐书·音乐志二》)

(34) 虢州陵县石城岗有古镬一口, 树生其内, 大数围。(酉 96)

(35) 至父年八十五, 又自造棺, 稍高大, 嫌藏小, 更加砖二万口。(朝 122—123)

(36) ……遂取箧中便手刀子一口, 于床头席下, 用壮其胆耳。(博 49)

(37) 官家设斋, 须漆器万口。(广 128)

4. 量房舍。

(38) 伯伯共父分割之日, 家中房室总有两口……(敦煌文书 B51)

(39) 政教坊巷东壁上舍壹院, 内西房壹口。(同上 83)

(40) 敕遣西明寺给法师上房一口, 新度沙弥十人充弟子。(《大慈恩寺三藏法师传》卷10)[①]

"口"本有"动物的嘴""器物、房屋与外界相通的部位"等义,

---

① 例(30、40)转引自江蓝生等《唐五代语言词典》。

因而被用来称量动物、器物与房舍，而当它进一步称量砖、甓、刀子等没有嘴或出口的事物时，其原有的词汇意义更加虚化，语法意义也更加成熟。这也可从另一角度说明，量词在本质上不是用作给具体事物分类的。与称人的第1项不同的是，在2、3两种用途上，不但有"名数量"结构，也有"数量名"结构，如既有"羊万口、古镬一口"，又有"三口狼、十万口羊、百口宝刀"等。这可能主要因为名词"口"可借代指人，但不能借指动物、什物，在"三口狼、百口宝刀"当中，量词"口"的抽象程度高于"大小良贱三百余口"的"口"，因而不至感到重叠和混淆。

量词"口"的这4种功能在魏晋时期都已产生，详见刘世儒（1965：87—90）。

（四）做动量词，量吃喝或言语类动作的次数，详见第八章第三节。

（五）本期之后名量词"口"的特点在较长时期内没有什么变化，那就是：可同时称量人、动物及器物，称人没有"数量名"形式，称动物及器物不受此限。宋元明清的语料中很容易找到称物之例"万口尖刀"（《董西厢》卷7）、"一口大锅"（《西游记》25回）、"两口棺椁"（《红楼梦》25回）、"一口猪"（同上，75回）；称人之例"生者能几口"（尤袤诗）、"十口同离仳"（刘克庄诗）、"翁母两口儿、夫妻四口"（二例俱出《刘知远诸宫调》）、"嫡亲的五口儿"（《魔合罗杂剧》第2折）、"一家四口"（《红楼梦》第6回）等等。但称人的"数量名"结构却很少，所见最早是《金瓶梅》之例："如今身边枉自有三五七口人吃饭，都不管事。"（第3回）稍晚的《红楼梦》却不见此类结构，往下就是

《儿女英雄传》:"这安老爷通共算起来,内外上下也有三二十口人……"(第1回)。可见现代习见的"多少口人"之类结构是很晚才确立的。

三、员

(一)《说文》:"员,物数也,从贝口声。"古今注家多承此说,徐锴谓:"古以贝为货,故数之。"但许说实囿于篆书字形而误,不知甲、金文"员"字从"鼎"不从"贝",且与"口"之声、韵均不相近,初文表示鼎口为圆形,本义方圆之"圆",故造字属会意而非形声。篆书从"贝"只是字形简化的结果,与字义无涉。至于"员"后来与"物数"义结合起来,从文字看当为假借,其构词理据尚待探讨。"物数"是指什么呢?《说文》一书的"物"多指与人相对的事物,如"近取诸身,远取诸物""匸,受物之器"等。但上古"物"又兼指人,如司马迁《报任安书》:"曩者辱赐书,教以慎于接物,推贤进士为务。"那么"员"究竟是人数还是物数呢?从实际语言材料看,它多与人相关,与事物有关之例罕见。① 从"贝"之员,除传世文献外,最早的古文字材料大约见于秦简,其中只有一例:"徒隶攻丈,作务员程。"(《睡虎地秦墓竹简·为吏之道》)在同一批竹简中有专门规定手工业生产定额的法律《工人程》,有人认为"人程"即"员程"(见魏德胜 2000:53)。"员程"一词又见于《汉书》等文献,如《汉书·尹翁归传》:"有论罪,输掌畜官,使斫莝,责以员程,不得取代。"颜师古注:"员,数也。计其人及日数为功程。"也就是给每一个劳动者规定的工作量,所以"员"

---

① 《汉语大词典》"员"字条"物的数量"一项举《商君书·禁使》例:"而主以一听,见所疑焉,不可蔽,员不足。"高亨注引朱师辙解诂:"《说文》:'员,物数也。'"

很早就与"人员"相关联。此外名词"员"表人员、员额义的用例还可举出不少，如《周礼·夏官》："正校人员选。"《论衡·程材篇》："……其置文吏也，备数满员，足以辅己志。"《后汉书·宦者列传序》："至永平中，始置员数，中常侍四人，小黄门十人。"《南史·后妃列传序》："陈武光膺天历，以朴素自居，故后宫员位，其数多阙。"以上各例多与数目有关，如"满员、员数"等，这为它发展为量词提供了条件。①

（二）量词"员"的出现。

《说文》段注"员"字条："数木曰枚、曰梃；数竹曰箇……数物曰员。"又说："本为物数，引申为人数。"这里以"枚、梃、箇"与"员"并列，都是今人所称的量词。前文已述名词"员"很少真正与物相关，同样，作为量词的"员"也很少量物，其例如："虽有《诗》《书》，乡一束，家一员，独无益于治也。"（《商君书·农战》）以"员"量人约出现于魏晋，如晋《莲社高贤传》："立学馆鸡笼山，置生徒百员。"在此生徒是有定额的。这与上节所谈名词"员"的"员额"义是一脉相承的。

（三）本期的量词"员"。

"员"在隋唐五代的文献中开始普遍使用，仍量有一定编制的人员：

---

① 此外，"员"还常与表职务、工作任务的词结合，组成复合词，如《汉书·成帝纪》："（四年春）初置尚书员五人。"《汉书·礼乐志》："大乐鼓员六人……骑吹鼓员三人……"《隋书·百官志上》："国学，有祭酒一人，博士二人……又有限外博士员。"这类词跟现代汉语的"演员、炊事员、司令员"是一脉相承的。

(1) 对三百员战将，四十万群臣，仰酺大设，列馔珍羞……（敦校 71）

(2) 今此觅取一员政官。（同上 321）

(3) 两街大德及道士御前论义。每街停止十二员大德。（入唐，近代 149）

(4) 永昌元年，置左右司员外郎各一员。（《旧唐书·职官志一》）

(5) 卿一员。（从三品。）少卿二人。（从四品上。）（《旧唐书·职官志三》）

(6) 大夫一员……中丞二员。（同上）

(7)《隋书》云，高祖依周礼有减其数，嫔三员、世妇九员、御女三十八员……（《初学记》卷 10）

(8) 贞观五年已后，太宗数幸国学……增置学生凡三千二百六十员。（摭 5—6）

(9) 是君乡人赵武为太山主簿，主簿一员阙，荐君为此官……（冥 27）

(10) 宪宗久亲政事，忽问："京兆尹几员？"李吉甫对曰："京兆尹三员，一员大尹，二员少尹。"（国史，大观 181）

(11) 故事，使外国者，常赐州县官十员……（韩集 374）

(12) 置渎令一员、祝史一人、斋郎六人。（《济渎庙北海坛祭器碑》）①

本期称量的对象多为战将、政官、员外郎、卿、少卿、大夫、主簿、

---

① 转引自刘世儒（1965：165）。

京兆尹、州县官等官员。其他如例（7）的嫔、世妇、御女是隋宫女官名，例（8）的学生指国学中的生员，也都有一定编制。例（12）渌令称"员"，而祝史、斋郎称"人"，刘世儒先生（1965：165）认为"可能是因为这类的'官'太小，还不配称'员'"。"员"的称量对象确系某种"公职"人员，且有一定的级别、地位。不过，我们大致查阅了《旧唐书·职官志》，发现三品以上者绝大多数称"员"，但并非毫无例外，如亲王府从三品的"傅"亦称"人"（见《职官志三·王府官属》），其余四至九品，或称"员"或称"人"，最低的亦有个别从九品"典仪"称"员"（见《职官志二·门下省》)，所以是否用"员"有一定的任意性。《唐六典》中同样讲述各级官员的编制等，量词基本用"人"，如"礼部尚书一人，正三品"（《尚书礼部卷第四》)。另外，本期未见以"员"量事物之例。重要口语文献《祖堂集》以及《全唐诗》都没有出现量词"员"。这并非语体之故，因为同是口语体的敦煌变文就不乏其例。上述出现率的差异应与话语内容有关，《祖堂集》是谈禅的，不涉政事；"员"又多出现于叙事文，而诗歌主要是描写和抒情，故以上两种文献没有这个量词。

（四）本期之后，"员"仍常称量官员、战将等，如《三朝北盟会编》"汉儿官一员"、《古本董解元西厢记》"一员骁将"、《水浒传》19回"一员了得事的捕盗巡检"、《红楼梦》78回"几员首贼"、《儿女英雄传》第1回"知县十二员"等。另外，晚近作为货币单位，"员"偶与"圆"通用，如清魏源《圣武记》卷6："而英夷国中缴烟价、罢关税，各缺银千余万员。"到了现代"员"走向衰落，基本不用于实际人数的统计，只有"几员大将/猛将"之类说法，带有仿古的意味。在《现代汉语频率词典》中与现代其他称人量词相比，词次最少，频率最低，它的称量某种编制内人数的作用主要被后起的"名"取代。①

四、众

（一）《说文》："众，多也。"甲骨文"众"从日下三人会意，本义指人多。虽然有时也表示事物多（如《论语·为政》"譬如北辰居其所而众星共之"），但"人多"是基本义，"众"在《论语》《孟子》中各出现13次，除上举一例都与人相关。由"人多"引申为"众人"，成为"众"的基本义。如《孟子·梁惠王上》："寡固不可以敌众"。此外"众"还有军队义，如《管子·轻重乙》："谁能陷陈破众者赐之百金。"若要说明"众"有多少时，可用主谓结构"众＋数字"，如《后汉书·董卓列传》："黄巾余党……众十余万。"也可用偏正结构"数字＋之＋众"，如《三国志·魏书·刘表传》："将军拥十万之众，安坐而观望。"偏正结构中或无"之"字，如《史记·平原君列传》："平原君……使赵陷长平兵四十余万众，邯郸几亡。"《后汉书·光武皇帝本纪》："十余万众束手降服……"以上两例虽有"数＋众"的形式，但其中的数词不是任意的，一般都是"万"以上的大数，表示"有若干万那么多的人"。此外，"众"还可指官员、群臣，《礼记·曲礼下》："天子之五官曰司徒、司马、司空、司士、司寇，典司五众。""五众"指五类大臣，在此"众"

---

① 该词典中主要称人量词数据如下：

	词次	频率
位	637	0.04846
口	373	0.02838
名	116	0.00883
员	17	0.00129

多少带有种类之义。总之，这时的"众"还不是成熟的量词。

（二）本期的"众"。

本期"众"与数词相连的用例不少，所结合的数词不再限于"万"，故更像是普通的量词了。本期的"众"可分为以下几类：

1. 仍与万以上的大整数连用，表示约数：

（1）菩萨周围三万众，声闻绕壤百千回。（敦校 763）

（2）去曹溪宝林寺说法化道，度无量众。（祖 77）

"无量"虽非数词，亦表极大的约数。

（3）突厥二十万众毁长城，寇恒州。（《隋书·五行志上》）

（4）诸将决死而战，杀贼万余众。（《谭宾录》，转引自《太平广记》卷 189）

（5）而寺前负贩、戏弄、观看人数万众……（集 61）

2. 与千、百等整数连用表示约数，如：

（6）（弘忍大师）今现在彼山说法，门人一千余众，我于此处听受。（祖 76）

（7）师居洞山，聚五百众。（同上 186）

（8）是你和尚在夹山匡二百众，有如是次第。（同上 195）

（9）这里有三百来众，于中不可无人。（同上 451）

有趣的是，"众"虽含多义，但却并非集合量词，而是个体量词。不过在此它的使用还是不太自由的，只能表示一群人所包含的个体数，如例（6—9）的"一千余众、五百众、二百众、三百来众"分别表示一千余人、五百人、二百人、三百来人。有多少人就可称多少"众"，仍隐含强调数量多的意味，离开群体的人就不能称"众"。

3. 除以上大数、约数外,"众"与数词结合的例子较少,如:

(10) 僧尼四众来金地,持花执盖似奔云。(敦校 679)

(11) 十七众,自安排,随从空王少比裁。(同上 809)

(12) 善财五众承当得,鹙子虽逢似不来。(祖 353)

(13) 若诸女人减二十众不为说法。(《大宝积经》卷一)[①]

(14) 若称可二部僧伽意者,二部僧伽各二十众,当于四十众中出是苾刍尼罪。(《根本说一切有部苾刍尼戒经》卷一)

(15) 一十一众中,身意皆快然。(顾况诗,2939)

"众"所量对象多为两类人:一为军事人员,如例(3、4),其中"贼"是造反起义的队伍,也属军事组织;另一类是僧侣或佛教信徒,如例(1、2)及例(6—15)。像例(5)那样量普通民众者较少。量军人是因为"众"原有军队义。量僧侣及佛教徒,与佛经翻译用语有关,梵语 samgha 音译"僧伽",义译"众"。《天台观经疏》:"众者,四人已上乃至百千无量。"按此意,四人以上即可称"众"。不过有些结构并非任意组合,而是有特别含义的佛学词语:例(10、12)的"四众、五众",分别指四种或五种出家人。例(11)及(15)的"十七众、一十一众"未详,当亦源于佛典。[②]

叶松华(2006)在讨论《祖堂集》中的量词时认为,在俗家文

---

① 例(13、14)转引自叶松华(2006)。

② "四众"即比丘、比丘尼、沙弥、沙弥尼,"五众"在四种人之外再增加式叉摩那。又,佛门有"十七群比丘",即十七群童子。名十七群,实为十七个、十七名……等,又有"十一生类",如卵生、胎生、湿生、化生等。分别详见《佛学大辞典》194、180 页。十七众、一十一众当与此有关。

献里"众"前数词多为"千、万"等大数，只是在佛教文献中可与普通数词结合，他的意见可备一说。

4. 用同"种"。表种类，仅见于变文：

（16）千众乐音齐响亮，万般花木自芬芳。（敦校 829）

张涌泉等认为，这两例"众"均为"种"的借字，"众、种"音近通用。（见敦校 842 页注〔六八〕）又，敦校 1029 页有"世界两种人不得见王面"之语，张涌泉等注明"原校：'种'原作'众'，据甲卷改。"（见敦校 1049 页注〔一八四〕）《汉语大词典》"众"字条亦谓此词做量词的功能之一就表示"种"，仅举之一例，与例（16）相同。

（三）本期之后，量词"众"仍多与佛教有关，如《西游记》19 回"一行三众"。在《红楼梦》里更出现了隋唐五代未见的"数＋众＋名"的结构，并将称量对象从佛教僧侣类推到道士，有"五十众高僧、五十众高道"（17 回）之说。直至晚近时代，本义为人多的"众"才可用于称人群，如《儿女英雄传》40 回有"一众家丁、一众同寅"，《老残游记》8 回有"一众五人"，不过这种用法也很受限制，"众"前必为"一"字，类似今语"一行若干人"的"行"。到了现代这个量词在口语中已经消失。

五、辈

（一）《说文·车部》："辈，若军发车百两为一辈。"又，战国人托名吕望所著《六韬·均兵》称"六十骑为一辈"。但上古文献鲜有用例，全部《十三经》以及荀、墨、庄等诸子著作中均未见"辈"字，无法证实"车百两"与"六十骑"之说。南宋戴侗《六书故·工事》说"车以列分为辈"，这是我们目前看到的文献中与《说文》释义及字形义符相符的唯一实例。尽管戴侗或有所本，但《六书故》本身也是一部文字学著作，意在正名辩物，其文字不能等同于实际语言运用的例子，所以"辈"的本义用例在现存文献中几乎可以说并不存在。

此词后有多义，与量词有关之义的发展脉络大致如下：

首先可能从代表成队的车马发展为指其品类，如《史记·孙子吴起列传》："孙子见其马足不甚相远，马有上、中、下辈。"《说文》段注说："朋也，类也，此辈之通训也。"既为通训，当然可用于其他物类，如《论衡·率性篇》有"龙泉、太阿之辈"，《三国志·魏书·华佗传》有"蛇辈"，《大唐新语·著述》有"《御览》之辈"等。

除物类外，又引申指某一类人，如《史记·大宛列传》："汉使数百人为辈来。"《论衡·死伪篇》："比干、子胥之辈不为鬼。"《世说新语·赏誉》："山巨源义理何如？是谁辈？"敦煌变文："内侍黄门辈，无非执化权。"（敦校832）王维诗："岂学书生辈，窗间老一经。"（1271）

辈分、行辈也是对人的一种分类，故"辈"又有辈分义。如东汉孔融《论盛孝章书》："今之少年，喜谤前辈。"《晋书·吐谷浑列传》："当在汝之子孙辈耳。"杜荀鹤诗："君虽是后辈，我谓过当时。"（7942）

（二）量词"辈"源于名词朋类义，故初为集合量词，萌芽于汉代。可用于人，如《史记·大宛列传》："诸使外国，一辈，大者数百、少者百余人。"晋袁宏《后汉纪·灵帝纪》："角等皆举兵，往往屯聚数十百辈，大者万余人，小者六七千人。"这两例结构比较松散，前者没有出现被计量的名词"使者"，后例则量前文里的"兵"，都由后文说明"一辈"的人数。下例更典型，《史记·酷吏列传》："天子果以汤怀诈面欺，使使八辈簿责汤。""辈"也可量事物，如《颜氏家训·养生篇》："此辈小术，无损于事，亦可修也。"以上"辈"犹"类"。作为量词尚不太成熟。也有似量个体的，如《汉书·南粤传》："使内史藩、中尉高、御史平，凡三辈上书谢过，皆不反。""藩、高、平"均为人名，"辈"似个体量词；但又与下文（四）所引《北史·吐谷浑列传》例句法相近，故也似动量词。

南北朝时有确切的称人个体量词"辈"，如《神仙传》卷6："明日士彦自将人吏百余辈……"但刘世儒（1965：147）认为当时"这样的用法并不多见"。当时也有表次数之例，如《颜氏家训·终制篇》："吾年十九，值梁家丧乱，其间与白刃为伍者亦常数辈……"。

（三）本期的名量词"辈"。

本期用例明显增多，可分为以下两类：

1. 个体量词"辈"，南北朝时期不多见，此时大量出现。多数量人，由于"辈"原有种类义，故大多计量某类人的个数。

（1）众真千万辈，柔颜尽如荑。（元稹诗，4456）

（2）遑遑名利客，白首千百辈。（白居易诗，4662）

（3）及帝将赴晋阳，亲入辞谒于昭阳殿，从者千人，居前持剑者十余辈。（《北史·齐本纪中》）

（4）向者，偶见太学生十数辈，扬眉抵掌，读一卷文书……（摭63）

（5）无何，为两军打球，军将数辈，私较于是。（同上41）

（6）朱衣巨带者五六辈，列于阶下。（酉90）

（7）俄有妙妓四辈，寻续而至，奢华艳曳，都冶颇极。（集11）

(8)……因是齐鲁人从而学道术者,凡百千辈。(同上 24)

(9)则天时,狄仁杰为宁州刺史,其宅数凶,先时刺史死者十余辈。(广 69)

(10)玄宗梦仙子十余辈,御卿云而下……(明 58)

(11)场中诸女……约为香火兄弟,每多至十四五人,少不下八九辈。(《教坊记》,大观 125)

(12)(左右伶人)恃宠肆狂,无所畏惮,其间一辈曰张隐,忽跃出。(《南楚新闻》,见《广记》卷 257)①

也有少数是量舟舰及动物的:

(13)战舰百万辈,浮宫三十余。(陆龟蒙诗,7122)

(14)言讫,见市吏枷项在前,有驴羊鸡豕数十辈随其后……(广 141)

(15)顷间,群象五六百辈,云萃吼叫,声彻数十里。(同上 188)

2. 集合量词"辈"。

此类又可分为几种情况:

A. 量一群人、一批人。

(16)团圆多少辈,眠寝独劳筋。(薛能诗,6478)

(17)顷年以来,优见诸方告密,囚累百千辈。(《旧唐书·刑法志》)

(18)时举子有以公卿关节,不远千里而求首荐者,岁常不下

---

① 转引自江蓝生、曹广顺(1997:18)。

数辈。(摭 18)

B. 量一代人。

(19) 呜呼,六代传信,今在韶州。四辈学徒,空游嵩岭。(神会,近代 65)

(20) 今古几辈人,而我何能息。(杜牧诗,5945)

(21) 画手看前辈,吴生远擅场。(杜甫诗,2387)

(22) 言辈作者,合家尽行,辈辈俱作。(《诗·周颂·载芟》"千耦其耘"句郑玄笺"辈作者千耦"孔疏)

C. 量一类人、一种人。

(23) 莫学一辈愚人,不报慈亲恩德。(敦校 1016)

(24) 若有一辈众生,只要见佛身,观音菩萨与现佛身,而为说法。(同上 745)

(25) 此辈贱嫔何足言,帝子天孙古称贵。(元稹诗,4615)

(26) 半日无耕夫,此辈总饿死。(徐仲雅诗,8649)

(27) 我皇开国十余年,一辈超升炙手欢。(蒋贻恭诗,9872)

(28) 四人忧悲啼泣,而四郎谓遵言曰:"勿忧惧,此辈亦不能戾吾。"(博 28)

第三类有一些特点,常见的是"一辈"和"此辈",很少与其他数词连用,且往往带贬义。《全唐诗》中"此辈"共 19 例,除个别指物者外,多具贬义。

D. 量一类植物或动物,少见。

(29) 野苋迷汝来,宗生实于此。此辈岂无秋,亦蒙寒露委。(杜甫诗,2348)

（30）时白喷雪鲫鲤鲞，此辈肥脆为绝尤。（卢仝诗，4368）

（四）做动量词表次数。

（1）保定中，夸吕前后三辈遣使献方物。（《北史·吐谷浑列传》）

（2）（吐谷浑）……即令从骑拥马令回，数百步，欻然悲鸣，突击而西，声若颓山，如是者十余辈，一回一迷。（同上）

（3）吏令启口，以一丸药掷口中，便成烈火遍身，须臾灰灭，俄复成人，如是六七辈。（广18）

如果说"前后三辈遣使"犹与人群义相关，可理解为"遣三辈使"，那么后面二例的"如是者十余辈、如是六七辈"则只可能是动量词，没有作他解的余地。

（五）对本期量词"辈"的几点看法。

1. 隋唐之前，"辈"多出现在"数量"或"代量"结构中，像《神仙传》中"人吏百余辈"那样的"名数量"结构很少见，所以它更像一个准量词。到了本期，不但有大量"名数量"结构，而且有"数量名"结构，真正发展为成熟的量词。

2. "辈"既然是源于朋类义的集合量词，为什么又大量用为个体量词呢? 这应该是在语言运用中形成的。先看以下例句：

（1）时辈六七人，送我出帝城。（白居易诗，4720）

（2）时进士团所由辈数十人，见逢行李萧条……（摭40）

（3）而玄谅辈凡三十人，咸列禁戍……（白集1080）

（4）只如张道符、牛业、赵璘辈三数人足矣，使朕闻所未闻。（《因话录》，大观839）

"×辈××人"意指"某类人多少个"，如本小节例（1）白居易诗题为《及第后归觐留别诸同年》,"时辈"指同时及第的人。此时"辈"系名词。但当被统计的对象在字面上不是"×辈",而是"×人"(同样表示某类人)时,在修辞上为避免重复,就会发生结构类推现象,依"×辈多少人"格式,推出"×人多少辈"格式:

(5)工人三五辈,辇出土与泥。(李商隐诗,6247)

(6)(冢被盗掘)官以军人二十余辈修复。(博43)

(7)午后有一人重戴,领妇人四五辈,欲出此门。(传118)

"×人××辈"同"×辈××人"一样,都是"某种人多少个"的意思,于是"辈"做个体量词称人的功能便渐被接受,成为习见的书面用词。

3. 正因为个体量词"辈"是由修辞原因造成的,所以始终只存在于文人笔下,尤以笔记小说中最多。口语化程度高的敦煌变文、《祖堂集》及其他禅宗语录中没有以"辈"量个体的人或物之例。正因这一语体特点,它也很难进入新兴语序"数量名"结构("一辈愚人、一辈众生、几辈人"都是量群体的),我们只见到一例,出自宋人所修《太平广记》,录以备考:

(8)昉曰:"适见三五辈老者,发言颇诚……"(《纪闻》,转引自《太平广记》卷2)

4. "辈"既可做集合量词,称量成批的人或物;又可做个体量词,称量单个的人或物,具有这种特点的量词不仅在隋唐五代,而且在各个时代都是罕见的,因为这在交际中毕竟颇多不便,有时还会引起误解,如:

(9)此辈送上人者,岁五六辈,可以微贶劳之。(广132)

据上下文，难以判断句中第二个"辈"到底称个体或集体。又如：

（10）有群女，或称华阳姑，或称青溪姑，或称上仙子，或称下仙子，若是者数辈。皆侍从数十……（传59）

《汉语大词典》"辈"字条将此例作为称量一群人的书证，恐不妥。从下文看，"数辈"应指几个人，每人又有数十个侍从。这种歧义正是"辈"本身的双重功能带来的。

"辈"量人还是量物，在比较简约的文言里，有时也不易区分，如：

（11）须臾童儿玉女三十余人，或坐空虚，或行海面，笙箫众乐，更唱迭和。有唱步虚歌者，数十百辈，幽求记其一焉。词曰："凤凰三十六，碧天高太清……"（博19）

此例中"唱步虚歌者"貌似指人，但"三十余人"与"数十百辈"互相矛盾，看下文方知是称物，指所唱之歌有那么多首。

（六）本期以后，量群体的"辈"多用于世代义，如《儒林外史》55回："此时虞博士那一辈人，也有老了的，也有死了的……"现代之例如《四世同堂》48："看到祁家的四辈人，他觉得他们是最奇异的一家子。"量"一类人"者如《型世言》第1回："这虽是本司院，但我们不是本司院里这一辈人！"此类未见现代用例。至于"辈"用如批、群义者如清袁枚《随园诗话》卷8："吏敦促至再，扶鞭上马，比至，则促召之使已四辈矣。"但这是文言，不能反映口语实际。

量个体的"辈"也只存在于文人笔下，如《夷坚志》甲志卷2："（钱君兄弟）遇道士三辈来揖谈。"《武林旧事》卷6："每处各有私名妓数十辈……"由于这一用法的局限性，在现代汉语中已经消失。

现代"辈"只量世代，另有新义称人一生的时间，如"一辈子、半辈子"。

六、位

（一）《说文》："列中庭之左右谓之位。"本义位置，《周礼·天官·序官》："辨方正位。"特指代表一定次序的位置，常指职位、地位，《史记·廉颇蔺相如列传》："以相如功大，拜为上卿，位在廉颇之右。"若言"众位"则指百官，《汉书·王莽传上》："群僚众位，而公宰之。"一人可占一个位次，故"位"可代指人，《左传·襄公十四年》："此役也，报栎之败也。役又无功，晋之耻也。吾有二位于戎路，敢不耻乎？"杜预注谓"二位"指栾黡及其弟二人，这是"位"与数词结合的较早用例。刘世儒说量词"位""由'位次'义转来"。我们可以补充一个例证，南朝宋王韶之《燕射歌辞·宋四厢乐歌》之五："万方毕来贺，华裔充皇庭。多士盈九位，俯仰观玉声。""九位"指很多席位。而真正的量词"位"未见较早用例，刘只举了《搜神记》（晋）及《真诰》（南朝梁）两个例子并据《搜神记》的"从者数位，尽为蒲人"判断当时用"位"并不像现代一样表示尊敬。（参见刘世儒1965：164—165）

（二）本期的"位"。

在本期，我们并未见到典型的量词"位"，[①]有的疑似用例其实站不住脚，试看：

[①] 日僧圆仁《入唐求法巡礼行记》中有"二位僧正宪圆本也"（近代175）之句，或以为"二位僧"即"两位和尚"，笔者疑其非是。询之蒋绍愚兄，谓此例的"二位僧正"是宪圆的僧位、僧阶（"宪"一本作"宽"）。

(1) 闻法众，百千佟，并睹庄严赞善哉。(变文 570)

就是这个被《敦煌变文集》编者释为"位"的字，在《敦煌变文校注》中却录作"佟"，故此例不能算数。①此外"数词＋位"的例子还有：

(2)（禾山和尚）遍历宗筵而造九峰。一言顿契于心源，万水无疑于别月。因编十一位，集数百言。(祖 322)

(3) 由宰相至百执事凡几位？由一方至一州凡几位？先生之得者，无乃不足充其位邪！(韩集 30)

例(2)的"十一位"是一本书，或许是禾山和尚"遍历宗筵"后搜集的语录，"十一位"是他访问的十一个禅师？那么"位"就接近量词。例(3)的"位"从下文看应指所设的职位，故不是量词。此外《全唐诗》里"数词＋位"也只有二例，一是郊庙歌辞"九位既肃，万灵毕会"(103)，一是明皇帝诗"四方皆石壁，五位配金天"(36)。另外元稹《郊天日五色祥云赋》也提到"五位"："陛下乘五位而出震，迎五帝以郊天……"这几个"位"显然均非量词。

总之，据我们不全面的观察，"位"在本期依然没有成为成熟的量词。

(三) 真正接近现代"位"的用法出现较晚，如《张协状元》第27出的"五百位官员"、《水浒传》12 回的"两位好汉"、《红楼梦》第3 回的"这位哥哥"和 29 回的"众位千金"。"位"还可以称物，宋范

---

① 见该书 842 页注〔六九〕。黄征等引《风俗通》"十亿曰兆，十兆曰经，十经曰姟"，认为数名本无专字，大概"佟"即"姟"的又一形式，故"百千佟"是极言其多。

仲淹《与韩魏公书》有"凉厅一位",清魏源《圣武记》卷14有"夷炮数位或十余位"。至现代,称物的用法已不存,称人表尊敬仍是规范,但近年来有些媒体常误用,甚至有"一位嫌疑人"之类,实属谬误。此外"位"还可计量数位,如"两位数、五位数";与序数结合表示人或事物的地位,如"要把经济建设摆在第一位"。

七、名

(一)《说文》"名":"自命也……"本义名称,《楚辞·离骚》:"肇锡余以嘉名。"一个名字代表一个人,这就可能成为称人量词。"名"跟数词较早连用之例如《庄子·则阳》:"丘里者,合十姓百名而以为风俗也。"这里的"名"是指代人的名词。下例向量词前进了一步:"凡天文在图籍昭昭可知者,经星常宿中外官凡百一十八名……"(《汉书·天文志》)然而此后,其他称人量词纷纷出现并大量使用,"名"的发展却步履蹒跚,刘世儒(1965:112)谓在南北朝也还在发展中,做量词仍不多见,如《魏书·礼志》:"先恒有水火之神四十余名……"。

(二)本期亦很少见,敦煌变文及文书、《祖堂集》等口语资料均未见量词"名",《旧唐书·职官志》《唐六典》专述各级官府的人员编制等事,其中称人量词"人、员"频频出现,据不完全统计,唯独未见"名"。只有唐诗里有数例:

(1)身是三千第一名,内家丛里独分明。(薛能诗,6520)

(2)黄口小儿口莫凭,逡巡看取第三名。(杨莱儿诗,9027)

(3)悬知回日彩衣荣,仙籍高标第一名。(韦庄诗,8001)

(4)孔门弟子皆贤哲,谁料穷儒忝一名。(石贯诗,6396)

此外《全唐诗》还有"一名"35例,"二名"3例,均非量词。以上4例似可视为量词,前3例与次第数词连用,例(4)"一名"义为"其中之一"。总之"名"做量词在本期仍罕见且不成熟。

（三）量词"名"真正发展成熟是比较晚的,如宋代白话小说《宋四公大闹禁魂张》有"百十名军校",《封神演义》29回有"二十名刀斧手",《红楼梦》48回有"(薛姨妈)派下薛蟠之乳父老苍头一名,当年谙事旧仆二名……"。现代则多用于具有某种身份或从事某种职业的人,如"一名战士、几名职员"等。它跟"位"的区别是不一定表示尊敬,是中性的,可量各种人。

八、丁

《说文》："丁,夏时万物皆丁实。"段注："丁实,小徐本作'丁壮成实'。"义即"强壮",李陵《答苏武书》："丁年奉使,皓首而归。"从而引申出"壮丁、成年人"之义,特指达到担任赋役年龄的人,如《史记·平津侯主父列传》："丁男被甲,丁女转输,苦不聊生。"《旧唐书·食货志》："凡丁,岁役二旬……二十一为丁,六十为老。""丁"作为量词的条件并不充足,因为"数+丁"既不能后附,也不能前附于名词,"人一丁、一丁人"都不成立,应该算作准量词。本期用例如下：

（1）无何天宝大征兵,户有三丁点一丁。(白居易诗,4693)

（2）于是计帐进四十四万三千丁,新附一百六十四万一千五百口。(《隋书·食货志》)

（3）每丁量税一千五百钱……(《旧唐书·食货志》)

（4）其一家之中,有十丁已上者,放两丁征行赋役;五丁已上,

放一丁。(同上)

九、介

《说文》:"介,画也。从八从人,人各有介。"此义与量词无关。作为量词,早在先秦就有著名的例子"如有一介臣"(《书·泰誓》),又如《国语·吴语》:"勾践请盟,一介嫡女,执箕帚,以晐姓于王宫;一介嫡男,奉槃匜,以随诸御。"① "介"用同"个",只用于人,且数词只限于"一",关于"介"与"个"的关系及其作为量词的理据,详见第四章第二节。

本期用例性质与上古时相同,仍只与"一"连用,故其量词性值得怀疑,似为一种固定表达方式,"一介"用于自己表示自谦,用于他人则有蔑视的意味:

(1) 贫道是一界(介)凡僧,每谢君王请(清)命,臣僧却拟归山,即是贫道所愿。(敦校 268)

(2) 逆贼某乙,一介贱隶。(白集 1279)

(3) 勃三尺微命,一介书生。(王勃《滕王阁序》)

后世用法未见变化,《儒林外史》第1回:"王冕乃一介农夫,不敢求见。"现代仍可说"一介武夫、一介书生"等,但只是承袭古语,有人认为"现代已不采用"(郭先珍 2002:75)。

此外,本期用于称量人的量词还有"**身**"(见本章第四节)、"**双**"(见

---

① 有人举出更早用例,向熹(1993下:8)引卜辞"五丰臣"(《粹》12),"用三丰犬羊"(《佚存》787)谓两例中的"丰"读为"介",即"个","五丰臣"就是"五介臣",数量词组做名词的定语。此说赞同者不多,一般认为"丰"只是一个表示性质状态的形容词。

第三章第一节)、"**对**"(见第三章第一节)、"**番**"(见本章第二十四节)、"**筵**"(量一群赴宴的罗汉,见第三章第二节)、"**房**"(量妻妾,见第三章第二节)、"**簇(蔟)**"(量人群,见第三章第三节)、"**行**"(量排成行列的人,见第三章第五节)、"**团**"(量会合在一起的人群,隋唐之际成为军队编制,见第三章第三节)[①])。

第四节　量佛像及神鬼画像

一、躯

(一)《说文》:"躯,体也。"《荀子·劝学》:"口耳之间则四寸耳,曷足以美七尺之躯哉!"本义指人的身体,或许因为神佛都是人格化的,作为量词它就专门称量神佛的画像、塑像之类。至于人的称量,另有专用量词,倒是不能论"躯"的。

(二)量词"躯"始见于佛教盛行的南北朝,如《洛阳伽蓝记·城东》:"宗圣寺有像一躯,举高三丈八尺……"南朝梁沈约《绣像题赞》:"造绣无量寿像一躯。"此外还可量佛塔、石窟等,如北齐佚名

[①] 此外,还有一个"根"需略加辨析。张美兰在《近代汉语语言研究》中以"根"为称人量词(5页),所举为《祖堂集》之例"此一根人难得",我们以为此乃孤证,其他文献未见。此例上文为:"幽州僧思邺问和尚:'毕竟禅宗顿悟入理门的的意如何?'仰山云:'此意甚难。若见他祖宗苗裔,上上根性,如西天诸祖,此土从上祖相承,或一玄机,或一境智,他便肯去,玄得自理,不居惑地,更不随于文教。故相传云:"诸佛理论,不干文墨。"此一根人难得,向汝道少有。……'"(祖466)可见"根"当指"上上根性",应理解为名词,"此一根人难得"译作"这一种根性是人难得到的"较为合理。"根"在此不是量词。

《朱昙思等造塔颂》:"敬造宝塔一躯。"另据刘世儒说"躯"又可写作"区、駆"等(参见刘世儒1965:192)。

(三)本期"躯"主要仍量佛及佛、菩萨、罗汉像。

(1)比至礼三拜起来,早已化作一千躯佛众……(敦校474)

(2)那个是前来者一躯佛?交(教)朕如何认得?(同上)

(3)画……贤劫千佛一千躯,文殊师利菩萨、普贤菩萨各一躯。(敦煌文书B174)

(4)龛内素释伽像并声闻菩萨神等共七躯。(同上)

(5)敬画新样大圣文殊师利菩萨一躯并侍从,兼供养菩萨一躯及□□观世音菩萨一躯。(敦愿924)

(6)都维那僧法遇赠檀龛像一躯,以充归国供养。(入唐,近代159)

(7)银金涂钑花菩萨一躯重十六两。(法251)

(8)佛涅槃后……遂以两躯观自在菩萨像南北标界,东面而坐。(西域669)

(9)逡巡便是两三躯,不似画工虚费日。(欧阳炯《贯休应梦罗汉画歌》诗,8638)

(10)有标界铜观自在像两躯。(酉37)

(11)因舍宅为寺,铸金铜像十万躯,金石龛中皆满,犹有数万躯。(同上251)

(12)寺有小银象六百余躯,金佛一躯长数尺。(同上249)

此例不但佛论"躯",连带跟佛一起的象也沾光并称若干躯,当然这是银铸的象,而不是活生生的真象。

（13）其疾转剧，又命佛工以背裆于疾所铸二躯佛，未毕而卒。（广152）

（14）绣西方阿弥陀佛一躯。（白集887）

也有个别量塔之例：

（15）其王遣使奉表送牙像及画塔二躯。(《南史·夷貊列传上》)

（四）以"躯"量佛像，此后仍有所见，明宋濂《广利禅寺碑铭》有"铜佛四百躯"，清刘献廷《广阳杂记》卷2有"欢喜佛像二躯"之说。但口语中渐被"尊"取代。《红楼梦》有"尊"无"躯"，《水浒传》二者皆无。有些个别用例，似不合惯例，叶六桐《北邙说法》："呀，原来有一具枯骨，一躯死尸在此。"仅录此备考。

二、尊（樽）

（一）《说文》："尊。酒器也。"《国语·周语中》："出其尊彝，陈其鼎俎。"既为酒器，用来量酒应很自然，但上古用例罕见。《十三经》虽不乏"数+尊"之例，但均非量词。这可能跟它多用为礼器而非日常用具有关。后由举尊敬酒引申为敬重义，《孟子·公孙丑》上："尊贤使能，俊杰在位。"个体量词"尊"由此义而来。

（二）个体量词"尊"始于南北朝，称量对象都是佛像之类。刘世儒举出梁简文帝《下僧正教》文说："或十尊五圣共处一厨，或大士、如来俱藏一柜。"这正显示了量词"尊"的形成过程，此句里"尊"还不是量词，而是尊者之意，因为神佛是最受尊敬的，故后来称一幅佛像为"一尊"。如《高僧传·义解篇》："苻坚遣使送……金缕绣像、织成像各一尊。"（参见刘世儒1965：191）至于作为容器起称量作用的，刘书仅举了一例："共盈一樽酒，对之愁日暮。"（虞羲《送友人上

湘》，参见刘世儒 1965：239）

（三）本期的情况。

1. 个体量词"尊"仍量神佛像，包括画像和雕像：

（1）京西北有开化大阁，兼有石佛一尊……（敦煌文书 B174）

（2）又入大中寺，入得寺门，有大阁，有铁佛一尊。（同上）

（3）棚上有阿弥陀佛一尊……（同上 73）

（4）其罗睺从头第一礼至九百九十九尊，直至末下一尊面前，放下盘珠。（敦煌文书 A322）

（5）□□□□天王两铺及塑四十二尊贤圣菩萨……（法 268）

（6）四十五尊造像金刚界成身会曼荼罗宝函铭：……（同上 265）

对于信众来说，造像与信仰对象是很难截然区分的，所以下例就直接量菩萨了：

（7）云中化菩萨三尊，举众皆礼敬。（敦煌文书 B174）

2. 做临时量词，"尊"又写作"樽"。可能此时以尊为礼器不似上古那样重要，它作为酒具的使用率变得极高，《全唐诗》有"数+尊"73 例，"数+樽" 36 例（含重出者），全部用于量酒，如：

（8）何时一尊酒，重与细论文。（杜甫诗，2395）

（9）醉我百尊酒，留连夜未归。（张继诗，2724）

（10）醉沉北海千尊酒，吟上南荆百尺楼。（殷文圭诗，8138）

（11）板阁数尊后，至今犹酒悲。（韩偓诗，7842）

（12）身后堆金挂北斗，不如先前一樽酒。（白居易诗，4979）

（四）个体量词"尊"后世一直沿用，如宋叶隆礼《契丹国志》有"木雕悉达太子一尊"，《喻世明言·杨思温燕山逢故人》有"浑金铸成五百尊阿罗汉",《儒林外史》53回有"一尊玉观音"。近世增加了一种新的功能,即量形体较大的炮,《清史稿·兵志六》:"续购大小洋炮……凡八百尊。"这两种用法至今仍存。

三、座

(一)《说文》无"座","座"为后起字,《玉篇》:"座,床座也。"即坐具,坐位。《史记·日者列传》:"埽除设座。"后来"座"的量词义由此引申而来。

(二)庙里的神佛当然都有坐位,《神仙传》卷6:"又别设一座祀文成。""一座"即一个坐位。在南北朝,真正的量词"座"尚未见到。(参见刘世儒1965:110—111)

(三)唐代还能看到这种发展的轨迹,如变文《祇园因由记》:"舍利弗独居一座,赤眼亦登其座。"(敦校603)此句的"座"仍为名词"坐位"义,但又近似量词。本期开始有了真正的量词"座",且用法已不是十分单纯,可分以下几类:

1. 量神佛像。

(1)棚上有阿弥陀佛一尊,圣僧一座……(《全唐文》卷921《磁州武安县定晋山重修古定晋禅院千佛邑碑》)[①]

(2)铸铁弥勒像一座。(开元二十六年《石壁寺铁弥勒像铭》)[②]

(3)东方青色龙,牙角何呀呀。从官百余座,嚼啜烦官家。(韩愈诗,3818)

[①] 转引自洪艺芳(2004:73)。

[②] 转引自刘世儒(1965:111)。

(4)浅水孤舟泊,轻尘一座蒙。(张祜《题圣女庙》诗,5805)

(5)香传一座暗,柳匝万家闲。(喻凫《王母祠前写望》诗,6271)

(6)坏墙风雨几经春,草色盈庭一座尘。(刘山甫《题青草湖神词①》诗,8664)

(7)(马燧)每春秋祠飨,别置胡二姐一座,列于庙左。(博16)

例(3)"从官"指天上的星官,亦列于此。至于例(4—6)的"一座",从诗题中可看出分别是以数量词代圣女、王母及青草湖神像的。例(7)述马燧曾被一位自称胡二姐且颇有神通的妇人搭救,因无法得知其来历,只能为她置像敬奉,故也近乎神仙之类。

2. 量佛像座。

(8)宝叶擎千座,金英渍百盂。(卢藏用诗,1002)

(9)中宵日天子,半座宝如来。(李从远诗,1101)

此句典出《法华经·见宝塔品》:"多宝如来分多宝塔中半座,使释迦如来坐之。"

(10)堂中间置高广佛座一座,上列金色像五百。(白集1498)

例(8、9)也可做名词看待,例(10)的第二个"座"则无疑是量词。

《祖堂集》有"座"跟次第数词连用的情况,如:"师在南泉造第一座……"(365页),"师教侍者问第一座:'……是了义教里收,是不了义教里收?'"(372页)。"第一座"分别是"首创的讲坛"和"第一位讲师"的意思。"座"都是名词。因近似量词,列此备考。

---

①《全唐诗》中此诗后面的题记里有"见天王祠"之说,疑此处"词"字有误。

（四）我们在《祖堂集》中见到"座"的另类用法：

（1）师却问："法师说何法？"对云："讲《金刚经》二十余座。"（祖 363）

（2）师呵云："讲经二十余座，浑不识如来。"（同上）

此处"座"像是动量词。"讲座"原指高僧说法或儒师讲学的坐位，进而指多人集体听讲的教学形式，《朱子语类》卷 79："〔陆象山〕于是日入道观，设讲座，说'皇极'，令邦人聚听之。""讲二十余座"相当今语"讲了二十多场"。不过，"座"的这种用法只见于《祖堂集》，其后也未得到充分发展。

（五）本期之后，"座"的称量范围逐渐扩大。《祖堂集》有句曰："栖贤和尚……受业于九座山。"（249 页）以"座"量山本期其他文献中没有出现，上句只是特例，"九座山"似是山名，尚不能据此就说五代时"座"可量山。但这种用法后世却常见。《水浒传》17 回的"有座山、一座高山"、《红楼梦》19 回的"一座黛山"即其例。此外还常用于城市、建筑物，《水浒传》第 1 回有"四百座军州"，《三国志平话》第 1 回有"琉璃殿一座"，《儒林外史》14 回有"一座楼台"。现代除量山、城市和建筑物，还可量雕塑、钟、大炮等。

四、身

（一）《说文》："身，躬也，象人之身。"指身体。《诗·小雅·何人斯》："我闻其声，不见其身。"它做量词始于魏晋，开始时跟"躯"一样，也是称量神佛像的，一尊佛像就是一个人形，所以叫"一身"。如法显《佛国记》："夹道两边作菩萨五百身。"（参见刘世儒 1965：192）

（二）本期的量词"身"。

1. 个体量词"身"。

A. 仍量神佛兼及高僧像，不过不及"躯、尊"那样常用。

（1）玉毫不着世间尘，辉相分明十八身。（张籍《题玉像堂》诗，4351）

（2）佛殿西廊立高僧一十六身……画迹拙俗。（酉250）

B. 量人，但不多见。

（3）岂空饱一身盲士，兼济五百贫人。（敦校941）

此例是否有"独自一个"之义？此外还有"身"与次第数词连用之例："况闻暗忆前朝事，知是修行第几身？"（熊孺登诗，5422）其中的"身"系名词，但从中或可看出以身量人的理据。

2. 本期增加了做临时量词的功能，表示全身、满身，数词限于"一"。

（4）暗减一身力，潜添满鬓丝。（牛僧孺诗，5291）

（5）便着清江明月夜，轻凉与挂一身风。（李群玉诗，6609）

（6）万里八九月，一身西北风。（无名氏诗，8963）

（7）蹑云双屐冷，采药一（一作满）身香。（孟贯诗，8625）

（8）砌下落梅如雪乱，拂了一身还满。（李煜词，10045）

这是现代汉语里量词"身"最重要的用法之一，这种用法本期已经很常见了。

（三）以"身"量佛像的现象存在时间不长，量人更是极为罕见，而临时量词用法则流传至今，并常用于抽象事物，如"一身正气"。还有一种出现较晚的个体量词功能是量成套的衣服或长衫，如《红楼梦》

70回:"麝月……披着一身旧衣。"《老残游记》第3回:"做一身绵袍子马褂。"这在现代比较常见,但唐五代未发现这类用例。

五、铺

(一)《说文》:"铺,箸门铺首也。""铺首"是门环的底座,做成兽面形用以衔环。用作动词指设置、安排。《礼记·乐记》:"铺筵席,陈尊俎。"进而引申为展开、摊平。白居易《与元九书》:"引笔铺纸,悄然灯前……"量词义与此义直接相关,一幅即一铺。或谓"铺"先产生了名词义,进而发展出量词义,[①]但名词"铺"义为卧具,不如动词铺展、展开义与绘制的佛像联系更直接,再者多种辞书将动词及量词义归入平声,名词义归入去声,亦可为证。由于展开义是后起的,量词"铺"的产生也较晚,或谓出现于南北朝末期,但未见成熟的用例。(参见刘世儒1965:133)量词"铺"的理据较为复杂,将在下文(三)中专门讨论。

(二)确切的用例见于本期,有两种功能:

1. 量神佛、高僧像。

(1)画西方净土、东方药师、弥勒上生下生、天请问、涅槃、报恩、如意轮、不空罥索、千手千眼观世音菩萨等变各一铺,贤劫千佛一千躯,文殊师利菩萨、普贤菩萨各一躯。(敦煌文书B174)

(2)花严院堂中,有金刚界曼茶罗一铺。(入唐,近代119)

(3)花严院佛堂有金刚曼茶罗一铺。(同上,125)

"曼茶罗"为梵文Mandala音译,另译"曼陀罗"等,有多种含义,

---

① 见叶松华(2006)。

在中国、日本把佛、菩萨像画在纸帛上亦称"曼荼罗"。

（4）今画化现图一铺奉上，请将归日本供养……（同上，139）

（5）今为男敬造石碑像一铺。（唐高祖《草堂寺为子祈疾疏》）[①]

（6）汉白玉四铺菩萨阿育王塔墨书：……（法 265）

（7）愿造石弥勒像一铺。（《大海寺唐高祖造像记》）[②]

（8）将真容画像二十铺、舍利千余粒……至京。（《三尊真容像支提龛铭》）

（9）敬造石龛阿弥陁像一铺。（《石龛阿弥陁像铭》）

（10）于实堂内敬画释迦尊像一铺。（张鹭《沧州弓高县实性寺释迦像碑》）

（11）长安二年，内出等身金铜像一铺，并九部乐。（酉 259）

（12）时刺史元某欲画观世音七铺……（广 25）

（13）……于龙门山造一万五千像一铺。（《释门自镜录》卷二）[③]

2. 量变文。

（14）汉八年楚灭汉兴王陵变一铺。天福四年八月十六日孔目官阎物成写记。（敦校 72）

3. 量功德。

（15）石头云："大庾岭头一铺功德，还成就也无？"对曰："诸事已备，只欠点眼在。"（祖 142）

[①] 例（5）转引自敦校 74 页注〔二三〕。

[②] 例（7、8、9）转引自刘世儒（1965：133），年代分别为隋大业元年、唐开元十九年、唐长安三年。

[③] 转引自叶松华（2006）。

（16）召素缄之良工，得班输之奇士，更造功德一铺，数有十躯……(《全唐文》卷九百一十九)

这两例的"功德"还是意指（佛或菩萨的）塑像，例（15）的下文说"只欠点眼在"，成书稍晚的《景德传灯录》记述同一段公案时将"铺"写作"尊"，均可证此说。因造佛像是善举，故谓功德。叶松华在《〈祖堂集〉量词研究》一文设专节讨论了量词"铺"，关于以"铺"量功德，他结合禅宗语言特点认为称量的是抽象的禅法，可备一说。

（三）关于量词"铺"的理据。

量词"铺"始于本期，对其来源、用法有不尽相同的解释。刘世儒（1965：133）谓由动词铺陈、铺开义转来，并举《礼记·聘礼》（引者按：刘书所记有误，此例实引自《仪礼·聘礼》）"四秉曰筥"之郑注"筥，穧名也"，以及贾疏"即今人谓之一铺两铺也"说明"一铺"犹如"一列"，是集体量词。《汉语大词典》："多用以表示面积或体积较大的物量。"（11卷1287页）黄征、张涌泉（1997）："铺，量词。常用以限定造型艺术的名称。通常指一（或数）幅（绘画）。……'一铺'即一幅。变相中特指具有一定故事情节的一组画面。日僧圆仁《入唐求法巡礼行记》卷一："开成四年正月三日，'始画南岳、天台两大师像两铺各三副（幅）'。"（敦校74页注〔二三〕）上述意见看似不同，其实是可以统一起来的。量词"铺"确实来自动词铺陈、铺开义，既称"铺开"，面积自然较大（本期未见指"体积较大"之物）；那么用来称量绘在墙上的画像就是顺理成章的事了。"一铺"所绘神佛等可能是一位，也可能是多位；可能是一幅，也可能是多幅，如例（13），一铺竟有一万五千躯。故可说"铺"是身兼个体量词与集合量词的。

另一方面,我们说"铺"量神佛像,因为这是它所量画里的主要内容。其实还可能有别的内容,如例(1)的"各一铺"之前,除"东方药师"等佛像之类,还有"西方净土、涅槃、报恩"等佛经故事。因此,"铺"也可量讲述故事的变文,当初说书艺人还可能带着图画,像拉洋片一样边指边讲。黄征等说"一铺"是变相中的一组画面是对的,但例(14)从字面结构看,"铺"所量正是名叫阎物成的人记下来的一篇变文,所以量佛像与变文的两种功能也是同源的。

"铺"又有店铺义(因系铺陈货物之地),《祖堂集》有"将百种货物杂浑金宝一铺货卖"(456)之说,这个"铺"即店铺,不能视为量词。

(四)"铺"量神佛画像及变文,只盛行于本期,这恐与佛教"俗讲"文学的兴衰有关。宋代建立不久,真宗(998—1023年)就明令禁止僧人讲唱变文,这种文学形式于是衰亡。此后"铺"仍沿"铺陈义"量面积较大的事物,在宋代,更曾成为一种军事组织,如《宋史·仪卫志三》:"车驾至青城……其青城坐甲布列三百三十六铺,殿前指挥使二十四铺,四百七十七人。"此后又有量茶者,《清平山堂话本·华灯轿莲女成佛记》有"点一铺茶请街坊吃"这样的用法,或许因为"一铺茶"是在桌上摆开来的茶点、茶水?现代在西北方言里有此量词,用于炕,仍与面积较大有关,如峻青《秋色赋·壮志录》"一铺烧得热烘烘的土炕"。《现代汉语量词用法词典》收入了"铺",注明为方言。普通话没有这个量词。

六、幢

"幢"是多音字,此处所论者宅江切,平声江韵澄母,今音

chuáng。《说文·新附》："旌旗之属。"后产生一种新义，指佛教的经幢，即刻着佛的名字或经咒的石柱子。这个量词前所未见，所量不是佛像，而是"陀罗尼"（指"咒语"），且只有孤例，仅列此备考：

唯立佛顶尊胜陀罗尼一幢。（白集 1428）

现代"幢"又读 zhuàng，是量房屋的量词，与本期"幢"的联系不详。

此外，用于称量佛像的量词还有"**首**"（量菩萨，见本章第十一节）、"**龛**"（量佛像，见第六章第二节）、"**塔**"（量佛像，见第六章第二节）。

第五节　量衣着、铺盖之物

一、领（附"礼"）

（一）《说文》："领，项也。"本义脖子，《孟子·梁惠王上》："天下之民皆引领而望之矣。"引申为衣领，《荀子·劝学》："若挈裘领。"又引申为被子上的被头，《礼记·丧大记》："不辟紟五幅，无纮。"郑玄注："纮，以组类为之，缀之领侧，若今被识矣。"孔疏："领为被头，侧谓被旁……"

（二）早在先秦、汉代"领"就由衣领及被头二义发展出两个量词用法：其一量衣服、铠甲等，如"衣裳三领"（《墨子·节葬》）、"甲二十领"（《史记·仲尼弟子列传》）；汉简有以"领"量衣袍、单衣、复衣、禅绔、禅褕、绸襦者（参见姚振武 2010：214）。其二量衾被，如"衣衾三领"（《荀子·正论》）、"绣被百领"（《汉书·霍光传》）。

南北朝时代沿袭了以上用法，量衣者如"杂衣千领"(《宋书·明帝纪》)、"皮骨铁杂铠二十领"(《三国志·魏书·陈留王纪》)，量被者如"五色锦被二领"(《魏书·蠕蠕列传》)。此外这时还可称量毡、席、帐等，如"毡七百领"(《宋书·索虏列传》)、"坐席一领"(《高僧传·译经篇》)、"宝帐百余领"(《金楼子·后妃篇》)等，这与量被当属同类。(参见刘世儒 1965：106—108)

（三）本期量词"领"仍很活跃，特别在敦煌文书中很常见，主要用法没有大的变化，可分以下几类：

1. 量各种衣服、铠甲。

（1）遗却汗衫子一领，搜获更无踪由。(敦校 338)

（2）陆领皮裘。(敦煌文书 B172)

（3）特赐所御貂袍一领。(同上)

（4）长袖壹领。(同上)

（5）大紫绫半臂壹领。(同上 171)

（6）官甲一领并头牟。(同上)

（7）枪一根，钾一领。(同上 165)

（8）我有一领袈裟，传授与汝。(祖 65)

（9）因此每年敕使送五百领袈裟，表赠山僧。(入唐，近代 127)

（10）细帔五百领……(同上，132)

（11）魇金银线披袄子一领。(法 250)

（12）关中父老百领襦，关东吏人乏诟租。(李贺诗，285)

（13）数匙梁饭冷，一领绡衫香。(白居易诗，5127)

（14）一领蓑正新，著来沙坞中。(皮日休诗，7046)

（15）朱黻两参王俭府，绣衣三领杜林官。（罗隐诗，7553）

（16）大理卿马曙任代北水运使，代北出犀甲，曙罢职，以一二十领自随。（东 111）

衫、袄、袍、襦、帔是不同尺度、式样的上身衣着，裘为皮衣，蓑为草衣，袈裟为僧衣，甲为金属、皮革制成的防护衣，半臂或为短袖衣，与长袖相对。

2. 量铺盖之物。

（17）（此病）但将一领毡来，大钉四枚，医之立差。（敦校 335）

（18）叁拾贰挺墨，牛衣毡七领，叁阡文钱。（敦煌文书 B47）

（19）金光明寺借花毡两领，褥一条，白方毡肆领。（同上 172）

（20）席五领。（同上）

（21）一领新秋簟，三间明月廊。（白居易诗，5011）

（22）秦叔宝所乘马……能竖越三领黑毡。（酉 114）

（23）有蚊䙡一领，轻密如碧烟。（南唐尉迟偓《中朝故事》）

毡、席、簟皆常见卧具，蚊䙡即蚊帐，以上两类是最常见的用法。

3. 少数特例。

（24）城内舍宅家资什物畜乘安马等，两家停分□□□□取其铛壹领……（敦煌文书 B172）

（25）壹伯肆拾伍领甲身：玖拾贰领铁、肆拾捌领皮、伍领布。（同上 60）

"铛"系炊具，釜类，今语仍有"饼铛"之说，为何以"领"量之，不详。例（25）实为一种省略句法，铁、皮、布都是甲身的质料，并非"领"的所量对象。

（四）本期之后，"领"基本保持了原有功能，仍量衣物与席簟之类，如《水浒传》中量词"领"共四见，分别量"袄"（第2回两次）、"袍"（第3回）、"直裰"（第4回）。《红楼梦》49回有"一领斗篷"，28回有"芙蓉簟一领"。现代普通话的"领"已很少量衣服，口语里可量席子，如《骆驼祥子》二三："一领席，埋在乱死岗子，这就是努力一世的下场头！"

附：礼

洪艺芳在敦煌社会经济文书中发现了一个奇特量词"礼"，举例如下：

（1）春衣汗衫壹礼。（敦煌文书B146）

（2）汗衫壹礼。（同上）

据她考证此处的"礼"即"领"（2004：146），认为在西北方音中属同音通假。但即使在当时方言里二字同音，亦可将"礼"视为俗字，似更妥当。

二、腰

（一）《说文》腰作"要"，释为"身中也"。如《墨子·兼爱中》："昔者楚灵王好士细要。""要"字后辗转引申出求取、要领等义，本义加"月"旁另作"腰"。如《史记·商君列传》："不告奸者腰斩。"

（二）裙、裤、裈等衣着系于腰部，因以"腰"称量。刘世儒（1965：129）称其为后起量词，南北朝前期未见，北齐《王江妃棺版墨书》中有"单裈一要、绸袴一要"，文字仍作"要"。此外，写于唐代的北朝史书有以"腰"量"带"之例，作者应该有历史资料为据，故当时或已有这种用法，例见下文。

（三）本期民间文书、禅宗语录有量词"腰"，功能基本承袭前期，大致分为两类：

1. 量裙、裤之类。

（1）青绢裙一腰。（敦煌文书 B184）

（2）赤黄绫夹袴两腰。（同上）

（3）襑①裆壹腰。（同上）

（4）若有人道得，与汝一腰裩。（祖 155）

（5）武后绣裙一腰。（法 250）

（6）中宗女安乐公主，有尚方织成毛裙……凡造两腰，一献韦氏，计价百万。（《旧唐书·五行志》）

（7）江淮元和中有百姓耕地，地陷，乃古墓也，棺中得裩五十腰。（酉 125）

2. 量腰带。

（8）赏真珠金带一腰，帛二百匹。（《周书·赫连达列传》）

（9）赐……十三环金带一腰，中厩马一匹。（《周书·李贤列传》）

（10）赐彩三百匹，金九环带一腰。（《北史·柳裘列传》）

（11）别赐九环金带一腰。（《隋书·李德林列传》）

（四）量词"腰"的寿命不长，南北朝晚期才出现，本期敦煌文书及《祖堂集》还在使用，说明口语里仍存，但宋代却已作古。陆游

---

① 洪书中此字为"示"字旁，查《汉语大字典》无此字，疑为"襑"之误，《集韵·桓韵》："襑，胡衣。"正合本句义。

《老学庵笔记》卷6："古谓带一为一腰，犹今谓衣为一领。周武帝赐李贤御所服十三环金带一腰是也。近世乃谓带为一条，语颇鄙，不若从古为一腰也。"可见在宋代它已成仿古求雅之笔，明陆容《菽园杂记》卷11有"黄金带至三十六腰"之语，而《水浒传》《红楼梦》均无量词"腰"，现代更不见踪迹，它被口语中盛行、陆游谓之"语颇鄙"的"条"排挤掉了。

三、袭

（一）《说文》："袭，左衽袍。"古代多为死者穿用，又为动词，指给死者着衣，《释名·释丧制》："衣尸曰袭。袭，匝，以衣周匝覆之也。"也指生者衣上加衣，《礼记·内则》："寒不敢袭。"郑玄注；"袭谓重衣。"加一次衣服即一袭，量词可能由此而来。但或谓量词"袭"字当作"褺"，《说文》："褺，重衣也。"段玉裁注："凡古云衣一袭者，皆一褺之假借。"《说文系传》："衣一袭，谓单复称具也。"

（二）"袭"做量词时代较早,有两类不同功能:其一义似今之"套"，唐人习称"副"，《史记·赵世家》："赐相国衣二袭。"裴骃集解："单复具为一袭。"《汉书·昭帝纪》："有不幸者赐衣被一袭。"颜师古注："一袭，一称也，犹今言一副也。"又《叔孙通传》："衣一袭。"注："一袭，上下皆具也，今人呼为一副也。"就是说，一袭可以是衣、被相配，也可是单、复或上、下衣相配。其二相当于"重、层"，《吕氏春秋·节丧》："题凑之室，棺椁数袭。"高诱注："袭，重。"《管子·轻重丁》："请以令城阴里，使其墙三重而门九袭。"此句，"袭"亦"重"义。

在南北朝，"袭"的适用范围缩小，不再量被，量衣也多见于诏、敕等特殊文体，如《南齐书·褚渊传》："朝服一具，衣一袭。"刘世儒

（1965：216—217）以为出现在一般文体里可能是文人有意存古，未必是活的口语了，如《宋书·周朗列传》："一岁美衣，不过数袭。"

（三）本期的量词"袭"。

1. 量衣。

（1）面蒙君赐自龙墀，谁是还乡一袭衣。（黄滔诗，8120）

（2）流为洞府千年酒，化作灵山几袭衣。（徐夤诗，8181）

（3）千袭彩衣宫锦薄，数床御札主恩偏。（贯休诗，9437）

（4）帝尝曰，我见故事尚衣，上御服日一袭，太常新曲日一解，今可禁止。（《唐书·杨复恭列传》）

（5）赐衣一袭及被褥……（《周书·李贤列传》）

（6）其日，帝前赐紫衣一袭。（摭 102）

（7）具浴，浴讫，授衣一袭，巾栉一幞。（续玄 171）

（8）陛下容而接之……赐衣一袭。（韩集 616）

（9）衣龙绡之衣，一袭无一二两，捊之不盈一握。（《杜阳杂编》卷上，大观 1376）

以上之例均为唐诗、史书及笔记小说，而敦煌文书及释家语录未见量词"袭"，上文（二）引颜师古为《汉书》所作两条注文均谓这个字"犹今言一副""今人呼为一副"，说明称量衣服的"袭"在唐代口语里已被"副"取代。且从本期的材料不易判断所量究系成套抑或单件之衣，唯例（9）的"龙绡之衣"连一二两还不到，攥在手里不足一把，应为一件。不过同类例太少，只能存疑。

2. 量楼、门，相当于"重、层"。

（10）下辇登三袭，褰旒望九垓。（萧至忠诗，1092）

（11）凤楼窈窕凌三袭，崔幌玲珑瞰九衢。（马怀素诗，1010）

另有宋人撰《新唐书》一例，录此备考：

（12）王宫有三袭门，皆饰异宝。（《新唐书·西域列传下》）

这也是上古已有的。以上三句数词均为"三"，所量都属宫观建筑，"三袭"已成固定词语，代表宫殿的三重门。具"重、层"义的"袭"不能自由称量其他事物，故或不能说它在本期仍有普通的量词功能。

（四）从南北朝时"袭"已很受限制，本期仍未见活跃起来，只因有较多的诗文用例，故仍录之。此后如《水浒传》《红楼梦》等书均无量词"袭"。后世文人用之更属拟古，如清人程麟《此中人语·翠翠》有"狐裘一袭"之语。现代川籍作家沙汀《困兽记》也有"一袭衬裤"（一七）的说法，恐系方言。不过现代"一袭名牌时装"之类似乎又多起来了，是仿古求雅，还是"袭"的复活就要看今后的发展了。

四、缘

《说文》："缘，衣纯也。"段注："缘者，沿其边而饰之也。"即衣物的边饰，也指给衣物镶边。由此引申为量词，多量袈裟，如梁简文帝《谢敕赉纳袈裟启》之二："蒙赉郁泥纳袈裟一缘。"本期我们仅见一例：

> 垂赐万春树皮袈裟一缘。（隋炀帝《与释智颛书》）

总的看来，量词"缘"起自南北朝，本期用例很少，法门寺唐塔地宫出土的《监送真身使随真身供养道具及恩赐金银衣物帐》里用了很多量词，其中多处记有袈裟及其他僧衣，分别使用了"领"与"副"，但没有一处用"缘"。它在历史上存在的时间短，使用范围有限，现代已无踪迹可寻。

五、顶

（一）《说文》："顶，颠也。"本义为头顶，《易·大过》："过涉灭顶。"引申为事物的最上部，《淮南子·修务》："今不称九天之顶，则言黄泉之底……"

本期之前未见量词"顶"，它出现于唐五代，例如：

（1）紫罗庐山冒（帽）子壹顶。（敦煌文书 B72）

（2）紫绫芦山冒（帽）一顶。（同上）

（3）曲尘绢兰□罗缚头二顶。（同上）

（4）毡帽两顶……（入唐，近代160）

冒（帽）子、缚（即"幞"）头都是戴在头上的东西，量词"顶"与其原有名词义的联系是明显的，而下例比较特殊：

（5）棚上有阿弥陀佛一尊，圣僧一座，倚子一只，盖一顶。（《全唐文》卷921《重修定晋禅院碑》）

"盖"系何物不详。

前人曾以为量词"顶"出现于宋代，现有材料证明它在唐五代确已产生，关于这个问题洪艺芳（2004：72—74）所言甚详明，可以参阅。

（二）本期之后，"顶"变得更加常见，大致分为两类：其一，仍量头戴之物，如宋代话本《西山一窟鬼》"头上裹一顶牛胆青头巾"，《西游记》11回"戴一顶冲天冠"，《红楼梦》45回"（这斗笠）我送你一顶"。其二，量其他有顶的东西，如《清平山堂话本·西湖三塔记》

的"一顶四人轿",《红楼梦》第 3 回的"一顶藕合色花帐"。[①] 现代汉语基本仍是这两种用法,且很习见。有人举鲁迅《南腔北调集·小品文的危机》里"书桌一顶"之例,那只是作家个人用语的特例罢了。

六、床

(一)《说文》:"安身之坐者。"段注:"安身之几坐也。"原为卧具或坐具,如《诗·小雅·斯干》:"乃生男子,载寝之床。"《古诗为焦仲卿妻作》:"媒人下床去,诺诺复尔尔。"又为安放器物的架子,如南朝陈徐陵《玉台新咏序》:"翡翠笔床,无时离手。"

(二)"床"做量词始见于南北朝,量屏风及弩,如《魏书·源贺列传》"武卫三百乘,弩一床",刘损文"银涂漆屏风二十三床"。这是因为当时屏风置于床上,安放弩机的架子亦称"床"。以上属于个体量词。

又据唐人段公路《北户录·米饼》记述:"笔为双、为床、为枚。"唐崔龟图注:"南朝呼笔四管为一床。"这应属集合量词。此外还有临时量词的用法,如庾信《寒园即目》的"游仙半壁画,隐士一床书"(以上各例均转引自刘世儒 1965:110)。

(三)本期的量词"床"。

1. 量铺盖的毡被、簟席之类,属个体量词。

(1)且与缘房衣物,更别造一床毡被。(敦校 1216)

(2)两床苴席一素几,仰卧高声吟太玄。(皮日休诗,7102)

---

① 洪艺芳还引了《西游记》第 2 回的"将墙壁之间,立一顶柱"(见敦煌文书 B74),此句恐应将"顶柱"做一词看待;另一例是明如卺续集《缁门警训》的"法衣一顶",因例少无法分析,录此备考。

（3）内人对御分明看，先睹红罗被十床。（花蕊夫人诗，8979）

（4）水殿垂帘冷色凝，一床珍簟展春冰。（和凝诗，8395）

被、席等系"床"上用品，故以之称量，这也是"床"在现代的主要功能。

2. 量有序地置于床上的成套乐器等，属集合量词。

唐李华诗曰："两床陈管磬，九奏殊未阑。"（1587）它表明管、磬等乐器是陈列在床上并正式演奏的，这透露了以"床"量乐器的理据。

（5）今日却怀行乐处，两床丝竹水楼中。（曹唐诗，7344）

（6）时河南少尹李齐……密使人召之，前后为烧十余床银器。（广10）

例（6）李齐所召是一个得过仙人烧银术秘传的女子，一床银器或指一炉炼出的产品。一床乐器、银器等也可能是有规定数量的。

3. 临时量词"床"可分两类，其一称量杂陈于床上之物：

（7）仍赐杂彩十床，排斗钱十万贯，充新妇及罗睺孙押惊。（敦校474）

（8）千袭彩衣宫锦薄，数床御札主恩偏。（贯休诗，9437）

（9）不胜岑绝处，高卧半床书。（牟融诗，5319）

（10）妻子欢同五株柳，云山老对一床书。（李颀诗，1351）

（11）三亩水边竹，一床琴畔书。（张乔诗，7332）

（12）昼居府中治，夜归书满床。（杜牧诗，5941）

（13）仙郎即以……琉璃琥珀器一百床，明月骊珠各十斛，赠奏乐仙女。（《纂异记》，大观499）

唐人秦系有"撩乱琴书共一床"之句（2898），琴跟书一起杂乱地堆在床上,这就不可能成套,在此"床"只能做临时量词看待。大约那时的文人喜欢把书这样堆放,所以唐诗中"一床书、半床书"共有 7 例之多。

其二主要起修辞作用:

(14)朝怜一床日,暮爱一炉火。(白居易诗,5119)

(15)西楼半床月,莫问夜如何。(许浑诗,6048)

(16)一床空月色,四壁秋蛩声。(孟郊诗,4205)

(17)一床明月盖归梦,数尺白云笼冷眠。(徐夤诗,8174)

(18)满斋尘土一床藓,多谢从容水饭回。(伍乔诗,8460)

(19)步月怕伤三径藓,取琴因拂一床尘。(李中诗,8527)

(20)行客语停孤店月,高人梦断一床秋。(李咸用诗,7411)

(21)病身来寄宿,自扫一床闲。(贾岛诗,6667)

"一床日、一床明月"强调日光或月光照得满床明亮,"半床月"指月光偏斜,只照到床的一部分;"一床藓、一床尘"多是自谦居室简陋不洁,带有夸张意味,均非实指装满某种东西;"一床秋"是指笼罩卧榻的浓浓秋色,至于"一床闲"就更加空灵,只是诗人对自身枯寂生活的一种表述吧。

4."床"还表示一对夫妇承担的租调量,是不常用的标准计量词。

(22)率人一床,调绢一匹,绵八两……(《隋书·食货志》)

(23)丁男一床,租粟三石。(同上)

(24)未娶者输半床租调,有妻者输一床。(《通典·食货五》)

(四)此后,"床"的几种功能寿命不等。表示租调的计量词此后未见。集合量词有宋时用例如陆游《老学庵笔记》:"鄜州田氏作泥孩儿……一对至直十缣，一床至三十千。一床者，或五或七也。"明冯梦龙《警世通言·一窟鬼癞道人除怪》："却有一床乐器都会……"这跟本期相同，"一床"器物也是有固定含量的，再晚就未见此类用法了。个体量词"床"在《红楼梦》中的用法则与现代毫无二致，只量席、被之类，如第 5 回有 "一床破席"，34 回有 "一床夹纱被"。至于 "放了一床书"之类当然可说，不过在现代这只是普通名词借作临时量词，算不得该词的一个义项了。

此外，用于称量衣着、铺盖之物的量词还有"**通**"（量衣服，见本章第二十四节）、"**件**"（量袈裟等，见本章第二十一节）、"**事**"（量衣衫、领巾、幞头、蕉纱等，见本章第二十一节）、"**双**"（量鞋袜等，见第三章第一节）、"**对**"（量成对或成套的衣物，见第三章第一节）、"**两（量、辆）**"（量鞋履之类，详见第三章第一节）、"**重**"（量衣甲等，见本章第二十四节）。

第六节　量食品药品

一、味

（一）《说文》："味，滋味也。"本义味道，《论语·述而》："子在齐闻韶，三月不知肉味。"引申为菜肴、食物，《谷梁传·襄公二十四年》："大侵之礼，君食不兼味，台榭不涂。"后来的量词义当由此而来。

（二）量词"味"初见于魏晋南北朝，最初称量的是具有某种特殊味道的食品或药物（这一特色其后逐渐消失了），梁武帝《敕责贺琛》："变一瓜为数十种，食一菜为数十味。"《抱朴子·金丹篇》：

"取金液及水银一味合煮之。"

（三）本期的量词"味"大致仍分为两类：

1. 量食品。

（1）百味饮食将来，一般都不向口。（敦校 511）

（2）目连依教设香花，百味珍羞及果瓜。（同上 1015）

（3）化生童子食天厨，百味馨香各自殊。（同上 1162）

（4）思衣罗绣千重现，思食珍羞百味香。（同上 1071）

（5）诸方尽是吃粆餰，唯有罗山是一味白餰。（祖 334）

（6）忽然百味珍馔来时作摩生？（同上 209）

（7）午餐何所有？鱼肉一两味。（白居易诗，5216）

（8）春朝桂尊尊百味，秋夜兰灯灯九微。（骆宾王诗，834）

（9）敕厨唯一味，求饱或三鳣。（杜甫诗，2514）

（10）圣酒千钟洽，仙厨百味陈。（刘升诗，1116）

（11）所司请依诸陵旧例，圹内置千味食……（《旧唐书·睿宗诸子列传》）

（12）俄进法膳，凡数十味……（《纂异记》，大观 500）

2. 量药物。

（13）一味醍醐药，万病悉皆安。（祖 302）

（14）师以一味法雨普润学徒，信衣不传，心珠洞付。（同上 77）

此例视"法雨"犹济世良药，故以"味"量之。

（15）右一味（引者按：指前文的药物"桑枝"）以水一大斗煎取二大升……（唐文献 116）

（16）又文仲云四时俱服神方十九味丸。（同上 117）

此例下文一一列出了"防风、羌活"等十九味药名。

（17）静鼓三通齿，频汤一味参。（张鸿诗，8776）

（18）宗人忽惠西山药，四味清新香助茶。（郑谷诗，7746）

（19）甘露洒空惟一味，旃檀移植自成薰。（李德裕诗，5389）

（20）脉之良久，曰："都无疾。"乃煮散数味，入口而愈。（酉74）

（21）伏奉中使宣敕旨，赐贫道药总若干味。（陈子昂《谢药表》）

从实例看，本期的"味"常出现于"数量名"结构，且常见于敦煌变文及释家语录等口语化的文献中，似较前更为成熟。另外唐诗有多例"五味"连用，如"鼎前芍药调五味"（柳宗元诗，3956）、"人皆食谷与五味"（卢仝诗，4382）、"减食为缘疏五味"（徐夤诗，8172），这些都指酸、甜等五种味道，泛指各种味道，这里的"味"不是量词。

（四）本期之后，"味"没有新的发展，只是更偏重量药物了。如收入《全唐诗》的吕岩诗有"都来一味药"（9693）。又，宋陆游诗："但余一味疏慵在，储药千斤未易砭。"（《陆放翁全集》692页）此例跟上文例（14）相类，以为"疏慵"便是化解忧患的唯一良药。《红楼梦》80回："共药一百二十味，君臣相济，宾主得宜……"也有少数量食物的，《二刻拍案惊奇》卷18："贫道也要老丈到我山居中，寻几味野蔬。"在现代，"味"只量药，且仅限于中药，如《骆驼祥子》一九："一点香灰之外，还有两三味草药。"

二、料

（一）《说文》："料，量也。"字从斗从米会意，表示以斗量米，本义为度量，引申为估量，《国语·楚语》上："楚师可料也。"后引申出多义，与量词直接相关的是后起名词义，指"材料，原料"，唐陆贽《优恤畿内百姓并除十县令诏》："年食支酒料宜减五百硕。"唐宋时又特指职官俸禄以外另加的物品，白居易《咏所乐》诗："官优有禄料，职散无羁縻。"

（二）南北朝无此量词。作为量词的"料"是本期新产生的，只有个别的例子量食物：

若不餐，动经三十五十日；要餐，顿可食六七十料不足。（敦校 333）

此例并非典型量词，且对"料"字的辨认还有分歧意见，蒋绍愚谓即"升"之俗字；[①] 若果是"料"，又是何义？姑仅录此备考。

（三）本期之后，量词"料"有一些新的用法：第一种，一定数量的物品被规定为一个单位，称作"一料"，宋王应麟《玉海·兵制·刀》："乾道元年，命军器所造雁翎刀，以三千柄为一料。"苏轼《乞不给散青苗钱斛状》："候丰熟日，分作五年十料，随二税送纳。"前例对"一料"的内容、数量有清楚的说明，后者不详，可能是一定量的粮食。第二种，用于中药配制，某一处方中所列的全部药物叫作一料。《朱子语类》卷86："正如百贯钱修一料药，与十文钱修一料药，其不能治病一也。"《红楼梦》第7回："自他说了去后，一二年间可巧都得了，好容易配成一料。"同书28回："我替妹妹配一料丸药，包管一料不完就好了。"上述第一种用法现代已不存，第二种也较少

---

① 见敦校344页注〔四十〕。

使用了。

三、餐

(一)《说文》:"餐,吞也。"本义为动词"吃",《离骚》:"夕餐秋菊之落英。"又为名词"饭食",此义晚出,唐李绅《悯农二首之二》:"谁知盘中餐,粒粒皆辛苦。"

(二)本期始有量词"餐",量成顿的饭食,例如:

(1)粗饭一餐终不惜,愿君且住莫匆忙。(敦校 7)

(2)两餐聊过日,一榻足容身。(白居易诗,4945)

(3)尽日一餐茶两碗,更无所要到明朝。(同上,5239)

(4)为君下筯一餐饱,醉著金鞍上马归。(李白诗,1815)

(5)一日迢迢每一餐,我心难伏我无难。(薛能诗,6520)

(6)去去怀知己,何由报一餐。(郑愔诗,1109)

以上除例(1)"粗饭一餐"是名数量结构,其余各例的"餐"都处于"数(或代)+餐"结构里。"一餐"连用在《全唐诗》中共 16 例(重出者除外),有的词性难定,如"午钟振衣坐,招我同一餐"(蔡希寂诗,1159),"一餐兼午睡,万事不如他"(贯休诗,9361),这两句里的"餐"就有动词之嫌。总之,新生量词"餐"还不太成熟。

(三)"餐"进入"数量名"结构是很晚的。《水浒传》全无"餐"字,《红楼梦》仅有同音的"飡",系动词(第 66 回"渴饮饥飡")。下例才是典型的量词用法:"我老汉每日两餐小菜饭是不少的。"(《儒林外史》第 1 回)直到现代"餐"量饭食也远不如"顿"常见,且多在文学语言或某些南方方言作品里,鲁迅《祝福》有"吃完了一餐饭",普通话常说的只有四字格"一日三餐"。

四、筵（延、莚）

《说文》："筵，竹席也。"系古代以竹篾等编织的席子，铺在地上作为坐垫，《诗·大雅·行苇》："或肆之筵，或授之几。"引申为宴席，南朝谢朓《始出尚书省》诗："既通金闺籍，复酌琼筵醴。"作为量词与此义相关，但前所未见。韩愈《故太学博士李君墓志铭》："一筵之馔，禁忌十常不食二三。"（韩集555）

此例类似量词，而真正的例子多出现在敦煌文书里：

（1）或有社内不谏大小，无格在席上喧（喧）拳，不听上人言教者，便仰众社就门罚醴醵一莚（筵）众社破用。（敦煌文书B77）

（2）或若团座之日，若有小辈啾唧，不听大小者，仍罚脓腻一莚，众社破除，的无容免。（同上）

（3）若不顺从上越者，罚解斋一延（筵）。（同上）

以上各例都出自晚唐五代敦煌地区的社邑文书，是基层社会组织的赏罚规定，违犯什么条例要受罚，所量显然是宴席。另有一列出自敦煌变文：

（4）满窟高僧始信知，一筵罗汉皆开悟。（敦校755）

此例所量特殊，乃是一群赴宴的罗汉。看似用为集合量词，但洪艺芳（2004）认为这句是韵文，"一筵"与"满窟"对仗，"一"表示"全、整"，重点不在计量，而是起夸张的作用，可备一说。总之，"筵"在此后文献中未见，可能被功能相近的"席"排斥掉了。

五、席

《说文》："席，籍也。"义为供坐卧铺垫的用具，由竹篾、苇草等编成，《诗·邶风·柏舟》："我心匪席，不可卷也。"引申为座位，

《论语·乡党》:"君赐食,必正席,先尝之。"又为酒宴,南朝宋范晔《后汉书·戴凭列传》:"时诏公卿大会,群臣皆就席。"本期由此义引申出量词。

1. 量酒席,见于敦煌文书。

(1) 如违不到者,罚局行一席。(敦煌文书 B78)

(2) 切凭礼法,饮酒醉乱……非理作闹,大者罚醵䩞一席,少者决仗(杖)十三。(同上)

2. 较为少见的是以"席"量风,只能视为诗人的艺术手法。

(3) 一席清风雷电疾,满碑佳句冰雪清。(罗隐诗,唐外 607)

3. 以上各例均属个体量词,下例则为古今罕见的在唐诗中出现以"席"量土地的情况:

(4) 既雨已秋,堂下理小畦,隔种一两席莴苣。(杜甫《种莴苣》诗序,2347)

(5) 破块数席间,荷锄功易止。(杜甫诗,2348)

"一席"可能就是一块席那么大小(的土地),应算作非标准计量单位词,这有些像日本人以一块榻榻米的面积为"一帖",来计算房屋的面积。

本期之后,"席"常用来量酒饭,《警世通言》25 卷:"我员外好意款待他一席饭,送他二十两银子,是念他日前相处之情。"《红楼梦》53 回:"至十五日之夕,贾母便在大花厅上命摆几席酒……"《老残游记》第 3 回:"高公……还在北柱楼办了一席酒。"量地积者未见。另外,"席"又可量言语,但它不同于"句"或"篇",多用于语重心长的一段话,如《三国演义》54 回:"一席话,说得鲁子敬缄口无言。"《红楼梦》:"(鸳鸯)悄悄的嘱咐了刘姥姥一席话。"现代这两种用法仍存,此外还增加了一项,特指议会中当选的人数。

六、帖(贴)

(一)"帖、贴"同为他协切,入声帖韵,透母,上古属叶部。《说文》只有"帖",释为"帛书署也"。义为签条儿、字条儿;"贴"是《新附》字,释作"以物为质也"。二字本义有别,但作为量词因音同可通用。"帖"又有文书、文告义,《乐府诗集·木兰诗》:"昨夜见军帖,可汗大点兵。"量词义当源于此。所量为中药,中药按医生写的药方配成,一张药方可视为一份文书,故一剂药可称"一帖"。不过这种用法是唐五代才出现的。以下举例依原文照录,二字不做区分。

(二)"帖(贴)"虽是本期的新生量词,却已有几类主要功能,分别举例如下:

1. 量药。

(1)我有一帖药,其名曰阿魏,卖与十八子。(蜀童谣,《全唐诗》9948)

(2)已题一帖红消散,又封一合碧云英……未必能治江上瘴,且图遥慰病中情。(白居易诗,4845)

(3)徐解衣,出药一贴……果以傅诸齿穴中,已而又寝。(宣159)

2. 量食品饼与茶。

(4)粟三石九斗(押)郭保兴□□粟一斗,又并六帖,又并四帖,又粟四斗。(敦煌文书 B176)

(5)□人并十帖,又并廿三帖。(同上)

（6）师云："将一贴茶来与师僧。"（祖 489）

洪艺芳（2004：48）认为以"帖"量饼的理据是，"帖"本义帛制的书签，其平面的形象与饼相同。

3. 量纸张等。（只作"帖"，不作"贴"）

（7）出钱壹伯贰拾文，买纸两帖，帖别四十五文。（敦煌文书 B41）

（8）僧灵秀施经纸伍帖，计贰伯肆拾捌张。（同上 129）

（9）若将江上迎桃叶，一帖何妨锦绣同。（杨巨源诗，9978）

（10）试《说文》《字林》凡十帖。（杜佑《通典》）

纸与文书乃至签条在意义上的联系显而易见，以"帖"量纸也很自然。但从例（8）看，"一帖"似为集合量词，含若干张；例（9、10）所述又不能肯定一帖是很多张，故很难确定其性质。例（9）诗题《赠陈判官求子花诗》下注"魏府出此物"，"子花"究系何物，古今注家均未给出确切解释，估计是一种织物，可以写字、作画、刺绣，跟纸张类似，故亦用"帖"称量。

（三）本期之后在较长时间内，"帖（贴）"量药时仍限于汤药，如宋《四朝闻见录·宁皇进药》："宁皇每命尚医止进一药，戒以不用分作三、四帖。"又《水浒传》39 回有"一贴止泻六和汤"，《醒世恒言·刘小官雌雄兄弟》有"一贴药剂"，《老残游记》第 3 回有"今日吃两帖，明日再来覆诊"。但后来出现了量膏药的例子，《红楼梦》80 回："（众人）……唤他作王一贴，言他的膏药最灵验，只一贴百病皆除之意。"除药之外，偶或也量平面形之物，如《说岳全传》30 回："一贴木排，夹着一队小船。"现代汉语里"贴（读第一声）"只用于膏药，可能是与粘贴膏药的动词有关。"帖（读第三声）"量中草药，但口语较少使用。其他用法则已经消失。

七、剂

（一）《说文》："剂，齐也。"字从刀，义为剪使之齐。引申为配合、调剂之义，《后汉书·刘梁列传》："和如羹焉，酸苦以剂其味。"又指多种药物配合成方，《三国志·魏书·华佗传》："又精方药，其疗疾，合汤不过数种，心解分剂，不复称量。"一服这样的药就叫一剂，量词"剂"由此而生。最早的量词曾写作"齐"，如《史记·扁鹊仓公列传》："躁者有余病，即饮以消石一齐。"王羲之《谢仁祖帖》："仁祖服石散一齐，不觉佳。"作"剂"者始见于魏晋，《世说新语·术解》："始服一剂汤便愈。"（参见刘世儒 1965：167—168）

（二）本期所见用例不多，敦煌文书、《祖堂集》、《全唐诗》均无此量词，所见都出自笔记小说：

（1）金石凌汤一剂及药童昔贤子就宅煎。（酉 3）

（2）玄宗起视，异之，复增火，又投一剂，煮于鼎中……（《次柳氏旧闻》，大观 465）

（三）虽然唐五代已出现了功能相同的量词"服"，"剂"却仍有生命力，一直沿用至今，晚近之例如《红楼梦》第 8 回的"几剂药"，《老残游记》第 3 回的"两剂辛凉发散药"，现代北京话的代表作《骆驼祥子》也在使用，如 19 回："扎了两针，服了剂药……"现代口语中更常用的似是"服"，二者都只用于中草药。

八、服

（一）《说文》："服，用也。"此字多义，跟量词直接有关的是动词"饮用或食用药物"义,《礼记·曲礼下》:"医不三世,不服其药。"从理据看,一次服下的药物可称为"一服",古时一次所服多是一剂中草药,故实际上"服"与"剂、帖"相同,均量一张药方所列并一起煎煮的若干味药,或由这些药煎好的药汤。刘书未收此词,但有个别用例类乎名量词,如北周庾信《燕歌行》:"定取金丹作几服,能令华表得千年。"

(二)本期例少,姑列于下:

(1)分右捣节为散一服方寸匕□□□。(唐文献 136)

(2)久餐应换骨,一服已通神。(齐己《谢人惠药》诗,9491)

(3)右二味于炭火上炙令焦燥,合捣下筛,以酒一升煮三沸上,一服尽之,三服愈。(孙思邈《备急千金要方》)

(4)当要进一服药,非止尽痼疾,抑亦永享眉寿。(《太平广记》卷 306 引《河东记》)

以上例(1)的文书有残缺,例(2)"一服"与"久餐"对偶,"服"或可为动词,例(3)亦未出现名词"药、散"之类,例(4)最为典型,但系宋人辑录之本期文献。几例各有局限性,未见更好的例子。

(三)这个量词后世一直使用,苏轼《〈圣散子〉后序》:"所用皆中下品药,略计每千钱即得千服。"现代"服"是称量中药汤药的主要量词,不必举例。

此外,用于称量食品药品的量词还有"**顿**"(量饭食次数,见第八章第二节)、"**脔**"(量切成块的肉,见本章第二十节)、"**角**"(量茶、酒,见本章第九节)、"**番**"(量饼,见本章第二十四节)、"**轴**"(量饼,见本章第十节)、"**粒**"(量药,见本章第十九节)、"**丸**"(量药,见本章第十九节)。

第七节　量建筑物及建筑结构

一、间

(一)《说文》:"间,隙也。"《庄子·养生主》:"彼节者有间,而刀刃者无厚⋯⋯"由此引申为隔开,《穆天子传》卷3:"道里悠远,山川间之。"此义为见母裥韵去声,今读jiàn。隔开之后形成一定的空间,于是有空间、中间义,《易·序卦》:"盈天地之间者唯万物。"此义见母山韵平声,今读jiān。

(二)量词义是由空间义发展而来的。《释名·释采帛》:"筟,辟经丝贯杼中,一间并,一间疏。"王先谦补注引叶德炯曰:"一间并,犹言一格合并;一间疏,犹言一格稀疏。""间"在此指机杼里的格子,还是名词。然而在刘世儒(1965:123)所引《汉鄐君重修褒斜道碑》中,就发生了转化:"始作桥格(阁)六百二十三间。"这个"间"就成为量词,用于隔成一个个单位的建筑物。

魏晋南北朝量词"间"已经相当发达,可量各类房屋、殿堂、楼阁,在当时文献中,"三间瓦屋"(《世说新语·赏誉》)、"三间房"(《高僧传·译经篇》)这样的说法已跟现代完全相同了。

(三)到隋唐五代量词"间"更加成熟,使用非常自由,为了反映其活跃程度,下面多举一些各种不同语料中的例子:

(1)便与将丝分付了,都来只要两间房。(敦校174)

(2)用心洒扫一间房,清寂涅槃堂。(敦辞878)

（3）池之中心，有四间龙堂，置文殊像。（入唐，近代129）

（4）岩前有六间楼，面向东造……。（同上）

（5）于菩萨堂前，临涯有三间亭子……（同上，127）

（6）时大师堂前有三间房廊，于此廊下供养……（六祖，近代72）

（7）商岭东西路欲分，两间茅屋一溪云。（李廓诗，5458）

（8）几亩稻田还谓业，两间茆舍亦言归。（薛逢诗，6332）

（9）一顷麦苗硕五米，三间堂屋二千钱。（成辅端诗，8376）

（10）一间松叶屋，数片石花冠。（张籍诗，4327）

（11）一领新秋簟，三间明月廊。（白居易诗，5011）

（12）数间素壁初开后，一段清光入坐中。（刘禹锡诗，4062）

（13）愿结一间茅，归来就丹鼎。（霍总诗，唐外509）

（14）……门两边各有数十间楼，并垂帘。（续玄132）

以上（1—14）例均为"间"用于"数量（定）名"结构，同类结构仅《全唐诗》里就有18例。以下为"（定）名数量"之例：

（15）榆柳百余树，茅茨十数间。（白居易诗，4723）

（16）玉川先生洛城里，破屋数间而已矣。（韩愈诗，3808）

（17）安得广厦千万间，大庇天下寒士俱欢颜。（杜甫诗，2310）

（18）粉壁长廊数十间，兴来小豁胸襟气。（窦冀诗，2134）

（19）黍苗一顷垂秋日，茅栋三间映古原。（尚颜诗，9602）

（20）郭中起甲第，要路置邸百余间……（玄4）

（21）直北正殿九间，堂中一间卷帘设床案……（同上85）

（22）太宗数幸国学，遂增筑学舍一千二百间。（摭5）

（23）有百姓起店十余间。(酉40)

以上所量一是各类房屋建筑本身，如楼、堂、殿、厦、廊、亭等；二是表示其功能的，如店、舍、邸等；三是指代房屋的建筑材料、构件名称，如"茅、茅茨、（素）壁、（茅）栋"等。房屋有大有小，但或许古代"一间"的面积有个大致的标准，以下几例为这种估计提供了一些根据：

（24）吏因闭（孙）明于空屋中，其室从广五六十间，盖若荫云。(广20)

（25）……山有大石，可三间屋大。(朝119)

（26）（张芬）又能拳上倒碗，走十间地不落。(酉238)

例（24）"盖若荫云"的"室"显然是没有隔断的，"五六十间"是对其面积的说明；例（25）、（26）的"三间屋大、十间地"分别说明山石的大小和张芬拳上扣着碗可以行走的距离，也该有个公认的大致标准才可看出石块之巨和张芬的绝技。

（四）本期以后"间"的性质变化不大。同样既可称量房屋本身，又可跟代表其功能的名词或建筑构件搭配。如《水浒传》既有第6回的"一间小屋"，也有第3回的"两间门面"。《红楼梦》既有64回的"一所房子，共二十余间"，也有49回的"几间茅檐土壁"。其中"门面"是房屋的用途，"茅檐土壁"是建筑构件。到了现代，以"间"称量店面、宿舍、教室等十分常见，但"几间墙壁/屋顶"之类的用法已不存。另外，南方方言里有以"间"量工厂、学校等单位的情况，但普通话里不这样用。

二、架

（一）《说文》无"架"。[①]"架"是后起字，基本义为承物之器，《晋书·王嘉列传》："衣服在架，履杖犹存。"又为动词架设、搭设义，《韩诗外传》："有鸟于此，架巢于葭苇之颠。"魏晋南北朝时由基本义引申出量词，用以称量带架子的东西，如《魏书·临淮王谭附传》："今量钟磬之数，各以十二架为定。"刘世儒（1965：205）以之为"集体量词"。[②]

（二）本期的量词"架"。

1. 个体量词，量房屋。

（1）五架三间新草堂，石阶桂柱竹编墙。（白居易诗，4890）

（2）间架法：凡屋两架为一间……（《旧唐书·食货志下》）

（3）其年八月六日，武库灾烧二十八间，十九架，兵器四十七万件。（《旧唐书·五行志》）

（4）大夫士庙室也，皆两下五架。正中曰栋。栋南两架，北亦两架。栋南一架名曰楣……栋北一架为室，南壁而开户，即是一架之开广为室，故云迫狭也。（《仪礼·少牢馈食礼》贾疏，十三经1202）

（5）左藏有库屋三重，重二十五间，间一十七架。（《大业杂记》）

从例（2）《旧唐书》载明的规范可知房屋的基本单位是"间"，

[①]《说文》有"枷"，释为"柫也"，是一种打谷脱粒的农具，此义与量词"架"无关。"枷"又通"架"，义为衣架。

[②] 张赪（2012：245）谓"架"有六朝量建筑物及其部件之项，笔者未见其例。

"架"是比"间"小的单位,或谓两柱之间为一"架"。这里所说的"间"可能类似今天的"标准间",因为不同的房屋建筑有不同的规格,如《新唐书·车服志》:"三品,堂五间九架,门三间五架。"例(3)叙述火灾被烧毁的房屋数先说二十八间,又说十九架,按例(2)所述的规定二十八间应为五十六架,那么十九架是否二十八间之外的,不同规格的房屋分别以"间"和"架"计量?例(4)的《仪礼》原文是"主人献祝,设席南面,祝拜于席上,坐受",郑玄注曰:"室中迫狭。"贾疏是针对"迫狭"二字而言的,很可能是参照唐代的情况以"今"释古,因为全部《十三经》本无"架"字。("枷"只出现了两次,原文都是"(男女)不同椸枷",陆德明释文有"枷,本又作架"之说。)例(5)又有"间一十七架"之说,可能因为"库屋"比一般房屋更大吧?

2. 临时量词,量放在架上或由架子支撑起来的东西。

（6）一架嫩藤花簇簇,雨微微。（敦辞 426）

（7）蔷薇一架紫,石竹数重青。（徐晶诗,818）

（8）中庭开阑上,一架猕猴桃。（岑参诗,2028）

（9）一架长条万朵春,嫩红深绿小窠匀。（裴说诗,8269）

（10）春来不忍登楼望,万架金丝著地娇。（李山甫《柳十首》诗之一,7376）

（11）一架三百本,绿池森冥冥。（皮日休《新竹》诗,7032）

（12）重装墨画数茎竹,长著香熏一架书。（王建诗,3402）

（13）乱后烧残数架书,峰前犹自恋吾庐。（司空图诗,7250）

（14）秋光何处堪消日,玄晏先生满架书。（李涉诗,5430）

（15）家酝满瓶书满架,半移生计入香山。(白居易诗,5142)

（16）乐用钟一架,磬一架,琴一,三弦琴一……(《旧唐书·音乐志二》)

（17）古制,雅乐宫县之下,编钟四架,十六口。(同上)

（18）每面石磬及编钟各一架,每架列钟十二所,亦依律编之。(乐21)

（三）"架"量房屋属建筑业专用,后世情况不详。临时量词沿用至今未变,如"一架书、两架藤萝"很习见。此外较晚又产生了另一种个体量词功能,称量可以支撑起来的东西,如《红楼梦》26回"一架大穿衣镜"、《老残游记》第2回"一架数十里长的屏风",现代常用的有"一架钢琴、两架飞机"之类。此外可做动量词如"吵了一架"。

三、椽

（一）《说文》:"椽,榱也。"又谓"榱,秦名为屋椽,周谓之榱……",指房檩上承载瓦片的木条。《左传·桓公十四年》:"宋人以诸侯伐郑……以大宫之椽归,为卢门之椽。"

（二）"椽"做量词是晚出之义,本期之前未见。本期始称量房屋的间数,但敦煌文书、《祖堂集》等均不见使用,唯见于诗歌及笔记小说中:

（1）数椽潇洒临溪屋,十亩膏腴附郭田。(牟融诗,5317)

（2）甘子阴凉叶,茅斋八九椽。(杜甫诗,2514)

（3）望苑驿西有百姓王申,手植榆于路旁成林,构茅屋数椽……(酉209)

"椽"与其他量房屋的量词是什么关系？"椽"与"架"不同，未见若干椽等于一间的规定。杜甫的"茅斋八九椽"是多少间？我们估计一椽当类乎一间，只是诗文的另一种说法罢了。

本期"椽"还用为名词，如白居易诗："梁上有双燕，翩翩雄与雌。衔泥两椽间，一巢生四儿。"（4665）这里"两椽"显然只是两根椽子的意思。

（三）此后，宋元诗文仍有量词"椽"，如宋陆游《夜雨》诗之二："寒雨连三夕，幽居只数椽。"元张翥《赋诗自志》："东宇西房数十椽。"现代普通话没有这个量词，文人偶或用之，如郭沫若《今津纪游》四："茅屋几椽，已颓圮，疑是渔人藏舟之处。"观其文句当属仿古的书面语。

四、堵

（一）《说文》："堵，垣也，五版为一堵。"《左传·隐公元年》："都城过百雉，国之害也。"杜预注："方丈曰堵，三堵曰雉，一雉之长三丈，高一丈。"《诗·大雅·绵》"百堵皆兴"句郑玄笺："五板为堵。"可见，"堵"原为专用于墙的度量词，具体数值说法不一。《诗·小雅·鸿雁》："之子于垣，百堵皆作。"这还只是数量结构，而郑玄对此句的笺注"筑墙壁百堵"则很像一个"名数量"结构了。不过，"百堵"后常连用，成为代表很多的墙乃至建筑群的习用语。另外，上古钟或磬十六枚悬在一虡亦称为一堵；钟、磬各一堵合称为肆。《周礼·春官·小胥》："凡县钟磬，半为堵，全为肆。"郑玄注："钟磬者，编县之，二八十六枚而在一虡，谓之堵。钟一堵，磬一堵，谓之肆。"这是用为集合量词，只是这种用法后来消失了。

（二）"堵"是何时正式成为个体量词的？《说文句读》："垣曰堵，犹竹曰箇、木曰枚。"可见清人王筠把古文里的"堵"视同为"箇、枚"一类的量词。我们所见最早量墙的实例出现于南北朝，如《颜氏家训·终制篇》："若惧拜扫不知兆域，当筑一堵低墙于左右前后随为私记耳。"这堵低墙，当然未必有固定的长度、高度，而只是今之一面墙的意思罢了。故应视为个体量词。

（三）本期敦煌文书及释家文献中都未见量词"堵"，唐诗里常见，多量墙垣之类：

(1) 衰藓墙千堵，微阳菊半畦。（林宽诗，7004）

(2) 粉垣千堵束，金塔九层支。（黄滔诗，8126）

(3) 容膝有匡床，及肩才数堵。（李绅诗，5464）

(4) 惨淡十堵内，吴生纵狂迹。风云将逼人，神鬼如脱壁。（段成式《吴画联句》诗，8920）

(5) 东廊北面杨岫之画鬼神，齐公嫌其笔迹不工，故止一堵。（段成式与友人联句诗注，892）

(6) 南院放榜，张榜墙乃南院东墙也。别筑起一堵，高丈余，外有墉垣……（摭159）

个别量城：

(7) 回首望四明，蠢若城一堵。（张祜诗，5794）

本期未见如《颜氏家训》那样的"数+堵+名"结构。另外杜甫诗有"集贤学士如堵墙"（2330）之句，"如堵墙"以今之语感可理解为"像（一）堵墙"，但"堵墙"应连为一词，乃墙垣义，此谓围观者众多，密集如墙。后用以为典，如苏轼《次韵赵令铄》诗"落笔风生战堵墙"。在唐代，除通用量词"个"，极少其他量词前省略数词"一"的情况，关于这个问题详见第九章第三节。

（四）以"堵"量墙壁此后历代习见，古今无别。也有用于其他事物的，如王安石《纯甫出僧惠崇画要予作诗》"金波巨然山数堵"。现代某些作家笔下有些特殊用例，如柳青《铜墙铁壁》15章有"一堵烟尘"，意谓烟尘一片形似墙壁。郭沫若《学生时代》有"一堵面着后庭的窗"。闽语里"堵"可量窗（见《汉语方言大词典》"堵"字条），或许四川话也有同样习惯吧。

五、扇

（一）《说文》："扇，扉也。"本义指装在门框上的门扇，郑玄为《礼记·月令》"乃修阖扇"所作注曰："用木曰阖，用竹苇曰扇。"《洛阳伽蓝记·法云寺》："重门启扇，阁道交通。"用作量词开始就是量门扇，始于南北朝，如《论语·乡党》皇侃疏："门中央有阑，阑以硋门两扇之交处也。"严格地说，这还不是典型的量词。

（二）在本期，"扇"的称量对象有较大扩展，约有以下几类：

1. 沿其原义仍量门。

（1）一振黑城关锁落，再振明门两扇开。（敦校1032）

（2）我时相思不觉一回首，天门九扇相当开。（韩愈诗，3833）

（3）荆山已去华山来，日出潼关四扇开。（同上，3857）

（4）天柱几条擎白日，天门几扇锁明时。（高蟾诗，7648）

（5）九重十二门，一门四扇开。（曹邺诗，6867）

（6）盗又斋戒三日，中门一扇开……（玄83）

（7）汉时鄢县南门两扇忽开……（朝100）

2. 量屏风。

屏风可起似门的屏蔽作用；门有门扇，屏风有可折叠的若干片，几折就是几"扇"：

(8) 屏风十二扇，锦被画文章。(变文 276)

(9) 屏风十二扇，画鄣五三张。(游仙窟，近代 20)

(10) 遥青新画出，三十六扇屏。(孟郊诗，4221)

(11) 床上翠屏开六扇，折枝花绽牡丹红。(花蕊夫人诗，8978)

(12) 屏倚故窗山六扇，柳垂寒砌露千条。(温庭筠诗，6725)

(13) 拂水双飞来去燕，曲槛小屏山六扇。(顾敻词，10103)

屏风与门相似是显然的，例(12、13)中间加上"山"，是因为上面绘有山景之故。

3. 量像门一样一分为二之物的一半。

(14) 钗留一股合一扇，钗擘黄金合分钿。(白居易诗，4819)

(15) 裴视龛中，有杏核一扇如笠。(酉 20)

(16) (胡桃)曝然分为两扇。(同上 134)

(三) 本期之后直至现代，"扇"仍主要量门，同时也保留了量屏风之类的功能，例常见。同时有些扁平状的东西也可称量，如《红楼梦》27 回的"一扇纱屉子"，同书 62 回的"半扇裙子"，柳青《创业史》第 1 部 22 章的"两扇被遗弃的破烂磨石"。此外有时还用作临时量词，如元李文蔚《蒋神灵应》第 1 折有"馒头吃上五六扇"，《水浒传》25 回有"武大只做三两扇炊饼"，这里"扇"绝不是用于馒头或炊饼的个体量词，而是说许多馒头或炊饼放在似门扇状的平板上，有五六板或三两板那么多。

六、基

《说文》:"基,墙始也。"即地基、墙脚。做量词量塔,仅见本期有个别用例:

(1)于池东南有则天铁塔一基……(入唐,近代129)

(2)近堂西北有则天铁塔三基,体共诸台者同也。(同上,131)

以上两例都出自日僧圆仁著《入唐求法巡礼行记》,未见此前、本期及后世的同类用法。

七、栾

栾,同"楶",《说文》:"楶,欂栌也。"《尔雅·释宫》:"栭谓之栾。"邢昺疏:"皆谓斗拱也。""栾"指的是斗拱上支承大梁的方木,以"栾"量屋,当与"椽"同类,仅本期有个别之例:

潮田五万步,草屋十余栾。(皮日休诗,7028)

这种用法本身少见,亦不知后世有无。

八、区

(一)《说文》:"区,踦区,藏匿也。"《广韵》岂俱切,今音 qū,此义典籍少用,常用的是区域义,《书·康诰》:"用肇造我区夏。"与量词关系紧密的另一义项是住宅、居处,《汉书·食货志下》:"工匠医巫卜祝及它方技商贩贾人坐肆列里区谒舍……"颜师古注引如淳曰:"居处所在为区。"又有小屋义,《汉书·胡建传》:"时监军御史为奸,穿北军垒垣以为贾区。"颜师古注:"区者,小室之名,若今小庵屋之类耳。"

"区"的量词义产生很早,且有不同音义。其一《广韵》乌侯切,今音 ōu,为古容量单位,《集韵·侯韵》谓"四豆为区"。其二读岂俱切，亦有多义：1. 量房屋，如《汉书·扬雄传上》："有田一壥，有宅一区。"同书《苏武传》："赐钱二百万，公田二顷，宅一区。" 2. 用于量玉，《尔雅·释器》："玉十谓之区。"郭璞注："双玉曰瑴，五瑴为区。" 3. 同"尊、座"，如晋姚兴《遗僧朗书》"宝台一区"，刘世儒（1965：192）认为此为"躯"的别字。除量房屋外，其他所有义项后世罕见使用，不再举例说明。

（二）"区"所称量的是什么呢？刘世儒（1965：156）认为"'区'作为量词是由'区域'义转来的"。他列举了"空地一区"（《宋书·王僧绰列传》）、"内外屋宇数十余区"（《高僧传·义解篇》）、"营内有数区毡屋"（《宋书·索虏列传》）等例，并指出"看后两例，这'区'好像是集体量词（一'区'包多'屋'），但……它只是称量区域，并不在于称量集体"。不过刘举之例似应分两种：一量区域（"空地一区"），一量房屋（"屋宇数十余区、数区毡屋"），二者不宜归并为"量区域"一项。这两种功能可能分别源自名词"区"的区域义及住宅、小屋义。

（三）下面看本期的用例：

1. 义同于今之"所"或"座"。

（1）一区扬雄宅，恬然无所欲。（权德舆诗，3665）

此例系用《汉书》之典。

（2）一区东第趋晨近，数刻西厢接昼荣。（胡宿诗，8367）

（3）诏赐庄宅各一区，在同州韩城县，至今存焉。（白集985）

（4）城内有居人数万家，佛寺百余区。（《旧唐书·南蛮西南蛮列传·骠国》）

（5）霭还州，缮修廨署数百区，顷之咸毕。(《南史·乐霭列传》)一州的办公"廨署"分属百个区域是不合理的，故应理解为"所、座"。

2. 义同于今之"间、栋"。

（6）旧庙屋极宏盛，今惟草屋一区。(韩集 685)

（7）贞观中增筑学舍千二百区。(刘禹锡《奏记丞相府论学事》)

（8）童仆八百人，水碓三十区。(寒山诗，9094)

例（6）因庙宇已衰败，今余"草屋一区"，按理应是一间或一栋草屋；例（7）"学舍千二百区"，应是一千二百间，不可能是那么多的学舍区片。例（8）的"水碓"本是利用水力舂米的简单机械，以"区"量之似无理据，但一般大型水碓都有碓房，"水碓一区"或指碓及碓房等设施。明徐光启等著《农政全书·水利》亦有同类用法："凡所居之地，间有泉流稍细，可选底处，置碓一区。"其用法与例（8）相同。

此外吐鲁番文书中也有"舍贰堀、舍壹堀"，洪艺芳（2000：300）认为"堀"即"区"，系文书抄写人任意加偏旁所致，从用法看，亦与量房舍的"区"相同。总之本期未见称量区域的用例。

（四）以"区"量房舍，后世亦有所见，如苏轼《次韵答邦直子由五首》其四的"恨无扬子一区宅"（此系用典），马致远《岳阳楼》第一折的"恰行过一区道院，几处斋堂"，清冯桂芬《汪氏耕荫义庄记》的"〔汪氏〕于郡城西偏申衙前购屋一区"，后者显系书面语言，到现代普通话里量词"区"已不复存在。

九、所

（一）《说文》："所，伐木声也。"段注："伐木声乃此字本义，用为处所者假借为处字也。"处所义是它最常见的名词义项，《诗·魏风·硕鼠》:"乐土乐土,爰得我所。"由此引申出称量处所的量词义,最早见于秦简,所量可大可小,《睡虎地秦墓竹简·封诊式》:"外壤秦萦履迹四所,袤尺二寸"(见魏德胜 2000:125),"其腹有久故瘢二所"(同上)。又《史记·扁鹊仓公列传》:"臣意即灸其足蹶阴之脉,左右各一所。"《汉书·五行志》:"文帝元年四月,齐楚地山二十九所同日俱大发水。"进而称量与处所相关的建筑物,班固《西都赋》:"离宫别馆三十六所。"

（二）魏晋南北朝量词"所"有多种用法。

1. 最常见的是量建筑物,可以是多座房舍集合成的建筑单位,如《宋书·沈庆之列传》:"居清明门外,有宅四所。"也可是独体的,如《洛阳伽蓝记》卷1:"中有禅房一所。"

2. 量自然处所,如《魏书·尔朱荣列传》:"秀容界有池三所。"

3. 少数量器物,如《石虎别传》有"玄玺一所",刘世儒说后者只是一时的个别习惯,他认为这一时期的"所"跟汉代一样,跟中心词其实还是同位关系,名词性十分显著。（参见刘世儒 1965:153—155）

（三）本期"所"称量的范围基本未变,唯具体所量对象多种多样,量词性也较前成熟,在敦煌文献乃至诗歌里常见,并进入了"数量名"结构,见例（4、7）。

1. 量建筑物。

（1）堂梁一百所,游飏在云中。（敦校 414）

（2）燕有宅一所,横被强夺将。（同上）

（3）修文坊巷西壁上舍壹所,内堂西头壹片。（敦煌文书 B55）

（4）河西释门都僧统缘敦煌管内一十六所寺及三所禅窟。（同

上 59)

（5）山窟二院。丁谷窟有寺一所，并有禅院一所。（同上 83）

（6）恐为后患，便于龙肋上置佛图两所，茨其铺遗下小肋壹条，又置佛图一所，至今号为龙肋佛图。（同上 169）

（7）五月中大赦，兼有敕："天下每州造两寺。节度府许造三所寺。"（入唐，近代 169）

（8）且长安城里坊内佛堂三百余所……（同上，154）

（9）近东有黄龙寺庄，往往有人家二三所。（同上，173）

（10）先天元年七月六日，忽然命弟子于新州故宅建塔一所。（祖 80）

（11）（阿耆尼国）伽蓝十余所，僧徒二千余人……（西域 48）

（12）绕山伽蓝周二十里，佛舍利窣堵波百千所，连隅接影。（同上 369）

（13）钱署三所，于事为剧，郊坛六处，在役则优。（《隋书·刑法志》）

（14）狄内史仁杰，始为江南安抚使，以周赧王……等神庙七百余所，有害于人，悉除之。（隋唐 40）

（15）门表阙者六所，古今无之。（独 54）

（16）孝亿国界周三千余里，在平川中，以木为栅……周国大栅五百余所……有袄祠三百余所……（酉 45）

（17）俄有贵人奴仆数人，云："公主来宿。"以幕围店及他店四五所。（广 60）

（18）元和初……修建多罗藏一所。（白集 940）

（19）始自寺前亭一所，登寺桥一所，连桥廊七间，次至石楼一所连楼一所，廊六间，次东佛龛大屋十一间，次南宾院堂一所，大小屋共七间。（同上1442）

以上所量有的是不同形式的建筑塔、亭、堂、桥、阙、龛、栅、石楼、浮图，有的是建筑物充当的宅、舍、店、寺、署、人家、神庙、禅院、禅窟，有的甚至是建筑构件基、堂梁。另外，"藏"本是佛教经典的总称，白集云"修建多罗藏"，当指修建收藏经典的场所，犹如寺庙里的藏经楼。塔、亭、桥、楼、浮图等大概是独体的，宅、舍、人家、神庙、禅院等可能是一组建筑，如例（19）就清楚地表明宾院堂里包含七间房屋。

2. 量市镇、聚落、驿站、坟墓、田地等。

（20）（长城）前后所筑，东西凡三千余里，六十里一戍，其要害置州镇凡十五所。（《北史·齐本纪中》）

（21）淮水北有大市百余，小市十余所。（《隋书·食货志》）

（22）丁巳，右武侯将军梁建方击松外蛮，下其部落七十二所。（《旧唐书·太宗本纪下》）

（23）又于突厥之北至于回纥部落，置驿六十六所，以通北荒焉。（同上）

（24）自晋已后，功臣密戚及德业佐时者，如有薨亡，宜赐茔地一所……（同上）

（25）瑝、璇既死……并葬于北邙，恐为万顷家人所发，作疑冢数所于其所。（大唐82）

（26）置屯田二十所。（韩集374）

3. 量自然景物。

（27）此西有温泉六七所，其水极热。（西域 785）

（28）二三里遗堵，八九所高丘。（杜牧诗，5943）

（29）石梁、丹灶、铜岘、仙人渚。灵迹有四所。（皎然诗注，9265）

（30）百济国西南海中有大岛十五所。(《括地志》卷 8)

另有一例出自宋初所录《庐山远公话》，录此备考：

（31）遂下佛殿前来，见大石一所，其下莫有水也。（敦校 253）

4. 量器物。

（32）我卧处床西头函子中，有……紫檀如意杖一所，与弟为信。（变文 874）

（33）（信大师）忽命弟子元一，遣于山侧造龛一所……（菏泽神会禅师语录，佛资 2 卷 4 册 101 页）

（34）今请于郴州旧桂阳监置炉两所，采铜铸钱，每日约二十贯。(《旧唐书·食货志》)

（35）每架列钟十二所，亦依律编之。（乐 21）

（36）房中……又有衾茵，亦甚炳焕，多是异蜀重锦。又有金城一所，余碎金成堆不可胜数。（广 7）

观上下文，此例的"金城"应是黄金做成的陈设物，故入器物类。从本期情况看，"所"量器物，并非个例。

（四）此后，量处所及建筑的"所"历代仍有，如北宋乐史著《太平寰宇记·山南西道九》："石坛上有马迹五所，因名马迹山。"此例《汉语大字典》谓用于地点、位置。又如《水浒传》第 2 回的"一所大庄院"、《红楼梦》64 回的"一所房子"、同书 56 回的"一所大花园"。至于称量场所的则很少见,称量器物者更是罕见。到了现代"所"就只能称量房屋建筑了。

十、处

(一)《说文》:"处,止也,得几而止。"金文象人戴冠坐在几上。本义停止、止息,《易·小畜》:"既雨既处。"引申为居住,《易·系辞下》:"上古穴居而野处。"这些都是动词,穿母语韵上声,今音 chǔ。用作名词指休息、居住的地方,即处所,《史记·五帝本纪》:"迁徙往来无常处。"这是名词,御韵去声,今音 chù。

(二)量词"处"源于名词,汉代用例如:"起水门提阏凡数十处"(《汉书·循吏传》),"妪以稻田一处桑田二处分予弱君"(江苏仪征胥浦 101 号汉墓)。① 南北朝用例如:"舍带二山,又有果园九处。"(《宋书·孔季恭列传》)不过直至南北朝,量词"处"仍不及"所"活跃。(参见刘世儒 1965:155—156)

(三)至本期,"处"在文献中的使用率增长较快,作为名词和量词的用例都很多。一方面,与功能相类且属同源的"所"②相比它保有更强的名词性。在许多"数+处"的结构中它显然是名词,如《降魔变文》"长者巡游三处"(敦校 554),《祖堂集》"一万八千粒则三处起塔"(160),白居易诗"一夜乡心五处同"(4839)。有时句法上颇类量词,如刘禹锡诗:"语余时举一杯酒,坐久方闻四处砧。"(4054)

---

① 转引自姚振武(2009:170)。

② 处、所叠韵,声母邻纽。《广韵·御韵》:"处,所也。"

"四处砧"与"一杯酒"对仗,但"四处"本是到处义,从诗意看,静坐听到周围的捣衣声也不必统计来自几个地方。但另一方面,确属量词的例子也不少,特别是在诗歌里。大致可分几类:

1. 量建筑物及其部件、群落。

(1) 万山岚霭簇洋城,数处禅斋尽有名。(和凝诗,8400)

(2) 朱户千家室,丹楹百处楼。(李绅诗,5474)

(3) 千家帘幕春空在,几处楼台月自明。(孟宾于诗,8440)

(4) 数声孤枕堪垂泪,几处高楼欲断肠。(许浑诗,6126)

(5) 回看云岭思茫茫,几处关河隔汶阳。(刘沧诗,6792)

(6) 白茅为屋宇编荆,数处阶墀石叠成。(马戴诗,6446)

(7) 钓坛两三处,苔老腥艑斑。(皮日休诗,7039)

(8) 高斋非一处,秀气豁烦襟。(杜甫诗,2531)

(9) 常察几处伏明光,新诏联翩夕拜郎。(权德舆诗,3615)

(10) 侯门数处将书荐,帝里经年借宅居。(杜荀鹤诗,7963)

(11) 荒村三数处,衰柳百余年。(皇甫冉诗,9973)

(12) 钱署三所,于事为剧,郊坛六处,在役则优。(《隋书·刑法志》)

(13) 云群都诸采邑也者,谓大都小都家邑三处也。(《周礼注疏》卷3郑玄注"群都诸采邑也"之陆德明释文,十三经656)

例(10)"侯门"指代达官贵人的府邸,例(11)"荒村"可视作建筑群落,故归入此类。例(13)的"三处"似同位语,录之备考。

2. 量自然风物。

(14) 两处山河见兴废,相思更切卧云期。(齐己诗,9569)

（15）几处悬崖上，千寻瀑布垂。（刘得仁诗，6300）

（16）百处谿滩异雨晴，四时雷电迷昏旭。（李绅诗，5463）

（17）翠浪万回同过影，玉沙千处共栖痕。（皮日休诗，7092）

（18）盘涡几十处，叠溜皆千尺。（戴叔伦诗，3115）

3. 量动植物。

（19）无因两处马，共饮一溪流。（朱庆余诗，5891）

（20）鸳鸯一处两处，舴艋三家五家。（皮日休诗，7106）

（21）两边蓬鬓一时白，三处菊花同色黄。（同上，4968）

（22）几处松筠烧后死，谁家桃李乱中开。（薛能诗，6484）

（23）数丛芳草在堂阴，几处闲花映竹林。（张谓诗，2021）

（24）吟沉水阁何宵月，坐破松岩几处苔。（杜荀鹤诗，7976）

4. 量人、人家、人烟等。

（25）几处花下人，看予笑头白。（卢纶诗，3141）

（26）几处州人临水哭，共看遗草有王言。（陈羽诗，3896）

（27）寒天暮雪空山里，几处蛮家是主人。（韩翃诗，2759）

（28）谁家鱼网求鲜食，几处人烟事火耕。（张南史诗，3360）

（29）又诏披廷、晋阳、中山宫人等，及邺下、并州太官官口二处，其年六十巳上，及有癃患者，仰所司简放。（《北史·齐本纪下》）

5. 量无形之物。

（30）一生同隙影，几处好山光。（刘得仁诗，6297）

（31）尘路谁回眼？松声两处风。（齐己诗，9466）

（32）九处烟霞九处昏，一回延首一销魂。（汪遵诗，6959）

（33）数处烟岚色，分明是泪痕。（任翻诗，8334）

（34）泉声百处传歌曲，树影千重对舞行。（马怀素诗，1010）

（35）暮色四山起，愁猿数处声。（刘禹锡诗，3994）

（36）樱桃花谢梨花发，肠断青春两处愁。（韩偓诗，7831）

（37）高堂亲老本师存，多难长铉两处魂。（齐己诗，9562）

（38）别后何人见，秋来几处禅。（项斯诗，6407）

（39）此时我亦闭门坐，一日风光三处心。（白居易诗，4813）

（40）后升遐后二日，苑内夜有钟声二百余处，此则天生之应，显然也。（《北史·王慧龙列传》）

6. 量其他。

（41）连苔上砌无穷绿，修竹临坛几处斑。（骆宾王诗，838）

（42）李氏头上生四处瘴疽……数月而卒。（朝43）

（43）又贼赵武建，笞一百六十处番印、盘鹤等……（酉76）

从上举之例可见，本期的量词"处"较南北朝活跃得多，且在43个例句中，"数量名"结构近约占三分之二。不过它有时颇似临时量词，称量存在于某处的事物，因为离开一定的语言环境，"几处人、两处鸳鸯"等都不合规矩。但具体到每个例句，究竟其中的"处"是否临时量词，有时又不易判断。我们在绪论中谈到过，不少量词都存在这种难以归类的情况。

（四）"处"与"所"的区别在本期还不太清晰。后世的量词"处"以量建筑与场所为主，"所"则主要量建筑物，不再用于场所等。《水浒传》第2回有"一处村坊"，《儒林外史》第6回有"两处田地"，《红楼梦》53回有"八处庄地"，华山《鸡毛信》有"六七处人家"，这些都不能用"所"。

十一、院

（一）"院"，《说文》宀部"寏"，或体作"院"，释为"周垣也。……寏或从阜。"① 即围墙义，《睡虎地秦墓竹简·法律答问》："巷相直为'院'；宇相直者不为'院'。"引申为有围墙的房屋、院落，故《广韵》谓"院，垣院。"隋杜宝《大业杂记》："筑西苑，周二百里，其内造十六院。"杜甫诗："飞虫满院游。"（2440）量词"院"就是从这个义项发展而来的。

（二）它始见于本期，有三类不同性质的用法：

1. 量地皮。

（1）山窟二院。（敦煌文书 B83）

（2）厶（某）坊东壁上空地一院。（同上）

2. 做集合量词，有两类，一类量居于同一院落的人：

（3）十里城中一院僧，各持巾钵事南能。（薛能诗，6517）

（4）遥知阮巷归宁日，几院儿童候马看。（薛逢诗，6332）

（5）立三指者，一品宅中有十院歌姬，此乃第三院耳。（传151）

另一类量建筑物，其中出于敦煌文书的例（6）是加后缀"子"的：

（6）定难坊巷东壁上舍壹院子，内堂壹口……又基上西房壹口……又厨舍壹口……又残地尺数叁仗（丈）八尺九寸……（北图生字25号《郑丑挞出卖宅舍地基与沈都和契》975年）②

（7）（慈恩寺）本净觉故伽蓝，因而营建焉，凡十余院，总

---

① 另在《说文·阜部》亦有"院"，释为"坚也"。

② 转引自苏昉（2001：37）。

一千八百九十七间……（酉 262）

（8）唯懋六迁大镇，所处先人旧宅一院而已。（《旧唐书·李懋列传》）

3. 做临时量词，量充满庭院的事物。

（9）陶家旧日应如此，一院春条绿绕厅。（薛能诗，401）

（10）一院落花无客醉，半窗残月有莺啼。（王建诗，3417）

（11）一院春草长，三山归路迷。（刘禹锡诗，4025）

（12）新妆面面下朱楼，深锁春光一院愁。（同上，4122）

（13）西披梧桐树，空留一院阴。（杜甫诗，2412）

（14）雨歇风轻一院香，红芳绿草接东墙。（权德舆诗，3671）

此类临时量词多见于诗歌，一般仅与"一"搭配，"一院"表示"满院"。

（三）上述第 2 类集合量词的用法没有延续下来，量房舍宋初还可见到，如当时的敦煌文书有"舍壹院"这样的说法（洪艺芳 2004：83），但其实仍是本期的余绪。流传下来的是临时量词"院"，不过常加子尾，如《西游记》89 回的"一院子死兽、羊及细软物件"，《红楼梦》45 回的"一院子馒头"，在这里"一院子（某物）"还是表示院里充满某物之意，并带有夸张的意味。直至今日也是如此，如"堆了一院子煤、一院子小轿车"之类。

此外，用于称量建筑物及建筑建构的量词还有"**重**"（量宫殿、城楼及门等建筑物及其结构，见本章第二十四节）、"**袭**"（量楼、门，相当于"层、重"，见本章第五节）。

第八节　量车船

一、乘

（一）《说文》："乘，覆也。"许说有些费解。甲骨文"乘"从人在木上，容庚《金文编》谓其"从大在木上"，"《说文》从入桀，非"。容说甚是。从词义发展的脉络看，"在木上"含升义，《王力古汉语字典》以腾、登、乘、升为同源字。"乘"由此发展为登上交通工具，即乘坐义，进而指所乘之车，以及驾一车之马匹，一般为四匹。

（二）"乘"很早就跟数字联系起来，如《诗·小雅·六月》："元戎十乘，以启先行。"《孟子·梁惠王》上："万乘之国。弑其君者必千乘之家。"先秦典籍里"千乘、万乘"常连用，其中"乘"为名词；不过若"数+乘"之前出现另一名词"车"，"乘"就成为量词。初时多用于兵车，有一定制度，《左传·隐公元年》："命子封帅车二百乘以伐京。"杜预注："古者兵车一乘，甲士三人，步卒七十二人。"后渐用于一般车辆。刘世儒先生举例说明一般化的用法汉代已很通行，如《汉书·昭帝纪》："赐……安车一乘，马二驷。"（参见刘世儒1965：134）其实这种情况先秦已开始，如《庄子·列御寇》："宋人有曹商者，为宋王使秦。其往也，得车数乘；王悦之，益车百乘。"赏赐之物当不会是兵车吧。至南北朝时，"乘"所量由车及于舟船。如："舫千余乘"（《宋书·藏质列传》）、"舟舰二千乘"（《陈书·高祖本纪上》）。

"乘"自古还有量马的功能，一乘四匹，如《论语·公冶长》："陈文子有马十乘。"不过像这样"马×乘"的格式并不太多，使用时往往还是与车相关，如《谷梁传·文公十四年》："长毂五百乘。""长毂"本是兵车，而晋范宁注："四马曰乘。"又如前文所举《庄子·列御寇》"益车百乘"句，成玄英疏曰"乘，驷马也"。

古代"乘"还做地积单位，《礼记·郊特牲》："唯社丘乘共粢盛。"孔疏："丘乘者，都鄙井田也。九夫为井，四井为邑，四邑为丘，四丘为乘。"《韩非子·外储说左上》："燕王悦之，养之以五乘之奉。"

（三）本期的量词"乘"。

1. 个体量词。

A. 以"乘"量车本期仍存，且有口语资料的用例，似尚有生命力：

（1）由（犹）如五百乘破车声，腰脊岂能于管拾。（敦校 1033）

（2）……资财钱物宝佩家具等，每度七八乘金装车载，送到城中进纳内库。（入唐，近代 155）

（3）何年细湿华阳道，两乘巾车相并归。（皮日休诗，7073）

（4）几枚竹筒送德曜，一乘柴车迎少君。（同上，7074）

（5）照车十二乘，光彩不足谕。（储光羲诗，1401）

（6）九重城阙烟尘生，千乘万骑西南行。（白居易诗，4818）

（7）八銮十乘，蠢如云屯。（李贺诗，4428）

（8）四骈将戒道，十乘启先行。（徐坚诗，1112）

（9）……后有车一乘，方渡水。（酉 135）

在本期"一乘"还一定有四匹马吗？有些用例表明已非如此，像例（4）的"柴车"，山间小道容纳不下四马，也不会这么排场。此时，"乘"已等同于"辆"，但它又常常被其他含义纠缠，故渐呈衰落的趋势，终于被专心致志的"辆"所取代。

所以说"纠缠",是因为"乘"的其他含义需仔细鉴别。如"三乘(此"乘"今音 chéng,量词义今读 shèng)"为常用佛教词语,指使众生达到解脱的三种方法、途径或教说,它在《全唐诗》中出现16次,无一例外都用于谈佛。其中有的酷似量词,其实不是,如"四字香书印,三乘壁画车"(刘禹锡诗,4028)。"一乘"有时也指引导众生成佛的唯一方法,如:"辞章讽咏成千首,心行归依向一乘。"(白居易诗,5010)另外人们熟知的"万乘"及"千乘"上承古义仍指代帝王及诸侯时,也是词汇化的固定结构,其中的"乘"都不能说是量词。

B. 量舟船,例不多见,如:

(10)贼舻千乘,公舟二十。(隋《正议大夫宵赞碑》)

(11)一乘无倪舟,八极纵远舵。(李白诗,1801)

(12)舟舰二千乘。(《陈书·高祖本纪上》)

C. 至于量马的例子,本期中土文献未见,但在吐鲁番出土南北朝至隋唐的文书中,却有以"乘"量"车牛"之例,录此备考:

(13)车牛五十乘。(吐鲁番文书,洪书 A312)

(14)合运浆及运枝□料得车牛贰拾伍乘,乘别各一日役,十乘运浆役讫,一十五乘未役。(同上)

以"乘"量车牛跟量车马一样很受局限,这种用法后来没有流传下来也是理所当然的。

2. 计量单位词,量农田。

(15)初年□□……种菜壹乘。(吐鲁番文书,洪书 A313)[①]

[①] 例(15、16)洪注明二例分别出现于西元 586 及 623 年,当属隋及初唐。

（16）□荞夏葱，次夏韭，合二十禾（乘）。（同上）

以上两例出自隋及初唐的吐鲁番文书，下例出自五代诗：

（17）簷壁层层映水天，半乘冈垄半民田。（齐己诗，9551）

不过，吐鲁番文书的"乘"是一种实用的计量单位词，齐己诗里的"乘"却不像准确的量度，"半乘"似应理解为半丘或一块。

（四）本期之后，量词"乘"在近代仍用于交通工具，但白话中似多称量轿子。如《水浒传》第4回有"两乘轿子"，同回书的车子却是用"辆"来称量的。《红楼梦》29回、65回分别有"四乘大轿"和"一乘素轿"。到了现代，量词"乘"已经衰落，称量车辆、舟船的功能分别为"辆、艘"取代。文学作品里偶有所见，如何其芳《静静的日午》有"一乘马车"。有时不一定量车轿，如郭沫若《北伐途次》的"一乘梯子"、废名《棕榈》的"一乘竹榻"。这些应当都是不典型、不规范的。

二、两（辆）

（一）《说文》无"辆"，计量车的量词原作"两"[①]，如《书·牧誓序》："武王戎车三百两。"《诗·召南·鹊巢》："之子于归，百两御之。"《诗》毛传解释说："百两，百乘也。"东汉应劭撰《风俗通》曰："箱辕及轮，两两而偶之，称两也。"可见在上古"乘"更为通用，用"两"需加解释及说明理据。刘世儒认为车称"两"是汉代才逐渐有所发展。他举出了一个典型的例子：叙述相同的事件《史记·袁盎列传》作"然

[①]《说文》有"㒳、兩、緉"三个字。"㒳"释为"再也"，数词；"兩"释为"二十四铢为一两"，斤两之两；"緉"释为"履两枚也"，是称量鞋类的量词。

母死，客送葬车千余乘"，到《汉书·游侠传》则作"母死，送葬者致车二三千两"（参见刘世儒 1965：182、200）。不过此时确是仅仅"有所发展"，汉魏直至南北朝仍兼用"乘、两"，就以《汉书·游侠传》来说，"两"仅一现，"乘"却共用了 5 次。

（二）"辆"字的出现。

形声字"辆"出现于南北朝晚期。南朝宋刘义庆（403—444）《世说新语》尚未见"辆"，目前所见最早用例出自北魏郦道元（466—527）著《水经注》："及碑始立，其观视及笔写者，车乘日千余辆，填塞街陌矣。"加义符"车"后，"两"降为声符，原有的"二"义淡出字义，车子也早已不再限于两只轮子了。

（三）本期的"两（辆）"。

跟"乘"相比，"两（辆）"是专用于车的，又是相对晚出的。本期量词"两（辆）"仍不多见，敦煌变文、文书及《祖堂集》等佛家语录均无此词，且诗文所见之例多作"两"：

(1) 声音一何宏，轰輵车万两。（韩愈诗，3778）
(2) 路隘车千两，桥危马万蹄。（元稹诗，4504）
(3) 百两开戎垒，千蹄入御栏。（杨巨源诗，3734）
(4) 虽殊百两迓，同是九泉归。（皇甫冉诗，2816）
(5) 三周初展义，百两遂言归。（张光朝诗，5747）
(6) 车一乘为一两。（《史记·货殖列传》"牛车千两"唐张守节正义）
(7) 王之季女适南海君次子，从车五百两。（玄 106）

例（1—5）诗歌之例数词都是整数百、千、万，有夸张的意味，其中（4、5）两例还用了《诗·鹊巢》的典故，以"百两"指代出嫁之事，如例（5）诗题即为《……观荣王聘妃》，例（6）为古书释义，所以真用在实际计数的只有例（7）。用"辆"之例更少：

（8）长庆初，洛阳利俗坊有百姓行车数辆，出长夏门。（酉210）

此外，与例（6）相类似，唐颜师古注《汉书》也曾以"一乘"解释"一两"（见《汉书·食货志下》），这说明当时"乘"仍比"两"通俗常用。

另外，本节仅述量车的内容。除此之外，写作"两、量、辆"时又为集合量词用于量鞋，见第三章第一节；写作"两、量"时又是计量单位词，详见第五章第二节。

（四）看来"辆"彻底取代"两"并成为量车的主要量词是相当晚的事。如《水浒传》第3回"先去城外远处觅下一辆车儿"，《红楼梦》75回"两边狮子下放着四五辆大车"，而这两部小说里，量词"乘"均用于量轿子，不再量车。

三、艘

（一）《说文》无"艘"。《广韵·萧韵》："艘，船摠名。"本义舟船，《说苑·杂言》："惠子曰：'子居艘楫之间，则吾不如子。'"用作量词十分单纯，自始就只用于船，慧琳《一切经音义》卷83引《文字集略》："梭，舟数也。……《传》从舟作艘，俗字也。"魏晋南北朝以"艘"量船适用于各种船只，如"泛舟万艘"（曹丕《浮淮赋》）、"楼船万艘"（《宋书·袁湛列传》）、"舡舰二百余艘"（《魏书·李崇列传》）、"小船三百余艘"（《三国志·吴书·孙綝》）等。（参见刘世儒1965：187）

（二）本期的"艘"。

《祖堂集》、敦煌文书无"艘"。唐诗较多见，例如：

（1）万艘龙舸绿丝间，载到扬州尽不还。（皮日休诗，7099）

（2）春池八九曲，画舫两三艘。（白居易诗，5183）

（3）小舫一艘新造了，轻装梁柱庳安篷。（同上，5027）

（4）洞主降接武，海胡舶千艘。（杜甫诗，2374）

（5）渔艇宜孤棹，楼船称万艘。（元稹诗，4647）

（6）数雁起前渚，千艘争便潮。（钱起诗，2646）

（7）远集歌谣客，州前泊几艘。（李洞诗，8275）

《全唐诗》共有"千艘"9例，"万艘"8例，多数都属数量结构。此外，笔记小说也不乏其例：

（8）昆明池汉时有豫章船一艘，载一千人。（酉94）

（9）楼船百艘，塞江而至……（集39）

（10）曲江涨水，联舟数十艘，进士毕集。（独10）

（11）……官舟千艘，不损一只。（国史，大观199）

（12）渡江溺死者，没舟航七百艘。（《龙城录》，大观150）

另有一例量财货，类似以船当容器的临时量词：

（13）千艘财货朱桥下，一曲闾阎青荻间。（卢纶诗，3127）

本期还有另一量词"只"可量舟船，也适用于各色船只，与"艘"似无明显区别。

（三）本期之后，"艘"的功能基本未变，但在现代多用以计量大型船只，如"一艘军舰／货轮／万吨巨轮"等。小船多用"只"称量，一般不说"一艘小船"。

此外，用于称量车船的量词还有"**轮**"（量车等，详见本章第十四节）、"**只**"（量舟船，详见本章第一节）、"**首**"（量舟，详见本章第十一节）。

第九节　量文具、乐器、农具及其他什物

一、张

（一）《说文》："张，施弓弦也。"本义是把弦安在弓上或拉开弓弦，《诗·小雅·吉日》："既张我弓，既挟我矢。"也可指给乐器装上弦，《礼记·檀弓上》："琴瑟张而不平。"进一步引申为展开、张开，《庄子·天运》："予口张而不能嗋。"

（二）"张"作为量词即量可以张开的东西，最早的例子是《左传·昭公十三年》："子产以幄幕九张行。"[1]为什么我们见到的最早用例是量幄幕而不是与其本义关系更密切的弓？孟繁杰等认为"张"在成为量词前本义早已泛化为所有"张开"的动作，且由动词虚化为量词时选择的特征属性就是"张开"，故可张开的事物均可称量。（孟繁杰、李如龙 2010）汉代始有量弓弩之例，且是当时这一量词仅见的所量对象，如《居延汉简》："具弩一张，力四石，木关。"[2]《三国志·魏书·陈留王纪》："肃慎国遣使重译入贡，献其国弓三十张……"

（三）自魏晋南北朝"张"开始成为用途较广的一个量词。这时除弓弩外还有几种适用对象：

1. 其他兵器。如"奉献金铃大戟五十张"（陶侃文《全晋文》卷

---

[1]《左传》孔疏谓"幕大而幄小，幄在幕下张之，幄幕九张盖九幄九幕也"（《十三经注疏》2071 页）。

[2] 转引自刘世儒（1965：130）。

111)、"赐细御银缠槊一张"(《魏书·奚康生列传》)。

2. 幕帐、屏风之类。如"诏赐……黄布幕六张"(《魏书·蠕蠕列传》)、"琉璃屏风一张"(《飞燕外传》)。

3. 鼓、琴。如"金鼓万张……"(《宋书·袁湛列传》)、"潜不解音声,而蓄素琴一张,无弦"(《宋书·陶潜列传》)。

4. 纸张、织物之类。如"我棺中可著百张纸"(《魏书·昭成子孙列传》)、"又特赐汝绀地句文锦三匹、细班华罽五张"(《魏书·释老志》)。

刘世儒认为这些用法属于两类:弓、琴等需施弦的为一类,幕帐、纸张等可撑开或铺开的为一类。但当时已不拘于此,如戟、槊本无弦,上引《宋书·陶潜列传》例亦明谓琴无弦,然均可以"张"量之。(参见刘世儒 1965:130—133)

(四) 本期的量词"张"。

1. 量弓及其他兵器。

(1) 皇帝闻奏,龙颜大悦,开库赐彤弓两张,宝箭二百只……(敦校 66)

(2) 一张落雁弓,百只金花箭。(敦辞 395)

(3) 玖张戎袒弩弓。(敦煌文书 B128)

(4) 壹伯玖拾伍张枪。(同上)

(5) 锵壹张。(同上 129)

(6) 余霞数片绮,新月一张弓。(白居易诗,5022)

"张"量兵器除弓外还有枪、锵。前代已有量戟、槊之例,应是类推而来。"锵"本是象声词,在此有两种可能的解释:其一,是"枪"

的同音替代("锵、枪"声韵全同，七羊切，平声阳韵，清母)，这在敦煌文书中很常见；其二，"锵"通"斨"，义为大斧。

2. 量农具。

（7）锹一张。（敦煌文书 B128）

（8）……镰一张。（同上 129）

（9）铧各一孔，镰各一张。（敦煌掇琐 239）

3. 量锦、罗、兽皮、被、毯等。

（10）软锦轻罗，千张万匹……（敦校 553）

（11）壹伯陆张马皮。（敦煌文书 B129）

（12）……柒拾张驴皮，贰张驼皮，壹拾张牛皮。（同上）

（13）韦皮两张。（同上）

（14）……上好羊皮九张。（同上）

（15）上锦两张。（同上）

（16）檀絁被一张。（同上）

（17）坛上敷一张五色彩丝毯……（入唐，近代 125）

（18）蔫红半落平池晚，曲渚飘成锦一张。（杜牧诗，5961）

（19）五色阶前架，一张筦上被。（元稹诗，4638）

（20）一只短舫艇，一张斑鹿皮。（白居易诗，5111）

4. 量床。

（21）四尺新踏床一张。（敦煌文书 B53）

（22）……于露处高叠八十张床，铺设精彩，十二时行道祭天尊。（入唐，近代 153）

（23）且喜闭门无俗物，四肢安稳一张床。（卢仝诗，4372）

(24) 墙外花枝压短墙，月明还照半张床。(元稹诗, 4569)

(25) 道祭……祭盘帐幕，高至八九十尺，用床三四百张……（封 61）

5. 量琴。

(26) 浪抚一张琴，虚栽五株柳。(李白诗, 1857)

(27) 花间数杯酒，月下一张琴。(刘禹锡诗, 4020)

(28) 舞腰歌袖抛何处？唯对无弦琴一张。(白居易诗, 5207)

(29) 竹间琴一张，池上酒一壶。(同上, 5220)

《全唐诗》量琴共 9 例，数词均为"一"。

6. 量纸张。

(30) 陆仟壹伯玖拾伍张青案纸。(敦煌文书 B129)

(31) 又城东赛神用画纸叁拾张。(同上)

(32) 僧灵秀施经纸伍帖，计贰伯肆拾捌张。(同上)

(33) 我来恨不已，争得青天化为一张纸。(裴说诗, 8260)

(34) 月惭谏纸二百张，岁愧俸钱三十万。(白居易诗, 4813)

(35) 红纸千张言不尽，至诚无语传心印。(韩偓诗, 7841)

(36) 时母在都，见夏文荣，荣索一千张白纸，一千张黄纸……（朝 37）

7. 量写在纸上的文字及纸制品。

(37) 仍弹一滴水，更读两张经。(唐求诗, 8307)

(38) 残历半张余十四，灰心雪鬓两凄然。(元稹诗, 4603)

(39) 张榜数张悬市内，短刀一队送江头。(光业诗, 唐外 628)

(40) 百张云样乱花开，七字文头艳锦回。(杨巨源诗, 3727)

（41）如明旦欲送钱与某神祇，即先烧三十二张纸钱，以求五道……（博41）

这一类被修饰的中心词，例（37—39）分别是写在纸上的经文、日历、榜文；例（40）诗题为《酬崔驸马惠笺百张兼贻四韵》，可知有着云样繁花的是精美的信笺，它与例（41）所量的纸钱都是纸制品。

8. 几个特例。

（42）渔子与舟人，撑折万张篙。（李白诗，1845）

（43）指如十挺墨，耳似两张匙。（苏颋诗，815）

（44）定州何名远大富……家有绫机五百张。（朝75）

例（43）苏颋诗句下注有"咏昆仑奴"四字，以"张"量匙意在形容外族人的耳朵，可能特别宽大，像今语的"扇风耳"吧；例（44）量绫机可能因为装配后可撑开、摆开；唯例（42）的篙本细长，应以"竿、根"量之，为何称"张"，难以理解。孟繁杰等（2010）对这一量词在包括唐代在内的各个时期的演变有详细描述，可参阅。

（五）"张"是一个使用面很广的量词，这种情况自魏晋南北朝开始出现，至隋唐五代已经形成。后来虽有变化，至今仍然保持了基本的格局。例如量弓、幕等可张开之物是上古就有的，历代沿用至今，《水浒传》第2回有"一张弓"，《红楼梦》26回也有"一张小弓儿"，现代以"张"量可以张开、展开或卷起之物、带有平面之物如纸、桌子、人的脸等等，十分常见，不必赘述。

二、幅

（一）《说文》："幅，布帛广也。"即布帛的宽度，《左传·襄公二十八年》："且夫富，如布帛之有幅焉。"《汉书·食货志下》："布帛广二尺二寸为幅。"又可泛指其他事物的宽度,《诗·商颂·长发》:"外大国是疆,幅陨既长。"《毛传》:"幅,广也。"

(二)由布帛的幅度引申出的量词"幅"始见于南北朝,称量纺织品,如《全梁文》卷40沈麟士文:"取三幅布以覆尸。"刘缓《寒闺》诗:"无怜四幅锦,何须辟恶香。"还可量纸,如《高僧传·神异篇》:"忽求黄纸两幅作书。"(参见刘世儒1965:129)

(三)在本期"幅"成为常用量词,仅《全唐诗》就有48例,称量对象也较前扩大了。

1. 量纺织品及其制品。

(1) 浑身锦绣,变成两幅布裙……(敦校535)

(2) 裁为八幅被,时复一相思。(游仙窟,近代45)

(3) 一幅轻绡寄海滨,越姑长感昔时恩。(徐铉诗,8569)

(4) 轻纱一幅巾,小簟六尺床。(白居易诗,4807)

(5) 一茎竹篙剔船尾,两幅青幕覆船头。(同上,5015)

(6) 连天一水浸吴东,十幅帆飞二月风。(杜荀鹤诗,7970)

(7) 一车白土将泥项,十幅红旗补破裩。(杜牧诗,9859)

(8) 古者布幅广二尺二寸,二寸为缝,皆以二尺计之。此侯是九十弓侯,侯中丈八尺,则九幅布。(《周礼·考工记·梓人》"上两个与其身三,下两个半之"句贾疏,十三经926)

2. 表面量绢、绡等织物,实量图画。

(9) 惟将六幅绢,写得九华山。(杜荀鹤诗,7939)

(10) 六幅轻绡画建溪,刺桐花下路高低。(方干《题画建溪图》诗,7504)

（11）秋来奉诏写秋山，写在轻绡数幅间。（徐光溥《题黄居寀秋山图》诗，8637）

（12）能向鲛绡四幅中，丹青暗与春争工。（裴谐《观修处士画桃花图歌》诗，8221）

（13）流水盘回山百转，生绡数幅垂中堂。（韩愈《桃源图》诗，3787）

（14）霜绡数幅八月天，彩龙引凤堂堂然。（鲍溶《萧史图歌》诗，5502）

（15）经二日，拓以穈绢四幅，食顷，举出观之，古松、人物、屋木、无不备也。（酉61）

以上几例均与图画有关，其中例（10—14）的诗题都含"图"字。例（9、10、11、15）的"绢"和"轻绡"尚可说实指绢、绡，同时又是作画的材料；例（12—14）的鲛绡、生绡和霜绡则直接指代图画，这种现象或许还能揭示出为什么用"幅"来称量书画作品。除此之外，还有以画上景物来代替所量图画的：

（16）君看六幅南朝事，老木寒云满故城。（韦庄《金陵图》诗，8017）

（17）两幅关山雪，寻常在眼前。（齐己诗，9519）

（18）半幅古潇颜，看来心意闲。（同上，9455）

虽然第2类的例子不少，但本期的各种文献里尚未发现直接以"画"为中心词（如"几幅画"）的例子。下例比较特别，意义上是量画的，但上句有三个"画"字，分别做定语和谓语动词，下句或因字数所限，呼之欲出的名词"画"没有出现：

（19）（有山有水堪吟处，无雨无风见景时。……）画人画得从他画，六幅应输八句诗。(杜荀鹤诗，7974)

3. 量纸笺。

　　（20）四幅花笺碧间红，霓裳实录在其中。(白居易诗，4971)

　　（21）两幅彩笺挥逸翰，一声寒玉振清辞。(同上，5189)

　　（22）雨多青合是垣衣，一幅蛮笺夜款扉。(陆龟蒙诗，7182)

　　（23）巴笺两三幅，写满承恩字。(李商隐诗，6217)

　　（24）蜀笺都有三千幅，总写离情寄孟光。(刘兼诗，8692)

　　（25）予与青桐君弈，胜获琅玕纸十幅。(酉 212)

4. 量书札、字帖、诗文等。

　　（26）遗我数幅书，继以药物珍。(韩愈诗，3826)

　　（27）勉为新诗章，月寄三四幅。(同上，3838)

　　（28）醉中草乐府，十幅笔一息。(皮日休诗，7018)

　　（29）璧池清秩访燕台，曾捧瀛洲札翰来。今日二难俱大夜，当时三幅谩高才。(罗隐诗，7573)

　　（30）一捧牙箱，内有两幅紫绢文书。(集 7)

　　（31）（萧诚）遂假作古帖数幅，朝夕把玩……(封 91)

5. 量屏。

　　（32）三幅吹空縠，孰写仙禽状。(皮日休《鹤屏》诗，7033)

　　（33）屹然六幅古屏上，歘见胡人牵入天厩之神龙。(顾云诗，7303)

书札等与屏风均系以纸笺或绢绡等物为之，故 4、5 两类用"幅"称量。

6. 量云。

（34）嘘之为玄云，弥亘千万幅。（皮日休诗，7026）

此类仅得一例，诗人把云比作画在天上的画，故用"幅"称量。

（四）本期"幅"的功能已经很多样，其后量纸、布、书画仍是主要用法，如《朱子语类》卷107有"一幅纸"，《西厢记诸公调》卷3有"三幅布"，元好问《胡寿之待月轩》诗谓"一幅清风竹写生，月华霜白纸如冰"。现代作家仍有类似搭配，如闻一多《二月卢》有"一副淡山明水的画屏"，冰心《小桔灯》有"一幅布帘"，巴金《家》有"一幅薄被"。但在当代与现代之间似乎有些差别，当代除可说"一幅画/书法作品"外，若用于布帛则专指它织成时的宽度，一幅布不等于一块布，而是单幅的布，此外很少用于布的制成品，普通话基本没有"一幅布帘/薄被"的说法。

三、面

（一）《说文》："面，颜前也……象人面形。"《左传·哀公十六年》："子西以袂掩面而死。"引申为物体的表面，《墨子·备城门》："客冯面而蛾傅之。"孙诒让间诂："面，谓城四面。"各种形态的物体外层都可称"面"，如水面、镜面。南北朝已见用作量词，称量带有平面的东西，如《宋书·何承天列传》"上又赐银装筝一面"（参见刘世儒1965：128）。"面"又有会面义，《左传·昭公六年》："固请见之，见，如见王，以其乘马八匹私面。"杜预注："私见郑伯。"这与后来产生的动量词义有关联。

（二）本期的量词"面"。

1. 量乐器。

（1）四十二面大鼓笼天，三十六角音声括地……（敦校 11）

（2）臣拟萧墙之内，堀地道打五百面鼓。（同上 336）

（3）又大琵琶两面，小琵琶三面。（敦煌文书 B168）

（4）奉献家中一面瑟（琴），送君安置多人处。（同上 A306）

（5）天子卤簿用大仗，鼓一百二十面，金钲七十面。（乐 22）

（6）后齐定令，亲王、公主、太妃、妃及从三品已上丧者，借白鼓一面，丧毕进输。（《隋书·礼仪志三》）

鼓、钲有面，琵琶与瑟也都有一个用来张弦的平面，故均以"面"称量。

2. 量生活用具。

（7）古破牙盘肆面无连蹄。（敦煌文书 B168）

（8）又华木马头盘一面。（同上）

（9）镜一面，施入行像。（同上）

（10）铛壹口并主鏊子壹面。（同上）

（11）我有一面镜，新磨似秋月。（贯休诗，9313）

（12）一样金盘五千面，红酥点出牡丹花。（王建诗，3442）

以上用具多带有较大的平面，其中鏊是做饼的炊具，与铛相似。

3. 量纺织品做成的片状物。

（13）非（绯）锦褥壹面。（敦煌文书 B168）

（14）紫绮褥壹面。（同上）

（15）新火未旗一面。（同上）

（16）寒影堕高檐，钩垂一面帘。（孙光宪词，10137）

4. 量自然、人文景观。

（17）丹梯暗出三重阁，古像斜开一面山。（王建诗，3414）

（18）地肺半边晴带雪，天街一面静无尘。（李洞诗，8298）

"一面山、一面街"之说仅见于诗中，带修辞色彩，以彰显"古像"规模之大、天街之平坦洁净。

（19）三面僧临一面墙，更无风路可吹凉。（齐己诗，9592）

（20）短垣三面缭逶迤，击鼓腾腾树赤旗。（韩愈诗，3786）

著于北魏的《水经注》有例曰："有故城一面，未详里数。""未详里数"说明"故城"无疑是一段城墙，"一面"确系数量词。而例（19、20）却有歧义："面"可能是量词，还可能是名词，指方位，如例（19）可能是说四面都有僧房或墙壁，因而密不透风，"一面墙"指一个方向的墙；同样例（20）可指三个方向都有短垣，这就不能算量词了。确非量词的例子如："天子欲开三面网，莫将弓箭射官军。"（窦巩诗，3051）此例用商汤"网开三面"之典，"面"也只是方位、方面的意思。

5. 几个特例。

（21）坠铜尺五面，悉罗壹。（敦煌文书 B168）

（22）伍拾陆面弩弦。（同上）

（23）平卢军新加押新罗、渤海两蕃使，赐印一面。（《旧唐书·穆宗纪》）

从形状看，"尺、印"不同于"盘、镜"，即使说带有平面也相当窄小（或许皇帝所赐之印很大），尤其"弩弦"为直线形，量之以"面"令人费解。

6. 做临时量词，量"妆"。

（24）景阳楼伴千条露，一面新妆待晓钟。（温庭筠诗，399）

（25）旁人未必知心事，一面残妆空泪痕。（刘皂诗，5359）

（26）千杯绿酒何辞醉，一面红妆恼杀人。（李白诗，1883）

（27）笑开一面红粉妆，东园几树桃花死。（薛媪诗，8989）

（28）殷勤留滞缘何事？曾照红儿一面妆。（罗虬诗，7627）

（29）休夸此地分天下，只得徐妃半面妆。（李商隐诗，6183）

以上6例"面"类似现代汉语"一脸粉、一脸汗"的"脸"，故为临时量词。

（三）动量词"面"的萌芽。

现代汉语表示见面次数的动量词"面"至少在《水浒传》时代已经形成，如："今日幸得相见义士一面……"（29回）《红楼梦》中更为成熟，如"知道还能见他一面两面不能了"（77回）。这种用法是何时产生的？刘世儒曾举《世说新语·贤媛篇》"山公与嵇阮一面，契若金兰"等例，认为还不是动量词，而仍是动词用法。在本期的唐诗里似乎有一些朝动量词发展的迹象：

（1）几年方一面，卜昼便三更。（刘禹锡诗，4100）

（2）如能惠一面，何啻直双金？（白居易诗，5173）

（3）劝君且强笑一面，劝君复强饮一杯。（同上，217）

这三句性质不全同：例（1）的"面"是动词，意为"见面"；（2）亦可作同样理解，"惠一面"即"赐予一见（的机会）"，但在格式上"一面"已被置于动词之后，为演变成动量词创造了条件；（3）不但格式亦为"动+一面"，意思也可解释为"笑一笑、笑一下"，只是"一面"跟"笑"配合罕见，后来也没有得到发展，是否跟以后的"见一面"有一脉相承的关系，不能肯定。

（四）本期之后，名量词"面"仍量带有平面或形状扁平的东西，宋李弥逊《水调歌头》词有"腰鼓百面"，潘阆《忆余杭》词有"万面鼓声中"。《水浒传》中以"面"称量的有枷（第8、12、18回）、旗（12、48回）、牌额（第1、6回）、文簿（18回）等。《红楼梦》有镜子（57回）、牌位（13回）、鼓（54回）等。现代的名量词"面"称量对象多限于鼓、旗、镜子等，较近代时期似有减少之势。现代动量词"面"仍用于计量人们会面的次数，常说"见一面、晤过一面"等。

四、牒

（一）《说文》："牒，札也。"即古代书写用的竹片、木片。《左传·昭公二十五年》："右师不敢对，受牒而退。"《论衡·别通篇》："通人胸中怀有百家之言，不通者空腹无一牒之诵。"这句的"牒"有些像量词，可近似地理解为"页、篇"，但从结构看它还不具备真正量词的资格。"牒"还有一个义项为"累，层叠"，朱骏声《说文通训定声·谦部》："牒，叚借为叠。"《淮南子·本经》有"积牒旋石"句，即用此义。

（二）刘世儒认为量词"牒"是由折叠义而来，"叠、牒、碟"三者是同源而异流的。他引徐灏《说文解字注笺》曰："牒者，叠也；戴氏侗曰：薄可联合为牒。"文书、书札、屏风均可折叠，故自南北朝可以"牒"量之，如释道安《摩诃钵罗若波罗密经钞·序》："献《梵天品》一部，四百二牒。"庾元威《论书》："得所送飞白书缣屏风十牒。"（参见刘世儒 1965：138—139）但"牒、叠"中古同音，上古分属叶、缉二部。本义没有关联，并不同源。"牒"本义就是书札，量文书、文章顺理成章，似不需转求诸折叠义。至于量屏风，则是文字假借为

"叠",这是很清楚的。

(三)本期有关量词"牒"的资料很少,无法做更多分析,我们仅见量屏风一例,另外宋人撰《新唐书》有量案牍一例备考:

(1)屏风十五牒,三十行经……。(酉249)

(2)初,孔颖达等始署官,发《五经》题与诸生酬问。及是,惟判祥瑞案三牒即罢。(《新唐书·儒学传序》)

我们未见后世量词"牒"更多用例,只能付之阙如。

五、角

(一)《说文》:"角,兽角也。"古岳切,旧读 jué,今音 jiǎo。《墨子·经说下》:"牛有角,马无角。"引申指形状像角的东西或物体两个边沿相接之处。如杜甫《奉陪郑驸马韦曲》诗:"石角钩衣破。"又为古代酒器,今音 jué,《礼记·礼器》:"卑者举角。"

(二)量词"角"洪艺芳(2004:98)谓首出于唐代文献,这是事实。不过《晋书》有以之量文书的例子(见下文),虽系唐人房玄龄所撰,但他叙前朝社会生活时是否照录了当时史料中的文字?这里只能提出一个疑问:或许晋代已在用"角"称量文书了?前面绪论中曾引用汪维辉(2000:19—20)的看法:"唐修正史中,'改俗为雅'的多,'改雅为俗'的少。"这个新兴量词,或许不是房玄龄强加给晋人的吧?

(三)本期文献中量词"角"的用例不算太多(如《全唐诗》仅得两例),但其用法却比较复杂,大致可分几种情况:

1. 量纸笺、文书、书信。

(1)上四相公书启各一封,信二角。(敦煌文书 B99)

(2)诸家卖捨(舍)文契及买道论硙文书一角。(同上)

(3) 为予有杂笺数角多抽拣与人。(段成式诗序，唐外 504)

　　(4) 索绥梦东有二角书诣绥，大角朽败，小角有题韦囊角佩。(《晋书·艺术列传·索统》)

2. 量牛、牛尾等。

　　(5) 江草秋穷似秋半，十角吴牛放江岸。(陆龟蒙诗，7148)

　　(6) ……押进奉表函一封，玉一团，羚羊角一角，犛牛尾一角。(敦煌文书 B99)

　　牛有角，故例(5)以之量牛，后世也有同类情况；例(6)量羊角，是以同形量词称量，虽古已有之，但本期并不多见；而同例又量牛尾则理据难通，恐因类推作用将角、尾一例看待，不能视为规律。

3. 量茶及其他，应属临时量词。

　　(7) 客来须共醒醒看，碾尽明昌几角茶。(司空图诗，7277)

　　量纸笺、文书与量茶看似两码事，来历却有关联，盖"角"有一晚出的动词义项，表示"包裹、封裹"，《孟姜女变文》："祭之已了，角束夫骨，自将背负……"(敦校 61)"角束"即包裹捆束义。蒋礼鸿(1981：200)谓："角或用于尸体，或用于文书方药，或用于茶叶、肉食；其义或为裹，或为袋，或为封，要之都有封裹的意思。此义古字书不载，近代的辞书或以'一角文书'附在古代量器义后，故详述之。"可见量纸笺、文书、茶都因封裹义而来，例(7)的"茶"是被"碾尽"的，所以是成包的茶叶，而非立即可饮的茶水，此"角"非容器。既可包纸、茶，也可包其他物品，故敦煌社会经济文书中还有以下的用例：

　　(8) 又麻羯胡手上发遣碧绢一角……(敦煌文书 B99)

（9）待到日于领衣物一角并银碗一枚，封印全。（同上）

4. 量酒，亦属临时量词。

（10）如于时不到者，罚酒一角。（敦煌文书 B98）

（11）……三日中间破面六斗酒壹角春了头局席胡饼三十。（同上）

酒无法包裹，且例（10）言罚酒，可见此"角"当为容器充当临时量词。洪艺芳（2004：98）谓既为罚酒，必有定量，一角当为十五升，故在此"角"为"标准量词"。不过，一次罚酒十五升似不合情理，且欢聚时罚酒未必有一定之规，窃以为还是把"角"视为临时量词更妥当些。

5. 此外，我们还在敦煌变文里发现了一个特例，照录于下：

（12）四十二面大鼓笼天，三十六角音声括地。（敦校 11）

各种辞书及敦煌文献的校注均未议及此例。从句法看，"角"处于数词"三十六"与名词"音声"之间，很像量词；但从意义看，"角"有乐器义，"吹角、角声"诗文习用，故此句之"角"也可视为名词。

（四）后世量词"角"仍有多种不同用途，有继承上述用法的，也有新产生的，大致有以下几类：

1. 量文书。如《初刻拍案惊奇》卷 31 有"这角文书"，《红楼梦》99 回有"公文一角"，《官场现形记》35 回有"一角公事"，可见这一功能直到晚清还是存在的。

2. 量酒。如《水浒传》29 回："武松道：'打两角酒。先把些来尝看。'那酒保去柜上叫那妇人舀两角酒下来，倾放桶里，烫一碗过来，道：'客人，尝酒。'"由此可知一角酒比一碗酒要多。

3. 量牛。如明宋濂《凤阳单氏先生茔碑铭》:"上……赠田三千亩,牛七十角。"到了现代,上述用法都已不存,却又产生了新的用法,一是称量饼状食物,所量应是通过中心切成的扇形部分,是小于一半的若干分之一,如四分之一;二是货币单位,即一元的十分之一。

六、管

(一)《说文》:"管,如篪,六孔,十二月之音。"这是一种竹管做成的乐器,《诗·周颂·有瞽》:"既备乃奏,箫管备举。"也指一般的竹管,如《庄子·秋水》"是直用管窥天"。因可做笔杆,故又指笔,《诗·邶风·静女》:"静女其娈,贻我彤管。"郑笺:"彤管,赤笔管也。"后因称笔为管。[1]

(二)由此"管"成为称笔的量词是顺理成章的,如《太平广记》卷119引颜之推《还冤记》:"当办纸百番,笔二管,墨一锭,以随吾尸。"刘世儒曾举《搜神记》卷2"笔十管,墨五挺"之例。但二例均出自佚书,刘也认为南北朝还不多见,且材料不甚可靠,这个量词当时是否确已产生还成问题。(参见刘世儒 1965:169)[2]

(三)到了本期,"管"已出现在多种文献中,多数量笔,如:

(1)笔两管,管别一十五文。(敦煌文书 B41)

据洪艺芳(2004:41)研究,敦煌吐鲁番文书常见"量词+别","别"表示"每","管别"即"每管"。

---

[1] 对这句诗有不同的解释,欧阳修《诗本义》:"古者针笔皆有管,乐器亦有管,不知此彤管是何物也。"刘大白《白屋说诗》:"彤管就是红色的管子。这个红色的管子,就是第三章'自牧归荑'的荑。"

[2] 麻爱民(2010)指出刘世儒所引《搜神记》系八卷本,据考应出自唐宋人之手。

（2）书功笔秃三千管，领节门排十六双。（杜牧诗，5995）

（3）篆书朴，隶书俗……紫毫一管能颠狂。（吴融诗，7899）

（4）即命仆发其下，得一管文笔。（宣 149）

（5）初案上三管笔，俄而忽失一管……（博 27）

此外，亦有量笛者，如：

（6）寻其处，见有铁铫子一柄，破笛一管。（《邢君才旧宅三怪诗》题解，9819）

（7）老父遂于怀袖间出笛三管……（博 25）

唐诗里还有一些"数+管"的情况，如"竹生大夏磎……裁为十二管，吹作雌雄律"（韩愈，477）。在此"管"也指笛箫之类的乐器。

（四）后来的近代汉语以"管"量笔、量笛均有所见，如《新五代史·苏循传》"画日笔三十管"，《牡丹亭·冥判》"一管笔，一本簿"，《水浒传》第 1 回"一管铁笛"。也有一些特殊用例，如宋单锷《吴中水利书》："遂率民车四十二管，车梁溪之水以灌运河……""民车"当为水车之类，上安竹管做提水工具。至于现代，量词"管"仍存，如巴金《抹布集·第二的母亲》还有"一管笛"之说，口语也可说"一管笔"，但它的功能正被"只、根"取代，已逐渐衰落。

七、柄

（一）《说文》："柄，柯也。"就是斧子的把儿，《墨子·备城门》："长斧，柄长八尺。"也泛指其他器物的把儿，《诗·小雅·大东》："维北有斗，西柄之揭。"

（二）作为量词就量带柄的器物，未见本期之前的用例，本期也不多见，列举如下：

（1）观察使差人送百柄钁头，师……却云："我有一柄钁头，平生用不尽，谁要你送来！"（祖387）

（2）惟正从楚州归，到上都，得本国书二封、楞严院状一封、高上人书一封、刀子四柄……（入唐，近代145）

（3）寻其处，见有铁铫子一柄，破笛一管。（《邢君才旧宅三怪诗》题解，9819）

（4）每岁内赐春服物三十匹……青团镂竹大扇一柄。（李肇《翰林志》）

（三）此后，"柄"称量带把儿事物的功能一直保持下来，历代皆有用例，如宋林逋《小舟》诗"舷低冷夏荷千柄"，金《西厢记诸宫调》卷3"使一柄大刀，冠绝今古"，《西游记》19回"一柄九齿钉钯"，《红楼梦》36回"一柄白犀麈"，鲁迅《故事新编·奔月》"两柄锄头"。不过，现代普通话口语中"柄"多代之以"把"，量词"柄"只是书面语或方言词了。

八、柯

《说文》："柯，斧柄也。"《诗·豳风·伐柯》："伐柯如何，匪斧不克。"古又为长三尺之称，《周礼·考工记·车人》："车人为车，柯长三尺……毂长半柯，其围一柯有半，幅长一柯有半。"郑玄注引郑司农曰："柯长三尺，谓斧柄，因以为度。"贾疏："凡造作皆用斧，因以量物。"

《周礼》所述，是以"柯"为造车的长度标准，故上古它曾是一个特殊的计量单位。但郑玄、贾公彦都认为这个词需要加以解释，说明至少从汉代起它已不再通用。本期有个别诗人以之量斧，这是直接以部分量整体，当与计量单位无关。仅见之例为：

两卷素书留贳酒，一柯樵斧坐看棋。(李群玉诗，6601)

九、瓣

(一)《说文》:"瓣，瓜中实也。"本义瓜果的种子，晋干宝《搜神记》卷1:"便从索瓣，杖地种之。"引申为果实或球茎中可以分开的块状物，《齐民要术·种蒜》:"收条中子种者，一年为独瓣；种二年者则成大蒜。""蒜瓣、橘瓣"导源于此义，且量词"瓣"亦源于此。[①]

(二)最早的量词"瓣"出现在本期，用于量香(指香料制成、可点燃以向神佛乞福的块状物):

(1)别无留别，留一瓣美香，若有灾难之时，但烧此香……(敦校439)

(2)别无留念，只有一辩(瓣)美香，夫人若有难之时，但烧此香……(同上473)

(3)耶输遂于裙带头取得太子所留美香一瓣，只于手中焚烧……(同上474)

例(1—3)的"瓣"处于"数量名"或"名数量"结构中，所量已离开原本与植物相关之义，所以它是最合格的量词。本期还有一些用于植物的例子，反而不太像量词，如:

(4)紫芽嫩茗和枝采，朱橘香苞数瓣分。(元稹诗，4571)

(5)白山南，赤山北，其间有花人不识……叶六瓣，花九房，夜掩朝开多异香。(岑参诗，2062)

[①] 洪艺芳(2000:293)认为:"'瓣'作为量词，应是由'花瓣'义转来。"但"花瓣"义的实例似晚于本期，多种辞书均引元代杨维桢《修月匠歌》:"羿家奔娥太轻脱，须臾踏破莲花瓣。"

（6）牡桂……花蒂叶三瓣，瓣端分为两歧。（酉281）

（7）罗公远取柑嗅之后，明皇取食，千余枚皆缺一瓣。（杜光庭《仙传拾遗》）[①]

例（4—7）都意在说明某种植物的形态，如岑参诗"叶六瓣"不是"叶子六片"，而是说这种奇特植物的叶子分为六瓣，"瓣"更像是名词。例（6）尤为明显，"瓣端分为两歧"更凸显了"瓣"的名词性。因都含有"数+瓣"，故列出以备参考。

（三）本期以后，"瓣"仍常量香，如宋刘克庄《沁园春》词："稽首南华一瓣香。"近世以至现代，"瓣"的称量对象有所扩展，可量花瓣、果实分成的块，如"两瓣儿橘子、几瓣儿蒜"，还可用于任何被分成多份的东西，如《红楼梦》59回："难道把我劈做八瓣子不成？"（《红楼梦》量词加"子"尾非常普遍）

十、盏

（一）《说文》无"盏"，《新附》玉部有"琖"，释"玉爵也……或从皿"。全部《十三经》无"盏"，唯《礼记》有"琖、醆"二字，而"琖、醆、盏"是分别因材料（玉）、用途（酒具及家用器皿）所造的异体字，意义无别。《方言》五："盏，桮也。"郭璞注："最小桮也。""桮"即"杯"。杜甫《送杨判官使西蕃》诗："边酒排金盏，夷歌捧玉盘。"

（二）在魏晋南北朝"盏"只是临时量词，如王羲之《杂帖》："煎酥酒一盏服之。"那时还没有个体量词的用法。（参见刘世儒1965：239）

[①]《仙传拾遗》已佚，此条转引自《王力古汉语字典》730页。

（三）本期的量词"盏"。

1. 发展出个体量词的功能，只用于灯：

（1）宝灯王〔时〕，剜身千龛，供养十方诸佛，身上燃灯千盏。（敦校 434）

（2）床头一盏寂寥灯，枕畔两行酸楚泪。（敦辞 1659）

（3）十五日夜，大僧寺及尼僧寺燃一盏灯……（敦煌文书 B127）

（4）似暗室内一盏明灯，如众星中一轮朗月。（同上 128）

（5）更有一盏灯近谷现，亦初如笠，向后渐大。（入唐，近代 136）

（6）几人樽下同歌咏，数盏灯前共献酬。（崔玄亮诗，5301）

（7）数间茅屋闲临水，一盏秋灯夜读书。（刘禹锡诗，4084）

（8）一盏寒灯云外夜，数杯温酎雪中春。（白居易诗，5227）

（9）日暮半炉麸炭火，夜深一盏纱笼烛。（同上，4988）

（10）小殿灯千盏，深炉水一瓶。（许浑诗，6061）

（11）睿宗先天二年正月十五、十六夜……燃五万盏灯，簇之如花树。（朝 69）

（12）三盏香灯，不修数夕。（陆长源文，《全唐文》卷 510）

这个本期新生的个体量词来源很清晰，古时灯以盏贮燃油，因称一灯为"一盏"。从字面看例（9）所量是"纱笼烛"，但也属灯火之类。

2. 本期"盏"仍做临时容器量词，其例极多，《全唐诗》总共有量词"盏" 68 例，其中多数为容器量词，个体量词仅 12 例。为清晰显示"盏"的全貌，下面稍多引几例：

（13）但臣妾一遍梳妆，须饮此酒一盏……（敦校 299）

（14）一枝花，一盏酒……（敦辞 331）

（15）空腹一醆粥，饥食有余味。（白居易诗，4727）

（16）一盏薄醹酒，数枝零落梅。（李洞诗，8276）

（17）劝君莫强安蛇足，一盏芳醪不得尝。（李商隐诗，6181）

（18）数盏绿醅桑落酒，一瓯香沫火前茶。（韩偓诗，7801）

（19）酒泻两三盏，诗吟十数篇。（贾岛诗，6674）

（四）本期后直至现代汉语普通话，个体量词"盏"的用法几乎没有变化，即使点灯早已不用油，还是沿用自唐代产生的"盏"。至于吃酒喝茶的容器，现代口语大多称"杯、碗"，很少用"盏"了。

此外，用于称量什物的还有"合"，见第六章第一节。

第十节　量书籍、信函、文件等

一、编

（一）《说文》："编，次简也。"就是把竹简按次序连接起来。因竹简上刻有文件，故"次简"也就是编辑书籍。《韩非子·难三》："法者，编著之图籍，设之于官府，而布之于百姓者也。"由此引申指一部编成的书，韩愈《进学解》："手不停披于百家之编。"量词的用法出现较早，《左传·昭公二十七年》："或取一编菅焉，或取一秉秆焉。"这也是从其编结之义而来，称量编成的菅草。《史记·留侯世家》："出一编书，曰：'读此则为王者师矣。'"裴骃集解引徐广曰："编，一作篇。"今人王伯祥注曰："集合相联的竹简，用皮革的条子或绳子编结起来，成为书册。故云一编书。犹后世所谓一卷书或一本书。"①

（二）刘世儒（1965：170）认为这个量词在南北朝一般已不用，常见的是"本"。但是用例还是有的，如《梁书·庾诜列传》："诵《法华经》，每日一编。"

（三）观本期材料量词"编"并不少见，多出现在诗歌里，主要量书：

（1）高斋遥致敬，愿示一编书。（韦应物诗，1924）

（2）叹息几编书，时哉又何异。（皮日休诗，7020）

（3）搜得万古遗，裁成十编书。（陆龟蒙诗，7118）

（4）幸阅灵书次，心期赐一编。（同上，7168）

（5）惟有孝标情最厚，一编遗在茂陵书。（唐彦谦诗，7683）

也有直接搭配的是"诗、集"等，实际还是量书：

（6）退坐西壁下，读诗尽数编……顾谓汝童子，置书且安眠。（韩愈诗，3767）

（7）第中无一物，万卷书满堂。家集二百编，上下驰皇王。（杜牧诗，5941）

（8）阅彼图籍肆，致之千百编……堆书塞低屋，添砚涸小泉。（皮日休诗，7025）

（9）先生文价沸三吴，白雪千编酒一壶。（殷文圭《览陆龟蒙旧集》诗，8135）

（10）三编大雅曾关兴，一册南华旋解忧。（李咸用诗，7409）

（11）考定新旧令式为三十编，举可长用。（韩集471）

---

① 《史记选》100页，人民文学出版社，1961年。

例（6—8）的上下文里都指明了"编"之所量为"书"，其他三例分别为"陆龟蒙旧集、大雅、新旧令式"，也都是编辑成册的。唯有下例不同：

(12) 一编香丝云撒地，玉钗落处无声腻。（李贺《美人梳头诗》诗，4434）

"香丝"是美人的头发，这种用法跟上古的"一编营"倒是同类，所量都是细长之物，类似"束、缕"等，不过这样用的"编"例子很少罢了。

（四）由于书籍的载体由竹简变为帛、纸，"编"渐被"卷、本"代替。《旧唐书·经籍志》载有经、史、子、集共三千多部，五万多卷，未用"编"字。现代虽有时也量整本的书，如"人手一编"，但这多为习惯的固定格式，真正自由运用的是量长篇巨著中的部分，是比"章"还大的单位，如"全书分上下两编，每编又分四章"。

二、部

（一）《说文》："部，天水狄部。"这是地名，与量词无关。《玉篇》："部，分判也。"实际常引申指划分成的部伍、部落，《墨子·号令》："城上吏卒养，皆为舍道内，各当其隔部。"孙诒让间诂："部，队也。"《晋书·慕容廆载记》："曾祖莫护跋，魏初率其诸部入居辽西。""部"做量词就是由此义而来的。

（二）部伍、部落都是有组织的集体。汉代开始，"部"就常与数词连用，向量词发展，所量的对象也总是有组织的人群。如《汉书·武帝纪》："朕……置十二部将军。"《后汉书·南匈奴列传》："比惧，遂敛所主南边八部众四五万人……"

（三）沿着这个脉络，魏晋南北朝时又可量乐队以至乐器，有"数部鼓吹"（《世说新语·栖逸篇》）、"乐器一部"（《魏书·高车列传》）等例。更进一步，还可用于书籍，如"十二部经"（晋孙绰《喻道论》）它始见于佛家典籍，后也可用于一般作品，如"文集一部"（《魏书·刘昶列传》）。（参见刘世儒 1965：218—219）

（四）本期的量词"部"。

1. 量佛经，偶或量一般书籍，属个体量词。

（1）某乙等不是别人，是八大海龙王，知和尚看一部《法华经义疏》……（敦校 298）

（2）十二部诸经赞，流在阎浮间。（敦辞 1013）

（3）仰为比沙门天王敬造《大集》一部十卷、《法华》一部十卷、《维摩》一部三卷、《药师》一部一卷，合廿四卷。（敦愿 822）

（4）后来此土东魏高劢①邺都，与五戒优婆塞万天懿译出梵本《尊胜经》一部。（祖 58）

（5）然!十二部经皆合于道，禅师错会，背道逐教。（同上 106）

"十二部经"专指佛经体例上的十二种类别，不是任意的组合，但这不影响"部"的性质。

（6）七日，于此寺设救斋。斋后转《花严经》一部。（入唐，近代 132）

（7）莫合九转大还丹，莫读三十六部大洞经。（卢仝诗，4382）

（8）闲穷四声韵，闷阅九部经。（元稹诗，4450）

---

① 张美兰注谓"高劢，疑为高欢"，是。

（9）今朝欢喜缘何事？礼彻佛名百部经。（白居易诗，5240）

（10）闲中亦有闲生计，写得南华一部书。（李九龄诗，8365）

（11）凡经录十二家，五百七十五部，六千二百四十一卷。史录十三家，八百四十部，一万七千九百四十六卷。子录十七家，七百五十三部，一万五千六百三十七卷。集录三家，八百九十二部，一万二千二十八卷。凡四部之录四十五家，都管三千六十部，五万一千八百五十二卷，成《书录》四十卷。（《旧唐书·经籍志上》）

（12）素公不出院，转《法华经》三万七千部……（酉246）

（13）江西节度使钟传遣僧从约进《法华经》一千部。（摭57）

可以看出"部"所量之书还是经过编辑的，含若干卷，如例（3）谓"一部十卷……"，例（11）所载四部中各部的卷数都有说明，这些书的部头是很大的。

个别用例似量画，不过也与佛经有关：

（14）……命工人杜宗敬按《阿弥陀》《无量寿》二经，画西方世界一部。（白集卷71）

我们说以"部"量书是个体量词，是因为每部书是一个单位，但是它往往又包含若干卷，这也说明集体量词与个体量词的分野并不是绝对的。

2. 集合量词，量有组织、成编制的人、神群体。

（15）九龙吐水浴身胎，八部[①]神光曜殿台。（敦校508）

[①] "八部"在佛教里有特殊含义，"八部众"又称"天龙八部、龙神八部"，为佛教天神。详见任继愈主编《宗教词典》有关词条。

（16）神通示灭，八部潜然。（祖 35）

（17）日中午，一部笙歌谁解傩？（同上 301）

（18）如来理教，随类得解。……异学专门，殊途同致。十有八部，各擅锋锐。（西域 193）

（19）一时风景添诗思，八部人天入道场。（刘禹锡诗，4058）

（20）当时一部清商乐，亦不长将乐外人。（白居易诗，5179）

（21）十三学得琵琶成，名属教坊第一部。（同上，4821）

（22）凡大宴会，则设十部伎。（《旧唐书·职官志》）

（23）（北魏天兴）二月丁亥朔，诸军同会，破高车杂种三十余部。（《北史·魏本纪第一》）

（24）俄传教呼地界。须臾，十数部各拥百余骑，前后奔驰而至。（玄 91）

以"部"量人群，大体可分三种情况：一是佛教用语，佛教将诸天鬼神及龙等分为八部，如例（15、16）；有时指不同的门派，如例（18）。但它有时也被泛用，如例（19）的"人天"原指六道轮回中的人道和天道，亦泛指众生，则"八部人天"好像说"各色人等"，"部"就成了一个集合量词。二是用于乐队、戏班之类，例（17、20、21、22）属于此类，其中"清商"当是"清商伎"①的简称，是有固定编制的乐队，而白居易家里确曾有过私家的乐班；例（21）琵琶女自夸的"第一部"则是第一等的乐队。三是量军事组织或少数民族部落，例

---

① 《新唐书·礼乐志十一》："清商伎者，隋清乐也。有编钟、编磬、独弦琴、击琴瑟、秦琵琶、卧箜篌、筑、筝、节鼓，皆一；笙、笛、箫、篪、方响、跋膝，皆二。歌二人，吹叶一人，舞者四人，并习《巴渝舞》。"

（23、24）属于此类。

（五）此后，量词"部"的用法更多样了。其中量经、书历代常见，且扩展至音乐作品，如陆游《老学庵笔记》卷1："先左丞言荆公有《诗正义》一部。"同书卷2："得仙乐一部。"此类沿用至今，所量之书篇幅仍大，小册子不能称"部"。与之相近的是现代量电影、音乐作品等，如"一部交响乐"。量人群者近代仍存，如《儒林外史》42回："门下鲍廷玺谨具喜烛双辉，梨园一部，叩贺。"但此类今已不存。后来又产生了某些新用法，如量胡须，《水浒传》13回："（朱仝）有一部虎须髯，长一尺五寸……"现代还可计量汽车、机器等。

三、封

（一）《说文》："爵诸侯之土也。"从古文字形看，本义是给树木培土。《左传·昭公二年》："宿敢不封殖此树。"由此引申出封闭、封缄义，《史记·李斯列传》："书已封，未授使者，始皇崩。"由此产生了量词"封"，用于封起来的信笺等物，与今之用法相通。此义早在秦代即已出现，历代不绝，《睡虎地秦墓竹简·封诊式》："今鋈丙足，令吏徒将传及恒书一封诣令史。"魏德胜（2000：121）认为这是目前所见量词"封"的最早用例。又如《史记·越王勾践世家》："朱公不得已而遣长子，为一封书遗故所善庄生。"①

（二）魏晋南北朝时"封"专量书信，如《幽明录》："案上有六封文书。"《洛阳伽蓝记》卷3："子渊附书一封。"刘世儒（1965：178）

---

① "封"上古还曾是度量词，表示地积单位，《汉书·刑法志》："地方一里为井，井十为通，通十为成，成方十里，成十为终，终十为同，同方百里，同十为封，封十为畿，畿方千里。"但行用不广，本期未见用例。

认为它比等义的"函"更接近口语。

（三）本期的量词"封"。

1. 量封缄之物，多数是文书、信札之类。

（1）其世尊在灵山会上，观见大王有其宜（疑）心，恐更遭苦难，遂修书一封……（敦校 474）

（2）上四相公书启各一封，信二角。（敦煌文书 B9）

（3）当道贺正专使押衙阴信均等，押进奉表函一封……（同上）

（4）南公佐状一封。（同上 177）

（5）发遣一封书，青天也合知。（敦辞 1753）

（6）……付二封书送圆载上人所。（入唐，近代 124）

（7）四海无波乞放闲，三封手疏犯龙颜。（王建诗，3425）

（8）一封瑶简音初达，两处金沙色共圆。（刘兼诗，8696）

（9）客雁秋来次第逢，家书频寄两三封。（杨凌诗，3307）

（10）言笑日无度，书札凡几封。（岑参诗，2035）

（11）仍令王筠送新粳米二斗、札一封与长孙……（博 27）

量书信之例还有很多，《全唐诗》中仅"一封书"就出现 15 次之多。此外还可量茶，"黄茶"也属于封装包裹之物，故以"封"量之：

（12）《奉和周二十二丈酬郴州侍郎衡江夜泊得韶州书并附当州生黄茶一封率然成篇代意之作》（柳宗元诗题，3938）

2. 量骆驼。

（13）传书两行雁，取酒一封驼。（李商隐诗，6193）

本期只见个例，这个功能后被"峰"取代，但我们未见本期实例。

（四）"封"量书信历代沿用至今，近、现代之例均常见，不赘举。

此外近代白话里"封"仍可量包裹、封装的物品,如《红楼梦》第 2 回:"至次日,早有雨村遣人送了两封银子、四匹锦缎,答谢甄家娘子。"这种用法现代多出现在带有方言色彩的作品里,如巴金《春》十七:"……搬出三封银元交给觉新。"柳青《创业史》第一部第三章:"你世富叔给咱送来一封点心……"普通话里很少这样使用了。

四、缄

(一)《说文》:"缄,束箧也。"《墨子·节葬下》:"谷木之棺,葛以缄之。"信函需封缄,故信亦称缄,这是后起义,如白居易诗"开缄见手札"。以"缄"量信源于此义,本期之前未见。

(二)本期敦煌文书及《祖堂集》等佛典未见量词"缄",所有用例均见于诗文小说,多量书信:

(1)一缄幽信自襄阳,上报先生去岁亡。(皮日休诗,7082)

(2)一缄书札藏何事,会被东风暗拆看。(钱珝诗,8197)

(3)何以慰行旅?如公书一缄。(许浑诗,6079)

(4)一缄疏入掩谷永,三都赋成排左思。(白居易诗,4988)

(5)黄纸晴空坠一缄,圣朝恩泽洗冤谗。(周朴诗,7702)

(6)仙流万缄虫篆春,三十六洞交风云。(陈陶诗,8472)

(7)使者怒,乃令从者持书一缄与导。(集 52)

(8)遽对桉手疏二缄,迟明授翱曰:……(摭 83)

(9)……审知张意不回,颇甚嗟惜,因留药数粒并黄纸书一缄而别去。(康骈《剧谈录·道流相夏侯谯公》)

(三)作为量词,"缄"和"封"无论来源还是功能都没有什么差别,而"封"早已产生,且应用越来越广,所以"缄"就成为冗余量词。

此后虽偶有所见，其实是仿古，如《三国演义》26回："震出书一缄，递与关公。"此书文白相间，不能代表编写时代的语言状况。《水浒传》《红楼梦》都没有"缄"这个字，更不要说现代汉语了。

五、函

（一）《说文》"函"作"圅"，释为"舌也，象形……"，段注："函之言含也。"许说与古文字形不符，甲骨文有此字，王国维认为像"盛矢之器"。段注若不究最初本义倒是可通，因为盛物可引伸出包含义，如《诗·周颂·载芟》："播厥百谷，实函斯活。"后一句谓蕴涵着生气。

（二）魏晋南北朝时，"函"又用为一般的套、匣义，魏吴质《答东阿王书》："信到，奉所惠贶，发函伸纸。"进而发展出量词的义项，专量书、信。如《冥通记》卷1："又尔日于书案上得四函书……"

（三）刘世儒认为，量词"函"在南北朝时只出现在加工较多的语言，所以当时就已经衰老了，口语则常用"封"。（以上均参见刘世儒1965：177）而从本期材料看似不能下此断言，敦煌文书虽未见，但诗文小说里"函"的用例不少，可分两类：

1. 量经、书之类，一函即一匣、一盒，为容器量词。

（1）练得身形似鹤形，千株松下两函经。（祖130）

此例系诗人李翱所作偈，为《全唐诗》收录（见4149页）。

（2）存没诗千首，废兴经数函。（周朴诗，7700）

（3）除却数函图籍外，更将何事结良朋。（陆龟蒙诗，7178）

（4）遗草一函归太史，旅坟三尺近要离。（同上，4056）

（5）惆怅霓裳太平事，一函真迹锁昭台。（徐铉诗，8584）

（6）堂宇宏丽，有经数百函。（宣51）

（7）楷书每函可二十余卷。（唐张彦远《法书要录·武平—徐氏法书记》）

个别用例以"函"量其他盛放在匣子里的东西：

（8）捧拥一函枯骨立，如何延得寿无涯。（杨德辉诗，唐外628）

（9）（姜师度）一夕忽云得计，立注楼，从仓建槽，直至于河，长数千丈，而令放米。……兼风激扬，凡一函失米百石，而动即千万数。（朝47）

例（9）叙昏官姜师度异想天开建槽运米，一函能损失百石米，此"函"显然不是小匣子，具体形制不得而知。

2. 量信件，属个体量词。

（10）时风重书札，物情敦贶遗。机杼十缣单，慵疏百函愧。（韦应物诗，1954）

（11）酒每倾三雅，书能发百函。（刘禹锡诗，4089）

（12）……白马浮出，负一旗檀鼓及书一函。发书，言大鼓悬城东南，寇至，鼓当自鸣，后寇至，鼓辄自鸣。（酉98）

（13）有人寄敬伯一函书……（同上131）

其实"函"与下文的"帙"一样，本来带有明显的容器量词性质，只因它多数情况下专用于量书，而书又同时具有"书籍"与"书信"的含义，在语言运用中，"一函书"在原本"一匣书籍"的意思之外，也带上了"一封书信"的含义，转化为个体量词了。

（四）本期之后量词"函"的使用渐少，有些属于文言文，如明梅鼎祚《玉合记·赠处》："诗书户牖，真看缥帙千函。"口语化的作品较为少见,《水浒传》《红楼梦》中都没有出现。现代偶然使用,则多量古书,如鲁迅《且介亭杂文·买〈小学大全〉记》:"加疏的《小学》六卷、《考证》和《释文》《或问》各一卷,《后编》二卷,合成一函,是为《大全》。"至于像"一函书简"之说,更为少见。现在或许可说它确是衰老了。

六、帙

(一)《说文》:"帙,书衣也。"段注:"书衣谓用裹书者……今人曰函。"原指古代竹帛书籍的套子,以布帛制成,故从"巾";或从"衣、衤"作"袠、袟",后指线装书的函套。《后汉书·杨厚列传》:"吾绨袠中有先祖所传秘记……"一个套子里的书称"一帙",这是量词"帙"产生的理据。《说文句读》谓:"书卷既多,每部加帙,所以别也。"故刘世儒说"'帙'所量常是多册"。南北朝已有成熟的量词"帙",《宋书·王微列传》:"往来者见床头有数秩(刘按:"秩"应作"帙")书,便言学问。"(参见刘世儒 1965:176)

(二)本期的量词"帙"用于量文书、诗文等。

(1)辞妻了首,服得十帙文书,并是《孝经》《论语》《尚书》《左传》《公羊》《穀梁》《毛诗》《礼记》《庄子》《文选》,即便登逞(程)。(敦校 232)

(2)元氏诗三帙,陈家酒一瓶。(白居易诗,5077)

(3)况此松斋下,一琴数帙书。(同上,4715)

(4)卷幌书千帙,援琴酒百杯。(许浑诗,6133)

(5)旧山归隐浪摇青,绿鬓山童一帙经。(李洞诗,8296)

(6)南海马大夫见惠著述三通,勒成四帙……(刘禹锡诗题,

4096)

（7）危慑之际，不暇及他;唯收数帙文章，封题其上……（白集972)

（8）子都视其囊中，有素书一帙，金十饼。(独47)

（9）研精六籍，采摭九流，搜访异同……合为三帙三十卷，号曰《经典释文》。(陆德明《经典释文·序》)

"帙"原本近于容器量词，始终称量带套的书，说它是容器量词也未为不可。但因只用于书籍，"帙"里所装是多少书也很难确定，故列入此类。且与之性质相似的"函"，还发展成专量书信的个体量词，词汇意义更加虚化。这些变化都是量词发展的常见现象。

（三）本期之后，总的来看量词"帙"是走向衰落的，一般只用于书面语，如宋韩淲《涧泉日记》卷中："先公在婺，平仲有诗文一帙来赠。"《水浒传》《红楼梦》均无此量词。在现代，包装书籍的"帙"这个词早已不存，由之产生的量词也多出现在求雅的文字中，只用于带套的线装书。

七、纸

（一）《说文》："纸，絮一苫也。""苫"是造纸用的竹帘，"纸"为附着其上的絮渣。后指由此制成的书写材料，《后汉书·宦者列传·蔡伦》："伦乃造意，用树肤、麻头及敝布、鱼网以为纸。"晋代左思写成《三都赋》："豪贵之家，竞相传写，洛阳为之纸贵。"(《晋书·文苑列传·左思》)这个词后来基本保持着单纯的意义，仅有的重要变化就是发展出了量词的义项，最早在汉简里有这样的例子："五十一纸重五斤。"(《居延汉简甲乙编》)这是否即为量词、所量何物均不详。

（二）量词"纸"的确切用例见于南北朝，称量写出的文书、文章，"一纸"就是一页，如《颜氏家训·勉学篇》："博士买驴，书券三纸，未有驴字。"庾信《幽居值春》诗："长门一纸赋，何处觅黄金。"（参见刘世儒 1965：159）

（三）本期量词"纸"的称量对象可细分为四类。

1. 文书等。

（1）伏惟陛下通一纸文状，以为案底。（敦校 321）

（2）当日进黄闻数纸，即凭酬答有功人。（敦辞 708）

（3）九日便遣李伯盈修状四纸，同入中书，见宰相论节。（敦煌文书 B177）

（4）正衙辞状又两纸。新授具衔某。（同上）

（5）名传一纸榜，兴管九衢花。（刘禹锡诗，4027）

（6）判官则领绍见大王，手中把一纸文书，亦不通入。（玄 133）

（7）郑君自有记录四十余纸，此略而言也。（博 42）

文状、辞状、记录等都属文书之类，例（2）的"进黄"洪艺芳（2000：297）谓指进黄纸，以书写诏令，依上下文意，"进黄"当代指诏令。

2. 书信。

（8）一纸书封四句诗，芳晨对酒远相思。（刘禹锡诗，4123）

（9）一纸乡书报兄弟，还家羞着别时衣。（许浑诗，6137）

（10）两纸京书临水读，小桃花树满商山。（元稹诗，4583）

（11）老妻书数纸，应悉未归情。（杜甫诗，2459）

（12）心绪万端书两纸，欲封重读意迟迟。（白居易诗，4844）

（13）开缄见手扎，一纸十三行。（同上，4774）

诗歌里的"纸"多数是量信的，《全唐诗》中"一纸"共31例，除6例外，均量信。但它不等于"封"，观例（10—13）可知，一纸书只是一张写成的信纸，而一封书信可以有"两纸、数纸"。

3. 书页。

（14）阅书百纸尽，落笔四座惊。（杜甫诗，2350）

（15）愿尔一祝后，读书日日忙，一日读十纸，一月读一箱。（杜牧诗，5941）

（16）诵经千纸得为僧，麈尾持行不拂蝇。（贾岛诗，6680）

（17）此外杂经律，泛读一万纸。（卢仝诗，4388）

（18）经黄名小品，一纸千明星。（孟郊《读经》诗，4267）

4. 写有文字的纸页。

（19）竦身云遽起，仰见双白鹄。堕其一纸书，文字类鸟足。（李益诗，3206）

（20）手把红笺书一纸，上头名字有郎君。（窦梁宾《喜卢郎及第诗》，8994）

（21）羲之俗书趁姿媚，数纸尚可博白鹅。（韩愈诗，3811）

（22）一纸华笺洒碧云，余香犹在墨犹新。（金车美人诗，9807）

（23）武公帐前，见一介胄者，掷一纸书而去。武公取视，乃四韵诗。（介胄鬼诗题解，9778）

（24）宣宗召升殿，御前书三纸……一纸真书十字，曰"卫夫人传笔法于王右军"；一纸行书十一字，曰"永禅师真草《千字

文》得家法";一纸草书八字,曰"谓语助者焉哉乎也"。(《旧唐书·刘公绰列传》)

(25)公常不许诫书,昨所呈数纸,幼时书,何故呼为真迹?(封91)

(四)此后量词"纸"仍量文书、书信等,如《清平山堂话本·合同文字记》:"见立两纸合同文字,哥哥收一纸,弟弟收一纸。"现代用这个量词往往带有较强的书面语色彩,鲁迅《书信集·致胡适》:"关于《西游记》作者事迹的材料,现在录奉五纸……"当代一般更少使用,往往只出现在四字格之类,如"一纸空文"。

八、轴

(一)《说文》:"轴,持轮也。"义为车轴。《管子·乘马》:"其木可以为材,可以为轴。"以其形似,又指可以缠绕纸张、丝线的圆棍,南朝梁任昉《齐竟陵文宣王行状》:"所造箴铭,积成卷轴。"卷在一根轴上的书画是为一轴,这就是量词"轴"的由来。

(二)南北朝时,"轴"做量词主要用于书,如释慧皎《高僧传序》:"故述六代贤异止为十三卷,并序录合十四轴,号曰高僧传。"十三卷加上序录合为十四轴说明"轴"即"卷",只是"轴"着眼于缠绕纸张缣帛的工具,"卷"着眼于卷成的形态。还有一种是量船只,如王褒《上庸公陆腾勒功碑》:"长戟万队,巨舰千轴。"刘世儒(1965:108)认为这并不多见,且实为"舳"的假借,舳指"船后持柁处",轴、舳二者一持轮,一持柁,义可相通。

(三)本期未见以"轴"量船之例,主要用于书籍之类,所量对象主要有三类:

1. 宗教经典、符箓。

　　（1）磨砻一轴无私语，贡献千年有道君。（敦校 623）

　　（2）莲经七轴六万九千字，日日夜夜终复始。（齐己诗，9587）

　　（3）九流三藏一时倾，万轴光凌渤澥声。（陆龟蒙诗，7216）

　　（4）此人常持《金刚经》，又好食肉，左边有经数千轴，右边积肉成山……（酉 267）

　　（5）中有符箓数十轴……（宣 161）

2. 诗文。

　　（6）碣石山人一轴诗，终南山北数人知。（贾岛诗，6687）

　　（7）忽睹遁翁一轴歌，始觉诗魔辜负我。（贯休诗，9316）

　　（8）四轴骚词书八行，捧吟肌骨遍清凉。（齐己诗，9540）

　　（9）满身光化年前宠，几轴开平岁里诗。（同上，9573）

　　（10）蒙溪先生梁公孙，忽然示我十轴文。（顾云诗，7304）

　　（11）苔地无尘到晓吟，杉松老叶风干起。十轴示余三百篇，金碧烂光烧蜀笺。（僧鸾诗，9282）

　　（12）进士纳卷，不得过三十轴。（摭 136）

3. 书画。

　　（13）解印书千轴，重阳酒百缸。（杜牧诗，5968）

　　（14）朱字灵书千万轴，苍髯道士两三人。（卢纶诗，3171）

　　（15）邺侯家多书，插架三万轴。（韩愈诗，3838）

　　（16）始《教本书》至于为人杂奏，二十有七轴，凡二百二十有七奏。（《旧唐书·元稹列传》）

　　（17）上至华清宫，遣使赐建御容一轴……（摭 114）

（18）因出袖中五轴书示总曰："此君集也，当谛视之。"（玄48）

唐代并没有今天习用的纸本书籍，当时的读物仍多为卷轴状，故量词"轴"本期用例较多，仅"一轴诗"在《全唐诗》里就达10例。与功能相近的量词"本"相比，"轴"所量名词常指具体的书籍，而"本"之所量往往指版本，"一本"就是"一份（抄本或刻本）"。

4. 此外，本期还有量饼的功能，唯例很少见：

（19）俭愧谢之，遗饼两轴而去。（续玄203）

（20）俄而启殡，棺上有饼两轴，新袜一双。（同上）

（四）宋代发明了活字印刷术，装订成册的纸本书籍大行于世，此后，量词"本"逐渐取代了"轴"。后者虽仍可量书画，但特指卷在轴上的，如《水浒传》91回："当下燕青取出一轴手卷，展放桌上。"《红楼梦》19回："……有个小书房，内曾挂着一轴美人，极画的得神。"现代仍如此，可说"一轴山水画"，此外不再有其他用途。

九、藏

（一）《说文·新附》："藏，匿也。"此为平声唐韵，今音 cáng。引申为收藏，进而指藏东西的地方，去声宕韵，今音 zàng。《玉篇》："藏，库藏。"《左传·僖公二十四年》："晋侯之竖头须，守藏者也。"又为佛教、道教经典的总称，因为经典被认为蕴藏着无量法义，故称"藏"。南朝梁《高僧传·安清》："出家修道，博晓经藏。""藏"又是梵文 Piṭaka 的意译，该词原义是"盛物的竹箧"，"三藏"Tri-piṭaka 就是佛教典籍的总称。

（二）本期有材料表明，"藏"可用为量词，称量佛经：

（1）何路再申忠孝意，开经一藏报君王。（敦校623）

（2）谁能来此寻真谛？白老新开一藏经。（白居易诗，5207）

（3）结宇题三藏，焚香老一峰。（岑参《题云际南峰眼上人读经堂》诗，2102）

（三）量词"藏"的使用面很窄，但后世在谈及佛教经典时还会碰到，如《聊斋志异·龙飞相公》："因教诸鬼使念佛，捻块代珠，记其藏数。"范文澜等《中国通史》三编五章二节："龟兹、回纥在宋仁宗时五次入贡，宋朝廷回赠佛经一藏。"

此外，用于称量书籍、信函、文件等的量词还有"**通**"（量文告、诏书、诗书等，见本章第二十四节）、"**本**"（量文书、书本等，见本章第二节）、"**件**"（量文书、奏状、法律条文，见本章第二十一节）、"**道**"（量符咒，文书，见本章第十八节）、"**角**"（量信，见本章第九节）。

第十一节　量诗文

本节与上节量书籍的一组量词的区别主要是：上节的"编、轴"等在计量时着眼于被量物体的外部形态，如，"编"称量编在一起的简册，"轴"量卷成一轴的文件……。本节所量着眼于诗文的内部结构，如内容完整从头到尾的诗为"一首"，同样的文章为"一篇"，小于"篇"的段落有"章"，书中的一部分为"卷"……。但也有不能截然区分的，如上节的"通"和本节的"篇"。

一、首

（一）《说文》"首，同古文𦣻"，"𦣻，头也"。《诗·邶风·静女》："爱而不见，搔首踟蹰。"引申指器物顶端，《周礼·考工记·玉人》"大圭长三尺,杼上终葵首"郑玄注:"终葵,椎也。"贾疏:"使已上为椎头。"

（二）"首"做量词曾称量多种事物,究其来源有二:第一,引申自脑袋义,刘世儒引《飞燕外传》"谨奏上……龙香握鱼二首"之例,认为这与量词"头"的用法一样。此书旧题汉伶元撰,但疑点颇多,鲁迅《中国小说史略》甚至疑系"唐宋人所为",其时代不能确定。另外,朱熹在《诗集传》里也涉及这个问题,他解释《诗·小雅·瓠叶》"有兔斯首,炮之燔之"说:"有兔斯首,一兔也,犹数鱼以尾也。"从句法看,这个"首"完全不具备量词的资格,但朱熹从义训的角度指出用"首"给有头的东西计数是可以的。此类本期有个别用例,详见下文。第二,引申自端点义,如《后汉书·舆服志下》:"五扶为一首,五首成一文。"这是量丝的,刘世儒认为是从线头儿义引申出来的。又如郑述祖《重登云峰山记》:"镌碑一首。"碑有首有座,故以"首"量之,后来改用"座";《全后魏文》卷55信都芳文:"芳以浑算精微,术几万首……"术是抽象的,也是有头绪的,"万首"犹言"万端"。诗文亦有首尾,故"首"也用于量诗文,且有较早的例子,如《史记·田儋列传论》:"蒯通者,善为长短说,论战国之权变,为八十一首。"陆云《与兄平原书》谈写作时说:"扇赋腹中愈首尾,发头一而不快。"这就清楚地揭示了以"首"量作品的理据。南北朝时"首"可量诗文、尺牍、经书、歌赋等,还没有完全成为诗歌的专用量词。(参见刘世儒1965:173—174)

（三）本期"首"向着专量诗歌的方向前进了一步,因为它虽仍有多种称量对象,但绝大多数用于量诗歌,这也许跟唐代诗歌的高度

发达有关。现分类介绍如下:

1. 量诗。

(1)(苏武、李陵)各自题诗一首……(敦校 1203)

(2)别后江云碧,南斋一首诗。(许浑诗,6053)

(3)烂醉百花酒,狂题几首诗。(项斯诗,6421)

(4)两首新诗百字余,朱弦玉磬韵难如。(刘禹锡诗,4068)

(5)入蜀归吴三首诗,藏于筠箧重于师。(罗隐诗,7552)

(6)童年未解读书时,诵得郎中数首诗。(戎昱诗,3008)

(7)千卷长书万首诗,朝蒸藜藿暮烹葵。(徐夤诗,8163)

(8)暂夸五首军中诗,还忆万年枝下客。(韩翃诗,2734)

(9)此时吸两瓯,吟诗五百首。(寒山诗,9076)

(10)如剧韵押法之诗,有一二百首,不能尽记得。(玄 59)

2. 量佛经中的偈、歌曲、词赋等其他韵文。

(11)谨课偈词十首,便当疏头。(敦辞〔十偈词〕篇首文,971)

(12)十首词章赞不周,其如端正更难俦。(敦辞 973)

(13)师有歌行一首:古人重义不重金,曲高和寡勿知音……(祖 376)

(14)去时,贫道附一首古人偈上大王,必保无事。(同上 222)

(15)平生乐道偈颂,可近三百余首……(同上 401)

"偈"是梵文 Gāthā 的意译,佛经的体裁之一,在梵文中有固定的音节、格式。《祖堂集》里的"偈"多为韵文,故亦以"首"量之。

(16)一首长歌万恨来,蓦愁漂泊水难回。(罗虬诗,7629)

(17)不知几首南行曲,留与巴儿万古传。(郑谷诗,7741)

（18）一首长杨赋，应嫌索价高。（罗隐诗，7564）

（19）惟有九歌词数首，里中留与赛蛮神。（刘禹锡诗，4082）

（20）赠工部尚书冯公挽歌三首。（张说诗题，960）

3. 所量字面无"诗、歌"等字样，但或为诗题，或为一类诗歌的名称，这在唐诗里不胜枚举：

（21）一生自组织，千首《大雅》言。（孟郊诗，4200）

（22）一篇《长恨》有风情，十首《秦吟》近正声。（白居易诗，4895）

（23）九华灯作三条烛，万乘君悬四首题。（黄滔诗，8112）

（24）《春兴》不知凡几首，衡阳纸价顿能高。（郭受诗，2908）

（25）悟主一言那可学，《从军》五首竟徒为。（窦牟诗，3036）

（26）凭将《杂拟》三十首，寄与江南汤慧休。（刘禹锡诗，4005）

（27）《杂兴》六首。（皎然诗题，9252）

4. 量文、奏状、药方等。

（28）堕泪数首文，悲结千里坟。（孟郊诗，4273）

（29）一双垂翅鹤，数首解嘲文。（白居易诗，5077）

（30）涉江文一首，便可敌公卿。（持正奇文甚多。涉江一章尤著）（同上，5097）

（31）蒙溪先生梁公孙，忽然示我十轴文。展开一卷读一首，四顾特地无涯垠。又开一轴读一帙，酒病豁若风驱云。（顾云诗，7304）

（32）谨献杂文二十首，诗一百首……（白集950）

（33）奏状三，凡七首。（同上1264）

（34）于是撰四时常服及轻重大小诸方十八首表上之。（《旧唐书·方伎传·张文仲》）

（35）我知昆明龙宫有仙方三十首，尔传与予，予将救汝。（酉19）

（36）前后著文集七十卷，合三千七百二十首。（白集1504）

从例（36）来看，"首"还有总量各类文体的功能。

5. 量菩萨及作为饰物的动物。

（37）通天冠，加金博山，附蝉十二首……（《旧唐书·舆服志》）

（38）后塑先天菩萨凡二百四十二首，首如塔势……（酉258）

6. 量织物、铠甲之属。

（39）（隋制）绿绶用四彩，绿、紫、黄、朱红，绿质，长一丈八尺，二百四十首，阔九寸。（《旧唐书·舆服志》）

（40）陈桃根又表上织成罗又锦被各二百首。（《陈书·宣帝纪》）

（41）铠四十万首。（《新唐书·裴寂列传》）

7. 量舟。

（42）坚豫取洛、汴宋山东小斛舟三百首贮之潭。（《新唐书·韦坚列传》）

总的来看，本期量词"首"绝大多数是称量诗歌和韵文的。如《全唐诗》共170余例（大量诗题及小注的用例尚未统计在内），其中量文不足10例，其余均量诗歌、韵文。总的来说，诗多用"首"，但用"篇"亦常见；文多用"篇"，较少用"首"。关于"首"和"篇"通用的情况，详见下文第三小节"章"。5—7类的菩萨和动物有脑袋，织物有头有尾，铠甲带有盔，舟船有船头，所以都可用"首"称量。

（四）"首"在现代汉语里只量诗词、歌曲，没有别的功能。但近代汉语里还可见到一些其他用法，如《西游记》15 回："小玄旗数首飞在空中。"同书 47 回："门外竖一首幢幡。"《儒林外史》42 回："在南京做了二十首大红缎子绣龙的旗，一首大黄缎子的坐蘩。"但与《儒林外史》时代相近的《红楼梦》中"首"就只量诗词，没有别的用法。

二、篇

（一）《说文》："篇，书也。"字从竹，古代将写在竹简上的诗、文编在一起就成为篇。本为名词简册之义，《汉书·公孙弘传》："其悉意正议，详具其对，著之于篇。"又泛指典籍、著作，《汉书·儒林传序》："究观古今之篇籍，乃称曰：'大哉，尧之为君也……焕乎其有文章！'"

"篇"很早就跟数词连用，如《墨子·贵义》："昔者周公旦，朝读书百篇……。"在此"读书百篇"若分析为"读书｜百篇"，则"百篇"是数名结构；若作"读｜书百篇"，则"书百篇"是"名数量"结构。先秦时代个体量词数量很少，不妨说"篇"正处于从名词向名量词转化之中。至汉代，"篇"在计量文章、著作时大量出现。如《史记·太史公自序》："……《诗》三百篇，大抵贤圣发愤之所为作也。"许慎《说文解字叙》："此十四篇五百四十部，九千三百五十三文……"《汉书·艺文志》在著录典籍时更是频频使用量词"篇"，如"凡《易》十三家，二百九十四篇""凡《书》九家，四百一十二篇"等。这时"篇"成为量作品的专用量词，主要用于一部著作里分出的篇章。

（二）刘世儒认为，在南北朝"篇"兼量诗文，如《世说新语·文学篇》注引《续晋阳秋》:"仲文雅有才藻,著文数十篇。"《宋书·乐志》:"肃私造宗庙诗颂十二篇。"不过诗与文所用量词已逐渐分工,文多用"篇",诗多用"首",后来发展就完全分家了。(参见刘世儒1965:172)

(三)但是看本期材料,刘说似不尽然,下面把量文与量诗之例分别举例于下。

1. 量文。

(1)某年某月某日,☐☐庶修(羞)之奠,敬祭☐☐行俱备,文通七篇。(敦校61)

(2)师有时说三篇,于中有三意:第一,《顿证实际篇》;第二,《回渐证实际篇》;第三,《渐证实际篇》。(祖499)

(3)二篇大意如此,汝自谛观,同异自看耳。(同上503)

(4)示我百篇文,诗家一标准。(杜甫诗,2333)

(5)示我数篇文,与古争驰突。(徐铉诗,8576)

(6)学总八千卷,文倾三百篇。(杜审言诗,739)

(7)晓起罄房前,真经诵百篇。(李洞诗,8284)

(8)终知此恨销难尽,辜负《南华》第一篇。(温庭筠诗,6722)

(9)(炀帝)三年,新律成。凡五百条,为十八篇。(《隋书·刑法志》)

2. 量诗歌、曲赋。

(10)每因一尊酒,重和百篇诗。(戴叔伦诗,3076)

(11)料得白家诗思苦,一篇诗了一弹琴。(徐凝诗,5383)

(12)手札八行诗一篇,无由相见但依然。(白居易诗,5170)

（13）周诗三百篇，雅丽理训诰。（韩愈诗，3780）

（14）旧友一千里，新诗五十篇。（齐己诗，9486）

（15）李白一斗诗百篇，长安市上酒家眠。（杜甫诗，2259）

（16）一饭未曾留俗客，数篇今见古人诗。（同上，2517）

（17）序曰，凡九千二百五十二言，断为五十篇。篇无定句，句无定字。（白居易诗序，4689）

（18）《关雎》旧解云三百一十一篇诗，并是作者自为名（陆德明《经典释文》卷五毛诗音义上）

3. 跟量词"首"相似，"篇"量诗歌时出现的也可以是篇名或指代诗歌的其他名词。

（19）一篇《长恨》有风情，十首《秦吟》近正声。（白居易诗，4895）

（20）唯有一篇《杨柳曲》，江南江北为君愁。（崔涂诗，7785）

（21）吉甫裁诗歌盛业，一篇《江汉》美宣王。（杜牧诗，5954）

（22）上相抽毫歌帝德，一篇风雅美丰年。（同上，5994）

（23）云雨轩悬莺语新，一篇佳句占阳春。（段成式诗，6767）

（24）谁见宣猷堂上宴，一篇清韵振金铛。（徐铉诗，8586）

（25）数篇正始韵，一片补亡心。（栖白诗，9276）

（26）《唐铙歌鼓吹曲》十二篇。（柳宗元诗题，3917）

从以上材料可知，唐五代的"篇"量文及量诗都很常用，有时甚至同一作品称"诗"亦称"文"，量词用"首"亦用"篇"：

（27）投君之文甚荒芜，数篇价直一束刍。（白居易诗，《偶以拙诗数首寄呈裴少尹侍郎……》5132）

（28）一千篇里选，三百首菁英。（齐己诗，9521）

关于"篇、首、章"通用的情况，详见下文第三小节"章"。

（四）宋元以后以"篇"常量文，唯诗歌小说里仍可量诗，如范成大《宣州西园诗》"一篇诗就一杯残"、元好问《遣兴诗》"一篇诗遣兴"、《水浒传》第39回"这两篇诗词端的是何人题下在此？"。到了清代，"篇、首"之别才逐渐分明，如《儒林外史》23回："欲求先生做寿文一篇……"《红楼梦》78回："宝玉本是个不读书之人，再心中有了这篇歪意，……竟杜撰成一篇长文……"而《红楼梦》37、38、45、48、50、51、64、70、76诸回都描写过吟诗填词的场面，其中诗词的量词几乎全部用"首"，只有个别例外，一是17—18回"本欲作一篇《灯月赋》《省亲颂》，以志今日之事……"，一是70回"宝玉一壁走，一壁看那纸上写着《桃花行》一篇……"。但是赋、颂、行都是长篇的古体诗，故与"文"相近。现代只有文人偶或称"一篇诗"，如郭沫若《文艺论集·文艺之社会的使命》："诗人写出一篇诗……""篇"一般只量文章。此外还可用于纸张、书页以及话语、账目等。

三、章

（一）《说文》："章，乐竟为一章。"义为乐曲的段落，王筠句读："《风》《雅》每篇分数章，无论入乐不入乐者皆然。"所以"章"有歌、诗乃至文的段落之义。《左传·襄公二十八年》："赋诗断章，余取所求焉……"诗文常分为数段，故"章"多与数词连用，《诗·周南·关雎》毛传："《关雎》五章，章四句。"《史记·吕太后本纪》："王乃为歌诗四章令乐人歌之。"这样逐渐就发展成为诗文的专用量词。此外，法律是文章的一种，其段落也叫"章"，但有条文之义，《史记·高祖本纪》：

"与父老约，法三章耳。"量词"章"一般用在文章中小于"篇"的部分、段落，如《论语·子张》皇侃疏："此篇凡有二十四章，大分为五段。"这是南北朝时代的例子。量词"章"还有一项不大常用的功能，即量大木材，《史记·货殖列传》："水居千石鱼陂，山居千章之材。"

（二）在本期，"章"的用法呈现出较为复杂的状况，所量对象不同，意义也不一样。

1. 量文。

（1）如来演说五千卷，孔氏谭论十八章。（敦校1155）

（2）孔子曾参说五孝，讲出开宗第一章。（敦辞735）

（3）望朝斋戒是寻常，静启《金根》第几章。（皮日休诗，7077）

（4）又惟古执赘之礼，窃整顿旧所著文一十五章以为赘……（韩集659）

以上各例大都量一种著作里分出的不同部分，只有例（4）类乎"篇"。

2. 量诗，有时所量不详，大多是一首诗，也可能是其中的一段。

（5）或吟诗一章，或饮茶一瓯。（白居易诗，4745）

（6）若求兴谕规刺言，万句千章无一字。（同上，题《采诗官》，4711）

（7）又得新诗几章别，烟村竹径海涛声。（黄滔诗，8107）

（8）右《皇武》十有一章，章八句。（柳宗元诗后自注，3916）

（9）右《方城》十有一章，章八句。（同上，3917）

例（8、9）诗注之前各有一个标题，内各分11个部分。每章可以视为整首诗中的一段，也可视为一组诗中的一首。

(10) 中和乐九章。(卢照邻诗题，510)

在这个总的标题下，每"章"各有诗题，故各为一首。

(11)《望秋》一章已惊绝，犹言低抑避谤谗。(韩愈诗，3809)

(12) 一章锦绣段，八韵琼瑶音。(白居易诗，4773)

以上两例均为酬和之作，是称赞友人所写之诗的，故"《望秋》一章"和"一章锦绣段"都指整首诗。有时"章"和"首"在上下文里可以互换，详见例(17—19)。

3. 量法令。

(13) 汉后三章令，周王五伐兵。(杨炯诗，610)

(14) 鼎新麾一举，格故法三章。(李商隐诗，6234)

这两例均用汉代之典。而唐代法律条文已改用"条"来称量，《旧唐书·刑法志》："既平京城，约法为十二条。"此句所述历史事件与汉高祖"约法三章"情景相似，唯时代不同，用语也就不同了。

4. 量图。

(15) 图籍有符图七千章。(酉15)

此系特例，选自《酉阳杂俎·玉格》，"玉格"多记道家事，"符图"可能是画在纸上的符箓之类，在此"章"与"条"相近。

5. 量松，相当于"株"。

(16) 南安有九日山，大松百余章，俗传东晋时所植。(《新唐书·隐逸列传·秦系》)

(三)"章"与"首、篇"通用的现象。

1. "章"与"首"通用。

在量诗歌的时候，有时"章"等同于"首"，在上下文里它跟"首"

所量为同一对象，如不考虑诗韵，完全可以互换：

（1）江南名郡数苏杭，写在殷家三十**章**。（白居易《见殷尧藩侍御忆江南诗三十**首**……》诗，5059）

（2）涉江文一**首**，便可敌公卿。（持正奇文甚多。涉江一**章**尤著）（白居易诗，5097）

（3）昨以拙诗十**首**寄西川杜相公，相公亦以新作十**首**惠然报示……重以一**章**用伸答谢。（白居易诗题，5059）

（4）稹性懒为寒温书，因赋代怀五**章**。（元稹诗序，4582）

例（1）诗句中谓"三十章"，诗题说"三十首"；例（2）诗中称"文一首"，小注称"一章"；例（3）前文说已寄"诗十首"，后文说"重以一章"表谢意，仍指一首诗；例（4）诗序谓"赋代怀五章"，列在后面的却是五首律诗。可见本期常以"章"量全诗，这时"一章"就不再是诗中的一段了。

2."章"与"篇"通用。

（5）清泠玉韵两三**章**，落落银钩七八行。（白居易诗,诗题《初冬月夜得皇甫泽州手札并诗数**篇**……》，5174）

（6）有一鹦鹉即飞至，曰："吾乃凤花台也。近有一**篇**，君能听乎？"归舜曰："平生所好，实契所愿。"凤花台乃曰："吾昨过蓬莱玉楼，因有一**章**诗曰……"（玄33）

（7）其集人多有本，惟卒后数**篇**记得一**章**诗……诗曰……其余七**篇**，传者失本。（同上48）

（8）三十**篇**多十九**章**，□声风力撼疏篁。（齐己诗，9595）

此外，"章"有时可量各类诗文之总和。（"首"也有此功能，见

上文）

3. "篇"与"首"通用。

（9）投君之文甚荒芜，数**篇**价直一束刍。（白居易诗，《偶以拙诗数**首**寄呈裴少尹侍郎……》5132）

（10）一千**篇**里选，三百**首**菁英。（齐己诗，9521）

例（9）诗中称"文"用"篇"，题中则称"诗"用"首"，例（10）的"三百首"就是从"一千篇"里选出的，其实说的都是同一回事。可见唐人的心目中诗文乃是一体，"篇、首"可以通用。不过本期以"篇"量诗很常见，以"首"量文较少，（9、10）两例其实也都在谈诗。

（四）在现代汉语里，"章"一般只用于称量较大部头作品里分出的部分，"章"小于篇，大于"节"。一篇文章、一首诗都不再称"一章"。

四、卷

（一）《说文》："卷，厀（膝）曲也。"段注："卷之本义也，引申凡曲之称……又引申为舒卷。"原为动词，群母平声，今音 quán，后写作"蜷、鬈"。字又读见母上声，今音 juǎn，义为把东西弯成圆筒形，《诗·邶风·柏舟》："我心匪席，不可卷也。"以缣帛为材料写成的东西可以卷成卷儿，是为"卷"，即卷轴，读去声，今音 juàn，梁元帝《金楼子·杂记上》："有人读书握卷而辄睡者。"亦泛指书籍、书本，陶潜《与子俨等书》："开卷有得，便欣然忘食。"

（二）关于量词"卷"的来历及其与"篇"的关系，明胡应麟在《少室山房笔丛·经籍会通一》中说："凡书，唐以前皆为卷轴，盖今所谓一卷，即古之一轴。"同书《三坟补遗下》："《汉书·艺文志》'《史记》百三十篇'，即今百三十卷，此篇与卷同也。《尚书》四十六卷，实五十七篇,此篇统于卷也。"又《说文》"篇"字条段注:"汉人亦曰卷,卷者,缣帛可捲也。"清人吴善述《说文广义校订》:"古者用韦及缣为书,卷而藏之,有一卷、二卷之称。后人用纸为书,折叠装成,不复连卷;而仍以卷称其次者,依古书旧题也。"汉代扬雄的《法言·学行》中就有"一卷之书"的说法。魏晋以后,量词"卷"大量出现,如《木兰诗》"军书十二卷,卷卷有爷名"。其例大略可分两类,一类量整本的书,如"自著书一卷,论取士之本"(《世说新语·政事篇》注引《郭泰别传》)。另一类量一部书中的一个部分,如"事在《春秋》第二十四卷,鲁昭公二十年冬传也"(《论语·宪问》皇侃疏)。(参见刘世儒1965:171)

(三)本期量词"卷"的称量对象。

1. 量经。从字面的称量对象看,"卷"主要量书与经,因敦煌变文与《祖堂集》的内容多宣扬佛法,故其中直接量经或《××经》的句子很多。

(1)归依法者,乃五千卷藏经,名之为法。(敦校681)

(2)报答千年懃苦力,为宣七卷《法花经》。(敦煌文书A318)

(3)《大般若广言》六百卷,讲劝人间多少空。(敦辞1132)

(4)释迦尊,巧方便,说出《莲花经》八卷。(同上1637)

(5)悟即三身佛,迷疑万卷经。(祖124)

(6)贫道……常转如是经百千万亿卷,非但一卷。(同上55)

(7)……施梵夹《金刚经》一万卷。(法268)

(8)数卷残经在,多年字欲销。(顾况诗,2952)

(9)七篇真诰论仙事,一卷檀经说佛心。(白居易诗,5010)

（10）卿家亦有两卷经，幸为转诵，增己之福。（广 23）

有时字面无"经"或经书名称，实仍量经：

（11）老僧三四人，梵字十数卷。（皮日休诗，7036）

（12）三卷贝多金粟语，可能心炼得成灰。（翁承赞诗，8088）

"贝多"是梵语 pattra 的音译，意为树叶，古印度人常以之写经，所以例（11、12）的"梵字、贝多"都指佛经。此外还有道家经典之类：

（13）送此符本一卷与净能……（敦校 333）

（14）晨起对炉香，道经寻两卷。（白居易诗，5112）

（15）此心旷荡谁相会？尽在《南华》十卷中。（刘兼诗，8690）

（16）邀君共探此，异篆残几卷。（贺朝清诗，8736）

（17）闲寻道士过仙观，赌得《黄庭》两卷归。（齐己诗，9570）

《南华》（《庄子》）与《黄庭（经）》都是道家的经典。

2. 量书。

（18）起尝一瓯茗，行读一卷书。（白居易诗，4760）

（19）万卷图书千户贵，十洲烟景四时和。（殷文圭诗，8134）

（20）数卷蠹书棋处展，几升菰米钓前炊。（皮日休诗，7073）

（21）两卷素书留贳酒，一柯樵斧坐看棋。（李群玉诗，6601）

（22）未读十卷书，强把雌黄笔。（寒山诗，9091）

（23）雪夜书千卷，花时酒一瓢。（许浑诗，6068）

（24）在外六甲子，所留书籍，揣坏居半……次成两卷，传诸释子。（酉 245）

在本期语料中，以"卷"量书数量最多，《全唐诗》除重出者外，共有用例 120 余个，其称量对象仅字面为"书"的就有 55 例。

3. 量文书、诗、文等。

（25）此案上三卷文书，便是陛下命禄及造□□（功德），一一见在其中。（敦校 321）

（26）一卷冰雪文，避俗常自携。（孟郊诗，4245）

（27）数卷新游蜀客诗，长安僻巷得相随。（张籍诗，4357）

（28）更有何人能饮酌，新添几卷好篇章。（同上，5044）

（四）关于"一卷"的涵义。

从本期的用例看，跟南北朝时相似，"卷"仍包括两种情况，即量整部书或其中的一部分。前文第（三）段所举之例大多难分辨属于哪一种，下面再举一些分属两类的例子。

1. 确知称量全书的例子较少。

（1）今则招庆有静、筠二禅德袖出近编古今诸方法要，集为一卷，目之《祖堂集》。（《祖堂集序》）

（2）坐倾数杯酒，卧枕一卷书。（白居易诗，4990）

（3）他家学事业，余持一卷经。无心装裱轴，来去省人擎。（寒山诗，9094）

《祖堂集》是分为20卷的，但例（1）的"一卷"显然是指全书；例（2）的"一卷书"可以代替枕头，例（3）的"一卷经"是没有装轴可以随身携带的一部经书，两例都指书籍的实物，至于它们是否又分若干卷则不得而知。

2. 确知称量书中一部分的用例。

（4）三碗搜枯肠，唯有文字五千卷。（卢仝诗，4379）

（5）千卷长书万首诗，朝蒸藜藿暮烹葵。（徐夤诗，8163）

（6）一园水竹今为主，百卷文章更付谁？（注：微之文集凡一百卷）（白居易诗，5090）

（7）二年四月癸卯，法度表上新律，又上《令》三十卷，《科》三十卷。(《隋书·刑法志》)

（8）玄龄等遂与法司定律五百条，分为十二卷……（《旧唐书·刑法志》)

例（4）搜索枯肠就能有"文字五千卷"，已经是很夸张了，每卷只能是一部书的一部分；（5）更明言一部书长有千卷；（6）所说白居易文集不是一百部，而是分为一百卷；（7）的《令》《科》各是一部法律，都分为三十卷，（8）更明言"分为十二卷"。总之可看出本期的"卷"已常用于量一部书里分成的部分、段落。

（五）宋代普及印刷术之后，出现了装订成册的书。此后在称量全书时，"本"逐渐取代了"卷"。这至少从明代就已很清晰，郎瑛《七修类稿·义理类·永乐大典》："……永乐大典，计二万二千八百七十七卷，一万一千九十五本。目录六十卷。"近现代仍有以"卷"代"本"的个别用例，如《红楼梦》66回："尤三姐……一手捧着鸳鸯剑，一手捧着一卷册子。"巴金《春》一："她……常常捧着一卷书读到深夜。"但在当代普通话里，量词"卷"只能称量书的一部分，各种主要辞书都这样解释。[①]只有一部著作分成若干部分时才用"卷"，每卷可以是一本，如《鲁迅全集》第一卷。

[①] 参见《现代汉语词典》《汉语大词典》《现代汉语量词用法词典》等书"卷"（juàn）字条。

五、联

（一）《说文》："联，连也。"本义关联，连接，《楚辞·七谏·沉江》："联蕙芷以为佩兮。"诗文中相连且往往对偶的两句称为一联。作为量词是本期新生的现象。

（二）量词"联"有两种主要功能。

1. 量成对的诗句，多出现在诗歌、笔记里。

（1）洗竹浇莎足公事，一来赢写一联诗。（郑谷诗，7763）

（2）山根三尺墓，人口数联诗。（杜荀鹤诗，7934）

（3）白发生闲事，新诗出数联。（同上，7938）

（4）欲问存思搜抉妙，几联诗许敌三都。（齐己诗，9559）

（5）岂要私相许，君诗自入神。风骚何句出？瀑布一联新。（同上，9491）

（6）东送西迎终几考，新诗觅得两三联。（李洞诗，8292）

（7）一联佳句题流水，十载幽思满素怀。（韩氏诗，唐外541）

（8）大兄所示百篇中，有一联绝唱。（摭109）

（9）牡丹本紫，及花发，色白红历绿，每朵有一联诗……（酉186）

以上大多直接量诗，例（5）的"瀑布一联新"意思是"描写瀑布的那一联诗"，例（7）及（8）的"佳句、绝唱"显然也是诗句。

2. 量数目成双的动物，2、3两项属于集合量词。

（10）齐王高洋，天保三年，获白兔鹰一联，不知所得之处。（酉194）

（11）同州防御使进乌鹘并双鹞共四联。（元稹《进双鸡

等状》）

例（10）的"白兔鹰"从下文看是一种"合身毛羽如雪"、"头及顶遥看悉白"的鹰，"一联"为两只；（11）的"鹘"与"鹞"是两种鸟，"共四联"即共四对。清俞樾曾注意到此种现象，他在《茶香室丛钞·鹰以联计》一条里说道："唐则天初，京兆人季全闻，性好杀戮，常养鹰鹞数十联，是唐时畜鹰以联计，殆以一双为一联乎？"可见俞樾觉得这是唐朝的计数法，不敢肯定一联是否就是一双，说明在清人眼里"联"这样用也很罕见。高洋是北齐文宣帝的名字，"天保"是其年号，例（10）系唐人段成式所记北朝之事；例（11）系唐人记本朝事。以"联"计鹰或为北朝至唐代的特有现象。

3. 量互相搭配的器物。

（12）（光颜）杀其贼什二三，获马千匹，器甲三万联……（《旧唐书·李光进列传》）

（三）后世一直以"联"量诗及对联，如《红楼梦》17—18回"（贾政）因命再题一联来，宝玉便念道：宝鼎茶闲烟尚绿，幽窗棋罢指犹凉。"量器物者，在宋代亦有用例，如薛居正《旧五代史·唐景思列传》："愿赐臣坚甲一联，以观臣之效用。"司马光《涑水记闻》卷3："乃求古碑字石磨灭者纸本数联，钉于馆中。"[①]这两例中，《旧五代史》所叙为本期之事，北宋距本期亦不远，更晚的例子我们没有见到。

六、绝

（一）《说文》："绝，断丝也。"本义"断绝"，《吕氏春秋·本味》：

[①] 转引自赵中方（1992）。

"钟子期死,伯牙破琴绝弦,终身不复鼓琴。"绝句是一种诗体,因系截断律诗取其半而成,故有此名。

(二)严格地说,"绝"作为量词不是很够格。但也有"诗一绝"这样的格式表示绝句一首,故将其与"联"并列于此。其例不太多,也是出现在诗歌小说里:

(1)予……与乐天于鄂东蒲池村别,各赋一绝。(元稹诗序,4530)

(2)韩冬郎即席为诗相送,一座尽惊。他日余方追吟……因成二绝寄酬。(李商隐诗题,6183)

(3)所善杨巨源好属词,因为赋《崔娘》诗一绝云:"清润潘郎玉不如,中庭蕙草雪销初。风流才子多春思,肠断萧娘一纸书。"(传110)

(4)大顺中,户部侍郎司空图以一绝纪之曰……(原诗略)(摭43)

(5)尝赋一绝,颇为前达所推,曰……(原诗略)(同上107)

后世或有所见,依然是这种用法,如《红楼梦》第1回:"雨村此时已有七八分酒意,狂兴不禁,乃对月寓怀,口号一绝云……"75回:"如今可巧花在手中,(贾环)便也索纸笔来立挥一绝与贾政。"现代,"绝"的用法未变,只是很少见了。

七、句

(一)《说文》:"句,曲也。"为平声侯韵,今音 gōu,后又写作"勾"。另有去声遇韵之"句",今音 jù,《玉篇》:"句,止也;言语章句也。"或谓是因弯曲故受到限制、划分,指言语中因停顿而形成的

"句"。古人把词、短语或句子，凡有休止处皆曰"句"。"句"在《十三经》文本中尚无此义，孔颖达《诗·周南·关雎》疏谓："句则古者谓之为言。"含此义的"句"出现于汉代，《孟子》各篇标题的"××章句"就是汉代的注家加上去的。《文心雕龙·章句》："句者，局也。局言者，联字以分疆。"皇侃为《论语·述而》"互乡难与言童子见"作疏曰："此八字通为一句。"[①] 所以刘世儒说，南北朝"'句'的量词资格又稳定了一些"，但他举的实例不多，也不太典型，如《宋书·王微列传》："一句之文无不研赏。"这里的"句"说是名词也未尝不可。（参见刘世儒1965：175）

（二）"句"真正有了量词资格当在本期，这时在口语化的语料中有大量用例，并常用于"数量名"结构里，依称量对象可分为三类。

1. 量言语。

（1）……只于一句言词，断却万生疑。（敦校867）

（2）言"如来说诸相具足"者,此明相好本从法身上起也。言"是名诸相具足"者，此明虽异不乖一，成弟二句也。（同上637）

（3）金言而句句亲闻，玉偈而行〔行〕听受。（同上754）

（4）师曰："经中有一句语不会。"院主云："不会那里？"师曰："不会'无眼耳鼻舌身意'，请和尚为某甲说。"（祖173）

（5）中心自明了，一句祖师言。（齐己诗，9529）

（6）山堂冬晓寂无闻，一句清言忆领军。（皮日休诗，7086）

（7）清谭两三句，相向自翛然。（同上，7060）

---

① 杨伯峻《论语译注》断句为"互乡难与言，童子见，门人惑"。

(8) 半空灯一笼，祝尧谈几句。（李洞诗，8289）

(9) 壮非少者哦七言，六字常语一字难……口前截断第二句，绰虐顾我颜不欢。（韩愈诗，3833）

2. 量经文、偈文、佛法等。

(10) 但得闻于一句经，舍此王身浑是易。（敦校710）

(11) 一句两句大乘经，灭却身中多少罪。（同上1140）

(12) 四句偈文，能销无量重业，究竟成佛也。（同上641）

(13) 经云："千二百五十人俱"，名举数也……经云："皆是大阿罗汉，众所知识。"此两句是总标千二百五十人俱也。（同上668）

(14) 远闻德山一句佛法，及至到来，未曾见和尚说一句佛法。（祖237）

(15) （福州西院和尚）偶闻行脚僧举百丈一二句玄机，似少省觉，从尔便造百丈。（同上424）

(16) 唯吟一句偈，无念是无生。（白居易诗，5092）

(17) 师诵此经经一句，句句白牛亲动步。（修雅诗，9299）

3. 量诗文。

(18) 就释文中解，初句明凡夫我见，二句明凡夫我空，三句明凡夫妄计有我……（敦校643）

(19) 一纸书封四句诗，芳晨对酒远相思。（刘禹锡诗，4123）

(20) 一杯新岁酒，两句故人诗。（白居易诗，4956）

(21) 贾岛怜无可，都缘数句诗。（杜荀鹤诗，7942）

(22) 何当诗一句，同吟祝玄化。（黄滔诗，8094）

(23) 右《皇武》十有一章章八句。（柳宗元诗后注，3916）

（24）道士奋曰："不然，章不可以不成也。"又谓刘曰："把笔来，吾与汝就之！"即又唱出四十字为八句……（韩集294）

（25）（封郎）又为三言四言句诗，一句开口，一句合口，咏春诗曰："花落也，蛱蝶舞，人何多疾，吁足犹苦。"（玄59）

可以看出量词"句"所量对象已不是"句读"之"句"，它约相当于现代的单句、分句。如例（23）柳宗元《皇武》是四言诗，每章八句；例（24）出自韩愈《石鼎联句诗序》，所联为五言诗，故"四十字为八句"；例（25）里引的诗，有三字句和四字句，这些都跟我们今天所说的"句"相同。

（三）此后，量词"句"用法基本没有什么变化，仍量言语诗文，如《水浒传》第4回："（金老）说了几句言语……"《红楼梦》50回："（众人联诗）李绮收了一句道：'凭诗祝舜尧。'"此书也有用于禅语的，如22回："今儿这偈语，亦同此意了。只是方才这句机锋，尚未完全了结……"现代口语仍是这样说的。

八、偈

《说文》无"偈"。此字多音，现所论之"偈"系祭韵群母，今音 jì，是一个后起词，为梵文 Gāthā 的音译"偈陀"的简称，意译"颂、讽颂"等。为佛经的体裁之一，由固定字数的四句组成。"一偈"犹俗家诗文的"一篇"或"一首"。南北朝时有"数词＋偈"的用例："从师受经，日诵千偈。"（《高僧传·鸠摩罗什》）

跟"绝"的性质相似，"偈"做量词条件也不很充分，《祖堂集》里就常有"造一首偈"（190页）、"一首古人偈"（222页）这样的例子，"偈"显系名词。但本期也有"十偈词"这类的结构，不得不承认它有时具有量词性，故将"数+偈"与"数+偈+名"之例列在下面：

（1）闻半偈而捐全身，求一言而祗供千载。（敦煌文书 A319）

（2）太子闻已，转更泣泪愁眉，回答一偈……（同上）

（3）湿生者，如是之人多受匿法，得一句一偈，不曾说向之人……（同上）

（4）同装普满浮图意，总在微僧十偈词。（敦辞 971）

（5）师（南岳玄泰和尚）……令备香薪于山所记，被〔披〕衣而坐，乃书二偈，曰……（祖 259）

以上各例出自敦煌变文和《祖堂集》，都与佛教有关，"偈"的同类用法在其他文献里未曾见到。

此外，用于称量诗文量词还有"铺"（量变文，见本章第四节）。

第十二节　量歌曲及游艺节目

一、曲（附"调"）

（一）《说文》："象器曲受物之形。"本义"弯曲"，《论语·述而》："饭疏食饮水，曲肱而枕之，乐亦在其中矣。"有多个引申义，其一为"曲折婉转"，《易·系辞下》："其旨远，其辞文，其言曲而中，其事肆而隐。"孔疏："其言随物屈曲，而各中其理也。"由此又有名词"乐曲"义，《说文》段注："又乐章为曲，谓音宛曲而成章也。"《国语·周语》："士献诗，鼓献曲。"

（二）作为量词的"曲"由此而来，最早见于魏晋南北朝，刘世儒认为它当初可用于一切有宛曲义之物，如庾信《刀铭》："水文千曲，蛇鳞百重。"后来就专用于量歌，连同类诗、谣都不能量，其例如《魏书·乐志》："太武皇帝破平统万，得古雅乐一部，正声歌五十曲。"（参见刘世儒1965：174—175）但事实上唐五代时量河水之例仍多，详见下文。

（三）本期的语料中，量词"曲"极为常见，仅"一曲"连用《全唐诗》就有266次。从功能看主要分为量歌曲音乐及其他事物两大类，每类又分为若干小类。

1. 量歌曲、音乐，这类从字面看，又可分为几种情况：

A. 径直量"歌"。

（1）项羽翘据无路，酒后难消一曲歌。（敦辞650）

（2）莫言山积无尽日，百尺高楼一曲歌。（王建诗，3389）

（3）宁知一曲两曲歌，曾使千人万人哭。（贯休诗，9308）

（4）数株花下逢珠翠，半曲歌中老子孙。（章碣诗，7650）

唐诗里这类例子还有很多，如"调入青云一曲歌"（薛逢诗，6333）、"九酝松醪一曲歌"（汪遵诗，6961）等，不胜枚举。

B. 所量名词"歌、声、乐"带有定语，有的或为一种类型的歌曲：

（5）几曲艳歌春色里，断行高鸟暮云边。（赵嘏诗，6353）

（6）朝来花萼楼中宴，数曲庚歌雅颂间。（徐铉诗，8594）

（7）北斗七星横夜半，清歌一曲断君肠。（沈佺期诗，424）

（8）棹歌数曲如有待，正见明月度东海。（王适诗，1015）

（9）南陌行人尽回首，笙歌一曲暮云低。（杜牧诗，6024）

（10）劳歌一曲解行舟，红叶青山水急流。（许浑诗，6136）

（11）秦声一曲此时闻，岭泉呜咽南云断。（刘禹锡诗，4002）

（12）吾有新乐一曲……（宣80）

"艳歌、庚歌、清歌、棹歌①、笙歌、劳歌"分别为情歌、宴饮等场合唱和的诗歌、无伴奏清唱、行船所唱之歌、由笙伴奏的歌、忧伤惜别之歌，"秦声"为秦地之声，"新乐"当是新创作的乐曲。

C. 所量为特定的乐曲名，数词大多为"一"，有时在名词前的"一曲"可能略带定冠词的性质。

（13）远指白云呼"且住，听奴一曲《别乡关》……"（敦校157）

（14）可怜一曲《还京乐》②，重对红蕉教蜀儿。（罗隐诗，7592）

（15）高髻云鬟宫样妆，春风一曲《杜韦娘》。（刘禹锡诗，4121）

（16）《后庭花》一曲，幽怨不堪听。（同上，4016）

（17）《霓裳》一曲千门锁，白尽梨园弟子头。（赵嘏诗，6368）

（18）《清商》一曲远人行，桃叶津头月正明。（徐铉诗，8605）

（19）上自摘红槿花一朵，置于帽上笪处……遂奏《舞山香》一曲，而花不坠落，上大喜笑！（羯4）

（20）郊天及诸坛祭祀，即奏《太和》《冲和》《舒和》三曲。（乐21）

D. 称量由某种乐器演奏的曲子，字面上与乐器名搭配。

（21）琵琶一曲肠堪断，风萧萧兮夜漫漫。（岑参诗，2055）

（22）胡笳一曲断人肠，座上相看泪如雨。（同上，2105）

（23）羌笛三两曲，人醉海西营。（王建诗，3390）

---

① "棹歌"又指《棹歌行》，系乐府相和歌辞瑟调曲名。
②《乐府杂录·还京乐》："明皇自西蜀返，乐人张野狐所制。"

（24）日暮长亭正愁绝，哀筎一曲戍烟中。（吴融诗，7886）

（25）笙歌一声众侧耳，鼓笛万曲无人听。（白居易诗，4691）

有时甚至与临时充当乐器的东西搭配：

（26）铁击珊瑚一两曲，冰泻玉盘千万声。（白居易诗，4697）

E. "数词+曲"在动词之后充当宾语，数词多为"一"。

（27）净能又将皇帝于蜀王殿上，随驾同观，遂令奏乐数曲。（敦校 338）

（28）莫辞更坐弹一曲，为君翻作琵琶行。（白居易诗，4822）

（29）时复往来吹一曲，何愁南北不知音。（卢肇诗，6386）

（30）其貌古，其心幽，浩歌一曲兮林壑秋。（张楚金诗，1076）

（31）野老不知尧舜力，酣歌一曲太平人。（宋之问诗，626）

（32）长歌一曲烟蔼深，归去沧江绿波远。（李群玉诗，6613）

（33）醉舞两回迎劝酒，狂歌一曲会娱身。（郑据诗，5264）

（34）高歌一曲垂鞭去，尽日无人识楚狂。（吴融诗，7860）

（35）若将军有意，为吾缠结舞剑一曲……（独 43）

（36）（洞庭贾客吕乡筠）命樽酒独饮，饮一杯而吹笛数曲。（博 25）

（37）上旋命之临轩纵击一曲，曲名《春光好》。（羯 4）

前文 B 类有的例句中"歌"前带有定语，而这里 E 类"歌"前的字却非定语，而是状语性的成分，"浩歌、高歌、长歌"都是放声歌唱，"酣歌、放歌"是尽兴、纵情歌唱。有时"曲"前是动宾结构，如例（27）的"奏乐"、例（35）的"舞剑"，这时它就颇似动量词了。

2. 量其他事物。

A. 量江河、溪水等。

（38）清江一曲抱村流，长夏江村事事幽。（杜甫诗，2433）

（39）春江一曲柳千条，二十年前旧板桥。（刘禹锡诗，4129）

（40）黄河一曲当城下，缇骑千重照路旁。（同上，4045）

（41）一川红树迎霜老，数曲清溪绕寺深。（王武陵诗，3123）

（42）屠苏宜在水中石，回溪一曲自当门。（元结诗，2714）

（43）春池八九曲，画舫两三艘。（白居易诗，5182）

（44）三十六曲水回萦，一溪初入千花明。（李白诗，1769）

（45）一曲晚烟浮渭水，半桥斜日照咸阳。（张泌诗，8452）

（46）碧水何逶迤，东风吹沙草。烟波千万曲，不辨嵩阳道。（吕温诗，4174）

例（45、46）看似以"曲"量烟、烟波，实则蜿蜒曲折的是渭水、碧水，烟是浮在水面上的，所以形成烟波。

B. 量山。

（47）黄河一曲山，天半锁重关。（张乔诗，7309）

（48）彼隐山万曲，我隐酒一杯。（孟郊诗，4235）

C. 量阑干、屏风等。

（49）六曲阑干偎碧树，杨柳风轻，展尽黄金缕。（冯延巳词，10158）

（50）几曲阑干遍倚，又是一番新桃李。（无名氏词，10164）

（51）碧城十二曲阑干，犀辟尘埃玉辟寒。（李商隐诗，6169）

（52）六曲屏风江雨急，九枝灯檠夜珠圆。（同上，6199）

第 2 大类在《全唐诗》里超过 30 例,并非个别现象。不过此类的性质跟第 1 类不同:"一曲歌"的"曲"词汇意义虚化,只具有表称量的语法意义,"两曲歌"就是两首歌;第二类的"曲"仍有表曲折的词汇意义,所谓量山、水其实所量都是山水的转折处,量阑干、屏风亦然。"水涉七八曲"不是七八条河,而是一条河的七八个弯;"六曲屏风"也只是一架屏风有六叠,所以它不是"数量名"结构,而是数量定语加名词。只因有人将其视为量词,为观全貌也列出备考。"曲"古为入声字,现代有两读,歌曲义读 qǔ,曲折义读 qū,故第 1、第 2 类今分别读上声、平声。

(四)现代汉语里歌曲多用"只"或"首"来称量,一般不用"曲"。《现代汉语词典》等辞书均无"曲"的量词义项,但作为书面或文学语言,现当代仍可用"曲"量歌,如王统照《烈风雷雨》诗:"好一曲悲壮的歌声,那余音哀厉是永远长存在人人的心中!"毛泽东《蝶恋花》词:"国际悲歌歌一曲,狂飙为我从天落。"至于原本量词性不强的第 2 类,更是退出了活的语言,唯有"九曲黄河"之类固定格式里还可见到。

附:调

另有一个量歌曲的量词与"曲"极为相似,而较为罕见,即"调"。《广韵·啸韵》:"调,韵调也。"指歌曲的音律、调子,有时在句中与量词"曲"相当,如《世说新语·任诞》:"桓时已显贵,素闻王名,即便回下车,踞胡床,为作三调。"本期之例如:

(1)段奏曰:"且请昆仑弹一调。"及弹,师曰:"本领何杂?兼带邪声!"(乐 30)

（2）太和中有贺若夷尤能，后为待诏，对文宗弹一调，上嘉赏之……（同上 36）

二、阕

（一）《说文》："阕，事已，闭门也。"[①] 引申为止息，《诗·小雅·节南山》："君子如届，俾民心阕。"[②] 特指乐终，《仪礼·大射》："主人答拜，乐阕。"乐曲每演奏完毕一次就可称一阕。《吕氏春秋·古乐》："昔葛天氏之乐，三人操牛尾，投足以歌八阕，一曰《载民》，二曰《玄鸟》……"这里"八阕"是八种古代乐歌，每种有专名，故"阕"是名词。《史记·项羽本纪》："于是项王乃悲歌忼慨……歌数阕，美人和之。"或曰，这里"数阕"是"几遍"的意思，[③] 但"阕"与"遍"的词汇意义相距较远，恐应是"几次（因悲痛而）中断"，唐人韩愈诗"孤吟屡阕莫与和"（3805）可以为证。"数阕、屡阕"均状动关系。不过，"阕"已跟数词结合，为后来成为量词做了铺垫。

（二）"阕"大量用为量词是较晚的事，本期亦不多见，均量歌、乐，仅录所见如下：

（1）（李龟年）每遇良辰胜赏，为人歌数阕，座中闻之，莫不掩泣罢酒。（明 27）

（2）箱中有奇服……遂衣之。毕，乐作三阕。（续玄 142）

（三）唐五代兴起词这种文学形式后，称一首词为一阕，本期未

[①] 唐玄应《一切经音义》卷 6 引作"事已曰阕"，无"闭门"二字。王筠《句读》："然则闭门二字，后人以字从门增之也。"

[②] 阮元《补笺》："君子如至其位，可使民恶怒之心止息。"

[③] 见王伯祥《史记选》（人民文学出版社，1961 年）61 页注〔567〕。

见此类用例，宋李狁逊《醉花阴·硕人生日》："一觞一阕《千秋岁》，不愿封侯贵。"又仍可量歌曲，如晏殊《破阵子》："高歌数阕堪听。"此后一直沿用至今，主要用于计量古词曲。

三、弄

（一）《说文》："弄，玩也。"原指以手玩玉，《诗·小雅·斯干》："乃生男子……载弄之璋。"引申为玩耍、游戏，《论衡·本性》："孔子能行，以俎豆为弄。"弹唱歌曲也属游戏，故"弄"又有乐曲、曲调义，《韩非子·难三》："且中期之所官，琴瑟也。弦不调，弄不明，中期之任也。"嵇康《琴赋》："改韵易调，奇弄乃发。"量词义由此而来，《世说新语·任诞》"王子猷出都"条刘孝标注引《续晋阳秋》："帝命伊吹笛……既吹一弄，乃放笛云：'臣于筝乃不如笛……'"

（二）本期用例如：

（1）浅酌一杯酒，缓弹数弄琴。（白居易诗，4761）

（2）高调秦筝一两弄，小花蛮榼二三升。（同上，5071）

（3）罢阅梵书聊一弄，散随金磬泥清秋。（薛涛《听僧吹芦管》诗，9037）

（4）唯有桓伊江上笛，卧吹三弄送残阳。（李郢诗，别裁218）

（三）此后词曲里偶用，如董解元《西厢记诸宫调》卷4："红娘，我对你不是打哄，你且试听一弄……"。现代汉语已无此量词。

四、出

（一）《说文》："出，进也，象草木益滋上出达也。"孙诒让《名原》："古出字取足形出入之义，不象草木上出形。"孙说符合古文字形。"出"本义就是从里到外，《诗·郑风·出其东门》："出其东门，有女如云。"后又引申多义,其一为量词。或以量词义早在汉代就已出现,引《史记·扁鹊仓公列传》为证:"我之王家食马肝,食饱甚,见酒来,即走去,驱疾至舍,即泄数十出。"并认为它相当于动量词"次、回",[1]此议恐不确。西汉时尚无成熟的动量词,上引句中"数十"是数词做状语,修饰动词"出"。量词"出"始见于南北朝,《世说新语·文学篇》:"有人道上见者,问云:'公何处来?'答云:'今日与谢孝剧谈一出来。'"在此确为动量词。[2] 又同书《任诞篇》:"王、庾诸公共就祖,忽见裘袍重叠,珍饰盈列。诸公怪问之,祖曰:'昨夜复南塘一出。'"或谓此"出"亦动量词。[3]

(二)本期量词"出"为例不多,且仅见于《祖堂集》的一段:

药山问:"承汝解弄师子,弄得几出?"师曰:"弄得六出。"

药山云:"我亦弄得。"

师问:"和尚弄得几出?"药山云:"我弄得一出。"(祖148)

这段材料,《王力古汉语字典》及《汉语大词典》"出"字条分别释为"戏曲一个段落"及"一个段落……特指戏曲传奇一本中的一个段落。亦指戏曲的一个独立剧目"。(二书例句均采自较晚的《景德传灯录》,文字略有出入)故可视为名量词,《汉语大词典》将其列入量词项下。不过前人均未分析其理据,或许是由出场次数来判定表演的段落:出场一次为一段,即一出?

(三)此后一直以"出"量戏剧的一个段落或一个剧目,如《红

---

[1] 见《汉语大词典》第2卷474页。

[2] 太田辰夫《中国语历史语法》即将此例列入动量词例。

[3] 见张振德等(1995:240)。

楼梦》11回:"凤姐儿……问:'戏文唱了几出了?那婆子回道:'唱了八九出了。'" 58回:"都是芳官……会两出戏,倒象杀了贼王,擒了反叛来的。"《二十年目睹之怪现状》28回:"这个人的履历,非但是新闻,简直可以……编一出戏来。"现代仍用"出"量戏剧,但限于整个剧目,不再量其中的一段,后者现代用"幕"。另有"齣"字,《字汇补》谓"传奇中一回为一齣",《儒林外史》第10回:"戏子上来……跳了一齣《加官》,演了一齣《张仙送子》,一齣《封赠》。"上述《红楼梦》58回之例一本作"齣"。我们不详此字理据,然《祖堂集》《景德传灯录》原就作"出",今亦均作"出"。量词"出"近代另一个功能是量子弹之类,相当于"颗、发",如中国近代史丛刊《辛亥革命·云南河口起义清方档案》:"……九响毛瑟枪三千枝,每枝配码二百出。"《清史稿·兵志·制造》:"此种快炮六生的者,每分钟可放三十出;九生的者,每分钟可放二十余出。"此义今已不存。

五、局

《说文》:"局,促也……一曰博所以行棋。"本义弯曲、不能放开,《诗·小雅·采绿》:"予发曲局,薄言归沐。"引申为收束、限定、划分。"所以行棋"即棋盘,亦由限定、划分义而来,汉代马融《围棋赋》:"三尺之局兮为战斗场。"量词义由此而来,未见本期之前的用例,本期主要量下棋的次数,从意义看似应为动量词,但实际多处于"数量名"结构中。

(1) 款曲数杯酒,从容一局棋。(白居易诗,5129)

(2) 晚酒一两杯,夜棋三数局。(同上,4753)

(3) 一局残棋千点雨,绿萍池上暮方还。(温庭筠诗,6750)

（4）一局棋，一炉药，天意时情可料度。（司空图诗，7282）

（5）满炉药熟分仙尽，几局棋终看海干。（贯休诗，9418）

（6）尊香轻泛数枝菊，檐影斜侵半局棋。（杜牧诗，5958）

（7）几时终一局，万木老千岑。（齐己《和郑谷郎中看棋》诗，9442）

（8）一行公本不解奕，因会燕公宅，观王积薪棋一局，遂与之敌……（酉 115）

有时所量为"卜"：

（9）崇仁坊阿来婆弹琵琶卜……（张鹭）见一将军，紫袍玉带甚伟，下一匹绸绫，请一局卜。（朝 64）

此后"局"的这个意义和用法历代延续，现代除量棋，还用于体育比赛，是很常见的量词。

此外，用于称量歌曲的量词还有"**叠**"，量歌曲重复演奏、吟唱的遍数，见本章第二十二节。

第十三节　量泉

一、眼

《说文》："眼，目也。"《庄子·盗跖》："比干剖心，子胥抉眼，忠之祸也。"作为量词始见于本期，用于量泉，盖取其形似眼：

（1）若为种得千竿竹，引取君家一眼泉。（顾况诗，2969）。

（2）一眼汤泉流向东，浸泥浇草暖无功。（白居易诗，4884）。

（3）东溪泉一眼，归卧惬高疏。（张祜诗，5811）

（4）洑泉数眼沸，平地流清通。（李颀诗，1341）

（5）每岩中有清泉一眼，色如镜；白泉一眼白如乳。（博 10）

（6）湖中又有泉数十眼。（白居易《钱塘湖石记》）

此后至今，"眼"用于量两类东西，一类是与泉同类的井、池等，如《西游记》38 回："这是一眼井。"郭沫若《水平线下·到宜兴去》："楼窗下面临着一眼方池……"另一类是房屋、窑洞，如宋吴自牧《梦粱录》："草料场，在天水院桥西，有廒十眼。"《水浒全传》74 回："只有两眼房，空着一眼……"史铁生《我的遥远的清平湾》："三眼堆放草料的破石窑。"

二、脉

《说文》："脉，血理分裹行体者。"即血管。《素问·脉要精微论》："夫脉者，血之府也。"也指地下水，《周礼·天官·疡医》："以咸养脉。"郑玄注："咸，水味。水之流行地中似脉。"郑注道出了以脉量泉的理据，但其例罕见：

已种千头桔，新开数脉泉。（张籍诗，4329）

第十四节　量月亮

这一组量词主要用于量月亮，也有个别量日之例。由于月和日都是唯一的，所以它们只和数词"一、半"连用，且往往出现于诗词中，更多是起到比喻、描写的作用。

一、轮

（一）《说文》："轮，有辐曰轮……"即车轮。《周礼·考工记》："凡察车之道，必自载于地者始也，是故察车自轮始。"车轮为圆形，作为量词就用来称量圆形的东西。

（二）量词"轮"产生较晚，本期之前未见，但唐人所著之《南史》有以之量车的例子，其中《贼臣列传·侯景》有"车至二十轮"的说法，详见下文例（21）。这应有史料依据，或在南北朝时已有此用法，但不知几轮为一车。

（三）本期的量词"轮"。

1. 主要用于量满月，数词只能是"一"。

（1）似暗室内一盏明灯，如众星中一轮朗月。（敦校929）

（2）白毫照处，一轮之秋月当天……（同上962）

（3）问："如何是云水意？"师云："一轮孤月，万像齐耀。"（祖244）

（4）一泓秋水一轮月，今夜故人来不来？（喻凫诗，6279）

（5）一轮湘渚月，万古独醒人。（贯休诗，9339）

（6）三尺灵乌金借耀，一轮飞镜水饶清。（徐夤诗，8172）

（7）又见去年三五夕，一轮寒魄破烟空。（齐己诗，9560）

（8）师亲指归路，月挂一轮灯。（寒山诗，9084）

（9）嫦娥老大应惆怅，倚泣（一作独倚）苍苍桂一轮。（罗隐诗，7555）

（10）如帐碧玉，有月一轮。（《长安雪下望月记》，《全唐文》卷727）

以上例（6—9）字面所量不是月，但"飞镜、寒魄、灯"都是比喻月亮的常见喻体，月中桂树也是众所周知的，这种现象第九章第九节还将专题论述。

以"轮"量月虽是新生的用法，有较强的修辞色彩，但以上诸例并不限于诗歌，有变文、释家语录，也有文人散文。这说明以"轮"量月不仅限于修辞，已经在较高程度上语法化了。

2．"半轮+月（或日）"量残月（或落日）。

（11）……水玉棱头，香榭而半轮明月。（敦校770）

（12）村寺钟声度远滩，半轮残月落山前。（李梦符诗，9730）

（13）峨眉山月半轮秋，影入平羌江水流。（李白诗，1726）

（14）一撮秋烟堤上白，半轮残日岭头红。（姚揆诗，10020）

（15）楼下长江百丈清，山头落日半轮明。（杜甫诗，2314）

（16）若无青嶂月，愁杀白头人。魍魉移深树，虾蟆动半轮。（同上，2528）

（17）江月光于水，高楼思杀人。……玉露团清影，银河没半轮。（同上，2523）

（18）桂吐半轮迎此夜，蓂开七叶应今朝。（李峤诗，723）

"半轮"所量月、日有的从字面即可看出（例11—15）；有的从上下文及诗题可知，如例（16、17）诗题分别为《月三首》（其一）及《江月》，上文亦出现了"月"字，例（18）李峤诗用月中桂树之典，且题为《人日侍宴……》，人日即正月七日，半轮（月）就是半圆形的上弦月。

3．量某些农具及车辆，结合的数词不限于"一、半"。

（19）河水碓一轮。（敦煌文书B74）

（20）出门泥漫漶，恨无直辕辇，十钱赁一轮，逢（一作篷）

上鸣斛觫。(皮日休诗, 7027)

(21) 升平有脂粉碨两轮,郭子仪私碨两轮,所司未敢毁彻。……公主即日命毁。由是势门碾碨八十余所,皆毁之。(《旧唐书·郭子仪列传》)

(22) 景造诸攻具及飞楼……阶道车、火车,并高数丈,车至二十轮,陈于阙前,百道攻城。(《南史·贼臣列传·侯景》)

"碨"是由两片扁圆形石盘做成的石磨,"輂"是一种马拉的大车,"轮"可量带有圆形部件的碨和车是合乎理据的。例(21)先后分别用"轮"与"所"量碨,前者着眼于其形状,后者着眼于所在处所。

4. 相当于"番",仅见一例。

(23) 千古是非输蝶梦,一轮风雨属渔舟。(崔涂诗, 7781)

这是晚近才有的用法,在这里是一个特例,值得注意。

(四) 本期之后,"轮"保留着量月的功能,也可量同是圆形的天体"日",杨万里《迓使客夜归》诗:"水与天争一轮玉,市声人语两街灯。"辛弃疾《太常引》词:"一轮秋影转金波,飞镜又重磨。"陆游《泛舟泽中夜归》诗:"半轮残月斗杓东。"萨都剌《石夫人》诗:"一轮明月照夫人。"《水浒传》42回:"少间风扫薄云,现出那轮明月。"《红楼梦》40回:"贾母道:'一轮红日出云霄。'"同书76回:"只见天上一轮皓月,池中一轮水月,上下争辉……"现代用法相同。另有动量词用法,表示循环的次数,如:"我俩都属虎,他大我一轮""比赛已进行了两轮"。

二、环

(一)《说文》:"环,璧也,肉好若一谓之环。""好"指中间的孔,

"肉"指边，孔径与周边的宽度相等的玉璧就是"环"，《左传·昭公十六年》："宣子有环，其一在郑商。"也泛指一般的环形物，曹植《美女篇》："攘袖见素手，皓腕约金环。"

（二）作为量词始见于汉代，《居延汉简甲乙编》有"数环钱"的说法，[1] 这可能属于计量单位词。郑玄为《周礼·考工记·冶氏》"重三锊"一语所作注曰："许叔重《说文解字》云：'锊，锾也。'今东莱称或以大半两为钧，十钧为环……"郑氏引用的《说文》释文异于今行之徐铉注本，这是汉代衡制，由此可知当时"环"是一种重量单位。至于《居延汉简》里量钱的"环"是按重量计抑或另有规定，则不得而知。[2]

（三）本期量词"环"的用例不多，但也分为两类：

1. 量月、日。

（1）截得半环月，磨成四寸霜。（章孝标《答友人惠牙簪》诗，5753）

（2）好看落日斜衔处，一片春岚映半环。（白居易诗，4866）

（3）更待夜深方有意，半环新月上重床。（钱弘俶诗，唐外605）

由于"环"是用于新月、残月或落日的，故跟它结合的数词只有"半"，可见它更多地带有比喻的性质，如例（2）也可认为只是把落日比作半环。另有韩偓诗"月若半环云若吐"（7805），这就只是比喻，根本不能分析为量词。

---

[1] 参见洪艺芳（2000：289）。

[2] 春秋战国时代楚国使用一种铜环权，在楚国故地常有出土，大小不等。计量单位词"环"是否与此有关，待考。参见丘光明等（2001：127—133）。

2. 量玉。

（4）当日处分家中，遂使开其库藏，取黄金千两，白玉数环……（敦校 553）

这应该是因玉的形状而取的量词，计数功能强于量月者，唯用例亦很少见。此后"环"的量词功能消失，没有延续下来。

三、弯

《说文》："弯，持弓关矢也。"本义拉开弓弦，贾谊《过秦论》："士不敢弯弓而报怨。"开弓时弓弦屈曲不直，故引申为弯曲，白居易《东南行一百韵》诗："射策一弯弧。"用为量词就量形状弯曲的新月，仅有个例始见于本期：

玉宇无人双燕去，一弯新月上金枢。（花蕊夫人诗，8973）

本期之后，"弯"仍量弯曲之物，如《红楼梦》第 3 回："两弯柳叶吊梢眉。"同书 21 回："一弯雪白的膀子……。"现代之例如巴金《家》20："一弯新月高高地挂在天空。"宗璞《鸣沙山记》："我们……看见四面黄沙之中那一弯明亮的水。"无论古今，"弯"都带有很强的描写性，而不是一个常见和实用的量词。

四、钩

《说文》："钩，曲也。"实际文献中多指形状弯曲的工具、用具等，《庄子·胠箧》："钩饵罔罟罾笱之知多，则鱼乱于水矣。"作为量词就用于称量弯曲如钩的新月，始见于本期：

（1）帘卷玉楼人寂寂，一钩新月未沉西。（王周诗，8660）

（2）一钩初月临妆镜，蝉鬓凤钗慵不整。（李煜词，10046）

（3）再饮一杯红霞酒，回首，半钩新月贴清虚。（李珣词，

10124）

这当然也带有很强的修辞色彩，仅见于诗词，计量功能有限。

此后，文学作品里仍常以"钩"量新月或残月，宋王庭珪《和读书台入夜即事》诗："半钩残月吐纤纤。"陆游《梅花》诗："低空银一钩，糁野玉三尺。"《二刻拍案惊奇》卷13也有"灿烂一钩新月"之说。现代之例如茹志鹃《高高的白杨树》："半钩残月还挂在西边。"

另外，"钩"还可称量其他弯曲状的器物，如《聊斋志异·小谢》："以金如意一钩为贽。"这在本期的语料中尚未见到。

此外，用于称量月亮的还有"**团**"，量月亮及会合在一起的人、聚集成团的物等等，见第三章第三节。

第十五节 量火

一、星

（一）《说文》作"曐"，释为"万物之精"，本义夜晚在空中闪烁的天体，《诗·唐风·绸缪》："绸缪束薪，三星在天。"量词"星"多称量细小且发亮的东西，跟人观察到的星星特点相似。

（二）据我们所见，量词"星"始见于本期。

1. 最常见的是量"火"。

（1）抱膝炉前火一星，如何御彼三冬雪？（敦辞1050）

（2）沩山云："无火。"师云："我适来见有。"自起来拨开，见一星火……（祖370）

（3）两星残火地炉畔，梦断背灯重拥衾。（韩偓诗，7823）

（4）半夜素灵先哭楚，一星遗火下烧秦。（唐彦谦诗，7670）

（5）千里关山边草暮，一星烽火朔云秋。（温庭筠诗，6724）

（6）欲知迎候盛，骑火万星攒。（韩愈诗，3856）

（7）唯将一星（一作点）火，何处宿芦洲。（张乔诗，7327）

（8）半浦夜歌闻荡桨，一星幽火照叉鱼。（李群玉诗，6600）

（9）数星昨夜寒炉火，一阵谁家腊瓮香。（罗邺诗，7507）

（10）裛露牵风夹瘦莎，一星星火遍寰寰。（陈翥《金钱花》诗，9981）

（11）俄经堆中有火一星，飞向肉山，顷刻销尽……（酉267）

以上各例字面上"星"所量的都是"火"，包括"残火、遗火、幽火……"等，而实际意义并不全同：例（1—4）及（11）中指微弱或将要燃尽的火星，特别是例（2），沩山本来认为无火，百丈却找到了一星，可见极为细小；例（5、6）中报警的烽火和骑士手中的火把都是从远处观察到的，若隐若现；例（7—9）都指幽暗的灯火、炉火，看来都是星星点点的：这就是以"星"量火的理据。例（10）比较特殊，它描写名叫"金钱"的小花，"一星星火"应分析为"一星星 | 火"（与一般七言诗的音步不同），意思是一星一星的花非常之多，如金似火。

2. 少数例子用于"灯、烛、烬"，其理据跟量"火"相同。

（12）山行侵夜到，云窦一星灯。（韦庄诗，8006）

（13）一星残烛照离堂，失计游心归渺茫。（罗邺诗，7516）

（14）遗烬一星然，连延祸相嫁。（元稹诗，4466）

3. "星"还有脱离"火"而表量少的作用。

（15）尽日春风吹不起，钿毫金缕一星星。（皮日休《病孔雀》

诗，7072）

（16）青烟幂幂寒更恨，白发星星晓镜悲。（李郢诗，唐外519）

"钿毫金缕"指孔雀羽毛上的花斑，是闪亮的，且跟本期之后的量金银有了联系。初生的白发夹在黑发里很清晰，也以星星称之。

4. 量球。

（17）双竞龙舟疾似风，一星球子两明（一作"朋"）同。（徐夤诗，8182）

此例"明"当作"朋"，叙述"两朋"（即两队）赛球，但球子并不符合"极小而明亮"的特点，这种用法很少。

（三）此后直至现代，"星"的主要用法有两种，第一种沿袭本期量灯火或表少量，如《醒世姻缘传》79回："你……一星活儿不肯替做，我该白养活你不成？"清《听秋声馆词话》卷12引尤维熊《水龙吟》："最是晓风残月，剩微茫一星渔火。"现代之例如冰心《寄小读者》9："一星灯火里，我们在山上下彼此唤着。"第二种北宋以后的语料中，"星"还用作计量单位词量金银等，如苏轼《与子由书》之二："程德孺言弟令出银二百星见借……"董解元《西厢记诸宫调》卷1："自有白金五十星……"《儒林外史》18回："各位各出杖头资二星。"张慧剑校注："银子一钱称一星。"《红楼梦》用于量贵重的香料，如第43回："（宝玉）便回手向衣襟上拉出一个荷包来，摸了一摸，竟有两星沉速。"这种用法我们在本期文献中未见到，起自何时不能断言。

二、把

（一）《说文》："把，握也。"本义用手持握，《战国策·燕策三》："臣左手把其袖，右手揕其胸。"引申指一手所握的粗细或多少，《孟子·告子上》:"拱把之桐梓,人苟欲生之,皆知所以养之者。"由此,较早就产生了非标准计量词"把",汉刘向《新序·杂事一》:"夫腹下之毳,背上之毛,增去一把,飞不为高下。"《论衡·感虚篇》:"使在地之火,附一把炬,人从旁射之。"或谓"一把炬"的"把"已是个体量词的萌芽,实则它还是更接近"一手所持"之义,与敦煌变文的"一把火"性质不同。

(二)至魏晋南北朝这种用法已很普遍,如《百喻经·猕猴把豆喻》:"昔有一猕猴,持一把豆。"又《齐民要术》:"米裹着蒿叶一把,白盐一把。"从汉至南北朝"把"的词汇意义都很强,一直是一个非标准计量词。(参见刘世儒1965:241—242)

(三)本期的"把"可分两类。

1. 与此前一脉相承的非标准计量词"把",表一手所握之量。

(1)师拈得把草,拦面与一掷,云:"勿处,勿处。"(祖200)

(2)家酝一壶白玉液,野花数把黄金英。(白居易诗,5111)

(3)或蒸一升麻,或炸一把菊。(皮日休诗,7027)

(4)一把柳丝收不得,和风搭在玉栏杆。(徐仲雅诗,8651)

(5)清明纵便天使来,一把纸钱风树杪。(薛逢诗,6320)

(6)腰支一把玉,只恐风吹折。(李群玉诗,6581)

(7)头梳一把白,夜泪千滴雨。(刘猛诗,5269)

(8)眼闭千行泪,头梳一把霜。(裴说诗,8263)

以上诸例中,"把"之所量不但有花草、柳丝、纸钱等切实可把握的东西,而且有表示颜色的"白、霜",和比喻用的"玉",说明这一量词已发展得较为成熟了。

2. 量火。

（9）当风只消一把火，当时柴堆便成灰。（敦校 681）

（10）舜子才上得仓舍，西南角便有火起。弟一把是阿后娘……（同上 202）

（11）漳南拈问僧："虚空讲经，什摩人为听众？"对云："适来暂随喜去来。"漳南云："是什摩义？"云："若是别人，便教收取。"漳南曰："汝也是把火之意。"（祖 360）

例（11）最后的"把火"有两种理解，一是"持火"，二是"（一）把火"，姑录此备考。

"把"量火说明它已经从计量词发展为个体量词，"一把火"跟上引《论衡》的"一把炬"有别，炬即火把，可持之以手，故"把"仍是一手所持之量；火不可手持，例（9、10）中"一把火"相当于"一场火"，属个体量词，与"把"原有的词汇意义已经距离很远了。

（四）本期"把"的两类用法延续至今，现代仍说"两把米、一把火"。此外本期以后又产生了一些新的功能，常用的是量带把手的器物，如《水浒全传》第 3 回有"一把剔骨尖刀"，第 6 回有"一把锁"，109 回有"一把引军销金红旗"，《西游记》16 回有"一把白铜壶儿"，《儒林外史》47 回有"两把黄伞，八把旗"，《红楼梦》51 回有"一把戥子"。晚近又有动量词用法，如《红楼梦》21 回："（宝玉）再洗了两把，便要手巾。"75 回："众姊妹兄弟皆你悄悄的扯我一下，我暗暗的又捏你一把……"现代除保有以上各种用法，另有量抽象事物的功能，如"一把年纪、加把劲儿"。

三、炬

（一）《说文》"炬"作"苣"，释为"束苇烧"，即火把。徐铉曰："今俗别作炬，非是。"不过被徐铉判为"非是"的"炬"却早已代替了"苣"，在《史记·田单列传》里就曾使用："牛尾炬火光明炫耀。"又《论衡·感虚》："夫爇一炬火，爨一镬水，终日不能热也……""炬"又指烛，南朝梁简文帝《对烛赋》："绿炬怀翠，朱烛含丹。"《论衡》中"一炬火"的"炬"看似量词，但"炬火"二字是"点燃的火把"之义，郑玄为《仪礼·士昏礼》"执烛前马"句作注说："使徒役持炬火居前炤道。"直到鲁迅还曾以"炬火"作比，称能引导读者的杰出作品是"新文学中的一个大炬火"（《集外集拾遗补编·三闲书屋校印书籍》）。"一炬火"宜切分成"一|炬火"，而不是"一炬|火"，"炬火"是名词。所以说汉代并未出现量词"炬"。

（二）据目前所知，"炬"在本期具备了量词资格，因为第一，从句法看有了"一炬火、千炬火、火两炬、火千炬"等数量名或名数量结构，"炬"与"火"被切分开来，不再是一个名词性结构。第二，与"数+炬"结合的，不单是火，还有灯、烛，说明"炬"的原有词汇意义淡化，是较为成熟的量词了。

1. 量火。

（1）千芦一炬火，回首是平芜。（杜牧诗，5977）

（2）鬼树夜分千炬火，渔舟朝卷一蓬霜。（李咸用诗，7403）

（3）司马门前火千炬，阑干星斗天将曙。（温庭筠诗，6703）

（4）五炬火从冢出逐（李）昼，昼走不能脱……（博30）

（5）三更后，见堤上两炬火，自远而至……（广19）

（6）出郭二里，见火两炬夹道，百步为导。（酉 265）

2. 量灯烛。

（7）南邻公子夜归声，数炬银灯隔竹明。（韦庄诗，8047）

（8）圣灯千万炬，旋向碧空生。（蜀太妃徐氏诗，84）

（9）庭前把烛嗔两炬，峡口惊猿闻一个。（杜甫诗，2366）

（10）上将命令狐绹为相，夜半幸含春亭召对，尽蜡烛一炬，方许归学士院……（东 92）

（三）量词"炬"产生于本期，也在本期达到了最盛，此后便不多见，宋王谠《唐语林·文学》有一例，所叙却与例（5）内容相同，文字大同小异，实际是用了唐人的材料。后世文献中较少见到。

此外，用于称量火的还有"具"，量火及配备成套的器物、骸骨、刀斧等，见第三章第六节。

第十六节　量细小之物

一、笙

《说文》："笙，十三簧，象凤之身也。"这是一种古老而至今习见的管乐器，《诗·小雅·鹿鸣》："我有嘉宾，鼓瑟吹笙。"作为量词本期之前未见，本期数量虽少却不单纯，有几种情形：

1. 量细小之物。

（1）一寸之草，岂合量天！一笙毫毛，拟拒炉灰！（敦校 2）

黄征等引项楚校："笙，表细微的量词。……《方言》卷 2：'自关而西，秦、晋之间，凡细貌谓之笙。'……章炳麟《新方言·释言》：'今称至微之物曰笙，音如星，重言曰零星。'"黄征等按："'星'字但状体积、容积之小或少，常言'一星半点'是也；……而'笙'则状细貌，此'一笙毫毛'义即'一茎毫毛'。……"（见敦校 22 页注〔五四〕）

2. 用如称量植物的"茎"。

用例均有异文，"笙"或作"生"。

（2）赖值凤凰恩择（泽），放你一生草命。（敦校 379）

黄征等注："一生，同'一笙'，义即一茎、一条。"（见敦校 411 页注〔三二七〕）另一例"笙"一作"盆"：

（3）至七月七夕，西王母头戴七盆花，驾云母之车，来在殿上，空中而游。（敦校 244）

黄征等注："原校（引者按，指《敦煌变文集》王重民等校注，见该书 165 页）：'丙卷七盆花作七笙花。'按：《敦煌宝藏》'美 855 号'《悉达太子诞质图》所画太子头顶有七枝花，故知'七笙花''七盆花'皆即七枝花。'笙'犹'茎'，'盆'盖指花朵而言。"（敦校 249 页注〔六〇〕）

3. 量橛（掘）、檐等细长之物。

（4）柒尺掘壹笙。（敦煌文书 B79）

（5）掘（橛）两笙。（同上）

（6）枝十五束，掘拾笙上头修渣（闸）用……（同上）

（7）堂檐并柝大小玖笙……（同上 80）

以上用例均出现在敦煌文书里，或属方言土语。从上文引《方言》可知"笙"含细义为"自关而西"的方言，与敦煌文书出土地较为接近。

本期之后再未见量词"笙"。

二、茧

《说文》："茧,蚕衣也。"《礼记·月令》："蚕事既登,分茧称丝,效功以共郊庙之服。"作为量词很少见,本期有如下之例:

> 故旧律发冢弃市。冢者,重也。言为孝子所重,发一茧土则坐,不须物也。(酉123)

此例意在强调土的量少,犹如蚕茧那么大小。"茧"的意义很实在,也很形象,是修辞性的用法。

此外,用于称量细小之物的还有"星",量少许之物及火、灯烛,见本章第十五节。

第十七节 量丝及其他细长之物

本节所收,有的是个体量词,如缕、丝、纶;有的可兼用为个体或集合量词,如络(子);有的则主要用为集合量词,如絇、结、绺、緵,因均量丝线之类,故列入一节,下文不再一一辨析。

一、缕

(一)《说文》:"缕,线也。"《墨子·尚同上》:"譬若丝缕之有纪。"南北朝始见个别量词用法,如梁刘遵《七夕穿针》诗:"向光抽一缕,举袖弄双针。"但句中未出现所量名词(线),刘世儒(1965:115)称为"综合称量法",属于不成熟的量词。

(二)本期的量词"缕"。

本期不但有了成熟的量词"缕",且用法多样:

1. 量丝、线之类。

(1) 海国一尺绮,冰壶万缕丝。(陈陶诗,8478)

(2) 采盘花阁无穷意,只在游丝一缕中。(刘威诗,6524)

(3) 绿杨春雨,金线飘千缕。(韦庄词,10077)

(4) 绣始一缕,万缕相续。(白集 887)

例(4)所量名词当为丝线。与丝、线相类的还有毛、发:

(5) 此生飘荡何时定,一缕鸿毛天地中。(白居易诗,4905)

(6) 寺前……聚观之徒,通计不下三万人。我霆震一声,尽散其发,每缕仍为七结。(集 61)

诗歌里的"丝、线"常用于比喻,例(3)的"金线"即喻柳条。下面再举一些类似的例子,喻柳者如:

(7) 风吹杨柳丝千缕,月照梨花雪万团。(刘兼诗,8694)

(8) 不必如丝千万缕,只禁离恨两三条。(李涉《柳枝词》诗,5439)

(9) 龙舟欲过偏留恋,万缕千丝拂御桥。(徐铉《柳枝词》诗,8598)

下例以"金绖"喻一种名为金松的植物叶上的条文:

(10) 金松,叶似麦门冬,叶中一缕如金绖……(酉 283)

喻须发者(多指白发):

(11) 昨别今已春,鬓丝生几缕。(韦应物诗,1955)

(12) 始因丝一缕,渐至雪千茎。(韦庄诗,8021)

(13) 忆初头始白,昼夜惊一缕。(元稹诗,4496)

这里有个问题："一缕"是多少根，是否像现代一样是若干根并在一起？按理一缕应为一根，因为以上各例或以"一缕"与"万缕"或"千茎"相对，如例（4、12）；或出现了"千缕、万缕"，如例（7—9）；例（11—13）写初生白发，应是刚生出一根或几根就在镜中发现，并大发"早生华发"的感慨了，故"缕"应为个体量词。

2. 量由丝、线制成的纺织品或衣物。

（14）一缕袈裟身上挂，堪与门徒长福田。（敦校 668）

（15）点检箱囊，资缗无一金半金，素帛有三缕□□。（变文 809）

（16）佅自肩如削，难胜数缕绦。（李煜诗，73）

3. 量云、霞、烟，这是因为其形状酷似柔软、纤细的丝线。

（17）千重碧树笼春苑，万缕红霞衬碧天。（韦庄诗，8011）

（18）数点渭川雨，一缕湘江烟。（牟融诗，5319）

（19）青城丈人何处游，玄鹤唳天云一缕。（曲龙山仙诗，9751）

4. 量"红、金"等颜色及表感情的"愁"。

（20）影转高梧月初出，簇簇金梭万缕红。（温庭筠诗，6694）

（21）吴王宫里色偏深，一簇纤条万缕金。（牛峤诗，402）

（22）几时金雁传归信，剪断香魂一缕愁。（司空图诗，7265）

3、4两种用法主要出现在诗歌里，描写性极强。这时仍是个体量词的活用，因为"云、烟"等是无法分拆成根的，更不要说"愁"了。

（三）这些用法，后世大都保留下来了。如元乔吉《清江引·即景》曲："垂杨柳丝千万缕。"《红楼梦》里有"几缕飞云"（第5回）、"一缕幽香"（26回）、"一缕笛音"（76回）、"梅花一缕魂"（37回）等。

现代文学中有"几缕血痕"（鲁迅《纪念刘和珍君》）、"一缕缕的纱"（夏衍《包身工》）、"一缕蓝色的轻烟"（史铁生《我的遥远的清平湾》）等。不同的是现在量丝线之类的"一缕"不是一根，而是若干根，郭先珍（2002：94）也指"缕"是"指细丝状的东西顺着在一起的几根"。

二、丝

（一）《说文》："丝，蚕所吐也。"《书·禹贡》："厥贡漆丝。"又指纤细如丝之物，杜甫《重过何氏》诗之三："蜻蜓立钓丝。"用于比喻，指抽象的细微之物，《礼记·缁衣》："王言如丝，其出如纶。"

（二）"丝"做量词，初为度量词，《孙子算经》卷上："蚕吐丝为忽，十忽为一丝。"做个体量词始于本期，描写重于计量。

1. 量纺织品。

（1）鸳鸯绮，知结几千丝。（传39）

（2）昂藏骑马出朱门，服色鲜华不可论，尽是杀人方始得，一丝丝上有冤魂。（归处讽诗，唐外544）

2. 量柳、烟等细长之物。

（3）梁苑城西二十里，一渠春水柳千丝。（白居易诗，4946）

（4）更被夕阳江岸上，断肠烟柳一丝丝。（韦庄诗，8026）

（5）柳长千丝宛，田塍一线绔。（刘禹锡诗，4101）

（6）张盖欲判江滟滟，回头更望柳丝丝。（李商隐诗，6166）

（7）卧病匡床香屡添，夜深犹有一丝烟。（凤凰台怪诗，9828）

（三）后世"丝"一直量细微之物，并有夸张之意。宋范成大《重阳九经堂作》诗："青嶂卷帘三面月，黄花吹鬓几丝风。"《红楼梦》51回："我最嫌的是杨树……没一丝风，他也是乱响。"《儿女英雄传》

第 6 回：" （安公子）只剩得悠悠一丝气儿在喉间流连。"另外，作为计量单位词等于十分之一毫，可表长度和重量。《清史稿·食货志五》："旧例每斤征课二厘五毫，今但征四丝九忽有奇……"可见在清代仍行用"丝"这一长度单位。

三、纶

（一）《说文》："纶，青丝绶也。"从造字理据看，兼表音、义的声旁"仑"是条理、次序之义，故"纶"有整理丝线义，《诗·小雅·采绿》："之子于钓，言纶之绳。"朱熹《诗集传》："理丝曰纶。"因又有丝线、钓丝义，《礼记·缁衣》："王言如丝，其出如纶。"《文心雕龙·情采》："固知翠纶桂饵，反所以失鱼。"量词"纶"当从此义引申而来。

（二）"纶"是本期的新生量词，量钓丝之类。

（1）叶艇悠扬鹤发垂，生涯空托一纶丝。（罗隐《赠渔翁》诗，7606）

（2）一棹春风一叶舟，一纶茧缕一轻钩。（李煜词，10043）

在唐诗中，还有一个特殊的例子：

（3）紫陌罢双辙，碧潭穷一纶（一作轮）。（杜牧诗，6020）

此例没有出现被量名词，量词性很弱，且有异文作"轮"，当指明月（前文有"月夕上楼频"之句）。姑录此备考。

（三）本期仅见之例均出自诗词，不知后世是否有人仿照，现代肯定没有这个量词。

四、络［子］

（一）《说文》："络，絮也。"段注："包络字汉人多假'落'为之，其实'络'之引申也。"文献常用为"网络、脉络"义，张衡《西京赋》：

"尔乃振天维，衍地络。"又有"缠绕、捆缚"义，《楚辞·招魂》："秦篝齐缕，郑绵络些。"王逸注："络，缚也。"特指缠丝，刘向《说苑·权谋》："袁氏之妻络而失其纪，其妾告之，怒弃之。"量词"络"可能就源于此义，称量缠缚成捆的丝。

（二）本期之前未见此量词，可分为两类：

1. 量丝。

（1）半罗茧就新蝉叫，一络丝成旧债催。（敦校 621）

2. 在敦煌文书里，"络"可带"子"尾，所量为草，指绑成捆儿的草，义近"束"，应属集合量词：

（2）出钱贰伯文，付市城安仁坊吒半庆蜜，充还家人勿悉满税草两络子价。（敦煌文书 B111）

（3）出钱壹千柒伯叁拾文，付市城政声坊吒半勃曘诺充还家人悉未止税并草两络子价。（同上）

（三）本期之后，我们未见量词"络"的用例，有些疑似量词，如《徐霞客游记·滇游日记四》："坑水渍而为瀑……但水细如络丝，不如匹练也。""络丝"与"匹练"对举，像是"匹马、滴水"之类的量名结构，可释为"一缕丝"；《红楼梦》70 回："空挂纤纤缕，徒垂络络丝。""络络"又似量词重叠，但也可释为"络绎不绝貌"。例少难以定论。现代普通话肯定没有这个量词。

五、絇

（一）《说文》："絇，纑绳絇也。"段注："纑者，布缕也。绳者，索也。絇，纠合之谓。"义为用布麻丝缕搓成绳索。此义文献中罕见，如唐皇甫湜《论业》诗："浅辟庸种无嘉苗，颣絇疏织无良帛。"量词义盖源于此。

（二）量词"絇"始见于本期，并不常用，且不像有规定标准的计量单位，有的注家说"一絇"就是"一缕、一绞"。[①]因用于丝，故列于这一组。

（1）兼乱丝一絇，文竹茶碾子一枚。（传109）

（2）一絇丝，能得几日络？（隋唐39）

（三）后世文人诗中仍有以"絇"量丝者，如宋王安石《促织》："几家能有一絇丝？"金元好问《九月初霖雨中感寒痹作》："絇丝不易得。"可以看出，这均非日常的实际度量，而是强调数量少。这个量词处于衰落的境地，到今天已经彻底消亡，连《现代汉语词典》也没有收录"絇"字。

六、结

量词"结"前所未见，称量丝线的仅见于法门寺碑文，顾名思义大概是结起来的一股：

（1）新丝一结　百索线一结（法门寺碑，250）

另有一例，似为名词，"七结"可能是七个拴起来的结子，录此备考：

（2）而寺前负贩、戏弄、观看人数万众，发悉解散，每缕皆为七结。（集61）

后世未见，当代无此量词。

七、绺

《说文》："绺，纬十缕为绺。"《集韵·有韵》："丝十为纶，纶倍

[①] 见张友鹤《唐宋传奇选》114页，人民文学出版社，1982年。

为绺。"缕"指棉线，"丝"指丝线，一绺即一束，从后来的实例看，不一定是十根或二十根。量词之例此前未见，本期只有个别之例：

青丝一绺堕云鬟，金剪刀鸣不忍看。（王涣诗，7920）

此后，"绺"的用法无大变化，如元曲《陶母剪发待宾》第二折："手里拿着一绺儿头发，不知是卖的？不知是买的？"《红楼梦》21回："不承望枕套中抖出一绺青丝来。"现当代仍习见，可量须发、丝、线等。

八、緵

《说文》无"緵"，《仪礼·聘礼》："四秉曰筥，十筥曰稯。"郑玄注："古文稯作緵。"《汉书·王莽传》："自公卿以下，一月之禄，十緵布二匹。"《王力古汉语字典》："四十把为一緵。"它所量之物不一定是丝，但可肯定是线一类的东西。本期之例见于古籍注疏，可见并非日常习用者：

（1）七緵，盖今七升布，言其粗，故令衣之也。（《史记·孝景本纪》"令徒隶衣七緵布"句司马贞索隐）

（2）緵，八十缕也，与布相似。七升布用五百六十缕。（《史记·孝景本纪》"令徒隶衣七緵布"句张守节正义）

第十八节　量长条形物

一、道

（一）《说文》："道，所行道也。"本义道路，《诗·小雅·大东》："周道如砥，其直如矢。"这正是量词所由产生的意义。

（二）量词"道"最早出现于魏晋，当时已有几种功能：开始用于路阶及与之相关的门，如《佛国记》："佛……下时化作三道宝阶。"《十六国春秋辑补·后赵录》："速凿北垒，为突门二十余道。"继而用于像道路一样的长条形物，如《佛国记》："小夫人即以两手构两乳，乳各作五百道，堕千子口中。"再引申可称量文书，如王羲之《杂帖》："或有写书人者，可写一道与吾也。"刘世儒认为这是因为文书也像道路一样有交通、传达之义，可备一说。（参见刘世儒1965：129—130）汪维辉（2007：129）举《齐民要术》的一种用法："至冬，竖草于树间令满，外复以草围之，以葛十道束置。"（卷5）汪认为这是刘书未论及的，古今辞书在"道"做量词的义项中也都没有分出此项。

（三）本期，量词"道"保持了前期的基本功能，但使用率极高，用法也有所发展，大致可分以下几类：

1. 量道路及关、阶、桥、渠、门等交通设施。

（1）若问三涂何处苦，咸言五道鬼门关。（敦校1028）

（2）三道宝阶，阇梨从何而上？（祖193）

（3）茶陵一道好长街，两畔栽柳不栽槐。（伊用昌诗，9733）

（4）一道鹊桥横渺渺，千声玉佩过玲玲。（徐凝诗，5379）

（5）谁开湖寺西南路，草绿裙腰一道斜。（白居易诗，4959）

（6）作两道虹桥，以通南北。（博4）

（7）速凿北垒，为突门二十余道。（《晋书·石勒载记上》）

（8）绕山麓四面，成一道石渠，泉水流注，经冬不竭。（集20）

2. 量江河、溪流、泉水以及由河水形成的波澜等。

（9）千重之翠巘摩天，百道之寒溪喷雪。（敦校619）

（10）四面千重火云合，中心一道瘴江流。（白居易诗，4869）

(11) 层冰塞断隋朝水,一道银河贯千里。(李涉诗,9982)

(12) 沸汤空谷数道水,融盖阴崖几年雪。(王泠然诗,1173)

(13) 几道泉绕圃,交横落慢坡。(杜甫诗,2426)

(14) ……清泉迸下者二三百道。(玄79)

(15) 峰州有一道水从吐蕃中来,夏冷如冰雪。(朝101)

(16) 黄云万里动风色,白波九道流雪山。(李白诗,1773)

(17) 一道澄澜彻底清,仙郎轻棹出重城。(杨夔诗,8662)

还有量"帆"者,指行驶在江河里连成一线的船帆:

(18) 春风野岸名花发,一道帆樯画柳烟。(杜牧诗,6008)

(19) 八月长江万里晴,千帆一道带风轻。(崔季卿诗,3354)

3. 量声、光、气、烟、云、虹蜺、风雷等,因其为条状或传播时呈条状,故也用"道"量之。

(20) 琴筝悬在四隅头,风吹万道声聊量(嘹亮)。(敦校558)

(21) 千道光明遐迩照,几条明焰色如霜。(同上612)

(22) 两道圆光明似镜,一朵香山,岸岘堪吟咏。(敦辞1729)

(23) (怀让)初生之时,有六道白气应于上像。(祖110)

(24) 西方有白虹十二道,通过此土,连夜不灭。(同上23)

(25) 一道水声多乱石,四时天色少晴云。(廉氏诗,9015)

(26) 三道狼烟过碛来,受降城上探旗开。(薛逢诗,6334)

(27) 半空飞雪化,一道白云流。(李洞诗,8279)

(28) 半川阴雾藏高木,一道晴蜺杂落晖。(曹松诗,8243)

(29) 一道残阳铺水中,半江瑟瑟半江红。(白居易诗,4946)

(30) 城阴一道直,烛焰两行斜。(同上,5027)

（31）何处发天涯，风雷一道赊。（薛能诗，6507）

4. 量呈条、带状的山林等自然景物。

（32）青山一道同云雨，明月何曾是两乡。（王昌龄诗，1450）

（33）南国披僧籍，高标一道林。（张祜诗，5802）

5. 量细长的什物及人或生物身上的条纹。

（34）其时青提……身上下四十九道长钉……（敦校1033）

（35）千般锦绣补（铺）床座，万道珠幡空里玄（悬）。（同上1025）

（36）敷千重之锦绣，〔张〕万道之花筵[①]。（同上436）

（37）眉中有千重碎皱，项上有百道粗筋。（敦校510）

（38）身体骨崖崖，面皮千道皱。（王诗校辑162）

（39）日炙旱云裂，迸为千道血。（司空图诗，7244）

此例属暗喻，以"千道血"喻日光，我们按其表层意义归入此类。

（40）鲤，脊中鳞一道，每鳞有小黑点……（酉163）

（41）栀子蔿花六出，刻房七道……（同上174）

6. 量符咒、文书之类。

（42）净能对皇帝前，便作结坛场，书符五道……（敦校337）

（43）入京中路奏状一道。（敦煌文书B177）

（44）节使三河募年少，诏书五道出将军。（王维诗，1257）

（45）次韵千言曾报答，直词三道共经纶。（元稹诗，4600）

[①] "筵"在《敦煌变文集》中作"遊"，《敦煌变文校注》校改为"筵"，是。详见该书450页注〔一二七〕。

（46）黑撒半筐兵甲豆，朱书一道厌人符。（光业诗，唐外 628）

（47）赐臣金书铁券一道。（罗隐《代武肃王钱镠谢赐铁券表》，《全唐文》894）

（48）太原白氏家状二道。（白集 981）

（49）中书制诰……凡三十道。（同上 1023）

（50）琰之出问户佐曰："文案几何？"对曰："急者二百余道。"（大唐 120）

（51）居士出墨符一道，向空掷之。（宣 105）

（52）周天官选人沈子荣诵判二百道……（朝 93）

（53）国初，明经取通两经，先帖文，乃按章疏试墨策十道；秀才试方略策三道；进士试时务策五道。（封 15）

7. 其他。

（54）好住湖堤上，长留一道春。（白居易诗，5033）

（55）打破蜘蛛千道网，总为鹈鹕两个严。（韦应物诗，1926）

（56）口云谏议送书信，白绢斜封三道印。（卢仝诗，4379）

（57）向前十道税，背后铁锤锤。（王诗校辑 13）[①]

以上几例与"长条形"的联系越来越远：例（54）诗题《武丘寺路》，"春"意指堤上连绵不断的繁花，尚与道路有关；而例（55—57）的"千道网、三道印、十道税"则透露出量词"道"进一步发展的迹象，它称量比较抽象的事物，有时带有层次的涵义，晚近的《太

---

① 变文另有一例："铜鸟万道望心撒，铁计（汁）千回顶上浇。"（敦校 1029）"铜鸟"含义不详，何以用"道"亦不明，列此备考。

平天国歌谣传说集·叹苦歌》有这样的句子:"租种二亩田,要交十道捐。"这跟例(57)几乎一样。

(四)量词"道"在本期的这些功能后世大都沿袭下来,量门、桥、道路、光线等类比比皆是,量文书类也不少见,如《水浒转》第1回:"(仁宗天子)急令翰林学士草诏一道……"在近现代,"道"更常量抽象事物,如"几道手续、两道保险"等。另有动量词用法,如"漆了两道漆""这批货倒过几道手了"。这是以前没有的。

二、条

(一)《说文》:"条,小枝也。"义为细长的枝条,《诗·周南·汝坟》:"遵彼汝坟,伐其条枚。"泛指细长物,庾信《七夕赋》:"缕条紧而贯矩,针鼻细而穿中。"因枝条是分岔的,又引申为分项的、条理,《书·盘庚上》:"若网在纲,有条而不紊。"《汉书·循吏传》"以兴化条"句颜注曰:"凡言条者,一一而疏举之,若木条然。"

(二)洪诚先生(1964:180)认为:"'条'由'枝条'转为'条理',再转为量词。"也就是说,量较为抽象事物的"条"倒是最早出现的。(与此情况相同的还有其他量词,如"事",详见本章第二十一节)他举了《汉书·刑法志》之例:"律令凡三百五十九章,大辟四百九条……。"以此证明量词"条"起于西汉。此外量道路及其他细长之物者如东汉班固《西都赋》"批三条之广路",《礼记·杂记》"丧冠条属,以别吉凶"郑注"条属者,通屈一条绳……"。

(三)至南北朝,"条"已发展得相当成熟,这时有了与本来的枝条义最接近的量条状花蕊之例:"其花深红……有蕊三条,长于花叶。"(《南方草木状》卷中)也有量街衢之例:"采桑三市路,卖酒七条衢。"(王褒《日出东南隅行》)量衣物之例:"舍其七条袈裟……"(《高僧传·兴福篇》)量文书条文之例:"综乃伪为质作降文三条。"(《吴志·胡综传》)刘世儒认为量文书条文是因为写成的条文"若木条然",也还跟原意有联系,再进一步,才出现了最虚化的纯粹量"事"的用例,如"恐樊犹未晓,故又举一条事"(《论语·颜渊》皇疏)。这与洪诚之说略有不同,可姑备一说。(参见刘世儒1965:101—104)

(四)本期文献里量词"条"是高频词,仅《全唐诗》就出现约260次,且所量事物种类繁多,现分类举例如下:

1. 量植物枝条。

(1) 数条藤束木皮棺,草殡荒山白骨寒。(韩愈诗,3862)

(2) 借问风光为谁丽,万条丝柳翠烟深。(薛涛诗,9039)

(3) 懒向人前着紫衣,虚堂闲倚一条藜。(李中诗,8508)

(4) 山东一条葛,无事莫撩拨。(《河北谚》诗,9936)

(5) 小树不禁攀折苦,乞君留取两三条。(白居易诗,397)

(6) 迩来庭柳无人折,长得垂枝一万条。(刘商诗,3464)

(7) 受尽风霜得到春,一条条是逐年新。(李山甫《柳十首》诗之二,7376)

2. 量木、杖、棒等用树木制成的长条形物。

(8) 与阿耶三条荆杖来,与打杀前家歌(哥)子!(敦校201)

(9) 用木三条。(敦煌文书B169)

(10) 张岸又取麦一馱,搬檩两条。(同上)

（11）奉师一条杖，其形有九曲。（祖188）

（12）九里山横烧，三条木落风。（李洞诗，8290）

（13）川，有似三条椽。（薛涛诗，9953）

（14）天柱几条搘白日，天门几扇锁明时。（高蟾诗，7648）

除木杖、木棒等，还可量形似的铁棒及枪：

（15）觅得一条长铁棒，坟间呵责尽头捶。（变文761）

（16）鸿门会上佑明王。胜用一条枪。（敦辞496）

此外，敦煌文书中有量"轴"之例，质料不明，与上例类同：

（17）轴肆条。（敦煌文书B170）

3. 量金、玉、冰、铁及烛、筋等固体。

（18）弯弯狂月压秋波，两条黄金閟黄雾。（秦韬玉诗，7662）

（19）一条鼍玉重，百两紫金轻。（贯休诗，9387）

（20）凿断玉潭盈尺水，琢成金地两条冰。（曹松诗，8238）

（21）磨持形相一条铁，市头格是无人别。（顾况诗，2944）

（22）九华灯作三条烛，万乘君悬四首题。（黄滔诗，8112）

（23）两条玉筋为君垂，此宵情，谁共说。（冯延巳词，10156）

此例的"玉筋"是涕泪的喻体，按字面义归类。

4. 量索、带、绳、丝、弦、缕等条状物。

（24）宣、洪州各大索廿条，常州小索一千二百条。（敦煌文书B169）

（25）画带八条。（同上）

（26）师曰："一条绳子自系。"（祖172）

（27）御陌青门拂地垂，千条金缕万条丝。（刘禹锡诗，4113）

（28）七条弦上五音寒，此艺知音自古难。（崔珏诗，6860）

（29）红妆齐抱紫檀槽，一抹朱弦四十条。（王仁裕诗，8401）

（30）云中谣曰："一条麻线挽天枢，绝去也。"（朝10）

（31）全质曰："所须何物？"答曰："犀佩带一条耳。"（博32）

5. 量纺织品及衣物。

（32）两点眉头雪不消，一条帔上云长在。（敦校620）

（33）红绵绢壹条。（敦煌文书B170）

（34）细布手巾一条。（同上）

（35）伍色褐食单壹条。（同上）

（36）袈裟壹条。（同上）

（37）黄画被子两条。（同上）

（38）五色褥壹条。（同上）

（39）达摩大师传袈裟一领，是七条屈眴布，青黑色……（祖80）

（40）寻后出家，身衣自然化成九条。（同上31）

（41）如裁一条素，白日悬秋天。（施肩吾诗，5590）

（42）着破三条裙，却还双股钗。（同上）

（43）不学白云岩下客，一条寒衲是生涯。（寒山诗，9088）

6. 量蛇、蚓及人或动物身上的条形物。

（44）雪峰养得一条虵，寄著南山意若何？（祖212）

（45）德山老汉，一条脊梁骨拗不折。（同上198）

（46）嫩红双脸似花明，两条眉黛远山横。（顾夐词，10099）

（47）诗封两条泪，露折一枝兰。（李贺诗，4415）

（48）前回忍泪却收来，泣向秋风两条血。（赵抟诗，8752）

（49）有蚓如巨臂，白颈红斑，领蚓数百条……（酉208）

7. 量阶、路、径、街、巷陌等。

（50）六条宝阶尧风扇，舜日光辉照帝城。（变文484）

（51）万里迢停不见家，一条黄路绝鸣沙。（敦辞1761）

（52）忆昔三条路，居临数仞墙。（刘禹锡诗，4098）

（53）门前巷陌三条近，墙内池亭万境闲。（同上，4054）

（54）山势欲相抱，一条微径盘。（窦参诗，3534）

（55）五字句求方寸佛，一条街擘两行蝉。（李洞诗，8295）

（56）柳发三条陌，花飞六辅渠。（张南史诗，3359）

（57）门前两条辙，何处去不得。（聂夷中诗，346）

（58）藤开九华洞，草结三条隧。（元稹诗，4484）

（59）回看官路三条线，却望都城一片尘。（白居易诗，5188）

汉代班固就有"披三条之广路"句，例（52）的"三条路"已成泛指通衢大道的用语，亦省作"三条"，可见"条"与"路"的量名搭配已经定型，所以用例也较多。最后例（59）里的"线"不是棉纱纺成的线，而是指笔直的官路，这恐怕是较早把"线"用于几何学的意义，并以"条"称量的实例。

8. 量江河、溪水等。

（60）吟得楚天风雨霁，一条江水两三山。（赵嘏诗，6372）

（61）别有一条投涧水，竹筒斜引入茶铛。（马戴诗，6446）

（62）异草奇花人不识，一池分作九条溪。（智亮诗，9279）

（63）数片石从青嶂得，一条泉自白云来。（杨夔诗，8661）

（64）一条雪浪吼巫峡，千里火云烧益州。（李商隐诗，6151）

9. 量气、光、烟、尘、火、色、声等。

（65）从弟三车上，有三条黑气，向上冲天。（敦校 128）

（66）面上五条光彩彩，眉边两道色皑皑。（同上 767）

（67）一条毒气，扇满幽燕。（敦煌文书 B169）

（68）山簇暮云千野雨，江分秋水九条烟。（许浑诗，6125）

（69）戍楼三号火，探马一条尘。（杜荀鹤诗，7939）

（70）红尘三条界阡陌，碧草千里铺郊畿。（白居易诗，4988）

（71）玉皇夜入未央宫，长火千条照栖鸟。（温庭筠诗，6703）

（72）脉脉两条秋水色，农夫贱卖古城旁。（李郢诗，唐外 516）

（73）数条雀尾来南海，一道蟾声噪御街。（李洞诗，8293）

以上所量均无固定形状，但在运动中可成条形。如例（69）"一条尘"指探马飞奔踏出的一路烟尘，例（71）"长火"系指灯火排成的长龙，等等。

10. 量云、霞、风、霜等自然现象。

（74）身上一条云作被[①]，面门两点雪成眉。（敦校 758）

（75）恃赖倾城人不及，檀妆唯约数条霞。（徐凝诗，5379）

（76）影疏千点月，声细万条风。（孟郊诗，4260）

（77）藏经看几遍，眉有数条霜。（贯休诗，9358）

（78）两三条电欲为雨，七八个星犹在天。（卢延让诗，8212）

（79）名齐火浣溢山椒，谁把惊虹挂一条。（徐夤诗，8185）

[①] 敦校 783 页注〔一八六〕："杨雄校：'被'当作'帔'。"

（80）景阳楼畔千条露，一面新妆待晓钟。（温庭筠诗，6764）

11. 量天、地、星、月（光）等。

（81）又院洛（落）地一条，东西壹丈肆尺，南北并基伍尺。（敦煌文书 B169）

（82）寒风切切贱于丹。行路远，正见一条天。（敦辞 1757）

（83）石形相对耸，天势一条长。（许棠诗，6972）

（84）半夜觉来新酒醒，一条斜月到床头。（雍陶诗，5928）

（85）斜笛夜深吹不落，一条银汉挂秋天。（李群玉诗，6611）

（86）遥认微微入朝火，一条星宿五门西。（白居易诗，5041）

（87）万卷图书天禄上，一条风景月华西。（同上，5060）

12. 量事、恨、罪、恶业、戒律、法令等抽象事物。

（88）十条恶业最难言，百千万劫出无缘。（敦校 680）

（89）既若如此，佛在世制二百五十条戒又奚为？（祖 137）

（90）云鬟早岁断金刀，戒律曾持五百条。（李洞诗，8294）

（91）还有一条遗恨事，高家门馆未酬恩。（白居易诗，4891）

（92）欲识千条恨，和烟折一枝。（雍裕之诗，5350）

（93）阴埋野色万条思，翠束寒声千里秋。（秦韬玉诗，7659）

例（92、93）均咏柳，"条"语带双关，既量"恨、思"，又指柳条，这也是诗歌语言的特点。

（94）大凡定罪二千五百二十九条。（《隋书·刑法志》）

（95）戴胄、魏征又言旧律令重，于是议绞刑之属五十条，免死罪，断其右趾。（《旧唐书·刑法志》）

（96）又定令一千五百九十条，为三十卷。（同上）

（97）（大中）六年五月，又立税茶之法，凡十二条，陈奏，上大悦。（《旧唐书·食货志下》）

（98）汉昌邑王贺即位二十七日，积恶凡一千四百二十七条，为霍光所废。（独2）

（99）初为大理卿，旬日决遣疑狱四百余条，无一人称屈。（大102）

（100）其试者通计一年所授之业，口问大义十条。（摭6）

13. 量词"条"也有一些特殊用例，不易归类，如：

（101）生铜香炉一条，阙尾。（敦煌文书B171）

（102）斜汉没时人不寐，几条蛛网下风庭。（窦常诗，3030）

香炉、蛛网都与条形相去甚远，以"条"量之似不合理，姑录此备考。

（五）此后"条"一直是习用量词，称量对象多数仍与条形相关，兹任举一些，如《京本通俗小说·西山一窟鬼》的"一条猪肝赤肚带"，《水浒传》第1回的"一条吊桶大小、雪花也似蛇"，《红楼梦》16回的"一条麻绳"。另一类也与本期相同，即量可分项的抽象事物，如《红楼梦》55回："告诉你们奶奶，我的话，把这一条（引者按：指一项规定的费用）务必免了。"其间也有变化，如唐五代未见用于量人或大型动物，近代白话小说却不乏其例，如《水浒传》第7回的"一条大汉"，《儒林外史》第1回的"一条水牛"。直至现代"条"仍保有上文第（四）节10、11两项外的大多数用法。

三、带

（一）《说文》："带，绅也。"《诗·卫风·有狐》："心之忧矣，之子无带。"毛传："带，所以申束衣也。"就是今天的带子。

（二）量词"带"始见于本期，主要用于称量细长的带状景物。

1. 量溪泉、山河等。

（1）一带长溪渌浸门，数声幽鸟啄云根。（罗邺诗，7507）

（2）浴马池西一带泉，开门景物似樊川。（李洞诗，8294）

（3）数带长河水，千条弱柳风。（姚合诗，5686）

（4）汉江一带碧流长，两岸春风起绿杨。（胡曾诗，7421）

（5）平林漠漠烟如织，寒山一带伤心碧。（李白词，10051）

2. 量房舍、路径。

（6）旧斋一带连松竹，明月窗前枕上闻。（徐夤诗，8182）

（7）唯余采香径，一带绕山斜。（刘禹锡诗，4109）

3. 量风、光、烟、云等。

（8）一带清风入画堂，撼真珠箔碎玎珰。（韩偓诗，7822）

（9）一带远光何处水，钓舟闲系夕阳滩。（韦庄诗，8003）

（10）平阳池馆枕秦川，门锁南山一带烟。（姚合诗，5680）

（11）一带好云侵鬓绿，两层危岫拂眉青。（罗隐诗，7541）

（12）却嫌殷浩南楼夕，一带秋声入恨长。（陆龟蒙诗，7197）

（13）雨余芳草净沙尘，水绿沙平一带春。（于鹄诗，3511）

此类均为无固定形态或完全无形之物。例（11）"一带好云"喻美人的头发，例（13）诗题是《泛舟入后溪》，"一带"实际仍量溪水，只是字面上与"春"联系起来，故列入此类。

4. 量天、月。

（14）四面云屏一带天，是非断得自翛然。（司空图诗，7259）

（15）一带窗间月，斜穿枕上生。（韦庄诗，8015）

天和月不是条形的，这里是分别从云缝里和窗棂间透出的天空和月光。

（三）同是称量长条形事物，"带"较"条、道"的使用率要低得多，它只出现在诗歌中，敦煌文书及释家语录及其他散文作品都没有量词"带"。它往往只跟数词"一"搭配，《全唐诗》中"一带"共37例，"数带"只得1例，"两带"1例（但属数名结构），没有跟其他数词结合的例子，这说明它大多是起修辞作用，计量功能不强。正因如此，受其修饰的名词多表景物，没有细小的什物。后世"带"的用法也大多是这样，如周邦彦《浣溪沙》词："疏篱一带透斜晖。"《古今小说·蒋兴哥重会珍珠衫》："……两带楼房，第一带临着大街，第二带方作卧室。"《水浒传》92回："转过一带土墙……"等。现代汉语里依然如此，郭先珍（2002:29）指出"带"多与数词"一"结合，比义近的"条"色彩上更为文雅，使用范围却较为狭窄，多用于自然物，不能用于器物、动物等。回望隋唐五代，这种区别已经形成了。

此外，"**线**"用于称量细长之物，见第三章第五节。

第十九节 量球形、圆形及粒状物

一、颗

（一）《说文》："颗，小头也。"但典籍并未见此义之实例，《十三经》中除《尔雅》外，只有《左传》出现5次，均为专名。段玉裁《说文解字注》谓："引申为凡小物一枚之称，珠子曰颗，米粒曰颗是也。"指颗粒状物的名词实例晚出，多种辞书俱引白居易《题郡中荔枝》诗"燕脂掌中颗"为例。"颗"又有"土块"义，《洪武正韵·哿韵》："颗，土块。"《汉书·贾山传》:"为葬薶之侈至于此,使后世曾不得蓬颗蔽冢而托葬焉。"颜师古注:"颗,谓土块。"

(二)至于量词"颗",本身未见较早用例。然而据研究,"果"做量词早在秦末汉初,可量果实、块茎等个体,而"果"与"颗"两字形、音、义都有密切关系,或谓"果"应视为"颗"的前身。(张丽君 1998)量词"颗"比较可靠的出处在魏晋南北朝,如王献之《杂帖》:"今送梨三百颗。"这是量粒状的。此外,《颜氏家训·书证》称"北土通呼物一由改为一颗。""由"即土块,那么"颗"可能在当时亦可量块状物,但未见到实例。(参见刘世儒 1965:116—117)[①]

(三)本期量词"颗"沿袭前代,有以下几类用法:

1. 量植物的果实、籽粒。

(1)柘留两颗,颗别一十五文。(敦煌文书 B43)

(2)金鸡解衔一颗米,供养十方罗汉僧。(祖 58)

(3)《涅槃经》云:"佛告迦叶言:'从兜率天放一颗芥子,投阎浮提一针锋,是为难不?'……"(神会,近代 33)

(4)不食千钟粟,唯餐两颗梨。(益王联句诗,43)

(5)春种一粒粟,秋成万颗子。(李绅诗,5494)

(6)自云手种时,一颗青桐子。(白居易诗,4657)

(7)一茎青竹以为杖,数颗仙桃仍未餐。(护国诗,9138)

(8)数回细写愁仍破,万颗匀圆讶许同。(杜甫《野人送朱

[①] 有人举出长沙马王堆出土的汉代帛书《五十二病方》中的"干姜二果",认为即量个体块状物的用例。见刘洁北京大学博士论文《〈齐民要术〉词汇研究》(打印本)202 页。

樱》诗)

（9）主上以浞父年老，瓜初熟，赐一颗……（朝95）

（10）岁时或进三四颗枣，父母因命出家为道士。（广14）

2. 量珠、丹、水精等。

（11）幸有明珠一颗，精光之皎洁无假（瑕）……（敦校751）

（12）睹碧天，珠露洒，颗颗枝头蜜悬挂。（敦辞1057）

（13）欢喜即不敢，如粪扫堆上拾得一颗明珠。（祖150）

（14）环丹一颗，点铁成金；妙理一言，点凡成圣。（同上340）

（15）一颗水精绝瑕翳，光明透满出人天。（拾得诗，9106）

在诗歌中，表层意义是称量珠、真珠，实则用来比喻的情形很多，例（16）以珠喻泪是已定型的比喻，例（17）以珠泻玉瓶喻音乐之美，例（18）喻月及水中倒影，例（19）喻心爱的子女：

（16）千颗泪珠无寄处，一时弹与渡前风。（郑綮诗，6915）

（17）千重钩锁撼金铃，万颗真珠泻玉瓶。（张祜《楚州韦中丞箜篌》诗，5844）

（18）嵩山表里千重雪，洛水高低两颗珠。（白居易《八月十五夜同诸客玩月》诗，5155）

（19）掌珠一颗儿三岁，鬓雪千茎父六旬。（白居易诗，5100）

3. 量其他。

（20）刀山白骨乱纵横，剑树人头千万颗。（敦校1029）

（21）……问里正曰："鸡卵一钱几颗？"曰："三颗。"（朝76）

下例以"两颗血属"指两个子女，是比较特殊的比喻：

（22）师云："秀才唯独一身？还别有眷属不？"对曰："某甲

有山妻，兼有两颗血属。"（祖 379）

4. 用同"株"及后来产生的"棵"。

（23）近来无奈牡丹何，数十千钱买一颗。（柳浑诗，2014）

总之，本期"颗"似更活跃，尤其是在诗歌里，但除例（22、23）外，均未离开量球形或粒状物这一基本特点。"颗"与"粒"功能相近，二者的比较详见下文"**粒**"。"颗、粒"与"丸"的比较，详见"**丸**"。

（四）"颗"量球形物体历代皆有，如苏轼《食荔枝二首》之二的"荔枝三百颗"，《水浒传》14 回的"一颗小星"，《红楼梦》21 回的"四颗珍珠"。用于量头颅之例如《水浒传》26 回的"两颗人头"。相当于"棵"的用法近世亦仍存，《西游记》25 回："你去把那崖边柳树伐四颗来。"《儒林外史》40 回："我如今亲自手种一颗柳树，你们众百姓每人也种一颗。"鲁迅《故事新编·非攻》还有"一颗大树"之说，不过现代汉语普通话已无此用法，鲁迅笔下用于历史故事，另当别论。现代"颗"是常用量词，除量粒状物外，还常与心脏、子弹、钉子、印章等搭配。用于"心"有时虚指，如"一颗火热的心"。

二、粒

（一）《说文》："粒，糂也。"段注："粒乃糂之别，正谓米粒。"本义谷粒，《孟子·滕文公》上："乐岁，粒米狼戾……"赵岐注云："粒米，粟米之粒也。""粒"的量词义产生约当魏晋时代，开始就称量谷类，如《高僧传·义解篇》："翼于饭中得一粒谷，先取食之。"又用于其他小而圆的东西。《高僧传·兴福篇》："获佛牙一枚，舍利十五粒。"但后一种用法直至南北朝还不多见。（参见刘世儒 1965：118）

（二）本期的量词"粒"功能较前增多，唯各种称量对象都不离

"小而圆"的特点。

1. 保持由基本义而来的功能，量米、粮、饭等。

（1）口中衔七粒粳米，日食一粒，以济残命。（敦校243）

（2）三升今岁垄三亩，一粒来年收一科。（敦煌文书A287）

（3）二时把钵盂上堂，莫咬破一粒米。（祖136—137）

（4）粮不畜一粒，逢饭但知餐。（同上87）

（5）家破冷飕飕，食无一粒粟。（寒山诗，9093）

（6）一粒红稻饭，几滴牛领血。（郑遨诗，9671）

（7）数粒未入口，一丸已中胸。（白居易诗，4683）

（8）今人谓饭为米糕，遗余之饭，谓之一粒、两粒，是米食曰粒。（《书·益稷》"蒸民乃粒"伪孔传"米食曰粒"孔疏，十三经141）

（9）其中粳米焦者，于今尚存，服一粒，永不患疟。（酉98）

2. 量植物籽实。

（10）春种一粒粟，秋收万颗子。（李绅诗，5494）

（11）愿乞野人三两粒，归家将助小庭幽。（王建《题江寺兼求药子》诗，3405）

（12）萧孃初嫁嗜甘酸，嚼破水精千万粒。（皮日休《石榴歌》诗，7055）

（13）蛇子蛇孙鳞蜿蜿，新香几粒洪厓饭。（李贺《五粒小松歌》诗，4433）

从诗题可知，例（10—13）分别称量粟种、药子、石榴子及松子，其中例（13）表面量饭，但那是神仙洪厓吃的饭，实指松子。"五粒小松"指一种松树，另有多首诗提及，如"庭高五粒松"（林宽诗，6999）、"五粒松深溪水清"（徐凝诗，5381）、"五粒松花酒"（岑参诗，2102）、"五粒松阴半石床"（陆龟蒙诗，7184）等，意义同此。

3. 量舍利。

（14）拾得二万八千粒舍利。一万粒则纳官家，一万八千粒则三处起塔。（祖160）

（15）荼毗，得舍利五千余粒，塔于郭东。（同上390）

（16）青琉璃瓶里有七粒舍利，白琉璃瓶中有五粒舍利，金瓶之中有三粒舍利。（入唐，近代140）

4. 量药、丹砂等。

（17）练（炼）九转神丹，得长生不死。伏（服）之一粒，较量无比。（敦校341）

（18）常言一粒药，不堕生死境。（孟郊诗，4265）

（19）饥餐一粒伽陀药，心地调和倚石头。（寒山诗，9087）

（20）一粒硫黄入贵门，寝堂深处问玄言。（张祜诗，5848）

（21）白发万茎何所怪，丹砂一粒不曾尝。（白居易诗，5201）

（22）遗子丹十粒，一粒丹化十斤赤铜，则黄金矣，足以办丧事。（广159）

5. 一个特例。

（23）风羽法，去括三寸钻小孔，令透筈及镂风渠深一粒，自括达于孔，则不必羽也。（酉108）

在此例中，"粒"用作计量单位词。中国古代确曾以谷物为标准确定度量衡单位，如《淮南子·天文训》："十二蔈而当一粟，十二粟而当一寸。"《汉书·律历志上》："以子谷秬黍中者，一黍之广，度之九十分，黄钟之长。一为一分，十分为寸，十寸为尺……"① 说明以"粒"为度量单位于史有据。

（三）"粒"与"颗"的比较。

"粒"跟"颗"有同有异。相同之处是称量对象是圆而较小的，如米及籽实等。但"粒"之所量限于更小的东西，能以"颗"量的桃、梨、橘子等果实乃至鸡卵、人头在本期都不论"粒"；"颗"常量珠，"粒"常量舍利及药，一般不能互换。

至于"粒、颗"与"丸"的比较，详见下文"**丸**"。

（四）以上第1—4种功能后世都有所见，量米粮者如《水浒传》第6回的"一粒斋粮"，量籽实者如《红楼梦》第10回的"建莲子七粒"，量舍利者如苏轼《赵先生舍利记》的"舍利四十八粒"，量药者如《金史·纥石烈志宁传》的"金丹三十粒"。本期鸡卵可论"颗"，《天工开物·乃服·蚕种》则有蚕蛾之卵用"粒"之例："一蛾计生卵一百余粒。"这或许是因为蛾卵非常细小的关系。这些功能多数在现代仍是最普通的，唯某些文学作品有些特例，如鲁迅《南腔北调集·〈木刻创作法〉序》将书比作"一粒星星之火"，朱自清《荷塘月色》将白花比作"一粒粒的明珠"，这可能跟作者的方言有关，在普通话里"一粒火"是不合规范的，"一颗珠"也比"一粒珠"更为通用。普通话更不能以"粒"量较大的球、鸡蛋之类。至于今粤语以"粒"量球，

---

① 今人做过一些验证，将若干粒中等大小的黍横向排列，以其长度与汉制做比较。详见丘光明等（2001：41）。

更纯属方言词语，不宜推广。

三、丸

（一）《说文》："丸，圜倾侧而转者，从反仄。"本义指无角而圆的东西，《庄子·达生》："五六月，累丸二而不坠，失者锱铢。"泛指小而圆的弹丸，《左传·宣公二年》："晋灵公不君，厚敛以雕墙，从台上弹人而观其辟丸也。"作为量词就称量小而圆的东西，《武威汉代医简》12 页："……凡六物皆冶合和丸白密大如婴桃昼夜含三丸，稍咽之甚良。"晋干宝《搜神记》卷 2："诸祈祷者，持一百钱、一双笔、一丸墨，置石室中，前请乞。"《东观汉记·隗嚣载记》："元（王元）请以一丸泥为大王东封函谷关，此万世一时也。"（参见刘世儒 1965：116）

（二）本期，"丸"为习见量词，特别是在诗歌里，《全唐诗》就有 30 多例，称量对象也是小而圆的东西，可分几类。

1. 量药，最为常用。

（1）一丸疗万病，不假药方多。（祖 402）

（2）蒙分一丸药，相偶穷年祀。（薛戎诗，3519）

（3）残着几丸仙药在，分张还遣病夫知。（王建诗，3408）

（4）张鹄只消千驮绢，蒋蟠惟用一丸丹。（无名氏诗，9888）

（5）医王有妙药，能乞一丸无？（刘禹锡诗，4018）

（6）豆淋酒内下三丸，铁幞头上也出汗。（高供奉《本草采萍时日歌》诗，9959）

（7）一丸五色①成虚语，石烂松薪更莫疑。（杜牧诗，5958）

---

① 此系用三国魏曹丕《游仙诗》典，诗云："西山一何高，高高殊无极，上有两仙僮，不饮亦不食，与我一丸药，光耀有五色。"后因以"一丸五色"指仙药。

（8）杜巫尚书年少未达时，曾于长白山遇道士贻丹一丸……（续玄 123）

（9）此药一丸，可增一岁耳。（传 30）

2. 量泥。

（10）平戎七尺剑，封检一丸泥。（李益诗，3220）

（11）空留三尺剑，不用一丸泥。（李贺诗，4417）

（12）符命已归如掌地，一丸曾误隗王东。（胡宿诗，8369）

以上 3 例量泥均用前文（一）引《东观汉记》之典，"一丸泥"比喻极少的力量。

3. 量其他。

（13）惆怅此情言不尽，一丸萝卜火吾宫。（病狂人诗，9837）

（14）一镜奁曲堤，万丸跳猛雨。（杜牧诗，5947）

（15）林间公子挟弹弓，一丸致毙花丛里。（庄南杰诗，5344）

（16）季给上谷墨三年百六十九。（《新唐书·艺文志一》）

从上下文可知，例（13）言以萝卜为药；例（14）"万丸"形容无数雨滴；例（15）指弹弓所射的弹丸；例（16）量墨，前引晋代材料已见，此例出自宋人所修《新唐书》，录此备考。

（三）"丸"与"颗、粒"之比较。

"丸"有一个动词引申义，指揉物使成丸状，如《三国志·吴书·吴主传》："分部诸将，镇抚山越，讨不从命。"裴松之注引《江表传》："粮食乏尽，妇女或丸泥而吞之。"《晋书·陈寿列传》："有疾，使婢丸药。"或许因此，本期"丸"之所量多是人为的小而圆之物，如药丸、泥丸、弹丸等。虽然"颗、粒"亦有量药者，但不及"丸"那么集中,且"丸"无量籽实等天然颗粒之用途,这与前二者有别。

(四)"丸"是一个历史上变化不大的量词。偶有修辞用法,如清朱彝尊《摸鱼子》词的"一丸冷月",但不是其典型功能。一般仍量药,如《红楼梦》第 8 回:"什么丸药这么好闻?好姐姐,给我一丸尝尝。"或量弹丸,如《儒林外史》34 回:"……向着空阔处先打一丸弹子,抛在空中。"在现代汉语普通话里更以量药为主,其他都比较少见了。

四、滴

(一)《说文》:"滴,水注也。"此字在文献中晚出,《十三经》无"滴"。名词"滴"的较早用例如晋潘岳《悼亡诗》:"春风缘隟来,晨溜承檐滴。"南朝宋谢惠连《雪赋》:"尔其流滴垂冰,缘溜承隅。""滴"做量词南北朝还不多见,刘世儒(1965:115)引北齐《道兴造像记》"以水三四渧□□",仍不作"滴"。

(二)量词"滴"在本期大量出现,数量有了很大发展,只量各种液体,无其他称量对象。

(1)乳一滴入于众兽血中,尽变为水……(敦校 924)

(2)若遇西天师子脂,不销一滴皆成水。(同上)

(3)中秋八月演朝露,滴滴如珠草上悬。(同上 645)

(4)若有一物所凭,一滴水也难消。(祖 340)

(5)此是师子一滴乳,六斛驴乳一时迸散。(同上 462)

(6)为人善知识,说示一切人,如泻之一瓶,不失一滴……(同上)

(7)秋荷一滴露,清夜坠玄天。(韦应物诗,1985)

(8) 不知短发能多少，一滴秋霖白一茎。（韩偓诗，7789）

(9) 十日不饮一滴浆，泪渍绿毛头似鼠。（王建诗，3384）

(10) 朝梳一把白，夜泪千滴雨。（刘猛诗，5269）

(11) 一粒红稻饭，几滴牛颔血。（郑遨诗，9671）

(12) 一声隔浦猿蹄处，数滴惊心泪满裳。（惟审诗，9624）

(13) 酒胡一滴不入眼，空令酒胡名酒胡。（卢注诗，8721）

(14) 马躩地嘶鸣，即取瓶中水一滴滴马鬃上，慎勿多也。（续玄195）

(15) ……地上滴血无余，惟一只履在旁。（酉141）

(16) 露缀晚花千滴玉，菊摇寒砌一丛金。（敦校770）

例（16）实际"滴"所量是前面的"露"，"玉"则是借以喻露的喻体。

（三）此后"滴"在历史上没有什么实质的变化，直至今天，不需赘述。

五、饼（餅）

（一）《说文》："饼，面糍也。"本为烤熟或蒸熟的面食，后专指扁圆形、用面粉或米粉制成的食品。《墨子·耕柱》："见人之作饼，则还然窃之。"引申指饼状物，如茶饼，宋徽宗《大观茶论序》："龙团凤饼，名冠天下。"

（二）量词"饼"的出现不晚于南北朝，范晔《后汉书·列女传·乐羊子妻》："羊子尝行路，得遗金一饼，还以与妻。"刘世儒认为，"饼"专用于量金，故又作"鉼"。《说文义证》"钉"字下注云："梁书武陵王纪传：黄金一斤为饼，百饼为簉。"据此则"饼"可能还是一个专门量金的计量单位词。（参见刘世儒1965:179—180）但当时也有"饼"

量他物的例子，如《齐民要术·造神曲并酒等》："谨以七月上辰造作麦曲数千百饼。""曲"就是今天说的酒曲，与食物有关，这种用法似更接近"饼"的本义。

（三）从本期材料看，"饼"也并非只有一种功能。

1. 量金。

（1）岂知侍女帘帷外，剩取君王几饼金。（韩偓诗，7834）

（2）恨无黄金千万饼，布地买取为丘园。（刘禹锡诗，4004）

（3）子都视其囊中，有素书一帙、金十饼。乃卖二饼，葬书生……（独47）

2. 量其他。

（4）又赤土贰拾饼。（敦煌文书 B153）

（5）麻六升，麻滓二饼，油六斗九升两合。（同上）

（6）麻查拾伍饼。（同上）

据洪艺芳（2004）考证，敦煌文书中"饼"亦作"饼"，如"胡饼"或作"胡饼"。故"饼"乃"饼"之别字。至于"赤土、麻查（渣）"等，可能都被团压成了扁圆形，犹如现在大豆加工后用残渣做成的"豆饼"，以"饼"量之，顺理成章。

（四）后世的材料也证明"饼"不限于量金，如欧阳修《归田录》："始造小片龙茶以进……凡二十饼。"其后日渐衰微，《水浒传》《红楼梦》中"饼"都没有量词用法。偶有所见，恐属仿古，如清王士禛《分甘余话》卷上："宋丁谓……始造龙凤团茶，上供不过四十饼。"所谈既是宋代的事，与欧阳修文内容相似，可能会沿用那时的语言习惯。到了现代，普通话里已没有这个量词。粤方言有以之量录音带、录像带的用法。(郭先珍 2002)一些辞书引川籍作家沙汀文句"买了饼火炮",殊费解,或亦仅为方言。

六、点

(一)《说文》:"点,小黑也。"原指小黑点,宋玉《九辩》:"窃不自聊而愿忠兮,或黙点而污之。"也指微小的痕迹,《晋书·文苑列传·袁宏》:"如彼白珪,质无尘点。"引申为液体的小滴,《法华经·化成喻品》:"假使有人磨以为墨,过于东方千国土,乃下一点,大如微尘;又过千国土,复下一点,如是展转,尽地种墨。"作为量词就称量小而圆的东西或液体的小滴。不过直至南北朝时期,个体量词"点"的用例并不多见。刘书举出的例子都不十分典型,倒是多带有较强的修辞色彩,如"可怜数行雁,点点远空排"(庾信《晚秋》)。又如"庭梅对我有怜意,先露枝头一点春"(侯夫人《看梅》)。(参见刘世儒 1965:118)

(二)大量使用个体量词"点"始于本期,且所量事物种类繁多,彼此间的相关度又比较小。下面我们试着寻找不同事物用"点"称量时各自的理据。

1. 量颜色、痕迹。"点"的本义是黑点、痕迹,故此类最接近其本义,但用例不算太多,且多见于诗歌。

(1)不知何事秋千下,蹙破愁眉两点青。(王周诗,8680)

(2)万里一点白,长空鸟不飞。(崔道融诗,8211)

(3)身无彩凤双飞翼,心有灵犀一点通。(李商隐诗,6163)

(4)千点斓斒玉勒骢,青丝结尾绣缠鬃。(韩翃诗,2758)

(5)一点凝红和薄雾,翠娥愁不语。(牛希济词,10093)

（6）（则天朝）有人于洛水中获白石，有数点赤，诣阙请进，诸宰臣诘之，其人曰："此石赤心，所以进。"（大唐30）

2. 此外，最常见是称量小而圆的液滴，液滴也是"点"比较直接的引申义，较多的是量雪、雨、霜、露、云、霞、水、雾。

（7）身上一条云作被，面门两点雪成眉。（敦校758）

（8）天花落一枝两枝，甘露洒十点五点。（同上861）

（9）霏霏点点回塘雨，双双只只鸳鸯语。（敦辞502）

（10）石头进前把住云："你见何道理，但知礼拜？"师曰："如炉爐上一点雪。"[①]（祖142）

（11）三点五点映山雨，一枝两枝临水花。（吴融诗，7851）

（12）万点瑶台雪，飞来锦帐前。（钱起诗，2622）

（13）蒙顶茶畦千点露，浣花笺纸一溪春。（郑谷诗，7742）

（14）金华千点晓霜凝，独对壶觞又不能。（皮日休诗，7098）

（15）有时丹灶上，数点彩霞重。（钱起诗，2653）

（16）万点飞泉下白云，似帘悬处望疑真。（罗邺诗，7524）

有时字面上量"珠"，实际仍是水珠、露珠：

（17）绿杨阴里千家月，红藕香中万点珠。（温庭筠诗，6750）

（18）一点露珠凝冷，波影，满池塘。（温庭筠词，10061）

液滴有时是泪、血：

（19）遥将一点泪，远寄如花人。（李白诗，1879）

[①] 此句张美兰谓"炉爐"二字中"疑第一个'炉'字有误"。详见张美兰（2009：143）。

（20）山枕上，几点泪痕新。（顾夐词，10099）

（21）徒沾一点血，虚污箭头腥。（白居易诗，4685）

（22）久之，雨三数十点血，意已为中矢矣。（博 36）

（23）汾觉，视床前鲜血点点出户。（集 75）

3. 跟雨露相类的有云、烟等，它们并非凝聚成水滴状，而是远看似乎很小，像点状。

（24）或有身披百纳，袈裟上点点云生……（敦校 929）

（25）天色美晴。空色青碧，无一点翳。（入唐，近代 132）

（26）中峰青苔壁，一点云生时。（王昌龄诗，1440）

（27）绝顶登云望，东都一点烟。（杜光庭诗，9667）

（28）月回浦北千寻雪，树出湖东几点烟。（曹邺诗，6871）[1]

此类量云烟者，有时与表少量的不定量词难以区分，详见下文。

4. 量其他看来像是小而圆的东西，包括各种本不相似的事物。

A. 实际极其庞大的天体星、月、夕阳。

（29）数点疏星紫锦斑，仙家新样剪三山。（李群玉诗，6611）

（30）更残月落知孤坐，遥望船窗一点星。（徐铉诗，8589）

（31）严滩一点舟中月，万里烟波也梦君。（岑参诗，2105）

（32）影疏千点月，声细万条风。（孟郊诗，4260）

（33）篱外涓涓涧水流，槿花半点夕阳收。（窦巩诗，3052）

B. 从远处望见的光、火、灯、烛等。

---

[1] 另有曹唐诗"九点秋烟黛色空，绿华归思颇无穷"（7339）。"九点烟"常代指九州，非实际计量。

（34）妾情牵引何年了？辜负灵台一点光。（祖 205）

（35）欲放时，泪沾裳，冲篱落，千点光。（刘言史诗，5322）

（36）一点前村火，谁家未掩扉。（严维诗，2925）

（37）掩映橘林千点火，泓澄潭水一盆油。（白居易诗，5024）

（38）数声城上漏，一点窗间烛。（同上，4715）

（39）一点孤灯人梦觉，万重寒叶雨声多。（无名氏诗，8965）

（40）天柱一峰凝碧玉，神灯千点散红蕖。（杜光庭诗，9664）

C. 诗歌中，"点"还常量"萤"，即萤光。

（41）夜深不卧帘犹卷，数点残萤入户飞。（杨发诗，5906）

（42）一点新萤报秋信，不知何处是菩提。（贾岛诗，6687）

（43）十点五点残萤，千声万声秋雨。（子兰诗，9287）

D. 量鸟，这已见于南北朝，本期诗歌仍常见。

（44）华表双栖鹤，联樯几点乌。（白居易诗，5062）

（45）共君莫问当时事，一点沙禽胜五侯。（皮日休诗，7077）

（46）却驱羸马去，数点归林鸦。（长孙佐辅诗，5337）

（47）池光飐，惊起沙鸥八九点。（李珣词，10119）

E. 有些事物本难和"点"联系起来，但可能以"点"量雨露、灯火、鸟等已习见，故类推到约略看似点状的远山、孤帆、旗帜等物。

（48）清光门外一渠水，秋色墙头数点山。（刘禹锡诗，4053）

（49）天高云卷绿罗低，一点君山碍人眼。（张碧诗，5338）

（50）一点青螺白浪中，全依水府与天通。（窦庠《金山寺》诗，3047）

（51）湖山四五点，湘雁两三声。（李群玉诗，6594）

（52）横云时平凝，点点露数岫。（韩愈诗，3763）

（53）轻舟栏下去，点点入湘灵。（李群玉诗，6594）

（54）可怜不识生离者，数点渔帆落暮汀。（吴融诗，7851）

（55）碛回三通角，山寒一点旗。（张祜诗，5824）

其中例（58）的君山是专有名词，本身是唯一的，却被数量结构"一点"修饰，"一点君山"意谓"如一点般的君山"。除了"个"，其他量词很少能修饰专名。例（50）"青螺"喻江中突兀的山。

5. 量心。

心是看不见的，量心已离开了"点"的本义。

（56）落红乱逐东流水，一点芳心为君死。（戴叔伦诗，3072）

（57）倾阳一点丹心在，承得中天雨露多。（唐彦谦诗，7666）

（58）收裙整髻故迟迟，两点深心各惆怅。（韩偓诗，7834）

（59）贪泉何处是泉源？只在灵台一点间。（周昙诗，8359）

此外还有某些个别用例，系由诗歌修辞手法造成：

（60）时时数点仙，蜩蜩一线龙。（孟郊诗，4259）

（61）桓伊曾弄柯亭笛，吹落梅花万点香。（张祜诗，唐外480）

例（61）以"点"量香，详见第九章第九节。

（三）不定量词"点"。

不定量词与个体量词性质不同，其中的"些"见第七章。但不定量词"点"系从个体量词发展而成，为全面了解其面貌，在此一并叙述。

1. 不定量词"点"的产生及实例。

表少量的"点"始于本期，是为不定量词。它最初也是从个体量词虚化来的。例如，本来"点"量火是因远处的灯火形似小圆点，前文例(36)半开柴扉中透出的灯火和例(37)橘林里时隐时现的众多火把都可作如是解,因而是可数的。但下举例(1)的"无明火"却是佛教的一种说法,喻指痴妄之心,无法计量,其中"点"已纯然是不定量词了。例(2)杜荀鹤诗充满禅意,其下句谓没有佛灯心中依然光明,这"分明"也是无法定量的。

(1)一点无明火要防,焚烧善法更难当。灭除只在心池水,此个名为真道场。(敦校869)

(2)多生觉悟非关衲,一点分明不在灯。(杜荀鹤诗,7961)

凡是修饰抽象名词的"点"一般均为不定量词:

(3)奉事仙人千岁满,一点殊无退败心。(敦校711)

(4)灾障年年无一点,吉祥日日有多般。(同上969)

(5)好行未曾行一点,不依公道望千春。(同上1171)

(6)唯有一点味,岂见逃景延。(孟郊诗,4201)

孟郊此诗题为《偷诗》,其中的"味"指诗的意味,故更近于抽象。

(7)雨露由来一点恩,争能遍布及千门。(白居易诗,4934)

(8)能销造化几多力,不受阳和一点恩。(罗隐诗,7548)

(9)一点相思,万般自家甘受。(钟辐词,10071)

还有些被修饰的名词,虽非典型的抽象概念,却也无法分成个体来计量:

(10)侍奉终朝无一点,返张逐日有千般。(敦校977)

(11)我今日困,一点气力也无。(祖172)

(12)非独心常净,衣无一点尘。(姚合诗,5649)

(13)一点黄尘起雁喧,白龙堆下千蹄马。(温庭筠诗,6700)

（14）仙马有灵，迹在于石；棱而宛中，有点墨迹。（韩集690）

"气力"自然不能论个儿计数，"尘、黄尘"也一样：以尘土之小，怎能按颗粒计呢？远处马蹄腾起的更不可能是一颗黄尘，故"一点"只能是极少之意，不定量词正是在这种似是而非的情况下形成的。例（14）的"墨迹"跟"黄尘"一样不可计数，而此例更出现了省略数词"一"的情形。当然"有点"凝固成词是晚至现代汉语才有的事，此例出自韩愈《高君仙砚铭》，全文四字为句，限于文体故省去了"一"。像前文（二）中第3项量云烟一类，当数词为"一"时"点"就很像不定量词了，其中例（26）的"一点云"和例（27）的"一点烟"很难说都是小而圆的，倒是跟"一点黄尘"很相似，理解为"少量"更合理。只是为了叙述方便，我们将其归入个体量词量"云、烟"的一类罢了。本段例（10）的"侍奉"本是动词，此处在主语位置，姑视为体词。

2. 不定量词"点"的语法特点。

其一，只能跟数词"一"连用，表示不可数的少量。它不可能跟其他表确切数目的数词以及百千万等代表大数的词结合。

其二，"点"可重叠，有时似强调数量少，如：

（15）往（枉）施为，没计避，一点点怨家相逢值。（敦校1174）

敦煌歌辞里亦有此句，文字略有出入："枉施为，没计避，一点点冤家相逢值。"（敦辞1118）

（16）御园点点红丝挂，因风坠落沾枝架。（敦辞467）

其三，在句法上，"一点"可用于补语：

（17）（如镜铸像……）进曰："成像后，为什摩不鉴照？"师曰："虽然不鉴照，谩他一点不得。"（祖111）

(18)僧拈问:"如何是'清犹清'?"师云:"混他一点不得。"(同上409)

"一点"又常与否定词同现,表示"连一点都没有""一点都不……""一点都不能",如上述例(3、4、5、8、10、11、12、17、18)。此外还可再举一例:

(19)谷深而背阴,被前岩遮,日光不曾照着。所以自古已来,雪无一点消融之时矣。(入唐,近代130)

将此例与前文(二)中例(25)"无一点翳"比较,二者属同一部书,同是述说气象,"无一点翳"的"点"是个体量词,"无一点消融之时"的"点"则是不定量词,因为"翳"是可见的,"消融之时"是无形的。这种不定量词"点"的否定和现代汉语"一点都没有""差一点都不行"等语句相较,其所表的概念意义及表情色彩完全相同。不定量词"点"在本期产生后,得到了广泛的运用。[①]

(四)本期之后,作为个体量词的"点",量液体点滴的功能不如"滴",量固体颗粒的功能不如"颗",倒是在词、曲中往往用于修饰星月、鸟类等,修辞色彩较浓。如宋苏轼《洞仙歌》词:"绣帘开,一点明月窥人。"元郑光祖《驻马听近·秋雨》:"茂林千点昏鸦躁。"另一方面,不定量词"点"的势力日益增长,现代尤其如此。[②] 明

[①]"点"还可作为计时的准量词,在古时表更点,一夜分五更,一更分五点。本期之例如:"一夜四乘倾凿落,五更三点把屠苏"(雍陶诗,5916)、"漏传初五点,鸡报第三声"(白居易诗,5105)、"三更三点万家眠,露欲为霜月堕烟"(李商隐诗,6171)、"清风月白更三点,未放华阳鹤上人"(皮日休诗,7099)。

[②]《现代汉语词典》只列出量词"点"的两个义项,即表示少量及用于事项。

李贽《答邓石阳书》:"塞了一分真空,便是染了一点尘垢。"在近代,"一点"常省作"点",《红楼梦》15 回:"那节度使名唤云光,久见贾府之情,这点小事,岂有不允之理!"鲁迅《阿 Q 正传》:"本村倒不必担心的;只要自己夜里警醒点就是了。"

此外,"**团**"可称量呈圆形或聚集成团的事物及会合在一起的人等,见第三章第三节。

第二十节 量块状物

本节量词称量块状物,包括三维和二维的块状。三维的如"块、拳"量石,"脔"量肉,"垛"量金等;二维如"搭"量月中之蚀,"抹"量红霞及妇人脸上的胭脂等。"方"量土是三维的,量洒满月光的庭院则是二维的。

一、块

(一)《说文》"块"作"凷",释为"墣也……或从鬼"。本义土块,《左传·僖公二十三年》:"(重耳)乞食于野人,野人与之块。"作为量词开始就专量土块,刘向《说苑》卷 6:"犹为一块土下雨也。"《颜氏家训·书证篇》:"北土通呼物一凷改为一颗,蒜颗是俗间常语耳。"可见至少在北朝量词"块"已通行了。(参见刘世儒 1965:119)

(二)本期"块"仅见于诗歌小说中,用例不多,故不再分类。

(1)〔澶漫〕(漫澶)太行北,千里一块石。(皇甫湜诗,4151)

(2)投之一块骨,相与喔喽争。(寒山诗,9070)

(3)一块元气闭,细泉幽窦倾。(刘师服诗,8914)

（4）须臾，巫吐痰涎至多，有一块物如栗。（续玄 123）

可见本期"块"例虽少，但可量石、骨等坚硬之物，还可量比较抽象玄妙的元气。其实出现了开始取代"脔"的势头。

（三）本期之后"块"仍用于块状物，用例渐多，不胜枚举。如《宋史·瀛国公纪》："我忍死艰关至此者，正为赵氏一块肉尔。"又如《水浒传》第 10 回"两块牛肉"、《红楼梦》17—18 回"几块山石"等。在《红楼梦》里，包括"块"在内的不少量词加了"子"尾，如 25 回："你不嫌就挑两块子去。"此例所量是能做鞋面的零碎缎子，已从块状延伸到平面状物了，块状与片状恰正是现代汉语里"块"的称量范围。此外，近世产生了作为货币单位的用法相当于"圆"，如《二十年目睹之怪现状》28 回："大约百把块钱是要的。"这也是现代口语里应用很广的一个功能。

二、脔

（一）《说文》"脔"作"臠"，释为"臞也……一曰切肉脔也"。此为谓词。"脔"另义为切成块的鱼和肉，《庄子·至乐》："具太牢以为膳，鸟乃眩视忧悲，不敢食一脔，不敢饮一杯，三日而死。"《齐民要术·作鱼鲊》："脔形长二寸，广一寸，厚五分……"此义很易引申出量词，上引《庄子》例即与数词连用，汉代《淮南子·说林训》里更有了"尝一脔肉，而知一镬之味"这样的用例。魏晋南北朝沿用之，刘世儒说这是一个用于量肉的典型专职量词，如《搜神后记》卷上："乃破出之，是故一脔肉耳。"（参见刘世儒 1965：166—167）

（二）本期无新变化，唯敦煌文书、释家语录等均无此词，《全唐诗》亦少见，其他均为书面语体的笔记小说或史书之例。

（1）更有台中牛肉炙，尚盘数脔紫光球。（李日新诗，9867）

（2）（桓）温曰："年大来饮三升便醉，白肉不过十脔。"（《晋书·陆纳列传》）

（3）（赵履温……谄事安乐公主）上令斩之，刀剑乱下，与男同戮。人割一脔，肉骨俱尽。（朝124）

（4）韦庄颇读书，数米而炊，秤薪而爨，炙少一脔而觉之。（同上15）

（5）上元中临淮诸将等乘夜宴集，燔炙猪羊，芬馥备至。有一手从窗中入，言乞一脔，众皆不与。（广163）

另有一例与众不同：

（6）可惜秋眸一脔光，汉陵走马黄尘起。（李商隐诗，6239）

李商隐诗喜用朦胧的手法，论者认为有时"寓意空灵，索解无端"，例（6）表面看"脔"称量"光"，殊觉费解。量词"块"功能跟"脔"有相重之处，它正呈上升之势，可能压制了"脔"，使其走向衰落。

（三）本期之后"脔"更无起色，仅存于书面语中，如宋王说《唐语林·补遗三》："一盏酒，一脔鲊。"近代新兴的戏曲小说难得见到它的身影，《水浒传》《红楼梦》都没有这个字，现代汉语更无从说起了。

三、垛

（一）《说文》："垛，堂塾也。"此"垛"徒果切，果韵上声，今音 duǒ，依段注应为门两边伸出来的垛头。"垛"另读去声，今音 duò，唐玄应《一切经音义》卷12引《通俗文》："积土曰垛。"引申为垛起来的东西。

（二）作为量词本期以前未见，本期仅见少数之例，却可分为两类：

1. 量墙，应由上声"门两边的垛头"之义而来。

（1）长城下，哭声哀，感得长城一垛摧。（敦辞564）

2. 量块状物，应由去声"堆积"义而来。

（2）官金中蝼顶金最上，六两为一垛……（酉97）

例（2）看似计量词，但文献所记衡制单位未见"垛"，从后世材料看，去声"垛"一般用于称量成堆或成块的东西。"一垛"宜理解为一块，六两官金铸成一块是比较合理的。

（三）这两种用法后世仍存，量墙的如汤显祖《南柯记·闺警》"一垛两垛城台座"，《二刻拍案惊奇》卷37"兄弟各驻一间，只隔得中间一垛板壁"。量成堆东西的如《儒林外史》52回："那八块方砖齐齐整整，叠作一垛……"现代依然如此，郭先珍《现代汉语量词用法词典》（42页）特别提示注意"垛"的不同读音和不同用法，读第三声计量墙，读第四声计量堆码的东西。

四、方

（一）《说文》："方，并船也。"此解跟量词无关。"方"的字形甲骨文曾作"□"，这是后来的基本义"方形"之起源，《孟子·离娄上》："不以规矩不能成方圆。"引申为称说面积的用语，《列子·汤问》："太行、王屋二山方七百里。"量词之义当由此引申而来。所见最早之例出自北魏崔鸿《十六国春秋·前赵录·刘聪》："左右取得，开有一方白玉。"这是称量方形物的个体量词。又，《齐民要术》以之量土地："不如割地一方种之。"（转引自亓文香2006：88）此例当表面积，具体数值不详。

另外，刘世儒提到南北朝曾用于量药，如北齐《道兴造像记》"取鼠尾草花……服三方"，"一方"大约相当于"一剂"。（参见刘世儒 1965：167）

（二）本期的量词"方"。

1. 称量方形之物，属个体量词。

（1）一方潇洒地，之子独深居。（皮日休诗，7060）

（2）一方新地隔河烟，曾接诸生听管弦。（王建诗，3427）

（3）八尺碧天无点翳，一方青玉绝纤尘。（曹松诗，8247）

下面两例字面上所量是"月"，实际是充满月光的方形庭院：

（4）高坐寂寥尘漠漠，一方明月可中庭。（刘禹锡诗，4118）

（5）后夜相思处，中庭月一方。（李端诗，3235）

2. 计量单位词。

（6）寺内旧有池，下永乐东街数方土填之。（酉 259）

此例颇类后世的称量体积的计量词，与前文所引《齐民要术》中称量面积的"方"一样，是否有规定的数值，其值若干，都不能确知。刘书提到的用于医药相当于"剂"的材料本期未见，有待进一步探寻。

（三）后世的"方"亦有个体量词与计量单位词之别，个体量词仍称量方形物体，如《西游记》31 回的"一方金玉"，《儒林外史》11 回的"一方肉"，同书 30 回的"两方图书"，《红楼梦》第 9 回的"一方砚瓦"。现代书面语还有这类用法，如巴金《春》11："她摸出一方手帕来揩眼睛。"但口语多代之以"块"。计量词又分两种，一种为田地的面积单位，历代有不同的定制；另一种为面积或体积的单位，现代公制指一个平方米或立方米。

五、拳

《说文》:"拳,手也。"段注:"合掌指而为手……卷之为拳。"《后汉书·皇甫嵩列传》:"虽童儿可使奋拳以致力……"作为名量词,未知此前有无,我们见到的为本期量石的个别用例:

(1) 伊流决一带,洛石砌千拳。(白居易诗,5214)

(2) 洛石千万拳,衬波铺锦绮。(同上,5221)

(3) 长河拔作数条丝,太华磨成一拳石。(马异诗,4155)

例(1)的前文是"况此朱门内,君家新引泉",描写的是一个私家花园里用成千块石头砌成的流泉。例(2)则是潭水下的石块,可能就像拳头一样大小,是借形来称量的。例(3)用了夸张的修辞法,将"长河、太华"之大与"数条丝、一拳石"对比,可见后者是要形容其小如拳。后世有同类用例,孔尚任《桃花扇·传歌》:"一拳宣石墨花碎,几点苍苔乱染砌。"现代早期的文学作品也有这样的例子,刘大白《归梦》诗:"案上几拳不变的奇石,何如天空善变的浮云?"

此外,在近代汉语里"拳"还可量生意等,义同量词"项、注",如元张国宾《合汗衫》第二折:"我这一去,不得一拳好买卖不回来。"《古今小说·宋四公大闹禁魂张》:"闻知师父入东京去,得拳道路。"据《宋语言词典》,"道路"正是"指谋生的门路、行当",(见该书68页)与"生意、买卖"同类。

现代汉语里,"拳"只做动量词,如"打了他一拳",没有名量词的用法了。

六、坯

《说文》"坯"作"坏",《集韵》铺枚切,今音 pī,释为"丘再成者也",即小丘。后亦指未经烧制的陶器,《淮南子·精神》:"夫造化既以我为坯矣,将无所违之矣。"未见此前之例,本期用作量词亦仅有个例:

　　　　里中人视我如一坯土尔。(宣20)

其义当近于"块"。

七、搭(附"踏")

(一)《说文》无"搭",为后起字,《集韵·合韵》:"搭,击也。"本义击打。《北史·李彪列传》:"南台中取我木手去,搭奴肋折。"又有挂、披义,白居易《石楠树》诗:"熏笼乱搭绣衣裳。"引申为依附,元张国宾《合汗衫》第四折:"我也到那里搭一份斋,追荐我亡夫张孝友去来。"

(二)作为量词始见于本期,多种辞书举唐代之例都仅有一个:

　　(1)攫环破璧眼看尽,当天一搭如煤焰。(卢仝《月蚀诗》,4364)

我们还在稍晚的《祖堂集》里发现了另一例:

　　(2)(石头)大师曰:"佛殿前一搭草,明晨粥后划却。"(祖121)

各种辞书对量词"搭"的解释多为"块、处",有的还加上"叠"。因材料不足,不能确论。但我们怀疑这一量词与动作有关,从挂、依附等义可能引出使靠上、使附着义,卢仝诗写月蚀,想象那被遮住光亮的部分好像抹上去的煤;"一搭草"就是被蹭上、甩在那里的一小片草,在佛殿前很不整洁,所以要划掉。

(三)且看后来的例子。《水浒传》14回:"晁盖把灯照那人脸时,紫黑阔脸,鬓边一搭朱砂记。"这句与本期卢仝诗意义相近。某些诗人则有更进一步的发挥，杨万里《山村》诗之一："一搭山村一搭奇，亦堪风物索新诗。"白朴《梧桐雨》第3折："隐隐天涯，剩水残山五六搭。"这两例可理解为隐含有"是谁把这些山水、风景撂在此处了呢？"。

《红楼梦》里有量词"搭子"，用如今之"沓"，如52回"……小丫头子递过一搭子细纸，晴雯便一张一张的拿来醒鼻子"。此类本期未见。

此外，"这搭儿"有时类似动量词，元佚名《杀狗劝夫》第3折："嫂嫂你这搭儿莫不错行？"明康海《中山狼》第四折："这搭儿难回避，丈人呵，俺不道教星儿恰撞你。"

（四）现代汉语的"搭"很少有跟唐五代时相同的用法了，只有吴方言，如上海话"一搭地方"（见《上海方言词典》309页），似还有点联系。普通话的量词"搭"读第二声dá，常写作"沓"，表示一摞、一叠，如一搭（沓）纸或钞票，这跟上引《红楼梦》例用法相同。[①]

附：踏

此词仅见一例：

　　石头曰："老僧面前一踏草，三十年来不曾锄。"（祖149）

"踏"，《说文》无，《广韵》入声合韵，透母，他合切。"搭"，《集

[①] "沓"本义重合、重叠，南北朝有量词用例，《世说新语·任诞》："（罗友）在益州，语儿云：'我有五百人食器。'家中大惊，其由来清，而忽有此物。定是二百五十沓乌樏。"刘盼遂云："沓，犹今之套也。"但在语源上缺少理据，刘世儒（1965：216）认为一沓可能是两个，二百五十沓才会是五百个，是由重叠义而来。但在本期我们未见量词"沓"。

韵》入声合韵,端母,德合切。"踏、搭"叠韵,声母相近,而此例跟上引"佛殿前一搭草"同出自石头希迁和尚之口,同是量草,疑两词相通。

八、抹

《说文》无"抹",为后起字。《玉篇》:"抹,抹搬,灭也。"又义涂抹,杜甫《北征》诗:"学母无不为,晚妆随手抹。"杜牧《池州送孟迟先辈》:"大江吞天去,一练横坤抹。"用作量词当与"搭"相类,表示抹上去的一块,始见于本期,与表色彩烟霞等词语搭配:

（1）红霞一抹广陵春,定子当筵睡脸新。(杜牧诗,6008)

（2）一抹浓红傍脸斜,妆成不语独攀花。(罗虬诗,7627)

（3）天赐胭脂一抹腮,盘中磊落笛中哀。(罗隐诗,7546)

（4）艳多烟重欲开难,红蕊当心一抹檀。(同上,7611)

（5）海门云起双峦暝,一抹银花影夕阳。(觉隐诗,唐外695)

所谓"一抹"大致指一片、一块(某种色彩的痕迹),以上各例都出自诗歌,数词均为"一",修辞色彩重于计量作用。

此后,"抹"的这种性质基本延续下来了,后世的诗词曲里时有所见,如陆游《北园杂咏》诗"隔水横林一抹烟",林逋《淮甸南游》诗"数抹晚霞怜野笛",汤显祖《牡丹亭·玩真》"望关山梅岭天一抹"。又如纳兰性德《水调歌头》词:"犹记半竿斜照,一抹映疏林。"王士禛《渔洋诗话》卷中:"林梢一抹青如画,知是淮流转处山。"现代文艺作品里仍说"一抹红霞、一抹夕阳"等。

第二十一节　量事件及多种事物

本节要讨论的名量词包括"事、端、件、则"。它们既不同于专门称量某类具体事物的名量词,如用于书籍、文章的"轴、帙、函、卷",用于动物的"只、头、匹"等,也不同于可称量各种不同事物的通用量词"个"和"枚"。"事、端、件、则"的共同特点是可称量事件及抽象事物,但其中的"事"和"件"两个词又可称量衣服、器物或纺织品等具体事物。下面分别考察它们的来龙去脉,并对后来这四个同类量词此消彼长的原因试做一点简单的分析。

一、事

(一)《说文》:"事,职也。"甲、金文"事、吏"同字,本义官职、职务,如《诗·大雅·板》:"我虽异事,及尔同寮。"名词"事"先秦已有多义,一为"事情",如《论语·学而》的"敏于事而慎于言";一为"事业",如《荀子·正名》"正利而为谓之事"等等。通常词语的抽象义多由具体义引申而来(如"权"由"秤锤"引申为权利),但"事"却有所不同。它在除甲金文之外的文献中较早出现的是各种抽象义,后来才有了指称较为具体事物的意义,早期所指仍较为概括,如《论衡·程材》:"天地事物,人所重敬……"唐代开始,"事"义更加具体,如《伍子胥变文》:"剑璧之事,请更莫留。"《庐山远公话》:"山神又问:'僧人到此,所须何物?'树神奏曰:'适来问他,并不要诸事,言道只要一寺舍伽蓝居止。'""事"还与"物"结合成"物事",如《朱子语类》卷86:"要买物事,便入那市中去。"含义与今常用词"东西"相同,并保留在现代吴方言中。

（二）"事"与数词连用先秦已有"三事大夫"（《诗·小雅·雨无正》）、"以待百事"（《左传·昭公七年》）等，但只是数名连用。汉魏六朝开始走向量词，如《汉书·元帝纪》："省刑罚七十余事。"《论语·卫灵公》皇侃疏："仁、水、火三事皆民人所仰以生者也。"不过刘世儒先生（1965：158）称这只是"曾经走向量词的边缘"，"与其说它是量词，勿宁说它还是表总括的名词同位语"。

然而事实上汉魏时期还有更确切的例子，略举几条：1.《汉书·刑法志》："律令凡三百五十九章，大辟四百九条，千八百八十二事。"2.《汉书·霍光传》："使者旁午，持节诏诸官署征发，凡千一百二十七事。"3.《三国志·吴书·虞翻传》裴注引《虞翻别传》："又玄所注五经，违义尤其者百六十七事，不可不正。"以上第一例"事"与"章、条"并列，"章"称量"律令"，"条、事"称量"大辟"，应是每条中分若干事，略似今之"第几条、第几款"。第二例有注家谓"持节诏……"，句意为"拿着皇帝的旌节下命令给各个官署征调并索取物资，一共有一千一百二十七次"，①竟将"事"看作动量词了。不论此解恰当与否，总说明"凡"后的"若干事"在人们的语感中是数量结构。第三例的"违义尤其者"即"尤其不符合原义的（注解）"，是"动词结构+者"，语法地位相当于名词，也就是"事"的称量对象，则"事"无疑为量词，犹"条、则"。以上各例"事"称量的都是抽象事物。

---

① 见北京大学中国文学史教研室选注《两汉文学史参考资料》480页，中华书局，1962年。

（三）本期，量词"事"有明显的发展，主要表现在称量对象和句法结构两个方面。称量抽象事物时，句法结构没有变化，称量具体事物时，出现大量"数量名"结构，下面分别举例说明。

1. 称量抽象事物。

（1）其后蜀王法曹参军裴弘献又驳律令不便于时者四十余事，太宗令参掌删改之。(《旧唐书·刑法志》)

（2）自江津达渭，以四十万斛之佣，计缗二十八万，悉使归诸漕吏。……举之为法，凡十事，奏之。(《旧唐书·食货志》)

（3）太宗文皇帝平王世充，于图籍有交关语言、构怨连结文书数百事。(《龙城录》，大观147)

（4）在使院中，有小吏持院中故事节目十余事来示愈。(韩集180)

（5）助教博士以状申于司业、祭酒，司业、祭酒撰次蕃之群行焯焯者数十余事，以之升于礼部而以闻于天子。(同上128)

（6）市肆贱类营衣食，尚有一事长处。汝所为如此，竟作何物！(酉185)

以上各例均为史书或文人作品等书面语，在句法上"事"所量大多是结构较为复杂的词组，这样就有做多种语法分析的可能性。只有例（6）"一事长处"是标准的"数量名"结构。若仅从此类用例看，还可说"事"的量词属性不够确定。然而再看下文，结论就不同了。

2. 称量具体事物。

跟名词"事"先有抽象义再有具体义的情况相应，量词"事"也是从本期开始，才出现了称量具体事物的新功能：

（7）此人供养不休、四事[①]般般皆有。（敦校 730）

（8）清高节操伏王候，三事田衣信脚游。（同上 927）

（9）陛下须留一事着体之衣于蜀王殿上。（同上 338）

（10）只为全无一事衣，如何御彼三冬雪。（敦辞 1049）

（11）紫绫子衫子、白绢衫子共两事。（敦煌文书 B85）

（12）绢领巾壹事。（同上）

（13）贰仟玖拾陆事甲仗。（同上）

（14）壹伯壹拾陆事覆膊柒拾陆事铁，肆拾事皮。（同上）

（15）壹拾肆事杂具。（同上）

（16）斋时，新戒食料，人各馓饼两事……（同上 86）

（17）自天佑丙寅之间，众上一千七百，闽王四事供须，不替终始。（祖 212）

（18）百年三事衲，万里一枝筇。（无可诗，9163）

（19）对月五六人，管弦三两事。（白居易诗，5117）

（20）夏服亦无多，蕉纱三五事。（同上，5216）

（21）何故窃拨幞头二事，在滑州市隐橡子三升。（酉 21）

（22）觅婢不得，并失金银器物十余事。（朝 108）

（23）安禄山自范阳入觐，亦献白玉箫管数百事，安皆陈于梨园……（明 51）

（24）器物一千事，米一千石……（《云溪友议》卷上）[②]

[①]《佛学大辞典》765 页：四事为"衣服、饮食、卧具、汤药也。或房舍、衣服、饮食、汤药也"。

[②] 转引自张美兰（2001：4）。

（25）元载饮食,冷物用琉黄碗,热物用泛水磁器,器有三千事。(《云仙杂记》)①

（26）岂料乞索儿妇,还有两事盖形粗衣也。(《杜阳编》)②

（27）楚人陆鸿渐……造茶具二十四事以"都统笼"贮之。(封51)

以上诸例超过半数出自敦煌诗文、文书及接近口语的诗歌,各种语体均有"数+事+名"的结构,所量除例（7）指某类事物,其余都是具体的物件,如田衣、衲、甲仗、饼、幞头、白玉箫管等等。结合数词既有个位数一、二、三、四,也有多位数壹伯壹拾陆、贰仟玖拾陆等,说明"事"用于具体事物的计量是非常自由的,在本期已成为完全合格的量词,说它"始终没有发展成正规量词"是不正确的。

3. "事"还具有替代一般量词并加以总括的功能,如：

（28）皂绫袈裟壹事皂绫偏衫壹领两事共壹对。(敦煌文书 B85)

（29）合同前月日见在供使什物,惣肆仟陆伯玖拾肆事。(同上)

（30）裙衣一副四事。(法 252)

（31）八尺踏床锦席褥一副二事。(同上)

（32）茶槽子碾子茶罗匙子一副七事。(同上 251)

例（28）先出现了"事、领"两个量词,再以"两事"总括之；例（29）先说合同中提到的什物,再给出总计之数,以"事"统量之。例（30—32）采自法门寺唐塔地宫出土的衣物帐碑文,这一通碑上"×

---

① 转引自江蓝生、曹广顺等(1997：342)。

② 同①。

副×事"字样共出现 16 次,"事"称量配合成副的各种单件之物,包括衣服、被褥、器具等。

关于本期量词"事"与功能相近的"件"之比较,见下文"件"。

(四)量词"事"在本期发展到了顶点,此后称量具体与抽象事物的用法都渐见萎缩。宋代尚有所见,如《三朝北盟会编》卷 15:"三节人从各七事衣。"《朱子语类·训门人》:"若做得一事,便是一事功夫;若理会得这些子,便有这些子功夫……"前例"七事衣"承袭唐代,后例的"一事"在排比句中与下文"这些子"语法地位相当,可视为量词。此后量词"事"渐渐从口语淡出,戏曲小说基本不用,仅见于文言作品,如《聊斋志异·毛大福》:"布裹金饰数事。"《今世说·政事》:"追决狱,日必平反数十事。"《红楼梦》53 回:"几上设炉瓶三事……"现代口语中量词"事"已经消亡,以至今人在解释"炉瓶三事"时竟说是"与焚香有关的三件器具……'事'在此是用具的意思",[①] 其实应该说"事"即"件",现代汉语里代替"事"的正是"件"。

二、端

(一)《说文·立部》的"端"释为"直也",此义与量词无关。《说文·耑部》另有"耑",释为"物初生之题也"。段玉裁注:"古发端字作此,今则端行而耑废。"可知名词"端"本义植物初生的芽,引申为物体、事物的端点,如《庄子·秋水》:"顺流而东,至于北海,东面而望,不见水端。"再引申为事情的开头或结尾,《论语·子罕》:"有

[①] 见《红楼梦鉴赏词典》613 页,上海古籍出版社,1988 年。

鄙夫问于我，空空如也，我叩其两端而竭焉。"[1]一个开头就是一项、一类，故又引申为项目、种类，如《论语·为政》："攻乎异端，斯害也已。"端点与项目、种类正是量词"端"所由产生的意义。

（二）量词"端"的产生与发展。

《孟子·公孙丑上》："恻隐之心，仁之端也；羞恶之心，义之端也；辞让之心，礼之端也；是非之心，智之端也。人之有是四端也，犹其有四体也。"文中"端"含萌芽、起点义，有一定的比喻性质，从而使"端"的起点义虚化。《荀子·正论》："而圣王之分，荣辱是也，是有两端矣：有义荣者，有埶荣者；有义辱者，有埶辱者。"在此"两端"指两种相反的情形。可见"端"具有了相当的语义基础，在一定的句法结构中，就可成为称量事情乃至抽象事物的量词，这始于魏晋南北朝。如何逊《下方山》："谁能百里地，萦绕千端愁。"《颜氏家训·文章篇》："自古宏才博学，用事误者有矣，……略举一两端以为诫。"刘世儒（1965：109）说："'端'作为量词，一直就不够典型，因为它总是独用的时候多，陪伴的时候少。"那么，本期的情况如何呢？

（三）本期的个体量词"端"。

先看具体用例：

（1）请乞设誓，口舌多端……（敦校 377）

（2）众中俊哲，艺晓千端。（同上 514）

---

[1] 引文最后一句杨伯峻《论语译注》译作"我从他那个问题的首尾两头去盘问，然后尽量地告诉他"。

(3) 如羁囚兮在缧绁，忧虑万端无处说。(敦辞 1791)

(4) 行路难，岐路几千端。(骆宾王诗，349)

(5) 徒有盈樽酒，镇此百端忧。(韦应物诗，1924)

(6) 鬓毛方二色，愁绪日千端。(岑参诗，2066)

(7) 心曲千万端，悲来却难说。(孟郊诗，4188)

(8) 不饮亦不食，哀心百千端。(孟简诗，5370)

(9) 中原甲马未曾安，今日逢君事万端。(罗隐诗，7597)

(10) 雷电不敢伐，鳞皴势万端。(齐己诗，9459)

(11) 漕吏狡蠹，败溺百端，官舟之沈，多者岁至七十余只。(《旧唐书·食货志》)

(12) 县多山魈，变幻百端，无敢犯者。(集 14)

(13) 天帝以下人愚，率皆欺暗枉道，诈心万端。(玄 27)

(14) 有肥大年者，即呼为："屈突干阿姑"；貌稍胡者，即云"康太宾阿妹"。随类名之，摽弄百端。(《教坊记》，大观 124)

从以上用例可知：一，本期的个体量词"端"称量对象包括才艺、话语、品德、情感（多为痛苦、忧愁之类）、变化、事情等，均属抽象事物，例(4)的"岐路"看似较具体，但路有两端，本应以"条"量之，在此实际是喻困难险阻，另一版本无"岐路"二字，[①]则"端"所量就是字面未出现的"难处"了；二，连用的数词只有百、千、万、千万、百千、几千；三，除例(5)韦应物诗的"百端忧"外，与名词

———

[①]《全唐诗》349 页"岐路"下注"集无此二字"，当指《骆宾王集》，其书已佚，有多种辑佚本，以清人陈熙晋《骆临海集笺注》最为完善，有中华书局排印本。

结合者均为"名数量"结构。总之,"端"仍然没有成为自由运用的典型量词。关于"端"与"件"的比较,见下文"件"。

"端"还是计量单位词,用于称量纺织品,详见第五章。

(四)"端"称量抽象事物,历史上原只与略数连用,本期之后变化不大。到了现代也只保留在"百端待举、忧虑万端"等书面形式的四字格中。

三、件

(一)《说文》:"件,分也,从人从牛。牛,大物,故可分。"这是《说文》人部正文最后一字。对于此字形体、含义的认识历来争议较大。桂馥《说文义证》谓"件,大徐所加",段玉裁《说文解字注》亦以"件"为大徐所补,"乃半之误体",并删去了此字。此外《说文》"牛"字的释义为"大牲也,牛,件也,件,事理也"。段注说此注系"浅人"所加而改为"牛,事也,理也",从而删去了许慎全书注文中仅有的两个"件"字。而梁顾野王《玉篇》则将"件"例入后起俗字。[①]

另外,"件"从"人"不可解,饶炯《说文解字部首订》认为它从"八":"半篆从牛难解,牛当为物之假借……从牛即指其物意,从八即指其分意。"饶说较为合理,可见"件"乃会意字,本义为"分、分开",是为动词。由此引出被分的对象、分门别类的文件等义,是为名词。

(二)上古文献包括《十三经》及先秦诸子均无"件",仅《墨子·经说下》有"过件也",然学者多认为这里的"件"系"件"字之讹。传世秦汉文人作品亦无"件",唯出土汉简有之。较早出现的

[①] "件"字的来历及各家看法,详见洪诚(1964)。

是量词"件"(详见下文),而接近造字本义的用例只见于更晚的文献,动词例如晋郭璞《山海经图赞》("礜石、禀气方殊,件错理微")及北齐魏收所著《魏书·卢同列传》("若名级相应者,即于黄素楷书大字,具件阶级数……")。名词例则多出现于"右件、前件、件目"等词组,如《孔子家语·七十二弟子解》:"右件夫子七十二人弟子皆升堂入室者。"《齐民要术》:"凡为家具者,前件木皆所宜种。"元稹《叙奏》:"其余郡县之请奏,贺庆之常礼,因亦附之于件目。""右件、前件"指上文提及的事或人,"件目"指文件细目。

(三)"件"发展为量词的理据比较明显:分割 → 分成的对象 → 计件的量词。最早的例子出自汉简:"用羊韦八十三件。"(《居延新简》)[①]魏晋南北朝量词"件"有两类称量对象,其一为物件、书籍等,如宇文宪《上武帝表助军费》:"谨上金宝等一十六件,少助军资。"《宋书·胡氏列传》:"茂虔又求晋赵起居注诸杂书数十件。"另一类为抽象事物,如《颜氏家训·勉学篇》:"(道听途说,强事饰辞)凡有一二百件……"(参见刘世儒1965:127)但南朝刘宋著名的笔记小说《世说新语》出现各类量词50多个,却没有"件"。[②]

(四)本期的量词"件"。

本期用例增加,可分为三类:

1. 量衣服。

(1)一件袈裟挂在身,威议(仪)去就与常人。(敦校667)

[①] 转引自姚振武(2009:169)。

[②] 张振德等(1995:237)说名量词"在《世说新语》中计有以下50个……",意在穷尽统计,其中没有"件"。

（2）法衣六件、盐一百斛、米一百斛。(隋炀帝《与释智顗书》)

2. 量文书、奏状、法律条文等。

（3）又删武德、贞观已来敕格三千余件,定留七百条……(《旧唐书·刑法志》)

（4）论太原事状三件。(白集 1236)

（5）奏请加德音中节目二件。(同上 1237)

3. 量事情、事件及情感等抽象事物。

（6）又如梦想,如人夜眠作梦,觉时一段虚华,千般万种之中,无有一件实处。(敦校 834)

（7）佛有慈悲正遍知,有数件因依不敢去。(引者按:下文述"不敢去"的几个原因)(同上 863)

（8）喜有四件,忧有四般……(同上)

（9）有相道场,有十件利益,有十件不利益。(同上 866)

（10）据臣两件苦楚,并不入意,如似交(教)母子二人伏枕而死。(同上 473)

（11）无常一件大家知,争奈人心不惊悟。(敦辞 1627)

（12）一状所犯十人以上,所断罪二十件以上,为大;所犯六人以上,所断罪十件以上,为中;所犯五人以下,所断罪十件以下,为小。(《旧唐书·刑法志》)

（13）及览状,所论事二十余件,第一件取同姓女子入宅。(摭 21)

（14）(前文历数杨再思罪过)如此者凡六七件,示再思,再思再拜伏罪。(广 135)

（五）"件"跟"事、端"的竞争与消长。

1. "件"与"事"。

前文"事"字条分析过它称量衣服、器具等具体事物的几个特点，即拥有较多口语语料的用例，可组成"数量名"结构、所量对象及结合的数词多种多样等。但是称量抽象事物时，"事"并不具备这些特点。而本节所举诸例表明"件"却不受此限。例如敦煌变文就有多例以"件"称量抽象事物，且可自由进入"名数量"或"数量名"的格式，所量对象既有敕格、事状，也有喜、苦楚、实处、因依、利益、无常等。可见在称量抽象事物方面，本期"件"对"事"的优势已经显露出来了。尤其是本期之后，与渐趋式微的量词"事"相反，"件"呈继续发展之势。在历代口语的语录、小说等作品中成为常用词。我们随机选取了两段语料进行统计，结果量词"件"在《朱子语类·训门人》（约28000字）中出现27次，《水浒传》24回（约17000字）中出现17次，除通用量词"个"，词频大大超过任何其他量词。

"事"与"件"此消彼长的原因可能在于"事"这个词一直处于基本词汇的核心部分，它的词义可指人类生活中的各种活动和现象，极其重要。同时它古今都是高频词，在《十三经》中出现2020次，依《现代汉语频率词典》统计，在频率最高的前8000词中，高居第103位。人们在听话、读书时采取的策略首先会把"事"当作名词，这就会给理解"一事衣"之类的语言片段造成障碍、误解，必须重新"解码"，很不便捷。这跟量词"人"难以进入"数量名"结构的原因相似。而"件"在产生之初作为动词和名词的使用率就很低，量词义很快上升为主要义项。这样，在同义词的竞争中"事"逐渐被专心致志的"件"

所取代。

2."端"与"件"。

"端"的量词义缘于"端点",曾做计量单位称量纺织品,但它不同于"丈、尺、寸"等有确切数值,历代史志、笔记多有解说,这本身就说明它的数值有模糊性,需要讨论。这样的单位在对精确度、标准化要求越来越高的社会遭到淘汰是很自然的。至于"端"量抽象事物也是由端点义而来,实际多用于比喻头绪、心绪,跟百、千、万等大数连用更带有烘托"头绪繁杂、心绪纷乱"等色彩,从而被固定在某些格式中而不能自由地用于计量。"件"的量词义缘于"分割、分出的对象",凡能分割的东西,同类中能彼此独立存在的事物,皆可称"件",它受到的限制最小,自然强于"端"。

总之,在现代汉语中,"件"成为称量事情、衣物的主要量词。

四、则

(一)《说文》:"则,等画物也。"即按一定的等级、标准区分等第。由此引申为规范、法则,《诗·豳风·伐柯》:"伐柯伐柯,其则不远。"又为规章、规程。《周礼·小宰》:"掌邦之六典八法八则之贰。"

(二)作为量词是由规章的分项条文义而来,系晚起义,本期所见用例均出自编于五代的《祖堂集》,这可能是文献中最早出现的量词"则":

(1)云岩不知有这一则事。(祖410)

(2)有僧出来,两三则语举似师……(同上148)

(3)主人推不得,便升座,破题两三则言语。(同上152)

（4）道吾云："有什摩佛法因缘？"其僧举两三则因缘，道吾便欢喜，处分安排。（同上）

（5）师问："于二十八年中，山中和尚有什摩枢要处？请和尚不费家才[①]举一两则。"云："有一则，某甲收为方便。"师云："什摩处？"招庆举首顾视。师云："这个则收为方便，只如宗脉中事作摩生？"（同上293）

（6）沩山云："有诸方学人来问汝曹溪意旨，汝如何答渠？"仰山云："大德近从何处来？学人答：近从诸方老宿处来。仰山即举一境问云：诸方老宿还说这个？不说这个？或时举一境云：这个则且置，还诸方老宿意旨如何？已上两则境智也。"（同上462）

（7）师问僧："什么处人？"云："磁州人。"师曰："见说磁州出金，还是也无？"对云："不敢。"师曰："还将得来也无？"对云："将来。"师云："若将来，则呈似老僧看。"僧展手，师唾之。又问别僧："什么处人？"对云："磁州人。"师问僧："见说磁州出金，还是也无？"对曰："不敢。"师展手云："把将金来。"僧便唾之，师便掴三五下。师问僧："名什摩？""惠全。"师云："汝得入处作摩生？"对曰："共和尚商量了也。"师云："什么处是商量处？"对云："什么处去来？"师曰："汝得入处更作摩生？"僧无对。被棒。师举似长庆，长庆云："前头两则也有道理，后头无主在。"（同上207）

---

① 张美兰（2009：299，校记6）疑此"才"似为"财"。

（8）（引者按：上文叙两位禅师一段你来我往的对话。）如此往复凡数则，函盖无异。（同上 250）

以上诸例所量是"事、言语、因缘"等较为抽象的事物，张美兰（2009：203）谓这个量词禅宗语录中常用，清阮葵生《茶余客话》卷 16 特别说明"佛书以一条为一则"。而禅语有时不易理解。如例（5）中"则"所量可认为是"枢要处"，也属抽象概念；例（6、7）所量就不太清晰，为此我们在例（7）的"前头两则"之前引取了很长的原文；例（5、6）都出现了"这个则……"，这两个"则"很像是名词；例（8）的"如此往复凡数则"表示禅师间对谈的次数，这就更像是动量词了，但例少难以定论。

（三）此后，量词"则"主要用于短文、故事及其他成段的文字，如宋洪迈《容斋随笔》卷 1 标明其中条数是"九十二则"。《红楼梦》21 回有"因命四儿剪灯烹茶，自己看了《南华经》，正看至《外篇·胠箧》一则，其文曰……"同书 63 回："不拘诗词雅谑，道一则以侑酒。"至今仍无大的变化，现代作家艾芜有文题为《笑话一则》，谓"我们乡下，流行一则笑话"。[①]

此外，还有"**场**"（量事件、梦境、情感等等，见第八章第二节）、"**头**"（量事件，见本章第一节）。

[①] 另一功能相近的量词"项"宋代始见，如张端义《贵耳集》卷下："如是则声名自是一项，事业自是一项。江南地土浅薄，士大夫只做得一项，做不得两项。"《朱子语类》7，2850："若如此看得三五项了，自然便熟；向后看时，更不似问难，亦可类推也。"（转引自刘子瑜 2008：198）。本期未见其例。

第二十二节　量物之层次

一、层

（一）《说文》:"层，重屋也。"意指楼房，南朝梁刘孝绰《栖隐寺碑》:"珠殿连云，金层辉景。"《说文》段注谓层"引申为凡重叠之称"。亦可用于山岩，《水经注·河水三》:"岩层岫衍，涧曲崖深……"作为量词，最早还是源于楼台之属，《老子》第 64 章:"九层之台，起于累土。"但这时还未形成真正的量词。

（二）量词"层"见于魏晋南北朝，量楼及其他建筑，如东晋陆翙《邺中记》:"凤阳门五层楼，去地三十丈。"《魏书·世祖纪》:"邺城毁五层佛图。"庾信《和从驾登云居寺塔》:"危磴九层台。"也有少数量山、烟等，如杨方《合欢诗》:"仰过九层山。"梁简文帝《咏烟》:"映光飞百仞，从风散九层。"（参见刘世儒 1965:139）

（三）本期量词"层"是一个高频词，特别在诗歌里，《全唐诗》就有近百例。称量对象从建筑物、山石发展到植物、光影，乃至抽象的事物：

1. 量塔、楼、台、宫等建筑及阶、梯、窗户等建筑结构。

（1）再庄严普满塔六层囊网，别置两层板舍。（敦辞 971）[①]

（2）势耸三层百里见，名通十绝八方闻。（同上 972）

（3）阁九间三层，高百尺余……次上第二层，礼金刚顶瑜珈五佛像。……次登第三层，礼顶轮瑜珈会五佛金像。（入唐，近

[①] 此例为《十偈辞·赞普满塔》题解。

代133）

（4）欲穷千里目，更上一层楼。（王之涣诗，2125）

（5）十二层楼敞画檐，连云歌尽草纤纤。（杜牧诗，6007）

（6）昆仑九层台，台上宫城峻。（鲍溶诗，5504）

（7）十二层城阆苑西，平时避暑拂虹霓。（李商隐诗，6162）

（8）三门里面千层阁，万井中心一朵山。（徐夤诗，8158）

（9）十层花宇真毫相，数仞峰峦阆月扉。（李绅诗，5484）

（10）花木三相寺，烟波五相楼。（贾岛诗，6676）

（11）丹霄能有几层梯，懒更扬鞭耸翠蜺。（司空图诗，7267）

（12）窗户几层风，清凉碧落中。（张乔《登慈恩寺塔》诗，7318）

（13）一只兰船当驿路，百层石磴上州门。（白居易诗，4915）

（14）南临赡部三千界，东对蓬宫十二层。（同上，5028）

（15）上方台殿第三层，朝壁红窗日气凝。（王建诗，3405）

（16）寺有三层砖塔，高丈余……（酉284）

（17）北有大阁……青衣引上阁一层，又有青衣六七人，见汉阳列拜。（博4）

（18）满地红心草，三层碧玉阶。（同上13）

2. 量山、水、土、石、路等。

（19）峻岳千层，□凤之须张翠翼。（变文807）

（20）一带好云侵鬓绿，两层危岫拂眉青。（罗隐诗，7541）

（21）老住西峰第几层，为师回首忆南能。（同上，7603）

（22）闲自访高僧，烟山万万层。（寒山诗，9084）

（23）多惭不及当时海，又下嵯峨一万层。（贯休诗，9432）

（24）取鉴谅不远，江水千万层。（孟郊诗，4189）

　　（25）夜烧山何处，秋帆浪几层。（李频诗，6829）

　　（26）九层黄土是何物，销得向前冤恨来。（李山甫诗，7375）

　　（27）深山寺路千层石，竹杖棕鞋便可登。（刘得仁诗，6306）

　　（28）借问曹溪路，山多路几层。（许浑诗，6038）

　　（29）盘江上几层，峭壁半垂藤。（周繇诗，7318）

3. 量植物。

　　（30）异木奇花列几层，一池常见渌澄澄。（敦校623）

　　（31）翻思钓鱼处，一雨一层苔。（杜荀鹤诗，7944）

　　（32）水曲岩千叠，云深树百层。（李洞诗，8303）

　　（33）白羽三千骑，红林一万层。（卢纶诗，3169）

　　（34）谁人与脱青罗袄，看吐高花万万层。（韩愈诗，3851）

4. 量雪、云。

　　（35）浪生滋浦千层雪，云起炉峰一炷烟。（来鹄诗，7357）

　　（36）索莫对孤灯，阴云积几层。（贾岛诗，6635）

　　（37）步步相携不觉难，九层云外倚栏杆。（刘禹锡诗，4121）

5. 量光影、色彩。

　　（38）万万层层光瑞彩，似一林宝树放花开。（敦校762）

　　（39）登楼夜坐三层月，接果春看五色花。（章碣诗，7651）

　　（40）恋别山灯忆水灯，山光水焰百千层。（李郢诗，6854）

　　（41）几层山影下，万树雪声中。（齐己诗，9533）

　　（42）三月崧少步，踟蹰红千层。（韩愈诗，3803）

　　（43）临江一嶂白云间，红绿层层锦绣班。（白行简诗，5306）

6. 量人群，属集合量词，这类比较稀少，主要用于由人组成的队列之类。

（44）对仗高低满路排，层层节节映金台。（敦校 917）

（45）颙颙翘仰心专切，万万千层礼觉皇。（同上 765）

（46）重肩接立三四层，着屐背行仍应节。（刘言史《观绳伎》诗，5323）

7. 量其他。

（47）玉蝉金雀三层插，翠鬟高丛绿鬓虚。（王建诗，3443）

（48）近有风流作，聊从月继征……妙取签蹄弃，高宜百万层。（杜甫诗，2516）

例（47）均描写妇女头上的装扮，"玉蝉、金雀"是饰物；例（48）杜诗意在赞美友人的诗含义高深，并夸张为"百万层"，"层"之所量是抽象的内容，这在本期还只是萌芽，用例不多。

（四）此后"层"在历代都很常见。量建筑、家具之例如《红楼梦》40回的"三层槛、二层纱橱"，量山者如《水浒传》46回的"四五层山坡"，量人之例如《水浒传》84回："那御弟大王背后，又是层层摆列，自有许多战将。"量抽象事物之例如清陈衍《石遗室诗话》："（宋诗人放翁等）大抵浅意思深一层说，直意思曲一层说，正意反一层说、侧一层说。"这类用法在现代有所发展。在几个功能近似的量词中，现代"重、叠"都不太常用了，"层"却仍是高频量词，用法与历代相似，用于抽象事物较前更普遍，如"几层意思、文章可分三层、层层顾虑、层层传达"等。

二、叠

（一）《说文》"叠"作"疊"，其义与量词无关。唐玄应《一切经音义》卷9引《仓颉篇》谓"叠，重也。"重、重叠才是"叠"最常见的基本义。班固《西都赋》："矢无单杀，中必叠双。"《水经注·江水》："重岩叠嶂，隐天蔽日。"量词"叠"源于此义。

（二）量词用例初见于南北朝，称量重叠之物的层次，于子建《武德郡建沁水石桥记》："西瞻轵塞，则连山万叠……"也可用于比较抽象的意义，左思《吴都赋》："虽累叶百叠，而富强相继。"李周翰注："叠，重也……言王霸之业虽叠叶百重，而富强不绝。"不过刘世儒（1965：138）认为，"叠"与"重"的区别在于，"叠"表示的层次是立体的，"重"则不拘，所以"叠"受到的限制较多，用途远不及"重"广泛。

（三）本期的量词叠有两种不同的用法。

1. 量具体事物的层次。

A. 量山峰、岩嶂之类。

（1）万叠故山云总隔，两行乡泪血和流。（刘兼诗，8693）

（2）几叠玉山开洞壑，半岩春雾结房栊。（徐夤诗，8174）

（3）沧海二隅身渐老，太行千叠路难行。（同上，8171）

（4）千叠云峰万顷湖，白波分去绕荆吴。（薛涛诗，9040）

（5）九叠苍崖里，禅家凿翠开。（齐己诗，9457）

（6）万重千叠红霞嶂，夜烛朝香白石龛。（同上，9580）

（7）九叠嵯峨倚着天，悔随寒瀑下岩烟。（若虚《怀庐山旧隐》诗，9300）

（8）水曲岩千叠，云重树百层。（许浑诗，6132）

《全唐诗》里"九叠"连用共5例，内3例诗题含"庐山"，诗人或相袭以指庐山。

　　B. 量路、磴。

（9）万叠赤城路，终年游客稀。（姚合诗，5627）

（10）石磴千叠斜，峭壁半空起。（唐彦谦诗，7679）

　　C. 量云、光、烟。

（11）千竿一条青玉直，叶铺千叠绿云低。（骆浚诗，3528）

此诗咏柏树，"绿云"比喻层层叠叠的枝叶，非实指云。

（12）龙争虎攫皆闲事，数叠山光在梦思。（徐夤诗，8154）

（13）晓吹翩翩动翠旗，炉烟千叠瑞云飞。（花蕊夫人诗，8973）

　　D. 量水纹、波涛。

（14）万叠水纹罗乍展，一双鸂鶒绣初成。（刘兼诗，8690）

（15）萧关梦断无寻处，万叠春波起南浦。（张泌诗，8452）

（16）江涛千叠阁千层，衔尾相随尽室登。（薛能诗，6499）

　　E. 量植物。

（17）中莹五寸剑，外〔差〕千叠莲。（皮日休《太湖砚》诗，7059）

此句"千叠莲"比喻石砚的形态。

（18）草中见百合苗一枝，白花绝伟，客因剚之。……及归，乃启其重付，百叠既尽，白玉指环宛在其内。（集64）

　　F. 量器物。

（19）十重蛮駞毡，八叠鸳鸯被。（游仙窟，近代21）

(20)庐山秀出南斗傍,屏风九叠云锦张。(李白诗,1773)

2. 量歌曲重复演奏、吟唱的遍数。这一用法始自本期。

(21)早服还丹无世情,琴心三叠道初成。(李白诗,1773)

(22)一曲四调歌八叠,从头便是断肠声。(白居易诗,5213)

(23)歌竟,俳优复扬言:"谢秋娘舞《采桑曲》"凡十余叠……舞竟,俳优又扬言:"曹娥唱《怨江波》。"凡五叠。(集49)

(24)第十三叠误入《水调》……(传199)

(25)丈夫著妇人服,徐步入场行歌,每一叠,旁人齐声和之……(《教坊记》,大观128)

(26)舞至第二叠,相聚场中……(同上)

(27)舞者初定,执羽,箫、鼓等奏散序一叠,次奏第二叠,四行……次奏拍序一叠……。每一字,曲三叠,名为五成。次急奏一叠……。遽舞入遍两叠,与鼓吹合节……。又一人舞《亿万寿》之舞,歌《天南滇越俗》四章,歌舞七叠六成而终。(《新唐书·南蛮列传·骠》)

3. 本期文献有个别用如后起之"碟"字,《北齐书·祖珽列传》"遂藏铜叠二面",张鷟《游仙窟》"麟脯豹胎,纷纶于玉叠"。下例系临时量词:

(28)时秋晚,油麻新熟,翼令熬两叠,以一置毒药。(广197)

(四)本期量词"叠"跟同时代的"层、重"有所不同,它不能称量建筑物,使用频率也低得多,而且敦煌文书和《祖堂集》都未见,或许从来就不曾在口语中立稳脚跟。后世虽仍有类似量层次的用法,如《红楼梦》38回"秋光叠叠复重重",但这是吟诗,不足为凭。在现代口语里"叠"又有了全新的用法,所量并非整体中分出的层次,而是重叠放置在一起的东西,"一叠"就是一摞。如《朝花夕拾·藤野先生》:"(藤野先生)挟着一叠大大小小的书。"当代仍可说"一叠(儿)信封/纸/手帕"等,至于偶见"层层叠叠"之说,则只是四字格,并不能拆开任意使用。

三、貤

《说文》:"貤,重次弟物也。"王筠《句读》:"谓物之重叠者,其次第谓之貤也。"颜师古注《汉书》时曾说:"今俗犹谓凡物一重为一貤也。"(《汉书·武帝纪》颜师古注)因知唐代有此一量词,但未见实例。

此外,用于称量物之层次的还有"牒"(见本章第九节)、"重"(见本章第二十四节)、"袭"(见本章第五节)。

第二十三节　量整体中的部分

有的学者主张"部分量词"之说,如赵元任先生的《汉语口语语法》就在第七章"量词"一节分出了"部分量词"一类,以符号 Mp 代表。不过作者也认为这类量词跟集合量词(以 Mg 代表)特点相同,只是"很少能重叠表遍指。[①]语义上与 Mg 相反。可是这种相反只是一个观点问题,因为一群个体可以同时是一个更大的群体的部分"。

[①] 赵书举出的部分量词中,不少在本期是可以重叠表遍指的,如层、重、滴、点、篇、片、节、丝等,可见这一点区别也难以成立。

(1979：268—269)可见赵先生对他的分类也并非很执着。各类量词之间本来就有很多模糊地带。本书绪论里已经提出如下观点：计量词以外的其他量词最初是因音步的需要，临摹或曰"拷贝"计量词而产生的。研究时虽有分类的必要，但这种分类是人为的（按赵说即是"一个观点问题"），如上节将"层、重"等归入表层次的一类，而若说它们量整体中的部分也未为不可。且这类表部分的量词数量不多，语法性质没有特别之处，故归入个体量词中的一小类即可。

一、段（断）

（一）《说文》："段，椎物也。"椎即锤击，此义后写作"锻"，与量词无关。量词源自截断义，朱骏声《说文通训定声》："段，假借为断。"盖"段、断"双声兼叠韵，同为定母元部，系同源字。《银雀山汉墓竹简·孙膑兵法·擒庞涓》："于是段齐城、高唐为两，直将蚁傅平陵。"这是截断义的较早用例。

（二）量词"段"就是称量事物截断后分成的部分，在魏晋南北朝，它已得到广泛的使用，不但可量具体的木材、布帛、器物，文章的段落，而且可量较为抽象的事、功乃至处所、时间，量布帛者如《齐民要术》卷9"饼法"："取新帛细绸两段，各方尺半……"。（参见刘世儒1965：123—126）

（三）本期"段"也是一个高频量词，《敦煌变文校注》就有近40例，《祖堂集》有十余例，其中有的写作"断"，所量被截断的事物分如下几类：

1. 人体与动植物。

（1）臣已（以）结恨尤深，即斩昭王百段。（敦校15）

（2）净能当时左手持剑，右手捉女子，斩为三断（段）……（同上 335）

（3）（宝山）亦有松树参天，藤萝万段，顶上隐士安居。（同上 564）

（4）无智人前莫说，打破君头万段。（敦辞 1039）

（5）学人拟欲斩身千断，谁人下手？（祖 196）

（6）直待斩首作两段，方知自身奴贱物。（寒山诗，9074）

（7）有都督韩哲无罪，忽众中召，斩之数段。（《北史·文宣本纪》）

（8）谓斩蛇分为两段。（司马贞《史记·高祖纪》"蛇遂分为两"句索隐）

（9）咸亨中，赵州祖珍俭有妖术……于空房内密闭门，置一瓮水，横刀其上。人良久入看，见俭支解五段，水瓮皆是血。（朝 64）

2. 彩、帛等纺织品。

（10）朕有恋情，宜赐黄金百梃，乱采（彩）千段……（敦校 234）

（11）寺家汉不匆白褐壹段。（敦煌文书 B158）

（12）宫锦三十段，金梭新织来。（齐己诗，9507）

（13）（太宗）授翼员外郎，仍赐才物三千段。（辨才诗题注，9116）

（14）（开皇）九年陈平，帝亲御朱雀门劳凯旋师，因行庆赏。自门外，夹道列布帛之积，达于南郭，以次颁给，所费三百余万段。

(《隋书·食货志》)

（15）世充平，进封翼国公，赐黄金百斤，帛七千段。(《旧唐书·秦叔宝列传》)

（16）（太宗）赐（魏）徵等绢千匹，綵物五百段。（大唐133）

（17）特降上宫若干人，给使黄门若干人，并赐物若干段。（陈子昂《为宗舍人谢赠物表》）

（18）可赠礼部尚书，仍赙布帛二百段……。（白集1070）

例（13、16、17）以"段"量"才物、綵物、物"，在此"物"是什么？[1]"物"应指某种纺织品，看例（16）的"綵物"可知，"綵"本是彩色丝织品，"物"可能就是"綵物"的简化。

另外，"段"既常常成为颁赐纺织物的单位，窃以为应有一定的规定长度，近似于标准计量单位，惜无确切记载，只能存疑。

3. 金、铜、石等物质。

（19）二人同行，于路见金一段，各自相让，不取遂去。（变文887）

（20）为君手把珊瑚鞭，射得半段黄金钱。（岑参诗，2056）

（21）……都是一段青石。（因116）

（22）炼铜时……以水灌铜，铜当自分为两段。（酉104）

（23）道士称数月前有贾客施数段龟兹板，今治为屠苏也。（同上25）

---

[1]《汉语大词典》第6卷1480页"段"字条在"量词"义项里引例（18）陈子昂文谓"表示事物的件、种"。恐不妥。

4. 天、地、云、水、冰等宏观景物。

（24）天生惠性异常人，疑是巫山降段云。（敦校 975）

（25）宜秋十里西支地壹段，共柒畦拾亩。（敦煌文书 B57）

（26）张守节一段柒亩。（同上 56）

（27）敲碎一轮月，镕销半段天。（皮日休诗，7057）

（28）裙拖六幅湘江水，鬓耸巫山一段云。（李群玉诗，6602）

（29）炯如一段清冰出万壑，置在迎风寒露之玉壶。（杜甫诗，2308）

（30）（黄花）映岩千段发，临浦万株开。（王绩诗，482）

（31）忽有一段细草，纵广百余步，碧鲜可爱。（续玄 177）

例（30）、（31）字面似量花草，实际是指长满花草的土地。

5. 声、光、色、香、气等。

（32）新声一段高楼月，圣主千秋乐未休。（王昌龄诗，1444）

（33）数间素壁初开后，一段清光入坐中。（刘禹锡诗，4062）

（34）要识吾家真姓字，天地南头一段红。（田达诚借宅鬼诗，9789）

（35）那堪谢氏庭前见，一段清香染郄郎。（陆龟蒙诗，7176）

（36）陇头一段气长秋，举目萧条总是愁。（杂曲歌辞，379）

（37）巍峨宛似神仙客，一段风雷扶气魄。（李山甫诗，唐外 529）

6. 语言、文章、感情及其他抽象事物。

（38）三段经文，合为一唱，解释已竟。（敦校 636）

（39）（首缺）得今朝便差，更有师人谩语一段。（同上 1131）

（40）今辰幸乞赐慈悲，愿决昏昏一段疑。（同上 827）

（41）里心常有此疑猜，一段疑猜终不去。（同上 828）

（42）如人夜眠作梦，觉时一段虚华，千般万种之中，无有一件实处。（同上 834）

（43）如似画瓶，用盛粪秽，忽然破裂，一段乖张。（同上 836）

（44）一段风流难比，像白莲出水中。（敦辞 354）

（45）夜半子，独坐思维一段事。（同上 1298）

（46）师问座主："久蕴什摩业？"对云："《涅槃经》。"师："问座主一段义，得不？"对云："得。"（祖 448）

（47）（彩云）散作五般色，凝为一段愁。（李邕诗，1168）

（48）满目笙歌一段空，万般离恨总随风。（无名氏诗，8863）

（49）自此以下至职末分为二段，从此职首至"以富得民"一段十条明经国之大纲，治政之条目。（《周礼·大宰》贾疏，十三经 645）

（四）至今"段"的词义仍比较单纯，除作为姓氏外，只做量词，所量仍为被截断事物的部分，有具体事物，如钢管、蜡烛、衣料等；有时间和空间，如岁月、路程、距离等；也有抽象事物及语言文辞，如事情、历史、话、文章等。还有一种新的用法，就是表示围棋手的等级，如"九段棋手"。

二、截（附"橛、撅"）

（一）《说文》"截"字作"𢧵"："𢧵，断也。"本义割断，《史记·苏秦列传》："皆陆断牛马，水截鹄雁。"量词"截"源自此义，称量一物截断后的段数。刘世儒（1965：123）认为它在南北朝尚未出现，而亓文香（2006：88）认为魏晋已有，但她仅举《齐民要术》之一例："内饼中急卷，卷用两卷，三截，还令相就，并六断。"此例较可疑，"三截"是数量结构抑或状动结构？

（二）至本期则有了确切用例，举例如下：

（1）西江中灂波四截，涌出一峰青堞堠。（窦庠诗，3044）

（2）泉州有客卢元钦染大疯……属五月五日官取蚺蛇胆欲进，或言肉可治疯，遂取一截蛇肉食之。（朝2）

"截"可加"子"尾：

（3）玉钏子壹截子。（敦煌文书B35）

另有一例，见于宋初所录变文《庐山远公话》，列此备考：

（4）若也来迟，遣左右捉来，只向马前腰斩三截……"（敦校255）

虽然例少，但可证"截"在本期确已成为量词，特别是例（2）"一截蛇肉"的"截"性质全无疑问，例（3）敦煌文书例中"截"加了"子"尾，说明它已深入民间口语。另外可以看出被截之物往往是细长的，而"节"所量之物都是分段的，二者的区别在于"截"之所量可以是人为截断的，"节"多是天然分节的。

（三）宋代以后"截"在口语化的文献中经常出现。《朱子语类》卷65："把来折做两截时，前面底便是阳，后面底便是阴。"《天工开物·五金》："(金沙江)回环五百余里，出金者有数截。"杨万里《临平解舟》诗："波清深见一截篙。"至晚近时除原有用法外，还可称量比较抽象的事物，如《红楼梦》27回以之量话语："他们必定把一句话拉长了，作两三截儿，咬文咬字……"现代汉语中有所发展但差异不大，除量截断的细长物外，还可说"一截路、开了半截会、心凉了半截"等，郭先珍（2002：74）认为"一截路"等是引申用法。

附：橛、撅

《说文》："橛，弋也。"义指小木桩，《庄子·达生》："吾处身也，若橛株驹。"偶做量词，本期所见性质类乎"截"，故附于此：

（1）其木桩赐此寺四橛，橛皆灼固。（酉263）

（2）因南泉第一座养猫儿，邻床损脚……南泉便以刀斩作两撅。（祖163）

张美兰谓"撅为橛之俗字"，此处所斩是猫，可见已脱离原义。

三、节

（一）《说文》："节，竹约也。"指竹节，《史记·龟策列传》："竹，外有节理，中直空虚。"亦指草禾茎上生叶的部分或树木枝干交接处，《诗·邶风·旄丘》："旄丘之葛兮，何诞之节兮！"《易·说卦》："艮为山……其于木也，为坚多节。"也指人或动物骨骼连接处，《韩非子·解老》："人之身三百六十节，四肢，九窍，其大具也。"

（二）量词"节"未见较早用例，上文引《韩非子》例虽与数词连用，实为名词，与后文的"肢、窍"性质相同。《淮南子·说林》："见象牙乃知其大于牛，见虎尾乃知其大于狸，一节见而百节知也。"或谓此处"节"乃量词，[①]但此例的"节"似应作"事项"解，为名词，因为象牙或虎尾并不分节，《汉语大词典》正是以此作为"事物的一

[①] 见《汉语大字典》中卷2977页。

端"之例的。[1] 刘书亦未收量词"节",但亓文香(2006:87)文举出《颜氏家训》及《水经注》的两例,依次是:"然今水中有此物,一节长数寸,细茸如丝,圆绕可爱,长者二三节""有三节大竹,流入女子足间,推之不去"。她的补充是正确的,魏晋南北朝确已有这个量词。

(三)本期的量词"节"变得比较常见,功能可分几类。

1. 量竹、草、木之节。

（1）竹竿森森长百尺,节节兵马似神王。(敦校 359)[2]

（2）龙竹养根凡几年,工人截之为长鞭。一节一目皆天然。(高适诗,2223)

（3）三梁曾入用,一节奉王孙。(李贺《竹》诗,4393)

（4）一茎炯炯琅玕色,数节重重玳瑁文。(刘禹锡《吴兴敬郎中见惠斑竹杖……》诗,4126)

（5）石上生菖蒲,一寸十二节。(张籍诗,4291)

（6）故乡不归谁共穴？石上作蒲蒲九节。(张祜诗,5796)

（7）坚轻筇竹杖,一枝有九节。(高骈诗,6919)

---

[1] 见《汉语大词典》第 8 卷 1172 页。本期亦有类似的材料,如《祖堂集》286 页:"因僧举:'云岩补草鞋次,药山问:作什摩？岩对云:将败坏补败坏。药山不肯,云:即败坏,非败坏。'师云:'药山与摩道,犹教一节在。'僧问:'和尚如何？'师云:'汝犹教一节在。'僧云:'学人则与摩教和尚一节在,未审作摩生则得尽于师机？'"在此,"节"可能是(所讲授的)道理、机缘之义。

[2] 此句黄征等在校注中认为"盖谓竹竿劲节,有如神王"。我们以为"节节"指一节节的竹。

（8）忽见三节大竹筒至女前……（独 39）

（9）怀中出竹一节及小鼓……（酉 52）

2. 量人及动物肢体。

（10）歌利王〔时〕，割截身体，节节支解。（敦校 434）

（11）（道吾和尚）临行时谓众云："吾虽西逝，理无东移。"后焚得灵骨一节，特异清莹……（祖 156）

（12）绿槐夹道阴初成，珊瑚几节敲流星。（顾况诗，2940）

3. 量文章的段落。

这是量词"节"在现代十分常见的义项，本期多见于古籍注疏：

（13）"文言"者是夫子第七翼也。……从此至"元亨利贞"明乾之四德，为第一节；从"初九，曰潜龙勿用"至"动而有悔"明六爻之义，为第二节；自"潜龙治也"论六爻之人事，为第三节……（《易·乾》孔疏，十三经 15）

这是孔颖达对《易经·乾》卦文句的分析解读，下面还有"第四节、第五节、第六节"，引文从略。

（14）诸序皆一篇之义。但诗理深广，此为篇端，故以诗之大纲并举于此。今分为十五节……（《诗·周南·关雎》孔疏，十三经 269）

（15）此一节明人子奉养之礼。（《礼记·曲礼上》孔疏，十三经 1233）

4. 两个特例。

（16）剪雨裁烟一节秋，落梅杨柳曲中愁。（张乔诗，7328）

在诗人笔下，"雨、烟"都可裁剪，"秋"自然也可分节，全属修辞手法。

（17）（士人韦生）断其鞭数节，竟不能伤。（酉90）

此例的"节"是将鞭断开形成的，相当于"截"。"节"很少这样用，而在通行的《酉阳杂俎》各版本中此句"节"前缺"数"，系中华书局本据《太平广记》引文补出，只能存疑。

　　5. 用为计量单位词。据洪艺芳的研究，在吐鲁番文书中南北朝末期的"传供食账"及初唐的"食料账历牒"有以"节"称量肉品的例子，兹转引几例：

　　（18）次传面五斗，死肉三节，供三犒一人五日食。（吐鲁番文书）[①]

　　（19）康将，市肉叁节，自死肉十二节，面一斛五斗，供客胡十五人赏。（同上）

　　（20）□〔驴〕脚壹节｛用钱叁文伍分｝。（同上）

据洪艺芳与她所引的廖名春（1990）文认为"节"与量米面的"斗、斛"并列，出现在"供食账"中，它的量不可能是随意的，当是一个衡制的称量词，但一节究竟是多少，则有待进一步确定。（参见洪艺芳2000：406）

　　（四）此后以"节"量天然分节的动植物等历代没有大的变化，唯现代可量教学课时、书及文章里小于章的段落等，科技领域里作为国际通用的航海速度单位，一节等于每小时1海里。

　　四、片

　　（一）《说文》："片，判木也。"本义剖开木头，此义《集韵》普半

　　[①] 例（18、19、20）引自洪艺芳（2000：406—407），洪指出这些例句来自魏晋南北朝末至初唐。

切，今音 pàn。又为剖开之木，进而指其他扁而薄的东西，此义读普面切，今音 piàn，《南史·齐武陵昭王晔列传》："(晔)少时又无棋局，乃破荻为片，从横以为棋局。"量词"片"源于此义，首先用于量薄片状物，汉代始见用例，《风俗通义》卷9："田家老母到市买数片饵。""片"又有"半"义，《广雅·释诂》4："片，半也。"故有时以"半"为"片"，《汉书·李陵传》："令军士人持二升糒，一半冰。"颜师古注："半读曰判，判，大片也。"

（二）南北朝时量词"片"的几种用例可代表词义发展的不同程度：1. 最接近本义"破开"的："我食此不尽，可四片破之，余充晚食"（《南齐书·明帝纪》）；2. 称量从整体上分开的部分："家贫不能得肉，自买猪肝一片"（《后汉书·高士列传》）；3. 称量天然的薄片："慈门数片叶……"（何处士《春日从将军游山寺》诗）；4. "片"还可量面积很大的事物："瑞云一片，仙童两人"（庾信《至仁山铭》），"山根一片雨"（庾信《游山》诗）。

此外还可充当表示"些少"的量词："吾兄弟自幼及老，衣服饮食未曾一片不同"（《魏书·崔亮列传》）。这种用法后来被"点"代替。（参见刘世儒1965：119—121）

（三）本期，量词"片"是一个高频词，各类文献里都很常见，《全唐诗》里更高达386例。所量对象也有所扩展。

1. 量轮辋、衣物、屏风、木板、乐器、旌幡等人工制作的片状物、器材。

（1）叁伯壹拾壹片辋。（敦煌文书B157）

（2）佛屏风陆片。（同上）

（3）绣像壹片。（同上）

（4）湖两边各有一片板……（祖199）

（5）可怜两片木，夹却一枝花。（何仲举诗，8649）

（6）宫门两片掩埃尘，墙上无花草不春。（孟迟诗，6460）

（7）长短参差十六片，敲击宫商无不遍。（牛殳《方响歌》诗，8794）

（8）八片尖裁浪作球，火中煿了水中揉。（归氏子《答日休皮字诗》，9876）

（9）绳开梵夹[①]两三片，线补衲衣千万行（欧阳炯诗，8638）

（10）松门拾得一片屐，知是高人向此行。（施肩吾诗，5603）

（11）数片荷衣不蔽身，青山白鸟岂知贫。（秦系诗，2900）

（12）一步一步乞，半片半片衣。（孟郊诗，4254）

（13）襦袴无一片，甘棠无一枝。（白居易诗，4975）

（14）两片红旌数声鼓，使君艛艓上巴东。（同上，4914）

（15）千寻铁锁沉江底，一片降幡出石头。（刘禹锡诗，4058）

（16）波中峰一点，云际帆千片。（萧颖士诗，9971）

（17）只用四片板，四角八枚丁。（缺名诗，唐外358）

（18）磬，一片黑石；凡十二片，树在虡上击之。（《史记·滑稽列传》"西门豹簪磬折"句张守节正义）

（19）又出桶板一片，昨夜之箭，悉中其上。（酉88）

（20）寻之，见败车轮六七片，有血，正衔其箭。（同上215）

[①]《宗教词典》922页："【梵夹】亦称'经夹、梵筴'。……刻经文于贝多罗叶，夹以厚板，以绳结之，故名梵荚，'夹'为'荚'之误。"

此类中，有的例子上下文说明了将事物破解为片的过程：

（21）师以手拈来（柿子），分破一片与仰山。（祖 416）

（22）乃别理解之（引者按："之"指槐木），每片一天王塔戟成就焉。（酉 173）

（23）船行既远，（夜叉）乃擘其儿作数十片，方去。（广 114）

2. 量薄片状的天然物料、花叶、骨肉等。

（24）莫轻两片青苔石，一夜潺湲直万金。（白居易诗，5226）

（25）海珉一两片，激濑含宫徵。（同上，5221）

（26）青松树杪三千鹤，白玉壶中一片冰。（杨巨源诗，3727）

（27）可怜光彩一片玉，万里晴天何处来？（杜牧诗，5974）

（28）千片赤英霞烂烂，百枝绛点灯煌煌。（同上《牡丹芳》诗，4703）

（29）红纸一封书后信，绿芽十片火前春。（同上《谢李六郎中寄新蜀茶》诗，4893）

（30）煎茶水里花千片，候客亭中酒一樽。（施肩吾诗，5603）

（31）彭生作赋茶三片，毛氏传诗酒半升。（无名氏诗，9889）

（32）翠攒千片叶，金剪一枝花。（公乘亿诗，6943）

（33）视之，有颅骨、大方隅颧下属骨两片，长八寸。（酉 221）

（34）此是销鱼之精，亦能销人腹中块病。人有患者，以一片如指端，绳系之置病所，其块即销。（广 36）

口语中，"片"可加"子"尾：

（35）铜铁各壹片子。（敦煌文书 B111）

（36）绿锦捌片子。（同上）

3. 量宏观的景物，南北朝已有"山根一片雨"之说，这是由人的视觉连缀而成的。本期这类用法大为扩展，举凡天地、山水、风雨、云霞乃至城池、旗帜等连在一起的景观、事物，几乎无所不能。

（37）身卦天宫三珠（铢）服，足蹑巫山一片云。（同上 534）

（38）不论富贵与高低，皆似水中墨一片。（同上 836）

（39）歌声一发世间希，数片晴云不肯归。（敦辞 658）

（40）这一片田地，好个卓庵。（祖 407）

（41）月下谁家笛，城头几片云。（钱起诗，2624）

（42）新声乍警初零露，折羽闲飞几片霜。（徐夤诗，8179）

（43）四五片霞生绝壁，两三行雁过疏松。（缪岛云诗，8946）

（44）风前千片雪，镜里数茎丝。（刘威诗，6522）

（45）一片雨，山半晴，长风吹落西山上。（皎然诗，9250）

（46）去路三湘浪，归程一片风。（杜牧诗，6011）

（47）留侯万户虽无分，病骨应消一片山。（司空图诗，7261）

（48）好看落日斜衔处，一片春岚映半环。（白居易诗，4866）

（49）琼粉金膏磨莹已，化为一片秋潭水。（同上，4700）

（50）嵩峰见数片，伊水分一支。（同上，5116）

（51）正惭海内皆涂地，来保江南一片天。（沈彬诗，8456）

（52）十分春水双檐影，一片秋空两月悬。（徐夤诗，8147）

（53）黄河远上白云间，一片孤城万仞山。（王之涣诗，2849）

（54）一片宫墙当道危，行人为尔去迟迟。（杜牧诗，5962）

4. 量汇集在一起的景、色、声、光、气、尘、影等无固定形态的事物，这跟第 3 类有些类似，只是更加空灵。

（55）一片残阳景，朦胧淡月中。（王周诗，8681）

（56）长安一片月，万户捣衣声。（李白诗，1711）

（57）驱却坐上千重寒，烧出炉中一片春。（孟郊诗，4262）

（58）江连故国无穷恨，日带残云一片秋。（赵嘏诗，6353）

以上4例的"月、春、秋"分别代表月色、秋色、春色，故亦属景色之类。

（59）一片池上色，孤峰云外情。（杨巨源诗，3740）

（60）阵云暗塞三边黑，兵血愁天一片红。（沈彬诗，189）

（61）面南一片黑，俄起北风颠。（李群玉诗，6591）

（62）潭州城郭在何处，东边一片青模糊。（崔珏诗，6857）

（63）东海一片白，列岳五点青。（白居易诗，4655）

（64）回看官路三条线，却望都城一片尘。（同上，5188）

（65）白莲千朵照廊明，一片承平雅颂声。（薛能诗，6513）

（66）一片揭天歌吹，满目绮罗珠翠。（尹鹗词，10113）

（67）一片水光飞入户，千竿竹影乱登墙。（韩翃诗，2730）

（68）云间东岭千寻出，树里南湖一片明。（张说诗，962）

（69）男儿一片气，何必五车书。（孟浩然诗，1640）

（70）月照疏林千片影，风吹寒水万里纹。（戎昱诗，3025）

5. 量心、情、愁、思等抽象事物。

（71）倘值明主得迁达，施展英雄一片心。（敦校9）

（72）垂衣端拱深宫里，一片慈心盖九州。（同上621）

（73）问人远岫千重意，对客闲云一片情。（李山甫诗，7365）

（74）谁教一片江南兴，逐我殷勤万里来。（白居易诗，5077）

（75）唯爱刘君一片胆，近来还敢似人无？（元稹诗，4576）

（76）已同庭树千株老，未负溪云一片闲。（齐己诗，9565）

（77）云笼远岫愁千片，雨打归舟泪万行。（李煜诗，72）

4、5两类多见于诗歌，变文亦用于韵文部分，数词多为"一"。

（四）现代汉语里，以上5类中个别搭配可能有变化，如现在不说"一片闲｜胆｜愁"，然而这很可能是诗人的个人创造；总的看来，量词"片"量薄片形物体、量连成一片的景象、量抽象思想感情等用法在隋唐五代已经形成，至今沿用未变。

五、支

（一）《说文》："支，去竹之枝也。"即枝条的枝，《诗·卫风·芄兰》："芄兰之支，童子佩觿。"此义后写作"枝"。"支"引申为分支、支派义，《诗·大雅·文王》："文王孙子，本支百世。"《北史·南安王桢列传附中山王英》："斩其支将四十二人。"

（二）"支"作为量词始见于南北朝，有时同"枝"，如《齐民要术·种薤》："移葱者，三支为一本；种薤者，四支为一科。"但总的来说，"枝"的词义较实，所量以植物枝条等为主，而"支"主要用来量事物、江河的"分支"，去本义较远，所见较早之例如《魏书·卢同列传》："斩三贼及被伤成阶已上，亦具书于券。各尽一行，当行竖裂其券……一支付勋人，一支付行台。"《莲社高贤传》："又见水流光明，分十四支流注上下。"（参见刘世儒1965：105—106）

（三）本期量词"支"的用例不太多，但性质并不单纯，大致可分三类。

1. 量人体或动物的部分。

（1）今日交（教）伊手攀剑树，支支节节皆零落处……（敦校

1029）

（2）筋脉骨节，三百余分。不少一支，□□□□。（同上60）

（3）于梦中见有一六牙白象，其首朱色，七支柱地，以金装牙……（祖20）

例（2）出自《孟姜女变文》，叙述孟姜女寻找亡夫尸骸事。从前文看，"支"可能跟"分"一样，量"筋脉骨节"之类人体的部分，也可能是"肢"义，"支"自古原有此义，如《易·坤》的"而畅于四支"。因有阙文，其义难以确定。例（3）亦有可疑处，"七支"或指六牙加上象鼻？

（4）父归坟兮未朝夕，已分黄金争田宅。高堂老母头似霜，心作数支（一作枝）泪常滴。（贯休诗，9320）

2. 量水的支流。

（5）剑门千转尽，巴水一支长。（李端诗，3256）

（6）嵩峰见数片，伊水分一支。（白居易诗，5116）

（7）一支清急万山来，穿竹喧飞破石苔。（崔橹诗，9997）

（8）……节度薛公奏议，分滑州河一支以免冲城之患……（玄31）

3. 量花及笻杖，功能同"枝"。

（9）巩[①]中有七支莲花。便善惠言道："娘娘卖其莲花两支，与五百文金钱。"（敦校1135）

（10）僧乃拔刀斫之，皆踣于地，血及数丈。戍将大惧，呼

[①] 此字原作"巩"，《汉语大字典》谓同"巩"。

左右缚僧。僧笑曰:"无草草。"徐举尼,三支筇杖也,血乃酒耳。(酉54)

4. 量索。

（11）拒江尚余尺许,歘然惊迸,百支巨索,皆如斩截。(集63)

（四）后世量词"支"的使用率不高。量植物花草的功能由"枝"来承担,"支"除仍可量细长之物外,多用于歌曲等无形之物。前者如《红楼梦》58回的"(宝玉)拄了一支杖",同书70回的"一支梦甜香",《儿女英雄传》第5回的"两支蜡烛";后者如《红楼梦》50回的"一支《点绛唇》"。现代除继承以上两种用法,还可量军队。另外,用于新出现的事物,如电灯的光度、纱线的粗细程度等。

六、股

（一）《说文》:"股,髀也。"本义大腿,《左传·僖公二十二年》:"宋师败绩,公伤股。"因"股"是身体的一部分,故引申指事物的部分,《汉书·沟洫志》:"其西因山足高地,诸渠往往股引取之。"颜师古注引如淳曰:"股,支别也。"

（二）作为量词最初见于南北朝,专量事物的部分,南朝乔道元文:"(薄被)上有牵绵与敝絮,撒以三股之丝绽……""三股之丝绽"不是三根丝绽,而是由三股合成的一根,刘世儒（1965:122）称之为"小量词"。但当时用例不多。

（三）本期用例亦不太多,诗歌里多量钗股。

（1）金钗薄落地,自作一股折。(敦辞342)

（2）两股金钗已相许,不令独作空城尘。(温庭筠诗,266)

（3）长松夜落钗千股,小港春添水半腰。(韩偓诗,7804)

(4)钗留一股合一扇,钗擘黄金合分钿。(白居易诗,4819)

(5)明镜半边钗一股,此生何处不相逢。(杜牧诗,5996)

亦有个别量剪股:

(6)我家有剪刀,人云鬼国铁。裁罗裁绮无钝时,用来三年一股折。(卢纶诗,3189)

或量绦股:

(7)仙人绦……状如同心带,三股,色绿,亦不常有。(酉188)

"绦"本是丝线编成的带子,所以有多股。"仙人绦"则是用比喻造词方法所取的植物名。钗、剪刀、绦都可分为两股以上,所以"股"所量是整体里的部分。

(四)后世的"股"还有同类用法,沿袭量钗的有宋王明清《玉照新志》卷2"得玉钗半股",量绳的有《西游记》15回的"牵缰三股紫丝绳",这可能是由三股合成的一根绳,也可能是用三根绳一起牵缰。又如《红楼梦》66回柳湘莲掣出的"那股雄剑",鸳鸯剑有雌雄二锋,雄剑是其中的一半,故称"一股",一般的剑不能这样说。现代股票的"股"也指合资的份额。不过后来"股"还可量条形之物,如宋陈从古《浯溪》诗"浯溪一股寒流碧",甚至可量无形的气体、气味等,如《水浒传》95回的"两股黑气",《红楼梦》61回的"一股清香"。现代除仍可用于水流、气体、气味,还常说"一股道/风/力量/潮流"等,这就不是称量整体事物中的部分了。

七、分

(一)《说文》:"分,别也。从八从刀,刀以分别物也。"本义分开,《易·系辞上》:"方以类聚,物以群分。"此义于《广韵》属平声,非母文韵，今音 fēn。引申为分支、整体里分出的部分，《谷梁传·庄公三十年》："燕，周之分子也。"范甯注："分子，谓周之别子孙也。"此义属去声，奉母问韵，今音 fèn，现代又写作"份"。清徐灝《说文解字注笺》将这两个读音简要概括为"分，分物谓之分，平声；言其所分谓之分，去声"。

（二）写作"分"的量词有两个：一是计量单位词，平声，产生于先秦，详见第五章第二节；二是量整体里分出的部分，去声，初见于南北朝，《齐民要术》卷7"造神曲并酒"："看麦多少，分为三分：蒸、炒二分正等；其生者一分，一石上加一斗半。"（转引自汪维辉 2007：129）

（三）本期量部分的"分"情况比较复杂，有几种不同情况。

1. 表示"若干分之几"，即今"三分之一"的"分"。分子和分母都在文字中出现，"分"一般出现两次（甚或两次以上），分母在前，分子在后；有时也会省略第一或第二个"分"而只说数字。

（1）百战百输天不佑，士卒三分折二分。（敦校 91）

（2）世上若也无此物，三分愁煞二分人。（同上 1197）

（3）有亲男女为追斋，七分之中唯得一。（敦辞 1649）

（4）从此后，其僧修福作利益，日夜不停，直到手指三分只有一分底。（祖 411）

（5）十二月二日。巳时日蚀，十分只留一分也。（入唐，近代 170）

（6）今五台诸寺造文殊菩萨像皆圣此像之样，[1] 然皆百中只得

---

[1]《近代汉语语法资料汇编》（唐五代卷）141 页注〔一〇〕："今五台诸寺……像之样'圣此'传本倒置。"

一分也。(同上 127)

（7）天下三分明月夜，二分无赖是扬州。(徐凝诗, 5377)

（8）七八年来游洛都，三分游伴二分无。(白居易诗, 5169)

（9）三分鬓发二分丝，晓镜秋容相对时。(同上, 5080)

（10）莫言三十是年少，百岁三分已一分。(同上, 4840)

（11）容貌一日减一日，心情十分无九分。(同上, 4863)

（12）人生多少欢娱事，那独千分无一分。(同上, 4906)

（13）六分春色一分休，满眼东波尽是愁。(陆龟蒙诗, 7177)

（14）世间慵懒人，五分向有二。(王诗校辑 33)

（15）其剩贮钱……数内五分取一分充赏钱，止于五千贯。(《旧唐书·食货志上》)

（16）今与郭钊商量，两税钱数内三分，二分纳见钱，一分折纳匹段……(同上)

（17）晋自过江，凡货卖奴婢马牛田宅，有文券，率钱一万，输估四百入官，卖者三百，买者一百。无文券者，随物所堪，亦百分收四，名为散估。(《隋书·食货志》)

（18）此梅虽落，其实十分之中尚七未落，已三分落矣。(《诗·召南·摽有梅》孔疏，十三经 291)

（19）泰半，三分取其二。(《汉书·食货志第四上》颜师古注)

（20）言杂恶业，而不在什分中得二分之利者，非世之美财也。(《史记·货殖列传》"佗杂业不中什二，则非吾财也"句张守节正义)

（21）汝名两处全掩，一处掩半，六分之内，五分合死，故不

合复生。(广 145)

（22）九曰玉玦，形如玉环，四分缺一。(酉 4)

（23）三分中，一分筝声，二分琵琶声，绝无琴韵。(国史,大观 196)

（24）近者尤衰惫……两鬓半白，头发五分亦白其一……(韩集 189)

2. 只出现"×分"，其中又有不同情况。

A. 以"十分、百分、千分"强调数量之多，其中"十分"有时含充分、完全义：

（25）……醉思乡千日醺醺。下水船盏酌十分，令筹更打江神。(敦辞 507)

（26）千首诗堆青玉案，十分酒写白金盂。(白居易诗, 5153)

（27）十分春水双檐影，一片秋空两月悬。(徐夤诗, 8147)

（28）百分春酒莫辞醉，明日的无今日红。(徐凝诗, 5382)

（29）理棹好携三百首，阻风须饮几千分。(郑谷诗, 7744)

B. "分"表示十分之一，即一成：

（30）只如径山与摩道，还得十成也无？虽然如此，只道得八分。(祖 480)

（31）一头细发两分丝，卧见芭蕉白露滋。(刘言史诗, 5331)

（32）园林一半成乔木，邻里三分作白头。(白居易诗, 5229)

（33）四十年来多少人，一分零落九成尘。(方干诗, 7503)

C. 有时用"数分、几分、一分"指比较模糊的量：

（34）晓木千笼真蜡彩，落蕊枯香数分在。(李贺诗, 4435)

（35）性灵比鹤争多少，气力登山较几分。（曹松诗，8243）

（36）夜来解冻风虽急，不向寒城减一分。（罗隐《竹下残雪》诗，7623）

（37）董进朝常持《金刚经》，以一分功德祝庇冥司，我辈久蒙其惠如何杀之？（酉269）

3. 表示整体里分出的部分。跟第1类的区别是，这一类的前文多有动词"分、分为、破作"等词语，后文里的"×分"相对独立，相当于今语之"份"。

（38）家内所有钱财，今拟分为三分：一分儿今将去，一分侍奉尊亲，一分留在家中，将施贫乏之者。（敦校1011）

（39）师……分身四分，一分奉忉利天，一分奉沙竭罗龙王，一分奉毗舍离王，一分奉阿阇世王，各起宝塔供养。（祖30）

（40）王曰："若变悔者，朕当破作七分。"（同上18）

（41）彼人以此虚妄语故，受是尊重供养之者，彼人头破，作于七分。（《佛本行集经》）

（42）其余六十卦，卦有六爻，爻别主一日，凡主三百六十日。余有五日四分日之一者，每日分为八十分，五日分为四百分，四分日之一又为二十分，是四百二十分。六十卦分之六七四十二卦，别各得七分，是每卦得六日七分也。（《易·复》孔疏，十三经39）

值得一提的是上例中"四分日之一"的说法，现代汉语的表达方式是"四分之一日"。刘世儒（1965：126）举《汉书·律历志》的"二分度一"、《全宋文》卷24何承天文的"三百四度之六十五强"说明这是天文方面的术语，仍沿袭上古把所量名词插入分子分母之间，而一般用语就不是这样,并举《魏书·食货志》"州郡户十分之一"为例证。但看例(42)可知唐代仍未形成跟现代相同的规范,分数表达式仍在变动中。

(四)此后,"分"基本沿袭了本期的用法。做计量单位词时历代用途与数值都不尽相同,在现代"分"可用于度制、衡制、时间、货币、地积、利率、弧度、角度、经纬度以及学业考核成绩等。表整体中的部分时"分"多代表示十分之一,如"七分成绩,三分错误"。

八、成

(一)《说文》:"成,就也。"本义完成,有成为、既定等多个引申义。上古作为计量单位词表示十平方里,《左传·哀公元年》:"有田一成,有众一旅。"杜预注:"方十里为成。""成"还有一个后起义,表示"达到某一数量单位",如南朝宋鲍照《拟古》诗:"秋蛩扶户吟,寒妇成夜织。"成夜即一整夜时间。孔颖达《周易正义序》:"至若《复》卦云'七日来复'……卦主六日七分,举其成数言之,而云'七日来复'。"本来不足七日,而云七日,意思是说一个整数。

(二)本期开始出现一个新的功能,即表示十分之一。究其来源,或与上述后起义有关。用例不多,均出自口语文献:

(1)交关多使七成钱,籴粜无非两般斗。(敦辞1644)

(2)霜云:"道也大杀道,只得八九成。"(祖254)

(3)师问僧:"我寻常道,'莫道道不得,设而道得十成,犹是患瘥'。既道得十成,为什摩却成患瘥?"(同上297)

(4)只如径山与摩道,还得十成也无? 虽然如此,只道得八分。

(同上 480)

（5）师曰："不失时如何？"岩云："直得十成。"(《大正藏》卷47)①

（6）师曰："道则太杀道，只道得八成。"（同上）

（三）后世用法没有大的变化，《红楼梦》72回："虽然未应准，却有几分成手。须得你晚上再和他一说，就有十成了。"《老残游记》第3回："冤枉一定是有的，自勿庸议；但不知有几成不冤枉的？"老舍《骆驼祥子》："买辆七成新的，还不得个五六十块吗？"现代仍常说"增产一成、收几成回扣"等，"成"与"亭（停）"至今作为量词并不典型，但第5版《现代汉语词典》已将它们标注为量词，郭先珍《现代汉语量词用法词典》也收录了这两个词。

九、亭（停）

（一）《说文》："亭，民所安定也，亭有楼。"是行人停留食宿之处。此字又有平均义，《史记·秦始皇本纪》："决河亭水，放之海。"张守节正义："亭，平也。""停"，《说文》新附释为"止也"。"停"亦有均等义，敦煌变文《无常经讲经文》："才亡三日早安排，送向荒郊看古道。送回来，男女闹，为分财不停怀懊脑。"（变文667—668）《说文》段注对"亭、停"关系的看法是"亭之引申为亭止。俗乃制'停、渟'字"。故"亭、停"可说是古今字。

（二）此字做量词始于本期，代表份数，将总数分成若干份，其中的一份为一亭（停），惟例尚罕见：

---

① 例（5、6）转引自江蓝生、曹广顺（1997：58）。

家财分作于三亭，二分留与于慈母，内之一分，用充慈父之衣粮。(敦校1071)

此外有的辞书举王建诗"宫棋布局不依经，黑白分明子数停"（3427）为量词"停"之例，但此句可疑。"子数停"有两种可能的切分："子/数停"或"子数/停"，前者为名数量结构，"停"系量词；后者为主谓短语，"停"系均等义，不是量词。我们倾向于后者：黑白对垒，子数相当，句意通顺；若依前者将"子数停"释为"棋子若干份"则全句费解。

量词"亭"是怎么来的，其理据何在？洪艺芳（2000:363）认为："'亭'作为量词，或由'区别'义而来，《老子》五十一章：'亭之毒之。'《释文》：'亭，别也。'因'亭'有区分之义，故将事物总数区分为几份，其中的一份叫'一亭'（一停）。"她的解释可备一说。我们想，或者还与平均义有关，因为所分的每份应是均等的。

（三）这个量词后世常见，但均写作"停"，未见再有作"亭"者。如金董解元《西厢记诸宫调》卷2："众僧三百余人，比及扣寺门，十停儿死了七八。"《水浒全传》54回："三停中走了两停多路。"《三国演义》50回："三停人马：一停落后，一停填了沟壑，一停跟随曹操。"《红楼梦》68回："彼时大观园中，十停人已有九停人知道了。"现代诗人郭小川《辉县好地方》诗："七停的山岭丘陵，三停的碱地沙源。"不过当代语言中，"停"虽未消失，却已不太常用，如"十之八九、十之七八"代替了"十停里的八九停、七八停"。

此外，"扇"可称量一分为二的事物的一半（见本章第七节），"枝"可称量事物的分支（见本章第二节）。

第二十四节　一组兼具名量与动量功能的特殊量词

　　本书前文谈到过，汉语量词的分类是比较困难的。不少单词不但所量对象繁多，而且兼具不同种类的功能，特别有些词兼具名量词和动量词的功能。王力先生（1984：355—358）在《中国语法理论》一书中曾经提到"阵、顿、番、场"四个字，既可用如事物的"单位名词"（王先生当时这样称呼量词），也很易成为行为称数的"单位名词"。刘世儒先生（1965：164）也认为，"顿、番、通、阵"这几个名量词"都是和动量词不能截然划开的；区分的标准全在于句法，字眼上并无区别。它们实是一词两用，同炊异爨的"。以下量词虽称量对象不同，但都兼具动量词的功能，而且与前边介绍过的"辈、座"等偶在句中充当动量词的名量词不同，本节所述者做名量词和动量词都很常见，现同列于此。

　　这类词又可分为两种：第一种包括"番、通、重"三词，它们作为名量词的用法比较复杂，搭配对象繁多；且理据、意义相对独立，也就是说跟其作为动量词时的意义有一定差别。因此我们将其名量词及动量词的功能分别介绍，本节谈名量词部分，动量词功能、用法另见第八章。第二种包括"阵、顿、场"三词，它们作为名量词和动量词的理据、意义几乎没有什么差别，正如刘先生所说"区分的标准全在于句法"，"同炊异爨"的性质表现得尤其鲜明，没有必要也不便于分述，故其两种功能一同放在第八章中加以介绍。

关于各类量词的兼类问题，在第九章第六节还将做专题讨论。

一、番（翻）

（一）《说文》："番，兽足谓之番。"元韵奉母，今音 fán，后加"足"作"蹯"，此义与量词没有直接关系。"番"又为动词，系元韵敷母，今音 fān。《广韵·元韵》："番，递也。""递"即更代，《列子·汤问》："帝……乃命禺彊使巨鳌十五举首戴之，迭为三番，六万岁一交焉。"曹植《求通亲亲表》："君臣百僚，番休递上。"《北史·贺若弼列传》："请广陵顿兵一万，番代往来。"以上各句中的"番"皆为轮流、更代义，此义或来自通假，朱骏声在《说文通训定声·乾部》说，"番""又为'反'，《列子·汤问》'迭为三番'，《释文》：'更代也。'"。就是说有的古籍假"番"为"反"，而"反"具有返转、反复等义，与轮番、迭代有关，这可能就是动词"番"含义的由来。《广韵》还释"番"为"数也"，《字汇·田部》也说："番，次也。"这就与量词有关了。

"翻"系《说文》新附字，中古元韵敷母，用为量词时同于"番"。"翻"有覆转、翻转义，如岑参《白雪歌送武判官归京》诗："风掣红旗冻不翻。"（2050）此义也与量词相关。

（二）在西晋杜预的《左传》注中，就出现了"晋人三番四军更攻郑门"（十三经1943页）这样的说法，它的性质已与《列子》的"迭为三番"有所不同，是军队在战斗中分出的批次。南北朝时出现了性质更为确定的量词"番"，兼具名量、动量的性质，如"慧远就席攻难数番"（《高僧传·义解篇》），这是动量词。名量词可量兵，系由"轮番服兵役"引申，如"十五丁出一番兵……"（元孝友《上孝静帝表》）；还可量能翻转的片状物，如"昔有夫妇，有三番饼，夫妇共分，各食一饼，余一番在"（《百喻经》），"侧理纸万番……"（《拾遗记》）。（参见刘世儒 1965：161、253）

（三）本期的名量词"番"。

1. 量纸张、金属薄片等。

（1）三十六鳞充使时，数番犹得裹相思。（段成式《寄温飞卿笺纸》诗，6767）

（2）庄子说送终，天地为棺椁，吾归此有时，唯须一番箔。（寒山诗，9064）

（3）一日辱飞卿九寸小纸，两行亲书云，要彩笺十番录少诗。（段成式诗序，唐外 504）

（4）宫中造清思院新殿，用铜镜三千片，黄白金薄十万番。（《旧唐书·薛廷老列传》）

（5）诏度支进铜三千斤，金薄十万翻，修清思院新殿及升阳殿图障。（《旧唐书·敬宗纪》）

薛廷老是敬宗时人，例（4、5）所述当是同一件事，同样数量的金薄同一部书分别以"番"和"翻"量之，可见二者全同。

（6）得吾兄二十四日手书数番，忻悚兼至……。（韩集 211）

以下二例出自宋人撰《新唐书》：

（7）（杜暹）秩满归，吏以纸万番赆之，暹为受百番。（《新唐书·杜暹列传》）

（8）书纸三番，作真、行、草三体。（《新唐书·柳公权列传》）

《旧唐书·柳公权列传》叙此事文作"御前书三纸……"，可见在量写有文字的纸张时"番、纸"相同。

2. 量饼。

（9）其鱼（渔）人取得美酒一榼，鱼肉五斤，薄饼十翻……（敦校 8）

（10）所置赠孝家，助粟壹斗，饼贰拾翻，须白净壹尺捌寸。（敦煌文书 B176）

（11）齐①时,新戒食料,人各馔饼两事,馓饼一翻……（同上）

烙饼时须不断翻动，量饼功能由此而来，故敦煌文书将"番"写作"翻"，不但与《全唐书》用法相类，更是俗文学写本常有的现象。

3. 量植物。

（12）数声翡翠背人去，一番（一作朵）芙蓉含日开。（皮日休诗，7066）

（13）簇簇竞相鲜，一枝开几番。（李建勋诗，8426）

（14）三秀紫芝劳梦寐，一番红槿恨朝晴。（罗隐诗，7598）

（15）一番荷芰生池沼，槛前风送馨香。（尹鹗词，10112）

（16）推烟唾月抛千里，十番红桐一行死。（李商隐诗，6204）

"番"量植物此前未见，本期也都出自诗词，或有修辞作用。例（12）有小注"（番）一作朵"，说明其作用跟"朵"一样，含日而开的只是一朵芙蓉；例（13）亦可理解为一枝上开出好几朵，才能"簇簇

---

① 此字疑为"斋"之误，任半塘《敦煌歌辞总编》582 页引《普光寺道场征用食物单》与此文句相同，内"齐"字作"斋"。

竟相鲜"；例（15）则不同：如果只有一朵花能否使"风送馨香"？而且荷与芰是两种植物，此句的"一番"似为一片、一批。例（14、16）的"番"含义不详。

4. 做集合量词，量人，义为"批、拨"。

这一项功能历来少有人提及，究其来源或与当时兵制相关。按隋唐制度兵士应征入府服兵役，兵部按路程远近给番。《新唐书·兵制》："五百里为五番，千里七番，一千五百里八番，二千里十番，外为十二番，皆一月上。"《隋书·食货志》也有相应内容："（高祖）及受禅……仍依旧制，役丁为十二番，匠则六番……（开皇）初令军人以二十一成丁。减十二番每岁为二十日役……"其中"番"的含义比较复杂，简略地说每一个地方按比例抽丁服兵役，五番即五个月内轮流抽调一次，七番即七个月内轮流抽调一次，距离京师越近，入府当兵的次数越多。（详见范文澜等《中国通史》第三册第一、二章）"番"的量词义正是由此演化而来的。试看：

（17）秦王敢质三边滞，千番万里筑城长。（敦辞564）

（18）旦旦狎玉皇，夜夜御天姝，当御者几人，百千为番。（皇甫湜诗，4151）

这两例既可理解为按一定时间、比例轮流出劳力筑城及宫女轮流侍奉皇帝，也可理解为成千批劳力筑城、成百上千的宫女为一批侍奉皇帝。这尚不能肯定就是量词，但下面两例就只能认为是集合量词了：

（19）两番供奉打毬时，鸾凤分厢锦绣衣。（和凝诗，8396）

（20）几番新弟子，一样旧威仪。（齐己诗，9459）

（21）晋人分四军为三番。以二番为待楚之备，一番以攻郑之

门，一番一门，以癸亥初攻……(《左传·襄公九年》孔疏，十三经 1943)

例(21)是唐人为左传所作疏，原文是："晋人不得志于郑，以诸侯复伐之。十二月，癸亥，门其三门。"晋杜预注为"晋人三番四军更攻郑门，门各五日。晋各一攻，郑三受敌……"原文没有出现"番"字，杜预加上了"番"，孔疏说得更详明，是依唐制释古史，亦取其"分批轮番(攻城)"之意。这样的例子虽少，但它确实存在。这种用法与动量词"番"的关系密切，详见第八章第一节。

(四)"番"量片状物宋代犹存，如苏轼《次韵宋肇惠澄心纸之一》："诗老囊空一不留，百番曾作百金收。"但《水浒传》《红楼梦》里就都不量片状物了，二书中"番"似均为动量词。名量词"番"的功能晚近变化较大，清代以降曾做货币单位，一个银元为一番，钱泳《履园丛话》："庙僧……索费无已。亦看其家之贫富，富者至少三十番。"鲁迅《彷徨·高老夫子》中还有"手头现带着二百番"之说。现代汉语只与无形事物搭配，如"一番话语/苦心/努力/新气象"等，这种变化未考最早起于何时，但至少《红楼梦》时代已经发生："宝玉听宝钗这番话……，更觉比先畅快了。"(34回)

二、通

(一)《说文》："通，达也。"《国语·晋语二》："道远难通，望大难走。"后引申出多义，一为贯通，《易·系辞上》："往来不穷谓之通。"因通达、贯通可至事物的全体，故有全部义，《孟子·告子上》："弈秋，通国之善弈者也。"由此进一步引申出量词义，可量书籍，如《汉书·刘歆传》"及《春秋》左氏丘明所修，皆古文旧书，多者二十余通……",《古今韵会举要·东韵》"书首末全曰通"。故刘世儒认为"一通书"就指书的全体,量词"通"带有"浑指性"。此外还可量物,如"蓬一通、苣火一通"。(俱见《居延汉简》,参见刘世儒[1965:163],下同)

(二)魏晋南北朝时"通"量书已很常见,或同"篇",如《抱朴子·遐览篇》:"即写地皇文数十通。"或同"本、部",如《世说新语·文学篇》:"裴郎作《语林》……时流年少,无不传写,各有一通。"此外还量衣服,"一通"指上下衣一套,如《南齐书·张融传》:"今送一通故衣,意谓虽故,乃胜新也。"

(三)本期的量词"通"。

1. 多集中于量文告、诏书、诗书等类。

(1)高丽遂灭,因此立功。一例蒙上柱国,见有勋告数通。(敦校379)

(2)弟子书状五通,兼手书付送前路州县旧识官人处。(入唐,近代160)

(3)三通明主诏,一片白云心。(黄损诗,8390)

(4)群书万卷常暗诵,《孝经》一通看在手。(杜甫诗,2356)

(5)弘农旧县授新封,钿轴金泥诰一通。(白居易诗,4937)

(6)札吏指欲胼,万通排未阙。(皮日休诗,7028)

(7)峨眉道士风骨峻,手把玉皇书一通。(陆龟蒙诗,7222)

(8)添君雅具教多著,为著西斋谱一通。(同上,7184)

(9)南海马大夫见惠著述三通……(刘禹锡诗题,4096)

(10)……所欲税敛掌事者,皆来司书处受法焉。及事成,收敛毕入要,写一通副贰文书,名为要入司书,故云"入要贰焉"。(《周礼·天官》"凡税敛掌事者受法焉。及事成,则入要贰焉"句贾疏,十三经682)

(11)将殁,又为书一通,命缄置几上。(《旧唐书·辛祕列传》)

(12)……仍赂兵、吏部令史为出告身二十通,以便宜给赐,稹皆然之。(《旧唐书·元稹列传》)

(13)予时始以对诏在拾遗中供奉,由是献《教本书》《谏职》《论事》等表十数通……(同上)

(14)愈性不喜书,自为此文,惟自书两通:其一通遗清河崔群……其一通今书以遗彭城刘君伉。(韩集304)

(15)(僧道深等)实持故景云大德弘公行状一通……(白集913)

(16)因自开经箧,出《大方广佛华严经》中《十愿品》一通。(同上1453)

(17)此细事,亦可为奏章一通……(摭83)

(18)大周圀(国)主武曌好乐真道长生神仙谨诣中岳嵩高山投金简一通……(《武曌金简》)①

2. 另有量衣物及及流水等例,但数量较少。

(19)桃花两边种来久,流水一通(一作道)何时有。(武元衡诗,3547)

(20)一通红锦重,三事紫罗轻。(裴说诗,8270)

---

① 见《光明日报》2015年2月25日《武则天传世遗物:武曌金简》一文。

（21）临终遗书曰："生而必死，理之常分。气绝后可著单服一通，以充小敛。"（《旧唐书·萧瑀列传》）

例（20）的"红锦"与对句的"紫罗"，均以质料指代所制之衣，与例（21）的"单服一通"属同类。例（19）之"通"一作"道"，可知量流水时"通""道"也可相通，但这种用法罕有，此前未见。

"通"另有动量词功能，详见第八章第一节。

（四）后世不再量衣，但量书信、文书等仍沿用，明李东阳《〈南行稿〉序》："每一诗成，辄请诸家君，以为可则叙之，得百二十有六首，文五通。"又可量石碑，《西游记》22 回有"一通石碑"。现代"通"有平声、去声二读，平声"通"仍量文书、告示、电报、书信等，去声做动量词。

三、重

（一）《说文》："重，厚也。"指沉重，此义澄母肿韵上声，今音 zhòng，与量词无直接关联。用作动词，有增加、加重义，进而引申为重叠、重复，《楚辞·离骚》："纷吾既有此内美兮，又重之以修能。"此义钟韵平声，今音 chóng。此字《说文》作"緟"，释"增益也"，段注："增益之曰緟，经传统假'重'为之……今则重行而緟废矣。"《玉篇》也说"緟，增也，叠也……今作重"。又做形容词，《易·系辞》："重门击柝。"作为量词，初表重叠的层数，先秦即开始出现，后历代多见，如《庄子·天下》："天子棺椁七重，诸侯五重，大夫三重，士再重。"《礼记·郊特牲》："大飨，君三重席而酢焉。"《史记·项羽本纪》："汉军及诸侯兵围之数重。"

（二）魏晋南北朝时，除以往的用法外，又有了新的发展。凡可分出层次或视觉上似有层次的事物,都可以"重"称量,包括自然界的山、天,人为的衣、衫、门、墙、室等,而且,还可用于抽象事物,如盟契、愁思等。(参见刘世儒 1965:136—138)

(三)本期名量词"重"成为高频词,所量事物极为纷繁。各类文献都很常见,在诗歌里尤为活跃,《全唐诗》多达 587 例,内"几重"87 例,"千重"72 例,"九重"179 例。称量对象大致分类如下:

1. 量宫、殿、城、楼、阁等建筑物及门、壁、梯等建筑结构。

(1)一重门里石师子,两重门里石金刚。(敦校 359)

(2)(目连)向北更行数步,即见三重门楼,有壮士驱无量罪人入来。(同上 1026)

(3)见天颜于上界宫前,排众会于九重殿内。(同上 619)

(4)重重地狱有何因,只为阎浮五逆人。(同上 969)

(5)仍被驱将入阿鼻,铁壁千重无处走。(敦辞 1090)

(6)清凉寺住半山崖,千重楼阁万重开。(同上 851)

(7)高阁三重,悉用琉璃之瓦。(游仙窟,近代 5)

(8)常逢对门远,又隔一重城。(卢殷诗,5342)

(9)两重秦苑成千里,一炷胡香抵万金。(温庭筠诗,6755)

(10)九重帝宅司丹地,十万兵枢拥碧油。(欧阳詹诗,3908)

(11)开元寺里七重塔,遥对方山影拟齐。(周朴诗,7702)

(12)花里可怜池上景,几重墙壁贮春风。(张籍诗,4355)

(13)名花出地两重阶,绝顶平天一小斋。(王季友诗,2890)

(14)颖上新亭瞰一川,几重旧址敞幽关。(韩琮诗,6549)

(15)翠微寺本翠微宫,楼阁亭台几十重。(骊山游人诗,

8854)

(16) 凤楼春望好，宫阙一重重。(元淳诗，9060)

(17) 高高骊山上有宫，朱楼紫殿三四重。(白居易诗，4700)

(18) 转行深深院，过尽重重屋。(同上，4856)

(19) 杳杳欲至天，云梯升几重。(常建诗，1458)

(20) 番直同遥夜，严扃限几重。(令狐楚诗，3747)

(21) 殿垣……仍立四门八观，依太庙门别各安三门，施玄闉，四角造三重魏阙。(《旧唐书·礼仪志二》)

(22) 什忾然下马，入两重门……(酉 120)

2. 量宇宙、天、星等宏观景物。

(23) 大鹏点翅，度九万里之山河；玉兔腾空，照十千重之宇宙。(敦校 621)

(24) 政移千里俗，人戴两重天。(戎昱诗，3025)

(25) 水似晴天天似水，两重星点碧琉璃。(李涉诗，5436)

3. 量山、海、河、湖、关、野、路。

(26) 千重之翠巘摩天，百道之寒溪喷雪。(敦校 619)

(27) 言海此岸者，对南阎浮提说彼此，即须弥山下，弟七重海外，弟八重海里。(同上 722)

(28) 这里若论玄与实，与吾如隔万重山。(祖 270)

(29) 逾两重岭，西行卅里，到塘城普通院。(入唐，近代 118)

(30) 峰谷重重，不知几重。(同上，134)

(31) 一重山，两重山，山远天高烟水寒。(李煜词，10043)

(32) 八重岩崿叠晴空，九色烟霞绕洞宫。(章八元诗，3193)

（33）墓中下涸二重泉，当时自以为深固。（白居易诗，4709）

（34）两重江外片帆斜，数里林塘绕一家。（薛逢诗，6336）

（35）精吟五个字，稳泛两重湖。（裴说诗，8263）

（36）翠屏瀑水知何在，鸟道猿啼过几重。（刘长卿诗，1568）

（37）东望沧溟路几重，无因白首更相逢。（李德裕诗，5395）

（38）洛阳宫殿化为烽，休道秦关百二重。（杜甫诗，2512）

（39）大野几重开雪岭，长河无限旧云涛。（秦韬玉诗，7659）

4. 量纺织品、衣甲、衾幛、包裹等。

（40）思衣即罗绮千重，要饭即珍羞百味。（敦校886）

（41）敷千重之锦绣，〔张〕万道之花筵。（同上436）

（42）锦幛重重掩，罗衣队队香……（变文276）

（43）此有二表，外一重白裹不损者，表俗谛存焉；内一重白裹不损者，表真谛不坏也。（祖25）

（44）百里旗幡冲即断，两重衣甲射皆穿。（王建诗，3418）

（45）两重褐绮衾，一领花茸毡。（白居易诗，5123）

（46）箧中赐衣十重余，案上军书十二卷。（岑参诗，2059）

（47）几重包裹自题署，不以珍怪夸荒夷。（韩愈诗，3802）

5. 量器物。

（48）君有百炼刃，堪断七重犀。（张九龄诗，583）

（49）远翠愁山入卧屏，两重云母空烘影。（温庭筠诗，6706）

（50）七重锁未开金钥，五色光先入紫宸。（贯休诗，9417）

（51）茅山近别剡溪逢，玉节青旄十二重。（张籍诗，4362）

（52）乌几重重缚，鹑衣寸寸针。（杜甫诗，2575）

（53）寒竹惭虚受，纤毫任几重。（耿㠫《咏宣州笔》诗，2980）

6. 量植物。

（54）淹留迷处所，岩岫几重花。（长孙正隐诗，790）

（55）故里仙才若相问，一春攀得两重枝。（易重诗，6458）

（56）莲房若个实？竹节几重虚。（杨炯诗，615）

（57）上方有路应知处，疏磬寒蝉树几重。（许浑诗，6115）

（58）山藓几重生草履，涧泉长自满铜瓶。（陆龟蒙诗，7220）

（59）余花数种在，密叶几重垂。（裴度诗，8894）

7. 量由人、神组成的队伍、包围圈。

（60）南风助我军威急，西海横尸几十重。（敦校 193）

（61）年初弱冠即登庸，匹马单枪突九重。（同上）

（62）罗汉虽然是小圣，力敌天魔万万重。（同上 534）

8. 量人体的皮、皱、泪、鬓。

（63）若觅下官行妇礼，更须换却百重皮。（敦校 1216）

（64）眉中有千重碎皱，项上有百道粗筋。（同上 510）

（65）谓君憔悴损形容，教儿泪落千重。（敦辞 340）

（66）自等腰身尺六强，两重危鬓尽钗长。（段成式诗，6770）

9. 量云、烟、炎、气、尘埃以及春色、夜景等无形之物。

（67）人浩浩，语喧喧，云叠重重映碧天。（敦校 770）

（68）铁锵万剑安其下，烟火千重遮四门。（同上 1029）

（69）万道红炉扇广炭，千重赤炎迸流星。（同上 1032）

（70）妖星六丈出，沴气七重悬。（杨炯诗，610）

(71) 行人若上升仙处，须拨白云三四重。(陆畅诗, 5445)

(72) 自想归时路，尘埃复几重。(姚合诗, 5684)

(73) 酒倾无限月，客醉几重春。(同上, 1808)

(74) 天秋月又满，城阙夜千重。(戴叔伦诗, 3073)

(75) 更〔说谢〕公南座好，烟萝到地几重阴。(李端诗, 3271)

(76) 两面碧悬神女峡，几重青出丈人山。(齐己诗, 9575)

10. 量抽象事物、情感等。

(77) 舜殿徘徊千岁主，尧天麻荫万重亲。(敦校 620)

(78) 世界众生无亿数，各怀心义几千重。(同上 635)

(79) 当初大众才看了，欢喜之心万万重。(同上 722)

(80) 只管尊高处帝宫，未知门外苦千重。(同上 930)

(81) 摧藏千里态，掩抑几重悲。(太宗皇帝诗, 18)

(82) 人看几重恨，鸟入一枝低。(戎昱诗, 3018)

(83) 言下忘言一时了，梦中说梦两重虚。(白居易诗, 5150)

(84) 囊中自欠诗千首，身外谁知事几重。(齐己诗, 9556)

"重"又可用如动量词，详见第八章第二节。

(四) 本期，量词"重"的用法已十分繁复，后世鲜有新的发展。可以任举一些例子，如宋代诗词中的"芳心千重似束"(苏轼《贺新郎》词)、"望极神州，万重烟水"(黄庭坚《醉蓬莱》词)、"日透红妆一万重"(杨万里《万花川谷海棠盛开进退格》诗)，又如《红楼梦》11 回的"一重山坡"、同书 68 回的"国孝家孝两重在身"等，这些都不出本期的各项功能。现代，"重"多用于"重重叠叠、双重、多重"，而单用一个"重"称量层叠的东西多是文人手笔，如鲁迅《三闲集·无声的中国》:"……所以不如用浅显的文言来作新思想的文章,可以少招一重反对。"《且介亭杂文末编·关于太炎先生二三事》:"然而知道这一重公案者,恐怕也已经不多了。"茅盾《子夜》:"他的脸上就添了一重严肃的表情。"王蒙《庭院深深》:"穿过这个门,进入了第三重院子。"青年作家韩寒写有《三重门》一书,而这个量词口语里并不多见。

此外,兼具名量与动量功能的特殊量词还有"**阵**"(除称量作战次数外,作为名量词更常用于风、雨、烟、寒、香等自然现象及变化,详见第八章第二节)、"**顿**"(量饭食及被责打的次数,详见第八章第一节)、"**场**"(除量事件,亦用于梦、情感等,详见第八章第二节)。

第三章 集合量词

前文多次谈到过汉语量词内部的兼类现象，即个体、集合、临时、计量等不同类的名量词乃至名量词与部分动量词之间都有互相兼用的情形。这种现象在集合量词身上表现得尤为显著。不少集合量词有时所量之物其实并非复数，同样很多主要用作个体量词的单词也可称量集合的事物。这是因为汉语词汇本身没有数的范畴，故操汉语者在语言实践中不介意单数复数的区分。本章所述是主要作为集合量词使用的几组单词。其中第一节的三个词由其词汇意义决定只量成双之物，不存在兼做个体量词的可能；其他各节所述则因词而异，有不少界限不清的情况存在。如"一丛"，可能是很多枝，犹如说"一把"，也可能是一株丛生的植物。"一副"可能是互相配合的多件物体，也可能是由多种配件组成的一件器物。

第一节 量成双成对的人或物

一、双

（一）《说文》："双，隹二枚也。"按这个解释，"双"本身具备"名（隹）数（二）量（枚）"三方面的含义，但实际语料中很难找到这样的用例。《十三经》"双"字共12例，内句中出现"禽、鸡"者6例，如《礼记·少仪》："其禽加于一双，则执一双以将命，委其余。"《周礼·秋官·掌客》："乘禽日九十双。"这些句中"双"之前有数词，虽然与名词"禽"之间隔着其他词语,却很像一个量词,洪诚先生(1964:185)认为这就是量词。

(二)更符合量词标准的"双"也出现得很早,且不限于鸟类,可量多种成双的事物,如《国语·晋语》二的"白玉之珩六双",《史记·楚世家》的"鸟六双",《史记·货殖列传》的"羊彘千双",《汉书·南粤传》的"白璧一双""生翠四十双、孔雀二双",汉简有"三斗壶一双"、"竽三双"等。(参见姚振武 2010:224)

南北朝使用更加广泛,可称量鸟(《南齐书·徐伯珍传》"白雀一双")、兽(《佛国记》"牛一双")、鱼(《搜神记卷5》"鲤一双")、人(庾信《咏画屏风》"妓一双")、物(《宋书·百官志》"赤管大笔一双")等,以上是配成对的;另有本来必须成对的如"一双朱履"(《述异记》卷下)、"毒箸二双"(《飞燕外传》)。(参见刘世儒 1965:197—199)

(三)本期"双"用法。

本期用例较南北朝时期似更丰富,除鞋履、鸟兽、人及种种杂物之外,还有宏观的自然景物等。

1. 量鞋袜之类。

(1)……遂乃解靴绦一双,奉上兄为信。(敦煌文书 A331)

(2)一双金齿屐,两足白如霜。(李白诗,1885)

(3)更著一双皮屐子,纥梯纥榻出门前。(崔涯诗,9859)

(4)棺上有饼两轴、新袜一双。(续玄 197)

2. 量武器、旗帜类。

(5)更爱延平津上过,一双神剑是龙鳞。(黄滔诗,8117)

(6)中有一双白羽箭,蜘蛛结网生尘埃。(李白诗,318)

（7）百二河山雄上国，一双旌旆委名臣。（刘禹锡诗，4053）

（8）破之得剑一双……（朝68）

3. 量容器、餐具、饰物、文具等。

（9）伍斗铜盆壹双。（敦煌文书B57）

（10）漆箸两双，在柜。（同上56）

（11）一双裙带同心结，早寄黄鹂孤雁儿。（李群玉诗，6612）

（12）欲美一双金扼臂，得随人世出将来。（宫嫔诗，9807）

（13）黄金数百镒，白璧有几双。（李白诗，1781）

（14）在晋陵唯作牙管笔一双。（《南史·范岫列传》）

（15）妇以衬体红衫及金钗一双赠别。（宣128）

4. 量鸟。

（16）双双瑞鹤添香印，两两灵禽注水瓶。（敦校706）

（17）一双青白鸽，绕帐三五匝……（敦煌文书A330）

（18）吹罢玉箫春似海，一双彩凤忽飞来。（唐彦谦诗，7668）

（19）一双青琐燕，千万绿杨丝。（同上，6751）

（20）尽日无人只高卧，一双白鸟隔纱厨。（司空图诗，7272）

（21）万叠水纹罗乍展，一双鸂鶒绣初成。（刘兼诗，8690）

（22）猎马千行雁几双，燕然山下碧油幢。（张仲素诗，4138）

（23）正是霜风飘断处，寒鸥惊起一双双。（陆龟蒙诗，7218）

（24）鹭起暮天，几双交颈鸳鸯，入芦花深处宿。（徐昌图词，10160）

5. 量其他动物。

（25）唯须小船一只，棹桙一枚，鲍鱼一双……（敦校13）

（26）朱楼通水陌，沙暖一双鱼。（李贺诗，4395）

（27）缠得红罗手帕子，中心细画一双蝉。（王建诗，3442）

（28）一双白蝙蝠，三度向明飞。（任要诗，10023）

（29）骥騄千万双，鸳鸯七十二。（元稹诗，310）

6. 量植物。

（30）梦觉，即于手中有荄一双……（敦煌文书A332）

（31）至中门前，一双桐树……（朝131）

（32）中庭自摘青梅子，先向钗头戴一双。（韩偓诗，7834）

（33）霜似败红芳，剪啄十数双。（孟郊《杏殇》诗，4276）

7. 量人。

（34）大王何必多贪？求男是男，求女是女。〔男女〕一双，难为求觅。（敦校435）

（35）却反顾，一双婢子何足云？（卢仝诗，4384）

（36）一双童子浇红药，百八真珠贯彩绳。（贾岛诗，6680）

（37）美人一双闲且都，朱唇翠眉映明矑。（岑参诗，2058）

（38）一双胡子着绯袍，一个须多一鼻高。（韦铿诗，9852）

（39）夫妇生五男，并有一双女。（缺名诗，唐外358）

8. 量人及动物对称成双的肢体、器官等。

（40）十指纤纤如露柱，一双眼子似木槌离。（敦校1103）

（41）两脚出来如露柱，一双可脖似麤椽。（同上1108）

（42）曹山只有一双眉。（祖227）

（43）两京尘路一双鬓，不见玉泉千万秋。（赵嘏诗，6379）

（44）麻衣尽举一双手，桂树只生三两枝。（李山甫诗，7365）

（45）骨重神寒天庙器，一双瞳人剪秋水。（李贺诗，4396）

（46）老溽即山铸，后庭千双眉。（杜牧诗，5938）

（47）一双泪滴黄河水，应得东流入汉家。（王偓诗，214）

（48）今日分明花里见，一双红脸动春心。（李群玉诗，6612）

（49）一双笑靥才回面，十万精兵尽倒戈。（鱼玄机诗，9048）

（50）内鹰笼脱解红绦……一双金爪掬花毛。（王建诗，3440）

9. 量自然景物。

（51）人间第四祖，云里一双峰。（包佶诗，2140）

（52）不知谁与名孤屿，其实中川是一双。（张又新诗，5454）

本期量词"双"的使用度很高，组合能力也很强，既可称量天然成双或必定成双使用的事物（如第1、8类），也可称量两两配对的人或事物。刘世儒（1965：200）举敦煌变文称量美人及衣物之例，说那时除天然成双的事物外，其他都改称"对"了，这恐怕不符合语言事实，本期举凡两两相配的衣服、什物、鸟兽乃至子女、奴仆、美人等都还可称"双"。

（四）刘世儒所说的变化发生得要晚得多。"双"在现代汉语里确是只用于天然成双的对称器官、成双使用的鞋袜、筷子等物（详见郭先珍2002：40），但直到《红楼梦》的时代，还没有确定这样的规范，如该书27回就有"一双蝴蝶"，按今天的习惯是应该用"对"的。

二、对

（一）《说文》："对，䜴无方也。"本义回答，应答。《诗·大雅·桑柔》"听言则对"是也。由此引申为应对、应对的双方，再引申为成对的、配偶，《后汉书·逸民列传·梁鸿》："择对不嫁，至年三十。"量词"对"

就是由此义而来，它的产生是比较晚的。

（二）就我们所知，本期始有量词"对"，可用于成双成对的事物及人。

1. 量配套成对的衣物等。

（1）饮馔朝朝皆酒肉，衣裳对对是绫罗。（敦校 707）

（2）黄细布孝衣壹对。（敦煌文书 B89）

（3）单经布裙衫一对。（同上）

（4）皂绫袈裟壹事，皂绫偏衫壹领，两事共壹对。（同上）

（5）可幅勒腕帛子五对。（法 252）

（6）昭阳舞人恩正深，春衣一对直千金。（白居易诗，4704）

（7）……于铺内偶获袄子半臂一对，廷壁起取衣之。（摭 94）

据洪艺芳（2004）的研究，敦煌文书在量衣物的时候，有一种很特别的现象，除成双者外，三件或三件以上自成一组的，也可以"对"来称量，如：

（8）黄在袈裟头巾覆博偏衫①一对。（敦煌文书 B89）

（9）黑布柒条袈裟覆博头巾一对。（同上）

（10）襆裆袱袖衣兰皮鞋壹量共一对。（同上）

这种情形在宋初的敦煌经济文书中仍有，如："红罗裙壹腰、贴金衫子壹领、贴金礼巾壹条，三事共壹对。"此例可更清晰地看出"对"的特殊用法，但仅限于量衣物，且除敦煌文书未见于其他语料。（见洪艺芳 2004：89）

---

① "覆博偏衫"指覆盖右肩之片衣，详见洪艺芳（2004：88）注 13。

另一特殊的语言现象是，法门寺出土"衣物账"中，有时将多种器物、衣物名写在前，数目和量词写在后，多种量词一起列出，如："新恩赐到金银宝器衣物、席褥、幞头、巾子、靴鞋等共计七百五十四副枚领条具对顶量张。"至于何物称对？按理可能是其中的靴鞋，但本期除此特例并未见以"对"量鞋类，故不能肯定。关于量词连用详见第九章第七节。

2. 量成对的人。

（11）命三五个家童，排一两对幡盖，欲出城外，往诣伽蓝。（敦校 866）

（12）……三对行官过道走来，遂于土店里任吃茶话语多时。（入唐，近代 162）

（13）千群白刃兵迎节，十对红妆妓打毬。（王建诗，3419）

例（11）看似量物（幡盖），其实是指手持幡盖的人，故归入此类。

3. 量成对的动物。

（14）黄金乍（作）骨，珊瑚之鹦鹉双双；白玉为条，翡翠之频伽① 对对。（敦校 812）

（15）应如天竺难陀寺，一对狻猊相枕眠。（皮日休诗，7097）

（16）菱荷风乍触，一对鸳鸯宿。（刘侍读词，10161）

（三）量衣物及人的"对"宋代及其后还存在了较长时间，如记于宋初的敦煌变文《庐山远公话》有"僧依（衣）数对"，据考写作晚

---

① 频伽："迦陵频伽"的省称，鸟名。《旧唐书·宪宗纪下》："诃陵国遣使献僧祇僮及五色鹦鹉，频伽鸟并异香名宝。"

于宋大中祥符年间的《韩擒虎话本》(见敦校 305 页校注〔一〕)有"美人一对",《临川梦·说梦》仍说"几对靴鞋"。而现代汉语里"对"主要称量性别相对的人或动物,如"一对夫妻 / 熊猫";性质相反或左右相对的事物,如"一对矛盾 / 耳环"。普通话里衣服用"套",鞋袜用"双"来称量,不能用"对"。

三、两(量、辆)

(一)"两",《说文》作"兩",释为"再也"。① 此字上古只用于成双成对的事物,与基数及序数的"二"不同,如《易·系辞》上:"是故易有太极,是生两仪。"汉以后,"两"成为"二"的同义词,但仍不作序数。《说文》另有"緉"字,释为"履两枚也",是"两"的分化字,刘世儒先生谓大约汉代始用"緉",至南北朝初期又写作"量"。与此同时,"两"一直在使用,直至本期。

(二)与原义相关联,"两"作为量词就称量成对的事物,一是量车,一车有两轮,故为"一两",后文字分化为"辆"(详见第二章第八节)。二用于布帛,每两四丈,《左传·昭公二十六年》有"币锦二两",杜预注:"二丈为一端,二端为一两,所谓匹也。"此义仅存于先秦。三用于鞋袜等,是本节叙述的重点。这一功能起源很早,历代用例如《诗·齐风·南山》"葛屦五两"、《睡虎地秦墓竹简·封诊式》"綦履一两"②、曹植《冬至献袜颂表》"纹履七緉"等。《世说新语·雅量》"未知一生当著几量屐"更成了著名典故,以上均量鞋类。在

---

① 《说文》另有"兩"字,专指重量,二十四铢为一兩,是为计量单位词,见第五章第二节。二字很早即合为"两"。

② 此例转引自魏德胜(2000:123)。

汉代也有量袜甚至袴、袍的，如汉末皇甫规《与马融书》有"袜一量"，《居延汉简》有"绔/复袍/复襦一两"。（见姚振武 2010：223）刘世儒认为这是因为绔有两条腿儿，复袍等有表里两层的缘故。但在南北朝，量绔之类已经不用了，这个量词的范围开始缩小。（参见刘世儒 1965：200—202）

（三）本期"两、量"仍并行，唐人颜师古《匡谬正俗》："或问曰：今人呼屦、舃、屐、履之属，一具为一量，于义何邪？答曰：字当作两；诗云葛屦五两者，相偶之名，屦之属二乃成具，故谓之两，两音转变，故为量尔。"可见唐时"呼屦为量"确系口头语言。此外还有写作"辆"者（本期文献中未见"緉"），均量鞋履之类：

（1）皮鞋一量……。（敦煌文书 B89）

（2）紫绫履一量。（敦煌掇琐 239）

（3）京皮靴一量并靴毡。（同上）

（4）李侍御送路物不少……软鞋一量，银二贯文，数在别纸也。（入唐，近代 160）

（6）一两棕鞋八尺藤，广陵行遍又金陵。（戴叔伦诗，3105）

（7）……兼有一量草履子上大王夫人。（博 6）

（8）取鞋一辆以臂夹……（朝 139）

不过本期以"两"称量鞋履的使用率不太高，《全唐诗》仅一例，这是因为一方面"两"还常用来量车，或做度量词表重量，《全唐诗》里就各有多例，三种功能同音且同形，极易造成误解（上引《匡谬正俗》所以说字当作两而时人呼为量，敦煌文书常写作"量"，原因或许就是为了加以区别）；另一方面称量双数衣物的量词还有"对"和"双"。

这样"两"自然没有优势，最终被"双"代替。

那么这种变化是何时发生的呢？或谓在吐鲁番文书中已见称量"履"类的量词"双"，应视为这种变化的先声（王松木1999），而洪艺芳（2000：335）经过对该类文书全面统计后，指出称量"履"类用"两"仍是主要的，比用"双"的次数多数倍，因而"两"被替代的时间还须推后。然而我们以为，吐鲁番出土文书的时代跨度过长，约在东晋至初唐，据此统计不可能说明确切的年代。可以肯定的是，本期量鞋履的"两（量）"使用频率已经较低了。

"两（量）"又为标准计量单位词，详见第五章第二节。

（四）宋代及其以后，还有文人用"两"称量鞋类，如苏轼《次韵答苏教授观余所藏墨》诗"一生当着几两屐"，辛弃疾《满江红》词"能消几两平生屐"，萨都剌《茅山道士》诗"蜡屐平生几两穿"，蒲松龄《读书效樊堂二首》"着屐一生能几两"，但这些都在用《世说新语·雅量》之典，恐已不能代表当时的语言实际了。

此外，"**联**"可用于称量成双的动物及互相搭配的器物，见第二章第十一节。

第二节　量人群

一、群

（一）《说文》："群，辈也。"字从羊，本指聚在一起的兽畜，《国语·周语上》："兽三为群，人三为众。"《诗·小雅·无羊》："谁谓尔无羊，三百维群。"《说文》段注："羊为群，犬为独，引申为凡类聚之称。"《说文句读》:"群,通词也,不主为羊。"故也可指聚在一起的人或物,《楚辞·远游》:"离人群而遁逸。"《易·系辞上》:"方以类聚,物以群分。"

(二)量词"群"汉代已经产生,量人群或成群的动物,前者如陈琳《为袁绍檄豫州》:"长戟百万,胡骑千群。"后者如《汉书·叙传》:"致马牛羊各千群。"魏晋以降仍沿袭,如《魏书·任城王列传》:"朕失于举人,任许一群妇人辈,奇事!"《世说新语·轻诋篇》:"人问见诸王何如,答曰:'见一群白颈乌,但闻唤哑哑声。'"(参见刘世儒 1965:207)

(三)本期的量词"群"主要也用于量人群及成群的动物,但有少数例外。

1. 量人或神鬼的群体。

(1)万忆[①]听徒由(犹)浩浩,千群圣众闹喧喧。(敦校 918)

(2)(魔女)一群群若四色花敷,一队队似五云秀丽。(同上 884)

(3)甲士千群若阵云,一身能出定三军。(敦辞 658)

(4)一群病懒贼,却搦父母耻。(王诗校辑 33)

(5)一群巡门鬼,噇尽椀鸣声。(同上 154)

(6)逢见一群女,端正容貌美。(寒山诗,9084)

(7)一群取相汉,用意总无交。(拾得诗,9105)

(8)如来烧赤尽,惟有一群僧。(李荣诗,9845)

(9)一群县尉驴骤骤,数个参军鹅鸭行。(石抱忠诗,9846)

---

① 黄征等注:"'忆'通'亿',原径录作'亿',不妥。"

（10）文皇南面坐，夷狄千群趋。（柳宗元诗，3921）

（11）一身能臂两雕弧，虏骑千群只似无。（王维诗，324）

（12）隔河见胡骑，倏忽数百群。（杜甫诗，185）

2. 在诗词里有些出现在"数+群"前后的是其他事物甚至形容词，实际指代人。

（13）千群白刃兵迎节，十对红妆妓打球。（王建诗，3419）

（14）福田一个无，虚设一群秃。（寒山诗，9092）

（15）万群铁马从奴虏，强弱由人莫叹时。（吕温诗，4171）

（16）肠断入城芳草路，淡红香白一群群。（韦庄诗，8040）

（17）金似衣裳玉似身，眼如秋水鬓如云，霞裙月帔一群群。（韦庄词，10072）

例（13）以白刃指代兵士，例（14）以秃指代僧，例（15）以铁马指代军队，例（16、17）分别以淡红香白、霞裙月帔指代美女。

3. 量成群的动物。

（18）行次临河，舜见一郡（群）鹿……（敦校203）

（19）黄羊、野马，日见千群万群……（同上156）

（20）进曰："一箭射几个？"〔马〕师云："一箭射一群（引者按：指鹿）。"（祖366）

（21）百丈游丝争绕树，一群娇鸟共啼花。（卢照邻诗，519）

（22）一群白鹤高飞上，唯有松风吹石坛。（李群玉诗，6614）

（23）踟蹰一群羊，沿山又入谷。（拾得诗，9106）

（24）南浮涨海人何处，北望衡阳雁几群。（沈佺期诗，1043）

（25）房相西亭鹅一群，眠沙泛浦白于云。（杜甫诗，2479）

4. 量其他，目前笔者只发现 1 例：

(26) 家占溪南千个竹，地临湖上一群山。(熊孺登诗，5421)

(四) 此后，量词"群"的功能基本没有变化，仍量人群及成群的禽兽。现代亦如此，个别的例外，也与本期相似，可量位置靠在一起的岛屿，如华山《童年时代》："三门峡……两岸石壁陡峭，中间一群石岛也是悬崖绝壁。"

二、家

(一)《说文》："家，居也。"本义人所居之住房，《庄子·山木》："夫子出于山，舍于故人之家。"引申为家庭、家族，《诗·周南·桃夭》："之子于归，宜其室家。"又引申为学派，《荀子·解蔽》："今诸侯异政，百家异说，则必或是或非，或治或乱。"《汉书·司马迁传赞》："至于采经摭传，分散数家之事，甚多疏略。"在"家庭"与"学派"两个义项上，"家"很早就趋向于量词，《汉书·张安世传》："上追思贺恩，欲封其冢为恩德侯，置守冢二百家。"而上引《荀子》已有"百家"之说。

(二) 南北朝时，量词"家"更趋成熟，如《宋书·沈庆之列传》："徙流民数千家于瓜步。"《佛国记》："城中……只有众僧民户数十家而已。"(参见刘世儒 1965：220) 以上二例属"名数量"结构，同时"数名"结构亦常见，如《三国志·蜀书·诸葛亮传》："亮拔西县千余家，还于汉中，戮谡以谢众。"

(三) 本期的量词"家"。

1. 组成"数量"结构，量人家。

(1) 世尊亲到门前，令我一家获福。(敦校 590)

（2）汝为宾，他为主，他且如龙君似虎，两家彼此是俗人，更莫推辞问疾去。（敦煌文书 A427）

（3）思量一夜百千家，几户忧愁几家喜。（敦辞 1659）

（4）湖南七郡凡几家，家家屏障书题遍。（李白诗，1729）

（5）凉州七里十万家，胡人半解弹琵琶。（岑参诗，2055）

（6）邑中九万家，高栋照通衢。（杜甫诗，2359）

（7）锦里烟尘外，江村八九家。（同上，2432）

（8）东川八十家，冤愤一言申。（白居易诗，4660）

（9）一家二十口，移转就松来。（同上，4807）

（10）天遣两家无嗣子，欲将文集与它谁。（元稹诗，4600）

（11）二十五家齐拔宅，人间已写上升名。（王贞白诗，8066）

2. 组成"数量名""名数量"结构，量以家、户为单位的人。

（12）只是一家人，路人疑千家。（刘驾诗，6778）

（13）一家人牵一口甕，版筑才兴城已成。（顾云诗，7303）

（14）寥落几家人，犹依数株柳。（刘长卿诗，1543）

（15）玉树声沉战舰收，万家冠盖入中州。（吴融诗，7872）

（16）犹有渔人数家住，不成村落夕阳边。（许棠诗，6990）

（17）予为监察御史，劾奏故东川节度使严砺籍没衣冠等八十余家。（元稹诗注，4594）

（18）城旧有野叉，其窟见在。人近窟住者五百余家……（酉 47）

3. "数量"结构之后的名词表示属于家庭的财物或相关事物。

（19）合环千里疆，争为一家事。（杜牧诗，5937）

(20) 忆昨平阳宅初置, 吞并平人几家地。(白居易诗, 4701)
(21) 十家租税九家毕, 虚受吾君蠲免恩。(同上, 4704)
(22) 疏影未藏千里树, 远阴微翳万家楼。(李山甫诗, 7366)
(23) 缭绕万家井, 往来车马尘。(韦应物诗, 1957)
(24) 秋后见飞千里雁, 月中闻捣万家衣。(刘方平诗, 2838)
(25) 忽然一曲称君心, 破却中人百家产。(陆长源诗, 3121)
(26) 江对楚山千里月, 郭连渔浦万家灯。(李绅诗, 5464)
(27) 千家帘幕春空在, 几处楼台月自明。(孟宾于诗, 8440)
(28) 谢守高斋结构新, 一方风景万家情。(徐铉诗, 8554)
(29) 盂擎数家饭, 衲乞几人衣。(善生诗, 9274)

单就第3类而言,"家"或许只能算是准量词, 因为"地、树、井、衣"等实际上都不是它的称量对象, 可以在"家"后加上"之"字, 如"几家之地、万家之楼"等等, 表示领属关系; 而且搭配的数词多是"千、万、几、数"这样的概数, 描写重于计量。这是与其他几类不同之处。

4. 组成"数量名"或"数量"结构, 计量政治集团或学术流派。

(30) 楚、汉两家排阵讫, 观风占气势相吞。(敦校91)
(31) 方知一杯酒, 犹胜百家书。(高适诗, 2242)
(32) 一壶浊酒百家诗, 住此园林守选期。(黄滔诗, 8116)
(33) 编为一家言, 以备史阙文。(白居易诗, 4660)
(34) 莫欺江外手, 别是一家声。(同上, 5036)
(35) 三千余岁上下古, 八十一家文字奇。(陆龟蒙诗, 7175)
(36) 百尺典坟随丧乱, 一家风雅独完全。(齐己诗, 9542)

(37) 纷纷百家起，诡怪相披猖。(韩愈诗，3771)

(38) ……删众家《后汉书》为一家之作。(《南史·范晔列传》)

(39) 随所意得，遂为笺注，岂成一家之说，但备遗阙之文。(唐明皇《道德经序》)

"诗、书、言、声、风雅、文字"都可认为是"家"的称量对象，而以"百家"泛指众多学术流派者,《全唐诗》共 7 例。

"家"与"户"的比较见下文"户"。

(四) 量词"家"的这些功能大多沿袭下来，如《水浒传》49 回有"一家猎户，兄弟两个",《红楼梦》48 回有"远远的几家人家作晚饭"。后又发展可用于商家、企业,《老残游记》第 3 回有"一家汇票庄，叫个日升昌字号"。还可用于参加某些娱乐活动的人，如《红楼梦》63 回："掣此签者不便饮酒，只令上下二家各饮一杯。"现代用于人家、企业与学术流派之例更不胜枚举，玩牌时依旧可说"上下两家"。

三、户

(一)《说文》："户，护也。半门曰户。"本义单扇的门，引申为住在一个门内的家庭、住户。户口统计是为政不可少的事，所以"户"很早就与数目联系计量某一区域内的人家,《易·讼》："不克讼，归而逋，其邑人三百户无眚。"《史记·秦始皇本纪》："乃徙黔首三万户琅邪台下，复十二岁。"

(二) 魏晋南北朝时代"户"的用法与秦汉大致相同，如《魏书·鲜卑列传》："乌侯秦水上有汉人数百户。"《颜氏家训·勉学篇》："宰千户县不必理其民。"刘世儒谓"'家'指'家族'，重在指明集体（一家多人）；'户'指'门户'，重在指明单位（分'门'别'户'）"。

(参见刘世儒1965：220)《后汉书·光武皇帝本纪》："二年正月，光武以王朗新盛，乃北徇蓟。王朗移檄购光武十万户……"这最后一例的"十万户"指的是封地的大小或食租的范围。此时文献里没有见到"数+户+名"的结构。

（三）本期，量词"户"主要计量人家、住户，亦可分为4类：

1. "数词+户"表示人家、户数。

（1）能却得吴军兵者，赐金千斤，封邑万户。（敦校13）

（2）邑里空荒，居人稀少，宫城一隅有千余户。（西域233）

（3）万人曾死战，几户免刀兵。（方干诗，7449）

（4）一家五十口，一郡十万户。（白居易诗，4973）

（5）官品第一第二，佃客无过四十户。第三品三十五户。第四品三十户。第五品二十五户。第六品二十户。第七品十五户。第八品十户。第九品五户。(《隋书·食货志》)

（6）丙午，修老君庙于亳州，宣尼庙于兖州，各给二十户享祀焉。(《旧唐书·太宗本纪下》)

（7）马伏波有余兵十家不返，居寿冶县，自相婚姻，有二百户。（酉47）

（8）事平，授御史大夫，食实封百户，赐缯彩有加。十四年，年六十一，五月某日终于家。……食虚邑自三百户至三千户，真食五百户终焉。（韩集357）

2. "名词+数+户"，仍量人家，其中有的名词是以物名指代不同职业、身份的人家。

（9）小堂绮帐三千户，大道青楼十二重。（骆宾王诗，834）

（10）樵猎两三户，凋疏是近邻。（方干诗，7497）

（11）应念衢民千万户，家家皆置一生祠。（贯休诗，9432）

（12）野老才三户，边村少四邻。（王维诗，1278）

例（9—11）分别以"小堂绮帐"指代一般的人家，"樵猎"指猎户，"衢民"指市民，其中的"户"最具量词资格；（12）跟以上三例相类，只是在"野老"与"三户"之间插入了"才"，打散了"名数量"结构。

3. "数词+户"与其后名词是从属关系。这个名词并非"户"直接所量的对象，而是属于这些户家庭的财物、税赋或相关事物，其前都可加表示所属的"之"：

（13）万户楼台临渭水，五陵花柳满秦川。（崔颢诗，1324）

（14）秋声万户竹，寒色五陵松。（李颀诗，1361）

（15）一丛深色花，十户中人赋。（白居易诗，4676）

（16）中人百户税，宾客一年禄。（同上，4992）

4. "数词+户"对其后名词起限定、描写作用，下两例的"数户村"是只有几户的小村子，"三二百户封"指两三百户的封赏：

（17）柳拂斜开路，篱边数户村。（钱起诗，2677）

（18）朕诸亲饮正乐，汝是亲王，为三二百户封几惊杀我。（朝93）

另外，《全唐诗》有"万户"122 例，其中有四字格"万户千门"或"千门万户"多例，另有"三户"10 例，多用"三户灭秦"之典，如窦常诗"楚曾三户少人烟"（3033）、司空曙诗"家楚依三户"（3312）、唐彦谦诗"貔貅扫尽无三户"（7670）等，量词性都比较弱。直至此时"户"还不是一个很典型的量词。

（四）"户"与"家"的比较。

"家"可量学派，"户"无此功能。当二者用于量人家时，有时看似无别，如"几户忧愁几家喜"（敦辞 1659）。实际存在的区别是，"家"侧重于量家庭、家族，如"堕泪万家人"（刘长卿诗，1483）、"天遣两家无嗣子"（元稹诗，4600）；而"户"侧重户籍，常用于统计，如前文所引的"一郡十万户、十户中人赋"。例（7）叙述原有十个家族居留寿洽县，后繁衍成二百户独立门户的人家，从中也可看出"家、户"的联系与区别。"千户、万户"还代指官位，如"捉得赏金官万户"（敦校 92），"家"无此功能。

（五）后世的"户"基本沿袭了本期的用法，如《宋史·食货志上》："甲乡第一等户十五户，计赀为钱三百万；乙乡第一等户五户，计赀为钱五十万。"晚近时代"户"进入了"数量名"结构，成为更成熟的量词，如《儿女英雄传》第 1 回的"几户家人"。现代就更为普遍了。

四、门

（一）《说文》："门，闻也，从二户象形。"本义是建筑物的出入口，引申为居于一门之内的家族，或门第，《韩非子·孤愤》："故主上愈卑，私门益尊。"又引申为不同学术、宗教的学说、流派，《论衡·问孔篇》："孔门之徒，七十子之才，胜今之儒。"量词"门"秦汉以前未见其用例。

（二）南北朝时代"门"成为新兴量词，但尚不多见。一类用于学术流派，刘世儒认为首先起于佛经翻译，如《高僧传·译经篇》："宣译众经，改梵为汉，出安般守意、阴持入经，大小十二门。"（参见刘世儒 1965：152）一类用于家族，如《晋书·五行志》："是时孙綝一门五侯，权倾吴主……"两类都只有"数+门"的结构，量词性不强。

（三）本期的量词"门"。

1. 量家族。

（1）诛斩解身甘受死，一门骨肉尽遭迍。（敦校 96）

（2）捉得赏金官万户，藏隐封刀斩一门。（同上 92）

（3）一国绮罗阗塞路，万门英信满长街。（同上 763）

（4）使奉旨到山，泣而告曰："和尚大慈大悲，救度一切。和尚此度若也不赴王旨，弟子一门便见灰粉。"（祖 222）

（5）白皙风流似有须，一门豪贵领苍梧。（韩翃诗，2754）

（6）一门三代贵，非是主恩偏。（卢纶诗，3182）

（7）唐氏一门今五龙，声华殷殷皆如钟。（李涉诗，9983）

（8）百门坡上住，石屋两三间。（姚合诗，5641）

（9）（张求等谋逆）有司科以族诛，诚合刑宪。但矜愚重命，犹所不忍。其五族者降止同祖，三族止一门，门诛止身。（《北史·魏本纪第三》）

以上多数例中与"门"搭配的数词均为"一"，只有例（3、8）分别为"万、百"，也不是确数。另外"数量名"结构只有"一门骨肉、一门豪贵"与"万门英信"，其中"一门"带有"满门"的涵义，"英信"指"英杰之信士"[1]，在"数量"与"名"之间都可以加上"之"字

---

[1] 据敦校 795 页注〔三二八〕。

表领属关系。这跟"一家人"之类的"数量名"结构性质有别,可见量家族的"门"的实际计量作用还不是很强的。

2. 量流派、门类。

(10) 宗门妙理,别时一论。若也大道玄网,包三界为一门,尽十方为正眼。(祖305)

(11) 象骨雄雄举世尊,统尽乾坤是一门。(同上309)

(12) 揣摩当代之事,构成策目七十五门。(白集1287)

(13) 又著《事类集要》三十部,合一千一百三十门。(同上1504)

量"门类"时结合的数词是自由的,如例(12、13),计量功能明显。

(四) 本期之后,量词"门"除原有功能外,称量范围有所扩展。仍量家族亲属之例如《儒林外史》第7回:"学生却不曾有这门亲戚。"与此相关的是量婚姻关系,如关汉卿《赵盼儿风月救风尘》第一折:"一来去望妈儿,二来就提这门亲事。"此外,还有量行业的,如马致远《青衫泪》第一折:"这门衣食,好是低微。"后一用法现代很少见到了,现代汉语里"门"除量亲戚、亲事外,常用于学科,课程,还有一个新的用法,即量炮,如"一门大炮",这些都非常习见,不再举例。

五、房

(一)《说文》:"房,室在旁也。"古代本指正室两旁的房间,后泛指房屋、住室,《庄子·知北游》:"无门无房,四达之皇皇也。"引申为形状或作用像房子的东西,如箭筒,《左传·宣公十二年》"每射,抽矢箙，纳诸厨子之房"句杜预注："房，箭舍。"又如植物的子房，《齐民要术·种桃柰》："摘蒲萄法……世人全房折杀者，十不收一。"这些义项都跟量词"房"的产生有关。

（二）"房"作为量词开始称量的是结构类似房子的东西。这在后汉已有萌芽，如三国吴陆玑对《诗·豳风·鸱鸮》中"鸱鸮鸱鸮"一语所作疏谓："鸱鸮似黄雀而小，其喙尖如锥，取茅莠为巢……或一房或二房。"但当时未有更多的例子，用法也不够典型。

（三）成熟的量词"房"出现在本期，且有了多种功能，主要用作集合量词：

1. 量家族的分支或以家庭为单位的奴隶等，这是后世量词"房"的主要用法：

（1）降除治二弟，离折已三房。（沈佺期诗，1052）

（2）慎先入关，周文率众东出，败于芒山，慎妻子尽见禽。神武以其家勋，启慎一房配没而已。（《北史·高允列传》）

（3）盗及杀人而亡者，即悬名注籍，甄其一房配驿户。（《隋书·刑法志》）

（4）赐物五千段、细马二十四、奴婢十房……（《旧唐书·睿宗诸子列传》）

2. 量植物丛生的花朵或果实。

（5）叶六瓣，花九房，夜掩朝开多异香。（岑参诗，2062）

（6）千房万叶一时新，嫩紫殷红鲜曲尘。（白居易诗，4815）

（7）杜鹃如火千房坼，丹槛低看晚景中。（李绅诗，5476）

（8）波斯枣……二月生花，状如蕉花，有两甲，渐渐开罅，

中有十余房。(酉 178)

(9)太宗朝,远方咸贡珍异草木,今有马乳蒲萄,一房长二尺余,叶护国所献也。(封 66)

此例"一房"犹今语"一嘟噜"。

3. 量成函的箭。

(10)高祖少神勇……又龙门战,尽一房箭,中八十人。(酉 1)

4. 个体量词"房"。

A. 以"房"量妻妾,看似跟量家族分支相近,但一房家人可有多口,而"一房妻妾"只指一人,应属个体量词:

(11)纵然妻子三五房,无常到来不免死。(敦辞 1298)

B. 诗中另有量山之例,或因房与山在外形上有相似之处:

(12)寺分一派水,僧锁半房山。(裴说诗,8265)

(13)看待诗人无别物,半潭秋水一房山。(李洞诗,8310)

5. 有时或为临时量词:

(14)蕙带缠腰复野蔬,一庄水竹数房书。(姚合诗,5703)

(四)量花果的"房"后世仍存,如宋周去非《岭外代答百子》:"櫉罟子,大如半升椀,谛视之,数十房攒聚成毬。"陆游《老学庵笔记》卷 3:"苑中忽生百合花一本,数百房,皆并蒂。"鲁迅《彷徨·伤逝》:"……一房一房的紫白的藤花。"还可量群体的动物,如《聊斋志异·莲花公主》:"圃中蜂一房。"沿袭下来最常见的用法是量家族分支或妻妾、奴仆,如《古今小说》22 卷:"只我家相公要讨一房侧室。"《儒林外史》26 回:"不必等我满服,就娶一房媳妇进来要紧。"《红楼梦》54 回:"一家子养了十个儿子,娶了十房媳妇。"同书 64 回:"贾珍又给了一房家人……"现当代仍有"几房亲戚"的说法。

六、队

（一）《说文》："队，从高队也。"此是"坠"的初文，后假借为"队伍"之义，原为军队的一种编制，《六韬·犬韬战骑》："令我骑十而为队，百而为屯。"《左传·襄公十年》"以成一队"杨伯峻注："据贾逵及杜预说，百人为队。《淮南子》高诱注则谓二百人为队……"《史记·孙子吴起列传》："出宫中美女得百八十人，孙子分为二队。"可见一队的人数并非完全固定。"队"很早就与数字连用，《墨子·备城门》："十万之众，攻无过四队者。"当然此时"队"仍是名词，而且直至魏晋南北朝，亦未见量词用例。

（二）本期开始有量词"队"，用法大致分几种：

1. 量人员或神佛。

（1）迎引仙童千万队，相随菩萨数河沙。（敦校917）

（2）仙女千群乘彩雾，龙神万队散香风。（同上961）

（3）二将第四队插身，楚下并无知觉，……（同上67）

（4）无数神龙八部众，相随一队向前行。（同上1035）

（5）周回捧拥，百匝千遭，乐韵弦歌，分为二十四队。（同上884）

（6）尽是一队吃酒糟汉，与摩行脚，笑杀人去！（祖418）

（7）千队国娥轻似雪，一群公子醉如泥。（李山甫诗，7368）

（8）中军一队三千骑，尽是并州游侠儿。（戎昱诗，3022）

（9）无端将吏逡巡至，又作都头一队行。（薛能诗，6520）

（10）仙家十队酒百斛，金丝宴馔随经过。（李郢诗，6847）

（11）骑兵四十队，队百人置一纛。十队为团，团有偏将一人。（《隋书·礼仪志三》）

（12）又步卒八十队，分为四团。（同上）

因"队"原为军伍编制，引自正史的例（11、12）说得很清楚。作为量词，又常量排列成行正在行进的人，如例（1、2）分述文殊、弥勒菩萨的仪仗，例（4、9）含有"前行、行"的字样。但是也有例外，如《祖堂集》的例子，特别是例（6）"一队吃酒糟汉"，显然不符合上述标准，这可能跟方言或禅语的特点有关。

2. 有时所量为以物指代的人，仍然多是行进中的。

（13）数队幡花，引僧道众高升宝殿。（敦校 619）

（14）幢幡乃双双排路，龙节而队队前行……（同上 917）

（15）青一队，红一队，敲磕玲珑得人爱。（敦辞 727）

例（15）描写马球，相连的前一首末句是"林间往往临花马，楼上时时见美人"。

（16）金吾除夜进傩名，画袴朱衣四队行。（王建诗，3445）

（17）水木万家朱户暗，弓刀千队铁衣鸣。（韦蟾诗，6558）

（18）长榜数张悬市内，短刀一队送江头。（光业诗，唐外 628）

3. 量动物。

（19）黄羊、野马，日见千群万群；□□羱羝，时逢十队五队。（敦校 156）

（20）牛羊队队生埋圹，仕女芬芬（纷纷）筝入坑。（同上 159）

（21）队队野猿，潺潺流水……（同上 706）

此类的"队"与"群"相近。

4. 量连绵不断的无生物。

（22）仙人欲拟入皇京，一队祥云捧足行。（敦校 706）

（23）一队风来一队尘，万里迢迢不见人。（敦辞 535）

（24）浪花有意千里雪，桃花无言一队春。（李煜词，10043）

（三）此后量词"队"基本保持了本期的面貌，可量排列成行的人及物，古今量人之例常见，例从略。量物之例较少，如《徐霞客游记·粤西游日记四》："洞之西垂，又有石柱一队……"现代所量之物多为人、动物及交通工具，如"一队士兵、一队大雁、一队轿车、飞机排成四队飞过广场"等。

七、帐

（一）《说文》："帐，张也。"因帐幕是张开的，故许慎作此解。《史记·袁盎晁错列传》："乃以刀决张。"南朝裴骃集解："张，音帐。"司马贞索隐："帐，军幕也。"所以"帐"是"张"的分化字，就是营帐的帐。古代游牧民族多以帐为家，故成为计算户数的单位，这就是量词"帐"的来源，汉魏已见，如《后汉书·西域传·车师》："于是……仍将卑君还敦煌，以后部人三百帐别属役之，食其税。帐者，犹中国之户数也。"

（二）本期的量词"帐"。

1. 仍量游牧部落的户数。

（1）有背叛回鹘五百余帐，首领翟都督等将回鹘百姓已到伊州侧。（敦校 181）

（2）降虏兼千帐，居人有万家。（杜甫诗，2416）

（3）臣顷闻碛北突厥之归者已千余帐……（陈子昂上疏，《陈

子昂诗注》271页）

2. 也有用于军队的，当是量驻在帐篷里的士兵。

（4）豺狼毳幕三千帐，貔虎金戈十万军。（韩琮诗，6550）

在此"豺狼"是对敌方军队的贬称。

3. 此外，唐诗中还有以"帐"与名词"雪"搭配的。

（5）夜卷牙旗千帐雪，朝飞羽骑一河冰。（李商隐诗，6230）

（6）猎回千帐雪，探密大河冰。（廖凝诗，8442）

这也是诗歌的特殊笔法，散文里量雪不会论"帐"，在落满白雪的帐幕里驻扎的还是军人。

（三）蔡美彪等在《中国通史》中讲到西夏时说："党项部落住帐幕，一家称一帐，小部数百帐，大部千余帐。"[①] 这虽是现代人的叙述，非当时语料，但可见宋元之际，以"帐"量游牧民族户数的情形仍存，后世也有同样用法。但是现代这个量词已不复存在。

八、落

《说文》："落，凡草曰零，木曰落。"指树木花草凋谢，引申为降落、停留之地，即村落，刘向《烈女传·楚老莱妻》："老莱子乃随其妻而居之，民从而家者，一年成落，三年成聚。"《后汉书·鲜卑列传》："匈奴余种留者尚有十余万落，皆自号鲜卑……"本期有个别之例用为量词，表示人群聚居之处：

（1）君不闻汉家山东二百州，千村万落生荆杞。（杜甫诗，2254）

（2）羌蛮万余落，矛戟自高低。（赵氏诗，8988）

[①]《中国通史》第六册，156—157页，人民出版社，1979年。

（3）慕瓒招集、凉亡业之人，及羌、戎杂夷众至五六百落，南通蜀、汉，北至凉州、赫连，部众转盛。(《北史·吐谷浑列传》)

实际上只有例（2、3）的"落"更像量词，这个量词使用范围也很小，后世较少见到。

九、会

（一）《说文》："会，合也。"金文为会意字，表示器皿跟器盖相合，也指人们相聚合，《左传·隐公九年》："冬，公会齐侯于防，谋伐宋也。"进而指盟会，《礼记·檀弓下》："周人作会而民始疑。"郑玄笺："会，谓盟也。"后泛指有一定目的的聚会、集会。作为量词就是由聚合、聚会义而来的。

（二）"会"的量词用法始于南北朝，用于众多的佛像，北齐《镇池寺李磨侯造像记》："敬造镇池寺一所、石佛象释迦一会。"（转引自刘世儒 1965：193）

（三）本期的量词"会"用例不多，但范围却超出佛像，量同类或聚集的人。

（1）托若专心相用语，免作青提一会人。（敦校 1016）

（2）十人告尽，咸称怕见维摩；一会遍差，差着者怕于居士。（同上 913）

（3）一会之众，数千之人，一时走出，茫然不觉倒地……（入唐，近代 135）

此类结合的数词只见到"一"，"一会"在例（1）里含那类义，在例（2）为体义，例（3）指同吃斋饭的一群人，量词功能不强。此外《全唐诗》共有"一会"连用 14 例，多为状动结构，表示一次相会或聚会，如薛宜僚诗"经年邮驿许安栖，一会他乡别恨迷"（6314）。姚合诗"一会一分离，贫游少定期"（5697）。《祖堂集》也有此类之句，如"未审今日一会，付嘱何人？"（344）这些句中的"会"都是动词，不是量词。《全唐诗》另有"三会"8例，有的也是状动结构，如白居易诗"前日君家饮，昨日王家宴，今日过我庐，三日三会面。"（5218）有的却类似"数+动量词"，"三会"谓画角的三遍合奏，其例如下：

（4）三会五更欲吹尽，不知凡白几人头。（高骈诗，6920）

（5）罢闻三会后，天回晓星流。（方干《晓角》诗，7450）

（6）残阳三会角，吹白旅人头。（李士元诗，8786）

不过此类的数词限于"三"，"会"不能自由运用，很难说它就是动量词了。

（四）量词"会"行用的时间约在南北朝到唐宋，宋代西夏《重修感道塔碑》有"仍饰僧一大会，度僧三十八人"之句，属名量词用法，"一大会"犹云"一大伙"（参见刘世儒1965：193），此后量词"会"就不见了。

十、坛

《说文》："坛，祭场也。"指古代祭天或祭祀祖先的高台，《礼记·祭法》："燔柴于泰坛，祭天也。"也指道士做法事的场所。作为量词可量同坛从事宗教活动的人们，只见个别用例：

（1）两坛诗客何年去，去后门关更不开。（伊用昌诗，9733）

这首诗题为《留题阁皂观》，"诗客"指在道场吟诗的诗人们。此外还有一例量星：

（2）为爱君山景最灵，角冠秋礼一坛星。（高骈诗，6918）

从诗的下文"乘风随羽客、种玉验仙经"等语看,也跟道教有关,故"一坛星"指供奉在坛上的星斗,即北斗七星。这样使用的量词"坛"一直不多见,后世有些作品出现量好事、佛事,其实仍与人有某些关联,如《水浒传》第2回:"又请道士……整做了十数坛好事功果道场,选了吉日良时,出丧安葬。"《二刻拍案惊奇》卷24:"替他广请高僧,做一坛佛事……"所谓"十数坛好事、一坛佛事"也暗含着需由若干道士或僧人参与的意思,《红楼梦》13回:"另设一坛于天香楼上,是九十九位全真道士,打四十九日解冤洗业醮。"这实际说明了"一坛"的规格。

十一、朋

《说文》以"朋"为"凤"字的重文,此义与量词无涉。古文字"朋"像两串贝,原作货币单位,《诗·小雅·菁菁者莪》:"既见君子,锡我百朋。"习用为朋友义,《诗·小雅·常棣》:"每有良朋,况也永叹。"又为古代行政单位,《尚书大传》卷2:"八家而为邻,三邻而为朋。"这类行政单位只见于上古,但它却给"朋"这个词灌输了一种性质,使其可代表一定数量的人群,一群以某种特点结合起来的人,在本期可表现为一个集合量词:

(1)欲得藏钩语少多,嫔妃宫女任相和。每朋一百人为定,遣赌三千匹彩罗。(敦辞718)

(2)两朋高语任争筹,夜半君王与打钩。恐欲天明催促漏,赢朋先起舞缠头。(同上)

(3)疮眉血首争不定,输岸一朋心似烧。(张建封诗,3117)

(4)……以大麻緪长四五十丈,两头分系小索数百条挂于胸

前,分二朋,两向齐挽……名曰"拔河"。(封54)

"朋"本期用例不多,后世也未见到,或许不能算作成熟的量词。

十二、榜

《说文》:"榜,所以辅弓弩。"此为平声庚韵,今音 péng,与量词义无直接关联。另义读上声荡韵,今音 bǎng。《广韵》:"榜,木片也。"《宋书·邓琬列传》:"会琬送五千片榜供胡军用。"又为匾额,《世说新语·巧艺》:"韦仲将能书,魏明帝起殿,欲安榜,使仲将登梯题之。"引申为公开张贴的文书、告示,《后汉书·崔寔列传》:"灵帝时,开鸿都门榜卖官爵。"由文告义缩小专指告示录取的名单,杜牧诗:"东都放榜未花开,三十三人走马回。"(5998)本期进一步发展出可视为量词的用法:

(1)三榜生徒逾七十,岂期龙坂纳非才。(殷文圭诗,8134)

(2)一榜尽精选,此身犹陆沉。(薛能诗,6473)

(3)名从两榜考升第,官自三台追起家。(黄滔诗,8113)

(4)王起门生一榜二十二人和周墀诗……(摭34)

(5)宝历年中,杨嗣复相公具庆下继放两榜。(同上32)

(6)王起于会昌中放第二榜……(同上33)

"一榜"就是同一榜上录取的人,是科举考试时代特有的量词,但是像例(1)"三榜生徒"那样典型的用法并不多见。

十三、代

《说文》:"代,更也。"原义取代、替代,《书·皋陶谟》:"天工人其代之。"由此引申出"时代的变迁",以至产生名词朝代义,《论语·八佾》:"周监于二代,郁郁乎文哉!"而"世代"是后起义,唐人因

避太宗李世民讳,改"世"为"代",量词义由此而生。主要称量一个世代之人(多指同一家族或同一宗派内):

(1)社稷万年国主,祖宗千代轮王。(敦校 508)

(2)(远法师)又问:"相传□□已来,经今几代?"和上答:"经今六代。"(神会,近代 52)

(3)远法师问:"据何知菩提达摩在西国为第八代?"答:"据《禅经序》中具明西国代数。"(同上,57)

(4)扶持万代人,步骤三皇地。(杜牧诗,5937)

(5)四百年炎汉,三十代宗周。(同上,5943)

(6)汉家李将军,三代将门子。(王维诗,1251)

(7)积六七十代,至成皇帝讳毛立,统国三十六,大姓九十九,咸振北方。(《北史·魏本纪第一》)

(8)叶法善……四代修道,皆以阴功密行及勑召之术救物济人。(集16)

(9)成氏之先,有周之后。姬文受命,三十八王;郕伯象贤,二十一代。(杨炯《唐赠荆州刺史成公神道碑》)

另有两种用法,一则用于时代义:

(10)三仓无米,东境饥流,此万代一时也,机不可失。(《梁书·陈伯之列传》)

一则表示人的一生:

(11)人生一代不荣华,彭祖徒劳年七百。(敦辞 1783)

(12)相怜相念倍相亲,一生一代一双人。(骆宾王诗,838)

总的来看,如例(4)那样"数量名"结构的实例较少,故"代"

是否量词或存在争议。[①] 以上（10）—（12）三例量词性似更弱，仅录以备考。

此后，"代"主要仍是量家族中的世代，《红楼梦》第2回："因当今隆恩盛德……至如海之父又袭了一代。"同书56回："皆因看得你们是三四代的老妈妈，最是循规蹈矩的。"

十四、列

《说文》："列，分解也。"此义后写作"裂"。由于行与行之间分开有一定距离，引申为行列义，《左传·僖公二十二年》："寡人虽亡国之余，不鼓不成列。"本期偶见用于量排成一列的人员：

  童子一列，沙弥一列，大僧一列，尼众一列，皆在床上受供养。（入唐，近代135）

这个量词现代才正式进入人们的视野，《汉语大词典》就只举了现代用例，除可量人，如说"一列士兵"，还称量连接成串之物，如"一列火车"。

十五、引

《说文》："引，开弓也。"后引申为牵挽、延伸、导引等多义，又《汉书·律历志上》："十丈为引。"这是古代的度量词。但称量人的用法古今罕见，各种辞书亦未收录，本期有孤例，录此备考：

  入城郭见官府，同列者千馀人，军吏佩刀者分部其人，率五十人为一引，引过，全素在第三引中。（玄93）

[①]《现代汉语词典》第6版"代"字条没有量词义项，与本期性质相同的"世系的辈分"这个义项注为名词。郭先珍（2002:27）则将"计量辈分相等的一批人"和"计量历史朝代"二义均视为量词。

十六、筵

《说文》："筵，席也。"本指竹席，引申指座位及酒席义，刘禹锡《桃源行》有"筵羞石髓劝客餐"句，做量词仅见一例：

　　　满窟高僧始信知，一筵罗汉皆开悟。（敦校 755）

在此当指赴筵席的全体罗汉。

此外，用于称量人群的还有"**团**"（量有组织的人群，隋唐时系军事编制的一级，见本章第三节）、"**部**"（量有组织的人群，详见第二章第十节）、"**番**"（量弟子等，详见第二章第二十四节）、"**院**"（量居于一个院落里的人群或建筑物，详见第二章第七节）、"**层**"（量由人组成的队列，见第二章第二十二节）、"**重**"（量由人、神组成的队伍、包围圈，见第二章第二十四节）、"**簇**"（量聚集的人群，见本章第三节）、"**丛**"（量聚集或排列的人群，见本章第三节）、"**行**"（量排列成行的人，见本章第五节）、"**辈**"（量成群、成批的人，或同一辈分的人，或同一种类的人，见第二章第三节）。

第三节　量聚集之物或人

一、丛

（一）《说文》："丛，聚也。"本义聚集，特指草木丛生，葛洪《抱朴子·自叙》："荆棘丛于庭宇。"引申为丛生的草木，《孟子·离娄上》："为丛驱爵者，鹯也……"也可指聚集在一起的人或物，杜甫《往在》诗："是时妃嫔戮，连为粪土丛。"（2357）

（二）作为量词，魏晋南北朝时常见，如阴铿《侍宴赋得夹池竹》

诗:"夹池一丛竹。"庾信《春赋》:"一丛香草足碍人。"刘世儒认为"丛"的特点是只能量植物,其他事物一概不适用,这是它与"群"的分工。(参见刘世儒 1965:208)

(三)但据本期材料,"丛"主要量植物,亦可量聚集的人和其他事物。所谓"一丛"植物,可能是很多株(花或草等),也可能是一株丛生的植物。

1. 量整株或丛生的植物,也可量其花、叶。

(1)百千丛之金菊,惹露芬芳。(敦校 623)

(2)郁郁黄花还自秀,丛丛翠竹本来青。(同上 745)

(3)醉对数丛红芍药,渴尝一盌绿昌明。(白居易诗,5230)

(4)一丛斑竹夜,环佩响如何。(温庭筠诗,6737)

(5)数丛芳草在堂阴,几处闲花映竹林。(张谓诗,2021)

(6)空阶一丛叶,华室四邻霜。(卢纶诗,3160)

(7)和烟和露一丛花,担入宫城许史家。(吴融诗,7873)

(8)鱼龙波五色,金碧树千丛。(孟郊诗,4245)

(9)深夜欲眠眠未著,一丛寒木一猿声。(杜荀鹤诗,7982)

(10)渚宫油幕方高步,澧浦甘棠有几丛。(刘禹锡诗,4075)

(11)山僧后檐茶数丛,春来映竹抽新茸。(同上,4000)

(12)浅沙汀上白云多,雪散几丛芦苇。(欧阳炯词,10126)

有时,韵语字面上所量为颜色、气味,实际仍量植物:

(13)露缀晚花千滴玉,菊摇寒砌一丛金。(敦校 770)

(14)兔园春欲尽,别有一丛芳。(杨巨源《和汴州令狐相公白菊》诗,9978)

下面一例有些特殊，它字面上跟"蝶"搭配，"乱蝶许多丛"可以指几堆纷飞的蝴蝶，也可以理解为几丛被飞蝶环绕的花木：

（15）绕殿流莺凡几树，当蹊乱蝶许多丛。（张说诗，960）

2. 量聚集在一起的人、神。

（16）名队丈，实难逢，百万人民作一丛。（敦校770）

（17）维摩卧疾于方丈，佛敕文殊专问当。宣与天龙及鬼神，满空满路人无量……杂沓奔腾尽愿行，队队丛丛皆别样。（变文642）[①]

（18）宫人美女一丛丛，太子出樊笼。（敦辞801）

（19）罗衫叶叶绣重重，金凤银鹅各一丛。（王建诗，3440）

例（19）以金凤、银鹅比喻穿着金黄、银白色彩衣的舞女，"一丛"即一队。[②]

3. 量毛发。

（20）后汉卢景初生，项有一丛白毛。（独41）

（四）后世，量词"丛"仍多量植物，宋周密《武林旧事·乾淳奉亲》："三面漫坡牡丹约千余丛。"《红楼梦》38回《对菊》诗："别圃移来贵比金，一丛浅淡一丛深。"现当代亦然，不必举例。量其他事物及人比较罕见，如《水浒传》19回："原来都是一丛小船……"《儒林外史》52回："（凤四老爹）看见苏堤上柳阴树下，一丛人围着两个

[①] 在《敦煌变文校注》中，"队队丛丛皆别样"一句作"卓荦神姿魔胆丧"。见该书916页。

[②] 参见彭庆生、曲令启《唐代乐舞书画诗选》228页，北京语言学院出版社，1988年。

人在那里盘马。"这类用法当代普通话是没有的。

二、簇（蔟、族）

（一）《说文》无"簇"有"蔟"，释为"行蚕蓐"，此义与量词无关。《尚书大传》卷1"蔟以为八"郑玄注："蔟犹聚也。""簇"为后起字，《正字通》"簇，小竹丛生也"，是亦有聚集义，韦庄诗："蜂簇野花吟细韵。"（8000）"族"亦《说文》所无，《集韵》释此字为"聚齐貌"，黄征等谓其"盖即'蔟'，亦即'簇'的俗字"[①]。在聚集义上，"簇、蔟、族"相通，量词义即源于此，用以称量聚集成团、成堆的事物，乃至聚拢在一起的人。

（二）量词用法始于本期，作为量词的"簇、蔟、族"没有什么区别，其中"蔟、族"只出现在敦煌变文里，故将它们一起叙述。

1. 量花、树、枝条等植物。

（1）吴王宫里色偏深，一簇纤条万缕金。（牛峤《杨柳枝》诗，402）

（2）几声清渐沥，一簇绿檀栾。（白居易诗，4861）

（3）桃花一簇开无主，可爱深红爱浅红。（杜甫诗，2452）

（4）谢家能植药，万簇相萦倚。（李端诗，3236）

2. 量山、林亭、汀洲等景物。

（5）望秦峰回过商颜，浪叠云堆万簇山。（李德裕诗，5398）

（6）一簇楚江山，江山胜此难。（杜荀鹤诗，7931）

（7）一簇林亭返照间，门当官道不曾关。（韦庄诗，8020）

---

① 见敦校1055页注〔一六七〕。

（8）他年若得壶中术，一簇汀洲尽贮将。（吴融诗，7883）

3. 量剑轮、旌旗、琼瑶等器物。

（9）剑轮嶪嶪似星明，灰尘扑地。（敦校1031）

（10）旌旗遥一簇，舄履近相换。（刘禹锡诗，4082）

（11）琼瑶一簇带花来，便飐苍苔手自栽。（徐铉诗8592）

4. 量人群。

（12）光严贪喜去波波，一簇家童侍卫多。（敦校864）

（13）街坊每日弹歌曲，到处看人千万簇。（同上941）

（14）雨声鞭自禁门出，一簇人从天上来。（杨乂方诗，8955）

5. 量烟霞。

（15）谁氏园林一簇烟，路人遥指尽长叹。（韦庄诗，8019）

（16）一簇青烟锁玉楼，半垂阑畔半垂沟。（罗隐诗，7601）

（17）一簇烟霞荣辱外，秋山留得傍檐楹。（李咸用诗，7415）

6. 量春（色）、香、笙歌等。

（18）城头击鼓三声晓，岛外湖山一簇春。（翁洮诗，7640）

（19）蝶醉蜂痴一簇香，绣葩红蒂堕残阳。（贯休诗，9423）

（20）荻花芦叶满溪流，一簇笙歌在水楼。（曹邺诗，6871）

敦煌变文另有一例，其中"千簇簇"颇似动量词，其义不明，兹录于此：

（21）圣贤赞扬千簇簇，天人欢喜万丛丛。（敦校708）

所见"簇、蔟、蔟"只与"一、千、万"搭配，多见于诗歌，且多用于修辞，如"一簇春"当指繁茂的草木、鲜花，例（19、20）是诗人诉诸通感，利用只有视觉能见到的成堆成团的"簇"来修饰浓烈扑鼻的花香和嘹亮悦耳的笙歌。

（三）此词后世始终多与数词"一"结合，仍可量人群及花草，元《冤报冤赵氏孤儿杂剧》第 4 折："画闹吵吵一簇村夫。"《西游记》第 10 回："（龙王）只见一簇人，挤挤杂杂……"《水浒传》第 3 回："（鲁达、史进）只见一簇众人围住白地上。"《红楼梦》第 5 回："又见后面画着一簇鲜花，一床破席。"现代仍可量人，鲁迅《药》："一眨眼，已经拥过了一大簇人。"也量丛生的毛发，郭沫若《星空·广寒宫》："他那簇胡子，翘在嘴下。"但量人及毛发较为罕见，而"一簇簇野草、一簇鲜花"等则较常见。（参见郭先珍 2002：25）

三、聚

（一）《说文》："聚，会也。"本义聚集，《易·系辞上》："方以类聚，物以群分。"作为名词，可指人聚居的村落，《史记·五帝本纪》："一年而所居成聚，二年成邑，三年成都。"也可指堆积之物，《高僧传·兴福篇》："明旦见塔已成灰聚。""聚"做量词就是称量聚集在一起的东西，最早见于魏晋时代，如葛洪《神仙传》卷 1："丹书文字如新，甲成一聚枯骨矣。"无名氏《五苦诗》："终成一聚土，强觅千年名。"《齐民要术·造神曲并酒等》："若止三石麦曲者，但作一聚，多则分为两聚……"（转引自刘世儒 1965：247；汪维辉 2007：137）

（二）本期出现了量词"堆"，但"聚"仍存，只是用例已不多，大多量灰、尘，似成一种习惯用法：

(1) 风吹毒气遥呼吸，看着身为一聚灰。（敦校 1032）

(2) 云门不闭全无事，心外沉然一聚灰。（李山甫诗，7369）

(3) 万里平沙一聚尘，南飞羽檄北来人。（贾至诗，2597）

（4）此身何足厌，一聚虚空尘。（白居易诗，4809）

（5）几聚衣冠埋作土，当年歌舞醉如泥。（唐彦谦诗，7672）

本期之后，"聚"基本被"堆"替代，只有少数文人偶或用之，如纪昀《阅微草堂笔记·滦阳消夏录二》："因连与痛击，渐纵弛委地，化浓烟一聚。"现当代无此量词。

四、积

（一）《说文》："积，聚也。"从"禾"说明本指禾谷之聚，动词，《诗·大雅·公刘》："廼积廼仓。"引申为名词，指聚积的谷类等，《左传·僖公三十三年》："居则具一日之积，行则备一夕之卫。"量词义由此而来，量成堆之物，最早见于秦代竹简："入禾仓，万石一积而比黎之为户。"（转引自魏德胜2000：122）"栎阳二万石一积，咸阳二万一积，其出入禾、增积如律令。"（同上）此后，用例始终不多，南北朝之例如"至食时，父母……发篋，中百余裹胡粉，大小一积"（《幽明录》）刘世儒谓在那个时代，"积"也不如"聚"用得多。（参见刘世儒1965：248）

（二）本期量词"积"仍不常用，仅见于笔记小说及史书：

（1）有群蛇数十自东南来，渡北岸，集棠梨树下为二积，留南岸者为一积。（酉97）

（2）始士瞻梦得一积鹿皮，而从数之，有十一领。（《南史·吉士瞻列传》）

本期不但有跟"积"功能相同却更为常见的"聚"，而且新产生了生命力更强的"堆"，所以"积"自然没有什么发展空间了。此后，只有很少人再使用，如宋代欧阳修的《新五代史·宦者传·张承业》："和哥乏钱，可与钱一积。"后世的口语化作品中就不再使用了。

五、堆（塠）（附"墩"）

（一）《说文》"堆"作"塠"，释为"小阜也"，即丘阜。《汉书·司马相如传》："触穹石，激堆埼。"又义土堆，《玉篇》："堆，聚土也。"泛指堆在一起的各种东西，韩愈《咏雪赠张籍》："坳中初盖底，垤处遂成堆。"（3844）"堆"一作"塠"，这一写法仅见于敦煌变文。

（二）量词"堆"本期之前未见，本期却比较常用，多称量具体事物。

1. 与本义关系密切的是量泥水、尘土、灰，也是较多见的一类。

（1）调和一堆泥水，舜子叉手启阿孃……（敦校 202）

（2）此水今为九泉路，数枝花照数堆尘。（鲍溶诗，5537）

（3）婵娟西子倾国容，化作寒陵一堆土。（皎然诗，9265）

（4）不是我公重葺理，至今犹是一堆灰。（杨凝式诗，8218）

（5）像前土塌上聚尘三堆。（酉 50）

2. 量雪，见于诗歌。

（6）古镇刀攒万片霜，寒江浪起千堆雪。（孟郊诗，4185）

（7）寻思闭户中宵见，应认寒窗雪一堆。（罗隐诗，7620）

（8）百氏典坟空自苦，一堆萤雪竟谁知。（刘兼诗，8697）

（9）谁将平地万堆雪，剪刻作此连天花。（韩愈诗，3808）

3. 量尸骨。

（10）一塠坏[①]质为根本，三尺荒坟是去呈（程）。（敦校 769）

[①] 敦校 803 页注〔四六〇〕："坏，原录作'德'，蒋礼鸿疑为'隐'字之误，未确……'坏质'指坏烂之形体，切于文意。"所以"坏质"即腐败的尸体。

（11）千堆战骨那知主，万里枯沙不辨春。（陈标诗，5770）

（12）冻轮当碛光悠悠，照见三堆两堆骨。（王建诗，3381）

（13）风昏昼色飞斜雨，冤骨千堆髑髅语。（张碧诗，5335）

4. 其他堆放在一起的东西。

（14）向下金银千万挺，角头绫绢百千堆。（敦校 745）

（15）香和红艳一堆堆，又被美人和枝折，缀金钗。（敦辞 610）此例字面量"香和红艳"，意指花朵。

（16）旧随汉使千堆宝，少答胡王万匹罗。（杜甫诗，2520）

（17）错落复崔嵬，苍然玉一堆。（白居易诗，5188）

（18）天寒古寺游人少，红叶窗前有几堆。（韩愈诗，3854）

（19）一堆方册为侯印，三级幽岩是将台。（皮日休诗，7085）

（20）千载龟城终失守，一堆鬼录漫留名。（刘兼诗，8695）

（21）烛荧煌，香旖旎，闲放一堆鸳被。（孙光宪词，10141）

（22）数只飞来鹤，成堆读了经。（贯休诗，9356）

5. 能够成"堆"的本为具体可触摸之物，后也用于看起来是一团的东西，唐谭铢《题九华山》诗："或接白云堆，或映红霞天。"故作为量词也可称量火：

（23）一堆猛火，千足万足。（祖 260）

6. 诗歌里个别之例更以之称量无形或抽象的事物：

（24）霁色陡添千尺翠，夕阳闲放一堆愁。（李山甫诗，7367）

（三）本期之后，同类量词"积、聚"渐渐消失，"堆"则很常见了。如苏轼《念奴娇·赤壁怀古》词有"千堆雪"，《西游记》27 回有"一堆骷髅"，《水浒传》92 回有"数十堆柴草"，《红楼梦》第 1 回有

"荒冢一堆",现代汉语常用于具体事物。新的发展是进而可量人、事、问题等。(参见吕叔湘等《现代汉语八百词》180页)

附:墩

《说文》无"墩",当为后起字,《尔雅·释丘》:"丘一成为敦丘。"郭璞注:"江东呼堆为敦。"① 义为土堆,李白诗:"冶城访古迹,犹有谢安墩。"(1836)作为量词前所未见,我们仅见之例就是量坟的:

高坟五六墩,崒兀栖猛虎。(李白诗,1747)

此后仍少见,现代的"墩"多用于计量丛生的植物,如刘半农《晓》诗:"雾中隐隐约约,有几墩绿油油的矮树。"又可量合生在一起的一兜庄稼,如"两万墩稻秧、一墩墩红薯"(郭先珍2002:40)这可能因每兜的根部都附着一团土,与土堆有些相近,不知确否。

六、团

(一)《说文》:"团,圜也。"指圆形,南朝梁吴均《八公山赋》:"桂皎月而长团。"引申为凝聚、聚合,宋鲍照《伤逝赋》:"露团秋槿,风卷寒萝。"又指搓成球形,《齐民要术·造神曲并酒》:"团曲之人,皆是童子小儿。"

(二)作为量词,"团"用于量人群或聚集成圆球状的东西,我们未见本期之前的用例②,可以认为它是一个新生的量词。具体称量对象有以下几类:

1. 量会合在一起的人群,隋唐之际成为军队编制,如:

---

① 《王力古汉语字典》"墩"字条谓"字亦作"敦",见168页。
② 洪艺芳(2000:364)提到"团"的用法是"承袭前代而来",但未提供具体例证。

（1）骑兵四十队，队百人置一纛。十队为团，团有偏将一人。（《隋书·礼仪志三》）

（2）又步卒八十队，分为四团。（同上）

（3）凡卫士，三百人为一团，以校尉领之……（《旧唐书·职官志三》）

除军事组织外，民间也有称为"团"的组织，见于敦煌文书。敦煌社邑中的"团"是民间一种带有宗教性质的组织，兹不详述。（王建军 2008）

2. 量集聚成团的饭、花、草、絮、蛇等具体事物。

（4）有一老婢出来迎，布施如来一团饭……一团干饭不将难，如何便得生天果。（敦校 683）

（5）得见牟尼身忏悔，当时却似一团花。（同上 1108）

（6）浑身锦绣，变成两幅布裙；头上梳钗，变作一团乱蛇。（同上 535）

（7）（云）居曰："正与摩见色时作摩生？"师曰："如似一团铁。"（祖 180）

（8）一团香絮枕，倚坐稳于人。（白居易诗，5242）

（9）毛寒一团雪，鬃薄万条丝。（同上，5043）

（10）白马披鬃练一团，今朝被绊欲行难。（平曾诗，5778）

（11）万颗真珠轻触破，一团甘露软含消。（卢延让《谢杨尚书惠樱桃》诗，8212）

例（9、10）以雪、练喻马的鬃毛，例（11）以甘露喻成簇的樱桃。

（12）远寻鹧鸪雏，拾得一团草。（贯休诗，9333）

（13）一团茅草乱蓬蓬，蓦地烧天蓦地空。（韦毂诗，唐外 645）

3. 呈圆形的东西，多与"月"有关。

（14）当道贺正专使押衙阴信均等，押进奉表函一封，玉一团，羚羊角一角，犛牛尾一角。（敦煌文书 B99）

（15）天上月，遥望似一团银。（敦辞 344）

（16）牙床舒卷鸂鶒共，正值窗棂月一团。（史凤诗，9031）

（17）求君心，风韵别，浑似一团烟月。（孙光宪词，10141）

4. 风、色、香、春、娇等无固定形态或比较抽象的事物。

（18）来如霹雳急，去似一团风。（敦校 1025）

（19）四畔傍人总远去，从他夫妇一团新。（变文 277）

（20）君家赤骠画不得，一团旋风桃花色。（岑参诗，2057）

（21）一团青翠色，云是子陵家。（戎昱诗，3013）

（22）松柏楼窗楠木板，暖风吹过一团香。（花蕊夫人诗，8975）

（23）柳底花阴压露尘，醉烟轻罩一团春。（李山甫诗，7373）

（24）最宜全幅碧鲛绡，自襞春罗等舞腰。未有长钱求邺锦，且令裁取一团娇。（段成式诗，6769）

5. 与动词搭配，做补语或状语。

（25）后宫宫女无多少，尽向园中笑一团。（王建诗，3446）

（26）初蝉数声起，戏蝶一团飞。（李廓诗，5455）

（27）山榴逼砌栽，山火一团开。（李郢诗，9992）

以上除第 1 类外都很难判定所量是集体抑或个体，且数词绝大多数都是"一"，仅一例为"万"，可见量词"团"多用于描写，个别如例（19）的"一团新"，例（25）的"笑一团"更从语义或句法结构上为后世"一团和气、乱作一团"之类的用法开了先河。

(三)此后,"团"的用法未超出本期范围。量具体的团状物如陆游《岁暮六首之四》:"为谁欲理一团丝?"《红楼梦》70回:"粉堕百花洲,香残燕子楼,一团团逐队成球。"量无形或抽象事物如《水浒传》19回:"王头领待人接物一团和气,如何心地倒恁窄狭?"《红楼梦》33回:"我看你脸上一团思欲愁闷气色……"当代仍如此,"几团线、一团浓雾、一团火"都是常见的数量名组合,用于抽象事物的"一团和气、一团漆黑、一团糟"等还具有明显的夸张意味。

第四节 量成束之物

一、束

(一)《说文》:"束,缚也。"本义动词"捆绑",《诗·鄘风·墙有茨》:"墙有茨,不可束也。"量词"束"产生很早,称量捆在一起的东西,西周金文即有"矢五束"之例[①]。《诗·小雅·白驹》:"生刍一束,其人如玉。"从一些古籍的注疏来看,"一束"可能有时表示规定的数量,但说法不尽一致,《左传·襄公十九年》:"贿荀偃束锦,加璧、乘马。"杜预注:"五匹为束。"《礼记·杂记下》:"纳币一束。"郑玄注:"十个为束,贵成数。"《淮南子·氾论训》:"讼而不胜者出一束箭。"高诱注:"箭十二为束也。"《周礼·秋官·司寇》:"以两造禁民讼,入束矢于朝,然后听之。"郑玄注:"古者一弓百矢,束者其百个与?"

[①] 转引自黄载君(1964:6)。

语气也不肯定。贾疏又引《诗·鲁颂·泮水》"束矢其搜"云："毛云五十矢曰束。"以上各例所束之物有锦、币、箭矢，"一束"之量有五匹、十个、十二只、五十只、一百只等说法，并非完全确定。

（二）至南北朝这种并无定数的所谓"定数集合法"就不再沿用了，如《南齐书·孔琇之传》："有小儿年十岁，偷刈邻家稻一束。"《冥通记》卷1："烧两束书，可百余纸。"偷割稻子不可能准确计数，副词"可"正含有约计之义，故这两例显示出"束"之所量不可能是定数（参见刘世儒1965：243—244）。

（三）本期量词"束"所量仍非定数，只是捆扎之物，大致可分几类：

1. 草、柴、麻、茗、竹等成捆的植物。

（1）耶娘年老昏迷去，寄他夫子两车草；……取他百束将烧却，余者他日喂牛羊。夫子登时却索草，耶孃面色转无光。当时便欲酬倍价，每束黄金三铤强。（敦校 359）

（2）但知免更吃杖，与他祈摩一束[①]。（同上 378）

（3）李安定欠枝九束。董意君欠六束，赵通达欠五束，赵孝义欠五束……（敦煌文书 B45）

（4）饼五百四十枚又二十粜两石柴三十一束。（同上 158）

---

① 敦校402页注〔二二六〕："'束'通常用作称说柴草之类的量词……故本赋'一束'之前当是名物词，柴草之类可捆束者（绢布量多时亦可称'束'）疑'祈摩'……当校作'衹（脂）麻'或'邪（野）麻'，麻未脱连秸，故可称'一束'，如伯四九六〇《窟头修佛堂社条'：'又教化得麻伍拾束。'"

（5）麻壹伯肆拾肆束。（同上）

（6）一束茆，草六分。（祖475）

（7）渴饮一斗水，饥食一束刍。（韩愈诗，3782）

（8）长忧落在樵人手，卖作苏州一束柴。（白居易诗，5023）

（9）筋骸本非实，一束芭蕉草。（同上，5219）

（10）万束刍茭供旦暮，千钟菽粟长牵漕。（元稹诗，4620）

（11）伐竹岁亦深，深林隔深谷……一束十余茎，千钱百余束。（同上，4464）

（12）坏宅四五舍，病筿三两束。（皮日休诗，7026）

（13）言"一苇"者，谓一束也。可疑浮之水上而渡，若桴栰然，非一根苇也。（《诗·卫风·河广》孔疏，十三经326）

（14）乃暗令卿正，具薪数万束，积于垣侧。（同上，82）

（15）韩城有赵子良者，尝贳茗五束……（玄26）

有时所量是颜色词，实际指代植物，以下二例分别以"素、苍苍色"指代花、松：

（16）灼灼百朵红，戋戋五束素。（白居易诗，4676）

（17）一束苍苍色，知从涧底来。（同上《赠卖松者》诗，4770）

2. 锦、彩等成捆的纺织品。

（18）从前且织一束锦，梭声动地乐花香。（敦校175）

（19）仰赐黄金二两，乱采（綵）一束……（同上234）

（20）垒珠珍，碰白玉，满库绫罗有千束。（同上1174）

（21）得他一束绢，还他一束罗。（王诗校辑134）

（22）张公遗帛五束，夫人薄之……（续玄163）

3. 成捆的书、纸。

（23）十七日，押衙索像通传处分，西宅纳细纸叁束。（敦煌文书 B159）

（24）始我来京师，止携一束书。（韩愈诗，3836）

（25）红笺白纸两三束，半是君诗半是书。（白居易诗，4854）

4. 个别用法。

《祖堂集》中有个别例子是用于人的：

（26）师云："是汝诸人一时缚作一束，倒竖不净处。来晨相见，珍重！"（祖 334）

这里并没有说"一束人"，只是禅师的一种幽默，说把人捆成一束；另外还有一例量画烛：

（27）初缠然画烛一束……（广 101）

（四）量词"束"此后没有新的发展，近代口语里捆扎义的动词渐由"束"变为"捆"，《红楼梦》第 7 回贾蓉对焦大发怒，用的词就是"（使人）捆起来"。相应的量词也变为"捆"，《儿女英雄传》31 回就有"三寸来长的一捆小箭儿"，但"束"并没有完全消失，不过，至少在现代汉语里，它已经是一个书面用语，口语一般只用"捆"。

二、穗

（一）《说文》以"穗"为"采"之或体，释为"禾成秀也，人所以收"。本义稻、麦等庄稼的禾穗，《诗·王风·黍离》："彼黍离离，彼稷之穗。"

（二）作为量词，本期之前未见，本期用例主要分两种情况。

1. 量穗状植物。

（1）绿槐千穗绽，丹药一番迟。（李端诗，3267）

（2）风翻荷叶一向白，雨湿蓼花千穗红。（温庭筠诗，6720）

（3）一穗雨声里，千条池色前。（卢纶《送张成季往江上赋得垂杨》诗，3128）

（4）六穗垂兼倒，孤茎嫋复斜。（无名氏《嘉禾合颖》诗，8872）

（5）平明抱杖入田中，十穗萧条九穗空。（陆龟蒙诗，7148）

另外唐诗中三次出现"九穗"或"九穗嘉禾"，此系用典，谓汉刘秀生而有九穗嘉禾之瑞，故不能视为量词。

2. 更成熟的量词所量不是植物，倒是其引申用法量烟、云、香、头发。

（6）数穗远烟凝垄上，一枝繁果忆山中。（卢纶诗，3172）

（7）有时软萦盈，一穗秋云曳空阔。（吴融诗，7899）

（8）画堂流水空相翳，一穗香摇曳。（孙光宪词，10138）

（9）凉州西县百姓妻产一子……顶上发一穗长至足。（酉227）

这几例是因烟、云、头发等形似穗状而以之称量，例（8）的"香"更是无固定形状的，诗人也将其想象为穗状，这些都形成了"数量名"的结构。

（三）量词"穗"应用范围较小，使用率也较低。现代一般只量植物聚生在茎端的花或果实，如"一穗黄花、穗穗红高粱、几穗稻谷"，倒不如唐代诗文里用法多样了。

三、炷

（一）《说文》无"炷"有"主"，而篆文"主"本为象形字，上像灯焰，中像灯碗，下像灯座，正是"炷"的本字。《说文》"主，灯中火主也",徐铉校注曰:"今俗别作炷,非是。"由此可知:一,"主"本义是灯心的火焰,这就是"炷"的原义;二,"炷"在宋初仍属俗字,并被徐判为"非是",可见产生较晚。最早的用例可能是南朝乐府《读曲歌》的"燃灯不下炷",《玉篇》也收入了"炷",释为"灯主也"。这时"炷"是名词。

(二)量词"炷"始见于本期[①],多用于量燃着之香,亦有用于灯、烟云等物者。

1. 灯无炷不明,故最合乎逻辑的功能是量灯:

(1)绛焰灯千炷,红裙妓一行。(白居易诗,5051)

2. 由于点燃的香顶端也有火焰,故"炷"亦量香:

(2)一炷名香充供养,百枝花蕊表殷勤。(敦校 864)

从所见材料看,绝大多数用例是量香的,《全唐诗》有量词"炷"27例,所量名词在字面上是"香"的就有19例,例如:

(3)鬓染秋霜两苍苍,静对茅斋一炷香。(昙域诗,9612)

(4)一炷心香洞府开,偃松皱涩半莓苔。(韩偓诗,7826)

(5)中兴殿上晓光融,一炷天香舞瑞风。(和凝诗,8393)

(6)画帘垂,金凤舞,寂寞绣屏香一炷。(韦庄词,10077)

以下量"檀"与"灰","檀"即檀香,"灰"是香尽而成,故都还是香:

[①] 亓文香(2006)谓《洛阳伽蓝记》卷二有"柱"用为"炷"者,举例是"有一柱焚之不尽,后三日雷雨震电"。按,此例跟量词"炷"无关。下面将其前后文一起列出,其义可明:"庙成,为火所灾。有一柱焚之不尽,后三日雷雨震电,霹雳击为数段。柱下石及庙瓦皆碎于山下。"则此"柱"即梁柱之柱无疑。

（7）红翠数声瑶室响，真檀一炷石楼深。（皮日休诗，7081）

（8）烛换三条烬，香销十炷灰。（许浑诗，6131）

（9）天明拂经案，一炷白檀灰。（齐己诗，9444）

3."炷"还可量呈条状的烟、云：

（10）浪生滟浦千层雪，云起炉峰一炷烟。（来鹄诗，7357）

（11）松持节操溪澄性，一炷烟岚压寺隅。（李洞诗，8298）

（12）一炷玄云拔，三寻黑稍奇。（皮日休诗，7062）

另有一例量水仙，其中"炷"一作"柱"，可见是取其形状细长挺直，系诗歌里的特殊用法：

（13）露魄冠轻见云发，寒丝七炷（一作柱）香泉咽。（温庭筠《水仙谣》诗，6704）

（三）从本期始"炷"量灯渐被"盏"取代，量香却成为主要功能。后世亦如此，且一直比较单纯，《水浒传》第4回谓"焚起一炷信香"，《红楼梦》89回也有"亲自点了一炷香"之说。现代由于灯的进化，以"炷"量灯更失去了存在的依据，但"点一炷香"仍是习用的。

四、子

（一）《说文》："子，十一月，阳气动万物滋，人以为偁。"甲骨文字形就像一个有头发、囟门、身体的初生婴儿。由此引申出多义，其中一义为植物的种子、果实，如《世说新语·雅量》："树在道边而多子，此必苦李。"又义为幼小、细嫩的，《太平御览》936卷："郫县子鱼，黄鳞赤尾。"

（二）"子"作为量词，已见于南北朝，当时用以量果实，功能同

"颗",如:"今奉寄牒香二片,薰陆香二斤,槟榔三百子。"(毛喜文,《全陈文》卷15)刘世儒(1965:117)认为这是南北朝特有的现象,以后便改用"颗"了。

(三)本期确实未见"子"用如"颗"的例子,但却可量头发,见于敦煌文献:

(1)若借大王宝剑,卸下一子头发,封在书中,儿见头发,星夜倍程入楚救母。(敦校71)

(2)米进荣发一箭为父母……高十一发一子为父母……丑奴发一子。(敦煌文书B149)

"子"在例(1)中称量细长成束的头发,而头发封在书中,其数量必是很少的。对其理据则有两种看法:第一种,刘世儒认为"子"系"總"的音转,《说文》:"總,聚束也。"义为"聚而捆束",《诗·卫风·氓》:"总角之宴,言笑晏晏。""一子头发"就是"一总/一束头发"(参见刘世儒1965:117)。第二种,黄征、张涌泉引《后汉书·王符列传》"葛子升越"李贤注"子,细称也",认为是"由名词、形容词之细小义转而用为量词,即可表示'茎'、'束'等义"(敦校89页注〔二一九〕)这就与其原来包含的幼小、细嫩义有关。洪艺芳(2004:149—150)亦持此见,谓以"子"量成束之物,强调其量之少。至于例(2)的"子",洪艺芳认为是"指"的替代字,表示一只手指的约略长度,性质跟同例的"箭"相同,"一子(指)"小于"一箭",均为计量单位。不过,例(2)中"子"所量恰好也是头发,在同时代的敦煌文献里,称量同一对象的同一个字是否可能分属两类不同的量词?因资料不足,只能存疑。

（四）近现代口语里，"子（儿）"还是量少量的细长成束之物，但必须儿化，《红楼梦》88回有"一子儿藏香"，已经把这个"儿"字写出来了。现代仍可说"两子儿挂面、一子儿头发"，也都是儿化的。

此外，用于称量成束之物的还有"**络[子]**"（量丝或成束的草，见第二章第十七节）、"**结**"（量结束起来的丝线，见第二章第十七节）、"**绺**"（量成束的青丝，见第二章第十七节）、"**缕**"（量成束的线，见第二章第十七节）、"**索**"（量成束的线，见本章第五节）。

第五节　量排列、贯穿之物

一、行

（一）《说文》："行，人之步趋也。"但古文字形原像十字路，本义道路。《诗·豳风·七月》："女执懿筐，遵彼微行。"引申为行列义，《诗·大雅·常武》："左右陈行，戒我师旅。"量词义由此得来，且出现较早，如《吕氏春秋·行论》："燕王闻之，泣数行而下。"

（二）量词"行"产生以后，一直称量排列成行的事物，而很多东西都可排列，故"行"在魏晋南北朝时已有多种功能：可量文字，如"谁能千里外，独寄八行书"（邢邵《齐韦道逊晚春宴》）；量雁，如"可怜数行雁，点点远空排"（庾信《晚秋》）；量树，如"榆柳两三行，梨桃百余树"（庾信《小园赋》）；量泪，如"我有数行泪，不落十余年"（陶弘景《和约法师临友人》）；量金钗，如"头上金钗十二行，足下丝履五文章"（梁武帝《河中之水歌》）；量石，如"左岸叠石数十行"(《水经注》卷27)(转引自刘世儒1965:222)。应该说,其主要功能在这时都已具备。

(三)本期的量词"行"。

1. 量眼泪。

(1)陵闻左右说尊堂,大哭号咷泪万行。(敦校 131)

(2)圣君才见了,流泪两三行。(同上 1089)

(3)公主才闻泪数行,声中哽咽转悲伤。(同上 1106)

(4)千行欹枕泪,恨别添憔悴。(敦辞 635)

(5)凭将两行泪,为访邵平园。(岑参诗,2080)

(6)偶到匡山曾住处,几行衰泪落烟霞。(韩愈诗,3861)

(7)泪痕不学君恩断,拭却千行更万行。(刘氏媛诗,257)

(8)老夫哭爱子,日暮千行血。(顾况诗,2932)

(9)小弟邻庄尚渔猎,一封书寄数行啼。(王昌龄诗,1448)

(10)帝送出閤,惨然敛容,泪数行下,左右莫不歔欷。(《北史·齐本纪中》)

自古"行"就与名词"泪"配合使用,本期仍是最常见的。《全唐诗》里"万行"共17例,其中量"泪"者达15例,另有"千行"量泪者20余例。敦煌变文、歌辞也以量泪为最多。此外例(8)"千行血"也是以血代泪,表现"老夫哭子"的极度哀痛。例(9)"数行啼"则是以"数量"做状语,隐去了后面的名词"泪"。

2. 量动物。

其中以鸟类为最多,因为大雁等在空中有排列成行的本领,《全唐诗》中有数量结构的"一行"共70余例,内量鸟者竟达半数。

（11）七月孟秋秋已凉，寒雁南飞数万行。（敦辞1254）

（12）两个黄鹂鸣翠柳，一行白鹭上青天。（杜甫诗，2487）

（13）九里楼台牵翡翠，两行鸳鹭踏真珠。（罗隐诗，7600）

（14）四五片霞生绝壁，两三行雁过疏松。（缪岛云诗，8946）

（15）变化龙三十，升腾凤一行。（齐己诗，9455）

（16）下长汀，临深渡，惊起一行沙鹭。（李珣词，10122）

在诗歌中，有时会有如下的特例：

（17）摇落江天欲尽秋，远鸿高送一行愁。（李群玉诗，6600）

上例中排成一行的当然还是引起愁绪的鸿雁。

其次是由人掌控的马：

（18）猎马千行雁几双，燕然山下碧油幢。（张仲素诗，4138）

（19）百里火幡焰焰，千行云骑霏霏。（张说词，981）

量其他动物很少见，如：

（20）牛见兽至，分作三行，己独处中，埋身于土。（广180）

（21）五字句求方寸佛，一条街擘两行蝉。（李洞诗，8295）

3. 量植物。

（22）三亩嫩蔬临绮陌，四行高树拥朱门。（杨巨源诗，3742）

（23）永定河边一行柳，依依长发故年春。（李商隐诗，6185）

（24）何事黄昏尚凝睇，数行烟树接荆蛮。（崔珏诗，6858）

（25）灵和殿，禁柳千行斜，金丝络。（李存勖词，10041）

（26）连拳八九树，偃蹇二三行。（王绩诗，478）

（27）柳树谁人种？行行夹岸高。（韩愈诗，3848）

（28）仙机札札织凤皇，花开七十有二行。（孟郊诗，4258）

（29）庭有老槐四行。（韩集 90）

4. 量文字、书信等。

（30）纵向坟中浇历（沥）酒，不如抄写一行经。（敦校 1033）

（31）但将汉王书来，尾头标记一两行：交（教）战但战，要分但分。（同上 70）

（32）你取砚筒浓捻笔，叠纸将来书两行。（敦辞 404）

（33）师曰："古佛殿里拾得一行字。"进曰："一行字道什摩？"（祖 130）

（34）频繁命屡及，磊落字百行。（杜甫诗，2384）

（35）案头历日虽未尽，向后唯残六七行。（白居易诗，5133）

（36）开缄见手札，一纸十三行。（同上，4774）

（37）开拆远书何事喜，数行家信抵千金。（李绅诗，5496）

（38）生来不读半行书，只把黄金买身贵。（李贺诗，4440）

（39）今年始读书，下口三五行。（杜牧诗，5941）

（40）草圣数行留坏壁，木奴千树属邻家。（刘禹锡诗，4120）

（41）青衣荐笺，女郎书札数行……（博 21）

也有表层含义量字，实际比喻雁阵的：

（42）万叠银山寒浪起，一行斜字早鸿来。（张继诗，2723）

5. 量可以排列的各种什物、房屋等。

（43）两行笼里烛，一树扇间花。（白居易诗，5065）

（44）平台火树连上阳，紫炬红轮十二行。（张说诗，939）

（45）会应得见神仙在，休下真珠十二行。（罗隐诗，7594）

（46）鸳瓦数行晓日，鸾旗百尺春风。（冯延巳诗，8415）

（47）绳开梵夹两三片，线补衲衣千万行。（欧阳炯诗，8638）

（48）厅如今县令厅，有两行屋，屋间悉是房，房前有斜眼格子。（广137）

6. 量排列成行的人。

（49）飞腾千里，恰似鱼鳞；万卒行行，犹如雁翅。（敦校11）

（50）未戴柘枝花帽子，两行宫监在帘前。（花蕊夫人诗，8981）

（51）绛焰灯千炷，红裙妓一行。（白居易诗，5051）

（52）青娥一行十二仙，欲笑不笑桃花然。（施肩吾诗，5585）

（53）有老狐，坐据玉案，前两行有美女十辈，持声乐，皆前后所偷人家女子也。（广200）

（四）纵观量词"行"的历史，本期除出现较多的量人之例，总的变化不太大。[①] 本期之后仍基本保持了这样的格局。或谓现代"行"可计量工种，如"干一行，爱一行"[②]。不过在此"行"应为名词，因为我们可以说"一行大雁、几行松树、两行泪……"，但不能说"三百六十行人"。《现代汉语词典》也将其列入了名词义项。

二、串

《说文》无"串"，《广韵》："串，穿也。"本义贯穿，南朝梁简文帝《妾薄命》诗："长鬟串翠眉。"作为量词，称量穿在一起的体积不大

[①] 有个别用例似动量："高仙芝伐大食，得诃黎勒，长五六寸。初置抹肚中，便觉腹痛，因快痢十余行。"（广163）但此处"行"究应读胡郎切（今音háng）表行列义，还是读户庚切（今音xíng）表行走的次数？姑列此备考。

[②] 见郭先珍（2002：61）。

的物品，多为球形或扁圆形，始见于本期，有两类用法：

1. 量珠。

（1）一串数珠长在手，声声相续念弥陀。(敦校 593)

（2）念观音，持势至，一串数珠安袖里。(敦辞 1619)

"一串珠"又用于比喻，形容如珍珠流泻般的圆润歌声：

（3）何郎小妓歌喉好，严老呼为一串珠。(白居易诗，5152)

（4）最忆阳关唱，真珠一串歌。(同上，5177)

2. 量茶，盖因古人习惯将茶制成茶团或茶饼，穿连起来保存或馈赠亲友。

（5）……送路绢二匹，蒙顶茶二斤，团茶一串，钱两贯文，付前路书状两封，别有手札。(入唐，近代 160)

（6）两串春团敌夜光，名题天柱印维扬。(薛能《谢刘相寄天柱茶》诗，6505)

（7）(张镒)遗赆钱百万……赆不纳，唯受新茶一串而已，曰："敢不承君厚意。"(《旧唐书·陆贽列传》)

（8）其日尚食供素馔，赐茶十串。(唐李肇《翰林志》)

本期之后，量词"串"仍量穿在一起的物品，包括但不限于珠，如《水浒传》第 2 回："(老儿)手里拿串拍板……"《儒林外史》21 回："桌上摆着……一串念珠。"另外还常用于钱，《水浒传》15 回："一个汉子，把着两串铜钱……""串"在明清为制钱一千文之称，《红楼梦》18 回："另有表礼二十四端，清钱五百串……。"到了现代，除各种各样可穿连的实物如钥匙、铃铛、吃食等，又有了引申用法，用于语言、故事等，如老舍《骆驼祥子》："每一个动作都伴着一串最好的形容词。"臧克家《马耳山》："除了一串悲伤的故事，该还给我述说一些新的事情。"

三、索［子］

《说文》："索，草有茎叶可作绳索。"本义绳子，《书·五子之歌》："予临兆民，懔乎若朽索之驭六马。""索"作为量词古已有之，源自以绳索计量长度，《大戴礼记·主言》："然后布指知寸，布手知尺，舒肘知寻，十寻而索……"这是计量单位词，但实际用例不多见[1]。

作为集合量词本期始见，量以索穿连之物，在口语里可加"子"尾作"索子"。

1. 与"串"相似，也常量珠。

（1）小杂珠子四索内十课真珠。（敦煌文书 B92）

（2）杂珠子肆索子。（同上 112）

（3）绣红求子壹并珠子壹索子。（同上）

（4）石珠子伍索子，小石珠子壹片。（同上）

（5）翩翩舞袖双飞蝶，宛转歌声一索珠。（白居易诗，5155）

（6）诏□瑟瑟像一铺……瑟瑟数珠一索、金栏袈裟一副。（唐《无忧王寺宝塔铭》）[2]

另有量水精之例：

（7）水精一索香一炉，红莲火舌生醍醐。（贯休诗，9314）

水精与珠类似，也可能是珠状的。

---

[1] 宋王禹偁《畲田词》之一："各愿种成千百索，豆萁禾穗满青山。"
[2] 转引自刘世儒（1965：246）。

2. 在敦煌文书中还可量线。

（8）緤线叁索子。（敦煌文书 B112）

线不是穿在一起的，而是成束的，在此"索"相当于"束、缕"。

3. 诗歌里还有"一索春"的说法，是以修辞手法描写春天的绿柳。

（9）雾捻烟搓一索春，年年长似染来新。（崔道融诗，8211）

"索"又可作为计量单位词量钱币，一千文为一索，相当于"贯"，但未见本期用例。宋代朱弁《曲洧旧闻》卷10："王将明当国时，公然受贿赂，卖官鬻爵，至有定价，故当时为之谚曰：'三千索，直秘阁；五百贯，擢通判。'"通判之职始于宋初，"三千索"见于当时民谚，可知应是其流行的时代。此后，个体量词"索"行用不广，不及同类的"串"。《水浒传》《红楼梦》均有"串"无"索"，称量钱币的"索"又不及"贯"通用。至现代汉语已没有这个量词。

四、线

《说文》："线，缕也。"指丝麻等制成的细长物，用以缝制衣服。孟郊《游子吟》诗："慈母手中线，游子身上衣。"又喻指如线的东西，南朝范云《送别诗》："东风柳线长。"

用作量词首见于本期，可分以下几类：

1. 集合量词，量成串的珠、泪，跟量词"串、索"相类。

（1）真珠廿壹线。（敦煌文书 B91）

（2）应是一线泪，入此春木心。（孟郊诗，4275）

2. 量像线一样的东西。

（3）时时数点仙，袅袅一线龙。（孟郊《品松》诗，4259）

（4）柳长千丝宛，田塍一线绷。（刘禹锡诗，4101）

（5）春态浅，来双燕，红日渐长一线。（和凝词，10091）

3. 量抽象事物，多见于诗歌。

（6）何人错忆穷愁日，愁日愁随一线长。（杜甫诗，2416）

（7）裹裹一线命，徒言系绹缊。（孟郊诗，4206）

（8）抽壮无一线，剪怀盈千刀。（同上，4208）

需要指出的是，除1类外，似均应归入个体量词之列，但结合的数词都限于"一"，作为量词句法关系也不典型，说明"线"的量词性有一定局限。而且本期用例不多，尤其是量珠者，后世亦未见。然而另一方面，它量细长如线之物乃至抽象事物却不绝如缕，如金元好问《自题写真》诗："东涂西抹窃时名，一线微官误半生。"元张可久《惠山寺》曲："一线甘泉饮九龙。"《警世通言》卷1："船舱内一线月光，射进朱帘。"至现代更常说"一线光明／希望／生机"等，不过搭配数词仍多是"一"。

此外，"**贯**"专用于量成串的钱币，且有定制，见第五章第三节。

第六节　量配套之物

本节的三个量词主要特点是称量配套之物。同时三词所量有时又都难以确定是独立的个体抑或互相配合的多件物体。如一副帐子可能有多件配件，人体的骸骨由多块骨头组成，同时二者又都是一个独立的存在物。"驮"既可称量载物的牲畜，又可称量一畜所载并非单件之物。所以我们以为集合量词与个体量词有时很难截然划分，似乎也没有划分的必要。

一、副

（一）《说文》："副，判也。"本义剖分、割裂，《诗·大雅·生民》："不坼不副，无灾无害。"此义滂母入声职韵，今音 pì。一物剖分后互相之间必有联系、相配的关系，故引申为动词"相配"之义，《后汉书·黄琼列传》："盛名之下，其实难副。"此义敷母去声宥韵，今音 fù。动词又引申为量词，产生于南北朝，刘世儒举陶弘景文说明这种转变的具体过程："今故赍尔香炉一枚，重陆副之。"（《全梁文》卷 46）"今故赍尔大砚一面，纸笔一副之。"（同前）（转引自刘世儒 1965：209）换言之，就是"砚、纸、笔一副"了。当时，"副"用于两两相配的袜、泪及其他物品相配的鞍辔、被褥等。

（二）本期的量词"副"。

唐人颜师古为《汉书·昭帝纪》"有不幸者赐衣被一袭"句所作注曰："一袭，一称也，犹今言一副也。"可见"副"较"袭"更通俗，在唐时称为"今言"，变得较之前代更为流行了。

1. 作为集合量词，承袭前期称量相配之物，其中有的明显为两件或多件（例 1、2、9、11）等；有的为衣帽（例 3、4、5、6）或器物（例 7、8 等），可能各含若干配件，如衣服，袈裟不止一件，蓑笠可能带有顶、带之类。

A. 用于穿着铺盖之物。

（1）十综布七条袈裟并副博头巾□（共）一副。（敦煌文书 B131）

（2）门靴壹副，在后门上。（同上）

（3）押衙三人……熟线绫绵衣各一副。（同上）

（4）会将一副寒蓑笠，来与渔翁作往还。（罗隐诗，7560）

（5）上谓曰："朕不惜一副紫袈裟与师，但师头耳稍薄，恐不胜耳！"（东130）

（6）并赐臣手诏，及冬衣两副。（陈子昂《谢赐冬衣表》）

B. 用于各种器具、什物。

（7）花合子壹副。（敦煌文书 B131）

（8）铁杵臼壹副。（同上）

（9）铜匙箸一副。（同上）

（10）唱经案壹莲花坐并幢坐两副。（同上）

（11）碁子一副。（同上）

（12）兼市金错刀子一副，贮在履子内。（博7）

C. 下列各例同是称量衣物器具，但有一特色，即在法门寺唐碑《监送真身使随真身供养道具及恩赐金银衣物账》中，有多例"副"与其他量词配合使用，主要与"事"配合，成"若干副若干事"格式：

（13）茶槽子碾子茶罗匙子一副七事共重八十两。（法251）

（14）花罗衫十五副内襕七副跨八副各三事，花罗袍十五副内襕八副袴七副各四事。（同上）

（15）长袖五副各五事，长夹暖子廿副各三事，内五副锦、五副绮、一副金锦、一副金褐。（同上252）

（16）缭绫浴袍五副各二事。（同上）

（17）袈裟一副四事。（同上）

（18）八尺踏床锦席褥一副二事。（同上）

还有一例是"副"与"重"配合：

（19）宝函一副八重并红锦袋盛，第一重真金小塔子一枚并底衬……（法 250）

以上《法门寺志》所载碑文之例对"副"的性质做了很好的注解，"×副×事"说明一副是包括若干"事"的，而"事"就是今语"件"的意思，可用于各种衣服、器具。例如袈裟论"副"不论"件"，并含"四事"，可知当时的袈裟也像今之"套装"，而不是一件大袍。总之，上述诸例中的"副"确系集合量词。

2. 刘世儒与洪艺芳都谈到"副"的变化，认为它后来由称量相配的事物转而称量单个事物了，刘只举了现代汉语中"一副面孔"的例子（刘世儒 1965：210），洪则举了敦煌文书多例，今从中略举一些如下：

（20）铜钹壹副，内列，并带具全。（敦煌文书 B132）

（21）又候槽都头大锁壹副并钥匙全，在维藏。（同上）

（22）屏风骨两副。（同上）

（23）桃骨帐子壹副。（同上）

（24）器械一副。（同上）

（25）羊肠壹副破面叁升。（同上 131）

（26）三界寺要伞，灵修伞壹副。（同上）

（27）毛袋贰拾伍付……（吐鲁番文书，洪书 B132）[①]

此外，一些笔记及小说也有类似之例：

（28）白敏中赴邠宁行营，上幸兴福楼送之，自楼上投下朱书

---

① 该文书属唐贞观年间。

御札一副与敏中……（东129）

（29）君输我海龙神第七女发十两，智琼额黄十二枚，紫绢帔一副……（玄74）

不过，(20—29)各例所量事物其实也并非很单纯的个体，如例(20)、(21)分别说明"并带具全""并钥匙全"，恰证明铜钹、大锁是有配件的；例(22—24)屏风、帐子、器械都可能包含不同零件；例(25)"羊肠一副"应是指一头羊的所有肠子，现在民间仍说"一副下水"；就连现代说的"一副面孔"也是由五官组成的。只有少数性质不定，如例(27)的毛袋不明究系何物，例(28)御札是否有多页，有无附件，例(29)帔是几件也不确知。那么在第2类用例中"副"究竟是集合量词还是个体量词呢？

（三）综上所述，一般地说"副"所量之物始终是跟"互相配合"之义相联系的，本期之后亦然。如《红楼梦》13回："看（棺材）板时，几副杉木板皆不中用。"41回："……忽见有一副最精致的床帐。"有的特殊搭配是后起的，如以"副"量"脸、面孔"就始见于《红楼梦》，该书第6回："倒还是舍着我这副老脸去碰碰……"现代仍用于成对或多物相配的东西，如手套、对联、中药等。另外，从量脸进而发展为脸上的表情、神态等，如"那副可笑的样子""一副惊讶的神情"。

二、具

（一）《说文》："具，共置也。"即供置、陈设，《书·盘庚中》："兹予有乱政同位，具乃贝玉。"引申为备办、配备，《左传·隐公元年》："缮甲兵，具卒乘。"《诗·齐风·南山》"葛屦五两"孔疏："屦以两只为具。"作为量词，就是称量配备齐全的东西，早在汉代已见其例，

《史记·货殖列传》:"旃席千具。"刘世儒认为此例无"配置"义,那就只能取其完整无缺义,他还举《居延汉简》"白栝十七具,赤栝十具"等例,称"具"在这些例中已成个体量词。不过这并不能说明"具"当时已失去集合量词的性质,东汉班固所撰《汉书》就不乏此类用法,如其中《霍光传》之例:"(光薨)赐……梓宫、便房、黄肠题凑各一具,枞木外臧椁十五具。""梓宫、便房、黄肠题凑"都是结构比较复杂的丧葬用具,而"(枞木外臧椁)十五具"冉昭德等则释为"十五块"[①]。说明"具"在当时兼有称量个体和配合成套物体的功能。魏德胜(2000:74)也认为《敦煌汉简》中的"具"是量成套器具的,但他只举了用例,未加详述。至魏晋南北朝,量词"具"仍大量用于成套的被褥、衣物、器皿、棺材、骨架、耕牛、骨骸等。据洪艺芳的研究,在南北朝至中唐的吐鲁番文书中,"具"几乎是无所不包的量词。(参见洪艺芳2004:141—144;刘世儒1965:210—214)王建军(2008)根据敦煌社邑文书的资料也得出类似结论,认为"'具'在当时是一个泛化量词,几乎可以指称一切物件(甚至包括人),其功能颇类同中古的另一泛化量词'枚'"。

(二)本期的量词"具"仍兼有集合和个体量词的两种功能,据我们所见,多量配置成套的器物之类,虽也可称量单一物体,使用范围与频率并不如前期的"枚"与本期的"个"。洪艺芳认为,"具"在晚唐以后的敦煌社会经济文书中使用范围大大缩小,仅量单一事物。不过从她举的敦煌文书来看并非尽皆如此,以下多例可以清楚说明

---

① 见《汉书选》222页,中华书局,1979年。

这一点，不再一一分析。其中甚至还有"奴婢十具"（敦煌文书 B142）这样的特例，或指劳作时互相配合的十组奴婢？否则以"具"称人殊为费解。

以下分类列举本期用例：

1. 量配备成套之物。

A. 衣履、被褥之类。

（1）朱衣笼冠一具，带物具。（敦煌文书 B141—143）

（2）右被褥一具。（同上）

（3）白练衣裈一具。（同上）

（4）五明鲜鞋廿五量｛十五具小，十具□｝。（同上）

（5）右练脚靽一具。（同上）

（6）和上曾作一万五千具衣帔，施与万五千僧……（入唐，近代 121）

B. 弓箭、鞍辔、文具及其他器物。

（7）即与我行帐一具……我与他牙梳一枚，白骨笼子一具……（变文 873）

（8）剪刀、尺一具。（敦煌文书 B141—143）

（9）弓箭一具。（同上）

（10）鞍辔一具施法。（同上）

（11）笔研（砚）一具。（同上）

（12）合除车牛拾壹具。（同上）

（13）涂锁子七具并钥匙锟钺链子等共计银一十六两四钱。（法 251）

（14）茅屋八九家，农器六七具。（张直诗，8336）

（15）三品已上各赐金装刀子砺石一具。（《旧唐书·舆服志》）

（16）有僧乙尝叹佛，施鞍一具，卖之，材直七万。（酉 253）

（17）得石一段，裁为四具，补乐悬之阙。（独 85）

例（12）的"车牛"很可能包括与之配套的鞍具等，例（17）的"四具"，当非四块或四段石头，而是四套可装置乐器的配件。另外还有个别量"箱"者，或因箱子也是有锁、环等配件的：

（18）白藤箱二具。（法门寺碑，252）

2. 量骸骨，这也是前期已有的，因人或动物的骸骨是很多块骨头组成的，此时说它是个体量词或集合量词似都无不可。

（19）……但空山石泉，溪谷幽绝，咏诗处有人骨一具。（巴峡鬼诗注，9778）

（20）……乃收葬傍城客死骸骨百余具。（独 31）

（21）其家并力掘之，深二丈许，得枯骸一具……（酉 125）

（22）异时，忽有小龙骨一具，立于树侧……（广 36）

3. 量单纯的各类事物，确属个体量词。

（23）切刀壹具。（敦煌文书 B143）

（24）叁具斧。（同上）

（25）雁牙梳一具。（同上）

（26）鸡鸣〔枕〕一具。（同上）

（27）锦褥二具。（同上）

（28）雕鹘箭壹具。（同上）

（29）黄绫裙一具。（同上 142）

4. 量火，这是本期才有的。

（30）即三具火把铠脚烧，且见红焰连天，黑烟不见天地。（敦校 202）

只是量火也没有得到延续，后被"把"取代。

（三）"具"量成套物品的用法此后呈衰落的趋势，可能由于它称量个体与配套的事物不易分清，所以量配套之物的功能渐被"副、双"等量词取代。除"副"之外，后来又产生了"套"，如元王实甫《西厢记》："穿一套缟素衣裳。""具"所量只剩棺木、尸骸，如《水浒传》21回的"一具棺材"。现代仍是如此，如巴金《家》："从此屋里不再有梅这个人了。只有一具棺材。"鲁迅《纪念刘和珍君》："还有一具（尸骸），是杨德群君的。"当代因丧葬习俗的改革，棺木较少使用，最常见的是量尸体、遗骸。

此外，用于称量配套之物的还有"**驮**"（称量一畜所驮之物，见第二章第一节）、"**床**"（量置于床上的乐器、银器等，很可能是配套的，见第二章第五节）。

第七节　量分类别、等级之物

这一类量词大致可分为两组：第一组包括"般、种、样、类、色、门"，多表示类别，一类事物包含不止一个个体，故常是集合量词；但有时也可说明事物的形态、样子，如"一种色、数般颜色"，这时就可能成为个体量词。第二组包括"等、品、级、阶"，主要表等级，可包含多个事物，也可表示单个事物的级别，故同样可能是集合量词，也可能是个体量词。

一、般

（一）《说文》："般，辟也，象舟之旋。"本义旋转，与量词义无关。"般"称量类别的用法本期之前未见，洪艺芳（2000：353）引《集韵》认为是由"数别名"引申为类别义的。不过《集韵·桓韵》原文解释"般"为"一曰移也，亦数别之名"，并没有涉及类别义的来源问题，"数别之名"应是尚无现代语法观念的古人对量词的一种称说，跟《马氏文通》的"别称"一样，只是正确指出了它的性质、作用。所以《集韵》是述其然而未说明所以然，量词"般"是怎样产生的，仍然是个问题。

（二）量词"般"产生于本期，而使用率却很高，《全唐诗》共出现174次（内含"一般"53次），可量对象有多种：

1. 量人及鬼神。

（1）《萨遮尼乾子经》云："不令为五般人说法，律戒亦同。……"（敦校742）

（2）若有一般弟子，把口刀于手里……若有一般弟子，寻常戏笑经闻。（同上742—743）

（3）鬼神类，万千般，变化神通气力滩。（同上534）

（4）点检邪魔百万般，拟捉如来似等闲。（同上533）

（5）佛言浊世一般人，恣意为非不可论……（敦煌文书A353）

（6）公子王孙一队队，管弦歌舞几般般。（敦辞624）

（7）多少般数人，百计求名利。（寒山诗，9073）

（8）世有一般人，不恶又不善。（同上，9093）

2. 量动植物。

（9）千种池亭，万般果药，香芬芳而扑鼻，鸟噪咭而和鸣。（敦校 554）

（10）……经中具说有四般莲（莲）花也。（同上 687）

（11）瑞鸟千般，和鸣而乐陈林里。（同上 622）

（12）山川响振，天地倾遥，盈空之花雨四般，满会之光分五彩。（同上 766）

（13）千众乐音齐响亮，万般花木自芬芳。（敦煌文书 A353）

（14）分畦十字水，接树两般花。（刘禹锡诗，4028）

（15）泣露千般草，吟风一样松。（寒山诗，9063）

（16）梅花百般障行路，垂柳千条暗回津。（张说诗，961）

（17）金英翠萼带春寒，黄色花中有几般。（白居易诗，5048）

3. 量器物、衣服、文具、书籍等。

（18）妖邪万众（种），有耳不闻；器械千般，何曾眼见！（敦校 533）

（19）十一月仲冬冬雪寒，戎衣造得数般般。（敦辞 1264）

（20）蜜炬殷红画不如，且将归去照吾庐，今来并得三般事，灵运诗篇逸少书。（郑畋诗，6464）

（21）端溪石砚宣城管，王屋松烟紫兔毫，更得孤卿老书札，人间无此五般高。（安鸿渐诗，8738）

（22）舜时调八音，用金、石、丝、竹、匏、土、革、木，计用八百般乐器……（乐 42）

4. 量语言、文字、技能。

（23）和尚猥地夸谈，千般伎术；人前验对，一事无能。（敦校 566）

（24）我见世尊端正，又是净饭王子，三端六艺并全，文武两般双备。（同上 535）

（25）从来改却这般名，只是换身形。（敦辞 1459）

（26）殊不知亦有时中问答，分为三般：一者现对缘处机……；二者亦有拟心是问……；三者亦有无问之问……。（祖 324）

（27）若无智眼而审谛之，任汝百般巧妙，不为究竟。（同上 336）

（28）千般万般况珠喻，珠离百非超四句。（同上 367）

（29）今日流莺来旧处，百般言语泥空枝。（白居易诗，5261）

（30）长截邻鸡叫五更，数般名字百般声。（无则诗，9301）

（31）墨迹两般诗一首，香炉峰下似相逢。（黄滔诗，8129）

5. 量感觉、情绪、灾病等。

（32）有情内风者，无卅六般风黄之疾。（敦校 687）

（33）成佛似钟惊觉后，万般烦恼一时消。（同上 732）

（34）起初第一是怀胎，阿娘日夜数般灾。（敦辞 773）

（35）第三生子得身安，多般苦痛在身边。（同上）

（36）深惭百般病，今日问医王。（罗隐诗，7620）

（37）宛是依依旧颜色，自怜人换几般愁。（裴夷直诗，5860）

（38）谢公楼下潺湲响，离恨诗情添几般。（杜牧诗，6007）

（39）翦不断，理还乱，是离愁。别是一般滋味，在心头。（李

煜词，10043）

6. 量变化、情态、声音、颜色等。

（40）千般变化时时现，作用神通处处呈。（敦校 641）

（41）娑婆教主，大觉牟尼；一丈六尺身躯，三十二般福相。（同上 619）

（42）然我神通变现，无有尽期，一般[①]虽则不如，再现保知取胜。（同上 564）

（43）雾卷云收，化现千般有。（敦辞 1719）

（44）任他笙歌百千般，偷眼岂须看。（同上 749）

（45）他却无如许多般情景。（祖 404）

（46）写向人间百般态，与君提作比红诗。（罗虬诗，7631）

（47）含春笑日花心艳，带雨牵风柳态妖。珍重两般堪比处，醉时红脸舞时腰。（雍陶诗，5922）

（48）湖天一种色，林鸟百般声。（刘长卿诗，1504）

（49）李謩擪笛傍宫墙，偷得新翻数般曲。（元稹诗，4612）

（50）堂中纵有千般乐，争及阳春一曲歌。（张华国诗，9807）

（51）会作五般色，为祥覆紫宸。（李中诗，8505）

（52）草树知春不久归，百般红紫斗芳菲。（韩愈诗，3850）

7. 量抽象事物、概念。

（53）广现百般希有事，看看便是振春雷。（敦校 767）

（54）五般道理，各有教文，以非虚谬之词，总是如来之语。

---

① 敦校 582 页注〔二六四〕："一般：一种，一项。"

(同上 752)

（55）将千种愆违，竖百般过失。（同上 556）

（56）此时为将见，发却千般愿。（敦辞 1226）

（57）富贵百千般，贪荣不知辱。（寒山诗，9093）

（58）因缘三纪异，契分四般同。（李挚诗，8945）（原诗注：挚与李行敏同姓、同甲子、同年登第、俱二十五岁。又同门。故云。）

量事情、事件的"般"有时略同于"件"：

（59）教汝数般事，思量知我贤。（寒山诗，9082）

（60）君有一般输我事，柘枝看校十年迟。（白居易诗，5157）

（61）唯待数般幽事了，不妨还入少年场。（陆龟蒙诗，7179）

（三）"数词+般"可修饰动词，看似动量词，但只出现在韵文里，且数词只有"百、千"等，"×般"又往往跟"×种"对偶：

（1）吾又见告于弥勒，兼及持世上人，光严则辞退千般，善德乃求哀万种。（敦校 913）

（2）千般赞叹，何以胜当；百种谈论，实斯悚惕。（同上 915）

（3）包含万象藏心里，变现百般生眼前。（欧阳炯诗，8639）

（四）关于"一般"和"两般"。

上文第（二）段例（2、5、8、39、42、60）的"一般"是数量结构，义为"一项、一种"。同时"一般"又凝聚成形容词，含义及常见用法如下：

1. "一般"表示"同样"。

（1）直须诸佛道觉，方乃一般证悟。（敦校 745）

（2）云驳花骢各试行，一般毛色一般缨。（王建诗，3441）

（3）二十年前此夜中，一般灯烛一般风。（刘虚白诗，5613）

（4）荣落何相似，初终却一般。（郑谷诗，7725）

（5）九江连海一般深，未必船经庙下沉。（杜荀鹤诗，7983）

（6）水边飞去青难辨，竹里归来色一般。（齐己诗，9593）

2. "一般"表示"普通、通常"。

（7）白衫裁袖本教宽，朱紫由来亦一般。（司空图诗，7276）

（8）湖草青青三两家，门前桃杏一般花。（司空曙诗，3328）

（9）看取老僧齐物意，一般抛掷等凡花。（崔橹诗，9995）

3. "一般"可重叠为"一般般"表示"同样、相同"。

（10）年年模样一般般，何似东归把钓竿。（罗隐诗，7604）

（11）堪羡蜀民恒有福，太平时节一般般。（贯休诗，9413）

也可表示"多种多样"。

（12）粉英香萼一般般，无限行人立马看。（王周诗，8680）

（13）亭际天妍日日看，每朝颜色一般般。（方干诗，7474）

关于"一般般"参见第九章第五节。

4. "同×一般""与×一般""×一般"等格式有"像×一样"义。

（14）西面高登法座，还同搜面一般。（敦校 742）

（15）只在三千世界，还同池沼一般。（同上 732）

（16）浮生聚散云相似，往事冥微梦一般。（张继诗，2723）

（17）旧尝游处遍寻看，睹物伤情死一般。（刘损诗，6909）

（18）张底乃我辈一般人。（隋唐 49）

5. 跟"一般"相类，"两般"通常为数量结构，表示"两种"，如上文第（二）段例（14、24、31），但有时也可表示"不同"，则近于形容词。

（19）小川归海，全同一味；渐解归源，岂有两般也？是故渐顿虽异，归源无二耳。（祖504）

（20）昔日双眠，恒嫌夜短；今宵独卧，实怨更长。一种天公，两般时节。（游仙窟，近代2）

（21）借问尘声何所为，人家古寺两般声。（刘商诗，3462）

（22）不知何事意，深浅两般红。（唐彦谦诗，7692）

（23）深绿依依配浅黄，两般颜色一般香。（孙鲂诗，10018）

只是这类用例较少，意义也不甚确定，有的可作两解，如例（22、23），理解为"两种颜色"或"不同颜色"均可通。

（五）量词"般"本期之后的用例如，辛弃疾《丑奴儿近·博山道中》词："野鸟飞来，别是一般闲暇。"《鹧鸪天·送人》："今古恨，几千般，也应离合是悲欢。"《三国志平话》卷上："见一人托定金凤盘，内放着六般物件。"《水浒传》第2回："史进每日求王教头点拨，十八般武艺，一一从头指教。"同书28回："将到房中打开看时，排下四般果子，一只熟鸡，又有许多蒸卷儿。"《红楼梦》里就不再有"数词+般"而代之以"样"和"种"。

表示"同样"的"一般"之例如《京本通俗小说·拗相公》："那唐子方名介，乃是宋朝一个直臣……也是呕血死的。一般样死，比王安石死得有名声。"苏轼《送僧应纯偈》："一般口眼，两般肚肠。"《水浒传》第3回："你是个卖肉的操刀屠户，狗一般的人，也叫做镇关西！""一般"可省作"般"，辛弃疾《临江仙》词："晓山眉样翠，秋水镜般明。"表示"像×一样"的"般"后来就演变为助词了，《红楼梦》第6回：

"忽见堂屋中柱子上挂着一个匣子,底下又坠着一个秤砣般一物,却不住的乱幌。"此句"秤砣"前有数量词"一个",后边又有数词"一","般"字不可能有解释为量词的空间,只能视为助词。同类者如《二十年目睹之怪现状》11回:"这表也不知他出在哪一国……只有核桃般大。"

现代,"般"多数只出现在"十八般武艺、万般(皆下品)、百般(设法)"之类的固定格式里,作为量词已呈萎缩之势。而"一般"作为形容词,除同样外,也有普通之义,如"一般化、一般性"等。

二、种

(一)《说文》"穜"字条释为:"埶也。"据段注,此字小篆作"穜",隶书作"種","种者以谷播于土,因之名谷可种者曰种,凡物可种者皆曰种"。故"种"的本义是种植,之用切,去声,今音 zhòng,《诗·大雅·生民》:"荏厥丰草,种之黄茂。"转而指可种植的东西,即种子,之陇切,上声,今音 zhǒng,《逸周书·大匡》:"无播蔬,无食种。"进而引申为类别,《韩非子·外储说左上》:"郑县有人得车轭者,而不知其名,问人曰:'此何种也?'"量词义由此产生,汉代已有用例,如《汉书·郊祀志》:"用三牲鸟兽三千余种,后不能备。"《汉书·艺文志》:"序六艺为九种。"

(二)魏晋南北朝时代,量词"种"有了很大发展,刘世儒认为,它在现代汉语中的用法"差不多在这个时代就已经渐次形成了"。它可以量人、动植物、杂物、文字、抽象事物等等。此外在隋唐五代,"一种"作为一个形容词表示"一样"是很常见的,而这种用法在南北朝也已屡见不鲜了。(参见刘世儒 1965:142—143,下同)

（三）本期"种"的称量对象。

本期"种"的使用频率仍很高，《全唐诗》里共出现 105 次（其中"一种"约 70 次）。所量大致可分以下几类：

1. 量人。

（1）有二种人堪闻法：一者好乐大乘经曲（典）；二者不学外〔道〕邪教，如雪山童子因半偈已舍身云云。（敦校 744）

（2）此身自有三种：一，大化身；二，小化身；三，随类化身。（同上 746）

（3）十二种头陀，和尚是第几种？（祖 407）

（4）师颂《三种病人》曰："盲聋喑哑格调高，是何境界自担荷……"（同上 311）

（5）人有两种，法无不一，迷悟有殊，见有迟疾。（六祖，近代 94）

（6）天下几种人，论时色数有。（寒山诗，9074）

（7）世上一种人，出性常多事。（拾得诗，9105）

（8）九夷本东夷九种，此言者，文体然也。（《史记·李斯列传》"包九夷，制鄢郢"句张守节正义）

例（8）是唐人对《史记》"包九夷，制鄢郢"一句的解释，其实司马迁将"东夷九种"称为"九夷"，没有用量词，并非只是文体的关系，当时的汉语原本不必加量词。

2. 量动植物。

（9）好花万种，布影而锦儽池中；瑞鸟千般，和鸣而乐陈林里。（敦校 622）

（10）六种琼林动大地，四花标样叶清天。（同上1025）

（11）林中鸣，种种有。更有醍醐沽美酒。（敦辞603）

（12）一种葛藤将去，且听亦清人耳目。（祖324）

（13）千种冈峦千种树，一重岩壑一重云。（阎朝隐诗，769）

（14）寻常百种花齐发，偏摘梨花与白人。（元稹诗，4643）

（15）其余数十种，莫不可叹惊。（引者按：指蚝、蛤鲎等水产品）（韩愈诗，3827）

（16）此物（引者按：指"蒲萄"）实出大宛……有黄、白、黑三种。（酉175）

3. 量物、货物、建筑等具体事物。

（17）种种不净物，充满于身内……（敦校753）

（18）千种池亭，万般果药。（同上554）

（19）……亦如人将百种货物杂浑金宝一铺货卖，只拟轻重来机。（祖456）

（20）饭何为两种者？（朝111）

4. 量技术、语言、歌谣、经书等。

（21）假使千人防援，直饶你百种医术，自从浑沌已来，到而〔今〕留得几个？（敦校1131）

（22）宁说河不入海，不说如来有二种语；宁说罗汉有三毒，不说如来有二种语；不道如来无语，只道如来无二种语。（祖294）

（23）恒沙诸佛体皆同，何故说有种种名号？（同上443）

（24）歌谣数百种，子夜最可怜①。（陆龟蒙诗，265）

---

① 此句系用南朝乐府《大子夜歌》原句。

（25）是八种经，具十二部。（白集1449）

5. 量声、色、光、相、风、震动。

（26）大王见太子愁忧不乐，更添百般细乐，万种音声……（敦校510）

（27）二十种色者，聊申拣别，青莫（黄）赤白四种色，经中具说有四般连（莲）花也。（同上687）

（28）万种威光总不如，方称三界神通主。（同上767）

（29）（弘忍和尚）形貌端严。晢者观之云："此子阙七种大人之相，不及佛也。"（祖72）

（30）（伽叶）言讫，便入灭尽定，应时大地六种震动。（同上28）

（31）魇处千般鬼，寒时百种风。（罗隐诗，7571）

（32）（畔茶佉水）有七种色，或热或冷，能消草木金铁……（酉74）

6. 量抽象事物、概念。

（33）新妇实无私情，只恨婆儿二种事不安：一即于家不孝，二乃于国不忠。（敦校235）

（34）序分之中，依《佛地论》，科为五种成就……（同上618）

（35）言六种心者：弟一、念处心，弟二、政觉心……（同上637）

（36）真如既也无差别，法性因何有两种。（同上860）

（37）前来父母有十种恩德，皆父母之养育，是二亲之劬劳云云。（同上969）

（38）身色端严长六丈，八十种好自然明。（同上 636）

（39）《智度论》云：有五种不净，皆破我执。（同上 753）

（40）盐官问座主："《花严经》有几种法界？"对云："四种法界。"（祖 295）

（41）即今千种恨，惟共水东流。（杜甫诗，2416）

（42）心神用尽为名利，百种贪婪进己躯。（寒山诗，9087）

（四）"数词＋种"可修饰动词，有时看似动量词，但只能出现在韵文里，且只跟"百、千、万"连用（有的例子已见于上文"般"）。

（1）专希母子身安乐，念佛焚香百种求。（敦校 971）

（2）……乃至男女成长了，千般怜惜，万种教招，女娉男婚，总皆周备。（同上 975）

（3）春秋两相似，虫豸百种鸣。（元稹诗，4450）

（4）地变贤人丧，疮痍不可观，一闻消息苦，千种破除难。（贯休诗，9365）

（五）关于"一种、两种"。

跟"一般、一样"相似，"一种"可以作为数量结构表示"一类"，如前文第（三）段例（7）及（12）；也可以凝聚成形容词，表示"同样、一样"的意思。如前所述，刘世儒指出"一种"表示同样义者南朝即见，如梁简文帝《咏美人观画》诗："殿上图神女，宫里出佳人。……分明净眉眼，一种细腰身。"此类本期更为普遍，例如：

（1）一种居天地，受果不相当。（敦校 414）

（2）千般万计虔诚，一种方圆救济。（同上 1016）[①]

[①] 黄征等注："一种，犹言一样、一般。"（敦校 1022 页注〔八八〕）

（3）珠泪连连怨复嗟，一种为人面貌差。（同上1106）

（4）青蛇上竹一种色，黄蝶隔溪无限情。（李郢诗，6852）

（5）南枝向暖北枝寒，一种春风有两般。（刘元载妻诗，9018）

（6）一种风流一种死，朝歌争得似扬州。（罗隐诗，7616）

（7）一种为人妻，独自多悲凄。（李白诗，1727）

（8）须知一种埋香骨，犹胜昭君作虏尘。（陆龟蒙诗，7217）

（9）劝人一种种桃李，种亦直须遍天地。（孟郊诗，4192）

与此相对应，"两种"可以作为数量结构表示"两类"，如第（三）段例（5）及（20）；也可表示"不同、不一样的"：

（10）一泡破，一泡成，雨点如珠水上行。也似人身无两种，这邀（边）才死那边生。（敦校645）

（11）降临十月怯身灾，祇怕无常一念催……共宰猪羊无两种，血流遍地唱将来。（同上1000）

（六）本期之后的量词"种"。

量词"种"此后一直延续下来，表种类义极常见，不再举例。唯有作为形容词表同样义的"一种"却有变化：宋词里常见，如李清照《一剪梅》词："花自飘零水自流，一种相思，两处闲愁。"至明代仍有所见，如汤显祖《牡丹亭·肃苑》："小春香，一种在人奴上，画阁里从娇养。"但至少在《红楼梦》时代，此类的"一种"已被"一样"代替，如第3回："老爷说了：'……劝姑娘不要伤心想家，跟着老太太和舅母，即同家里一样。'"现代"一种"更没有同样义了。

三、类

（一）《说文》："种类相似，唯犬为甚。"许慎意在解释繁体的

"類"字形从犬的道理，其义即种类，《易·乾》："本乎天者亲上，本乎地者亲下，则各从其类也。"[1] 这是名词。量词用法在南北朝还不够成熟，如《水经注》卷 37："珍怪异物，千种万类，不可胜记。"（参见刘世儒 1965：144—145）

（二）到了本期，更成熟的量词"类"在变文等口语化文献出现了，用于计量人及事物的种类。

1. 量人。

（1）佛道如斯一类人，生生不易见如来面。（敦校 970）

（2）有一类人家儿子，不行孝养，不会礼仪云云。（同上 975）

2. 量其他生物或事物。

（3）不拣四生兼六类，尽得无余证涅槃。（敦校 642）

（4）化身三类向婆婆，说法三乘相接引。（同上 710）

（5）阳乌有二类，觜白者名慈。（元稹诗，4454）

（6）物有万类，锢人如锁；事有万感，蒸人如火。（白居易诗，5247）

3. 量抽象事物。

（7）禹以圣德继父而兴，代治洪水，决道使通天乃赐禹大法九类，天之常道所以得。（《书·洪范》孔疏，十三经 187）

（三）"类"在本期用例不多，有些也不太典型，如例（3、4）的"六类、三类"在佛经里都有固定所指，宋初写定的变文《庐山远公

---

[1] 刘世儒（1965:144）谓，"类""若论语源，则该为'颣'"。按《说文》："颣，难晓也。"段注："谓相似难分别也。'颣、类'古今字，'类'本专谓犬，后乃'类'行而'颣'废矣。"

话》还有"四生十类",并解释说"十类者是:有形、无形、有相、无相、非有相、非无相、四足、二足、多足、无足,此者名为十类"(敦校262)。这个"类"更像是名词。此后用法没有大的变化,也不太活跃,到了现代才变得更加典型,具有了无可置疑的量词资格,收入多种量词词典,第6版《现代汉语词典》也列出了它的量词义项。现代常说"两类学生""同类植物""几类商品""汉语词分多少类?"等等。

四、样

(一)《说文》:"样,栩实。"此即"橡"字,与后之形貌、品类等义无关。段注:"按样俗作橡,今人用样为式样字,像之假借也。"可知"样"的式样义是较晚出现的。《北史·宇文恺列传》:"恺博考群籍,为明堂图样奏之。"白居易诗:"去年中使宣口敕,天上取样人间织。"(4704)

(二)式样可以作为分类的依据、标准,不同式样的东西可分为不同的类,量词"样"由此而来,用以称量事物的品种、类别,它是本期新产生的,亦可用于人、植物、具体事物,唯用例不如"种、般"那样常见,尤其是在敦煌文书与禅宗语录中罕见用例。

(1)泣露千般草,吟风一样松。(寒山诗,9063)

(2)封疏请名僧,觑钱两三样。(同上,9083)

(3)今为不孝子,世间多此样。(同上)

(4)新衫一样殿头黄,银带排方獭尾长。(王建诗,3440)

(5)人间是物皆求得,此样欲于何处传?(欧阳炯诗,8639)

(6)昨夜西溪游赏,芳树奇花千样,锁春光。(毛文锡词,10084)

（三）关于"一样"。

跟"一种、一般"相似，"一样"也可用为同样义：

（1）一样金盘五千面，红酥点出牡丹花。（王建诗，3442）

（2）几番新弟子，一样旧威仪。（齐己诗，9459）

（3）吴江浪浸白蒲春，越女初挑一样新。（刘章诗，8658）

（4）知君有意凌寒色，羞共千花一样春。（陆希声诗，7913）

（5）六宫罗绮同时泊，九陌烟花一样飞。（章碣诗，7653）

但本期未见"两样"用为"不同"义，这种用法稍后才出现，如宋范成大《晚步西园》诗："吹开红紫还吹落，一种东风两样心。"

（四）作为计量事物种类的量词，"样"后来一直使用，如宋代严羽《沧浪诗话·诗评》："五言绝句，众唐人是一样，少陵是一样，韩退之是一样，王荆公是一样，本朝诸公是一样。"《朱子语类》卷3："《周礼》所谓天神、地示、人鬼三样，其实只是一般。"此外《水浒传》第2回有"四样菜蔬"，《红楼梦》55回有"四样分例菜"，同书61回还有如下的说法："凡各房里偶然间不论姑娘姐儿们要添一样半样，谁不是先拿了钱来另买另添？"巴金《家》三："我知道任何改革的成功，都需要不少的牺牲代价。现在就让我作一样牺牲品罢。"在当代，"样"表种类的使用率已超过"般"。它与"种"义近，只是着重事物的外部形式，而"种"则着重内部性质。如上述《家》中的例子，今天多会说"一种牺牲品"。

"一样"作为形容词表同样也是历代多有，元无名氏《梧桐叶》第1折："可正是一样相思两断魂。"清周亮工《书影》卷2："骆宾王《过任处士书斋》云：'网积窗文乱，苔深履迹残，雪明书帐冷，水静墨池寒。'四句一样句法。"《红楼梦》70回："难道天下没有一样的风筝，单他有这个不成？"在现当代，"一样"表同样已超过"一般"，而"一种"则完全失去了同样义。

五、等

（一）《说文》："等，齐简也。"段注："齐简者，叠简册齐之，如今人整齐书籍也。引申为凡齐之称。凡物齐之，则高下历历可见，故曰等级。"段玉裁说到了"等"的本义"使整齐"（动词），并指出它是如何引申出等级义（名词）的。"等"另有等类义，《广雅·释诂》："等，辈也。"实际上动词"等"在古籍中所见不多，而常见等级义，并多跟数词连用，如："天有十日，人有十等"（《左传·昭公七年》），"献子加于人一等矣"（《礼记·檀弓上》）。尤其是《仪礼》中共有"等"的用例41个，与数词连用者达36例，均表等级义。但当时它还不是量词。

（二）刘世儒谓南北朝时量词"等"有等类义及等级义两个系统，但"等类"义都与指示词或疑问词结合，如"此等、何等"之类。这能否算作量词，值得怀疑。只有表"等级"的才可归入量词，刘书仅举二例："赐人爵二级，文武进位二等。"（《南齐书·高帝纪》）"文武赐位二等。"（《南齐书·和帝纪》）（参见刘世儒1965：150）

（三）本期的量词"等"依旧表示等级数，大致可分几种：

1. 用于官阶、军阶、诸侯、爵位。

（1）（无染）大父名周川，品在真骨，位在韩粲；高、曾皆为相为将。父名范清，族品降于真骨一等，乡谈得难。（祖434—435）

（2）九重城里人中贵，五等诸侯阃外尊。（陶沙子诗，唐外640）

（3）三品以上荫曾孙，五品以上荫孙，孙降子一等，曾孙降孙一等。(《旧唐书·职官志一》)

（4）武德初，杂用隋制，至七年颁令，定用上柱国、柱国、上大将军、大将军、上轻车都尉、轻车都尉、上骑都尉、骑都尉、骁骑尉、飞骑尉、云骑尉、武骑尉，凡十二等，起正二品，至从七品。(同上)

（5）上造，第二等爵也。……五大夫，第九等爵。……大庶长，第十八等爵也。(《汉书·食货志第四上》颜师古注)

也有用于户、人之例，亦列于此：

（6）凡天下人户，量其资产，定为九等。(《旧唐书·食货志》)

（7）乃料境内六等富人，调令出钱。(《隋书·食货志》)

2. 佛教典籍用于菩萨及佛法。

（8）游子问曰："……何等名为三等普贤？"仙人答曰："一者出缠普贤，二者入缠普贤，三者果后普贤。"游子问曰："此三普贤胜劣等级，其义如何？"仙人答言："此三普贤胜劣等级，其义不同……"（祖 501）

（9）山云："有什摩佛法因缘？"对云："佛法因缘即多，只是爱说三等照。"山云："举看。"学人举云："恒照常照本来照。"（同上 472）

3. 用于量税与金。

（10）其百姓有邸店行铺及炉冶，应准式合加本户二等税者，依此税数勘责征纳。其寄庄户，准旧例从八等户税，寄住户从九等户税。比类百姓，事恐不均，宜各递加一等税。(《旧唐书·食

货志》

（11）其京兆来秋税，宜分作两等，上下各半，上等每亩税一斗，下等每亩税六升。（同上）

（12）（开皇十六年）二月，又诏社仓，准上中下三等税，上户不过一石，中户不过七斗，下户不过四斗。（《隋书·食货志》）

（13）上币者，二等之中黄金为上而钱为下也。（《汉书·食货志第四下》颜师古注）

4. 用于有一定等级地位的人之服色、用品、车舆等。

（14）衣裳有常服、公服、朝服、祭服四等之制。（《旧唐书·舆服志》）

（15）内外命妇服花钗，翟衣青质，第一品花钿九树，翟九等。（同上）

（16）唐制，天子车舆有玉辂、金辂、象辂、革辂、木辂，是为五辂，耕根车、安车、四望车，已上八等，并供服乘之用。（同上）

5. 量罪责。

（17）自贞元二十一年八月五日昧爽已前，天下应犯死罪特降从流；流以下递减一等。（韩集720）

6. 量马。

（18）马有数等，贵贱不同。（朝86）

（四）量词"等"后世变化不大，仍多用于等级、级别，如现代的"特等功臣、三等功、头等大事、高人一等"。

六、品

（一）《说文》："品，众庶也。"本义表示物品或事物众多，《易·

乾》:"云行雨施,品物流形。"由数量的多寡之别引申指品种、等级的不同。如《周礼·天官·膳夫》:"凡王之……羞用百二十品。"《书·禹贡》:"厥贡惟金三品。"这都表示品种、品类;《国语·周语中》:"内官不过九御,外官不过九品。"这表示等级、品级。姚振武(2009)尝引青铜器《寝农鼎》铭文"王令寝农省北田四品",将其视为殷代集体量词之例。不过总的来看,先秦时"品"的量词性是不成熟的。

(二)南北朝时与数字相关的"品"仍有两种。一表品级义,因魏文帝始订九品中正制,将士人依才学能力评定为九个等级,是为"九品",故从此以"品"表品级很常见[①],如《南齐书·舆服志》:"三台五省二品文官皆簪白笔。"另一种表品类义,如南朝宋范晔《后汉书·袁京列传》:"朝廷……赐以珠画特诏秘器,饭含珠玉二十六品。"应该说后一类更接近量词的性质了。(参见刘世儒1965:145—146,下同)

(三)本期的量词"品"。

1. 表品类义,可量食物、祭品、钱币、什物等。这类量词性更为确定,唐诗出现了"数+品+名"结构,见例(1、2),但多与数词百、千、万连用,以显示数量之多。

(1)禁城千品烛,黄道一轮孤。(丘为诗,1319)

(2)座配五天帝,荐用百品珍。(元稹诗,4461)

(3)天厨千品降,御酒百壶催。(李嶷诗,1117)

(4)群蝇青苍恣游息,广庑万品无颜色。(卢纶诗,3148)

---

① 宋赵彦卫《云麓漫钞》卷5:"汉制自中二千石至百石为十二等,魏更为九品,梁为十八班,陈复为品,后周更为九命,隋复为品,逮今不改。"可知自魏以后,官员等第的级别有过多种表示法,但自隋以后定于"品"。

（5）草木分千品，方书问六陈。（李益诗，8889）

（6）芬馥百品，铿锵三变。（郊庙歌辞，98）

（7）至宣帝大象元年①十一月，又铸永通万国钱。以一当十，与五行大布及五铢，凡三品并用。（《隋书·食货志》）

（8）珍羞万品，目所不识。（玄33）

2. 称量官职及相应舆服的级别。

（9）牙官少有三公子（紫），首领多饶五品绯。（敦校157）

（10）〔文〕武官见在京及玟②仕并住官诸方通表及月蕃官等，一品赐物一百匹，……（敦煌文书B45）

（11）众中有一僧，舍官入道。先是三品将军，姓陈，字慧明，星夜倍程至大庾岭头。（祖460—461）

（12）月俸百千官二品，朝廷雇我作闲人。（白居易诗，5164）

（13）年少风流七品官，朱衣白马冶游盘。（陆畅诗，5445）

（14）夜抱九仙骨，朝披一品衣。（信王联句诗，43）

（15）郎中一人掌考天下文吏之班秩阶品。凡叙阶二十有九，品在都序，自一品至九品，品有上下，凡散官四品以下，九品以上，并于吏部当番上下。（《旧唐书·职官志》）

（16）隋制。车有四等……初制五品以上乘偏幰车……三品以上通幰车，则青壁。一品䩞车，油幰朱网……马珂，一品以下九子，

---

① 宣帝指北周宇文赟，但查其年号当为"大成"，而"大象"为静帝年号，大成元年与大象元年同为公元579年，距隋文帝建元"开皇"之581年仅两年。此处疑《隋书》有误。

② "玟"字疑原文有误。

四品七子，五品五子。(《旧唐书·舆服志》)

（17）六十日内，官登三品，何足叹也。（独13）

第2类量词性较弱，与之结合的数词限于一到九，在"数+品+名"结构中，"数品"起限定作用，如例（9）的"五品绯"表示绯衣是五品官员所穿，例（11）的"三品将军"表示将军属三品级别，例（14）的"一品衣"指一品官的朝服，这与普通起计量作用的"数量名"结构是不同的。在此，"品"之前的数词包含次第义，"一品"指第一品，而非一个级别。故赐封官阶时不能说"迁转一品"，只能说"迁转一级"，例见下文**七、级**。迁转一级后官阶上升，如由三品升为二品。例（15—17）中"品"的名词性更强，列此以资比较。

（四）此后在帝制存在的封建社会，官员始终按品论级，"×品官"之说屡见不鲜，如《红楼梦》42回："贾母见他穿着六品服色，便知御医了。"直至现代作家周立波的《暴风骤雨》（第一部十二）还戏言："作了官了。生产委员算几品？"近代品类义依然存在，《红楼梦》19回："米有几样？果有几品？"现代已没有这样的用法。

七、级

（一）《说文》："级，丝次弟也。"段注："引申为凡次弟之称。"后多泛指一般的次第、等级，《礼记·月令》："授车以级。"它很早就跟数目相联系，表示官阶、爵位，《左传·僖公九年》"天子使孔曰：'以伯舅耋老，加劳，赐一级，无下拜'"杜预注："级，等也。"《史记·秦始皇本纪》："天下疫。百姓内粟千石，拜爵一级。"《三国志·魏书·文帝纪》："赐男子爵人一级，为父后及孝悌力田人二级。"《南齐书·高帝纪》："赐人爵二级。"由此义引申为台阶，《礼记·曲礼上》：

"主人先登,客从之。拾级聚足,连步以上。"由此可有层级义量词,《魏书·释老志》:"是岁,始作五级佛图。""级"又量被斩的人头,这一义项下常组成"名+数+量"结构,正式成为量词,如《史记·卫将军骠骑列传》:"今车骑将军青……捕伏听者三千七十一级。"《汉书·武帝纪》:"斩首三千余级。"南北朝还可量塔,如姚兴《遗僧朗书》:"今遣使者送金浮图三级、经一部……"(参见刘世儒 1965:140)

(二)本期用法基本无大变化。

1. 表等级。

(1)时有学人问:"只如龙花〔华〕之会何异于灵山?"师云:"化城教[①]一级。"(祖 305)

特指官阶:

(2)旧例封禅后,自三公以下皆迁转一级,唯郑镒(引者按:镒为封禅使张说女婿)因说骤迁五品,兼赐绯服。(酉 118)

(3)唯罗隐一人,亦乞特赐科名,录升三级,便以特敕显示优恩。(摭 119)

2. 表"层、阶、磴"义。

(4)欲上千级(一作尺)阁,问天三四言。(孟郊诗,4266)

(5)五级凌虚塔,三生落发师。(黄滔诗,8124)

(6)红楼三十级,稳稳上丹梯。(李商隐诗,6147)

(7)七级凌太清,千崖列苍翠。(高适诗,2207)

(8)九级耸莲宫,晴登袖拂虹。(李洞诗,8289)

(9)自怜闲坐渔矶石,万级云台落梦魂。(吴融诗,7889)

[①] 张美兰注:"教,同'较',较一级,差一级。"

（10）赤旆檀塔六七级，白菡萏花三四枝。（贯休诗，9439）

（11）一堆方册为侯印，三级幽岩是将〔坛〕（台）。（皮日休诗，7085）

（12）玉瓮瑶坛二三级，学仙弟子参差入。（齐己诗，9585）

在这个义项上，"数词+级"往往并不称量而只是修饰与其搭配的名词，如例（4、5、6）的"千级阁、五级凌虚塔、红楼三十级"分别指"有一千级的高阁、高五层的凌虚塔、有三十级楼梯的红楼"，而阁、塔、楼本身都只有一座。

3. 量人头。

（13）截围一百里，斩首五千级。（刘希夷诗，880）

（14）六月，子仪、光弼率仆固怀恩、浑释之、陈回光等阵于嘉山，贼将史思明、蔡希德、尹子奇等亦结阵而至，一战败之，斩馘四万级……（《旧唐书·郭子仪列传》）

（15）……世充步卒不得入，惊散南走，追斩数千级，虏五千余人。（《旧唐书·王世充列传》）

（16）太宗破高丽于安市城东南，斩首二万余级，降者二万余人，俘获牛马十万余匹。（大唐112）

（三）后世，第3类用法退出了口语，如《水浒传》多有描写对阵厮杀的场面，但没有"斩首若干级"之说。量台阶、官职则至今习见。此外现代又增加了用于工资、技术级别、风力、地震之类等级的新功能。

八、阶

《说文》："阶，陛也。"原指台阶。《礼记·坊记》："升自客阶，受弔于宾位。"引申指官阶，义同"级"，潘岳《闲居赋》："八徙官而一进阶。"刘世儒（1965：140）认为它作为量词用法同"级"，并举陈宣帝文"在位文武，赐位一阶"之例，同时指出"没有'级'用得那么活脱而习见，所以后来发展就'级'存而'阶'废了"。

"阶"作为量词并不典型，本期史书中亦多量官阶：

（1）至乾封元年，文武普加二阶。……弘道元年，又普加一阶。（《旧唐书·职官志一》）

（2）《武德令》，职事高者解散官，欠一阶不至为兼，职事卑者，不解散官。（同上）

（3）流内九品三十阶之内，又有视流内起居，五品至从九品。（同上）

此后仍有相同用法，《宋史·职官志》："自开府仪同三司至将仕郎，定为二十四阶。"但也仅限于此，没有新的发展。

此外，"阶"也可表示建筑物的层级，下例所述为宫中建造明堂的规制：

（4）基每面三阶，周回十二阶，每阶为二十五级。（《旧唐书·礼仪志二》）

由此可见，一阶可包括多级。

这个量词后世不大习用，现代已不存在了。

九、色

《说文》："色，颜气也。"指面部的神色、表情，《论语·颜渊》："察言而观色。"转指颜色、色彩，《老子》第十二章："五色令人目盲。"又由颜色的不同引申为种类，唐陆贽《奉天改元大赦制》："诸色名目，悉宜停罢。"作为量词量种类，产生于本期，最早用例是隋代的。

1. 用于人。

（1）于世间中，有一色人，习行非法，内有邪见及颠倒见。……有一色人，习行正法，不行邪见，不颠倒见。(隋·阇那崛多《起世经》)①

（2）又遣（长孙）晟往索（杨）钦，雍间欲勿与，谬曰："客内无此色人。"(《北史·长孙道生列传》)

（3）若舞，即与宫悬合奏。其宴乐内二色舞者，仍依旧别设。(唐高宗《定乐舞制》，《全唐文》卷 11)

（4）伏请非专通经传，博涉坟史，及进士五经诸色登科人，不以比拟。(韩集 637)

2. 用于事物。

（5）并弓箭、枪排、白棒，不得欠少壹色。(敦煌文书 B133)

（6）时江淮钱尤滥恶，有官炉、偏炉、棱钱、时钱等数色。(《旧唐书·食货志上》)

（7）尚食所料水陆等味一千余种，每色瓶盛，安于藏内，皆是非时瓜果及马牛驴犊麈鹿等肉，并诸药酒三十余色。(《旧唐书·睿宗诸子列传》)

表种类的量词本期不只一个，"般、种、样、品"等都更通用，相比之下，"色"没有独特的功能，如上举例（7）"一千余种，每色瓶

---

① 转引自洪艺芳（2004：133）。

盛"证明"色"即"种",故此词行用不广,后世亦然。宋梅尧臣《吕晋叔著作遗新茶》诗:"其赠几何多?六色十五饼。"《红楼梦》57回有"两色针线",75回有"几色菜"。现代偶有所见,如郑振铎《黄昏的观前街》:"……买几色苏制的糖食带回去。"当代"色"基本失去独立成词的资格,表种类多出现在"各色各样、形形色色"等四字格中,另有"一色"或"清一色"之说,表示完全相同,不含其他种类或式样。标有词性的第 6 版《现代汉语词典》也未认定其为量词。

此外,"门"可用于称量流派、门类,见本章第二节。

第四章 通用量词

"枚"与"个"是直至现代都在使用的通用量词，而这两个量词正是在本期，也就是唐五代发生了非常重要的变化——"个"取代了"枚"成为头号通用量词。现在我们就来考察这一变化过程，以及它们在本期的全貌。

第一节 枚

一、"枚"的本义及量词义来源

《说文》谓"枚，干（幹）也，可为杖"。《诗·周南·汝坟》："以伐条枚。""枚"又有若干引申义，其一为行军时士卒口中所衔以禁声的小棍儿，《周礼·秋官·衔枚氏》："军旅田役，令衔枚。"其二为马鞭，《左传·襄公十八年》"左骖迫，还于东门中，以枚数阖"杜预注："枚，马檛也。阖，门扇也。"关于量词"枚"，《说文通训定声》谓"竹曰个，木曰枚"。此说是将量词义直接与本义联系起来的。孔颖达在《书·大禹谟》"枚卜功臣"疏中说："《周礼》有《衔枚氏》，所衔之物状如箸，今人数物云一枚两枚，则枚是筹之名也。"又《左传·襄公二十一年》"臣左骖迫，还于门中，识其枚数"孔疏："十八年传云'以枚数阖'，枚谓马檛，以马枚数门扇之板，此云识其枚数，枚谓门扇之枚，彼时数得其数，则二枚不同。今人数物犹云一枚二枚也。"孔疏的意思是，代表"马檛"的"枚"是用来计数的，门扇是被计量的,故谓"二枚不同"[1]。

总之,"枚"作为一种物件曾是树干、衔枚、筹码或马楇,重要的是它可用来计数;而"枚"这个词,用今天的概念来看,至迟在汉代已演变成量词,甚或是语法化的,详见下文"二"。孔疏反复强调"今人数物犹云""今人数物云",意即"以前已经这样说了,现在还能这样说"。[2]

二、先秦至南北朝的量词"枚"

那么量词"枚"是何时出现的? 全部《十三经》中"枚"只有用作计量单位之例,此外没有其他作量词的实际用例[3]。先秦诸子中仅《墨子》有多例,如《备城门》:"枪二十枚。"又同书《备高临》:"用弩无数,出人六十枚。"但不少学者以为《墨子》中掺杂了后人的文字,如王力先生(1990:35)说:"《墨子·备城门》以下诸篇非墨子所作,当系后人所伪托。"比较确切的用例是在汉代,两汉四百余年间,"枚"的发展极为迅速。据张万起(1998)的研究,"枚"在汉代曾用于计

---

[1]《王力古汉语字典》467页"枚"字条〔备考〕(二):"《左传·襄公》二十一年:'还于门中,识其枚数。'焦循《补疏》云:'门闑之上,以铁钉布之,有如钟乳,故以名枚。'按,《左传·襄公》十八年:'还于门中,以枚数阖。'杜预注:'枚,马楇也。阖,门扇也。'此与二十一年所述为同一事,'枚'字义当同,然'以枚数阖','识其枚数'二句,'枚'字义迥异,姑存备考。"

[2] 刘世儒也说量词义是经过筹马义而来的。刘世儒(1965:76)又谓"《说文》'枚'字段注'一茎谓之一枚,因而凡物皆以枚数'"。但经查段注无此语。

[3]《周礼·考工记·轮人》"十分寸之一谓之枚"郑玄注:"枚,一分。"该书有"枚"与数词连用者多例,均为长度单位,等于十分之一寸。这个计量单位词隋唐已无实际用例,在此不论。另外前文所引《左传》"识其枚数"之"枚"系指门扇,属名词。

量树木，《汉书》《后汉书》《居延汉简》及王逸为《楚辞·招魂》所作注中有多例可证。如《后汉书·五行志四》："(安帝永初)六年夏四月，沛国、勃海大风，拔树三万余枚。"但"枚"并未成为计量树木的专用量词，而是发展成为适用范围较广的通用量词，可修饰衣食、日用器物、各种工具、文具、武器、货币、植物、人体器官、自然界事物等各类名词，如《史记·货殖列传》"木器髹者千枚……"，《敦煌汉简》"遣宜持鱼一枚""棱三枚"。(以上二例转引自魏德胜2000：76)张赪(2012)统计了汉代的《史记》《论衡》《淮南子》及汉译佛经、汉简等，据说发现"枚"共出现12次，在这些文献里出现的量词中居第5位，仅次于"乘、两、匹、篇"。而此时的量词"个"还不这样常见，《仪礼·有司》"俎释三个"郑玄注："个犹枚也。"他以"枚"释"个"，说明当时"枚"更通俗。而《说文》虽在正式解释"枚"的时候只说是"幹也"，但在释"双"时却说"佳二枚也"，说明许慎也知道"枚"可用作量词，只不过在许老先生的头脑里并无"量词"的概念，所以不能像今天的词典编者那样给"枚"的量词用法另立一个义项罢了。

至魏晋南北朝"枚"的称量对象又有了新的扩展，如汉代未见用于建筑物，此时则有"此处有百枚小塔"(《佛国记》)。这时唯量人还受一定的限制，只用于假人，如"又铸铜为人数十枚"(葛洪文，以上俱见刘世儒1965：77—82)。除此之外其他具体事物几乎是无所不量的。与"个"相比，此时"枚"仍占优势，亓文香(2005)统计了魏晋南北朝有代表性的7部书(《世说新语》《搜神记》《搜神后记》《洛阳伽蓝记》《水经注》《颜氏家训》《齐民要术》)，其中"枚"共出现63次，"个"仅为21次。其中《世说新语》有"枚"无"个"。而据汪维辉（2007：125）统计，仅《齐民要术》一书就有"枚"的用例52个（其中包括作者引用他书29例），"枚"与"个"出现次数之比为52∶8。

三、本期的量词"枚"

（一）本期，"枚"的使用呈衰减之势。本期口语化程度较高的语料中较少用"枚"，如《全唐诗》量词"个"高达95例，而"枚"仅2例。据叶松华（2006）统计，《祖堂集》"个"多达数百例，"枚"仅见一例。吴福祥（2004：48）对12篇变文做穷尽统计的结果，"个"为26例，却无"枚"的用例。用"枚"较多的是笔记小说（其中《酉阳杂俎》最多）、经济文书、碑文等距口语较远或有一定格式要求的文体（如账册），像法门寺地宫出土《监送真身使随真身供养道具及恩赐金银衣物帐》碑仅约两千字，就出现量词"枚"54次，这显然不能代表它在那个时代的实际使用频率。另外据洪艺芳（2000：244—251）对吐鲁番文书的研究，在属于魏晋南北朝时代的第一期高昌郡至第二期高昌国的文书中，"枚"的称量对象几乎是无所不包的，而进入唐代，在第三期西州时期，称量范围明显缩小。当然这时"枚"并未完全从口语里消失，除敦煌文献等实际用例外，上述孔颖达疏不是也说"今人数物犹云一枚二枚"吗？

（二）本期"枚"称量名词的类别及实例。

1. 量动植物。

（1）西王母将桃五枚，〔来〕在殿上奉帝……（敦校244）

（2）忽有飞虫五六枚……（酉202）

（3）象……一枚重千斤。（同上158）

（4）厌鼠法，七日以鼠九枚置笼中，埋于地……（同上57）

（5）萤火芝……食一枚，心中一孔明，食至七，心七窍洞彻，可以夜书。（同上93）

（6）沈约谢始安王赐伏苓一枚，重十二斤八两，有表。（同上96）

（7）诸人遂于床右见蝙蝠二枚……（博49）

（8）既入房廊，寂不见人，房中唯有胡猥子①二十余枚，器物悉是黄金，无诸杂类。（广7）

（9）头边鲤鱼五六枚，各长尺余……。（同上164）

（10）须臾，有黑云从东来，云中有大船，轰然坠地，见羊头四枚。（同上142）

2. 量食用、穿戴之物。

（11）饼五百四十枚又二十粟两石柴三十一束。（敦煌文书B138）

（12）柒枚襆头。（同上）

（13）披子廿枚并是绫。（吐鲁番文书，洪书B139）

（14）唯有饼师每至食时，躬持餬饼十枚，以饷斋飡，如是不替数年。（祖143）

（15）潘郎对青镜，乌帽似新裁……有意怜衰丑，烦君致一枚。（杨巨源诗，3742）

（16）及亡，终丧，日唯食麦䴸二枚。（《南史·虞悰列传》）

（17）红绣案裙一枚。（法250）

---

① 《唐五代语言词典》371页："猥子：小狗。又作猥子。"

（18）玉饰器七千枚，舞女三百人。（酉 127）

（19）君输我海龙神第七女发十两，智琼额黄十二枚……（玄 74）

3. 量文具乐器。

（20）铜铃贰拾枚。（敦煌文书 B139）

（21）予在九江，出意造云蓝纸……辄分五十枚，并绝句一首。（段成式诗序，唐外 504）

（22）顾谓其子曰："我棺中可著百张纸，笔两枚。"（《北史·宇文寿兴列传》）

4. 量珠宝钱币。

（23）玛瑙珠子八十四枚。（敦煌文书 B139）

（24）……青泥珠一枚。（广 160）

（25）府君家撒帐钱甚大，四十鬼不能举一枚。（同上 105）

（26）墓中了无余物，唯得古钱一枚。（博 12）

5. 量函、笼等盛器。

（27）第三重真金函一枚……（敦煌文书 B251）

（28）第六重素银函一枚。（同上）

（29）笼子一枚重十六两半。（同上）

（30）玉樟子一枚。（同上 252）

（31）几枚竹笥送德曜，一乘柴车迎少君。（皮日休诗，7074）

（32）十石瓮二枚。（酉 109）

6. 量餐具、盥器、梳洗用具。

（33）赛天王椀子肆枚。（敦煌文书 B138）

(34) 花楪子肆枚在柜。（同上）

(35) 史尾尾铜盆二枚……（吐鲁番文书，洪书 B139）

(36) 瓷秘色盘子碟子共六枚。（法 250）

(37) 金钵盂一枚重十四两三钱。（同上）

(38) 琉璃钵子一枚。（同上 251）

(39) 后数日求去，止之不可，留银酒杯一枚为别……（广 96）

(40) 赠金皂襦帽并不受，唯取其妻牙梳一枚……（酉 216）

(41) 至底无别物，唯获古铜镜一枚，面阔七寸八分。（博 3）

(42) 畚：以白蒲卷而编之，可贮碗十枚，或用筥。（《茶经·茶之器》）

(43) 巾……长二尺，作二枚，互用之，以洁诸器。（同上）

7. 量杖、刀、剑。

(44) 称体实衣三事，葬身锡杖一枚。（敦辞 1039）

(45) 薛大使施新罗刀子十枚。袜五两，自余资供不少。（入唐，近代 164）

(46) 稍稍入外厅，得宝剑二枚……（酉 156）

8. 量其他器物。

(47) 唯须小船一只，椁椁一枚，鲍鱼一双……臣自有其方法。（敦校 13）

(48) 小螺钉肆拾肆枚。（敦煌文书 B138）

(49) 水精枕一枚。（法 251）

(50) 香案子一枚，香匙一枚。（同上）

(51) 僧智英施银如意一枚重廿两。（同上 252）

（52）手炉一枚。（同上）

（53）只用四片板，四角八枚丁。（缺名诗，唐外 358）

（54）凡中外文武官，品秩有差，岁再给之。乃置木契一百枚，以与出给之司合。（《旧唐书·职官志二》）

（55）往者（齐）文襄公皇帝所运蔡邕石经五十二枚，移置学馆，依次修立。（《北史·齐文宣帝纪》）

（56）近代婚礼，当迎妇，以粟三升填臼，席一枚以覆井……（酉 8）

（57）明日掘之，得破车辐七枚，其怪遂绝。（广 121）

（58）柱下有大磨十枚，磨边有妇女数百。（同上 148）

还有一些表面称量山、塔、人、马，其实也是由金属、香料、泥、木等制成的：

（59）乳头香山二枚重三斤，檀香山二枚重五斤二两，丁香山二枚重一斤二两，沉香山二枚重四斤二两。（法 251）

（60）第一重真金小塔子一枚并底衬。（同上 250）

（61）守公乃造小泥塔及木塔近十万枚葬之……（酉 249）

（62）咸阳宫中有铸铜人十二枚……（同上 65）

（63）又缚彩妇人形七枚……（广 120）

（64）有顷，鬼从中出，手持金银人马数枚……（同上 124）

下面一例更以"枚"称量多种不知名的物品：

（65）凤祥梦有一人，朱衣墨帻，住空中，云："还汝魂魄。"因而以物掷凤祥，有如妇人发者，有如绛衣者，数十枚……（广 119）

以上各种用法都没有超出南北朝以前的范围。

9. 关于量人。

王力先生曾说"枚"的用途很广泛,"只是不能指称人类"。而张万起(1998)认为它可以用于人,但实例很少,用于真实的人只有两例,其一就是本期的王梵志诗(另例是元曲):

(66)如此硬穷汉,村村一两枚。(王诗校辑 165)

不过以此作为"枚"量人的证据尚有可疑,王梵志诗口语性极强,但不无调侃之笔,犹如今天以"这块活宝"指人是语带嘲讽,以"枚"量硬穷汉是否也有类似意味?另外在笔记小说《酉阳杂俎》中常使用量词"枚",如例(3)以其称量大型动物——象,殊为特异。这在其他文献中是极其罕见的,不知是否与作家的方言或习惯有关。

四、本期之后的"枚"

此后,量词"枚"的用例历代皆有,如宋梅尧臣《答王德言遗柑》:"今王德言遗姑苏者十枚。"苏轼《与佛印禅老书》:"收得美石数百枚。"元曲《梧桐雨》:"这金钗一对,钿合一枚,赐与卿者。"《水浒传》42回:"宋江……尖着指头取了一枚。"(按:指仙枣)《红楼梦》10回:"(药)引用……去心红枣二枚。"虽然至今都还可见"枚"的身影,但它处于不断萎缩的状态却是无可争议的事实。据统计,《水浒传》前20回出现量词"个"1463次,"枚"则只有3次。(张万起1998)《红楼梦》全书仅见上述一例,且出现在药方里。[1] 在现代汉语里,"枚"只能量体形较小的奖章、钱币或炸弹、子弹等物,使用频

---

[1] 此外《红楼梦》还出现3次"枚"字,均非量词:14回"……诸王孙公子不可枚数",23回"拆字猜枚"和75回"猜枚搳拳"。感谢责编段濛濛代为查找。

率很低，在《现代汉语频率词典》前八千词中，排在第6343位，跟排位第九之"个"的不断扩张势力范围形成了鲜明的对照。

第二节　个（個、箇）

"个"是适用范围最广的量词。上节提到过据《现代汉语频率词典》统计，在当代使用度最高的前八千词中，"个"位居第九，其他量词望尘莫及。这种状况是历史形成的，而且我们认为其独特地位正是在本期，即唐五代确立的。

关于"个"的产生发展，前辈及时贤都有过不少论述，而以洪诚先生《略论量词"个"的语源及其在唐以前的发展情况》（1963）及吕叔湘先生《個字的应用范围，附论单位词前一字的脱落》（载于《汉语语法论文集》，1999）二文最为详审，刘世儒先生《魏晋南北朝量词研究》的有关章节也谈到"个"。恰巧洪文及刘书均标明所论为唐以前的情况，吕文则侧重研究唐五代以后的材料[①]，前后对照足以显现"个"在上古、中古与近现代两个时期的面貌大不相同。那么，这两大段历史是怎样衔接起来的？其间的过渡代——隋唐五代时"个"是怎样发展的？这正是本节要着重探讨的问题。（以下引洪、吕之说均出自上述二文，不再另外注明。）

一、"个、個、箇"的起源与相互关系

量词"gè"有过"个、個、箇"三种写法，在现代使用的简化汉

[①] 吕文共有含"个"例句353个，其中唐以前2个，唐五代13个，宋至现代338个，后者约占96%。

字系统中，"个"是规范字，"個"及"箇"分别作为繁体及异体不再通用，三字只是形体不同，音义无别。然而在历史上，这三个字不仅形体不同，语源也不尽相同，在此对有关问题简要梳理如下：

（一）个

《说文》原本无"个"，但"个"在先秦典籍中常见。此字有二读，一为古贺切，今音 gè，它作为名词原指正堂两边的侧室。《礼记·月令》："〔孟春之月〕天子居青阳左个。"郑玄注："青阳左个，太寝东堂北偏。"[1] 又读居案切，今音 gàn，指古代射礼用箭靶两旁上下伸出的部分。《周礼·考工记·梓人》"梓人为侯……上两个，与其身三；下两个，半之"郑玄注："个……上个、下个，皆谓舌也。""个"在《十三经》中共出现 63 次。其中用为名词者 20 例，含正堂侧室义者共 18 例，含箭靶伸出部分义者 2 例。此外与数词连用 43 次，分别称量人、物等多种对象。以下各例依次用于人、动物与其他物体："君亦不使一个，辱在寡人。"（《左传·昭公二十八年》，杜预注："一个，单使。"）"国君七个，遣车七乘；大夫五个，遣车五乘。"（《礼记·檀弓》，郑玄注："个谓所包遣奠牲体之数也。"）"三耦皆执弓，搢三，而挟一个。"（《仪礼·乡射礼》）。洪诚称与数词连用的"个"为"泛指量词"，故量词"个"在先秦确已产生。

关于"个"的语源，学者历来意见纷纭：

不少传统训诂学家认为"个"与"箇"是古今字或异体字。唐司马贞《史记·货殖列传》索隐："箇、个，古今字也。"《集韵·箇韵》：

---

[1] 同语亦见于《吕氏春秋·孟春纪》，高诱注曰："青阳者，明堂也。中方外圜，通达四出，各有左右房谓之个。"

"箇，或作个，通作個。"段玉裁在《说文解字注》"箇"字条下，据宋戴侗《六书故》所引唐本《说文》增一重文"个"，说"箇或作个，半竹也"。但此说受到广泛质疑。清翟灏《通俗编》卷3"数目"条引《大学》《左传》"个"字为例后，按语云："个属古字，经典皆用之。箇起六国时，個则用于汉末，郑康成犹谓俗言。唐人惯用箇字，如杜诗'两箇黄鹂鸣翠柳''樵音箇箇同'。今或反疑个为省笔，非也。"此外王引之《经义述闻》、王筠《说文释例》及洪诚都根据语言事实、音韵等对段注详加辩驳（详见洪诚1963），我们认为王、洪等对段说的批评是正确的。

　　王引之《经义述闻·通说》、王筠《说文释例》、张世禄（1987：80）及洪诚上述专文均认为"个"通"介"，或是"介"字的变体。甚至有人以为甲骨文里就有用为量词"个"的"介"[1]。综合起来他们的理由是："介、个"二字经传上混用之例很多[2]；隶书的"介"形似"个"；音韵上属双声；语义上"介"有偏侧、单独、部分义，曾具形

----

[1] 向熹（1993下：8）引卜辞"五丰臣"（《粹》12）、"用三丰犬羊"（《佚存》787），谓两例中的"丰"读为"介"，即"个"，"五丰臣"就是"五介臣"，数量词组做名词的定语。但很多人不同意，认为"丰"只是一个表示性质状态的形容词。

[2] 张世禄（1987：80）举出很多实例，他说："《说文》：介，画也，从八从人，人各有画。介有分画与间隔之义，又有独特之义，因而为个别之称。古无个字，个即介字。《书·秦誓》'如有一介臣'，《大学》引作'若有一个臣'。《礼记·檀弓》'国君七个，大夫五个'，《北堂书钞》中部上引作'国君七介，大夫五介'。又《左》襄八年传'亦不使一介行李'，《吴语》'一介嫡女'，与《左》襄八年传'亦不使一个告于寡君'，昭二十八年传'亦不使一个辱在寡人'，文义并同，是介即一个也。今通语以箇或个为之。"

容词性，只跟"一"连用，如"一介嫡女"（见《国语·吴语》）就是"单独一个嫡女"，后因受数词"一"的影响成为量词。此种之说也受到质疑，游汝杰（1985）认为构成数量结构的量词是开放性的，而"介"只与"一"连用，且只与名词"人"相关，不似"个"用途广泛；量词多从名词演变而来，也有来自动词的，但未有来自形容词之例。总之，游汝杰认为，量词"个"不是从"介"演变来的，它的语源不详。我们认为，游说固然有一定道理，但不能完全排除一种可能性："个"因形近而受"介"的影响，首先出现"一个"连用指人的词组，较早均含"单独"义，如前文所引《左传·昭公二十八年》"君亦不使一个"、同书《昭公三年》"又弱一个焉"等，继而"一个"扩展到用于人以外的事物且不强调单独义，如《仪礼·乡射礼》的"而挟一个"，而后才出现与其他数词连用的情况。我们不暇考证这些用例出现的先后年代，故只能作为一种假说，如能成立，就可回答上述疑问，且也可以解释量词"个"的来源问题。

（二）箇

《说文》："箇，竹枚也。"古贺切，今音 gè。"箇"产生于何时？查全部《十三经》此字仅在《礼记·少仪》中出现三次，用于量动物肢体："其礼：大牢，则以牛左肩、臂臑、折九箇；少牢，则以羊左肩七箇；牺豕，则以豕左肩五箇。"但经惠栋和阮元所校的宋本中，这三个"箇"亦作"个"。说明三例在较早的版本中均有异文。又，《说文》鼎部的"鼐"字条下引《周礼》别本谓"庙门容大鼐七箇"[①]，洪

[①] 洪诚谓许慎受学于贾逵，所引为贾传之别本，用秦篆书写。鼐字古文及《汉语大字典》上方作"门"，不作"冖"，但今中华书局本《说文》作"鼐"。

诚据此以为"箇""为先秦古语古字自无可疑",不过如今可见的《周礼·考工记》则作"庙门容大扃七个",虽然许慎当有所据,但起码在汉代也是有异文的。加之其他先秦诸子中,《墨子》《庄子》无例。《荀子·议兵》有"负服矢五十个"之句,刘书引此句"个"作"箇",未知所据。《国语》等先秦古籍亦有"个"无"箇",可见当时即使有"箇",使用率也远低于"个"。所以洪诚又说此字"较礼经及《春秋内外传》作'个'者则为后起"。

"箇"从竹,本义竹枚,作为量词开始当用于竹类,如《史记·货殖列传》"竹竿万箇",司马贞索隐引今逸之《释名》谓:"竹曰箇,木曰枚。"又如《九章算术·粟米》:"今有出钱一万三千五百,买竹二千三百五十箇。"但这类量竹的实例并不多见,由于上述许书引《周礼》中的"个"作"箇",则在西汉末"箇"的称量范围或已超出竹类。

(三)個

《说文》无"個",此字最早出现于东汉,古贺切,今亦音gè。《仪礼·士虞礼》有"俎释三个"之句,其后郑玄注:"个,犹枚也。今俗或名枚曰個,音相近。"可见,当时它与"个"只是音近,而不是同音,且是当时新兴的俗语。许慎(约公元58—约147)比郑玄(公元127—200)早生几十年,他或者未曾见过这个新词,或者认为过于俚俗而未收进《说文》。《玉篇》:"個,偏也。"说明它跟"个"指侧室的本义相关,加之"音相近",故可相代。

二、"个(個、箇)"在魏晋南北朝的发展

"个、個、箇"在《广韵》中同为古贺切,去声,箇韵,见母。在功能上"个、個"本是泛用的,"箇"也早突破了量竹的界限。所以至迟自魏晋始,"个、箇、個"已音义合一,用法无别,成了同一个字的三种写法,故本书下文引例中一律用"个",不再加以区分①。

在魏晋南北朝,量词"个"更为成熟。一方面,适用范围很广,可量人、神、动物、植物及各种物类,现依次举例如下:"我是万乘君王,杀汝三五个之类,何有患乎?"(《搜神记》卷3)"谁论洛水,一个河神。"(庾信《梁东宫行雨山铭》)"且寺内先有数个猛狗……"(王劭《舍利感应记别录》)"唯善法寺所见光内有两个华树……"(同前)"但愿尊中九酝满,莫惜床头百个钱。"(鲍照《拟行路难》)另一方面,更重要的是此前的"个(個、箇)"只单独跟数词结合或用于"名数量"结构,而像"数个猛狗、两个华树、百个钱"这样的"数量名"结构是南北朝才开始出现的。(参见刘世儒1965:82—85)在组合关系方面,出现在"个"之后的一般是单纯名词或名词性词组,音节数多为一到两个,"个"前均有数词,未见省略之例。

总的看来,直到南北朝时期,"个"的势力范围仍弱于"枚",这在本章第一节已经说明。到了本期,量词"个"发生了很多重要变化,适用范围大幅扩展,使用频率超过了"枚",并增加了前所未有的语法功能。以下就从语义及语法两个方面谈谈"个"在本期的

---

① 本期各类文献"个、箇、個"不分之例不胜枚举。如同为敦煌变文,"個"用于动物(一個汗虾蟆),也用于人、神、鬼(一百個人、四個神人、两個黄头鬼);《祖堂集》全书用"个"最多,但也有同篇问话写作"八个月",对话写作"八箇月"的情形;唐诗计量各种事物虽多用"箇",但也有最该用"箇"却用了"栽竹逾万个"的例子。(以上例句均已见前文)

发展。

三、从语义方面看本期"个"的称量范围

（一）一方面，"个"保留了南北朝时期的各种用法，而且在各类语料中用例更为丰富。

1. 量人。

（1）（道士）或即隐身没影，即便化作一百个人。（敦校 333）

（2）又见数个美人，身着三殊（铢）之衣……（同上 339）

（3）子胥有两个外甥——子安、子永……（同上 5）

（4）还是一个道士，妙解章令，又能饮宴。（同上 336）

（5）昔时大雪山南面，有一梵志婆罗门僧，教学八万个徒弟，善惠为上座。（同上 1134）

（6）二更深，五百个力士睡昏沉。（敦辞 1473）

（7）两个阿舅，两个阿姨尽得康和以否？（吐鲁番文书，洪书 A256）

（8）石室高沙弥，往京城受戒……路上忽见一个老人。（祖 137）

（9）我无这个眷属。（同上 132）

（10）今朝忽睹个呆郎。（同上 153）

（11）譬如世间两个君子，一个君子从南方来，一个君子从北方来……（同上 210）

（12）又曾属数个有力人用物计会，又不得去。（入唐，近代 160）

（13）请君暂上凌烟阁，若个书生万户侯？（李贺诗，4401）

（14）门前几个采莲女，欲泊莲舟无主人。（施肩吾诗，5606）

（15）伴党六个贼，劫掠法财珠。（寒山诗，9097）

（16）访觅汉时人，能无一个在。（同上，9070）

（17）七个健儿乘白马，白旗独却引前行，为首向前征。（易静词，唐五代词302）

（18）巨曰："不知若个军将能与相公手打贼乎？"（《旧唐书·李巨列传》）

（19）而孜孜事一个穷措大，有何长进！（摭165）

（20）蜗儿，外有四五个客。（玄38）

（21）洛州几个参军？（朝162）

从以上各例可见，本期"个"可以量单独的名词"人"，也可量加修饰语的美人、老人、有力人、汉时人，表亲属称谓或其他人际关系的外甥、阿舅、阿姨、眷属、徒弟、客，表社会阶层、职业或职务的贼、道士、书生、军将、参军、采莲女，还有对人的褒称、君子、健儿，谑称呆郎，以及对知识分子的贬称穷措大。

2. 量神、佛、仙、鬼、魅之类。

（22）六师自道无般比，化出两个黄头鬼。（敦校566）

（23）一个世尊来出世，一遍宣扬《妙法花》。（同上711）

（24）忽见四个神人空中言道："取太子来，修行时至。"（敦煌文书A255）

（25）担却一个佛傍家走扬扬……（祖425）

（26）那个魔魅教你出家？那个魔魅教你受戒？那个魔魅教你行脚？（同上400）

（27）从来巡绕四边，忽逢两个神仙。（游仙窟，近代18）

（28）两个瑶池小仙子，此时夺却柘枝名。（和凝诗，8400）

（29）满空垂列宿，那个是文星？（齐己诗，9477）

（30）噇却，作个饱死鬼去。（朝111）

3. 量动物。

（31）岂将一个汗（憨）虾蟆，敢当大圣麒麟斗！（敦校560）

（32）白羔儿羔子拾伍个。（敦煌文书B166）

（33）又见蝴蝶千千个，由住安良不敢做。（敦辞537）

（34）八万个小虫来嚼食，遗留白骨及皮筋。（同上1091）

（35）有人道得摩？有人道得摩？若有人道得，救这个猫儿命。（祖163）

（36）见两个泥牛斗入海，直至如今无消息。（同上179）

（37）师忽然见有个猪母子从山上走下来，恰到师面前……（同上211）

（38）两个黄鹂鸣翠柳，一行白鹭上青天。（杜甫诗，2487）

（39）渠将底物为香饵，一度抬竿一个鱼。（杜荀鹤诗，7979）

（40）有时池上遮残日，承得霜林几个蝉。（司空图诗，7276）

（41）莫把金笼闭鹦鹉，个个分明解人语。（苏郁诗，5362）

（42）一朝力士脱靴后，玉上青蝇生一个。（贯休诗，9308）

（43）池中数个白鸥儿，见人惯后痴不飞。（顾况诗，唐外415）

（44）一百二十个蜣螂，推一个屎块不上。（摭167）

（45）四足曰渍者，牛马之属也。若一个死，则余者更相染渍而死。（《礼记·曲礼下》孔疏，十三经1269）

4. 量人或动物的肢体、器官。

　　（46）青提夫人一个手，讬着狱门回顾盼。（敦校 1034）

　　（47）更有数个髑髅，无人搬运。（同上 60）

　　（48）三身中，阿那个身不堕众数？（祖 175）

　　（49）则今阿那个是鼻孔？（同上 409）

　　（50）某甲自住此山，未曾瞎却一个师僧眼。（同上 492）

　　（51）十个指头，刺人心髓。（游仙窟，近代 7）

　　（52）侬家背篷样，似个大龟甲。（皮日休诗，7047）

　　（53）高生两个齿，自谓得胜人。（朝 86）

　　（54）逡巡，觉有两个小脚缘于生脚上……（玄 129）

5. 量植物。

　　（55）每人菁一升，萝卜根十个。（敦煌文书 B166）

　　（56）路边有一个树子，石头云："汝与我斫却，这个树，碍我路。"（祖 142）

　　（57）家占溪南千个竹，地临湖上一群山。（熊孺登诗，5421）

　　（58）船头系个松根上，欲待逢仙不拟归。（皮日休诗，7097）

　　（59）夕阳照个新红叶，似要题诗落砚台。（司空图诗，7275）

　　（60）万年松树不知数，若个虬枝是大夫？（胡曾诗，7434）

　　（61）莲房若个实？竹节几重虚？（杨炯诗，615）

　　（62）阳和若不先留意，这个柔条争奈何。（成文干诗，唐外 590）

　　（63）橘怀三个去，桂折一枝将。（岑参诗，2074）

　　（64）……至穴口，有瓜数个，欲取，乃化为石。（酉 17）

6. 量其他物类。

有泛称的"物"：

（65）本心清净无个物，只为无物悉包融。（敦辞 1412）

（66）唯须一个物，不道亦应知。（游仙窟，近代 21）

（67）你到曹溪得个什摩物来？（祖 114）

有吃穿、铺盖之物：

（68）优偿（赏）但知与壹匹锦，令某乙作个出入衣。（敦校 182）

（69）泥水生治不解，须得两个笠子。（同上 202）

（70）褥面壹个。（敦煌文书 B122）

（71）袱纳毡条玖个。（同上）

（72）……索一百个好绢。（吐鲁番文书，洪书 A253）

（73）数个袍袴，异种妖媱。（游仙窟，近代 21）

（74）戴个星冠子，浮沉逐世流。（张白诗，9736）

（75）可中与个皮裩著，擎得天王左脚无。（蒋贻恭诗，9871）

（76）只衲一个衲，翠微归旧岑。（贯休诗，9401）

（77）菜团个个皆钳项，粳米头头尽剪鬃。（陈裕诗，唐外 620）

（78）城外土馒头，馅草在城里。一人吃一个，莫嫌没滋味。（王诗校辑 199）

（79）（段维）常私试八韵，好吃煎饼，凡一个煎饼成，一韵粲然。（摭 145）

有容器、舟船：

（80）连忙取得四个瓶来，便着添瓶。（敦校 591）

（81）漆盏子壹个。（敦煌文书 B122）

（82）盘子十个。（吐鲁番文书，洪书 A253）

（83）叠子卅个。（同上）

（84）某甲家中有一个铛子，寻常煮饭……（祖 215）

（85）某甲从此分襟之后，讨得一个小舡子，共钓鱼汉子一处座，过却一生。（同上 210）

（86）村鼓时时急，渔舟个个轻。（杜甫诗，2455）

（87）谁能百岁长闲去，只个孤帆岂自由？（李咸用诗，7411）

（88）担头担个赤瓷罌，斜阳独立蒙笼坞。（贯休诗，9337）

有钱币、珍珠：

（89）囊中青缗一个无，身上故衣千处结。（敦辞 1049）

（90）此个真珠若采得，岂同樵夫负黄金。（祖 123）

（91）昨夜三更失却三个钱。（同上 223）

（92）自将苦节酬清秩，肯要庞眉一个钱。（方干诗，7489）

（93）此时欲买君山住，懒就商人乞个钱。（齐己诗，9558）

有乐器、玩物：

（94）二更孤帐理秦筝，若个弦中无怨声。（敦辞 1248）

（95）玉磬声声彻，金铃个个圆。（元稹诗，4529）

（96）明日搜寻之，于壁角得一败囊。中有长行子三十个，并骰子一双耳。（宣 150）

有丧葬、宗教用品：

（97）不可一个棺里著两个死尸。（祖 389）

（98）与摩则与汝个护身符子。（同上 350）

还有其他各种杂物:

（99）佛将喻我诸菩萨，一个砂同一个人。（敦校 729）

（100）三百个长钉定钉心，叫唤连天声浩浩。（敦辞 1091）

（101）师拈起绵卷子曰："争奈这个何？"（祖 136）

（102）殿主指和尚手中杖云："某甲惜这个柱杖。"（同上 419）

（103）若是某甲手里，阿那个缝問不钉？（同上 506）

（104）晚妆初过，沈檀轻注些儿个。（李煜词，10047）

（105）千丈黄杨木，空为一个梳。（贾元逊诗，唐补 667）

以上几类是继承前期的用法，只是本期用例及具体搭配对象更为丰富多彩。

（二）下面各类是本期的新用法，隋唐之前基本未见。

1. 量处所及山水、日月星等自然风物。

（1）此个地狱中有青提夫人已否？（敦校 1029）

（2）师曰："阿那个山敢住？"对曰："阿那个山不敢住？"（祖 181）

（3）师与仰山同玩月次，仰山问："这个月尖时，圆相在什摩处？"（同上 161）

（4）从台西下坂行五六里，近谷有文殊与维摩对谈处，两个大岩相对高起……（入唐，近代 129）

（5）门前九个峰，终拟为文乞。（贯休诗，9317）

（6）事须觅取堪居处，若个溪头药最多。（张籍诗，4353）

（7）两三条电欲为雨，七八个星犹在天。（卢延让诗，8212）

（8）长安若个畔，犹想映貂金。（杜甫诗，2573）

（9）若个最为相忆处，青枫黄竹入袁江。（李嘉祐诗，2169）

（10）无端指个清凉地，冻杀胡僧雪岭西。（司空图诗，7266）

（11）孤艇小，信横斜，那个汀洲不是家？（缺名诗，唐外427）

（12）若有两个三个日，万物何以得安？（《隋书·西突厥列传》）

（13）……一个千里之方，为方百里者百；一个五百里之国，为方百里者二十五。（《礼记·王制》孔疏，十三经1323）

这类所量中有自然界的日、月、星、山、峰、岩、溪、汀洲，有行政规划的方、国，也有佛经讲的地狱。此外还有畔、地、处，多指具体处所。但其中"×处"则需加分别，上引例（9）的"最为相忆处"应是具体的，而下面诸例就不同程度地抽象化了：

（14）僧问："学人自到和尚此间，觅个出身处不得，乞和尚指示个出身路。"（祖223）

（15）（陈和尚）有时谓众曰："汝诸人还得个入处摩？若未得入，即向这里入，向后不得辜负老僧。珍重！"（同上487）

（16）师问张拙秀才："汝名什摩？"对曰："张拙。"师云："世间文字有什摩限！名什摩拙！"对曰："觅个巧处不可得。"师云："也只是个拙。"（同上188）

（17）一片芳心千万绪，人间没个安排处。（李煜词，10047）

例（14、15）系禅师说法的内容，可分别理解为出身的地方和进入某地的通路，但更可能分别指修行的资历和理会佛法的门径；例（16）的"巧处"则没有做具体解释的余地，只可能是取巧的办法；例（17）中需要安排的是纷乱的芳心，当然也不会是实指某个地方。由此可以窥见"个"在本期逐步开始称量抽象事物的一些发展轨迹。

2. 量房、寺、路等及建筑结构、构件。

（18）更见每个房中，有一天男天女……（敦校 592）

（19）阿那个寺里住？（祖 194）

（20）有数个弟子院。前院俯临深谷……（入唐，近代 130）

（21）梦到海中山，入个白银宅。（贯休诗，9304）

（22）东风折尽诸花卉，是个亭台冷如水。（张碧诗，9980）

（23）枕前泪与阶前雨，隔个窗儿滴到明。（徐月英诗，9034）

（24）向前问个长沙路，旧是屈原沉溺处。（王建诗，3386）

3. 量时间。

（25）且母怀躬十个月，常怕起卧不安然。（敦辞 768）

（26）药山云："汝还会他这个时节也无？"云岩云："某甲虽在他彼中，只为是不会他这个时节，便特归来。"（祖 410）

（27）时有一行者，遂差惠能于碓房，踏碓八个余月。（六祖，近代 72）

（28）求归不得去，真成遭个春。（隋炀帝《幸江都作》诗）

（29）义陵秋节远，曾逢几个春。（王诗校辑 152）

（30）相思九个月，得信数枝梅。（李咸用诗，7397）

（31）（元和十二年正月）又敕："……所有私贮见钱，并不得过五千贯。……如钱数较多，处置未了，任于限内于地界州县陈状，更请限。纵有此色，亦不得过两个月……"（《旧唐书·食货志上》）

（32）计十年十一月之后，十一年四月之前，除两个残月，唯置四个整月。（《左传·襄公九年》孔疏，十三经 1943）

（33）云见一水犊白额，并子随之，见王诉云："怀胎五个月，

扛①杀母子。"(朝 18)

（34）皇甫珪自吏部员外召入内廷，改司勋员外，计吏员二十五个月限，转司封郎中、知制诰；孔温裕自礼部员外改司封员外，入内廷，二十五个月，改司勋郎中、知制诰。(东 112)

"个"与比较抽象的时间词相联系，此前少见。有些时间词自上古就用为自足的准量词，如"月"："吴二千里，不三月不至，何及于我。"(《左传·哀公七年》)唐代仍常如此："荆州又非远，驿路半月程。"(白居易诗，4681)但这样用有时分不清时序和时段，如例(32)中"十年十一月"与"十一年四月"指某年的第几个月，是时序的月；"两个残月"与"四个整月"则指时段的月，后者加"个"就区分清楚了。这是语言的进步，这种区分方法沿用至今。"春"也可做准量词，如"一春春事好"(韦庄诗，8015)中的第一个"春"字；它又常指代年，如"张君何为者？业文三十春。"(白居易诗，4654)上文例(28、29)则是名词"春"以"个"称量，是"个"的势力进一步扩展的结果。

4. 量数目。

（35）……或有二个四而有一个九，此为两少一多也。……或有一个九，有一个八，而有一个四，或有二个八而有一个五，此为两多一少也。(《易·系辞》孔疏，十三经 80)

（36）六个一十六为九十六……十一个九为九十九……(《礼记·王制》孔疏，十三经 1323)

---

① "扛"，《太平广记》卷 132 引作"杠"。

（37）毛以亿云及秭，万下不云及亿，嫌为万个亿，故辨之也。（《诗·周颂·丰年》孔疏，十三经 594）

以上三例均出自唐人对经典的注疏，注疏的目的是以通俗的语言解说古籍内容，可见以"个"量数目正是符合当时口语的用法。

5. 量文字、词语等语言单位。

（38）经："无尽意，若有人受持六十二亿恒河砂菩萨名字。"言六十二亿，是校量也。十万为亿。〔□□〕（恒河）梵语，亦殑伽河，在五印土，六十二亿个恒河砂菩萨名字，佛言若有一个人念六十二亿个恒河砂菩萨名字云云。（敦校 729）

此例出自《妙法莲华经讲经文》，《妙法莲华经》有十六国姚秦鸠摩罗什及隋天竺僧阇那堀多等人的译本。黄征等认为变文讲经文所据未必与今存各本相同。（见敦校 712 页注〔一〕）但可以肯定经文早于唐五代，而变文中的"个"是本期讲经人加上去的。

（39）臣有一个问头，陛下若答得，即却归长安……（敦校 322）

（40）（道）吾曰："启师兄：莫下这个言词。佛法不在僧俗。"（祖 134）

（41）虽然与摩，摘一个字，添一个字，佛法大行。（同上 225）

（42）……进曰："其中者如何？"师曰："渠不作这个问。"（同上 141）

（43）举得一百个话，不如拣得一个话；拣得一百个话，不如道取一个话；道得一百个话，不如行取一个话。（同上 296）

（44）薛老峰前三个字，须知此与石齐生。（周朴诗，7703）

（45）未知行李游何方，作个音书能断绝。（李白诗，1727）

（46）……取一个善名而为谥耳。(《礼记·表记》孔疏，十三经1641)

6. 量事件、动作。

（47）李乾风□□真共你是朝庭，岂合将书嘱这个事来！（敦校320）

（48）崔子玉又奏云："臣为陛下答此问头，必□（得）陛下大开口。"帝曰："与朕答问头，又交（教）朕大开口，何□（也）？"子玉奏曰："不是那个大开口。臣缘在生官卑，见□（任）辅阳县尉。乞陛下殿前赐臣一足之地，立死□（亦）幸！"（同上322）

（49）佛告会中无尽意，这个修行何似生？（同上729）

（50）……在后违于本愿，欲得说破这个事。（祖135）

（51）放某甲过，有个商量。（同上266）

（52）大有好笑事，略陈三五个。（寒山诗，9079）

（53）昨日设个斋，今朝宰六畜。（拾得诗，9103）

（54）老夫似这关宴，至今相继赴三十个矣！（摭42）

7. 量声、光、色、仪表。

（55）三界主，唱奇哉（哉），这个威仪无可倍。（敦校809）

（56）若识得这个佛光，一切圣凡、虚幻无能惑也。（祖140）

（57）师在沩山时，雪下之日，仰山置问："除却这个色，还更有色也无？"（同上459）

（58）砧响家家发，樵声个个同。（杜甫诗，2500）

例（57）系禅师对话，"色"看似指雪的颜色，实则已很接近佛家所讲"色空"的抽象概念了。

8. 量抽象事物。

（59）思想慈亲这个恩，门徒争忍生辜负。（敦校 977）

（60）六十二亿虽无量，两个因缘恰一般。（同上 733）

（61）于个善恶才兴念，即是烦恼深基脚。（敦辞 1172）

（62）与我书偈，某甲有一个拙见。（祖 73）

（63）教家无这个意旨。（同上 488）

（64）为个文儒业，致多歧路愁。（李咸用诗，7389）

（65）得失任渠但取乐，不曾生个是非心。（陆龟蒙诗，7184）

（66）不省这个意，修行徒苦辛。（拾得诗，9104）

（67）为谥之时，善行虽多，但限节以一个善惠以为谥也。（《礼记·表记》孔疏，十三经 1641）

9. 量专名。

这是比较特殊的一类，主要是人名，也有个别地名：

（68）大破蜘蛛千道网，总为鹡鸰两个严。[①]（韦应物诗，1926）

（69）一个祢衡容不得，思量黄祖谩英雄。（罗隐诗，7624）

（70）越王解破夫差国，一个西施已是多。（卢注诗，8721）

（71）雕阴旧俗骋婵娟，有个红儿赛洛川。（罗虬诗，7627）

（72）石城有个红儿貌，两桨无因迎莫愁。（同上）

（73）有个王秀才，笑我诗多失。（寒山诗，9099）

（74）可怜好个刘文树，髭须共颔颐别住。（黄幡绰诗，9853）

（75）路旁著个沧浪峡，真是将闲搅撩忙。（摭 147）

[①] 此例诗题《寄二严》，注释为："士良，婺牧。士元，郴牧。"

专名代表的本是独一无二的人或事物，不需加以称量。例（69、70）加上"一个"，可以视为强调，表示"连一个也……"。而例（71—75）都是省略数词的，这个数词当然也是"一"（关于"一"的省略第九章第三节还将讨论）。但细加体味，可以看出加"个"后，其后名词所指的人物好像变得不那么确定了；另一方面，量专名使"个"的量词属性弱化、虚化，并带有类似某些语言的冠词的性质。在本期语料中，极少见到除"个"之外的其他量词修饰专名，这也使得"个"在众多量词中更加具有独特性。

从以上这些丰富的用例可以看出，在本期，"个"的称量范围变得极宽，从事物的大类来看，几乎无所不能。不少有固定专用量词的东西也常用"个"，如以"匹"量马最早见于西周金文（黄载君1964），历代多沿用，而杜甫诗则说"萧萧千里足（"足"一作"马"），个个五花文"（2545）。鸟用"只"南北朝已相当通行（刘世儒1965：113），但本期则常以"个"量黄鹂、白鸥等。其他如树论"株"、房屋论"间"、布帛论"匹"、饼论"番"、船论"艘"都是形成了规范的，但本期都可用"个"，特别在敦煌变文、敦煌文书和祖堂集这样的口语文献中更为常见，例均见上文。

有时同一句或邻近句中其他量词还可与"个"换用，这也表明"个"正在变得更为通用：

（76）尝有一僧……于寺外作得数十个馉，买得一瓶蜜，于房中私食。……弟子待僧去后，即取瓶泻蜜搵馉食之，唯残两个。僧来即索所留馉蜜，见馉唯有两颗……（敦文337）

（77）黑木垒子壹拾伍枚，内欠肆个。（敦煌文书B178）

(78) 三只投子掷下，失却一个。(祖 408)

(79) 石霜病重时，有新到二百来人，未参见和尚，惆怅出声啼哭，石霜问监院："是什摩人哭声？"对云："二百来个新到，不得参见和尚，因此啼哭。"(同上 189)

(80) 有桃数百株……论与僧各食一蒂，腹果然矣。论解衣将尽力苞之，僧曰："此或灵境，不可多取。贫道尝听长老说，昔日有人亦尝至此，怀五六枚，迷不得出。"论亦疑僧非常，取两个而返。(酉 22)

以上例（76—79）分别是"个"与"颗、枚、只、人"换用，例（80）在同一段文中竟有"蒂、枚、个"三个量词同称一物（桃）。另外有的书籍在不同版本里也出现"个"与其他量词互为异文，如2006年中华书局版以明稽古堂刻本为底本的《玄怪录·刘讽》有"拾得翠钗数个"之句，而在《太平广记》等版本里，同句的"个"作"只"。关于量词换用，详见第九章第七节。

吕叔湘先生（1999：148）曾认为："以近代而论，大多数物件都有各自适用的单位词，只有无适当单位词可用的才用个字，我们不妨说它是个填空子的单位词。"从本节以上所引材料看，先生此论与本期的语言事实不尽相符。而且在同一篇文章中吕先生（1999：150）也指出"近代汉语里……发展出众多单位词来，可是同时也似乎在让个字逐渐扩展它的地盘，变成一个独占优势的单位词"。后面的说法应该更为接近语言事实。

四、从语法结构方面看本期"个"的变化

以上从语义及搭配名词方面讨论"个"的功能，下面再从语法结构方面看看它在本期的发展。

（一）"个"之后出现复杂结构。

据我们所见魏晋南北朝时代与"个"搭配的基本是单、双音节的名词或名词性词组，本期开始则出现了其他较为复杂的结构：

1. 较复杂的名词性偏正词组。

（1）凡人斫营，捉得个知更官健，斩为三段……（敦校67）

（2）……殿西角头一个剑南蛮画瓷子，可授（受）石以来……（同上336）

（3）索得个屈期丑物入来，与我作底！（同上1216）

（4）有个人家儿子，问著无有道不得底。（祖146）

（5）师拈问："只如祖佛尽迷踪，成得个什摩边事？"僧曰："成得个佛未出世时事，黑豆未生萌时事。"云："某甲到这里去不得，未审师如何？"师代云："成得个绝痕缝边事。"（同上286）

（6）如今一时变作个露地白牛……趁亦不肯去。（同上425—426）

（7）自住已来，未曾遇着一个本色禅师。（同上450）

（8）余自生来，谓无有当，今日被沩山一扑净尽，且作一个长行粥饭僧过一生。（同上470）

（9）师因把杖打柱，问："什摩处来？"对云："西天来。"师云："作什摩来？"对云："教化唐土众生来。"师云："欺我唐土众生。"却问大众："还会摩？"对云："不会。"师打柱云"打你个两重败阙！"（同上302）

（10）师有《三个不归》颂曰：……到处为家一不归……唯报

自亲二不归……乐道逍遥三不归。(同上 382)

（11）一壶天上有名物，两个世间无事人。(郑遨诗，8941)

（12）数星深夜火，一个远乡人。(卢延让诗，10009)

以上用"个"称量的偏正词组都在三音节以上，不少是多音节、多层次的。其中的修饰成分有的是支配关系（如"知更"），有的是多层偏正关系（如"剑南、蛮画"）等。而例（5）最为复杂，它以主谓短句（如"佛未出世、黑豆未生萌"）修饰"时"，再以"时"修饰"事"。例（10）以否定副词"不"+动词"归"修饰名词"颂"，构成偏正结构。

2. 多音节联合词组。

（13）且见八九个男子女人，闲闲无事……（敦校 1026）

（14）空中见五十个牛头马脑，罗刹夜叉，牙如剑树，口似血盆……（同上 1031）

（15）只如有个文殊普贤出来目前，各现一身问法。（临济慧照禅师语录）①

（16）此间有四十余个大德法师论师为禅师作证义在。（神会语录，近代 48）

3. 底字结构。

（17）即这个不汙染底，是诸佛之所护念，汝亦如是，吾亦如是。（祖 111）

（18）近日禅师太多生，觅一个痴钝底不可得。（同上 404）

---

① 转引自吕叔湘（1999：159）。

（19）彼处是境，思是汝心，如今返思个思底，还有彼处不？（同上 467）

4. 数量结构。

（20）行得个四五十里，困了，忽然见一池水……（祖 419）

（21）这个一队子去也，然转来。（同上 232）

（22）壶高五重，则有五个六十四寸。(《礼记·投壶》孔疏，十三经 1666)

此外，还有"个"后出现数量名结构之例：

（23）成得个一头水牯牛。（祖 406）

"五个六十四寸"是实际的称量，其余都是"个"前省了数词"一"的。吕叔湘先生（1999：158）曾分析过这类现象，举出宋《随隐漫录》中"买个三升"、《儿女英雄传》33 回"那不用个几尺粗布喂？"。我们还可举出一些近现代的类似之例："浙右华亭，物价廉平，一道会，买个三升"（《全宋词》无名氏《行香子》）、"讨个七八个小老婆"（《北京人》）等。吕认为这种用法的起源大概是把"三升"等当作一个集体的量，然后加用"（一）个"。而宋以后的例子中，"个"后多用约数，就现代人的语感说，"个"多少有"大约"之意。上述本期的材料早于吕文所引，除例（20）系约数，其余例中的"个"更像是不定冠词。另有一例，"个"后是单独的量词，此类较为少见，姑录此备考：

（24）师曰："现五分法身，如今在阿那个分？"（祖 148）

5. 谓词性结构。

以上出现在"个"之后的 4 类结构虽然复杂，但仍属体词性的，下列所举则为谓词性结构，有的是动词，其中有些还带有否定副词：

（25）佛告会中无尽意，这个修行何似生。（敦煌文书 A258）

（26）僧问："其中人相见时如何？"师曰："早不其中。"进曰："其中者如何？"师曰："渠不作这个问。"（祖 141）

（27）今时出来，尽学个驰求走作，将当自己眼目，有什摩相应时？（同上 158）

（28）某甲抛却这个业次，投大师出家，今日并无个动情。（同上 386）

（29）多少年在此住持，未曾不领个须索①。（同上 290）

（30）想一个无念无生，想一个无思无心……（同上 468）

（31）悟个不生不灭，更不许拈花摘叶。（何仙姑词，唐五代词 1050）

有的是形容词：

（32）师云："世间文字有什摩限？名什摩拙？"对云："觅个巧处不可得。"师云："也只是个拙。"（祖 188）

（33）大人相逢则道个丑陋。（同上 327）

吕先生把"个"之后带上实体成分的非名词叫作"个字应用范围的一度扩展"，只是他所举的实例最早的是成书于宋代的《景德传灯录》，绝大多数是元代以后的。从以上所举之例来看，其实这一扩展应该提前至唐五代。

（二）量词"个"之前"一"的省略。

以上所举"个"之后的各类复杂结构，有不少是在"个"前省略"一"

---

① 张美兰注："须索，求取，索要。"

的情况下出现的,特别是谓词性结构。故有必要对"个"前省略"一"的问题做一专门研讨。

其他名量词前省"一"的例子不多,其性质和出现条件将在第九章第三节专门讨论,而"个"前省"一"的实例则大大超过其他量词。王力先生(1990:45)所举近代汉语中量词(先生称之为"单位词")前省略"一"的14个实例,从《朱子语类辑略》到《三国志通俗演义》,其中也有多达12个是"个"的例子。说明在唐五代之后长达数百年的时期内,情况没有太大的变化。

在本期的口语中,当"一+个+名"结构处于动词宾语或介词宾语位置上时,省略"一"可说是常态,前文已见多例,下面再集中举出一些:

(1)路上见个师子,威德甚是希奇。(敦校709)

(2)忽被个泥秋(鳅)之鱼,抛入水池之内……(同上751)

(3)为男女做姻。杀个猪羊屈闲人,酒肉会诸亲。(敦辞750)

(4)本心清净无个物,只为无物悉包融。(敦煌词,唐五代词938)

(5)沙弥才得个消息,便到药山……(祖137)

(6)某甲……未蒙和尚指示个心要,伏乞指示。(同上144)

(7)如今一时变作个露地白牛……(同上425—426)

(8)少微不向吴中隐,为个生缘在鹿门。(顾况诗,2969)

(9)偷归瓮间卧,逢个楚狂来。(戴叔伦诗,3101)

(10)是个少年皆老去,争知荒冢不荣来。(杜荀鹤诗,7952)

(11)蜀茶倩个云僧碾,自拾枯松三四枝。(成彦雄诗,8626)

（12）窗中有个长松树，半夜子规来上啼。（朱放诗，3542）

（13）旋成醉倚蓬莱树，有个仙人拍我肩。（李商隐诗，6156）

（14）寻阳有个虚舟子，相忆由来无一事。（李咸用诗，7386）

（15）长安客舍热如煮，无个（一作过）茗糜难御暑。（王维诗，1259）

"一"的省略给了"个"更大的自由，可称量的事物更为多样，如前文第三大段之（二）中6—8节所述量事件及抽象事物等不少例子也是省略了数词"一"的。有的显然并不是"一个"，如本节例（3）"杀个猪羊"；有的是不可个化，按常理只能用容器称量的，如例（15）"无个茗糜"。有些物类在一般条件下常有专用量词，可任举"衣、衫、路"为例，它们分别可用"袭、领、条"来称量："内出黄衣二袭赐锜及子……"（国史40），"数匙粱饭冷，一领绡衫香"（白居易诗，5127），"下有一条路，通达楚与秦"（白居易诗，4757）。同是这些事物，在省去"一"的时候，用"个"更为常见：

（16）优偿（赏）但知与壹匹锦，令某乙做个出入衣。（敦校182）

（17）三年作赘在京城，着个绯衫倚势行。（卢祮诗，唐外622）

（18）分明有个长生路，休向红尘叹二毛。（许坚诗，9734）

（三）从量词"个"到结构助词"个"。

1. 位于动词或介词之后的"个"。

"一"的省略使"个"的量词性有所弱化，有时可有可无。如上文本小节（二）中例（7）所引《祖堂集》的一段话在下文重复转述时，其他词句毫无更改，唯独"变作个露地白牛"改成"变作露地白牛"

（祖426），没有了"个"。自本期起"个"的语法性质逐渐发生变化，而这种变化正是自"一"的省略及量词性的弱化开始的。

为了说明这种弱化过程，让我们分析一种格式："动词（或介词）＋个＋什么"，这种格式多见于佛家语录，且为数不少，它又可分几种类型：

第一种，"什摩"之后带有名词。

（1）时有暴党魁帅执刃庵前，厉声曰："和尚在此间作什摩？"师曰："吾在此间传心。"魁帅云："传个什摩心？"师曰："佛心。"（祖165）

（2）又问："来这里为个什摩事？"对曰："著疏。"（同上371）

（3）据个什摩道理？（同上396）

这时"个"仍可视为省略"一"的量词，"什摩"是定语，它提的问题一般都能回答，如例（1、2）的回答就很明确。但下例却略显不同：

（4）有人问师："瑞和尚为什摩却被打杀？"师云："为伊惜命。"龙花拈问僧："惜个什摩命？"无对。（祖452）

"命"即生命，"什摩命"无法用"×命"来回答，所以"无对"。这就类似下文分析的反问句了。

第二种，"什摩"之后不带名词，但可以补出名词。

（5）师兄见大虫似个什摩？（祖410）

（6）师兄去和尚处问因缘，和尚道个什摩？（同上）

（7）师问园头："作什摩来？"对曰："栽菜来。"师曰："栽则不障你，莫教根生。"园头曰："既不教根生，大众吃个什摩？"（同

上132）

（8）断除烦恼无染，是名传教阿难；出离修证无染，是名传禅阿难矣。阿难问师："传佛金襕外，别传个什摩？"（同上28）

（9）师问俗官："至个什摩？"对云："衙推。"（同上457）

（10）曲罢问郎名个甚？想夫怜。（欧阳炯词，10125）

以上六例可看作省略名词，提问者确是想求得一个答案。如例（5—8）的"什摩"之后可依次加上"物、言词、菜、宝物"。例（9）的这段话在《古尊宿语录》《五灯会元》《联灯》中均作"仰山问俗官官居何位，官云推官"①。故该例的"什摩"之后可加"官"。例（10）的"甚"后可加"曲名、调名"，作者也确实在下文给出了回答。在此，"个"仍可视为原来的量词。

第三种，"什摩"之后不带名词，亦不似有所省略。

（11）麻问："如何是大涅槃？"师回头云："急。"浴〔谷〕曰："急个什摩？"师云："涧水。"（祖127）

（12）为这个佛法因缘，不惜身命。过得如许多崄难。……怕个什摩？（同上473）

（13）大颠问："古人道：'道有道无，二谤。'请师除。"师曰："正无一物，除个什摩？"（同上116）

（14）药山在一处坐。师问："你在这里作什摩？"对曰："一物也不为。"师曰："与摩则闲坐也。"对曰："若闲坐，则为也。"师曰："你道不为，不为个什摩？"对曰："千圣亦不识。"（同上）

---

① 见吴福祥等点校《祖堂集》413页"校记〔五〕"，岳麓书社，1996年。

（15）师问岩头："还会摩？"对曰："不会。"云："成持取不会好。"进曰："不会，成持个什摩？"师云："你似橛铁。"（同上163）

以上几例的"什摩"之后，很难说省掉了哪些词语，提问者也并非要求答案。"×个什摩"大都表示"有什么可×的"或"没有必要×"，其实跟现代口语的同类句子含义相似，因为现在也可以说"好好的，你急个什么？"。这样一来，"个"原有的量词义就虚化了，并向着助词方向跨进了一大步，或者说已经成为助词了。

2. 后附于形容词、副词的"个"。

除了位于动词或介词后，"个"还有机会位于形容词、副词、代词乃至其他量词之后，这时它的性质和用法又有某些不同特点，有的学者认为有的"个"已成为词缀。

以下是"个"位于形容词、副词之后的例子：

（16）问："如何是皮？"师云："分明个底。""如何是骨？"师云："绵密个。"（祖274）

（17）有僧到大沩。师指面前狗子云："明明个，明明个。"僧便问师："既是明明个，为什么刺头在里许？"（同上425）

（18）应须脱洒孤峰去，始是分明个剃头。（齐己诗，9569）

（19）独自个，立多时，露华浓湿衣。（欧阳炯词，10127）

以上几例"个"之前的都是双音节词，对于例（16）"分明个"的"个"，张美兰（2009：278）解释为"助词，多用于双音节形容词之后，无义"。下面例（25）"早个"的"个"后也有类似注释。（同前，120）

同时本期单音节形容词、副词后的"个"也不少：

(20) 好个聪明人相全,忍交(教)鬼使牛头领。(敦校 762)

(21) 堂堂好个丈夫儿,头面身材皆称断。(同上 963)

(22) 虽然不识和尚,早个知其名字。(同上 1027)

(23) 洞山好个佛,只是无光奴。(祖 198)

(24) 问:"室内呈丧时如何?"师云:"好个问头。"(同上 492)

(25) 师曰:"专甲不是那边人。"石头曰:"我早个知汝来处。"(同上 119)

(26) 妙个出身,古今罕有。(同上 365)

(27) 夫学道,先须弁得自己宗旨,方可临机免失。只如锋釯未兆已前,都无是个非个。(同上 241)

(28) 坐来生百媚,实个好相知。(隋炀帝《赠张丽华》诗)

(29) 桧身浑个矮,石面得能顝。(皮日休诗,7063)

(30) 族类分明连琐珪,形容好个似螵蛸。(同上,7071)

(31) 故园若有渔舟在,应挂云帆早个回。(罗邺诗,7519)

(32) 惊飞失势粉墙高,好个声音好羽毛。(郑谷诗,7762)

(33) 苦把文章邀劝人,吟看好个语言新。(王福娘诗,9026)

(34) 老翁真个似童儿,汲水埋盆作小池。(韩愈诗,3847)

(35) 干戈蝟起能高卧,真个逍遥是谪仙。(李咸用诗,别裁 218)

这些例句里有些"个"仍可视为省略"一"之后的量词,如例(20、21、23、24)的"好个"位于名词或名词性词组前,与"好一个"意义相同。但例(22、25、28、29、34、35)的"早个、实个、浑个、真个"位于动词或形容词前,例(27)的"是个非个"在句中做谓语,后面没有其他词语;例(30、33)的"好个"分别位于谓词"似"与主谓词组"语言新"之前:以上这些都很难认为是省略了"一",说明这里的"个"也正处于从弱化的量词向助词转化的过程中。曹广顺(1995:139—150)把单、双音节形容词后的"个"都归为助词[①]。《唐五代语言词典》的处理有所不同:把"分明个、绵密个"的"个"列为助词,并说明其义犹"底、地",多用于双音节形容词之后;而把"真个、早个"之后的"个"列为词缀。我们以为很难说单、双音节之后的"个"有什么本质的区别。可能今人从语感上觉得"好个、早个、妙个、真个"等更像是双音词,故以"个"为后缀,而"分明个、绵密个"更像是形容词加上助词,差异其实只在韵律,所以毋宁把这里的"个"都归为助词。

3. 后附于部分代词的"个"。

这里所说的代词包括人称代词"你、他",复指代词"自",疑问代词"何"与指示代词"能"。至于跟"此、这、那、若"等代词结合的"个"则性质有异,属于省略"一"的用法,均见上文(二)。

(36)阿你个罪人不可说。(敦校1029)

(37)泉云:"大夫道他个欠少什摩?"(祖455)

(38)当时百丈造典座,却自个分饭与他供养。(同上359)

(39)师见云岩,便提起五指,云:"何个而也?"(同上371)

[①] 这类后附的"个"在《祖堂集》中出现的比例较大,据曹广顺(1995:140—141)统计,他所定义的助词"个"该书共有24例,远多于篇幅更大的《全唐诗》和《敦煌变文集》两书之和。

（40）贫养山禽能①个瘦，病关芳草就中肥。（皮日休诗，7076）

前文所述形容词、副词之后的"个"张美兰谓"无义"是很恰当的，如必究其义，则可释为"底"，即稍后产生的"的、地"。但有的例子释为"底"也显牵强，如例（16）《祖堂集》的"分明个底"就重复了。位于代词之后的"个"，更不能释为"底"，而是更为虚化的了，上列例（36—40）的"个"都是无义的。个别后附于量词，性质同此：

（41）晚妆初过，沉檀轻注些儿个。（李煜词，10047）

今吴方言中也有形容词之后的结构助词"个"，如"满满个一车子人"（引自《上海方言词典》347页）。它跟《祖堂集》及唐诗中的助词"个"可能不无关系②。

（四）以上梳理了"个"在本期由量词弱化为助词的过程。此外，本期"个"还有一些特殊作用，兹列于后，不再详加讨论：

1."个"做代词，义为"这"或"那"。

（1）白发三千丈，缘愁似个长。（李白诗，1724）

（2）咄哉个丈夫，心性任堕顽？（白居易诗，4765）

（3）个身恰似笼中鹤，东望沧溟叫数声。（顾况诗，2966）

---

① 这个"能"应为如此、这样义，参见《王力古汉语字典》997页。《唐五代语言词典》则把"能个"整体释为如此、这样（261页）。

② 江蓝生（1999）谈到结构助词"底"之后说："近代汉语结构助词的另一个来源是量词'个'，这两个结构助词开始似无明显的地域分别，但在现代汉语里'个'只保留在粤方言、吴方言、部分客闽方言及西南官话中，有明显的区域特征。"

《全唐诗》"个身恰"三字之下注曰:"一作'此主还'",也可旁证"个"的作用大致相当"此、这"。

(4)个小儿视瞻异常,勿令宿卫。(《旧唐书·李密列传》)

(5)有一人从河阳长店盗行人驴一头并皮袋,天欲晓,至怀州。行成至街中见,嗤之曰:"个贼住,即下驴来。"(朝109)

(6)(卜者)何婆乃调弦柱,和声气曰:"个丈夫富贵。今年得一品,明年得二品后年得三品,更后年得四品。"(同上63)

今吴语也有相类用法。

2. 代动量词,只见个别之例。

(7)老僧臂长,则便打二十棒。虽然如此,老僧这里留取十个。(祖206)

3. "数词(多为'一')+个"做代词的同位语。

(8)太子遂问:"只你一个老,为复尽皆如此?"(敦校471)

(9)病者唯公一个,为复尽皆如然?(同上507)

(10)母身一个遭火难,乞惜怀中一子伤。(同上468)

(11)悔不当初人心负,□你两个没因缘。(敦辞1755)

(12)不可为汝一个荒却齐云山。(祖253)

4. 与"一、半"或"三、五"一起用于表少量或约数。

今语表少量常说"一×半×"(×代表量词),在《祖堂集》里已有"一个半个",其义与今无别,但处于这一结构中的其他量词本期未见:

(13)与摩会,千人万人之中难得一个半个。(祖201)

(14)南泉便云:"王老僧初出世时向你诸人道:'向佛未出世

时体会。'尚自不得一个半个。是伊与摩，驴年得一个半个摩？"（同上375）

今又可以"三……五……"表示"不太大的大概数量"（第6版《现代汉语词典》1118页），这种用法起源很早，《诗·召南·小星》有"嘒彼小星，三五在东"。"三五"似表约数，但此句却引得注家纷纷解读①，可见并不习见。到了本期则确已普遍使用，如"绕帐三五匝"（变文176）、"墓树已抽三五枝"（白居易诗，4979）等等，但"个"的使用显得更加口语化：

（15）三个五个骑羸牛，前村后村来放牧。（隐峦诗，9296）

五、本期之后的"个"

从以上所述可知，"个"在本期已坐稳通用量词的第一把交椅②，直至今日从未失去它在量词中首屈一指的独特地位。至于作为结构助词，本期之后又有新的发展，在北宋人编撰的《景德传灯录》中有生活于晚唐五代的长沙景岑禅师如下一段语录："师云：'长长出不得。'

---

① 朱熹《诗集传》："三五，言其稀，盖初昏或将旦时也。"一说指二十八宿中的参宿和昴宿。《经义述闻》卷五："汉以前相传昴宿五星……。其参之三星，则《唐风·绸缪·传》、《史记·天官书》已明著之矣，盖参之为言，犹三也。……三五，举其数也；参昴，著其名也。其实一而已。"另说指二十八宿中的心宿和柳宿。心宿三星，柳宿（噣）五星。《毛传》："三心五噣，四时更见。"

② 当然古代文人未必认同我们的标准，蒋绍愚（1994：171）指出："在近代汉语的初期……即使是口语中很常用的词语，如果用在诗文中，也被认为是'鄙俗'。"他举宋代黄彻《䂬溪诗话》的话说杜甫诗"数物以'个'，谓食为'吃'，甚近鄙俗"。不过这位黄老先生太拘泥传统习惯了，撇开变文、禅宗语录、诗僧等作品不说，连循规蹈矩的杜甫都受到指摘无乃太过？

又云：'成佛成祖出不得，六道轮回出不得。'僧云：'未审出个什摩不得？'"同一内容的对话在《祖堂集》中是这样的："师云：'长长出不得。'又云：'成佛成祖出不得，六道轮回亦出不得。汝道出什摩不得？'"（438）两相对比，除个别词句的出入，重要的是《景德传灯录》末句里多了"个"字，就是说，在"个"之后除宾语外，还出现了补语，使"个"成为更典型的结构助词。这种句子在本期的各类文献里尚未见到。《祖》《景》成书时间只差50多年，是记录有阙还是实际语言在50年间有所发展，不得而知。吕先生（1999：152—154）把"个"之后带上非实体成分的词语（指补语）视其"又一度扩展"。我们认为这"又一度扩展"正是发生在唐五代及宋代之交。至于宋元之后的发展，吕叔湘先生的文章做了详尽研究，在此不再赘述。

第五章　计量单位词

计量是社会生活中的重要活动，几乎从人类诞生就必不可少，所以世界各种语言都有计量单位词。汉语中的计量词也是产生最早并推动其他各类量词产生的一种模型和样板。甲骨文里就出现了"升、卣、朋"等原始计量词，详见第一章第二节。

第一节　非标准计量单位词

最早产生的是非标准计量单位词。正如许慎所谓"近取诸身，远取诸物"，计量词的产生也是如此。如计量长度的"步"就以人行走时举足两次为一步。包括后来有了明确规定的单位词，起初也不那么精确，《说文》："寸：人手却一寸动脉谓之寸口。"这都是近取诸身。又，《说文》："絫……十黍之重也。"这是远取诸物。戴庆厦、蒋颖（2006：3）曾根据汉藏语系藏缅语族的材料，从词源关系的角度证明了"非标准度量衡词是最古老的、原始藏缅语时期就已存在的量词"。这种单位词没有法定的地位，也没有严格的数值规定，只有约定俗成的大致数量，是在缺少或无需专用计量工具的条件下靠人的肢体、动作或其他事物进行量度时所使用的单位。它是日常生活里常常使用的。即使到了标准计量单位词已很发达的隋唐时期，仍很常见。从本期情况看，大致可分以下三类：

一、以人的肢体为大约计量单位

（一）肘

《说文》："肘，臂节也。"指的是上下臂相接处可以弯曲的部分。作为计量词，它本是跟"由旬"一样的古印度长度单位，梵语 hasta 的意译。《大唐西域记·印度总述·数量》："拘卢舍者，谓大牛鸣声所极闻，称拘卢舍。分一拘卢舍为五百弓，分一弓为四肘，分一肘为二十四指……"因此本期所见之例均与僧人有关，第一例就出自日僧圆仁的著作：

（1）坛面三肘……金铜道具甚多，总著坛上。（入唐，近代134）

（2）荆州公安僧会宗，姓蔡，尝中蛊，得病骨立。乃发愿念《金刚经》以待尽，至五十遍……夜又梦吐大螶长一肘馀，因此遂愈。（酉269）

那么它是否应属标准计量词呢？我们认为，这本非中土固有词语，跟上古典籍记载的那些计量词不同。"肘"后世虽或有所见，但没有普遍使用。如明刘侗等著《帝京景物略·功德寺》："门外二三古木，各三四十围，根半肘土外。"但人们并不清楚"肘"究竟是多长，元人熊忠撰《古今韵会举要·有韵》："一曰一肘二尺，一曰一尺五寸为一肘，四肘为一弓。"可见它仅宜作为非标准计量词对待。

（二）指

《说文》："指，手指也。"以一个手指的宽度计量宽窄、厚薄，作为计量词本期之前未见。本期也不典型，用例都带有"如、若"字样，似是比较、比拟：

（1）开襆取一石合，大若两指，援针刺臂，滴血下满其合。（酉 20）

（2）有军人损胫，求张治之，张饮以药酒，破肉取碎骨一片，大如两指……（同上 56）

"指"做长度单位，与上引《大唐西域记》"分一肘为二十四指"有无关联？看上述二例，跟今人理解的"指"的宽度相近，且近代亦有此用法，如《儿女英雄传》40 回："……看见那个长姐儿一步挪不了三指，出了东游廊门。"这个词至今仍有生命力，如可说"这双鞋大了一指""两指宽的纸条"（均《现汉》例），这跟纯属外来概念的情况应该是不同的。

（三）扎

《说文》无"扎"，《玉篇》谓为"俗'札'"字，计量词"扎"今音 zhǎ，一作"拃"，表示张开的拇指和中指（或小指）指尖之间的距离。这一意义未见更早用例，本期有一例，系指长度，未知数值跟今义是否相同：

白羽八扎弓，胫压绿檀枪。（杜牧诗，5939）

二、以表人体动作的动词为约计单位

（一）握

《说文》："握，搤持也。"作为计量词可表容量（一手能持之量）或长度（一拳的长度）。《礼记·王制》："宗庙之牛，角握。"郑玄注："握谓长不出肤。"孔疏："郑注《投壶礼》云：'四指曰扶，扶则肤也。'"汉代逸书《三秦记》载古谣谚："孤云两角，去天一握。"以上二例均表长度。

本期亦有表长度者：

（1）一握寒天古木深，路人犹说汉淮阴。（王仁裕诗，8403）

此诗题记说明系用《三秦记》之典，但除此之外"握"还有进入"数量名"结构之例，且见于通俗的白居易及贯休诗，故有理由相信它在本期仍存：

（2）一握青蛇尾，数寸碧峰头。（白居易《折剑头》诗，4660）

此例亦量长度，"一握"非确数，只表示剑头之短。以下各例则表手握之容量：

（3）葱白一握。（《敦煌医籍》P3596，27行）①

（4）我有一握发，梳理何稠直。（白居易诗，4782）

（5）一握鼍髯一握丝，须知只为平戎术。（贯休诗，9315）

（6）衣龙绡之衣，一袭无一二两，挼之不盈一握。（《杜阳杂编》卷上）②

（二）抔（坏）

《说文》无"抔"有"捊"③，释为"引取也"。《广韵·侯韵》："抔，手掬物也。"《礼记·礼运》："汙尊而抔饮。"郑玄注："抔饮，手掬之也。"作为量词指两手所捧之量，《史记·张释之冯唐列传》："假令愚民取长陵一抔土，陛下何以加其法乎？"后沿用，数词皆为"一"，计量功能不强：

———————

① 转引自史文磊（2008：281）。另外，范文峰（2007）据敦煌卷子认为有一个意义近于"握"的量词"掘"，石文磊认为此字系"握"之误，言之有理。

② 转引自《汉语大词典》第6卷779页。

③《王力古汉语字典》谓"《说文》抔作捊"。

（1）倘鼠窃狗盗西入陕郊，东犯虎牢，取敖仓一抔粟，陛下何与遏之？（《新唐书·陈子昂列传》）

"一抔土"还常借指坟墓：

（2）妖童攫发不足数，血污城西一抔土。（刘禹锡诗，4004）

（3）一抔之土未干，六尺之孤何托。（骆宾王《为徐敬业讨武曌檄》）

此外还有一例，无"抔"有"坏"：

（4）耳闻明主提三尺，眼见愚民盗一坏。千载腐儒骑瘦马，渭城斜月重回头。（唐彦谦诗，7673）

"坏"古有多义，《说文》释为"丘再成者也，一曰瓦未烧从土不声"。此二义《集韵》分别为铺枚切、蒲枚切，今音 pī，与诗句意义不合，且不叶韵。此字又用同"抔"，《广韵》薄侯切，今音 póu。此例全诗的韵脚为"刘、侯、丘、坏、头"，从音、义来看，"坏"应同"抔"。

（三）掊

《说文》："把也，今盐官入水取盐为掊。"段注："掊者，五指杷之，如杷之杷物也。"义为以手扒物。"掊"与"抔"义虽有区别，但二者同音，均为薄侯切，平声，今音 póu，在以手捧物义上相通，作为量词也应是相通的。王充《论衡·譋时》："河决千里，塞以一掊之土，能胜之乎？"本期少数用例如下：

（1）城上一掊土，手中千万杵。（陆龟蒙诗，364）

（2）良久，取粗沙数掊挼挼，已成豆矣。（酉26）

（四）掬

《说文》作"匊"，释为"在手曰匊"。《小尔雅·广量》："一手之盛谓之溢，两手谓之掬。"清胡承珙义证："溢与匊皆为量名。"《诗·小雅·采绿》："终朝采绿，不盈一匊。"此例不典型，晋法显《佛国记》"即以一掬土施佛"[①]则进入典型的数量名结构了。本期用例较多：

(1) 终去哭坟前，还君一掬泪。(白居易诗，4664)

(2) 茫茫边雪里，一掬沙培塿。(同上，4688)

(3) 一掬信陵坟上土，便如碣石累千金。(司空图诗，7275)

(4) 数行玉札存心久，一掬云浆漱齿空。(皮日休诗，7079)

(5) 一掬阳泉堪作雨，数铢秋石欲成霜。(陆龟蒙诗，7182)

(6) 点少时尝患渴利……梦一道人，形貌非常，授丸一掬，梦中服之，自此而差。(《南史·何点列传》)

(7) 张取马草一掬，再三接之，悉成灯蛾飞。(酉56)

(8) 又至白泉眼，令与漱之。味如乳，甘美甚。连饮数掬，似醉而饱。(博10)

(五) 捻

《说文》无，徐铉新附："捻，指捻也。"有握持、拈取义，杜甫诗："尽捻书籍卖，来问尔东家。"(2397) 做计量词应当是表一小把或手指捻起之量。本期仅见个别之例：

离南海之日，应得数斤；当北阙之前，未消一捻。(摭18)

"一捻"，形容数量少，宋毛滂《粉蝶儿》词有"楚腰一捻"，《西游记》12回："宁恋本乡一捻土，莫爱他乡万两金。"俱可证其义。

---

① 转引自刘世儒(1965：243)。

（六）搦

《说文》："搦，按也。"此义与计量词无直接关联。《广韵》释为"持也"，曹植《幽思赋》："搦素笔而慷慨。"计量词当由此而来，指一手所持之量。辞书多举宋元之例为书证，如汪元量《水龙吟》词"羁愁一搦"、王实甫《西厢记》"柳腰儿勾一搦"，但本期已有同类之例：

　　一搦腰支，洛浦愧其回雪。(《游仙窟》，近代 18)

"把、握、抔、掊、掬、捻、搦"都是以手的动作称量的，"把、握、捻、搦"系一手所握之量，"抔、掊、掬"是两手所捧之量。正因为是非标准计量词，使用比较随意，所以会有这样多的同义、近义词存在。

（七）抱

《说文》从衣作"裒"，徐铉曰"今俗作抱非是"。又《说文》："捊，引取也……捊或从包。"动词"抱"指两臂合围持物，《诗·召南·小星》："抱衾与裯。"计量词则表示两臂合围能持的量，《史记·司马相如列传》："橐檀、木兰、豫章、女贞，长千仞，大连抱。"《抱朴子·博喻》："睹百抱之枝，则足以知其本之不细。"本期之例更加成熟：

　　（1）卧岩龛，石枕脑，一抱乱草为衣袄。(敦辞 413)

　　（2）顶上近南有三铁塔，并无层级相轮等也，其体一似覆钟，周围四抱许……(入唐，近代 128)

这两例含义略有区别，一指两臂合抱时能容之草，一指塔身的周长，即塔的粗细。现代"抱"仍常用来指两臂合围的量，《现代汉语词典》及《现代汉语量词用法词典》均收有此义，而后者所举之例还是包括两类："一抱草"与"树有五抱粗",分别与例(1)及例(2)相对应。

(八) 拱

《说文》："拱,敛手也。"指两手合抱致敬,引申为以两手合围表示树木或其他物体的粗细。《左传·僖公三十二年》："中寿,尔墓之木拱矣。"本期个别之例,仍用于树木约略的周长:

亭傍大木,周数十拱……(宣139)

抱、拱义均表两臂合围的周长,从本期少数用例看,"抱"见于敦煌歌辞及《入唐求法巡礼行记》,词句亦较通俗;"拱"则见于笔记小说。"拱"本期后仍有所见,如南宋徐梦莘《三朝北盟会编》卷217:"王怒,以臂拉门关键,应手而断,且视之,其木盖两拱余,关吏骇服。"但今"抱"存"拱"废。

(九) 围

"围"一作"囗",《说文》:"囗,回也,象回帀之形。"段注:"回,转也。按:围绕、周围字当用此。围行而囗废矣。"故"围"本义"环绕、包围",《庄子·则阳》:"斯而析之,精至于无伦,大至于不可围。"进而成为约计的单位,指两臂合围的长度,一说是两手拇指和食指合围的长度。《庄子·人间世》:"匠石之齐,至乎曲辕,见栎社树。其大蔽牛,絜之百围……"又同书:"三围四围,求高名之丽者斩之……"陆德明对这两段的释文分别为:"李云[①]径尺为围,盖十丈也。……崔

[①] 据《经典释文·序录》,《庄子》一书有李颐集解三十卷、崔譔注十卷,故"李云""崔云"当分别指此二书的内容。

云围环八尺为一围。"(《经典释文》卷二十六庄子音义上)可见"一围"究竟多大,其说不一,且出入很大。历史上又常以"十围"形容粗大,如《汉书·成帝纪》:"是日大风,拔甘泉畤中大木十韦以上。"(颜师古注:韦与围同。)《世说新语·容止》:"庾子嵩长不满七尺,腰带十围。"这个词本期较为常见:

(1) 霜皮溜雨四十围,黛色参天二千尺。(杜甫诗,2334)

(2) 将军带十围,重锦制戎衣。(耿湋诗,2995)

(3) 有松百尺大十围,生在涧底寒且卑。(白居易诗,4702)

(4) 万围千寻妨道路,东西蹶倒山火焚。(柳宗元诗,3855)

(5) 半月缃双脸,凝腰素一围。(杜牧诗,6032)

(6) (齐后主)七年,宫中有树,大数围,夜半无故自拔。(《隋书·五行志》)

(7) 螾,土精,大五六围,长十余丈。(《史记·五帝本纪》司马贞索隐)

(8) 不数里,果有白鱼,长百尺许,周三十余围,僵暴沙上。(集20)

(9) 行十余里,见大藤树,周回可五六围,翠荫蔽日……(广6)

(10) 须臾有大蛇十围以上,张口向天。(朝21)

以上用例也反映出"围"所指的量并不确定:树木干粗十围,它有可能是两臂合抱之量;腰带十围,则只能是拇指食指合围的长度。

另有少数用为动量词之例,量狩猎及下围棋的次数,录此备考:

(11) 晋阳已陷休回顾,更请君王猎一围。(李商隐诗,6149)

因帝王打猎要建立围场，把野生动物赶到场内便于射猎，故狩猎一场叫作"猎一围"。

（12）向来知道径，生平不忍欺。但令守行迹，何用数围棋！（游仙窟，近代 17）

围棋的下法是双方棋子互相围攻，故"（下）数盘棋"可称"数围棋"。

此外，以表人体动作的动词为约计单位的非标准计量单位词还有"**把**"（量一手把握之量）、"**撮**"（极言量少），分别见第二章第十五节及本章第二节。

三、以相关的工具等为约计单位

（一）篙

《说文》无篙，《新附》谓"所以进船也"，指撑船的竿。作为计量词，我们未见更早用例，本期所见多表示像一根竹篙那样的深度，只用于水：

（1）万家砧杵三篙水，一夕横塘似旧游。（温庭筠诗，6723）

（2）桥弯双表迥，池涨一篙深。（同上，6736）

（二）箭

《说文》："箭，矢竹也。"更常见的意义是用弓发射的带金属尖头的竹制武器。作为非标准计量词，明清白话小说常有"一箭之地"这样的说法，本期只见个例如下：

（南霁云）抽矢射佛寺浮图，矢著其上砖半箭……（韩集 76）

此外，以相关工具等为约计单位的量词还有"**竿**"（量日出日落时太阳看起来距地面的高度）和"**席**"（量土地），分别见第二章第二节及第六节。

四、其他

程

《说文》:"品也。十髪为程,十程为分,十分为寸。"故知"程"原为长度单位,但本义用例罕见。后引申出准则、规章、程式等多义,与量词有直接关联的是路程义,原指以驿站、邮亭等止宿地点为起讫的段落,《东观汉记·东平宪王苍传》(汉班固等撰修):"苍到国后,病水气喘逆,上……置驿马传起居,以千里为程。"又为路程:"乔口橘洲风浪促,系帆何惜片时程。"(杜甫诗,2579)由此发展为量词,开始可能是比较确切的里程:

(1)风光四百里,车马十三程。(白居易诗,5050)

有时,则比较模糊,未必很准确:

(2)数程山路长侵夜,千里家书动隔秋。(许浑诗,6115)

在交通不发达的古代,以驿站间路程长短为计量单位的用法长期存在,如宋欧阳修《与尹师鲁书》:"及来此,问荆人,云去郢止两程。"《水浒传》第8回:"官人放心,多是五站路,少便两程,便有分晓。"直至清代仍存,魏源《圣武记》卷9:"改道便捷,较旧驿近七八程。"现代则只能表示长短不定的一段路了,如张一弓小说《张铁匠的罗曼史》:"走一程,又一程;过一村,又一村。"

第二节 标准计量单位词

随着社会生产的发展,经济活动日益复杂,对计量精度要求更高,逐渐出现了专用的测量单位和器具。中国古代把测量的主要内容称之为度量衡，分别指长度、容量和重量。

　　在语言里与之相应的计量单位词也很早就产生了。基本的计量单位词"丈、尺、寸、分、升、斗、斤、铢"等先秦已经出现，但当时的度量衡制度尚不健全，文献对此少有系统记述。今见最早由官方作出统一规定的可能是《汉书·律历志》："度者，分、寸、尺、丈、引也，所以度长短也。本起黄钟之长。以子谷秬黍中者，一黍之广，度之九十分，黄钟之长。一为一分，十分为寸，十寸为尺，十尺为丈，十丈为引，而五度审矣。……。量者，龠、合、升、斗、斛也，所以量多少也。……合龠为合，十合为升，十升为斗，十斗为斛……。权者，铢、两、斤、钧、石也，所以称物平施，知轻重也。……二十四铢为两，十六两为斤，三十斤为钧，四钧为石。"汉代以降，历代度量衡单位制基本上都是汉制的延续而略有改进。故唐代也大体因之，《旧唐书·食货志上》："凡权衡度量之制：度，以北方秬黍中者一黍之广为分，十分为寸，十寸为尺，十尺为丈。量，以秬黍中者容一千二百龠，二龠为合，十合为升，十升为斗；三升为大升，三斗为大斗，十大斗为斛。权衡，以秬黍中者百黍之重为铢，二十四铢为两，三两为大两，十六两为斤。……其量制，公私又不用龠，合内之分，则有抄撮之细。"

　　对照相距近千年的两部史书，计量单位几乎相同！岂但如此，说得更远些，"一斤16两"延续两千年，是20世纪50年代才改掉的，而在那以后出生的年轻人不是依然使用"半斤八两"的俗语，丝毫不以为怪吗？

　　以上史书所记只是主要的度量衡单位。除此之外，自古传承下来的计量单位词还有很多。如唐兰认为西周金文中的"'田'是田亩的量词"。① 在《诗·魏风·十亩之间》的诗题中就与数词连用了。有关历代度量衡制度及其变化,科技史专家有详细的研究(参见丘光明等 2001),我们则仅从汉语史研究的角度,主要关注这些词语在隋唐五代实际语言运用中的功能。从这个视角,可把本期文献中的用例分为两类:

一、本期日常通行的计量单位

此类起精确计量作用,多数是古已有之的。

(一)长度单位(即度制单位)

1. 丈(单位词多为人们熟知,除有必要解释的内容,一般不再说明其原始义、词义发展过程等,下同。)

(1)丙辰,南方大流星色赤,尾有迹,长三丈,光明烛地……(《旧唐书·天文志下》)

(2)室有大坑,深三丈余,中唯贮酒糟数十斛。(独15)

(3)而四更已,有一物,长二丈余,手持三数髑髅……(博35)

(4)……以大麻絚长四五十丈,两头分系小索数百条挂于胸前,分二朋,两向齐挽……名曰"拔河"。(封54)

2. 尺

(1)娑婆教主,大觉牟尼;一丈六尺身躯,三十二般福相。(敦校619)

(2)宫里玉钗长一尺,人人头上戴春幡。(敦辞720)

(3)小树两株柏,新土三尺坟。(白居易诗,4658)

(4)白角三升楂,红茵六尺床。(同上,5176)

---

① 转引自丘光明等(2001:70)。

（5）取大蛇八九尺，以绳缚口，横于门限之下。（朝 33）

"尺"又常与"寸"或"咫"组成复合词，表示较小的长度。

3. 寸

（1）大杖，大头围一寸三分，小头围八分半。（《隋书·刑法志》）

（2）即于脑后下针寸许，仍询病者曰："针气已达病处乎？"（集 15）

（3）乳煮羊胖利法　槟榔詹阔一寸，长一寸半，胡饭皮。（酉 71）

（4）（蝙蝠）每翅长一尺八寸……（博 49）

4. 分

"分"有度制的与衡制的两种，以下为度制之例：

（1）减一分太短，增一分太长。（白居易诗，4988）

（2）钿尺裁量减四分，纤纤玉笋裹轻云。（杜牧诗，5997）

（3）掘深二尺，得沸泉，泉中得木简，长一尺，广一寸二分……（酉 95）

（4）其佛之形，大者或逾寸，小者七八分。（《杜阳杂编》卷上，大观 1373）

衡制单位的"分"见下文（三）8。

以上是最重要的法定长度单位。此外还有一些长度单位，以下是文献中较为常见者：

5. 里

（1）吾家去此往返十里有余，来去稍迟，子莫疑怪。（敦校 8）

（2）洛城一别四千里，胡骑长驱五六年。（杜甫诗，2435）

（3）凉州陷来四十年，河陇侵将七千里。（白居易诗，4702）

（4）朔州……在京师东北一千七百七十四里，至东都一千三百四十三里。（《旧唐书·地理志二》）

6. 端

量布帛长度，《小尔雅》："倍丈谓之端。"《周礼·地官·媒氏》"入币纯帛，无过五两"郑玄注："五两，十端也。"贾疏："云五两十端者，古者二端相向卷之共为一两，五两故十端也。"《左传·昭公二十六年》"以币锦二两"句下杜预注："二丈为一端，二端为一两，所谓匹也，二两二匹。"《魏书·食货志》："六十尺为一端。"《新唐书·百官志三》："布五尺为端。"由以上材料可知，"端"在古代文献中说法不一，往往需考定。但从《新唐书》的规定可知本期仍在行用。

（1）将十七端布雇新罗人郑客车载衣物傍海望密州界去。（入唐，近代170）

（2）越縠缭绫织一端，十匹素缣功未到。（元稹诗，4620）

（3）我有一端绮，花彩鸾凤群。（贯休诗，9314）

（4）瑶曾杀一牛，以布两端与之追福……（广145）

（5）赐绢二千匹，布七百端，米粟一千石，委度支送。（白集1026）

"端"又为个体量词，见第二章第二十一节。

7. 匹

上文"6. 端"中所引《左传》杜预注已有"所谓匹也，二两二匹"之说。《汉书·食货志》："长四丈为匹。"《新唐书·百官志三》："锦、罗、纱、縠、绫、绸、絁、绢、布，皆广尺有八寸，四丈为匹。"因为不属基本度量单位，故也有不划一的情况出现，《旧唐书·食货志上》："开元八年正月，敕：'……而诸州送物，作巧生端，苟欲副于斤两，遂则加其丈尺，至有五丈为匹者，理甚不然。阔一尺八寸，长四丈，同文共轨，其事久行，立样之时，亦载此数。……'"

（1）张令遂于笼中取绢二十四上尊师。（敦校334）

（2）半匹红纱一丈绫，系向牛头充炭直。（白居易诗，4704）

（3）若杂彩十段，则丝布二匹，绸二匹，绫二匹，缦四匹。（《旧唐书·职官志二》）

（4）（张玄素谏阻修建洛阳宫）太宗曰："善。"赐采三百匹。（大唐20）

8. 由旬

梵文 yojana 的音译，古印度长度单位，又称"踰缮那"[①]。本期不仅讲佛经的变文使用，文人笔记中亦有所见。

（1）六师闻语，忽然化出宝山，高数由旬。（敦校564）

（2）东西各一由旬，南北四十余里。（同上729）

（3）积崖山，高三百由旬，有七榭七箱。（酉32）

（4）无法第八生波利邪多天，有波利邪多树，见阎浮提人善不善相，行善则照百由旬，行不善则凋枯，半行善则半荣。（同上36）

用于实际度量的计量词有时也不表真实的量，如"里、丈"常

[①]《大唐西域记》卷2："夫数量之称，谓踰缮那。（原书自注：旧曰由旬……）踰缮那者，自古圣王一日军程也。旧传一踰缮那四十里矣。印度国俗乃三十里，圣教所载唯十六里。"（季羡林等译本166页）

与"万、千"等大整数连用,以夸张形容路途之远或事物之大,如:"安得万里裘,盖裹周四垠"(白居易诗,4669),"我有一寸钩,欲钓千丈流"(孟郊诗,8910)。而"尺、寸、分"等有时表示极小量,如:"一寸之草,岂合量天!"(敦校 2),"臣能止得吴军,不须寸兵尺剑……"(同前 13),"魏仆射元忠每立朝,必得常处,人或记之,不差尺寸"(《隋唐嘉话》40),"跻攀分寸不可上,失势一落千丈强"(韩愈诗,3813),"乘船走马,去死一分"(孙光宪琐言引古语,9932)①。这种情况古已有之,量制、衡制的法定单位词也有此用法,且用例极多,下文不再详述。

此外,本期使用的长度单位还有**粒、步**,分别见第二章第十九节及本小节(四)。

(二)容量单位(即量制单位)

1. 石

(1)从巳时饮至申时,道士饮一石以来……(敦校 336)

(2)一年计乳七石二,母身不觉自焦干。(敦辞 767)

(3)吏禄三百石,岁晏有余粮。(白居易诗,4656)

(4)(开元)二十五年,运米一百万石。(《旧唐书·食货志下》)

(5)困乏者,开仓赈给,前后用谷五百余石。(《隋书·食货志》)②

---

① 此系《全唐诗》所录古语。

② 中华书局 1973 年版汪绍楹等点校本《隋书》693 页注〔11〕:"按文当作'五百余万石',疑脱'万'字。"

2. 硕

作为容量单位的"硕"通"石",《说文》"硕"字条段注:"硕与石二字互相借。"刘世儒(1965:230)认为"硕"是"石"的"大写法",王建军(2008)则认为这两种写法比较随意。

(1) 其斋社违月,罚麦一硕,决杖卅。(敦煌社邑文书,转引自王建军 2008)

(2) 其赠粟分付凶家,饼更加十枚,斋麦两硕,黄麻八斗。(同上)

(3) 六日,生料米十硕送来。(入唐,近代 174)

(4) 新进士尤重樱桃宴。乾符四年,永宁刘公第二子覃及第……覃潜遣人厚以金帛预购数十硕矣。(摭 39)

(5) 苏州,宣赐米一十二万硕。(刘禹锡《苏州谢赈赐表》)

3. 斗

(1) 又感四天王掌钵来奉于前,并四钵纳一盂中,可售(受)三斗六升。(敦校 514)

(2) 贷人五斗米,送还一石粟。(王诗校辑 135)

(3) 金尊竹叶数斗余,半斜半倾山衲湿。(贯休诗,9335)

(4)(晋)其度量,斗则三斗当今一斗……(《隋书·食货志》)

(5) 令人掘深七尺,得一穴如五石瓮大,有粟七八斗。(朝 165)

4. 升

(1) 第四血入腹中煎,一日二升不屡餐。(敦辞 767)

(2) 日籴太仓五升米,时赴郑老同襟期。(杜甫诗,2257)

（3）一树梅花数升酒，醉寻江岸哭东风。（元稹诗，4592）

（4）青田核，莫知其树之形。核大如六升瓠，注水其中，俄顷水成酒……（酉67）

（5）仆附耳语曰："溲几许面？"信曰："两人二升即可矣。"（朝14）

（6）（杜涉）尝见江淮市人桃核扇，量米止容一升。（集64）

在本期人所作古籍注疏里发现有以"升"量布的情况，录其例如下备考：①

（7）七緵，盖今七升布，言其粗，故令衣之也。（《史记·孝景本纪》"令徒隶衣七緵布"句司马贞索隐）

（8）緵，八十缕也，与布相似。七升布用五百六十缕。（同上句张守节正义）

5. 胜

"胜"做计量单位词《商君书》已见："赞茅、岐周之粟，以赏天下之人，不人得一胜。"俞樾《诸子平议·商子》："胜，读为升，古字通用。"刘世儒（1965：229）认为可能是"大写法，防止篡改"。本期多见于敦煌文书：

（1）洪池乡柒伯壹拾陆硕壹㪷壹胜陆合玖勺。（《敦煌掇琐》，转引自刘世儒1965：229）

（2）如有故违者，罚油壹胜。（敦煌社邑文书，转引自王建军2008）

---

① 关于量布的"升"，可参考刘世儒（1965：229）之说。

（3）行像社聚物得油一胜。（同上）

6. 合

（1）用大例面一升，练猪膏三合。（酉71）

（2）（凤脑芝）以环宝一枚种之，灌以黄水五合，以土坚筑之。（同上183）

（3）鸾蜂蜜，云其蜂之声有如鸾凤，而身被五彩，大者可重十余斤。……国人采其蜜三二合，如过度则有风雷之异。（《杜阳杂编》，大观1380）

（4）常时饮酒，不过数合，是夕举觞十余不醉。（传147）

此字《集韵》葛合切，今音 gě。另读侯閤切，今音 hé，以器物名做临时量词，见第六章第一节；又为动量词，见第八章第一节。

7. 斛

（1）扬簸净如珠，一车三十斛。（白居易诗，4667）

（2）蜀客操琴吴女歌，明珠十斛是天河。（许浑诗，6098）

（3）武卫将军秦叔宝，晚年常多疾病，每谓人曰："吾少长戎马，经三百余战，计前后出血不啻数斛，何能无病乎？"（隋唐13）

（4）因发冢，获陈粟数十万斛，人竟不之测。（酉135）

（5）石柜既启，有铜釜可容一斛，釜口铜盘覆焉……（集34）

此外，本期使用的容量单位还有"**方、**䬾"，分别见第二章第二十节及第一节。

(三)重量单位(即衡制单位)

1. 斤

(1) 其鱼(渔)人取得美酒一榼,鱼肉五斤……(敦校 8)

(2) 饥烹一斤肉,暖卧两重衾。(白居易诗,5240)

(3) 一石沙,几斤重? 朝载暮载将何用?(同上,4708)

(4) 猎人杀得鹿,重一百八十斤。(酉 135)

2. 两(量)

(1) 此则门当户对,要马百匹,黄金千量[1],青衣百口,助物百车。(敦校 601)

(2) 其道诚遂与惠〔慧〕能银一百两,以充老母衣粮……(祖 76)

(3) 宣城太守知不知,一丈毯,千两丝。(白居易诗,4703)

(4) 耕牛吃尽大田荒,二两黄金籴斗粮。(周昙诗,8359)

(5) 其弹丸方,用洞庭沙岸下土三斤,炭末三两,瓷末一两,榆皮半两……齐手丸之,阴干。(酉 109)

(6) 即于怀中出金,可五两许,色如鸡冠。(集 21)

"两"又为集合量词,可量鞋,详见第三章第一节。

3. 担

《说文》有"儋"无"擔",释为"何也",这是动词肩挑之义,

---

[1] 敦校 606 页注〔二六〕:"周一良云:'"量"即"两"字,唐人为避"雨、两"之易混淆,常以"量"代"两"。'蒋礼鸿云:'六朝以来,"量、两"常通用。《世说·雅量篇》:"未知一生著几量屐?""量"就是《诗·齐风·南山》篇"葛屦五两"的两。'按:量词多无定字,故'两'又作'量',不独避易淆之嫌也。"

今音 dān。引申为名词"所挑之物",乐府诗《陌上桑》:"行者见罗敷,下擔捋髭须。"量词源于此义,今音 dàn。简化字作"担"。量词有二用,一为计量词,指一百斤,《后汉书·宣秉列传》"自无担石之储"李贤注引《汉书音义》:"齐人名小罂为担,今江淮人谓一石为一担。"本期之例所见不多:

(1)君稻幸多,取一担何苦。(《南史·陈伯之列传》)

二指成挑之物。《汉书·货殖传》:"通邑大都酤一岁千酿,醯酱千瓨,浆千儋……"颜师古注:"儋,人儋之也,一儋两罂。"这就属于临时量词了:

(2)蒸饼千盘万担,一时云集宕泉。(敦愿966)

此例与"盘"并列,确似临时量词。

4. 絫

《孙子算经》卷上:"称之所起,起于黍,十黍为一絫。"《汉书·律历志上》:"权轻重者不失黍絫。"颜师古注引应劭曰:"十黍为絫,十絫为一铢。"虽为古计量单位,但从下引《旧唐书》例看,则本期仍在实际使用。

武德四年七月,废五铢钱,行开元通宝钱,径八分,重二铢四絫……(《旧唐书·食货志上》)

5. 铢

其数值见上文"絫"的说明,本期比"絫"更常见,但有的是实指,如例(1、6);有的形容少量,如例(2、3、4):

（1）宝殿琼楼霞阁翠，六铢[①]常挂体。（敦辞 519）

（2）不论铢两总还他，如此相仇几时歇。（同上 1611）

（3）鼓山到，便问："久向踈山，元来是若子大。"师云："肉重千斤，智无铢两。"（祖 234）

（4）重士过三哺，轻财抵一铢。（白居易诗，5062）

（5）至乾封元年封岳之后，又改造新钱，文曰乾封泉宝，径一寸，重二铢六分。《旧唐书·食货志上》）

（6）（刘元迥）自言能炼水银作黄金。……师古异之，面试其能，或十铢五铢，皆立成焉，盖先以金屑置于汞中也。（集 45）

6. 黍

古代以黍粒为计量基准，《汉书·律历志》"一龠容千二百黍，重十二铢……"，《旧唐书·食货志上》"权衡，以秬黍中者百黍之重为铢……"，上文《汉书》颜师古注引应劭释"絫"亦云"十黍为絫，十絫为一铢"。这说明"黍"是唐代法定的衡制单位，但因其量微小，未见实际用例，只有用来形容极小之量，如：

探灵测化，但累黍而无差。（司空图《成均讽》）

7. 钱

关于重量单位"钱"起于何时，《中国科学技术史·度量衡卷》指出它是唐代开创的新衡制单位，并逐渐废弃了铢、絫、黍等非十

[①]《敦煌歌辞总编》520 页任半塘注："道家女冠衣六铢，如《太平广记》六五'赵旭'条引《通幽记》：'衣六铢雾绡之衣。'二十四铢始足一两，六铢之轻可知。"

进单位。它"是由唐代初期推行'开元通宝'这个货币名称'钱'转化而来的"(丘光明等 2001：318、336)。此说确有所据,《新唐书·食货志四》:"武德四年,铸开元通宝,径八分,重二铢四累,积十钱重一两。"清吴大澂《权衡度量实验考》:"古权论铢,不论钱,以十钱为一两,自开元始。"刘世儒曾举北齐《道兴造像记》"芒消一钱"例,认为南北朝已有此衡制,只是数值待考。但"钱"始于开元的论据确凿,刘所用文献确否似有可疑。(参见刘世儒 1965：231)

(1)砂金大二两于市头令交易,市头称定一大两七钱。(《入唐求法巡礼行记》卷一)

(2)五十二两四钱。(唐代银器:东市库郝景银饼记重铭文)

(3)共重拾两捌钱叁字。(唐代银器:一号银茶托记重铭文)

例(2、3)两例转引自丘光明等(2001：337)。

8. 分

除度制的"分",还有衡制的分,而且行用已久。南朝名医陶弘景《本草经集注》:"……六铢为一分,四分成一两,十六两为一斤。"说明这个"分"是介于"两"与"铢"之间的非十进单位,常用于医药。魏晋即有,隋唐沿用。

(1)开成三年……寺僧等共集一处,称定大一两二分半……(《入唐求法巡礼行记》卷一)

(2)(外底刻)一十一两二分。(唐代银器:银盘记重铭文)

(3)次上乳十四两三分。(唐代银器:银药盒记重铭文)

例(2、3)转引自丘光明等(2001：339)。

（4）其课，丁男调布绢各二丈，丝三两，棉八两，禄绢八尺，禄绵三两二分……（《隋书·食货志》）

9. 秤

《小尔雅·广衡》："斤十谓之衡，衡有半谓之秤。"则一秤相当于十五斤。在实际语言中未见较早用例，本期仅敦煌社邑文书有例如下：

（1）赵憨子便面两秤，至秋三秤。（敦煌社邑文书，转引自王建军 2008）

（2）李庆之将面壹秤，万诠妻将面一斤（押）。（同上）

宋以后文献亦有此量词，如吴处厚《青箱杂记》卷一："余尝见杨公亲笔与公云：'山栗一秤，聊表村信。'"[①]《水浒传》85 回："赠金一提，银一秤，彩缎一百八匹，名马一百八骑。"

10. 字

唐代衡制里还有一个单位"字"，当时典籍未有解释，明人郎瑛著《七修类稿》卷22谓："一字者，即钱文之一字，盖二分半也。"丘光明等（2001：341）谓："钱文指钱币上刻铸的文字，如'开元通宝'四字的位置把圆钱等分为四，一'字'之重，当一枚铜钱币重的1/4，其量值为0.25钱，四字重一钱。"

（1）重一拾五两五钱一字。（唐代银器：银盒记重铭文）

（2）拾两捌钱叁字。（唐代银器：银托盘记重铭文）

例（1、2）转引自丘光明等（2001：339）。

---

① 此句转引自王建军（2008），疑"寸信"或为"寸心"之误。

（3）以前都记二千四百九十九副、枚、领、张、口、具、两、钱、字等。（法252）

例（3）是法门寺出土碑刻的衣物账，其中将多个量词连用，两、钱、字都是重量单位。

11. 屯

专用于计绵的单位，唐杜佑《通典·食货六》："绵则百八十五万余屯。"原注："每丁三两，六两为屯，则两丁合成一屯。"

（1）细緋五百领，绵五百屯，袈裟布一千端，青色染之。（入唐，近代132）

（2）凡缣帛之类，有长短、广狭、端匹、屯綟之差。凡赐十段，其率绢三匹，布三端，绵三屯。（《旧唐书·职官志二》）

（3）百岁已上，赐米五石，绢二匹，绵一屯。（《旧唐书·顺宗纪》）

（4）度支符州，折民户租，岁征绵六千屯……（韩集461）

12. 綟

称量麻的量词，《新唐书·百官志三》："丝五两为绚，麻三斤为綟。"《唐六典·户部·金部郎中员外郎》："凡缣帛之类，必定其长短广狭之制，端匹屯綟之差焉。"《资治通鉴·唐玄宗开元十五年》："丁酉，夏至，赐贵近丝，人一綟。"但"綟、绚"未见本期实际用例，仅列此备考。

13. 绚

见上文"綟"。

此外，本期使用的重量单位还有"**节**"，见第二章第二十三节。

(四)地积单位

1. 步

"步"本是上古"近取诸身"的原始非标准计量词,行走时举足两次为步。《孟子·梁惠王上》:"或百步而后止,或五十步而后止。"为了精确计量的需要,后来做了官方的规定,《史记·秦始皇本纪》:"六尺为步。"唐代有改变,《旧唐书·食货志上》:"以度田之制:五尺为步,步二百四十为亩,亩百为顷。""步"本身是长度单位,"步二百四十为亩"如何理解?《韩诗外传》有"古者……广一步,长百步为一亩"之说,这样就成了面积单位,至于历代的不同规定,在此不详述。(见丘光明等2001:23)我们掌握的本期实例,用于地积的只见一例:

(1)相州汤阴县北有羑里城,周回可三百余步……(封74)

但此例也可能是以周长为计的。其余都是长度单位:

(2)(赵生)攀龙尾而附其身。……而龙将到海,飞行渐低。去海一二百步,舍龙而投诸地。(博45)

(3)久之,其子忽于下流十数步外,立于水面……(集31)

例(2、3)所述都是发生在海上的事,"一二百步、十数步"不可能是指行走的步数,所以还是按照标准大致估计的。另一些用例,多指行走的步数,并不一定是标准计量词了:

(4)门前洛阳到,门里桃花路。尘土与烟霞,其间十余步。(刘禹锡诗,4106)

(5)弯弧五百步,长戟八十斤。(杜牧诗,5949)

(6)右相因请生同诣其所。行可百步,入朱门。(传58)

例（4、5）是诗歌，刘诗的"尘土与烟霞"有仙凡之隔的意思，若计量太严格，岂不煞风景？杜诗歌颂一位将军，"五百步"有夸张之意。例（6）是闲步，"百步"前还加了表约数的副词"可"，故只是走了约百步，未必很准确。

2. 亩

（1）吾闻鱼生三日，游于江海；兔生三日，盘地三亩。（敦煌文书 A409）

（2）十亩松篁百亩田，归来方属大兵年。（韦庄诗，8012）

（3）几亩稻田还谓业，两间茆舍亦言归。（薛逢诗，6332）

（4）开元二十八年，户部计帐……口四千八百一十四万三千六百九，应受田一千四百四十万三千八百六十二顷一十三亩。（《旧唐书·地理志一》）

（5）先是亭东紫花苜蓿数亩，禹锡时于裂处分明遥见。（集 65）

（6）平生唯有夺同县张明通十亩田，遂至失业……（广 113）

3. 顷

《史记·外戚世家》释"顷"为"公田百亩"，这个比例历两千年至今未变。本期用例：

（1）给孤长者启王："王园计地多少？""其园八十倾（顷）。"（敦校 1134）

（2）万顷平田四畔沙，汉朝城垒属蕃家。（敦文 55）

（3）负郭田园八九顷，向阳茅屋两三间。（白居易诗，4873）

（4）开古孟渎三十里，四千顷泥坑为膏腴。（卢仝诗，4368）

（5）菡萏香连十顷陂，小姑贪戏采莲迟。(皇甫松词，10068)

（6）四邻多是老农家，百树鸡桑半顷麻。(陆龟蒙诗，7183)

（7）一子使当田五十顷，岁终考其所入，以论褒贬。(《隋书·食货志》)[①]

（8）安国有麦半顷，方收拾，晨有二牛来，蹂践狼籍。(集33)

4. 畦

《说文》："田五十亩曰畦。"《史记·货殖列传》"千畦姜韭"句裴骃集解："徐广曰：'千畦，二十五亩。'骃案：韦昭曰'畦犹陇'。"司马贞索隐："韦昭云：'埒中畦犹陇也，谓五十亩也。'刘熙注《孟子》云：'今俗以二十五亩为小畦，五十亩为大畦。'王逸云：'畦犹区也。'"《齐民要术·种葵》："畦长两步，广一步。"可见，对"畦"的解释众说不一，下列本期用例更与古人之说不全相符：

（1）陈英奴五口双树渠一突三亩六畦，员佛图渠三突九畦……（敦煌文书B105）

（2）张华奴五口双树渠三突半七畦，员佛图渠三亩五畦，宜秋东支渠一突三畦，菜田渠二亩一畦，计五突。(同上)

（3）种黍三十亩，雨来苗渐大。种薤二十畦，秋来欲堪刈。(白居易诗，4787)

（4）数畦蔬甲出，半梦鸟声移。(刘得仁诗，6291)

[①] 此系叙北齐事，录以备考。

（5）万畦香稻蓬葱绿，九朵奇峰扑亚青。(殷文圭诗，8137)

例（1、2）表明"畦"是小于"亩"的单位。而白诗的"畦"也绝非五十或二十五亩，因为当时没有蔬菜专业户，按常理种薤的面积不应超过种黍面积的几十倍。例（3、4）都指菜田，例（5）则是泛指稻田之广。上引韦昭说"畦犹陇"，畦、陇恐怕都只是或如现代可见的由土埂围成的一小块田地吧。

5. 垄（陇）

《说文》："垄，丘垄也。"有多义，与地积相关的意义当是"田埂"，《史记·陈涉世家》："辍耕之垄上。"又为成行种植农作物的土埂，《齐民要术·园篱》："凡作园篱法，于墙基之所，方整深耕。凡耕作三垄，中间相去各二赤（尺）。""陇"通"垄"，《史记·项羽本纪》："陇亩之中。"从本期之例看，有个别用法比较标准：

（1）右当州从前税麻地七十五顷六十七亩四垄，每年计麻一万一千八百七十四两……（元稹《论当州朝邑等三县代纳夏阳韩城两县率钱状》）

至于一亩是多少垄则未见法定制度。其他用例看似跟"畦"相类，就是一块用田埂分割开的土地，如：

（2）不种一株桑，不锄一垄谷。(白居易诗，4717)

（3）不种一陇田，仓中有馀粟。(同上，4992)

（4）秋蔬数垄傍潺湲，颇觉生涯异俗缘。(齐己诗，9574)

6. 突

"突"作为计量词历代均无记录，据洪艺芳（2004：104—106）研究，是最先见于唐代敦煌社会经济文书，且多出现于公元九世纪前期的一些文书中，在吐蕃占领敦煌时期成为土地计量单位，一突相当于唐制十亩。

（1）城南……游淤沙坑空地两段共叁突。（敦煌文书 B104）

（2）令狐英彦七口曲家渠二突一亩七畦，阶和渠一突半二亩四畦，员佛图渠三突二亩十四畦，计七突。（同上 105）

7. 町

《左传·襄公二十五年》"町原防"孔疏引贾逵曰："原防之地，九夫为町，三町而当一井也。"《齐民要术·种谷》引《氾胜之书》"区种法"："……町皆广一丈五寸，长四丈八尺。"

（1）台顶平坦，周围可百余町……（入唐，近代 128）

（2）台顶周圆六町许，台体团圆。（同上，130）

关于"町"，贾思勰、孔颖达都是引古书加以解释的，本期只见到日僧圆仁《入唐求法巡礼行记》的用例，是否受其母语的影响，当时汉语是否仍习用这个计量词，不得而知。[①]

此外，用为地积单位的量词还有"乘"，见第二章第八节。

（五）科技用语：度

现代的科技术语数以百万计。在古代中国虽有可引以为傲的发明创造，但在本期语言词汇中尚不能说有成熟的科技术语这一类别，故可称之为科技用语。这类用语也有一批，但其中很多与日常用词

[①] 日本有以"町"为长度单位的规定，黄遵宪《日本国志·凡例》："日本纪里之法，以六尺为一间，六十间为一町，三十六町为一里。"但不详此法起于何时，现代日本仍有以"町"为地名，以"町目"为街区义的用法。

难以区分[①]，唯有一个词专用于科学计量，使用频率很高，而以前讨论汉语史上量词的文章未予注意，这就是"度"。

我们特意做了一点调查和统计，现代汉语中计量词"度"用途广泛，可以量角度、弧度、温度、湿度、电量、经纬度等等，这些概念本身大都是外来的，然而选择"度"这个词来表示它们，却是渊源有自的。

《说文》释"度"为"法制也"，此为引申义。本义应为计量长短的标准，《书·舜典》："同律度量衡。"陆德明释文："度，丈尺也。"《汉书·律历志》："度者，分、寸、尺、丈、引也，所以度长短也。"（此句第二个"度"今音 duó，动词，义为测量、计算）引申为依照一定的标准划分的单位，由此产生了计量单位词"度"。查《十三经》未见此义，所见最早之例是用于天文学的。《淮南子·天文训》："日行十二分度之一，岁行三十度十六分度之七，十二岁而周。"《史记·天官书》："岁星出，东行十二度，百日而止，反逆行；逆行八度，百日，复东行。岁行三十度十六分度之七，率日行十二分度之一，十二岁而周天。"这个"度"就是古人在日心说的基础上，将天宇视为半球，并将其划分为三百六十五度又四分之一度，详见下举例（1）《书·尧典》孔疏及例（3）司马贞所作《史记·五帝本纪》索隐。本期用例很多，仅《旧唐书·天文志上》用为量词的"度"就出现了190次，另有复合词"度数"5次，"星度"9次。下面任举

[①] 笔者曾写过《〈天工开物〉术语研究》一文（见《课余丛稿》，北京语言文化大学出版社，2000年），统计了该书出现的各类科技用语约2700个，其中不少是实用的器物之类。

一些本期用例：

（1）周天三百六十五度四分度之一而日，日行一度，则一碁三百六十五日四分日之一。(《书·尧典》"碁，三百有六旬有六日"句孔疏，十三经121）

（2）万物壮健，皆有衰怠，唯天运动，日过一度。盖运转混没，未会休息。故云天行健。(《易·乾》"天行健，君子以自强不息"句孔疏，十三经14）

（3）夫周天三百六十五度四分度之一，是天度数也。而日行迟，一岁一周天；月行疾，一月一周天。日一日行一度，月一日行十三度十九分度之七。(《史记·五帝本纪》"岁三百六十六日，以闰月正四时"句司马贞索隐）

（4）前件周天二十八宿，相距三百六十五度，前汉唐都以浑仪赤道所量。(《旧唐书·历志二》)

（5）每天西转一匝，日东行一度，月行十三度十九分度之七，凡二十九转有余而日月会，三百六十五转而日行匝。(《旧唐书·天文志上》)

（6）旋枢双环：……南北斜两极，上下循规各三十四度，两面各画周天度数。（同上）

（7）夏至影在表南三寸三分。蔚州横野军北极高四十度，冬至日影长一丈五尺八分，春秋二分长六尺六寸二分，夏至影在表北二尺二寸九分。（大唐194）

以上各例出现于经典、史书的权威注疏、索隐以及《旧唐书》《大唐新语》，其中所用"度"的概念含义应该是一致的。下例出自

《酉阳杂俎·玉格》，所述多关乎道教，亦录此备考：

(8) 天圆十二纲，运关三百六十转为一周，天运三千六百周为阳孛。地纪推机三百三十转为一度，地转三千三百度为阳蚀。(酉 12)

"度"又为动量词，见第八章第一节。

二、本期文献中的古代计量单位

与第一类的区别是，此类虽大多亦起源于古代，而在本期已基本不起实际计量作用，即不再用于工程建筑、市井贸易、经济往来，即使偶有用例也很罕见。它们很可能从来没有成为一个时代正式的法定单位，但作为词语并未消亡，直至本期还往往用于表示极大、极小或约略之量，或形成复合词具有了其他引申义。(参见丘光明等 2001：19)

(一) 长度单位

1. 寻；2. 常

《说文》："度人之两臂为寻，八尺也。"《小尔雅·广度》："四尺谓之仞，倍仞谓之寻，寻舒两肱也，倍寻谓之常。""寻"多与千、万等大整数连用，强调数量之多，一般均非确数：

(1) 石堡岩高万丈，雕窠霞外千寻。(敦辞 432)

(2) 下堑万寻岸，苍涛郁飞翻。(杜甫诗，2331)

此外"百寻、十寻"之说亦常见：

(3) 西阁百寻余，中宵步绮疏。(杜甫诗，2525)

(4) 披垣竹埤梧十寻，洞门对雷常阴阴。(同上，2411)

(5) 前有巨木，烟影繁茂，高数十寻。(宣 13)

"寻、常"在本期只见个别作家用作具体称量，如：

（6）忽见新丝筝弦，周缠芦心。宥即拔芦伸弦，其长倍寻。（集6）

（7）是石壁积四重，高三寻，长十有五常……（白集1449）

此外，"寻、常"自古就结合成词，有多义：一，喻短小，《左传·成公十二年》："及其乱也，诸侯贪冒，侵欲不忌，争寻常以尽其民。"二，喻长、多，《淮南子·主术训》："故人君者，其犹射者乎！于此毫末，于彼寻常矣。"三，表平常义。四，表经常义。一、二两义与计量的本义直接相关，先秦即已产生。三、四两义是进一步的引申，始见于本期。以下三例依次分别表示"短小、平常、经常"：

（8）夫器宏者，耻效以圭撮之任；足逸者，难局以寻常之地。（柳宗元《柳常侍行状》）

（9）旧时王谢堂前燕，飞入寻常百姓家。（刘禹锡诗，4117）

（10）岐王宅里寻常见，崔九堂前几度闻。（杜甫诗，2562）

3. 仞

《小尔雅·广度》："四尺谓之仞。"又，《仪礼·乡射礼》"杠长三仞"郑玄注："七尺曰仞。"《汉书·食货志上》"有石城十仞"句颜师古注："应劭曰：'仞，伍尺六寸也。'师古曰：此说非也。八尺曰仞，取人申臂之一寻也。"可见早在唐代之前，"仞"的数值已经众说纷纭。《汉语大词典》谓"唐以后多从颜师古说"，其实早在南北朝除文人笔下沿用外已不通行（刘世儒1965：226），本期更不可能是实用的计量单位，不必计较其值几何。它只是常跟千、万等连用形容高大之物，其中"万仞山"就常出现在不同文体中，如：

(1) 僧住城南万仞山，我将救度向人间。（敦校 1090）

(2)（大树）笔干芳条，高盈万仞。（同上 566）

(3) 黄河远上白云间，一片孤城万仞山。（王之涣诗，2849）

(4) 视上直千余仞，旁无他路，分死而已。（博 44）

(5) 逡巡，遥见一城门，墙高数十仞……（续玄 132）

以上各例数值最小也有数十仞，合几十丈，而城墙是不可能这样高的，其他各例均非确数可想而知。

4. 厘；5. 毫；6. 丝

成书于汉明帝时[①]的《孙子算经》卷上曰："蚕吐丝为忽，十忽为一丝，十丝为一毫，十毫为一厘。"但历代官方并无明文规定，实际上古代出土的汉代各种尺度凡"分"以下并无更细的线纹刻度。（参见丘光明等 2001：22）本期只见个别似以"厘"做实际度制计量之例：

(1) 讯囚杖，大头径三分二厘，小头径二分二厘。（《旧唐书·刑法志》）

通常这几个词自古就常单独或相互结合形容短小、细微的量，如《史记·太史公自序》："故《易》曰'失之毫厘，差以千里'。"隋唐仍如是：

(2) 一言可以丧邦，差失在毫厘之内。（敦校 557）

(3) 在生不觉分毫善，恶事专心美。（敦辞 870）

(4) 一毫不平意，幽怨古犹今。（刘禹锡诗，4091）

(5) 衰多益寡，落邱山之一毫。（摭 51）

(6) 使至，辨凡卒所告事若干条，皆无丝毫实……（韩集 377）

---

① 此据清戴震说。

7. 咫

《说文》:"中妇人手长八寸谓之咫,周尺也。"本期用于精确称量之例也很少,恐亦属仿古之作:

(1) 是石壁积四重,高三寻,长十有五常,厚尺有咫。(白集 1449)

"咫、尺"连用自古即表距离近、地方狭小或微小:"天威不违颜咫尺"(《左传·僖公九年》),"舜无咫尺之地,以有天下"(《战国策·赵策二》),"无咫尺之功者不赏"(《战国策·秦策五》),本期仍如是。此字在杜甫诗中凡12见,无一例外,且同类之例极多,如:

(2) 崇冈相枕带,旷野怀咫尺。(杜甫诗,2266)

(3) 余时忝诤臣,丹陛实咫尺。(同上,2294)

(4) 未秋为别已终秋,咫尺娄江路阻修。(牟融诗,5308)

(5) 精华在笔端,咫尺匠心难。(张祜诗,5804)

(6) 才及中流,风浪皆作,蒸云走电,咫尺昏晦。(集6)

8. 扶

《礼记·投壶》:"筹,室中五扶,堂上七扶,庭中九扶。"郑玄注:"铺四指曰扶。"孔疏:"四指曰扶,扶广四寸。"《韩非子·扬权》:"故上失扶寸,下得寻常。"这是上古长度单位,本期只见个别用例:

太宗虬须,尝戏张弓挂矢,好用四羽大笴,长常箭一扶,射洞门阖。(酉1)

(二) 容量单位

1. 庾

《周礼·考工记·陶人》"庾实二觳"句孙诒让正义注引戴震曰:

"量之数：斗二升曰㲉，十斗曰斛，二斗四升曰庾……"

> 君输我海龙神第七女发十两，智琼额黄十二枚，紫绢帔一副，绛台山霞宝散二庾，瀛洲玉尘九斛……（玄74）

此例系神话，未必完全切合当时的实际生活。

2. 豆

《左传·昭公三年》："齐旧四量：豆、区、釜、钟，四升为豆，各自其四，以登于釜①。釜十则钟。"《仪礼·士丧礼》"稻米一豆实于筐"郑玄注："豆，四升。"本期得见之例：

> 开元二十八年，武德有娠妇……其家窦，有面数豆，有米一区。（《太平广记》卷362引《纪闻·武德县妇人》）

此外，上古"豆"又为重量单位，详见下文（三）3。

3. 区（此字《广韵》乌侯切，今音 ōu）

本期实例罕见，详见上文"豆"。

4. 钟

《左传·昭公三年》"釜十则钟"，杜预注谓钟当"六斛四斗"。《孙子·作战》："故智将务食于敌。食敌一钟，当吾二十钟。"说明"一钟"也有不同的规定。文献所见多非确指，《孟子·告子上》："万钟于我何加焉？"《史记·魏世家》："魏成子以食禄千钟，什九在外，什一在内。""万钟、千钟"在此指优厚的俸禄，代指高官，本期仍沿袭这种用法：

---

① 本期有量词"釜"的用例，但系为容器做临时量词，此外未见做标准容器量词。详见第六章第一节。

（1）叨居相国之荣，虚食万钟之禄。（敦校 559）

（2）嵇叔夜，阮仲容，冰玉琢，成千钟。（敦辞 1766）

（3）方知万钟禄，不博五湖船。（皮日休诗，7026）

（4）惜哉万钟粟，多用饱妻儿。（白居易诗，4678）

有时也用"一钟"表示数量少，"千钟、万钟"表示多：

（5）一钟菰蒋米，千里水葵羹。（刘禹锡诗，4101）

（6）古者平准之法，使万室之邑，必有万钟之藏，千室之邑，必有千钟之藏……（《旧唐书·食货志下》）

表示确数的例子很少，下例也是解释经典的：

（7）又解田之所收数，言上地谷亩一钟。（《诗·小雅·甫田》"倬彼甫田，岁取十千"句孔疏，十三经 473）

"钟"又为酒器，见第六章第一节。

5. 抄

《孙子算经》："十撮为一抄，十抄为一勺，十勺为一合，十合为一升。"刘世儒（1965：237）认为南北朝时"抄"已与上古用为量制不同："是由动词转为名词，再由名词转用为量词的……它同"匙"是一路，不同"撮"为一系。"但从本期有限的例子看，不像是匙之类的容器。而且《旧唐书·食货志上》谓"其量制……合内之分，则有抄撮之细"。说明在官方的制度中，仍有抄、撮这两个单位，只是因为它们太小了，在没有精确计量仪器的古代，恐怕更多的是用来泛指少量：

（1）莫言长有千金面，终归变作一抄尘。（游仙窟，近代 3）

（2）近有鸡食乌百足虫忽死，开腹，中有蚰蜒一抄……（朝 169）

至于少量如何理解,有人就晚出的戏曲文献之例认为"'抄'在习惯上指五指并拢,掌心微凹伸入粮食等物中,手心朝上取出的量"(见王锳等1991:454),可备参考。

6. 撮

《说文》:"撮,四圭也,一曰两指撮也。"(桂馥《说文义证》谓"两指当为三指")"四圭"表容量。《汉书·律历志上》:"量多少者不失圭撮。"一说"撮"为十圭,六十粟,《孙子算经》:"量之所起,起于粟。六粟为一圭,十圭为一撮……""两指撮"表示动作,指用两三个指头捏取,《庄子·秋水》:"鸱鸺夜撮蚤,察毫末;昼出瞋目而不见丘山。"引申为用指头捏取的量,泛指少量,《礼记·中庸》:"今夫地,一撮土之多,及其广厚,载华岳而不重,振河海而不泄,万物载焉。"有时用于医药,是否确为四圭或十圭,则不得而知,如《史记·扁鹊仓公列传》:"临菑氾里女子薄吾病甚……臣意饮之以芫华一撮,即出蛲可数升,病已,三十日如故。"或又用于酿造,如《齐民要术·作酱等法》:"大率:豆黄三斗……荞子三指一撮。"同书有称"指撮"者,当属同义:"朱砂三指撮……"(转引自亓文香2005:47)。本期之例只与"一"连用,极言其少:

(1)一撮秋烟堤上白,半轮残日岭头红。(姚揆诗,10020)

(2)岩崿无撮土,树木多瘦坚。(白居易诗,4734)

(3)奴有私取盐一撮者,庆鞭之见血。(朝14)

标准计量词"撮",只行于上古。表少量的"撮"历代亦不多见,现代仅限于称量少量泥土、粉末等细碎之物;另外,"一小撮"常引申指坏人:此义仓括切,入声,今音 cuō。"撮"又音 zuǒ,来源不详,

《水浒传》第3回:"史进头戴白范阳毡大帽,上撒一撮红缨……"今仍用于少量成丛的毛发之类,如"一撮毛"。

7. 勺

《孙子算经》卷上:"十撮为一抄,十抄为一勺,十勺为一合。"作为容量单位历代不同。本期只见个别用例:

> 其弹丸方,用洞庭沙岸下土三斤,炭末三两,瓷末一两,榆皮半两,泔淀二勺……齐手丸之,阴干。(酉109)

此例系单方,要求当较严格,故似应为容量,而非容器。另外"勺"做临时量词详见第六章第一节。

(三)重量单位

1. 钧

《书·五子之歌》:"关石和钧,王府则有。"孔疏:"《律历志》云:'……三十斤为钧,四钧为石。'"《左传·定公八年》:"颜高之弓六钧。"《汉书·贾山传》:"万钧之所压,无不糜灭者。"晋左思《咏史》之六:"贱者虽自贱,重之若千钧。"可见自古即常以"万钧、千钧"表示极重,我们未从本期找到"万钧"用例,只有"千钧":

(1)乃引重千钧,其拳捷骁武劲。(朝39)

(2)故曰:十围之木,持千钧之屋,得其宜也。(白集1346)

少数不与"千"搭配之例,也非十分精确的数目:

(3)于是以铁数十钧镇于柏树下。(宣8)

(4)自是心悸力耗,至不能引一钧弓。(酉83)

2. 镒

《墨子·号令》:"又赏之黄金,人二镒。"孙诒让间诂:"镒,二十四两也。"又,《国语·晋语二》:"黄金四十镒。"韦昭注:"二十两为镒。"可知关于"镒"的数值也有不同说法。本期与百、千连用之例多见,均非精确计量。如:

(1)一朝乌裘敝,百镒黄金空。(李白诗,1731)

(2)男儿所在即为家,百镒黄金一朵花。(杜牧诗,6013)

(3)(胡秀才)曰:"《通天经》,非人间所习。足下诚无所用,愿奉百金赎之。"裴不应。又曰:"千镒。"又不应。(玄137)

(4)遗金百镒,为修身之助。(续玄152)

下例虽与普通数字结合,但也出自神怪小说:

(5)奉金二十镒,并与一故席帽……(玄10)

3. 豆

上古"豆"除为容积外,又为重量单位,汉刘向《说苑·辨物》:"十六黍为一豆,六豆为一铢。"上文提到本期出现了十进制单位"钱"而逐渐废弃了铢、絫、黍等非十进单位。"豆"在本期很少见到,应该在逐渐淘汰之列,下引《酉阳杂俎》之例,也含强调极少数量之意。

房孺复妻崔氏,性忌,左右婢不得浓妆高髻,月给胭脂一豆,粉一钱。(酉78)

(四)地积单位

畹

《说文》:"畹,田三十亩也。"但实际大小历来也说法不一,《楚辞·离骚》"余既滋兰之九畹兮"句王逸注:"十二亩为畹,或曰田之长为畹也。"《玉篇》:"秦孝公二百三十步为亩,三十步为畹。"本期用例不多:

树兰盈九畹，栽竹逾万个。（韩愈诗，3777）

此例系用离骚之典，"九"亦非确数。"畹"即使做名词用也常与兰蕙相关，如"合影只应天际月，分香多是畹中兰"（吴融诗，7888），"何氏之从学，兰蕙已满畹"（韩愈诗，3826）。

第三节　货币单位词

一、文[①]

《说文》："文，错画也，象交文。"本义文身。因金属钱币上铸有花纹，故可指钱币的正面，《汉书·西域传上·罽宾国》"以金银为钱，文为骑马，幕为人面"颜师古注引张晏曰："钱文面作骑马形，漫面作人面目也。"这大概就是以"文"称钱的原因，又或谓原因是铜钱上铸有文字[②]。南北朝已称一枚钱为"一文"（参见刘世儒 1965：179），《宋书·徐羡之列传》："可以钱二十八文埋宅四角。"《齐民要术·槐柳楸梓梧柞》："柴合收钱六万四千八百文。"是否有更早的用例？有人述汉时事亦涉及此词，《水经注·渐江水》："汉世刘宠作郡，有政绩，将解任去治，（此溪）父老人持百钱出送，宠各受一文。"是否郦道元见汉时文献有以"文"称钱者，抑或只是用他那个时代的词语叙述往事？另外，刘世儒（1965：40）在谈及量词"文"可省略时举了《居延汉简》和《汉书》的例子，那么合理的推断是刘先生认为汉代是有这

[①] 古有量纺织品之量词"文"，《后汉书·舆服志下》："凡先合单纺为一系，四系为一扶，五扶为一首，五首为一文。"本期文献未见。

[②] 见《汉语大字典》中卷 2169 页。

个量词的，唯既系省略，故"文"字并未出现。总之，汉代有无货币量词"文"，未见确证。本期"文"是称量货币的常用量词，可以肯定是当时口语。一文当是一枚金属钱币，见于各种文体：

（1）上界帝释密降银钱伍百文入于井中。（敦校 202）

（2）其父亡殁，无物葬送，遂从主人家典田，贷钱十万文。（敦煌文书 A411）

（3）密院门八人计分一贯八伯文。（敦煌文书 B59）

（4）市施主杨差人送来绢一匹，褐布一端，钱一千文，充路上用。（入唐，近代 160）

（5）蕃胡内附者，上户丁税钱十文，次户五文，下户免之。（《旧唐书·食货志上》）

（6）显庆五年九月，敕以恶钱转多，令所在官私为市取，以五恶钱酬一好钱。百姓以恶钱价贱，私自藏之，以候官禁之弛。高宗又令以好钱一文买恶钱两文，弊仍不息。（同上）

（7）唐魏伶为西市丞，养一赤嘴乌，每于人众中乞钱。人取一文而衔以送伶处，日收数百……（朝 167）

（8）又出抽名纸钱，每人十千文。（摭 26）

（9）永泰初，奏准天下盐斗收一百文，迄今行之。（大唐 154）

（10）平叔请定盐价每斤三十文；又每二百里每斤价加收二文，以充脚价；量地远近险易加至六文；脚价不足，官与出。名为每斤三十文，其实已三十六文也。（韩集 648）

"文"除了作为钱的单位，有时直接表示钱，在上下文里，"文"与"钱"似为等义：

（11）及市槽就舆，正当三千四百文。（酉 27—28）

例（11）前文叙述一位山人料事如神，预言张家将遇祸事，如能躲避，则只"徒费三千四百钱"，张依计而行，果然躲过了祸事，但破费了"三千四百文"，可见"文"与"钱"可互换。

此外又有"若干贯文"的说法：

（12）此贱人谁是主？仆拟商量几贯文？（敦校 95）

（13）今交郎君将书来，送路绢二匹，蒙顶茶二斤，团茶一串，钱两贯文……（入唐，近代 160）

（14）东宫料物，岁得四万段，付市货卖，凡值一万一千贯文。（褚遂良《谏魏王泰物料踰东宫疏》）

（15）平叔称停减盐务，所由收其粮课，一岁尚得十万贯文。（韩集 649）

上例出自韩愈《论变盐法事宜状》，同一篇文章中又有"约每岁合减得十万贯钱""一岁尚得十万贯"，从上下文看三种说法是等义的，证明在此"文"即"钱"。另一篇写定于宋初开宝五年的《庐山远公话》也同时有"身上有何伎艺，消得五百贯钱？""五百贯文当即分付与白庄"。而且另有"若要贱卖奴身，只要相公五百贯钱文"（均见敦校 258）。黄征等据项楚校认为，作"五百贯钱"或"五百贯文"皆可，但"五百贯钱文"中有一字系衍文，或当作"五百贯文钱"。[①]

以"文"称量铜钱历代不绝，至近代，明清官铸的铜钱称为"制钱"，《明史·食货志五》："制钱者，国朝钱也。"一个制钱即为一文。

---

① 详见敦校 280 页注〔一八〇〕。

清陈康祺《郎潜纪闻》卷4："所欠一厘，准今制钱一文也。"清末铸有一文、二文、五文、十文、二十文等面额的铜元，民国时代沿用，1928年上海名医陈存仁创办的《康健报》"售价每张铜元二枚（即二十文），批发价为十二文……"[①]。在一些偏远地区，直至1949年前后，铜元仍流通，"文"也还是实用单位，它的彻底废除迄今不过数十年而已。

二、贯

《说文》："贯，钱贝之贯。"本义就是串钱的绳索，《史记·平准书》："京师之钱累巨万，贯朽而不可校。"因铜钱用贯来穿，故以之量钱，一千钱为一贯。《史记·货殖列传》："子贷金钱千贯。"刘世儒认为南北朝时"贯"同时可量金珠，故还没有完全专用于货币。但这个理由并不充分，因为今天我国的本位货币单位"元"口语即称"块"，而量词"块"的用途是很广的，这并不妨碍它同时可用于量货币，《现代汉语词典》就专为此义列了一个义项。量词"贯"既然已始见于汉代，南北朝也很常用（以上俱见刘世儒1965：245），就不能否定它作为货币专用量词的资格。本期各种语体的文献都不乏"贯"的用例：

（1）敕赐赤斗钱二万贯，紫磨黄金一万廷。（敦校132）

（2）长者还钱八十贯，董永只要百千强。（同上174）

（3）密院门八人计分一贯八伯文。（敦煌文书B59）

（4）以钱重货轻，出内库钱五十万贯，令两市收市布帛，每端匹估加十之一。（《旧唐书·食货志上》）

[①] 见《银元时代生活史》52页，广西师范大学出版社，2007年。

（5）江淮钱监，岁共铸钱四万五千贯，输于京师，度工用转送之费，每贯计钱二千，是本倍利也。……请增工凿山以取铜，兴洛源钱监，置十炉铸之，岁计出钱七万二千贯，度工用转送之费，贯计钱九百，则利浮本也。（同上）

（6）宜以怀光外孙燕八八赐姓李氏……仍赐钱一千贯……（《旧唐书·李怀光列传》）

（7）李云："得三百千，当办己事。"张……谓李曰："可持此诣药铺，问王老家，张三令持此取三百千贯钱，彼当与君也。"（广4）

（8）（道祭）大者费千余贯，小者犹三四百贯，互相窥觇，竞为新奇，柩车暂过，皆为弃物矣。（封62）

（9）绍之……寻坐赃污，宪司推之，获赃五十余贯，当死。（大唐186）

（10）平叔又云停盐司诸色所由粮课，约每岁合减得十万贯钱。（韩集648）

本期有以"贯"量纸钱例，纸钱是否可用绳穿起来？但既已作为货币单位，则可不拘于贯穿义了：

（11）忠宪乃设酒馔纸钱万贯，于资圣寺前送之。（博22）

（12）须臾至铺，但得黄纸三贯……（广88）

货币单位词"贯"清初尚存，从司马迁时算起也有约两千年，《红楼梦》56回："他每人不论有余无余，只叫他拿出若干贯钱来，大家凑齐，单散与园中这些妈妈们。"但它退出历史舞台早于"文"，经查晚清主要白话小说不再有这个词,[①] 现代生活里更无人实际使用了。

本期另有两个与"贯"同义的量词"缗"与"千"。

三、缗

《说文》无"缗",只有其异体字"緍"。《诗·召南·何彼襛矣》:"其钓维何?维丝伊缗。"高亨注:"缗,钓鱼绳也。"又用作穿钱的绳,借指成串的铜钱,泛指钱,《史记·酷吏列传》"出告缗令"张守节正义:"缗音岷,钱贯也。"晋王嘉《拾遗记》:"玉钱千缗。"在本期它与"贯"同义,都是串起来的一千个钱。这在本期就有很好的证据,《集异记·宁王》篇记宁王买马,鬻马牙人带来两匹马,并有下面一段叙述:

(1)牙人先指曰:"此一千缗。"次指曰:"此五百缗。"……宾客莫测其价之悬殊,即共咨询。……宁王乃顾千贯者曰:"此马缓急百返,蹄下不起纤埃。"复顾五百缗者曰:"此马往来十过,足下颇生尘埃。以此等衰其价之高下焉。"(集15)

前文称"一千缗",后文称"千贯者",系指同一匹马。可见"缗"等同于"贯"。下面再举一些其他用例:

(2)(刘晏)始以盐利为漕佣,自江淮至渭桥,率十万斛佣七千缗,补纲吏督之。(《旧唐书·食货志下》)

(3)因问士人所求几何,士人极口求一千缗,胡人大笑云:"何辱此珠!"与众定其价,作五万缗,群胡合钱市之。(广162)

[①] 承同窗好友齐裕焜教授见示,出版于1908年的小说《医界镜》第1回有"赚他几贯钱"之句,又民国时期的《清朝三百年艳史演义》70回有"汝身无十贯钱"之句。这些话都类似现代的"万贯家财",像是俗语之类,并非当时的实用单位。

（4）开元初，李邕……施钱七万缗。（集3）

（5）药金五十斤，聊充赠谢。此金每两值四十缗……（玄113）

（6）铗行王胡子负吾二缗，吾不负其力，取其缗半还汝，半缗充口食，以终驴限耳。（续玄191）

（7）妾虽陋拙，父利乡人之五百缗，潜以应选。（传131）

"缗"有一个功能是"贯"不具备的，就是从汉代起"缗钱"即可泛指税金，《史记·平准书》："……诸作有租及铸，率缗钱四千一算。"唐代依然。

（8）江淮、河南、峡内、兖郓、岭南盐法监院，去年收盐价缗钱七百二十七万……（《旧唐书·食货志下》）

（9）当丰岁，则贱粜半价不足以充缗钱。（白居易《息游惰策》）

（10）弁曰："吾非人也，冥司使者……吾往楚行灾，君亦其人也。感君之惠，故相报耳。然君须以钱物计会，方免斯难。"导恳苦求之，弁曰："但俟吾从楚回，君可备缗钱一二万相贶，当免君家。"（集52）

例（10）系神怪小说，"弁"为鬼使，要求"缗钱"带有索贿性质。"缗钱"亦指普通的钱，见下文"**四、千**"之例（5）。

"缗"的消亡比"贯"更早，在本期也只常见于史书及笔记小说，而"贯"则见于各种文体，包括敦煌文书、变文。明人小说《初刻拍案惊奇》卷22说："原来唐时使用的是钱，千钱为'缗'。……当时一缗钱，就是今日的一两银子，宋时却叫做一贯了。"这段话可以说明：一，明代已不用"缗"；二，虽然认为宋时才叫"贯"并不准确，但可看出明朝人认为"贯"较"缗"晚出,"缗"在宋时已不行用了。

四、千

《说文》:"千,十百也。"作为数词人所熟知,而它的量词功能却易被忽视,[①] 但这是确实存在的。曹植《名都篇》:"我归宴平乐,美酒斗十千。"本期仍习见:

(1)与沽一斗酒,恰用十千钱。(崔国辅诗,1199)

(2)新丰美酒斗十千,咸阳游侠多少年。(王维诗,1306)

(3)(建中)三年五月,淮南节度使陈少游请于本道两税钱每千增二百,因诏他州悉如之。(《旧唐书·食货志上》)

(4)遂货家产,得五百千,刺史已下各有资助,满二千贯文,乃令长子载往五台写经。(广 33)

(5)中和中,将家于义兴,置一别墅,用缗钱二百千。(摭 46)

(6)韦氏忽心痛殆绝。神谓庭训曰:"可往得二百千与疗。"庭训乃归主人,自署云:"解医心痛。"令召之,庭训入神教,求二百千,令许之。庭训投药,即愈如故。(集 38)

(7)(夏侯彪之)问里正曰:"鸡卵一钱几颗?"曰:"三颗。"彪之乃遣取十千钱,令买三万颗……(朝 76)

(8)以愈贬授刺史,特加优礼,以州小俸薄,虑有阙乏,每月别给钱五十千,以送使钱充者。(韩集 730)

(9)贞元四年敕:晦日、上巳、重九节,百寮宴乐,翰林学

[①] 经查多种辞书,只有《汉语大词典》注有"千"的量词义项,《辞源》《辞海》《汉语大词典》《王力古汉语字典》等未注。

士每节赐钱一百千。(李肇《翰林志》)

崔国辅、王维诗有可能用曹植诗之典,唐代还有不少诗人如李白、许浑、陆龟蒙、权德舆等都有"斗酒十千、十千沽酒、十千斗酒"等语。但其他文献可证本期"若干千钱"之说仍存,且"千"是量词。理由是:

一,"十千"在语句中的作用并不等同于"一万"。万,先秦已有数词义,《孟子·滕文公上》:"夫物之不齐,物之情也……或相什佰,或相千万。"《说文》:"萬,虫也。"[①] 段注:"叚借为十千数名。"《十三经》"万"字出现 368 次,绝大多数用为数词或其引申义;"千"155 次,其中唯《诗经》有"十千"两次。《小雅·甫田》:"倬彼甫田,岁取十千。"《毛传》:"十千,言多也。"这是上古偶见的用法,且出现在韵文里。这说明汉语自上古就有"万"这个数位,很少像西方语言那样称"万"为"十千"。唯训释词义时除外,如《玉篇》:"萬,十千也。"

二,"十千"仅用于钱币,不用于计量其他事物,故不是一个合格的数词。不仅"十千"如此,就连"若干千、半千"冠于人及其他事物的例子亦罕见,且均出于敦煌变文:"经:以其疾故,国王、大臣、长者、居士、婆罗门等,及诸王子并余官属无数千人皆往问疾。"(敦校 833)"一国仕流春色内,半千王子玉花中。"(同前 770)"半千宝盖,行行而总已擎持……"(同前)其中第一例是讲经人引述《维摩诘经》原文,系后秦鸠摩罗什据梵文所译,另两例也是据经文

[①] "萬","万"的繁体,甲骨刻辞里像虫形,当时尚无用为数词之例。

加以解说,"无数千、半千"很可能受印欧语系的影响,并非汉语的固有习惯。以下二例更表明"千、缗、贯"是一样的,在句中可以互换:

(10)果有张蓬子,乃出金示之,蓬子惊喜,捧而叩颡,曰:"从何得此!所要几缗?"吉儿即曰:"二百千耳。"(集21)

(11)帝令给使将一鹞子于市卖之,索钱二十千。寻不知也,酬钱十八贯……(朝149)

五、镮

《说文》无"镮",朱骏声《说文通训定声》以之为"環(环)"的异体字。用如"环"之例如变文《目连缘起》:"我佛哀怜恳切,借十二镮锡杖,七宝之钵盂,方便又赐神通……"(敦校1012)又义铜钱,并可做量词表示少量的钱,至于究值几何,未见记载。估计近似于"文",这种功能或始于本期:

(1)(被害人托生凶手之家为子,以耗其财)近与之计,唯十镮未足,故有蜀红之赠。(玄26)

(2)视手中器,乃一黄色铜碗也,其价只三五镮耳……(续玄172)

(3)元和初,洛阳村百姓王清,佣力得钱五镮,因买田畔一枯栗树,将为薪以求利。(酉137)

(4)昨梦二人从东来,一髯而短者祝醑,获钱二镮焉。(白行简《三梦记》)

六、锾

《说文》:"锾,锊也。""锊"是一个衡制单位,《说文》谓"十铢二十五分之十三也"。关于"锾"的数值说法不一，详见孙星衍《尚书今古文注疏》。《书·吕刑》："其罚百锾。"后遂为罚金的代称，如柳宗元诗"爱书降罚锾"仍用其义。此外本期亦用为称钱的量词：

（1）建中初，有人牵马访马医，称马患脚，以二十锾求治。（酉 214）

（2）……有村人卖一笼龟，其数十三，贩药人徐仲以五锾获之。（同上 279）

"锾、镮"中古同属平声删韵匣母，户关切，《酉阳杂俎》中锾、镮并见，意义无别。

此外，用作货币单位的量词还有"锭"，见第二章第二节"梃"字条。

第六章 临时量词

　　临时量词是语言中必需的表量手段，世界各种语言均不可少。临时量词又是汉藏系语言其他量词借以产生的模型和样板，在研究量词发展历史时不应忽略。这一章专门讨论本期器物、建筑物、景物、肢体服饰等名称做临时量词的情况。至于个体量词兼做临时量词则很普遍，已散见于第二章各节，如"树、架、身、角"等。

第一节　器物名做临时量词

　　借器物来称量是人类生活中常见的现象，举世皆然，即使量词不发达的语言也有以器物表量的手段。上古汉语很早就有了表示容量单位的原始计量词，或称"单位词"（郭锡良 2005：34—38），如甲骨文的"卣"。春秋战国以后量词有了初步发展，取自器物名的临时量词出现了不少，如杯、车、箪、爵、篚、盂、瓢等（向熹 1993下：43—44）。而且临时量词是最早进入"数量名"结构的，如"一箪食、一瓢饮"（《论语·雍也》），"一杯水、一车薪"（《孟子·告子上》），"一篚锦"（《左传·昭公十三年》）。此后历经两汉、魏晋南北朝，这类量词数量更加丰富，详见刘世儒（1965）第四章，在此不详述。

　　本期做临时量词的器物名很多，不可能穷尽列举，在此将其大致分为几类：

一、瓮缸坛罐类盛器

此类多陶器、瓦器，虽然有时也量酒、饭，但不专属于餐饮所用食具，而是用于储藏粮食或其他物资的。

（一）器

《说文》："器，皿也。"《论语·公冶长》："子贡问曰：'赐也何如？'子曰：'女，器也。'曰：'何器也？'曰：'瑚琏也。'"这表明"器"就是各种器具的统称。南北朝经常借用为量词，如"谷一器"（《神仙传卷6》）、"金一器"（《华阳国志·大同志》）、"酒二器"（《宋书·张邵列传》，以上俱见刘世儒1965：236）。本期用例仍多：

（1）白月半窗抄术序，清泉一器授芝图。（皮日休诗，7084）

（2）孝武遣人送酒二器，甘蔗百挺。（《南史·张畅列传》）

（3）有人持一器药，状似稀饧，即于李妻身涂之。（玄92）

（4）忽有老人持一器汤饼，来诣洞玄曰……（广13）

（5）隔一日，乃扛一器酒，与辛别……（酉206）

（6）安道语公之左右曰："请水一器。"（集28）

（7）襄阳……屏人曰："我得秘药，不可独不死，今遗子一器，可用枣肉为丸服之。"（韩集555）

（二）盛

《说文》："盛，黍稷在器中以祀者。"段注："盛者实于器中之名也。故亦呼器为盛。"故"盛"是一种盛放东西的器具。《左传·哀公十三年》："旨酒一盛兮，余与褐之父睨之。"杜注："一盛，一器也。"说明晋代"器"已比"盛"更通行，杜预才以之释"盛"。本期所见用例更为稀少：

（1）九曲酒池，十盛饮器。（游仙窟，近代6）

（2）今献瓜一器、果一盛则受之……（《新唐书·陆贽列传》）

（三）盆

《说文》："盆，盎也。"《庄子·至乐》"鼓盆而歌之"，郭象注曰"瓦缶也"，这当然是一种容器。但向熹（1993下：43）举《荀子·富国》"今是土之生五谷也，人善治之，则亩数盆"作为容器量词之例，却是有问题的。一亩地"善治之"，不可能只收几瓦盆的粮食。这个"盆"是古代量制的单位，《周礼·考工记·陶人》："盆实二鬴。"郑玄注："量六斗四升曰鬴。"故"盆"合十二斗八升。但到了唐五代，这种古代量制已不使用，本期所见用例确乎都是作为容器的临时量词，是自古流传下来、唐时仍使用且至今仍活在口语里的常用词：

（1）净能奏曰："陛下合得龙肉吃。"皇帝曰："何以得之？"净能奏曰："索水一盆。"……（敦校337）

（2）掩映桔林千点火，泓澄潭水一盆油。（白居易诗，5024）

（3）凿晋阳西山为大佛像，一夜燃油万盆，光照宫内。（《北史·齐本纪下》）

（4）项曰："水土各一盆，有竞乎？"则天曰："无。"（大唐6）

另有一例，"盆"似非容器：

（5）至七月七夕，西王母头戴七盆花，驾云母之车，来在殿上，空中而游。（同上244）

敦校249页注〔六〇〕："……《敦煌宝藏》'美八五五号'《悉达太子诞质图》所画太子头顶有七枝花，故知'七笙花'、'七盆花'皆即七枝花，'笙'犹'茎'，'盆'盖指花朵而言。"

（四）缶

《说文》:"缶，瓦器，所以盛酒浆。"《礼记·礼器》:"五献之尊，门外缶，门内壶。"本期有用于量水之例：

泓然一缶水，下与坳堂接。（钱徽诗，唐补1028）

"缶"又为计量单位词，《小尔雅·广量》:"簸二有半谓之缶，缶二谓之钟。"但行用不广，本期未见。

（五）瓮

《说文》:"瓮，罂也。"汲水陶器，《庄子·天地》:"凿隧而入井，抱瓮而出灌。"《礼记·檀弓》:"盐醢百瓮。"后者已可视为容器量词。本期仍习用，敦煌变文及通俗的白诗均有所见，且有加"子"尾的情况（量词加"子"尾详见第九章第八节，下同），可见是存在于口语中的：

（1）酝五百瓮酒，杀十万口羊䐗烀驼，饮食盈川，人伦若海。（敦校159）

（2）一瓮两瓮钵中少，三瓮五瓮转希其（奇）。劳（捞）尽难陁七瓮饭，不知我佛不思议。（同上591）

（3）若无清酒两三瓮，争向白须千万茎。（白居易诗，5175）

（4）更怜家酝迎春熟，一瓮醍醐待我归。（同上，5135）

（5）酿千瓮。（《史记·货殖列传》"通邑大都，酤一岁千酿"句张守节正义）

（6）又于空房内密闭门，置一瓮水，横刀其上。（朝64）

（7）时庄客输油六七瓮，忽震一声，油瓮悉列于梁上……（酉82）

（8）冯坦者，尝有疾，医令浸蛇酒服之。初服一瓮子，疾减半。（同上140）

（六）瓶

《说文》："缾，瓮也。""瓶"是"缾"的或体，《易·井》："亦未繘井，羸其瓶。"作为量词未见上古用例，或起自南北朝，《南齐书·褚澄传》："以百瓶水从头自灌。"刘世儒（1965：238）认为它是汲水器，与后世"瓶"的概念不同。本期成为常用量词：

（1）尝有一僧……买得一瓶蜜，于房中私食。（敦文337）

（2）三人到屋里，其女见来，点一瓶茶，排批了，云："请上座用神通吃。"（祖424）

（3）其僧……掘地深一丈余，得三瓶佛舍利。（入唐，近代140）

（4）两瓶箬下新开得，一曲霓裳初教成。（白居易诗，4966）

（5）遥想论禅处，松阴水一瓶。（许浑诗，6068）

（6）复汲数瓶水，顷之，乃旨酒也。（酉27）

（7）逡巡，有著黄人提一瓶茶来，云："此是阳官茶，绍可吃矣。"（玄132）

（8）有人以醲酝一瓶遗瑗……（宣134）

从量佛舍利及茶、酒的情况看，"瓶"似已非均指古之陶瓮了。

（七）缸

《说文》："缸，瓦也。"瓦制容器，古代与近代形制有别，但未见较早用例，李商隐诗："郫筒当酒缸。"（6215）本期诗歌常用作量词：

（1）度日竹书千万字，经冬术煎两三缸。（皮日休诗，7085）

（2）小轮轻线妙无双，曾伴幽人酒一缸。（陆龟蒙诗，7223）

（3）解印书千轴，重阳酒百缸。（杜牧诗，5968）

（八）坛

《说文》无，后起字，一种小口大腹的圆形陶器，陆龟蒙诗："决决春泉出洞霞，石坛封寄野人家。"（7224）本期偶见做量词：

　　　　窗下覆棋残局在，桔边沽酒半坛空。（许浑诗，6093）

（九）甀

《说文》无，是一种陶制容器。《史记·货殖列传》"浆千甀"。古书常借"担、儋"为"甀"，或为方言词①。笔者仅见本期一例：

　　　　……载一甀酒，加以隐具，由五泻泾入震泽。（皮日休诗序，7058）

（十）甊

《说文》无，《仪礼·既夕礼》："两甊醴酒。"是一种瓦制酒器，李贺诗："瓦甊浊醪蚁浮浮。"做容器量词本期少见，出于文人笔记，或为仿古之语：

　　　　君所居堂后有钱一甊，覆以板，非君有也。（酉28）

（十一）桮

《说文》无，各种辞书均失收，疑即"盃"，"盃"亦后起字，《玉篇》释为"钵也"。仅见一例为王梵志诗（又作缺名诗，见于《全唐诗外编》354页）：

　　　　菜粥吃一桮，街头阔立地。（王诗校辑33）

今河北唐山、石家庄等地区的一些县份有呼盆子为盃子的②，不知

---

① 《后汉书·显宗孝明帝纪》："生者无担石之储。"李贤注："《方言》作'甀'，云'罃也，齐东北海岱之间谓之甀'。"

② 见《河北方言词汇编》198页，商务印书馆，1995年。

与"栿"是否有关。

（十二）罐

《说文》无，《新附》有之，释为"器也"，《类篇》释为"汲器"。始见于南北朝，《世说新语·尤悔》："（曹彰）既中毒，太后索水救之。帝预敕左右毁瓶罐，太后徒跣趋井，无以汲，须臾遂卒。"作为量词始见于本期变文：

（1）其鱼（渔）人……饭携一罐，行至船所，不见芦中之士，唯见岸上空船。（敦校 8）

（2）饼有十翻，饭有一罐，请来就船而食。（同上）

二、箱橱囊袋类盛器

此类多为竹木器，多用来收储衣物、书籍等，有的也用于粮食、蚕桑、鸟兽等。

（一）箧

《说文》"箧"是"匧"的重文，释为"藏也"。藏物之具，《左传·昭公十三年》："卫人使屠伯馈叔向羹与一箧锦。"本期之例：

（1）几箧诗编分贵位，一林石笋散豪家。（皮日休诗，7089）

（2）兵书一箧老无功，故国郊扉在梦中。（许浑诗，6089）

（3）重一箧，香十株，赤金瓜子兼杂麸。（李贺诗，4438）

（4）满箧新风雅，何人旧岁寒。（齐己诗，9447）

（5）敬德翼太宗以出贼围，更率骑兵与世充交战……特赐金银一箧，此后恩眄日隆。（《旧唐书·尉迟敬德列传》）

（二）箱

《说文》："箱，大车牝服。"此指车厢，其作为"贮物之器"的意义产生较晚，如魏武帝《兖州牧上书》"甘梨二箱、楟枣二箱"。南北朝更有"使人赍一箱物"(《高僧传·译经篇》)这样的量词用例了(见刘世儒 1965：240)。本期之例：

（1）业绳牵入铁城中，万柜千箱阿谁物。（敦辞 1649）

"柜"也是贮物的家具，《韩非子·外储说左上》就有"木兰之柜"，白居易诗亦有"斑竹盛茶柜"(《宿杜曲花下》)之说，但做临时量词的实例未见。

（2）一日读十纸，一月读一箱。（杜牧诗，5941）

（3）高下绿苗千顷尽，新陈红粟万箱空。（同上，6027—6028）

（4）发榇……见绣衣一箱在棺中，而失所送金杯及玉环。（广 89—90）

（5）杜公赏诗，贶物十箱，希无愧于一醉也。(《云溪友议》卷7)

（三）匣

《说文》："匣，匮也。"系方形储物用具，小箱。《史记·刺客列传》："而秦舞阳奉地图匣，以次进。"竺法汰文有"错得其药方一匣"之说(《全晋文》卷159，转引自刘世儒 1965：241)，本期偶见其例：

古岳龙腥一匣霜，江上相逢双眼碧。（贯休诗，9336）

（四）椷

《说文》："椷，箧也。"徐锴曰："椷，函属。"即小箱。做量词在本期前后均未见，仅见敦煌变文的一例：

直饶玉提(缇)金绣之徒,未免于一械灰烬。(敦校 531)

洪艺芳(2000:387)谓这个词做容器量词似乎为唐代新兴,后代文献未见沿用。

(五)笼

《说文》:"笼,举土器也。"一种竹器,上古就不限于盛土,《庄子·天地》:"则鸠鹩之在于笼也,亦可以为得矣。"《世说新语·任诞》:"俄见一人持半小笼生鱼径来造船。"刘世儒(1965:238)谓其"就是'筐'或'篓',上古语叫'篑'",未知所据。本期常用作临时量词,可分为三类:

1. 盛放动物及衣物。

(1)文书兼衣服都有四笼,便买三头驴,待处分来。(入唐,近代 159)

(2)福州贞元末,有村人卖一笼龟,其数十三……(酉 279)

(3)部人有鹞子七十笼,令以蜡涂爪。(朝 99)

下例以"一笼金线"喻柳树,字面仍是盛物:

(4)一笼金线拂弯桥,几被儿童损细腰。(韩偓诗,7793)

2. 量火,指以笼盛燃料后点燃。

(5)万里胡天无警急,一笼烽火报平安。(刘禹锡诗,4070)

(6)戍火三笼滞晚程,枯桑系马上寒城。(吴融诗,7886)

(7)柳长北阙丝千缕,云簇南山火万笼。(翁洮诗,7641)

3. 量灯,近似个体量词。

(8)平地塔千尺,半空灯一笼。(李洞诗,8289)

此外,本期"笼"可加"子"尾,当系口语习用者:

（9）从京将来圣教功德帧及僧服等，都四笈子……（入唐，近代163）

（六）笈

《说文》无，《太平御览》卷71引应劭《风俗通》："笈，学士所以负书箱。"系由竹藤等编成、可以背负的箱子，《晋书·王裒列传》："负笈游学。"做器物量词例不多见：

（1）闲僧千声琴，宿客一笈药。（皮日休诗，7104）

（2）一笈负山药，两瓶携涧泉。（温庭筠诗，6743）

（七）筐

在《说文》中，"筐"是"匡"的重文，释为"饮器"。《汉语大词典》释作饭器。作为器物量词有较早用例，实际语言中未见用作饮器，《国语·楚语》："……于是乎每朝设脯一束、糗一筐，以羞子文。"《仪礼·聘礼》："大夫饩宾，大牢米八筐。"魏文帝《与王朗书》："孙权重遣使称臣，奉贡明珠百筐，黄金千镒。"本期之例如：

（1）熬谷八筐。（敦煌文书A383）

（2）今朝楼下柑初熟，摘得一筐分不足。（无名氏诗，唐外697）上例诗题《分柑子歌示诸小》，可见是很口语化的作品。

（3）……乃斫一枯桑树，成数筐札，聚于盘上噢之，悉成牛肉。（酉27）

（4）先是，陈金帛数筐，将遗邑僚，……（《因话录》，大观849）

（八）篑

《说文》无，《书·旅獒》："为山九仞，功亏一篑。"后多用此典，本期亦然。

> 未展六骑术，先亏一篑功。（李世民诗，唐补 662）

本期口语文献中未见此词，前文提及"笼"上古叫"篑"，本期已成常用词；另有"筐"字，从本期至现代均用于口语。这说明"篑"或早被"笼、筐"取代。

（九）筒（箇）

《说文》："箇，断竹也。"义为竹管，《韩非子·说疑》："不能饮者以箇灌其口。""箇"是今通用之"筒"的本字，今为异体，唐时已多作"筒"[①]。刘书未录此容器为量词之例，《颜氏家训·书证》有例也不够典型："《三辅决录》云：'前队大夫范仲公，盐豉蒜果共一箇。'"本期始见典型用例：

（1）玉封千挺藕，霜闭一筒柑。（陆龟蒙诗，7167）

（2）唯憎小吏尊前报，道去衙时水五筒。（白居易诗，5024）

（3）天王阁……拆时，腹中得布五百端，漆数十筒。（酉 246）

（十）桶

此字古有二义。一为量器名，《说文》："木方，受六升。"段注："疑当作方斛，受六升。"《吕氏春秋·仲春》："钧衡石，角斗桶，正权概。"另一为盛器名，《急救篇》卷三："椭杅槃案梧闒碗。"颜师古注："椭，小桶也，所以盛盐豉。"可见，在唐代"桶"已是普通容器。

> 案：谓大斗，大量也。言满量千斗，即今之千桶也。（《史记·货殖列传》"漆千斗"句司马贞索隐）

[①]《说文》："筒，通箫也。"此字徒弄切，去声，今音应读 dòng，实际语言中已不存，与量词义无关。

由此又可知，唐代漆不再以斗量，改用"桶"，这倒是与今之习惯相同了。不过上例仍似用为量器，与斗相类。仅录此备考。

（十一）箩（罗）

《说文》无，《方言》卷 5："所以注斛……陈、魏、宋、楚之间谓之箩。"竹编器具用以盛物或淘米。作为量词始于本期：

（1）半罗茧就新蝉叫，一络丝成旧债催。（敦校 621）

此例的"罗"徐震堮谓同"箩"（见敦校 630 注〔八〇〕），是。

（2）担头何物带山香，一箩白箪一箩栗。（贯休诗，9334）

此诗前两句"山童貌顽名乞乞，放火烧畲采崖蜜"，极其通俗。

（十二）筐

《说文》："筐，车笭也。"笭是一种竹笼，但王筠《说文句读》批评许说："以筐专为车笭之名，则于经无征。"《说文》另有"匚"字，释为"器似竹筐"，《王力古汉语字典》谓："匚是筐的初文，筐是匚的累增字。"本期史书之临时量词用例：

（1）其生初入，置束帛一筐，酒一壶，脩一案，号为束脩之礼。（《唐六典·国子监》）

此外，《旧唐书》一例与此大同小异：

（2）生初入，置束帛一筐，酒一壶，脩一案。（《旧唐书·职官志》）

（十三）畚

《说文》无，后起字，是一种草绳编的盛器。《周礼·夏官·挈壶氏》有"挈畚以令粮"之句，郑玄注引郑司农曰："畚，所以盛粮之器。"作为器物量词本期有个别用例：

(1) 何能埋其源？惟有土一畚。（韩愈诗，3870）

另外宋人王谠据唐代小说所著的《唐语林》亦有一例，应能反映当时语言使用状况，录之如下：

(2)（政事堂会食之床）不迁者五十年……其下铲去聚壤十四畚。(《唐语林·方正》)

(十四) 厨

《说文》"厨，庖屋也"，即厨房。作为器物量词源于后起义"柜子"（此义后加"木"旁作"橱"），《世说新语·巧艺》注引《续晋阳秋》："（顾）恺之尤好丹青，妙绝于时，曾以一厨画寄桓玄。"本期个例：

（汝南王）琎常戴砑绢帽打曲，上自摘红槿花一朵，置于帽上筕处……遂奏舞山香一曲，而花不坠落，上大喜笑！赐琎金器一厨……（羯4）

(十五) 合

《说文》："合，合口也。"本义闭合、合拢，《战国策·燕策二》："蚌方出曝，而鹬啄其肉，蚌合而拑其喙。"刘世儒认为量词义系由配合义转来，两物合成一副叫"一合"，《居延汉简》有"砲一合"，这就形成了个体量词。（详见刘世儒 1965：214—215）

容器"合"跟作为个体量词的"合"关系密切，在此一并介绍。

1. 个体量词量屏风等。

(1) 海州土俗工画，节度令造海图屏风二十合。（封77）

(2) 每亭铺六尺榻子一合。(《大业杂记》)[①]

[①] 此例与下文例(7)隋文帝文转引自刘世儒(1965：215)。

2. 由相合义发展为器物名，后起字加"皿"作"盒"，但本期仍写作"合"。

（3）某乙等兄弟八人别无报答，有一合龙膏，度与和尚。（敦校 298）

（4）捧数合之香花，擎几般之幡盖。（同上 864）

（5）已题一帖红消散，又封一合碧云英。（白居易诗，4845）

（6）香泉一合乳，煎作连珠沸。（皮日休诗，7055）

（7）故令高颎赐汝我旧所带刀子一枚并菹酱一合。（隋文帝《诫太子勇》）

（8）兼惠花胜一合，口脂五寸……（元稹《莺莺传》）

"合"又音葛合切，今音 gě，为容量词，详见第五章第二节。

（十六）裹

《说文》："裹，缠也。"动词义为缠绕、包裹，《诗·大雅·公刘》："迺裹餱粮，于橐于囊。"又指包裹着的物品，由此成为量词，《穆天子传》已有"朱三百裹"（见卷2），《宋书·符瑞志》亦有"黄散一裹"（见刘世儒 1965：243）。本期之例：

（1）忽见一僧，手持糜一裹及新鞋一量……（冥12）

（2）因开襆，有斤凿数事，玉屑饭两裹……（酉11）

（十七）囊

《说文》："囊，橐也。"《诗·大雅·公刘》"于橐于囊"毛传："小曰橐，大曰囊。"囊即盛物的袋子。《抱朴子·仙药篇》："仙人以一囊药赐之。"本期有了后起同义词"袋"，但"囊"仍出现在口语化的诗歌中：

（1）忆归复愁归，归无一囊钱。（白居易诗，4776）

（2）家有半菽食，身为一囊灰。（皮日休诗，7019）

（3）文武群官朝服，上礼酒十二钟，米十二囊，牛十二头。（《隋书·礼仪志四》）

（4）忽院墙中般过两囊衣物之类，黑衣取之，束缚负担。（集58）

（5）或时留蛇一囊为质……（韩集701）

（十八）袋

后起字，《说文》作"帒"，释为"囊也"。"袋、帒"皆无上古用例，《南史·羊鸦仁列传》："……半骨杂他骨，作五袋盛之。"辞书多举清代小说中语，以为量词"袋"的最早用例，如《汉语大字典》举《镜花缘》76回"吃袋烟"，《汉语大词典》举《儿女英雄传》第4回"吸了好几袋烟"，实则其出现要早得多，本期已有典型用例：

（1）复与黄药一袋，云："此药善治一切病……"（广91）

（2）复取其妻衣服，手自别之，分为数袋，以付四婢……（同上108）

（十九）襆

后起字。《说文》有"纀"，释为"裳削幅为之纀"。《集韵》谓其"或作'襆'"。器物量词"襆"来自后起义"巾帕"，是用来包裹衣物的。亓文香（2005）谓晋干宝《搜神记》有与此形近义同的量词"襆"，其例为"提一襆新衣"，然干宝书久佚，为后人辑录而成，仅可备参考。本期用例不多：

（1）因裹一襆物，大如羹椀，戒无窃开。（酉20）

（2）因行野外，见衣一襆遗墓侧，安以无主，遂持还。（同上271）

（二十）幞

后起字。《说文·新附》谓"幞，帊也"。《新附》"帊"字条又谓："帛三幅曰帊。"李贺《马》诗有"香幞赭罗新"句，王琦《汇解》谓："'襆'即'幞'字，音与'伏'同。"作为量词，"幞"义同于"襆"，即量以帕包裹之物，本期之前未见：

浴讫，授衣一袭，巾栉一幞。（续玄177）

"一襆、一幞"都是"一包"的意思。

宋代《资治通鉴·后晋高祖天福二年》有"纸钱一幞"，按所述史实的年代，仍属唐五代的范围。

此外，本期箱橱等做临时量词的还有"函"，详见第二章第十节。

三、酒具、食器

（一）杯

《说文》："杯，䀎也。"盛酒水的器皿，上古即可做容器量词，《战国策·魏策一》："乐羊……啜之，尽一杯。"本期更为习见：

（1）杨妃……满添一杯药酒在镜台前头。（敦校299）

（2）壶觞百杯徒浪饮，章程不许李稍云。（敦辞1776）

（3）朝饮一杯酒，冥心合元化。（白居易诗，4721）

（4）三杯取醉不复论，一生长恨奈何许。（韩愈诗，3792）

（5）不疑奉道，常御酒止肉，是日不觉饮数杯。（博37）

（6）判官又赐厅前池水一杯……（玄105）

（7）绿裳赐华酒五杯，昏然而醉……（集44）

这些用法与现代无异，是行用时间最长的一个临时量词。

（二）爵

《说文》在鬯部，谓"爵，礼器也，象爵之形，中有鬯酒，又持之也，所以饮"。故为一种酒器，上古即可做容器量词，《左传·宣公二年》："臣侍君宴，过三爵，非礼也。"本期仅见于文人诗文，（2、3）两例袭用上引《左传》之典，恐非常用之口语：

（1）眼穿长讶双鱼断，耳热何辞数爵频。（韩愈诗，3862）

（2）侍宴既过三爵，喧哗窃恐非宜。（隋唐41）

（3）……谢恩之际，赵公与之首宴，公屡赏欧阳琳文学，（韩）衮睨之曰："明公何劳再三称一复姓汉！"公愕然为之彻席。自是从容不过三爵。（摭142）

（三）钟

"钟"为古容量单位，见第五章第二节。又，《说文》："钟，酒器也。"《孔丛子·儒服》："昔有遗谚：尧舜千钟，孔子百觚，……古之贤圣无不能饮也。"[①] 本期作为饮器之例：

（1）居然鳞介不能容，石眼环环水一钟。（韩愈诗，3843）

此例为比喻，把泉眼比作盛水的小钟。

（2）文武群臣朝服，上礼酒十二钟，米十二囊，牛十二头。（《隋书·礼仪志四》）

（3）有拒请歌者，饮一钟。（《纂异记》，大观504）

另有"盅"字与作为酒器的"钟"今音相同，均为 zhōng。写

[①]《孔丛子》旧题秦末孔鲋撰，或疑为三国魏王肃伪托而作。

于宋初的变文《茶酒论》里有"茶贱三文五碗，酒贱中半七文"。校注者都以"中"为"盅"，但"盅"有此义是较晚的事，本期未见。

（四）榼

《说文》："榼，酒器也。"《左传·成公十六年》："使行人执榼承饮。"《十三经》只此一例，未有用于量词者。晋干宝《搜神记》卷1："觅取清酒一榼，鹿脯一斤。"白居易诗云"春风小榼三升酒"（5061），"榼"前加"小"很是随意，可见本期"榼"日常还是当酒杯用，且在本期做量词还出现在变文及口语诗中：

（1）其鱼（渔）人取得美酒一榼，鱼肉五斤……（敦校8）

（2）闻好不惜钱，急送一榼酒。（王诗校辑162）

（3）当炉一榼酒，争奈两年何。（卢仝诗，4371）

（4）一榼扶头酒，泓澄泻玉壶。（白居易诗，5004）

（五）觞

《说文》："觞，觯。实曰觞，虚曰觯。""觞"指盛满酒的酒杯，亦泛指酒杯，《礼记·投壶》："命酌，曰：'请行觞。'"以觞量酒之例如陶潜《饮酒》诗："忽与一觞酒，日夕欢相持。"本期之例如：

（1）寿酒三觞退，箫韶九奏停。（司空曙诗，3336）

（2）岸曲舟行迟，一曲进一觞。（白居易诗，5108）

（3）子饭一盂，子啜一觞……（韩集570）

（六）卮

《说文》："卮，圜器也，一名觛，所以节饮食。"《汉书·高帝纪》："上奉玉卮。"颜师古注："卮，饮酒圆器也。"唐人为之作注说明本期已不习用，做容器量词多见于文人诗文：

（1）独鹤心千里，贫交酒一卮。（陈羽诗，3891）

（2）秦楼心断楚江湄，系马春风酒一卮。（许浑诗，6102）

（3）闲谈亹亹留诸老，美酝徐徐进一卮。（白居易诗，5243）

（4）河桥酒熟平生事，更向东流奠一卮。（许浑诗，6100）

（5）醉别千卮不浣愁，离肠百结解无由。（鱼玄机诗，9054）

（6）会天寒甚，使以汁进（张）果，果遂饮尽三卮……（《次柳氏旧闻》，大观467）

（七）瓺

《说文》有"瓨"无"瓺"，释为："瓨，似罂长颈受十升。"王筠《说文句读》："瓨，字又作瓺。"本期有个别量词之例：

> 拔棹乘船过大江，神前倾酒三五瓺。倾杯不为诸余事，男女相兼乞一双。（敦校435）

黄征等注"瓺"云："梁粱校作'瓨、缸、瓮'。按：《龙龛手镜》：'瓮，瓺之大者也。'则'瓺'为小瓮，别是一器。瓺之形制有大有小，大者为水缸，中者为酒坛，小者为酒杯。下云'倾杯'，则此处'瓺'即酒杯。"（敦校448页注〔九三〕）

（八）碗（椀）

《说文》作"盌，小盂也"，是一种盛饮食的器皿，《三国志·吴书·甘宁传》："……宁先以银盌酌酒，自饮两盌。""碗"为后起字，庾信《春赋》："芙蓉玉碗，莲子金杯。"本期习见，多用以量茶，且相当口语化：

（1）索水一碗，对皇帝前便噢之作法。（敦校336）

（2）俺①茶三两垸②，意在鑵〔罐〕头边。（祖193）

（3）觅一垸茶，得不？（同上406）

（4）尽日一餐茶两碗，更无所要到明朝。（白居易诗，5239）

（5）一碗喉吻润，两碗破孤闷。三碗搜枯肠，唯有文字五千卷。四碗发轻汗，平生不平事，尽向毛孔散。五碗肌骨清，六碗通仙灵。七碗吃不得也，唯觉两腋习习清风生。（卢仝《走笔谢孟谏议寄新茶》诗，4379）

（6）有著黄人……云："此是阳官茶，绍可吃矣。"绍吃三碗讫。（玄132—133）

（7）策试夜，有一同人突入试铺，为吴语谓光业曰："……便干托煎一碗茶，得否？"（摭140）

（8）茶性俭，不宜广，广则其味黯淡。且如一满碗，啜半而味寡，况其广乎？（《茶经·茶之煮》）

（九）盂

《说文》："盂，饭器也。"盛酒水饭食的圆口器皿，《史记·滑稽列传》："操一豚蹄，酒一盂。"本期用例：

（1）临水歇半日，望山倾一盂。（白居易诗，5125—5126）

（2）日吉时良，利行四方，子饭一盂，子啜一觞……（韩集570）

（3）其人遂取一盂水，以肘后青囊中刀圭粉和之，以饮法

---

① 张美兰注：俺，当为"酽"。"酽茶"，浓茶。

② "垸"有多义，如"丸、镮"等，在此均费解，此处显然是"碗"之误，吴福祥等点校本"垸"即改作"碗"，是。

师……（玄76）

（4）公曰："渴，请一两盂茶。"（同上111）

（十）瓢

《说文》："瓢，蠡也。""蠡"字段注："……如刀之劙物。"就是分解之义，将葫芦剖分开来，可成舀水、盛酒之器。《论语·雍也》："一箪食，一瓢饮。"本期之例如：

（1）纳面酒，嗢勃桃，拨酻尝却三五瓢。（敦辞1778）

（2）相欢一瓢酒，明日醉西楼。（许浑诗，6065）

（3）昏旦松轩下，怡然对一瓢。（司空图诗，7244）

（4）颜子自惟其若是也，于是居陋巷以致其诚，饮一瓢以求其志……（韩集125）

（5）第二沸，出水一瓢，以竹筴环激汤心，则量末当中心而下。（《茶经·茶之煮》）

（十一）盎

《说文》："盎，盆也。"盆类容器。《后汉书·逸民列传·逢萌》："乃首戴瓦盎，哭于市。"李贤注："盎，盆也。"唐人李贤以盆释盎，说明当时盎已不甚通行，韩愈诗虽云"盎中有余粮"（3772），《玄怪录》有"瓶盎"之说（77页），未必是口语。本期用为容器量词我们仅见文人笔记之一例：

时京国樱桃初出；……复和以糖酪者，人享蛮楂一小盎，亦不啻数升。（摭39）

（十二）箪

《说文》："箪，笥也。汉律令：'箪，小筐也。'"为盛饭的竹器，

《论语·雍也》:"一箪食,一瓢饮。"本期多用典之例:

(1)救死具八珍,不如一箪犒。(韩愈诗,3781)

(2)饥止一箪食,渴止一壶浆。(白居易诗,4738)

(3)原生衣百结,颜子食一箪。(同上,4723)

(十三)瓯

《说文》:"瓯,小盆也。"《淮南子·说林》:"狗彘不择甂瓯而食。"《十三经》中仅《尔雅》一见,实际没有用例。又,《玉篇》:"瓯,椀小者。"此义所见用例较晚,如白居易诗"泉冷洗茶瓯"(5139),从下文例(6)可知,瓯小于瓶,这才是用以量饭菜、茶酒的量词"瓯",倒是不乏口语诗文用例:

(1)唯须小船一只,桿椁一枚,鲍鱼一双,麦饭一讴(瓯)⋯⋯臣自有其方法。(敦校13)

(2)数盏绿醅桑落酒,一瓯香沫火前茶。(韩偓诗,7801)

(3)先进酒一杯,次举粥一瓯。(白居易诗,5217)

(4)黄耆数匙粥,赤箭一瓯汤。(同上,5101)

(5)起尝一瓯茗,行读一卷书。(同上,4760)

(6)因与瓶中酒一瓯,其色浓白。(集24)

(7)乃解所携襆,有熟肉一瓯,胡饼数枚。(博16)

(十四)盘

《说文》"盘"为"槃"的籀文,释为"承槃也"。古时用于沐浴或盛放食物。《礼记·丧大礼》:"沐用瓦盘。"《左传·僖公二十三年》:"乃馈盘飧。"《十三经》中没有用为量词之例,不知是否因为其更重要的功能是用为礼器(如体形较大的虢季子白盘及散氏盘)。南北朝

所见之例如《南齐书·陈显达传》:"显达上熊炙一盘。"本期变文、《祖堂集》及其他诗文均有用例,例如:

(1) 老母便与衣裳串着身上,与食一盘吃了。(敦校 202)

(2) 师云:"一盘御饭,反为庶食。"(祖 273)

(3) 萍藻满盘无处奠,空闻渔父扣舷歌。(韩愈诗,3841)

(4) 上曰:"卿大雍睦!"遂赐酒两盘,每盘贮十金碗,每碗容一升许,宣令并碗赐之。(摭 161)

(5) 一盘好菜,何谓无?(冥 69)

(十五)楪(叠)

《说文》无。《玉篇》:"楪,牖也。"这跟食器无关。做容器量词是用其后起义,指盛放食物的小盘,字又作"叠",《北齐书·祖珽列传》:"性不羁放纵,曾至胶州刺史司马世云家饮酒,遂藏铜叠二面。"本期用例如下:

(1) 三杯蓝尾酒,一楪胶牙饧。(白居易诗,5133)

(2) 尚书……将一楪槌饼与之曰:"喫却,作个饱死鬼去。"(朝 111)

(3) 初食鲙数叠,忽似哽,咯出一骨珠子,大如黑豆,乃置于茶瓯中,以叠覆之。(酉 140)

至于现代通用的"碟"则是晚起字,它用为食器大约要到元明时期了。

(十六)壶

《说文》:"壶,昆吾圜器也。"原为盛酒的容器,《孟子·梁惠王下》:"箪食壶浆以迎王师。"《三国志·魏书·管辂传》:"当有老公从东方来，携豚一头、酒一壶。"是为容器量词。本期仍多量酒：

（1）即问渔翁何所有，一壶清酒一竿风。（敦辞601）

（2）未尽一壶酒，已成三独醉。（白居易诗，4722）

（3）生寄一壶酒，死留千卷书。（许浑诗，6059）

（4）一壶酒，一竿身，快活如侬有几人？（李煜词，10043）

（5）空余双玉剑，无复一壶冰。（李商隐诗，6150）

（十七）勺（杓）

《说文》："勺，挹取也。"徐铉注"之若切"，今音zhuó，此为动词，义同"酌"。又音市若切，旧读shuò，今音sháo，名词，系舀取饮料的有柄工具，《周礼·考工记》："梓人为饮器，勺一升。"作为容器量词"勺"或写作"杓"，与"匙"相类，指一次用勺取水之量，间或用于其他液体，本期口语文献有多例：

（1）调停一镬馎饦，一杓先入口中。（敦愿966）

（2）须臾，师又进曰："请和尚指示。"翠微答曰："不可，事须要第二杓恶水浆泼？作摩？"（祖165）

（3）夜茶一两杓，秋吟三数声。（白居易诗，5110）

（4）石墨一研为凤尾，寒泉半勺是龙睛。（皮日休诗，7075）

（5）愿君借我一勺水，与君昼夜歌德声。（卢仝诗，4376）

（6）水，至清，尽美，从一勺，至千里。（刘禹锡诗，4008）

（7）令某回头，以热铁汁一杓灼其背。（广129）

（十八）匙

《说文》："匙，匕也。"舀物之器。晋王隐《晋书·瑞异记》："一杯食，有两匙；石勒死，人不知。"这是出现在民谣里的量词"匙"，指一次用匙所取食物之量。北齐《道兴造像记》："盐一匙。"（见刘世儒 1965：240）本期亦有变文及白诗等诗文使用：

（1）香饭琼将都一钵，愿母今朝吃一匙。（敦校 1013）

（2）药销日晏三匙饭，酒渴春深一碗汤。（白居易诗，5147）

（3）何以疗夜饥，一匙云母粉。（同上，4742）

（4）黄耆数匙粥，赤箭一瓯汤。（同上，5101）

（十九）筯

同"箸"，《说文》无"筯"有"箸"，释为"饭攲也"。"筯"即后世的筷子。《世说新语·忿狷》："王蓝田性急，尝食鸡子，以筯刺之不得，便大怒，举以掷地。"以"筯"为器物量词，跟"匙、勺"相类，指用筯一次所取食物之量，本期之例多见于诗歌，巧合的是皆用"鲈鲙莼羹"之典：

（1）秋风一筯鲈鱼鲙，张翰摇头唤不回。（白居易诗，5162）

（2）何须一筯鲈鱼鲙，始挂孤帆问钓矶。（吴融诗，7893）

（3）一筯鲈鱼千古美，后人终少继前踪。（黄滔诗，8119）

（4）名惭桂苑一枝绿，鲙忆松江两筯红。（罗隐诗，7606）

此外，本期酒具、食器类做临时量词的还有"**尊（樽）、盏**"，分别见第二章第四节及第九节。

四、炊具、燃具

"炊具"是从字的本义说，本期往往是把它们作为容器对待的。

（一）鼎

《说文》："鼎，三足两耳和五味之宝器也。"原为古代烹煮或盛放食物的器物。上古亦做容器量词，《管子·轻重乙》："其有亲戚者，必遗之酒四石,肉四鼎。"可能由于它又为礼器,且组成"鼎立、鼎盛、一言九鼎、鼎足三分"等常用词语,原义渐渐式微,现代仅存于赣、闽等方言中。本期做容器量词之例已少,且非关食物:

(1) 风吼深松雪,炉寒一鼎冰。(贯休诗,9345)

(2) 其法以铅满一鼎,按中为空,实以水银,盖封四际,烧为丹砂云。(韩集 554)

(二) 镬

《说文》:"镬,鑊也。"煮食物的器物。《吕氏春秋·察今》:"尝一脔肉,而知一镬之味,一鼎之调。"本期用为容器量词之例:

(1) 调停一镬馎饦,一勺先入口中。(敦愿 966)

(2) 好个一镬羹,不净物污著作什摩?(祖 188)

(3) 天地沸一镬,竟自烹妖孽。(司空图诗,7244)

(4) 引者曰:"此虾王也。"……龙王命放虾王一镬,令二使送客归中国。(酉 133)

(三) 铛

《说文》"铛,锒铛也,从金当声。"今音 dāng,跟量词义无关。又《广韵》楚庚切,今音 chēng,此义不见于《说文》,起源较晚,《太平御览》卷 757 引汉服虔《通俗文》"鬴有足曰铛",这才是炊具、容器之义。作为量词仅见于《祖堂集》:

直至来朝,遂见行者将一铛饭向堂中心著,共老宿吃,又不唤师。(祖 122)

(四) 釜

《说文》:"鬴,鍑属……或从金父声。"据颜师古对《急救篇》

"釜、鍑"所作注知二者均炊煮之器："大者曰釜，小者曰鍑。"上古"釜"曾用为容量单位词，本期则用为容器量词：

（1）到水之傍，乃于水中抛出四釜黄金。（敦校 601）

（2）巨掘地得一尺，乃得黄金一釜，釜上有铭曰："天赐孝子之金。郭巨杀子存母命，遂赐黄金一釜。……"（变文 886）

（五）炉

《说文》："炉，方炉也。"可用以燃火冶炼、取暖等，《左传·定公三年》："（郈庄公）自投于床，废于炉炭。"南北朝始见量词用法。刘世儒（1965：241）谓"'炉'量'火'有专用性，但它不是个体量词，因为'一炉火'同'一盆水'在称量法上是并无不同的"。举例如晋葛洪《神仙传》卷 10 "围以十炉火，口不称热，身不流汗"。"炉"作为容器所盛实际是燃料，本期就有实例：

（1）一炉薪尽室空然，万象何妨在眼前。（齐己诗，9537）

（2）日暮半炉麸炭火，夜深一盏纱笼烛。（白居易诗，4988）

直接用于量火：

（3）可能更忆相寻夜，雪满诸峰火一炉。（齐己诗，9544）

（4）橡霜诸壑霁，杉火一炉空。（温庭筠诗，6745）

此外还常量"香"，同为燃火之器，香炉不过比较小而已：

（5）万般无奈处，一炉香尽，又更添香。（敦辞 58）

（6）虚窗两丛竹，静室一炉香。（白居易诗，5050）

（7）欲知用心精洁处，一瓶秋水一炉香。（亚栖诗，9623）

（8）一炉龙麝锦帷旁，屏掩映，烛荧煌。（顾敻词，10098）

（9）房中铺一净席，席上有案，置香一炉，炉前又铺席。（玄 87）

道家在炉中炼制仙药,故稍晚吕岩诗有"炼出一炉神圣药"(9680)之说。

五、片状物簀、箔

(一)簀

《说文》:"簀,床栈也。"也指竹席,《史记·范雎蔡泽列传》:"雎详(佯)死,即卷以簀,置厕中。"本期所见诗歌中之一例系量铺于簀上之物:

一簀松花细有声,旋将渠梡撇寒清。(皮日休诗,7077)

(二)箔

《说文》所无,一种养蚕用的竹帘。南北朝即用于称量摆满一箔的东西,《齐民要术·种桑柘》:"桑至春生,一亩食(饲)三箔蚕。"本期用法与之相同:

养一箔蚕供钓线,种千茎竹作鱼竿。(杜荀鹤诗,7968)

洪艺芳(2000:384)举出晋代吐鲁番文书有以"薄"量蚕及蚕种之例,本期文献未见。"薄、箔"中古音同为入声铎韵并母,傍各切,都可指"帘子",但后起字"箔"意义较单纯,系从"薄"分化而来。

六、车船、家具、工具之类

(一)车

《说文》:"车,舆轮之总名。"是有轮的陆上运输工具。作为量词量以车运载之物,洪艺芳认为量词"车"出现在吐鲁番文书的账簿里,故"一车"应有较确定的量,需进一步研究,但恐怕"一车、一船"载物都不会是很精确的。本期用例常见:

(1)耶娘年老昏迷去,寄他夫子两车草……(敦校359)

（2）更锦绣衣裳，绫罗布绢。合合杂杂，答[①]五百余车。（同上 132）

（3）千车鹿脯作资财，百只枪筹是家产。（敦辞 1773）

（4）一车炭，千余斤，官使驱将惜不得。（白居易诗，4704）

（5）谩读图书三十车，年年为郡老天涯。（刘禹锡诗，4067）

（6）葛洪一万卷，惠子五车余。（范尧佐诗，9639）

（7）子山病起无余事，只望蒲台酒一车。（皮日休诗，7099）

（8）师古则令画作戎车战士，戈甲旌旗及纸钱绫帛数十车，就泰山而焚之。（集 46）

本期"车"还可量较为抽象的"力"：

（9）迷人终日愁衣食，费却千车力。（敦辞 878）

（二）船（附"舠"）

《说文》："船，舟也。"水上交通工具，作为量词即量用船装载之物：

（1）身兼妻子都三口，鹤与琴书共一船。（白居易诗，5034）

诗歌中以"船"称量的往往不是实物，这就是量词的修辞用法了：

（2）一船明月一竿竹，家住五湖归去来。（罗隐诗，7531）

（3）满目路岐抛似梦，一船风雨去如飞。（同上，7574）

附：舠

《说文》无，义为小船，《文心雕龙·夸饰》："言峻则嵩高极天，

[①] 黄征等谓："答，原录校作'达'。按：'答'亦可能为衍文，或为'合'之赠旁误字，故仍存之。"见敦校 151 页注〔二〇六〕。

论狭则河不容舠。"在下例中似用作量词，但非量所载之物，仅为一种修辞手法，形容水道狭窄，仅容一舠：

　　一舠白水牵愁断，两束黄昏拭泪开。（慧净诗，唐外363）

（三）案

《说文》："案，几属。"是一种可供凭憩的矮桌，或短腿的木托盘。本期做量词计量置于其上之物：

　　（1）某生初入，置束帛一篚，酒一壶，脩一案，号为束脩之礼。（《唐六典·国子监》）

这段文字又见于《旧唐书·职官志三》，稍有出入，在此从略。

　　（2）昇文轴两案，遍赠会者。（独83）

（四）榻

《说文》无，新附有之，释为"床也"。本期做量词亦量置于其上之物，而我们仅见之例也是称量抽象之物：

　　满川碧嶂无归日，一榻红尘有泪时。（罗隐诗，7532）

（五）硙

《说文》："硙，䃺也。古者公输班作硙。"玄应《一切经音义》卷14："舂磨，郭璞注《方言》云：'硙即磨也。'"此字做量词理据不明，洪艺芳（2000：380）认为"硙"既是用圆石盘做的磨粮食的工具，其中必可容物，故为容器量词，可备一说。其例仅在变文一见：

　　河中现有十硙水，潺潺流溢满百渠。（敦校181）

（六）锹

《说文》无，后起字，《齐民要术·种桃柰》："以锹合土掘移之。"是挖土的工具。做器物量词指一锹所挖之量，现代常见，本期仅见一例：

> 我死后岂有人与我一锹土邪？（《北史·高允列传》）

此外，本期家具、工具类做临时量词的还有"床、架"，分别见第二章第五节及第七节。还有一些双音节器物做临时量词，详见第九章第八节。

第二节　建筑物名等做临时量词

本节所述建筑物做临时量词大多具有实际计量作用，称量对象为实物。虽有时以"千×、万×"表大量，但与下文第三节景物名做临时量词多用于形容、描写者有别。

一、库

《说文》："库，兵车藏也。"原为藏战车的房屋，《乐记》："车甲釁而藏之库。"后泛指收藏财物的房屋：

> 当省元掌四部御书十二库，共七万余卷。（《旧唐书·经籍志上》）

二、屋

《说文》："屋，居也。"即房屋，《颜氏家训·治家》："麻鞋一屋，弊衣数库，其余财宝，不可胜言。"这已属临时量词用法，本期之例：

> 堆钱一百屋，破散何披猖。（杜牧诗，5941）

三、厫

后起字，《说文》所无，一作"廒"，义为粮仓，作为临时量词亦仅见一例：

高下绿苗千顷尽，新陈红粟万庾空。（许浑诗，6102）

四、囤

《说文》无"囤"，为后起字，即用竹条、稻草等围成的贮粮之处，《魏书·高祖纪上》："三月壬午，诏诸仓囤谷麦充积者，出赐贫民。"本期出现以之为临时量词的例子：

（1）万囤安排多积贮，一家忻贺有余粮。（敦校 612）

（2）时肃有米两囤，各三千斛，指一囤与瑜。（独 72）

例（1）为敦煌俗讲，另外作品较为通俗的诗僧贯休也说过"仓囤峨峨欲遮日"（9310），可见这个词是当时口语；而《独异志》之例系唐人据《三国志·吴书·鲁肃传》转述，与陈寿原文之差，除个别脱字外，仅将"困"字改为"囤"，可知"囤"之始行应在晋、唐之间。

五、困

《说文》："困，廪之圜者。"即圆形谷仓，古已有临时量词用法，《诗·魏风·伐檀》："不稼不穑，胡取禾三百困兮？""困、囤"意义用法相近，从上文"囤"字条看，"困"或处于渐被"囤"取代的过程中。我们仅见本期一例：

岁要衣三对，年支谷一困。（白居易诗，5231）

六、窖

《说文》"窖，地藏也"段注引《通俗文》："藏谷麦曰窖。"此词古今意义用法无大变化，就是收藏东西的地洞：

千载遗踪一窖尘，路傍耕者亦伤神。（罗隐《焚书坑》诗，7535）

七、坑

《说文》无"坑"字，《玉篇》："坑，堑也；丘虚，壑也。"指地上凹陷处，做临时量词本期仅见一例：

（陵州隆兴寺僧）惠恪率人发掘，乃一坑礜石。（酉 146）

八、窟

《说文》无，《战国策·齐策》："狡兔有三窟。"义为洞穴。本期所见乃孤例，指在同一窟内的高僧，姑列此备考。

满窟高僧始信知，一筵罗汉皆开悟。（敦校 755）

九、井

《说文》作"丼"，即水井。亦指形状像井的深洞，如矿井，本期有例以之量铜矿：

……郴州平阳、高亭两县界，有平阳冶及马迹、曲木等古铜坑，约二百八十余井，差官检覆，实有铜锡。（《旧唐书·食货志上》）

十、龛

《说文》："龛，龙貌。"此义与量词无关。量词"龛"源于另一个意义，即盛受、容纳，《方言》卷 6："龛，受也。"后指供奉神佛、盛放神主的石室或小阁，南朝陈江总《摄山栖霞寺碑》："克荷先业，庄严龛像……大同二年，龛顶放光。"每室供奉的佛像就是"一龛"。量词"龛"始见于南北朝，北魏《洛阳乡城老人佛碑》："敬造真仪一龛。"（参见刘世儒 1965：193）

本期的临时量词"龛"主要量佛像：

（1）宝灯王〔时〕，剜身千龛，供养十方诸佛，身上燃灯千盏。（敦校 433）

（2）今则有邑人义社某公等十人……乃于兹地，耕[①]建一龛。

[①] 原作"刜"，字同"耕"。洪艺芳谓"龛"后省略了中心词"佛室"。

（敦煌文书 B46）

（3）精舍绕层阿，千龛邻峭壁。（韦应物《龙门游眺》诗，1973）

（4）林窥二山动，水见千龛越。（李峤《清明日龙门游泛》诗，689）

（5）轮九层，佛千龛……（白集 1487）

此外亦可量灯：

（6）斜谷暗藏千载雪，薄岚常翳一龛灯。（贯休诗，9432）

（7）闻说天台旧禅处，石房独有一龛灯。（李郢诗，6853）

（8）百丈金身开翠壁，万龛灯焰隔烟萝。（司空曙《题凌云寺》诗，3319）

十一、塔

"塔"为后起字，《说文·新附》："西域浮屠也。"梵语 stūpa，初译"窣堵波"，晋宋译经时始造"塔"字，但南北朝未见用作量词者，本期始见，其例如下：

（1）……天竺国有国君号无忧王，分遗△形舍利假鬼工造八万四千塔阎浮之聚落……（法 248）

（2）敬造尊像一塔。（《周村十八家造像塔记》）[①]

（3）敬造浮图一塔。（《尉行忠造像记》）

十二、壁

《说文》："壁，垣也。"即墙壁，作为量词前所未见，称量画在墙上的神鬼，用例如下：

[①] "塔"字之例（2、3）转引自刘世儒（1965：193），"浮图"在此为佛义，详见刘书。

（1）……诣道子，请于东都天宫寺图神鬼数壁，以资冥助。（独42）

（2）睿宗圣容院，门外神鬼数壁，自内移来，画迹甚异，鬼所执野鸡，似觉毛起。（酉260）

（3）崔圆因召（王维）于私第，令画数壁。（传139）

第三节　景物名做临时量词

景物名用作量词在唐代诗文中十分常见，包括天然景物及人造景物。此类跟器物、建筑物做量词主要的区别是前两者大多有一定的实际计量作用，而景物名计量作用弱，修辞色彩强，一般只与数词"一"结合，少数与"半、两、千、数、满"及其他数词相配，出现其他数字是个别的。在本节里除少数较生僻的词语外，对常见词语不再一一考查词义源流，重在分析其作为临时量词的特殊作用。

一、常用的景物名类型

它们大致可分为两类：

（一）天然景物。

1. 天

　　山偷半庭月，池印一天星。（曾弼诗，唐外655）

2. 野

　　山簇暮云千野雨，江分秋水九条烟。（许浑诗，6125）

3. 岸

　　（1）萧萧山路穷秋雨，淅淅溪风一岸蒲。（杜牧诗，5980）

（2）露排四岸草，风约半池萍。（韩愈诗，3858）

4. 山

（1）台阁参差倚太阳，年年花发满山香。（许浑诗，6123）

（2）一山桃杏同时发，谁似东风不厌贫？（同上，6116）

5. 峰

（1）姑山半峰雪，瑶水一枝莲。（白居易诗，4944）

（2）形影腾腾夕阳里，数峰危翠滴渔船。（齐己诗，9554）

6. 岭

一岭桃花红锦黦，半溪山月碧罗新。（杜牧诗，5993）

7. 嶂

（1）虹收千嶂雨，潮展半江天。（可朋诗，9612）

（2）窗临杳霭寒千嶂，枕遍潺湲月一溪。（齐己诗，9571）

8. 丘

隋帝宫荒草，秦王土一丘。（杜牧诗，6008）

9. 壑

一壑暮声何怨望，数峰积势自癫狂。（罗隐诗，7536）

10. 谷

（1）半坡新路畲才了，一谷寒烟烧不成。（温庭筠诗，6765）

（2）神武曰："闻公有马十二谷，色别为群，将此竟何用也？"（《北史·齐本纪上·第六高祖神武帝》）

11. 坡

（1）处世堪惊又堪愧，一坡山色不论钱。（李洞诗，8294）

（2）半坡新路畲才了，一谷寒烟烧不成。（温庭筠诗，6765）

12. 洞

（1）满楼山色供邻里，一洞松声付子孙。（李洞诗，8298）

（2）十洞飞精应遍吸，一簪秋鬓未曾梳。（陆龟蒙诗，7191）

13. 穴

凶年是物即为灾，百阵野兔千穴鼠。（陆龟蒙诗，7148）

14. 峡

占断瞿塘一峡烟，危峰迥出众峰前。（刘隐辞诗，唐外 617）

15. 岩

山禽忽惊起，冲落半岩花。（刘禹锡诗，4105）

16. 林

（1）家有果树一林，其子繁多，恐虫鼠及他人所食，令祥守之。（变文 907）

（2）几箧诗编分贵位，一林石笋散豪家。（皮日休诗，7089）

（3）祇园一林杏，仙洞万株桃。（元稹诗，4647）

（4）一林高竹长遮日，四壁寒山更闰冬。（司空图诗，7260）

（5）万顷白波迷宿鹭，一林黄叶送残蝉。（郑谷诗，7741）

（6）金堤堤上一林烟，况近清明二月天。（孙鲂诗，10018）

（7）半林残叶迎霜落，三径黄花近节开。（牟融诗，5309）

（8）闲身自有闲消处，黄叶清风蝉一林。（齐己诗，9575）

17. 江

（1）一道残阳铺水中，半江瑟瑟半江红。（白居易诗，4946）

（2）紫蒲低水槛，红叶半江船。（许浑诗，6051）

（3）孤舟移棹一江月，高阁卷帘千树风。（同上，6093）

（4）几处尘生随候骑，半江帆尽见分流。（赵嘏诗，6351）

（5）青布旗夸千日酒，白头浪吼半江风。（韩偓诗，7807）

（6）欲问维扬旧风月，一江红树乱猿哀。（韦庄诗，8034）

（7）白有三江水，青无一点山。（齐己诗，9448）

18. 溪

（1）千树夜（野）花光璨烂，一溪流水渌潺潺。（敦校 513）

（2）一溪云母间灵花，似到封侯逸士家。（陈陶诗，8489）

（3）夜榜归舟望渔火，一溪风雨两岩阴。（许浑诗，6118）

（4）但愿长闲有诗酒，一溪风月共清明。（许坚诗，9734）

（5）一树梨花一溪月，不知今夜属何人。（无名氏诗，唐外 698）

19. 湖

唯留一湖水，与汝救凶年。（白居易诗，5007）

20. 泊

（1）忽看不似水，一泊稀琉璃。（白居易诗，4993）

（2）一泊沙来一泊去，一重浪灭一重生。（同上，404）

21. 浦

不见千树桑，一浦芙蓉花。（于濆诗，6927）

22. 滩

一滩红树留佳气，万古清弦续政声。（韦庄诗，8035）

23. 汀

（1）燕子不归春事晚，一汀烟雨杏花寒。（戴叔伦诗，3105）

（2）燕辞大厦兮将何为，蒙蒙花雨兮莺飞飞，一汀杨柳同依依。（贯休诗，9331）

24. 潭

（1）香然一字火，磬过数潭冰。（贯休诗，9342）

（2）波翻八滩雪，堰护一潭油。（白居易诗，5138—5139）

（3）到渭桥下，一潭泓澄，何计自达。（续玄171）

25. 塘

水一塘，轮一只。（白居易诗，5015）

26. 湾

一湾斜照水，三版顺风船。（钱起诗，2682）

27. 池

（1）喻若一池净水，彻底澄清……自然清净，岂有灰尘。（敦校751）

（2）夜深斜舫月，风定一池星。（刘得仁诗，6289）

（3）倚杖遍吟春照午，一池冰段几多消。（陆龟蒙诗，7175）

（4）一池荷叶衣无尽，数树松花食有余。（魏证诗，唐外690）

28. 川

（1）轮台九月风夜吼，一川碎石大如斗，随风满地石乱走。（岑参诗，2053）

（2）迤逦前冈压后冈，一川桑柘好残阳。（韦庄诗，8025）

（3）一川虚月魄，万崦自芝苗。（李商隐诗，6240）

（4）去为万骑风，住为一川肉。（皮日休诗，7015）

（5）地僻无人秋寂寂，一川红影夕阳间。（贾岛诗，唐外454）

29. 泓

借自形容词的"泓"性质与以上景物名类似，专用于一片水，水虽不似风、烟、色、香那样虚无，但量之以"泓"就显得比较空灵，意指所量之水湛深、澄澈，今仍沿用。

（1）一泓春水无多浪，数尺晴天几个星。（方干诗，7474）

（2）犹是玉轮曾辗处，一泓秋水涨浮萍。（韩偓诗，7833）

（3）遥望齐州九点烟，一泓海水杯中泻。（李贺诗，4396）

（4）一泓镜水谁能羡，自有胸中万顷湖。（白居易诗，5001）

（5）喷时千点雨，澄处一泓油。（同上，5100）

30. 派

（1）六环金锡飞来后，一派银河泻落时。（贯休诗，9437）

（2）广陵花盛帝东游，先劈昆仑一派流。（许浑《汴河亭》诗，6094）

（3）惟怜一派温泉水，不逐人心冷暖移。（杜正伦诗，唐补668）

关于这个词，需略加说明。《说文》："派，别水也。"本义水的支流，本期所见做量词只用于水。《红楼梦》里还有这种用法，如第17—18回："后院墙下忽开一隙，清泉一派，开沟仅尺许，灌入墙内。"但现代口语已不存。后来发展出多种用途，可量派别、景色、声音、语言等，如元代乔吉《扬州梦》："喜的是楚腰纤细掌中轻，爱的是一派笙歌醉后听。"现代还可说"两派不同观点、一派胡言"等。

（二）人造景物如庭、楼、窗等。

1. 庭

（1）万古云山同白骨，一庭花木自青春。（唐彦谦诗，7671）

（2）松杉一庭雨，幡盖满堂风。（温庭筠诗，6743）

（3）山偷半庭月，池印一天星。（曾弼诗，唐外655）

（4）唯有半庭竹，能生竟日风。（贯休诗，9339）

　　（5）划尽寒灰始堪叹，满庭霜叶一窗风。（罗隐诗，7537）

2. 楼

　　（1）若信贝多真实语，三生同听一楼钟。（李商隐诗，6146）

　　（2）满座马融吹笛月，一楼张翰过江风。（谭用之诗，8670）

　　（3）满楼山色供邻里，一洞松声付子孙。（李洞诗，8298）

3. 窗

　　（1）划尽寒灰始堪叹，满庭霜叶一窗风。（罗隐诗，7537）

　　（2）白月半窗抄术序，清泉一器授芝图。（皮日休诗，7084）

　　（3）还将两袖泪，同向一窗灯。（李商隐诗，6178）

　　（4）金风万里思何尽，玉树一窗秋影寒。（杜牧诗，5999）

　　（5）清风两窗竹，白露一庭松。（白居易诗，5040）

　　（6）生事罢求名与利，一窗书策是年支。（徐夤诗，8147）

　　（7）夜初长，人近别，梦断一窗残月。（冯延巳词，唐五代词408）

4. 轩

　　十亩野塘留客钓，一轩春雨对僧棋。（韦庄诗，8006）

5. 宫

　　一宫花渚漾涟漪，侭堕鸦鬟出茧眉。（陆龟蒙诗，7212）

6. 檐

　　四望月沉疑掩镜，两檐花动认收屏。（许浑诗，6116）

7. 柱

　　红藤一柱脚常轻，日日缘溪入谷行。（唐求诗，8310）

8. 园

　　（1）舍后一园韭，刈却还如旧……（变文 275）

　　（2）一园红艳醉坡陀，自地连梢簇茜罗。（韩偓诗，7794）

　　（3）斜阳众客散，空锁一园春。（刘禹锡诗，4020）

9. 苑

　　杨柳千寻色，桃花一苑芳。（张祜诗，5833）

10. 村

　　万里清江万里天，一村桑柘一村烟。（韩偓诗，7793）

11. 篱

　　（1）读书三径草，沽酒一篱花。（许浑诗，6043）

　　（2）借问先生独何处？一篱疏菊又花开。（同上，6114）

12. 栏（阑）

　　（1）平章宅里一栏花，临到开时不在家。（刘禹锡诗，4123）

　　（2）烂漫一阑[①]十八树，根株有数花无数。（白居易诗，4815）

13. 渠

　　（1）清光门外一渠水，秋色墙头数点山。（刘禹锡诗，4053）

　　（2）正是玉人肠断处，一渠春水赤阑桥。（温庭筠诗，6763）

　　（3）一渠春碧弄潺潺，密竹繁花掩映间。（吴融诗，7860）

　　（4）处处路旁千顷稻，家家门外一渠莲。（皮日休诗，7066）

　　（5）何处野花何处水，下峰流出一渠香。（许浑诗，6096）

[①]《说文》："阑，门遮也。"原指门前的栅栏，引申为围成的栏圈，《晋书·华廙列传》："与陈勰共造猪阑于宅侧。""栏"（繁体作"欄"）是"阑"的同源后起字。

14. 径

(1) 寒云晓散千峰雪，暖雨晴开一径花。（许浑诗，6104）

(2) 数峰云脚垂平地，一径松声彻上层。（齐己诗，9536）

(3) 秋风水寺僧相近，一径芦花到竹篱。（同上，9558）

15. 街

饮散黄昏人草草，醉容无语立门前，马嘶尘烘一街烟。（张泌词，10146）

16. 巷

袍新宫锦千人目，马骏桃花一巷香。（贯休诗，9409）

此外，人造景物做临时量词的还有"院"，见第二章第七节。

二、此类临时量词在语义上所起的作用

（一）计量，但不强调数量。

(1) 舍后一园韭，刈却还如旧……（变文 275）

(2) 行得个四五十里，困了，忽然见一池水……（祖 419）

(3) 一园水竹今为主，百卷文章更付谁？（白居易诗，5090）

(4) 水一塘，轮一只。（同上，5015）

(5) 唯留一湖水，与汝救凶年。（同上，5007）

(6) 我有一池水，蒲苇生其间。（韩愈诗，3824）

(7) 一湾溪水出岩泉，前洞沉沉后洞连。（蒋子微诗，唐外 686）

以上各句里的"一"代表实际数目，但全句语义重点不在表明数量，而是说明存在、出现或保留某景物，如"有那么一园韭菜"（或一塘水、一池水），"流出了一湾溪水"，"留下了一湖水"。

（二）以"一×"的格式表示"满×、遍×"，所量为有形之物。

（1）一山桃杏同时发，谁似东风不厌贫？（许浑诗，6116）

（2）一岭桃花红锦黻，半溪山月碧罗新。（杜牧诗，5993）

（3）一滩红树留佳气，万古清弦续政声。（韦庄诗，8035）

（4）一院落花无醉客，五更残月有莺啼。（温庭筠诗，6725）

（5）杉松一庭雨，幡盖满堂风。（同上，6743）

（6）问君能有几多愁，恰似一江春水，向东流。（李煜词，10047）

以上所量多为花、树、雨、水之类，"一山桃杏"使人如见满山遍野鲜花争艳，"一院落花"表现落英残瓣随地飘零，这种用法有一定的夸张、渲染作用。

（三）所量对象是无形之物，句中以"一×"的格式表示在某处弥漫、笼罩、充溢着这种东西。

（1）一路凉风十八里，卧乘篮舆睡中归。（白居易诗，5169）

（2）一潭明月万株柳，自去自来人不知。（许浑诗，6137）

（3）半坡新路畲了，一谷寒烟烧不成。（温庭筠诗，6765）

（4）巴客青冥过岭尘，雪崖交映一川春。（张乔诗，7329）

（5）一壑暮声何怨望，数峰积势自癫狂。（罗隐诗，7536）

（6）昨夜月明浑似水，入门唯觉一庭香。（韦庄诗，8044）

（7）处世堪惊又堪愧，一坡山色不论钱。（李洞诗，8294）

（8）满楼山色供邻里，一洞松声付子孙。（同上，8298）

（9）满座马融吹笛月，一楼张翰过江风。（谭用之诗，8670）

（10）饮散黄昏人草草，醉客无语立门前，马嘶尘烘一街烟。（张泌词，10146）

本节从归纳临时量词种类的角度,将景物名划归一类。第九章第九节还将着重谈量词的修辞作用,其中也涉及景物名,所述内容可与本节互相补充。

第四节　人体器官、服饰名做临时量词

此类临时量词不太多,又都是常见词语,故亦不一一考其来源。它们的计量作用不如容器、建筑那样实在,但又不是十分空灵或难寻理据,"一×、两×"含有满×、遍×义。现举例如下:

一、身

万里八九月,一身西北风。(齐己诗,9520)

二、颈

璞璞一颈花,蒙蒙两鬓渣(遮)……(变文 277)

三、眉

青石溪边踏叶行,数片云随两眉雪。(贯休诗,9334)

四、鬓

语罢休边角,青灯两鬓丝。(李商隐诗,6159)

五、脚

独立两脚雪,孤吟千虑新。(孟郊诗,4222)

六、袖

还将两袖泪,同向一窗灯。(李商隐诗,6177)

七、襟

(1)中台一襟泪,岁杪别良朋。(许浑诗,6132)

(2) 洒尽满襟泪，短歌聊一书。(杜牧诗，5941)

(3) 骨瘦神清风一襟，松老霜天鹤病深。(徐仲雅诗，8605)

(4) 侵僧半窗月，向客满襟风。(杜荀鹤诗，7932)

八、衿

粉英含蕊自低昂。东风恼我，才发一衿香。(李煜词，唐五代词483)

此外，本期人体器官做临时量词的还有"**面**"，详见第二章第九节。

第七章　不定量词

现代汉语中常用的不定量词只有"些"和"点"，它们起源于何时呢？

第一节　些

一、"些"的来源

《说文》无"些"，徐铉新附有之，释为"语辞也，见楚辞，从此从二，其义未详，苏个切"。这是战国楚方言，句末语气词，今音suò。至《广韵》，"些"有三个反切。其一苏个切，释为"楚语辞"，义同徐铉所释；其二苏计切，释为"可也，此也，辞也，何也"，以上二义与量词无关。其三写邪切，义为"少也"，量词"些"是由此义产生的。从实际用例看，稍早有一个与之相近的细小、微小义，如三国魏曹植《鹞雀赋》："雀微贱，身体些小。肌肉瘠瘦，所得盖少。"更接近"少"义的如唐无名氏《隋炀帝海山记》下："方今天下饥，路粮无些少。"

吕叔湘指出"（些）这个口语词的来源还待查究，我们疑心它和古代的少有点关系"，因为他发现多少的"少"古代只做谓语，修饰语的用法是魏晋以后渐有的，如："楼下有少酒，与卿为别"（《后汉书·费长房列传》），"却后少日，公报姑云：'已觅得婚处……'"（《世说新语·假谲》）。但后来"少"的这个用法恰被"些"取代了。先生有专文《些和点》(1985:365—402)讨论这两个词甚详,下文将多有参照。

二、"些"的形式、特性和用法

"些"向不定量词转化的历史是从本期开始的。文献中常见的有"些、些些、些子",此外也有少数"些些子、些子许、些儿个"。吕先生认为"这些形式在意义和用法上并没有什么分别"。[①] 为简便起见,以下举例时不依其词形分类。

"些"与一般量词的主要区别有二:一,一般量词的基本句法位置应在数词之后,但不定量词有其特殊性,顾名思义其前不应有确数,本期未见它与任何数词连用。后世文献资料中与之结合的数词也只有"一",而这个"一"修饰的仅只于"些"本身,与后面的名词无关。二,一般量词的独用(即不带数词)是其前省略"一"的结果(详见第九章第三节),而"些"由于来自表少义的形容词,故先有独用形式,本期之后才产生了前加"一"的形式。

正如吕老所说,多数情况下"些"的作用类似形容词"少";但跟一般的形容词相比,有时在句法上有某些不同特点,可以说本期正处于由形容词向不定量词的转化中,其主要用法是:

(一)用于名词性词语之前,表示事物的数量少。

其中有具体事物及人员:

(1) 万计事须相就取,倍些房卧莫争论。(敦校 1104)

(2) 阿耶暂到辽杨(阳),沿路觅些些宜利。(同上 200)

(3) 通容放到明日,还有些些束羞(脩)。(同上 377)

---

① 吕文(1985:368)认为"唐五代多用些些、些子;宋人多用些儿、些……",但未举"些子许"之例。

（4）我把些子兵士，似一片之肉入在虎牙……（同上 302）

（5）结草衔珠不忘恩，些些言语莫生嗔。（敦辞 485）

（6）今日上堂吃些子饭。（祖 166）

（7）蝉喘雷干冰井融，些子清风有何益。（贯休诗，9310）

（8）些些风景闲犹在，事事颠狂老渐无。（元稹诗，4581）

（9）诸僧送别驾，见寺主左臂上袈裟忽有些鲜血。（唐无名氏《广古今五行记》）

有抽象事物：

（10）纵有些些罪障，忏悔急遣消除……（敦校 681）

（11）一直心起万邪亡，些些烦恼难移动。（同上 868）

（12）莫辞暖热成持，各望开些方便。（同上 1177）

（13）师曰："此沙弥有些子气息。"（祖 137）

（14）若曾见作者来，便合体取些子意度……（同上 159）

（15）何不抖擞眉毛，著些子精彩耶？（同上 284）

（16）兄弟！行脚人亦须著些子精神好。（同上 418）

（17）师有时曰："体得佛向上事，方有些子语话分。"僧便问："如何是语话分？"师曰："语话时，阇梨不闻。"僧曰："和尚还闻不？"师曰："待我不语话时则闻。"（同上 178）

（18）应有红儿些子貌，却言皇后长深宫。（罗虬诗，7629）

（19）花貌些子时光，抛人远泛潇湘。（李白词，10052）

（20）纵有些些理，无烦说矩[①]长。（王梵志诗，唐外 71）

---

① 郑校本云"矩"似应作短。

以上诸例跟上述吕老所引《后汉书》"楼下有少酒，与卿为别"等例中的"少"句法作用相同。有时"些"的前后还有另外的形容词定语：

（21）汝须努力莫为难，造取些些好果盘。（敦校 1014）

（22）兵马使徐富通往于西州充使，所有些些小事，兄弟三人对面商议……。（敦煌文书 B37）

（23）是你诸人，欲知保任，向高高山顶立，向深深海底行。此处行不异，方有小许些子相应之分。（祖 137—138）

个别也有用于名词之后的，吕先生（1985：400）认为是做谓语的：

（24）怜卿计策多谋掠（略），旧恶些些总莫论。（敦校 98）

以上各例的"些"，都还可以认作形容词。但以下各例中"些"的地位发生了变化，这些用法都是形容词"少"所没有的：

（二）在做宾语时脱离了被修饰名词，移至动词的后边。

（1）惟愿世尊加被我，三十二相与些些。（敦校 1106）

（2）起坐力弱须人扶，饮食吃得些些子。（敦辞 1298）

（3）白饭请些子。（祖 334）

（4）无事莫教频入库，一名闲物要些些。（李昌符诗，9864）

（5）晚妆初过，沉檀轻注些儿个。（李煜词，10047）

（6）倚着云屏新睡觉，思梦笑。红腮隐出枕函花，有些些。（张泌词，10148）

有时在宾语名词的后面：

（7）师又拈起筞篱云："乞取盐钱些子。"（祖 167）

有时还可省去名词，直接以"些/些子"做宾语：

(8) 自家身上割些吃, 有罪无罪便应知。(敦校 684)

(9) 师有时上堂, 蓦地起来, 伸手云:"乞取些子! 乞取些子!"(祖 304)

"些些、些子"等实际是前面名词所代表事物中的一小部分, 如"白饭请些子"就是索要一点白饭, 这样, 就使"些/些些……"具有了体词的性质, 为发展为量词创造了条件。

(三) 用在形容词或动词之前, 表示程度低的性状或情态。

(1) 些些丑陋不嫌, 新妇正当年少。(敦校 1105)

(2) 信心布施, 直须欢喜, 若人些些皱眉, 则知果报不遂。(同上 1108)

(3) 舞态兼些(一作"微兼")醉, 歌声似带羞。(卢纶诗, 3147)

(4) 扶床小女君先识, 应为些些似外翁。(元稹诗, 4513)

(5) 远地官高亲故少, 些些谈笑与谁同?(白居易诗, 5049)

(6) 不拟人间更求事, 些些疏懒亦何妨?(同上, 5104)

(7) 莫嫌鬓上些些白, 金紫由来称长年。(同上, 5143)

(8) 近日事亦渐好, 未免些些不公, 亦无甚处。(《旧唐书·杨嗣复列传》)

有时, 后面还可能是主谓结构:

(9) 出来好个面貌, 只是有些些舌短。(敦校 1104)

(四) 用在形容词之后。

(1) 王郎心里莫野, 出去早些归舍。(敦校 1105)

(2) 早求生, 速抛此, 莫厌闻经频些子。(同上 1176)

(3) 师问:"什摩处你?"庆云:"深领阇梨此一问。"师云:

"领问则领问,太粗生!"庆拈得柱杖行三两步,回头云:"不妨是粗些子。"(祖285)

(4)速去速来。你若迟晚些子不见吾。你若不见吾,不得床下大斧。(同上114)

(5)落月西窗惊起,好个匆匆些子。(白居易词,10057)

吕叔湘先生(1985:392)认为"形容词+些"时,虽无表比较的字眼,但多含比较义,如"早些、频些子"即跟一般标准相比早了一些、频繁了一些。

(五)用于动词之后,表示程度稍轻。

(1)尽驱驰,受煎煮,岂解酌量些子许。(敦校969)

(2)我也深知你见解,酌度你根几,与维摩不教[①]些些,为甚如今谦退?(同上864)

(3)德山老汉,一条脊梁骨拗不折。虽然如此,于唱教中犹较些子。(祖198)

(4)德山老汉只凭目前一个白棒,曰:"佛来也打,祖来也打。"虽然如此,交些子。(同上199)

(5)但令翅羽为人生,会些高飞共君去。(游仙窟,近代23)

(6)他人骑大马,我独跨驴子,回顾担柴汉,心下较些子。(王梵志诗,唐外77)

表少量的"些"的广泛使用是唐代才出现的语言现象。综观以

[①] 敦校877页注〔一二一〕:"'教',同'校'和'较',差、减之义。"按,《祖堂集》中常见"较些子、交些子"的说法,下引该书例中的"较、交"与此所解之"教"义同。

上各类例句，可见它在民间文学里用得较多，如敦煌变文、文书；作品口语化的诗人用得较多，如白居易、王梵志等人；时代较晚的作品及新生文学体裁用得较多，如唐五代词。有的诗人就不用"些"，如杜甫和李贺。到了宋代，就出现了"一些、一些子"，如《京本通俗小说·西山一窟鬼》："一夜热乱，不曾吃一些物事，肚里又饥。"《朱子语类》卷5："若一些子光，工夫又歇仍旧一尘镜……。"这时，不定量词"些"才可说正式形成了。

第二节　点

详见第二章第十九节。

第八章　动量词

　　动量词是表示动作单位的词。作为量词系统的一个大类，动量词何时萌生，又是在什么时代发展成熟的？相较于名量词，学者们对这个问题的讨论较少，甚至关于量词语法化的研究也集中于名量词。一个重要的原因可能是动量词的数量有限，本章中穷尽式列举了笔者所见截至隋唐之前产生的专用动量词仅 16 个，当然容或有遗漏，但不会很多。所以可供概括分析的资料太少。另外名量词在句中处于相对封闭的结构（"名数量、数量名"等），其性质容易确定；而动量词身份的确定决定于其在句中的位置，这又牵涉到上古汉语向中古、近代汉语演进时句法的发展问题。例如《汉书》中的"举筑三下"[①]究竟是"动宾＋数量补语"，还是"动宾＋状动"？因此对动量词产生时代也难有共识。如镈铭第（1965）、方一新及王云路（1993：87）认为先秦已现肇端；较多学者主张汉代即有动量词或其萌芽，包括洪诚（1964）、向熹（1993上：219）、唐钰明（1990）、李建平（2011）、刘世儒（1965：259）；只有王力先生认为唐代才出现了动量词。以上这些看法大多是在研究个例时提出的（详见下文）。概括地说，汉代确已有发展程度不同的动量词，如"匝、下、通"及出现在医书上的"行"和"壮"。下文第一节列举的其他专用动量词则大多产生于魏晋南北朝，在当时得到较快地发展，并形成了比较完备的动量词体系。在此就

[①] 详见本章第一节四。

拟考察从那一时期到隋唐五代动量词的新发展。在本期材料中，我们除采用其他文献外，还对《祖堂集》及《全唐诗》出现的动量词做了穷尽式统计。

要而言之，截至魏晋南北朝时代发展成熟的专用动量词有遍、过、番、下、通、次、匝、周、返、合、壮、行、拜、回、度等，这些本期都还存在，未见有消失者；但有些在所量动词义类方面出现重要的变化，有些使用频率或增或减。以前未见或处于萌芽状态而本期产生的有转、阵、顿、巡、重、捆、场、遭、觉。下边表格中列出的是我们从本期文献中见到的全部专用动量词，共 24 个。本章将对它们一一进行描写，说明当时的新兴动量词是如何产生的，原有的动量词在这一时期有哪些发展变化。

表 1　魏晋南北朝与隋唐五代专用动量词对照表

动量词	原有词汇意义（指与动量词直接相关的义项）	魏晋南北朝		隋唐五代	
		有无	是否常见	所量动词义类及语法意义	是否常见	所量动词义类及语法意义
遍	周遍	+	+	常量诵读，多量进行时间较长的动作。	+	突破了量诵读的范围，具有通用性，时距可长可短。
过	度过、经过	+	+	通用	—	通用
番	轮流、迭代	+	+	通用，量多次重复或反复出现的动作。	+	保持前期用法，并开始称量某些一次性的动作或变化。
下	从高处到低处	+	+	量自上而下的动作，多用于击打、叩击义，表短时距。	+	突破自上而下的方向，除击打、叩击外，亦量其他动作，表短时距。

（续表）

动量词	原有词汇意义（指与动量词直接相关的义项）	魏晋南北朝 有无	是否常见	所量动词义类及语法意义	隋唐五代 是否常见	所量动词义类及语法意义
通	通达、通括	＋	＋	量叩击义动词，常用于"击鼓"。	－	同前期
次（附"伴"）	天文历法名词，位次之义	＋	－	通用。	－	本期带有通用性
匝	周遍、围绕	＋	－	量围绕义动词。	＋	多量围绕义，也有个别用例与"遍"相同。
周	周遍、围绕	＋	－	量诵读及环绕义动词。	－	量环绕义动词。
返（返）	返回、往返	＋	？	量往返的次数	－	量往返及事情反复的次数。
回	回旋往返	＋	－	量往返的次数	＋	通用性极强
度	渡过，越过	＋	－	通用	＋	通用性极强
行	疏通、疏浚，一谓排泄大小便	＋	－	量排便次数，道教等文献中相当于"遍"	－	量排便次数
拜	行跪拜之礼	＋	－	专量礼佛的次数	＋	量礼佛次数，也可向人施礼次数。
合	合拢、集合	＋	－	量交战次数	－	量交战次数，有时亦做通用量词。
顿	止宿、住屯	＋	－	量进餐的次数	＋	量进餐次数及责打的次数。
壮	强壮	＋	－	量中医艾灸次数	－	同前期
场	场地，场所	－			＋	量事件的起迄过程。
遭	遭遇	－			－	多量围绕义动词，有时同于今动量词"趟"之义。

（续表）

动量词	原有词汇意义（指与动量词直接相关的义项）	魏晋南北朝 有无	魏晋南北朝 是否常见	魏晋南北朝 所量动词义类及语法意义	隋唐五代 是否常见	隋唐五代 所量动词义类及语法意义
觉	睡醒	—			＋	量睡眠的次数
转	运转、转动	—			—	通用
阵	陈列、布列	—			＋	量交战次数及某些自然变化
巡	逐次	—			＋	主要量为宴席上所有客人斟酒的遍数。
重	重叠、重复	—		仅有名量词"重"，一重即一层	—	称量可层层进行的动作，亦做通用量词。
掴	用手掌打	—			—	量以掌击打的次数。
息	喘息、呼吸	—			—	医学上量按脉时医生或病人呼吸的次数

第一节　隋唐之前原有的专用动量词

一、遍

（一）《说文》："遍，帀也。"义为周遍、普遍，初为动词，《韩非子·内储说上》："令下未遍而火已救矣。"南朝宋鲍照《代君子有所思》诗："选色遍齐代，徵声帀邛越。"这一义项一直延续下来，本期贯休诗："藏经看几遍，眉有数条霜，万境心都泯，深冬日亦长。"（9358）上例"看几遍"是几乎读遍之义。晋代至南北朝时发展出动量词的义项，最常见的用法是称量诵读义动词，就是从读遍义而来，从头到尾读完一次是为"一遍"，所以后来一般表示较长时间的动作,多做补语。如《三国志·魏书·王肃传》引《魏略》:"人有从学者,(董)遇不肯教,而云:'必当读百遍。'言读书百遍而义自见。"《抱朴子·内篇·袪惑》:"又教之,但读千遍,自得其意。"少数做状语之例,刘世儒认为当时属萌芽状态。除诵读外,也有与其他动词配合的情况,如庾信《梦入堂内》诗:"画眉千度试,梳头百遍撩。"(参见刘世儒 1965:255—257)

(二)至本期,"遍"已成使用率较高的专用动量词,在《全唐诗》中就出现约 40 次,仅次于"回、度"及新兴的"场"。它所称量的动词(以及少数形容词)的义类也有进一步的扩展,具体分类情况如下:

1. 沿袭前代主要用法,直接用于阅读、吟诵类动词。

(1)逐日每僧念广多心经一百遍,真言一千遍,六时礼忏。(敦煌文书 B62)

(2)诵般若心经伍佰遍。(同上)

(3)大师言:"……吾一生已来,不识文字,汝将《法华经》来,对吾读一遍,吾闻即知。"(六祖,近代 98)

(4)问言诵咒几千遍,口道恒河沙复沙。(李白诗,1720)

(5)书放屏风上,时时看一遍。(寒山诗,9102)

(6)一生诵《多心经》及《高王经》,虽不记数,亦三四万遍。(朝 67—68)

(7)荆州公安僧会宗,姓蔡,尝中蛊,得病骨立。乃发愿念《金刚经》以待尽,至五十遍……因此遂愈。(酉 269)

(8)宋居士说,掷骰子,咒云:"伊谛弥谛弥揭罗谛。"念满

万遍，彩随呼而成。（同上 57）

（9）及明，因召所敬僧念《金刚经》四十九遍。（续玄 175）

（10）公之辱仆，仆终不忘，其故亦上一纸书，蒙数遍读，重相摩奖，道有性灵云。（摭 22）

（11）巡曰："吾于书读不过三遍，终身不忘也。"（韩集 77）

以上"诵、念、读、看"都是诵读义，包括大声朗读及默读。

2. 用于与"诵读"直接相关的其他动词。

（12）皇帝览表，展在玉案，赞之一遍。（敦校 338）

（13）直得剩转金刚教，般若无过数遍多。（同上 636）

（14）一个世尊来出世，一遍宣扬《妙法花》。（同上 711）

（15）和上问远法师言："曾讲《大般涅槃经》不？"法师言："讲《大般涅槃经》数十遍。"（神会，近代 63）

（16）师有时说三遍成佛篇。……（祖 498）

（17）张瑶持《金刚经》满三千遍，功德已入骨，又写《法华经》一部，福多罪少，故未合死。（广 145）

（18）太和二年，于扬州僧栖简处听《平消御注》一遍。六年，于荆州僧靖奢处听《大云疏》一遍。开成元年，于上都怀楚法师处听《青龙疏》一遍。（同上 265）

例（12）的"赞"，繁体作"讚"，有讚诵、讚咏义，如"讚呗、讚佛"都有讽诵佛经之义，故此例的"赞"宜释为诵读；例（13）的"转"在佛教词语中，本有读义，"转读"就是以抑扬顿挫的声调咏诵（佛经），南朝梁慧皎《高僧传·经师论》"咏经则称为转读"，藏传佛教又以转动转经筒代替念经，转一周表示念诵一遍；例（14）的

"宣扬"离不开朗诵宣讲的手段;例(15、16)的"讲、说"可理解为脱离本本夹叙夹议的"诵读";例(17)持经即持之诵读;例(18)的"听……一遍"即听人讲一遍,"听"与"讲"互相依存。以上这些用"遍"称量的动词都与诵读密切相关。

还有的例子省略宾语,所省为"经、书、义理"之类;或省略动词,所省为"念诵":

(19)此时对论除迷执,这遍谈扬显正真。(敦校 916)

(20)坐来念念非昔人,万遍莲花为谁用。(柳宗元诗,3949)

(21)燕公问曰:"学士能一遍诵千言,能十遍诵万言乎?"对曰:"未尝自试。"燕公遂出一书,非人间所见也。谓之曰:"可十遍诵之。"敬忠依命,危坐而读,每遍画地以记。读七遍,起曰:"此已诵得。"燕公曰:"可满十遍。"敬忠曰:"若十遍,即是十遍诵得,今七遍已诵得,何要满十。"燕公执本临试,观览不暇,而敬忠诵之已毕,不差一字。(封 95)

以上例(19)出自《维摩诘经讲经文》,述文殊经佛劝导承担了向维摩诘问疾的重任,"这遍谈扬"之后省去的宾语是佛所讲的大义、佛理。例(20)柳诗是写给一位僧人的,"莲花"常喻佛法,在此亦可理解为佛教经典,"万遍莲花"前省掉了动词"念诵";例(21)的"一遍诵千言、十遍诵万言"动、宾俱省,原义应为"读一遍(十遍)书就可背诵一千(一万)字"。所以这几例也与"从头至尾地读、讲"有直接关系联。(下文也有省略动词的,不再一一分析。)

3. 量歌唱、弹奏类动词。

(22)仙人此夜忽凌波,更唱瑶台一遍歌。(戴叔伦诗,3111)

（23）繁音急节十二遍，跳珠撼玉何铿铮。（白居易诗，4970）

（24）四弦千遍语，一曲万重情。（同上，5036）

（25）五言一遍最殷勤，调少情多似有因。不会当时翻曲意，此声肠断为何人。（同上，5213）

（26）散序六遍无拍，故不舞也。（白居易诗注，4970）

（27）更有兴来时，取琴弹一遍。（韩偓诗，7812）

（28）春日宴，绿酒一杯歌一遍。（冯延巳词，10159）

（29）愿持厄酒更唱歌，歌是伊州第三遍。（陈陶诗，8472）

（30）太宗时，西国进一胡，善弹琵琶……上每不欲番人胜中国，乃置酒高会，使罗黑黑隔帷听之，一遍而得。（朝113）

（31）酒既酣，乃自援琴，操宫声，弄《秋思》一遍。（白集1485）

歌咏、弹奏之类的动词都隐含从头至尾的意思，以"遍"量之与其本义仍有关联。

4. 其他在较长时段中进行的动作。

（32）连忙取得四个瓶来，便着添瓶。才添得三个，又到（倒）却两个；又添得四个，到（倒）却三个。十遍五遍，总添不得。（敦校591）

（33）后到曹溪，欲礼祖师之堂，门扇忽然自开，瞻礼三遍而出，门閟如故。（祖428）

（34）立礼七十二遍，方始下座……（入唐，近代120）

（35）入宅不久，便供饭食。妇人出来慰客数遍。（同上，117）

（36）曾在此山修行，巡五台五十遍，于中台顶冬夏不下住三

年也……（同上，121）

（37）第七遍捏作此像，更不裂损……（同上，127）

（38）大师灵质被害三刀。盛续碑铭经磨两遍。（神会，近代55）

（39）天将今夜月，一遍洗寰瀛。（刘禹锡诗，4017）

（40）唯吾最爱清狂客，百遍相看意未阑。（杜甫诗，2586）

（41）此饼犁地两遍熟，掌下种锄塮收刈打飏讫，硙罗作面，然后为饼。少年裂却缘，是何道？（朝112）

（42）鄙夫请非次改令，凡三钟引满一遍，三台酒须尽，仍不得有滴沥。（摭31）

（43）又其兄常患重疾，岳亲自看视，夜深，又见三妇人鬼至兄床前，叱退之，三遍，鬼悉倒地。（广121）

以上各例的动作都是需较长时间完成的，暗含从头到尾的意义。如例（33、34）的"礼祖师之堂"及"立礼"，当有一定的仪式、程序，行礼如仪完毕为一遍；例（36）所谓"巡五台"，应走遍五个台顶才能算"巡一遍"；例（38）"经磨两遍"的结果定是整个碑铭处处磨损，表现了敌对派别的强烈仇恨；例（41）指出经过犁地两遍等等工序才能得到饼，少年不应浪费。其他各例不再一一分析。

5. 某些含反复或渡过义及其他带方向义动词。

（44）人人尽指黄龙舫，愿见明君万遍升。（敦校623）

（45）轮回数遍，不愚（遇）相逢，已是因缘，保债得债。（敦煌文书A440）

（46）其次，春水浇溉，至平河口已北了，即名春水一遍轮转，次当浇伤苗。（同上B63）

（47）入山行，即一日百遍逾山，百遍渡水。（入唐，近代166）

（48）山花水鸟皆知已，百遍相过不厌贫。（戴叔伦诗，3095）

6. 量终结性、瞬时性动词及其他。

（49）萨埵王子时，舍身千遍，悉济其饿虎。（敦校434）

（50）月光王时，一一树下，施头千遍，求其智慧。（同上）

（51）能使西施掩面，百遍烧妆；使南国伤心，千回扑镜。（游仙窟，近代2）

（52）能令公子百回生，巧使王孙千遍死。（同上，5）

（53）初造此菩萨时，作了便裂，六遍捏作，六遍颓裂。（入唐，近代126）

（54）自移西岳门长锁，一个行人一遍开。（王建诗，3430）

（55）蜂须蝉翅薄松松，浮动搔头似有风。一度出时抛一遍，金条零落满函中。（同上，3442）

（56）月照何年树，花逢几遍（一作"世"，一作"番"，一作"度"）人。（卢纶诗，3170）

例（49—56）的动词多无过程可言，"舍身、施头、死、烧、颓裂、开、抛、逢"，都是终结性或瞬时性的。有的虽可能有过程（如"烧妆"可能指除去一切粉黛、装饰，不是一下可完成的），但全句的语义重点不在过程而在最终结果，"遍"不再具有周遍义。例（56）的异文很能说明问题：除准量词"世"之外，"遍"的作用相当于动量词"番、度"。还有如下二例的动词也不是周遍义：

（57）无人共，花满洞，羞把同心千遍弄。（敦辞127）

（58）所遭事一遍了者，便须承月直，须行文帖，晓告诸家。

（敦煌文书 B63）

例（57）的"弄"只是描写少女羞怯的状态，很难说怎样算一遍；例（58）洪艺芳注"了"即"承当"，不知有何依据。总之，它们同样很难与周遍义相联系。

此外，不同的动量词用在对偶的韵文里，往往只起一个对称的作用，下面"遍"与"回、度"等对举即属此类：

（59）圣贤嗟叹千千遍，凡庶歌扬万万回。（敦校 771）

（60）千回念佛求加护，万遍烧香请世尊。（同上 1000）

（61）几度亲情命看花，数遍藏钩夜欢笑。（同上）

（62）一回吟了一伤心，一遍言时一气咽。（敦辞 1049）

（63）千回万转梦难成，万遍千回梦里惊。（同上 1796）

第 6 类用例表明，在一些民间文学及诗歌中，本期"遍"出现过一种通用化的情形。

7. 称量某些含有动态的形容词，如：

（64）王母桃花千遍红，彭祖巫咸几回死。（李贺诗，4399）

（65）霁来还有风流事，重染南山一遍青。（章碣诗，7651）

（66）新正定数随年减，浮世惟应百遍新。（方干诗，7495）

这类形容词与动词性质相近，"红"即"变红"的动态过程，"青、新"亦相类。用"遍"称量这一过程能突出、渲染其所含的周遍义，参见第九章第九节。

（三）由于"回、度"作为通用动量词地位稳固，"遍"在本期一度通用化的现象并未得到延续，它保持了自己的特色——称量有一定过程、长时间进行的动词。如《水浒传》第 6 回："智深把前面过的话从头说了一遍。"《红楼梦》22回:"吃了饭点戏时,贾母一定先叫宝钗点。宝钗推让一遍,无法,只得点了一折《西游记》。"所谓"推让一遍"当指在座的每个人都让到了。此外近现代"遍"用于读、念、写等动词比比皆是,却鲜见用于终结性、瞬时性的动词了。[①]

二、过

(一)《说文》:"过,度也。"原为动词,后由度过、经过义引申为动量词。关于动量词"过"的产生时代,学者意见不一,方一新、王云路(1993:87)认为"先秦已肇其端",但未举实例;刘世儒(1965:250)认为"似乎远在汉代就已经产生",但取例自《别国洞冥记》,刘亦谓其为伪书;《王力古汉语字典》谓"过"表行为次数为后起义,所举年代确切之例为《水经注》。可以确定的是这个动量词在南北朝时已发展得相当成熟,是当时通用性最强的一个,刘世儒称为"无色量词"。与之搭配的动词多种多样,如"能养以华池,浸以醴液,清晨建齿三百过者,永不摇动"(《抱朴子·内篇·杂应》),"余尝往返十许过,正可再见远峰耳"(《水经注》卷34),"建德民虞敬上厕,辄有一人授手内草与之,不睹其形,如此非一过"(《幽明录》),"《道德》二篇,实道书之宗极,太极真人亦云:诵之万过,白日升天"(《冥通记》卷4)(参见刘世儒1965:250—253)。

(二)到了本期,"过"的使用频率却变得非常低了。《全唐诗》中,

[①] 邵敬敏(2000:60)认为动量词"遍"在现代的语义特点主要是"侧重对象的完整性"和"侧重动作的完整性"。金桂桃(2007:266)认为从语义方面看"遍"在宋代已与现代汉语一致,金桂桃的专书《宋元明清动量词研究》对宋以后的动量词有详尽论述,可参阅,下文不再一一重复引述。

本期最通用的"回"和"度"各出现了三百多次,而"过"只有十多次,各种敦煌文书亦不多见,动量词十分丰富的《祖堂集》则没有一个表示动量的"过"。从所见材料来看,本期"过"有几种用法:

1. 称量往返、度过的动作。

（1）来去百过空来去,不见一个旧住处。(敦辞 987)

（2）万过其谁辨终始,四座安能分背面。(元稹《胡旋女》诗,4618)

（3）此马往来十过,足下颇生尘埃。(集 15)

（4）时先生乘云而度,已十五过矣,人莫测。(广 2)

以上所量动词都是"来去、往来、度"等,例（2）中"万过"称量的是被省略的旋转义动词,是一种舞蹈动作,也含往复义。这就跟"回、度"的称量对象重合了。

2. 称量诵读义,强调动作的全过程,与"遍"大致相同。

（5）道州手札适复至,纸长要自三过读。(杜甫诗,2381)

（6）读多七过可乞言,为子心精得神仙。(韦应物诗,2001)

（7）愿书万本诵万过,口角流沫右手胝。(李商隐诗,6154)

（8）万过黄庭经,一食青精稻。(元稹诗,4488)

3. 其他。

（9）每恨狂夫薄行迹,一过抛人年月深。(敦辞 1248)

（10）三旬九过饮,每食唯旧贫。(孟郊诗,4177)

（11）不眠瞻白兔,百过落乌纱。(杜甫诗,2543)

4. 在韵文的对偶句或四字格中,"过"更常与"回"对举、连用:

（12）水底将头百过窥,波上玉腕千回举。(敦校 3)

（13）口里千回拔出舌，凶（胸）前百过铁犁耕。（同上1033）

（14）白骨万回登剑树，红颜百过上刀林。（同上1034）

（15）千回鸟信说众诸，百过莺啼说长短。长短众诸判不寻，千回百过浪关心。（骆宾王诗，839）

变文中还有这样一例："己身是儿，千重万过，一任阿耶鞭耻。"（敦校201）此例的"重"，黄征等疑为"罪"（敦校207注〔四四〕），则"过"当为过错义。

（三）综上可知"过"的功能与"遍、回、度"等重合，没有独特的作用和特色，后来逐渐衰落。现代只残存在个别方言中。

三、番（翻）

（一）关于量词"番"的来源，详见第二章第二十四节名量词"番"。因为动量词与名量词的"番"系出同源，这里不再重复。

（二）南北朝时出现了量词"番"，兼具名量、动量的性质。动量词用于多次反复的动作，故常与"数、数十"连用，如："慧远就席攻难数番"（《高僧传·义解篇》），"慧时年十七，便发问数番，言语玄微，诠牒有次"（同前），庾信诗"行云数番过，白鹤一双来"。刘世儒（1965：253）认为，"番""前边所结合的数词绝少是用'一'的"。我们认为当时大率如此，但也有个别不同的情况，如《世说新语·文学》："桓南郡与殷荆州共谈，每相攻难，年余后但一两番，桓自叹才思转退，殷云：'此乃是君转解。'""一两番"已与多次反复义有别了。

（三）本期的动量词"番"。

1. 仍旧称量多次重复的动作或变化。

（1）数道朝臣衔命去，几番□表谢恩回。[1]（敦校 622）
（2）三番结磨立条章，匆匆僧尼遣断酒。（同上 683）
（3）满筵大众，合会天人，围世尊而百匝千番……（同上 766）
（4）行人不见树少时，树见行人几番老。（徐凝诗，5380）
（5）试问亭前花与柳，几番衰谢几番荣？（詹敦仁诗，8642）
（6）一闻归阙下，几番熟金桃。（齐己诗，9470）
（7）几番松骨朽，未换鬓根青。（同上，9506）
（8）相思频到此，几番醉还醒。（孟贯诗，8621）
（9）三十六鳞充使时，数番犹得裹相思。（段成式诗，6767）
（10）渥泽番番降，壶浆处处闻。（贯休诗，9371）

以上诸例中的数词几乎都表不定量，不但"几、数"本就如此，例（3）的"百、千"也是泛言其多。只有例（2）的"三"可能是确数，也可能是言其多也。从文意看，例（1—3）显示人们反复做某事，其中例（3）的"匝"是专量围绕义的动量词（详见本节七），"番"本不与此义相匹配，只因"百匝千番"连用，才使"番"跟动词"围"发生了联系，表示层层围绕的圈数，这出自口头文学的韵文，有一定的偶然性，不能据此得出"番"可量"围"的结论。例（4—6）述草木荣枯、叹人事代谢，多表示自然变化多端而人生苦短。例（7）则以松树多次朽坏反衬道人长生不老。例（8、9）烘托友情之深厚：孟

---

[1] 敦校 631 页注〔九一〕："番，原误作'幡'，此据原卷正。'番'与上句'道'字俪偶，并为量词，表示回、次之义……又'表'前的阙文周绍良疑是'奏'字，似未确。这句和上句是对偶句，比照上句，脱字当是'藩'字，'藩表''朝臣'正好相对，且契合于文意。"

贯思念故人,几回醒而复醉;段成式致信友人,数度遥寄相思。总之,都是强调多次重复,"番"明显含有"反复"的语法意义。诗中选择这个动量词有助于表达对世事沧桑的感慨,抒发绵绵的情思。例(10)系"番"的重叠,一般来说,量词重叠多表示"每一",如杜甫诗"顿顿食黄鱼"(2539)。惟有上例的"番番"是多番义,全句意谓"(帝王的)深恩多次降临……",这是"番"的一个特色。

这里还有一例,写作"翻":

(11)一心能起几千心,九转十翻那胖寻。(敦校635)

民间手写的敦煌卷子里不规范字较多,此例"翻"可认作动词,也可看成动量词"番"的别字,"九、十"亦非确数,而是言其多。

还有跟次第数词连用表示多次的动作:

(12)见说功德使条流僧尼还俗之事,商议次第,且令卌以下还俗讫,次令五十已下还俗,次令五十已上无祠部牒者还俗。第三番令祠部牒磨勘差殊者还俗,最后有祠部牒不差谬者尽令还俗,即僧尼绝也。(入唐,近代158—159)

(13)云始射获而未释获者,谓第一番三耦射中时,虽唱获未释筭云。复释获者,谓第二番众耦皆射,释筭未作乐云。复用乐行之者,谓第三番射非直释筭复用乐焉。(贾公彦为《仪礼》卷18郑玄注"始射获而未释获……"句所作疏,十三经1042)

例(12)述唐武宗灭佛期间强迫僧尼还俗,分为几个批次,"第三番"在句中做状语,与前面"且、次"并列,说明各类僧尼还俗的先后顺序。需要指出的是在魏晋南北朝,次第数词与动量词结合极为罕见(柳士镇1992:195),在此"次第数词+番"出现在日僧用汉文撰写的著作里,说明已较为习见。例(13)述众射者反复习射的次数。

2. 与数词"一"连用,"重复"的意义有所淡化。

(14) 残蔬得晴后,又见一番新。(朱庆余诗,5874)

(15) 近日霜毛一番新,别时芳草两回春。(李幼卿诗,3517—3518)

(16) 群芳尽怯千般态,几醉能消一番红。(张蠙诗,8082)

(17) 楼前野菊无多少,一雨重开一番黄。(薛逢诗,6328)

(18) 一雨一番晴,山林冷落青。(刘昭禹诗,8647)

(19) 一番春雨吹巢冷,半朵山花咽觜香。(崔橹诗,6569)

(20) 春风一番琴上来,摇碎金尊碧天月。(卢仝诗,4372)

(21) 几点社翁雨,一番花信风。(陆龟蒙诗,7233)

以上各例虽非强调多次反复,但主要与物候、气象变化相关,这些变化本身还是有一定周期性的。如例(14)"一番新"之前有"又见"二字,例(15)李幼卿诗题说"(与友人)花时为别倏已三年矣,今莺花又尔,睹物增怀……"。两例的"又"字透露出草木新生这种现象是再次出现的。例(17—21)的(牡丹)红、(菊花)黄及晴、雨、风都是依一定时令周期出现的自然现象,只不过这种反复性在句中比较隐蔽罢了。从句法上看"一番春雨/花信风""春风一番"也都可以归为名量结构,在此动量词和名量词的界线是很难划清的。

另有一例用于普通动作"射":

(22) 既田毕,王以余获之禽赐之,则以此射而取之,此射夫皆已射一番。(《诗·小雅·车攻》孔疏,十三经429)

此例所述之事,与上文例(13)相同,都是轮流射猎。孔颖达卒于公元 648 年，时当太宗朝，是"番"与数词"一"配合的较早用例，说明初唐"番"已不仅可称量多次反复的动作，也可称量一次性的动作了。当然此例说的是射夫轮番射禽，与"更代"的原义仍有一定联系，这种联系正是"番"由动词逐步演化为普通动量词的理据。

3. 与隋唐官制、兵制或军事活动有关的"番"。

关于这个问题，在第二章第二十四节名量词"番"中已经说明，在此不再重述，在这个义项上，表动量和名量的"番"也是难以区分的，仅就句法角度，将以下两句归入动量词：

（23）（尚书省员外王德健忘）德从厕出，见番官把笏而立，即惊问曰："公是何官人？"番官曰："是向者从公人。"德始觉悟。乃取笏上厅坐，顾见向者番官尚立，又更问曰："君是何人？"番官曰："是番官。"德乃执笏近前抶曰："公作官来几番？"番官不知所答，掩口而退。（敦文 336）

（24）为上件人等并是阙官白直，符下配充驿丁填数，准计人别三番合上。其人等准两番上讫，欠一番未上，请追处分。（吐鲁番文书，洪书 A446）

例（23）讽刺昏官不识手下人员，反问他轮值几回了？例（24）洪艺芳（2000：447）谓"文中'番'所量之动词'上'，所指为'上烽'，即唐代的军事制度中服役者必须到烽燧（烽火台）上去番代应役，观望动静。故以'番'称量'上烽'的次数，在语义上具有相当对应的关系"。

唐诗里另有一例与"番"有关："病中无限花番次，为约东风且住开。"（皮日休诗，7072）其中的"番次"被《唐五代语言词典》注为

"当值的次序、时间"（114页），并引颜师古《匡谬正俗》："或问曰：今之宿卫人及官曹上直皆呼为番，音翻，于义何取？答曰：……此言以番次而归休，以番次而递上。"所举书证即皮日休的这句诗，在诗中可以说是一种比喻修辞，用人事的轮番当值喻花的依时节开谢。"番次"是一个词，不能将其作为解释"番"的例子，但它有助于我们对"番"的全面理解，故列于此。

（四）本期之后，"番"仍可称量反复的动作、变化，如辛弃疾《摸鱼儿》词"更能消几番风雨"，《水浒传》第7回"这片菜园是俺们衣饭碗。大相国寺里几番使钱要奈何我们不得"，99回"这潮信日夜两番来，并不违时刻"。除此之外，也有新的发展，有时完全脱离反复义，称量普通动词，如杨万里《初夏》诗"日暮闲来数一番"，这个"番"的语法意义比较抽象，同类之例在唐诗中就没有。有时相当于现代的"回、次"，如《水浒传》第6回："智深大喝一声道：'你这厮们，来！来！今番和你斗个你死我活！'"第9回："柴进大喜道：'今番两位教师再试一棒。'"《西游记》59回："行者收了铁棒，笑吟吟的道：'这番不比那番！任你怎么扇来，老孙若动一动，就不算汉子！'"到了现代"番"的结合面更广了，如"思考／比较／折腾了一番"，这时它所量动作往往有一个较长的过程，因此不能换成通用的"回、次"；若再换成表短时距的"下"，意味则完全不同。现代另有计量成倍变化的"番"，如"翻了两番"，这些新特点，本期尚未产生。

四、下

（一）《说文》："下，底也。"段注谓"有物在一之下也"，本义指方位。"下"从先秦时代已引申出多义，其中包括动词"从高处到低处」,《尔雅·释诂》"下,落也",这就是动量词"下"的直接来源。《汉书·王莽传》"亲举筑三下"常被视为"下"向动量词演变的萌芽,其实在此"三下"仍为状动结构,因为"举"与"下"的含义是矛盾的,此句的意思应为"三次举筑并夯下"。不过唐钰明(1999)另外举出书于西汉建始年间的汉简就有"候击敌数十下"之说(《居延新简·破城子探方》52、178)。"击若干下"确实是向动量词前进了一步,唯实例尚少。刘世儒也指出在魏晋南北朝"下"主要量击打义动词,因为这类动作往往从上而下地进行。如《三国志·蜀书·先主传》注引《典略》:"缚之著树,鞭杖百余下,欲杀之。"《抱朴子·仙药篇》:"……以铁锤锻其头数千下,乃死。"当时也有量"叩首、叩齿"的少数用例。又因击打的动作往往进行得较快,故"下"又含"短时距"意味,这一特点一直沿袭至今。(参见刘世儒1965:261—262)

(二)本期的动量词"下"。

本期"下"已成为常用动量词,仅《祖堂集》就出现26次,与"度"同居该书所有动量词之首。其称量范围:

1. 量击打义动词仍很普遍,有用于对人(包括拟人动物)的攻击或惩戒者:

(1)李陵嗔打五下:"更作熠没检校,斩杀令军!"(敦校129)

(2)领将陵母……转火队将士解闷。各决杖伍下,又与三军缝补衣裳。(同上70)

(3)凤凰大嗔,状后即判:"雀儿之罪,不得称算。推问根由,仍生拒捍。责情且决五下,枷项禁身推断。"(同上377)

(4)疎山近前,立久,师并不管;疎山便以手拍禅床,引手一

下,[①] 师回头云:"作什摩?"(祖 201)

(5)师展手云:"把将金来。"僧便唾之,师便捆三五下。(同上 207)

(6)林际〔临济〕便把杖子打三下。(同上 434)

(7)六祖索杖打沙弥数下……(同上 465)

(8)一百放一下,打汝九十九。(卢仝诗,4369)

(9)君王不朝,父母不拜。口称贫道,有钱放债。量决十下,牒出东界。(李翱诗,9891)

(10)文宣怒,亲以马鞭撞太子三下。(《北史·齐本纪》)

(11)天宝中,万年主簿韩朝宗尝追一人,来迟,决五下。将过县令,令又决十下。(朝 131)

(12)俄闻决人四下声,既而告者出曰:"判官传语:何故不抚幼小,不务成家,广破庄园,但恣酒色……"(玄 27)

(13)召行官至,杖五下,使骤去。(同上 110)

有用于对器物敲击、拍打者:

(14)监官遂唤童子问曰:"何不听打鼓?"……答曰:"若打一下,诸坊布鼓自鸣;若打两下,江河沸腾;若打三下,天地昏暗。"(敦校 243)

(15)皇帝专心求长生不死之术,忽闻大内打四下鼓,更漏分明……(同上 338)

[①] 此句应为"疏山便以手拍禅床引手一下",中间不当有逗号,吴福祥、顾之川点校本即无此逗号。

(16) 锡杖敲门三五下，胸前不觉泪盈盈。（同上 1025）

(17) 师敲鼎盖三下，却问："子还闻摩？"（祖 394）

(18) 僧见雀儿啄生，问师："为什摩得与摩忙？"师便脱鞋打地一下。（同上 409）

(19) 师把柱杖敲丈床三两下，云："将这个酬得他摩？"（同上 458）

(20) 良久之间，问："大众！如今是什摩时？"对云："未时。"师曰："与摩则打钟。"打钟三下便告寂。（同上 156）

(21) 曲尽连敲三四下，恐惊珠泪落金盘。（杜牧《方响》诗，6000）

(22) 陈胜城中鼓三下，秦家天地如崩瓦。（常楚老诗，5777）

(23) （鲁般者）于凉州造浮图，作木鸢，每击楔三下，乘之以归。（酉 233）

(24) 俄有铁锤空中下击刀，累击二百余下，锤悉破碎，而刀不损。（广 27）

(25) 扣门数下，有一苍头迎拜君绰，君绰因问："此是谁家？"（玄 38）

以上各例俱以"下"量击打类动词，动作方向大多从上向下，这正是动量词"下"与它所由产生的动词"下"在意义上的关连点。不过从语义学的角度来看，任何一个词语的意义在实际运用中都会因不同的语境而产生差异，其言语义与语言义是有出入的。从普通词语转化为语法单位的动量词所含的概括性意义在实际语境中也会发生变异。例如，打鼓大多是向下的，例（4、17、18、24）中"拍、敲、打、击"的方向也是向下,因前三例的宾语为"禅床引手、鼎盖、地",后者明言"空中下击刀";例(20、21、25)的动作方向则是向前的,因为钟是吊挂着的,例(21)所说的方响是一种类似编磬的乐器,需向前或前上方敲击,扣门当然也是向前的。其他各例方向不明。这样,由于动词属于同一义类,人们时常忽略方向,将"下"来称量各种朝向的击打类动作,随着这种语境中产生的差异的累积,"下"的语法意义就逐渐脱离了原来的指向,而表示各向击打的次数了。

2. 除击打类动词以外,"下"的适用范围还有进一步的扩展,例如:

(26)其僧行十步来,振锡三下……(祖109)

(27)隐峰接得锹子,向师划一下。(同上117)

(28)才与摩道,便失声,咬齿两三下,悔与摩道。(同上188)

(29)沩山把一枝木吹两三下,过与师。(同上370)

(30)供奉云:"禅界无欲,如何是禅?"师以手空中点一下。供奉无对。(同上381)

(31)问:"如何是一路涅槃门?"师弹指一下,却展手。(同上492)

(32)头发梳千下,休粮带瘦容。(贾岛诗,6630)

(33)宛陵将士天下雄,一下定却长稍弓。(顾况诗,2948)

(34)召昂令伏,以鸣镝射一百余下,竟至于死。(《北史·齐本纪中·显祖文宣帝》)

(35)刘(玄)因执缚,刀断数下,乃变为一枕。(集80)

上文谈到,"下"在称量击打义动词时开始突破"从上到下"的限制，本节各例更进一步，有的动词有位移和方向，如例（26、27、32、34、35）动作方向或下（梳、断），或前（射、划），或往复变动（震锡）；有的没有明确的位移，也就谈不到方向，如例（28—31）的"咬齿、吹、点、弹指"，这时"下"离它原有的词汇意义更远，作为语法单位也更成熟了；例（33）尤为特殊，"一下"之前没有动词，人们无从知道宛陵将士是用什么高招"定却长稍弓"的，其结构很像现代"一下就解决问题"之类句式，"一下"表示快速，"下"变得更加自由、空灵了。

综上可知，本期"下"的称量对象虽有扩大，但总的来说还是局限于人的肢体、器官的具体动作。相比之下，它不能像"回、度"等通用量词那样适合于视听言语、精神活动乃至社会生活等诸多方面，这是"下"在唐五代时期的一个特点。

（三）在本期不同文体的资料中，动量词"下"的出现率是不平衡的。如《全唐诗》900卷，约750万字，仅见7次；而《祖堂集》20卷20余万字，却有26次，且用法灵活。在现代汉语中，"下"正是灵活多变的常用动量词，是否这种特性在九、十世纪的口语中已出现并在口语化的《祖堂集》中得到突出表现，而其他作品未能充分反映？这有待深入探讨。

（四）本期之后，动量词"下"使用越来越普遍，表短时距的功能日益突显，延续至今。它在宋元明清的发展详见金桂桃（2007：170—188）。

五、通

（一）《说文》："通，达也。"刘世儒谓"通"作为动量词就是由通括、通彻义转来的，萌芽于东汉（参见刘世儒 1965：259）。曹操的《步战令》可能是较早的用例："严鼓一通，步骑士悉装；再通，骑上马，步结屯；三通，以次出之，随幡所指。""一通"指从头至尾打一阵（鼓）。但从句法看，此例并不太成熟，同为曹操的作品《船战令》更典型些："雷鼓一通，吏士皆严。"又如《后汉书·光武帝纪上》："传吏疑其伪，乃椎鼓十通。""通"搭配的动词以击鼓类为多，也可与其他动词相配，如《真诰·协昌期》："咽液五过，扣齿五通。"《古诗为焦仲卿妻作》："著我绣夹裙，事事四五通。"又，"通"还有名量词的功能，参见第二章第二十四节。

（二）本期的动量词"通"。

本期，"通"的使用频率降低了，这跟动量词"过"情况相似而犹有过之。敦煌变文及文书有"过"无"通"，《祖堂集》"过、通"均无，《全唐诗》"通"也仅有 3 例：

（1）碛回三通角，山寒一点旗。（张祜诗，5824）

（2）城头五通鼓，窗外万家砧。（温庭筠诗，6751）

（3）静鼓三通齿，频汤一味参。（张鸿诗，8776）

以上 3 例分别量吹角、击鼓、扣齿，但动词都省掉了。还有一个唐人为古书作疏的例子，《礼记·檀弓下》："（君于大夫，将葬，吊于宫，及出，命引之，三步则止）如是者三，君退。"孔疏谓：

（4）……以经上云"引之三步则止"，下云"如是者三"，恐别更为三通。（《礼记·檀弓下》孔疏，十三经 1299）

至于"一通"究竟多少次，并无成说。唐人李靖《卫公兵法》说："鼓千挝，三百三十三捶为一通。"讲的是军中定制，但未必语言运用时凡言"一通"必合此数，像例（2）所述具报时器性质的城头鼓，在万户捣衣声中不可能连敲一千六百多下，例（3）写为了养生而扣齿，连叩千下也不合常理。例（4）用"更为三通"释"如是者三"，意思是"像这样做三遍"，在此一通并不代表若干次（即刘世儒所说的"定数集合法"），而是（将葬礼的规定程序做）一遍。其实早在南北朝时已是这种情况，如《古诗为焦仲卿妻作》的"事事四五通"，每通应该只是（将每套衣裙换穿）一回。

（三）"几通鼓"的用法被后世沿袭，如《水浒传》50回："且说祝家庄上擂了三通鼓……一齐杀将出来。"直至纳兰性德词犹谓"梦回酒醒三通鼓"（《菩萨蛮》）。"通"古属东韵，平声。现代做名量词"通"读 tōng，仍为平声；动量词读 tòng，变作去声。动量词"通"多与数词"一"连用，搭配的动词常带有不够郑重或消极的意味，如"闲聊/胡说/发泄/瞎吹/折腾/吓唬一通"，但不能说"研究/思考/慰问一通"。

六、次（附"伴"）

（一）《说文》："次，不前不精也。"它在上古和中古汉语里有多种义项，又有动、名、形、副各种词类功能。那么动量词"次"究竟由何而来、起自何时呢? 王力先生（1984：354）认为："称数的'次'字大约系从'次序'的意义演变而来。但起于何时，则未能切实考证。大约最晚当在宋、元以后。"向熹（1993下：220）则将其与上古驻留、止歇义动词"次"相联系，举例为《书·泰誓中》"惟戊午，王次于河朔"，认为南北朝始用为量词。刘世儒谓"'次'的作为动量词由名词'位次'义引申而来"，举庾信诗"穷纪星移次"为例，关于产生时代亦谓南北朝始成为泛表一般动作次数的动量词,但不及"过"常见。如沈仲由文:"刘道朔坐犯七次偷。"[1](《全陈文》卷17,参见刘世儒 1965:263)我们以为刘说更合理些,"位次"的确切含义是,古人将天球上假设的黄道带分成十二等分,各部分称为"次"。"次"与数词连用有较长的历史,如《史记·天官书》"岁星岁行一次",《尔雅·释天》郭璞注"岁,取岁星行一次",孔颖达《尚书正义》"日月所会谓日月交会于十二次也"等。这些都是数名结构做动词或介词宾语,但"行×次"这样的"动+数+次"组合长期反复使用,对"次"演化为动量词当有促进作用,可惜我们尚未见到充分反映其演进过程的更多材料。至于它成为量词的时代,洪艺芳(2000:441)在吐鲁番文书中发现了比沈仲由文更早的实例,在句中做状语:"续作高□□身知剪……获曹符下,累次下积……"惜此例阙字较多,影响理解。我们还可补充《法显传》的一例:"先度……供养三宝者,第二、第三次度有缘者。"在此例中"次"作为动量词的资格似更为确定。法显系东晋时人,故动量词"次"的出现还早于南北朝时代。

(二)本期动量词"次"仍不多见,所见之例如下:

(1)各(搁)盏待君下次勾,见了抽身便却回。(敦校 590)

(2)数次叫问,都没麏挨,推筑(催促)再三,方始回答。(变文 335)

---

[1] 金桂桃(2007:13—14)认为此例并不可靠。她举出《二十五史·陈书》和《册府元龟·刑法部》对同一件事的记述,指出三种文献中的文字大都相同,唯《全陈文》中的"次"在另外两种文献中分别作"改"和"叚"。录此备考,但因除此例另有可视为动量词"次"在南北朝时代的用例,故不影响原有的结论。

在《敦煌变文校注》中例（2）的"次"被校改为"伴"，详见下文。

（3）三次论诤退，其志亦刚强。（张籍诗，4301）

整部《全唐诗》"次"做量词仅此一例。此外，笔记小说中得见数例：

（4）小僧欲坐，寺主辄叱之，如是数次。（广24）

（5）光宅中，召至京玉清观安泊。间或逃去。如此者数次。（《龙城录》，大观140）

从以上用例来看，动量词"次"本期虽不太多见，却可量言语、动作及相对复杂的过程（例5），故带有通用性。

（三）在现代汉语中，据统计，"次"在频率最高的前8000词中居第99位，超过其他所有动量词。（《现代汉语频率词典》，659页）这种局面在本期远未形成。宋以后口语资料用例如沈括《乙卯入国奏请（别录）》："……如此三度，今分析更取问萧琳雅一次，南界可煞不肯商量。"《三朝北盟会编·燕云奉使录》："此誓书元在阙下，为使人陈乞，已换了两次。到涿州又换一次。"《水浒传》第7回："林冲不合吃着他的请受，权且让他这一次。"《红楼梦》第1回："后因曹雪芹于悼红轩中，披阅十载，增删五次，纂成目录，分出章回。"第8回："……我说过那茶是三四次后才出色的，这会子怎么又沏了这个来？"据周定一等（1995：132）研究，《红楼梦》的"次"用于一再出现的行为，这与当代用法又有所区别。

附：伴

敦煌变文中，有一罕见量词"伴"：

（1）诸坊各有监官，每有人来，遣打布鼓，〔都无音响〕。遂

有一童子，过在街坊，听打鼓，即放过去。更经一日过街，亦乃不听打鼓。直至三伴……（敦校 243）

（2）车匿奉命直见老翁："是何人，在此而立？"数伴叫问，都没应挨（唉），推筑再三，方始回答。（同上 510）

（3）眼暗都不识人，耳聋不闻音响。十步之内，九伴长嘘。（同上）

在《敦煌变文集》中，例（1）的"伴"录作"件"；例（2、3）的"伴"分别作"次、步"，潘重规据原卷亦均改录为"件"。黄征等认为该字系"伴"，做量词表次数（详见敦校247页注〔三三〕及519页注〔八五、八九〕）。这种分析仅见于黄说，所据不详，录此备考。

七、匝

（一）《说文》："匝，周也。"本为动词。主要义项有二：第一为"满、遍"，如南朝梁沈约《三月三日率尔成篇》诗"花开已匝树，流嘤复满枝"，柳宗元《钴鉧潭西小丘记》"不匝旬而得异地者二……"。第二为"围绕"，如《文心雕龙·物色》"山沓水绕，树匝云合"。这两个义项是相关连的：周边布满即成围绕之势。动量词"匝"来源于围绕义，环绕一圈是为一匝。

（二）动量词"匝"起于何时？《十三经》无"匝"字，有人举出《庄子·秋水》"孔子游于匡，宋人围之数匝而弦歌不辍"，认为"匝"就是动量词，因而可上溯至周秦之际（傅铭第1965）。但学者们多认为先秦尚无动量词，从共时的语法系统来看，先秦汉语的动作次数多以状动结构（数+动）来表示，如《论语·学而》"吾日三省吾身"，这是众所周知的事实。故"围之"与"数匝"恐系连动关系。不过"匝"

经常跟围绕义动词连用,并且前面常有数词,《史记·高祖本纪》有"围宛城三匝",《汉书·高帝纪上》有"(项羽)围汉王三匝",曹操《短歌行》有"绕树三匝",这几句表层形式都跟上举《庄子》"围之数匝"相同,当东汉"下、通"等动量词纷纷产生时,"匝"也就类推、转化为动量词,主要量围绕义动词。

(三)本期的动量词"匝"。

本期仍以量围绕义动词为主,各种文献大致如此,其中《祖堂集》共有"匝"11例,量动词"绕"者即占8例。详加分析又有几种不同情况:

1. 直接称量"绕"类动词。

(1) 围绕佛身千万匝,拟捉如来畅奴情。(敦校533)

(2) 须达既见门开,寻光直至佛所,旋绕数十余匝。(同上554)

(3) 贞夫下车,绕墓三匝,号咷悲哭……(同上214)

(4) 皇帝惊忙,绕柱数匝看之。(同上340)

(5) 金刚丑女叹佛已了,右绕三匝,退座(坐)一面。(同上1107)

(6) 蚁子在水中绕转两三匝,困了,浮在中心,死活不定。(祖101)

(7) ……恰遇大师上堂,持锡而上,绕禅床三匝而立。(同上109)

(8) 有一日,心造坐不得,却院外绕茶园三匝了……(同上285)

(9) 尔时,迦叶复重悲哀,与诸弟子绕佛七匝,长跪合掌,说偈哀叹曰……(同上24)

（10）山顶有池，其水澄镜，派出大河，周流绕山二十匝，入南海。（西域861）

（11）有时六博快壮心，绕床三匝呼一掷。（李白诗，1713）

（12）问之不肯道所以，独绕百匝至日斜。（韩愈诗，3807）

（13）无人解爱萧条境，更绕衰丛一匝看。（白居易诗，5140）

（14）（高夫人）梦为日所逐，避于床下，日化为龙，绕己数匝，寤而惊悸，遂有娠。（《北史·魏本纪》）

（15）马忽跳出惊走，前足有物，色白如衣带，萦绕数匝。（酉141）

（16）某等肚饥，膰膰恰恰，皮漫绕身三匝，主人食若不充，开口终当不合。（玄51）

（17）顾子着锦禊锦缠头，饮酒半酣，绕绢帖走十余匝……（封氏48）

（18）州县参谒者……踏蛇而惊，惶惧僵仆，被蛇绕数匝。（朝33）

2. 与"转、围、萦、环、缴、旋行"等动词配合。

（19）若是得男，神头上伞盖左转一匝；〔若是〕得女，神头上伞盖右转一匝。（敦校435）

（20）满筵大众，合会天人，围世尊而百匝千番……（同上766）

（21）于大师前旋行一匝，作圆相，然后于中心礼拜。（祖119）

（22）绿萝萦数匝，本在草堂间。（许浑诗，6076）

（23）妇上车，婿骑而环车三匝。（酉8）

（24）有人见竖子在洛中洗马，顷之，见一物如白练带，极光

晶，缴竖子项三两匝，即落水死。(朝 101)

"转、围、萦、环、旋"等词含有一个共同的义素，就是"以某物、某处为中心做圆形的运动或形成圆形"，这一点跟"绕"相同；例(24)的"缴"在句中义同"缠绕"：故以上这些动词均可用"匝"量之。

3. 另一类表面量其他动词，其实仍离不开环绕义。

(25)场中忽有象直入池中，腾蹈一匝，当时土起，花等并无。(敦校 603)

(26)于一棒下入佛境界，假使百劫粉骨碎身，顶擎绕须弥山经无量匝，报此深恩，莫可酬得。(祖 484)

(27)绕坟不暇号三匝，设祭惟闻饭一盘。(韩愈诗，3862)

(28)绕庭行数匝，却上檐下床。(白居易诗，5122)

(29)何营飞三匝，犹言未得枝。(蒋冽诗，2883)

(30)不知行几匝，得到上头时。(张籍诗，4347)

(31)灵武朝天辽海征，宇宙曾行三四匝。(元稹诗，4631)

(32)俄然有曳红裙、紫袖、银披而来，步庭月数匝，却立于东庑下。(博 34)

以上例(26)量"经"而所经之事即"绕须弥山"。例(27)以"号三匝"为一读，而把"绕坟"与"三匝"隔开，这只是诗歌特殊句法使然，实则"匝"仍量"绕"。例(28)明言"行"的方式是"绕庭"，其他例中的动词"腾蹈、行、飞、步"的方式都是"绕"，只不过限于诗歌句法等原因被省掉了。从另一方面看，正因为"匝"的存在，读者才可能在不加说明的条件下对动作的方式有正确理解。

4. 在少数例句中,动量词"匝"有遍义。

（33）语由（犹）未了,被神人以手指却一匝,宫人例总瞌睡,兼房关锁并开。(敦校 496)

（34）如来乞食巡三匝,都来檀越不开门。(同上 683)

（35）九衢行一匝,不敢入他门。(李频诗,6816)

（36）每个树边行一匝,谁家园里最多时。(朱庆余诗,5877)

以上各例均含动作（指、巡、行）及于所有对象或范围之义。其实"遍"与"环绕一周"意义上本有联系,甚至有时很难分辨,如例（36）既可理解为"在每棵树边绕行一周"也可理解为"走遍了每棵树的旁边"。

5. 关于"百匝千×、千匝万×"类四字格。

（37）钟离末领三百将士……围绕陵庄,百匝千遭。(敦校 69)

（38）齐到内宫菩萨处,百匝千重礼拜来。(同上 962)

（39）青山似欲留人住,百匝千遭绕郡城。(李德裕诗,5398)

（40）左旋右转不知疲,千匝万周无已时。(白居易诗,4692)

上文例（20）的"百匝千番"亦属此类。

汉语里有很多"百×千×、千×万×"式的四字格,作用多为极言某物某事之多。本期动量词常嵌入这类格式的有"匝、周、遭"等,多与反复或围绕义相关,其中"匝"更突出。"百匝千×、千匝万×"表示重重叠叠或无穷无尽。

（四）在唐五代,与"匝"功能相近可量围绕义动词的还有"周"和"遭",但均不及"匝"常用。《祖堂集》"匝"出现 11 次,却没有"周"和"遭"。不过"匝"的用法始终比较单一,功能又与后来变得更为活跃的"周、遭"相重,本期之后逐渐衰落,或有所见,往往是仿古用法,如宋胡珵《望阙亭》诗的"故乡也恐难归去,百匝千遭绕郡城",第二句就是照搬例(39)李德裕诗。①《水浒传》《红楼梦》都没有动量词"匝"。现代汉语普通话也没有这个动量词了。②

八、周

(一)《说文》:"周,密也。"又谓"遍,匝也","匝,周也"。可知"周、匝、遍"本义密切相关。"周"跟量词有关的意义有:一,"遍、遍及",如《易·系辞上》:"知周乎万物而道济天下,故不过。"二,引申为"匝、环绕",如《左传·成公二年》:"齐师败绩,逐之,三周华不注。"银雀山汉墓竹简《孙膑兵法》:"军与阵皆毋政前后,右周勿左周。"动量词"周"就是从这些意义引申而来的。

(二)有学者举《礼记·昏义》"婿授绥御轮三周"例,认为句中"周"已是动量词(傅铭第1965)。与上文对"围之数匝"的分析一样,"御轮三周"也可视为连动结构,断作"御轮,三周"。更为成熟的实例可能产生于西晋时代,如车永《答陆士龙书》:"即日得报……辄于母前伏诵三周。"此"周"同"遍";稍晚之例如《十六国春秋辑补·前凉录》:"梦走马上山,还绕舍三周……"此"周"同"匝"。当时"周"虽有这两种语法意义,但不如"遍、匝"常见,刘世儒(1965:263—

---

① 金桂桃(2007:208)谓宋代动量词"匝"的用例还颇为丰富,但适用范围几乎没有发展。

② 郭先珍《现代汉语量词用法词典》"匝"字条动量词项内标注为〈古〉,即古语词,例句均为古诗。《现代汉语词典》"匝"字条标明〈书〉,即书面语,引例也只有曹操诗的"绕树三匝"。

264）说它"在这个时代就已经是一个不受欢迎的量词了"。

（三）本期动量词"周"也是不活跃的，它不再用如"遍"，只与"旋绕"类动词相配合，例如：

（1）闻诸先记曰：若人至诚，旋绕七周，在所生处，得宿命智。（西域 681）

（2）日月似有事，一夜行一周。（聂夷中诗，362）

（3）清兴相引行，日日三四周。（元季川诗，2894）

（4）别肠车轮转，一日一万周。（孟郊诗，8910）

（5）左旋右转不知疲，千匝万周无已时。（白居易诗，4692）

（6）言卜不中，以土为卵，三度指之，三周绕之，用厌不祥也。（《史记·龟策列传》"土卵指之者三，持龟以卵周环之"句张守节正义）

（7）又诏令一行与梁令瓒及诸术士更造浑天仪，……注水激轮，令其自转，一日一夜，天转一周。（《旧唐书·天文志上》）

（8）因又绕庄一周，自南门入，及中堂，堂中帷帐已满。（续玄 177）

（9）天圆十二纲，运关三百六十转为一周，天运三千六百周为阳孛。（酉 12）

（四）"周"与"匝"之比较。

"周"与"匝"语法作用基本相同，均量旋转、围绕义动词，但在本期"匝"却活跃得多：《全唐诗》里"匝"与"周"之比为 16∶4。《祖堂集》共有"匝"11 例，占该书所有 10 个动量词的第三位，《敦煌变文校注》中"匝"有约 20 例，而两书均无动量词"周"。（变文有多例"周"用为表时间的准量词，而非动量词，如敦校1024页"罗卜自从父母没，礼泣三周复制毕"，在此"三周"即三周年）。另外从唐人注疏古籍的零星资料也可看出其间的差异，前文提到的《礼记·昏义》"婿授绥御轮三周"，孔疏曰："谓婿御妇车之轮三匝然后御者代婿御之。"（十三经1680）原文"三周"以"三匝"释之，可见当时"匝"是更为通俗易懂的。不过到了现代，"周"依然称量旋转义动词，带有较浓的书面语色彩，多限于跟"绕场、巡视、环视"及体育术语的"翻腾"等搭配（参见郭先珍2002），口语里不如"圈"活跃。虽然如此，但毕竟依然存在，而自古功能始终单一的"匝"却被淘汰了。

九、返（反）

《说文》："返，还也。"本为动词。《楚辞·九歌·国殇》："出不入兮往不返。"南北朝始用作动量词，表示往返的次数，如《魏书·李顺列传》："顺凡使凉州十有二返。"（参见刘世儒1965：265）

本期动量词"返"仍存，但数量很少，《祖堂集》《全唐诗》及敦煌文书均未见，仅在某些史志及笔记小说内得见数例。其中"返"或作"反"，系"返"之本字。主要称量往返次数：

（1）菩萨知其我慢心固，非闻法器，往来三返，不得决疑。（西域398）

（2）及为晋王广纳妃于梁，庄因是往来四五反，前后赐物数千段。（《北史·齐本纪上·柳遐子庄传》）

（3）宁王乃顾千贯者曰："此马缓急百返，蹄下不起纤埃。"复顾五百缗者曰："此马往来十过，足下颇生尘埃……"（集15）

此例"缓急百返"当为"缓急往来百返"之省,省略的目的是与下文"往来十过"相对偶,且避免文字重复。

个别例中,"返"所量比较笼统:

(4)昔有隐者于池侧结庵……求一烈士,旷岁不获。后遇一人于城中,乃与同游。至池侧,赠以金银五百,谓曰:"尽当来取。"如此数返,烈士屡求效命。(酉236)

此例指一个较为复杂过程的反复次数。动量词"回、度"和称量事件的名量词"则"也有类似用法,分别见本节十、十一及第二章第二十一节。

"返"做量词如此少见,后世又不存,可能是因为它的主要作用——量往返、反复的次数正是"回"最初的功能,当"回"发展为通用动量词后,并未失去这种原有功能,而"返"则除了这一功能没有其他独特的使命,于是成为动量词队伍里的冗员遭到淘汰。

十、回

(一)《说文》:"回,转也,从口中。"义为回旋、旋转,《诗·大雅·云汉》:"倬彼云汉,昭回于天。"引申为回转,转到相反方向,《楚辞·离骚》:"回朕车以复路兮,及行迷之未远。"较晚引申出返回义,李白《将进酒》诗:"黄河之水天上来,奔流到海不复回。"动量词"回"就是由动词回转、返回义发展而来的。在魏晋南北朝还处于发展的初始阶段,一般只表示动作往返的次数,往返一次为"一回"。如《西曲歌·江陵乐》:"不复出场戏,蹑场生青草。试作两三回,蹑场方就好。"范云《闺思》诗:"几回明月夜,飞梦到郎边。"当时用例尚少。(参见刘世儒1965:258)

（二）从那时到唐五代，"回"在所有动量词中发展最快。从数量上看，在多种文献中居专用动量词之首，仅《全唐诗》就出现达 333 次；从所量对象来看，由仅含往返义的动词发展为形形色色的动词，成了当之无愧的通用动量词。所量大致可分几大义类：

1. 带有方向性的动词。

这类动词中有的本身具有往复义，如复、返、绕、循环、徘徊；或系反义词组，如来往、来去、来又去等。"回"称量它们时仍保留较多原义：

（1）汉路当日无停滞，这回来往亦无虞。（敦校 182）

（2）菩萨周围三万众，声闻绕壤百千回。（同上 763）

（3）几回鸿雁来又去，肠断蟾蜍亏复圆。（敦辞 1793）

（4）药山问："阇梨到何处来？"岩云："此回去到南泉来。"（祖 410）

（5）师复返黄檗，启闻和尚："此回再返，不是空归。"（同上 484）

（6）昆明御宿侍龙媒，伊阙天泉复几回。（宋之问诗，629）

（7）此地无因到，循环几百回。（姚合诗，5704）

（8）芍药丁香手里栽，临行一日绕千回。（王建诗，3428）

（9）一日几回来又去，不能容易舍深红。（崔橹诗，9995）

（10）应为不知栖宿处，几回飞去又飞来。（韦庄诗，8029）

（11）太宗养一白鹘……上恒令送书，从京至东都与魏王，仍取报，日往返数回。（朝 123）

另一部分动词隐含往复义，但比较模糊：

（12）红焰炎炎传□□（盛），一回吹起一回高。（敦校 129）

（13）白骨万回登剑树，红颜百过上刀林。（同上 1034）

（14）马师问："作什摩？"对云："牧牛。"马师曰："作摩生牧？"对曰："一回入草去，便把鼻孔拽来。"（祖 367）

（15）在郡六百日，入山十二回。（白居易诗，5007）

（16）君不见外州客，长安道，一回来，一回老。（同上，4820）

（17）庭前八月梨枣熟，一日上树能千回。（杜甫诗，2308）

（18）云门几回去，题遍好林泉。（齐己诗，9441）

（19）门径萧萧长绿苔，一回登此一徘徊。（李世民诗，唐补 664）

起落、高低、出入、上下、来去都是相对的，如吹起还会落下，入山还要出山，上树总得下来……，但例（12—19）多侧重在强调频率高、变化显著或每次有同样结果等，往复义已不太明显。

还有一些具方向性的动词，语义侧重于动作的终止点，如住、归、到、著地，"回"称量这些动词时，显然失去往复义：

（20）遍地名花微异草，定水潜流，一日三回到。（敦辞 1722）

（21）某甲来去山门已经二十八年，此回住，心中也足。（祖 293）

（22）今年七月间，应得两回归。（王湾诗，1172）

（23）十回俱著地，两手并擎空。（欧阳询诗，9841）

（24）耶娘送我青枫根，不记青枫几回落。（博 15）

以上各类虽基本可视为共时现象，但或可显示"回"的往复义渐次弱化的一些踪迹。

2. 自然或人事的周期性变化。

这种变化多带有周而复始的特点，故仍与往复义相关，如：

（25）三十年来寻剑客，叶落几回再抽枝。（祖 267）

（26）江上偶分袂，四回寒暑更。（罗隐诗，7572）

（27）数日莺花皆落羽，一回春至一伤心。（钱起诗，2689）

（28）漳浦老身三度病，咸阳草树八回秋。（白居易诗，5206）

（29）早潮才落晚潮来，一月周流六十回。（同上，5006）

（30）枫树几回青，逐臣归不得。（司空曙诗，3328）

（31）春溪几回葛花黄，黄麝引子山山香。（鲍溶诗，5538）

（32）门前种稻三回熟，县里官人四考归。（刘商诗，3461）

（33）惆怅复惆怅，几回新月出。（邵谒诗，6992）

（34）家去几千里，月圆十二回。（于武陵诗，6893）

（35）浮世若浮云，千回故复新。（同上，6890）

（36）到处逢人求至乐，几回染了又成丝。（刘驾诗，6786）

（37）闻雁几回修尺素，见霜先为制衣裳。（侯氏诗，8992）

以上两节所量动作变化都与"回"的原始意义"往复"有关，以下所述则完全脱离了原来的意义，"回"成为自由运用的通用量词，可大略分为几类：

3. 人或动物身体的有形动作类。

（38）遥见毒龙，数回搏接……其鸟乃先啐眼睛后噉四竖，两回动嘴，兼骨不残。（敦校 565）

（39）今朝授敕三回舞，两赐青娥又拜公。（施肩吾诗，5601）

（40）几回策杖终难去，洞口云归不见山。（许浑诗，6118）

（41）几回举手抛芳饵，惊起沙滩水鸭儿。（李群玉诗，6612）

（42）清砌千回坐，冷环再三握。（孟郊诗，8906）

（43）荷衣拭泪几回穿，欲谒朱门抵上天。（万彤云诗，5270）

（44）河桥柳……几回攀折赠行人，暗伤神。（毛文锡词，10087）

（45）遥想平原兔正肥，千回砺吻振毛衣。（章孝标诗，5752）

4. 言语、歌吟、视听类。

（46）圣贤嗟叹千千遍，凡庶歌扬万万回。（敦校 771）

（47）目连见以（已）唱其哉，专心念佛几千回。（同上 1032）

（48）……狱主莫嗔，更问一回去。（同上 1033）

（49）愿不愿？愿者还须早至道场听一回。（变文 483）

（50）百度看星月，千回望五更。（敦辞 1796）

（51）青帝今应老，迎新见几回。（尚颜诗，9603）

（52）几回偷看寄来书，离情别恨，相隔欲何如。（李珣词，10123）

（53）此曲只应天上有，人间能得几回闻。（杜甫诗，2447）

（54）夜过深山算驿程，三回黑地听泉声。（王建诗，3429）

（55）头白乘驴悬布囊，一回言别泪千行。（卢纶诗，3180）

（56）爱君有佳句，一日吟几回。（岑参诗，2026）

（57）胡儿向化新成长，犹自千回问汉王。（沈郴诗，8456）

5. 饮食、游乐类。

（58）几回曾啖炙，千里远衔珠。（元稹诗，4544）

（59）几度试香纤手暖，一回尝酒绛唇光。（和凝词，10091）

（60）何年亦作围棋伴，一到松间醉一回。（唐求诗，8310）

（61）几回游阆苑，青节亦随身。（张籍诗，4311）

（62）何处偏堪恨，千回下客筹。（张祜诗，5806）

（63）上得马来才欲走，几回抛鞚抱鞍桥。（花蕊夫人诗，8972）

6. 啼笑及精神活动类。

（64）欣瞻大士欣千度，喜礼高人喜百回。（敦校 886）

（65）既沐慈悲化不才，衷心感激百千回。（同上 768）

（66）几回江上泣途穷，每遇良辰叹转蓬。（朱湾诗，3477）

（67）授馆曾为门下客，几回垂泪过宣平。（雍陶诗，5915）

（68）不知忆我因何事，昨夜三回梦见君。（白居易诗，4899）

（69）一照一回悲，再照颜色衰。（邵谒诗，6996）

（70）人世几回伤往事，山形依旧枕江流。（刘禹锡诗，4058）

（71）几回愁不语，因看朔方图。（张泂诗，8327）

（72）相逢未得三回笑，风送离情入剪刀。（项斯诗，6424）

（73）因此见乔木，几回思旧林。（于武陵诗，6895）

（74）几回惊落叶，即到白头时。（李端诗，3274）

（75）几回魂断，凝望向长空。（张泌词，10146）

7. 遭逢、生死、迎送、别离类。

（76）天宫富贵何时了，地狱煎遨几万回。（敦校 887）

（77）一向须臾千回[1]死，于时唱道却回生。（变文 734）

（78）能令公子百回生，巧使王孙千遍死。（游仙窟，近代 5）

（79）关东疾儒客梁城，五岁十回逢乱兵。（李涉诗，9983）

（80）二月已破三月来，渐老逢春能几回。（杜甫诗，2451）

---

[1] 此句《敦煌变文集》校记〔八二〕谓："'回'原作'过'，据戊卷改。"《敦煌变文校注》亦据此改"回"为"过"。

（81）长恨江南足别离，几回相送复相随。（朱放诗，3542）

（82）今朝一酹临寒水，此地三回别故人。（白居易诗，5111）

（83）一回相见一回别，能得几时少年身。（李频诗，6808）

8. 政治、征战、社会活动类。

（84）两浙宣传知几回，全无飘荡不虞灾。（敦校 622）

（85）官秩三回分洛下，交游一半在僧中。（白居易诗，5137）

（86）十月三回寒食会，春光应不负今年。（同上，5210）

（87）一卧沧江惊岁晚，几回青琐照朝班。（杜甫诗，2510）

（88）应笑马安虚巧宦，四回迁转始为卿。（罗隐诗，7589）

（89）几回奏事建章宫，圣主偏知汉将功。（韩翃诗，2753）

（90）单于北望拂云堆，杀马登坛祭几回。（王之涣诗，2850）

（91）十五役边地，三回讨楼兰。（王昌龄诗，1425）

（92）一回落第一宁亲，多是途中过却春。（杜荀鹤诗，7959）

9. 渡过、经过类。

（93）南海几回渡，旧山临老归。（贾岛诗，6639）

（94）殷勤竹林寺，更得几回过。（朱宿诗，3123）

称量此类动词的主要是"度"，关于"回"与"度"的比较详见下文"度"（三）。

10. 其他。

（95）不禅补坊[①] 兼刺绣，更能逐日辩（办）香斋。陈百种，献千回，为感师兄说法开。（敦校 889）

---

① 据敦校 899 页注〔一四六〕，"不禅补坊"当为"不惮补纺"义。

（96）六师虽五度输失，尚不归降。"更试一回看看，后功将补前过……"（同上 566）

（97）欲行三里二里时，虽（须）是四回五回歇。（同上 438）

（98）礼拜虔诚重发愿，五色祥云，一日三回现。（敦辞 1726）[1]

以上诸例之动词各不相类，这也说明"回"的称量范围几乎没有什么限制。

11. 所修饰的动词代表一定时间内的举措、过程或状态。

（99）除非证果离胞胎，这回不向千门化。（敦辞 1058）

（100）前回边使至，闻道交河战。（陆龟蒙诗，7204）

（101）前回是富儿，今度成贫士。（寒山诗，9077）

（102）前回一去五年别，此别又何日圆。（元稹诗，4590）

（103）恋君不去君须会，知得后回相见无？（同上，4649）

（104）此回不似前回别，听尽离歌逐棹歌。（李频诗，6812）

（105）流水旧声入旧耳，此回呜咽不堪闻。（杜牧诗，5987）

（106）泉下阿蛮应有语，这回休更怨杨妃。（罗隐诗，7609）

（107）五马旧曾谙小径，几回书札待潜夫。（杜甫诗，2477）

此类多含有"这回、几回、此回、后回"或跟"此度、今度"相对的"前回"，全句大多表示在一定时间（往往是较长时间）范围内发生的事情，"回"并不称量具体动作。至此，"回"已经发展得高度成熟，在本期动量词中是使用频律最高、功能最全的。正因如此，

---

[1] 金桂桃（2007：55）谓唐五代时难见动量词"回"称量表示存现的动词，像这样的例子确实不多。

后世可以说没有什么重要的发展，而且至今依然。唯宋元以来产生了名量词"回"，用于章回小说的回目，四大名著都分"回"。与此相关，又用于指说书的一个段落，如《红楼梦》54回："女先儿笑道：'老祖宗原来听过这回书。'"现代又用于事情，但数词多为"一"，如"有那么一回事"。

十一、度

（一）《说文》："度，法制也。"此解与量词无关。"度"另义"度过"，可指时间上的，如《晋书·沮渠蒙逊载记》："人无劝竞之心，苟为度日之事。"又指空间上的，如《汉书·贾谊传》："若夫经制不定，是犹度江河亡维楫。"动量词"度"系由这一动词义引申而来。一说最早用于天文上的经纬度数，如《汉书·律历志》："金水皆日行一度。"刘世儒认为这种说法也有可能，但我们认为天文的"度"是一种量度，与现代天文、几何、物理等诸多学科所用的计量单位"度"一脉相承（详见本书第五章第二节），但在语义及语法上跟动量词"度"差别较大。动量词"度"产生于魏晋南北朝，如《三国志·吴书·宗室传》："是时太守王朗拒策于固陵，策数度水战，不能克。"庾信《梦入堂内》诗："画眉千度试，梳头百遍撩。"王劭《舍利感应记别录》："舍利于塔前放光三度，皆紫光色。"[1]它与"过"性质相同，可适用于各种动词，但当时不如"过"常见（参见刘世儒1965：268）。

（二）到了唐朝，"度"超过了"过"，仅《全唐诗》中就出现325次（同书动量词"过"仅约10次）。《祖堂集》中也有26次，与"下"

---

[1] 转引自刘世儒（1965：268）。

同居该书动量词之首。上古以"数动"结构表示动量之处,在唐代的经典注疏里多加上了动量词"度",如《易·晋卦》"昼日三接"句孔疏:"一昼之间三度接见也。"(十三经49)《易·系辞上第七》"是故四营而成易"句孔疏:"营谓经营,谓四度经营蓍策乃成易之一变也。"(十三经80)《史记·孟子荀卿列传》"……而荀卿三为祭酒焉"句司马贞索隐:"谓荀卿出入前后三度处列大夫康庄之位,而皆为其所尊,故云'三为祭酒'也。"这种情况在《十三经注疏》及其他唐人注古籍中十分常见,可见"度"在当时的常用性。它称量的动词义类与"回"大同小异,语法功能有许多共同点。

1. 表示度过、经过义的动词。

此类多见于诗歌。在《全唐诗》中,共有12例,是"回"量此类动词次数的4倍。这说明"度"虽早在南北朝时已适用于各种义类,但它本身固有的词汇意义"度过"还是有影响的。例如:

(1) 乌鹊桥头双扇开,年年一度过河来。(赵璜诗,6263)

(2) 三度过海,两度上汉。(鱼身字诗,9822)

(3) 二年领公事,两度过阳关。(岑参诗,2064)

(4) 容州诗句在褒城,几度经过眼暂明。(元稹诗,4506)

(5) 与君前后多迁谪,五度经过此路隅。(白居易诗,4927)

(6) 梵林遗址在松萝,四十年来两度过。(袁皓诗,6942)

2. 带有方向性的动词。

和"回"一样,"度"也可称量"到、来、归、入"等动词,如:

(7) 此小儿三度到我树下偷桃,我捉得,系着织机脚下,放之而去之,今已长成。(敦校244)

（8）梦魂几度到乡国，觉后翻成哀怨深。（敦辞 1793）

（9）每度下来回首望，如从天上到人间。（同上 972）

（10）当时侍者便是云岩和尚也，三度来和尚身边侍立，第三度来，和尚蓦地失声便唾。（祖 319）

（11）不用一日三度五度上来……息却身心，远则十年，中则七年，近则三年，必有来由。（同上 285）

（12）十年马足行多少，两度天涯地角来。（雍陶诗，5927）

（13）人许风流自负才，偷桃三度到瑶台。（韩偓诗，7845）

（14）愿逐三秋雁，年年一度归。（卢照邻诗，211）

（15）几回冲蜡烛，千度入春怀。（皇甫松诗，4154）

3. "度"称量"来往、来去"及"绕"。

（16）妆束于身道是荣，来往婆婆千万度。（敦校 836）

（17）每度暗来还暗去，今年须遣蝶迟留。（王建诗，3416）

（18）名高渐少翻飞伴，几度烟霄独去来。（赵嘏诗，6360）

（19）梦成几度绕天涯，到君家。（魏承班词，10107）

细加体味，例（17、18）的语义重点分别在于"暗"和"独"，例（19）的"绕"略含往复义，但较微弱。而上文"回"中"一月周流六十回""循环几百回""一日几回来又去""几回飞去又飞来"等句语义重点却在于屡次往复。所以在称量具方向性的动词时，"度"与"回"可能仍有所区别，"度"称量含往复义动作的能力低于"回"。

4. 自然或人事的周期性变化。

（20）臣僧祷祝资天算，愿见黄河百度清。（敦校 623）

（21）沧溟几度变桑田，唯有虚空独湛然。（祖 436）

（22）僧问："居此多少年也？"师云："亦不知多少年，只见四山青了又黄，青了又黄，如是可计三十余度。"（同上 389）

（23）光阴轮谢又逢春，池柳亭梅几度新。（同上 211）

（24）摧残枯木倚青林，几度逢春不变心。（同上 222）

（25）李君殁后共谁游？柳岸荷亭两度秋。（白居易诗，4929）

（26）炎凉几度改，九土中横溃。（李白诗，1752）

（27）霜风与春日，几度遗荣枯。（姚伦诗，3058）

（28）别来愁悴知多少，两度槐花马上黄。（罗隐诗，7532）

（29）不及河边树，年年一度青。（寒山诗，9073）

（30）帝里无成久滞淹，别家三度见新蟾。（韦庄诗，80001）

（31）一年十二度圆缺，能得几多时少年。（李建枢诗，8782）

（32）三千里外一条水，十二时中两度潮。（契盈诗，9633）

5. 人或动物肢体的有形动作类。

（33）叵耐不知何处去，教人几度挂罗裳。（敦辞 146）

（34）几度飞来活捉取，锁上金笼休共语。（同上 315）

（35）千回下网终难系，万度垂钓誓不□。（祖 382）

（36）别后边庭树，相思几度攀。（骆宾王诗，856）

（37）船行欲映洲，几度急摇手。（崔国辅诗，1204）

（38）渠将底物为香饵，一度抬竿一个鱼。（杜荀鹤诗，7979）

（39）回头瞥见宫中唤，几度藏身入画屏。（花蕊夫人诗，8978）

（40）一双白蝙蝠，三度向明飞。（任要诗，10023）

6. 视听、言语类。

（41）行军在函谷，两度闻莺啼。（岑参诗，2034）

（42）几度听鸡歌白日，亦曾骑马咏红裙。（白居易诗，5046）

（43）何时种核桃，几度看桑田。（皇甫冉诗，2793）

（44）几度木兰舟上望，不知元是此花身。（李商隐诗，6255）

（45）一度林前见远公，静闻真语世情空。（栖白诗，9278）

（46）伤心独有黄堂客，几度临风咏蓼莪。（牟融诗，5312）

（47）几度艳歌清欲转，流莺惊起不成栖。（陆龟蒙诗，7210）

（48）几度陪师话，相留到暮钟。（李中诗，8518）

（49）一首诗来百度吟，新情字字又声金。（鱼玄机诗，9050）

7. 游乐、饮食类。

（50）何人逢此不开颜，几度遨游意自闲。（敦辞 972）

（51）庆云出处依时报，御果呈来每度尝。（王建诗，3414）

（52）一年两度锦江游，前值东风后值秋。（罗隐诗，7578）

（53）几度凤楼同饮宴，此夕相逢，却胜当时见。（冯延巳词，10158）

（54）胡风一度猎，吹裂锦貂裘。（张蠙诗，8075）

8. 啼笑及精神活动类。

（55）欣瞻大士欣千度，喜礼高人喜百回。（敦校 886）

（56）忧怜不啻千千度，养育宁论万万回。（同上 973）

（57）一从悲画扇，几度泣前鱼。（于武陵诗，6890）

（58）眼中三十年来泪，一望南云一度垂。（元稹诗，4596）

（59）总似红儿媚态新，莫论千度笑争春。（罗虬诗，7629）

（60）应怜一罢金闺籍，枉渚逢春十度伤。（刘禹锡诗，4050）

（61）便随莺羽三春化，只说蝉声一度愁。（徐夤诗，8156）

（62）几度无聊倍惆怅，临风搔首独兴哀。（牟融诗，5309）

（63）几度思归还把酒，拂云堆上祝明妃。（杜牧诗，5987）

（64）蓬莱若探人间事，一日还应两度知。（吴融诗，7872）

（65）嗟君没世委空囊，几度劳心翰墨场。（廖有方诗，5550）

（66）几度之为笑而不于我加陵，言数被笑必陵侮我也。（《左传·昭公十六年》"几为之笑而不陵我"孔疏，十三经2079）

9. 遭逢、寻觅、迎送、别离类。

（67）亿亿万劫数虽多，几度得逢佛出世。（敦校1167）

（68）慈母引头千度觅，心心只怕被人欺。（同上974）

（69）一往沉沦苦海中，此度出离生死海。（敦辞1362）

（70）母哭儿，儿哭母，相送人间几千度。（同上1627）

（71）遇崔晕第十二郎，曾为清海镇兵马使，在登州赤山县时，一度相见，便书名留期……（入唐，近代164）

（72）几度黄昏逢罔象，有时红旭见蓬莱。（吴融诗，7896）

（73）汉主何时放逐臣，江边几度送归人。（刘长卿诗，1557）

（74）访余十数度，相去三五里。（卢仝诗，4388）

（75）唯君一度别，便似见无期。（李频诗，6828）

10. 政治、征战、竞赛、社会活动类。

（76）两度佛家皆得胜，外道意极计无方。六师既两度不如，神情渐加羞恶。（敦校565）

（77）六师虽五度输失，尚不归降。（同上566）

（78）塞上曾经提剑，河边几度弯弓。（敦辞697）

（79）一从会昌元年已来，经功德使通状请归本国，计百有余

度。(入唐,近代160)

(80)职方郎中赐绯鱼袋杨鲁士前曾相奉,在寺之际殷勤相问,亦曾数度到寺检校……(同上)

(81)三度为郎便白头,一从出守五经秋。(岑参诗,2050)

(82)两度皆破胡,朝廷轻战功。(同上,2033)

(83)尔来屡迁易,三度尉洛阳。(李颀诗,1342)

(84)好官病免曾三度,散地归休已七年。(白居易诗,5160)

(85)一生耽酒客,五度弃官人。(同上,5231)

(86)百代功勋一日成,三年五度换双旌。(王建诗,3410)

(87)三度征兵马,傍道打腾腾。(嵩岳童谣,9941)

(88)贞元以前,西蕃两度盟,皆载此神立于坛而誓。(酉259)

(89)(常敬忠)百余日中,三度改官,特承眷遇。(封96)

11. 其他。

(90)萨埵王子时,舍身数度,济其饿虎。(敦校507)

(91)此人修行五度,而生悔心,取名不断疑也。(同上645)

(92)一日之中百度烧,长年受苦何时了……(变文761)

(93)半年三度转蓬居,锦帐心阑美隼旟。(许浑诗,6115)

(94)九度搅和谁用法,四边窥摘自攀枝。(方干诗,7465)

(95)一度造天堂,百度造地狱。(拾得诗,9103)

(96)天牛虫,黑甲虫也。长安夏中,此虫或出于离壁间,必雨,成式七度验之皆应。(酉168)

12. 所修饰的是一定时间范围内的状态或一系列举措,而非某一单纯的动作。

（97）上界帝释密降银钱伍佰文入于井中。舜子便于泥尊中置银钱，令后母挽出。数度讫，上报阿耶娘……（敦校 202）

（98）九月。路府大败，仍捉得彼处押衙大将等，送到京城，斩煞六七度也。（入唐，近代 155）

（99）其后，闻道士至，往候后，辄云已出，如是数十度，终不得见。（广 15）

（100）（虎）每三日，一至李舍，如相看。经二十日，前后五六度，村人怕惧。（同上 178）

（101）近代丧礼……内棺加盖，以肉饭黍酒著棺前，摇盖叩棺呼亡者名字，言起食，三度然后止。（酉 122）

（102）天名精，一曰鹿活草。昔青州刘，宋元嘉中射一鹿，剖五脏，以此草塞之，蹶然而起，怪怪而拔草，复倒。如此三度……（同上 185）

（103）（前文述江州参军曹惠与木偶名"轻素"者对谈，轻素告知庐山山神欲娶其作舞姬，曹令工人为修饰，使被锦绣）轻素喜笑曰："此度非论舞姬，亦当彼夫人……"（玄 41）

（104）其后，闻道士至，往候后，辄云已出，如是数十度，终不得见。（广 15）

以上各例"度"实际所量都不是单纯的动词。如例（97）所量是舜子故意埋钱让后母挖出的连续动作；例（98）表面似为"斩煞"，但同一个人或一批人不可能被斩六七度，所以实际是指将一批批敌将捕捉、送到京城再斩煞的全过程。其他各例亦然，不再一一分析。

（三）"回"与"度"之比较。

1. 相同之点

"回"与"度"都产生于魏晋南北朝时代，当时使用不广，几百年间发展都很快，至唐代成为使用度极高的通用动量词，在《全唐诗》中出现次数占前两位。从组合能力看，除称量与它们固有词汇意义相关的动词时使用频率略有区别外，其他称量对象完全相同。

"回"与"度"语法性质相同，又分别为平声和仄声字，故常出现在同一联韵语、诗歌的对偶句中，处在对称位置上：

（1）生不一回，死不两度。（敦校 378）

（2）乍可决命一回，不能虚生两度。（同上 559）

（3）这度青鸾才失伴，后回花小为谁春。（同上 1089）

（4）百度看星月，千回望五更。（敦辞 1796）

（5）前回当断不赢输，此度若输后须赛。（同上 727）

（6）吴郡两回逢九月，越州四度见重阳。（白居易诗，5032）

（7）一回相忆起，几度独吟行。（李频诗，6818）

（8）天台画得千回看，湖目芳来百度游。（皮日休诗，7081）

这时"回"与"度"的用法无甚差别。最能说明二者密切关系的例子是：

（9）余今一日千回看，每度看来眼益明。（胡玢诗，8720）

（10）自识君来三度别，这回白尽老髭须。（元稹诗，4649）

（11）与君前后多迁谪，五度经过此路隅。笑问中庭老桐树，这回归去免来无？（白居易诗，4927）

"每度"即是千回中的每回，"这回"就是三度、五度中的一度，如此看来,"回、度"真是你中有我,我中有你了。

2. 不同之点

从语义关系看,"回"称量含往复义动词的能力强于"度","度"称量含度过义动词的能力强于"回",已见上文。

从句法功能看,"数词+度"多做状语,极少做补语。这个特点从魏晋南北朝直至现代汉语始终未变。也并非没有例外,如本期的《降魔变文》中有"六师频〔频〕输五度"(敦校566),但这是韵文,在同页的叙述语言中则说"六师虽五度输失(尚不归降)"。在《全唐诗》中"度"做补语不足10例,像"辽海归几度"(李白1851)这样典型的例子很少;而"回"做补语多达51例,值得一提的是其中一例为"动·数·量·宾"结构,即"高天已下两回霜"(鲍溶5532)之句,这种词序在南北朝散文中刚刚萌芽(刘世儒1965:254),唐代也不多见(敦煌变文有"打四下鼓"之例,详见下文),它与现代"敲一下门"句式完全相同,出现在受格律限制的唐诗中是很罕见的,"度"没有这种用法。

从语体看,"回"似乎比"度"更接近口语。迹象之一是它们与"这"的关系。我们知道近指指示词"这"出现于唐代,与古已有之的"此"相当,来自当时口语。敦煌变文《李陵变文》有如下一段:"左右对曰:'大王自将十万人来覆五千,不盖其荣,返(反)昭(招)挫褥(辱),拓回放,后底还来,小弱(若)不诛,大必有患。'"(敦校129)据考"拓"即"这",在口语化的变文中"拓回"特用于对话,很能说明问题(参见吕叔湘1985,陈治文1964,敦校144页注〔一一一〕)。其实,文献中更不乏"者回、这回"直接连用之例：

（12）舍利弗小智拙谋，鲁班前头出巧。者回忽若得强，打破承前并抄。（敦校 565）

关于"者回"黄征等谓："者，原校作'这'。按：不烦校，'者'同'这'。"（敦校 585 注〔三〇〇〕）

（13）除非证果离胞胎，这回不向千门化。（敦辞 1058）

（14）数回赌得这回输，少智没盈余。（同上 777）

（15）泉下阿蛮应有语，这回休更怨杨妃。（罗隐诗，7609）

此外，上文例（10、11）都包含"这回"。当然，"这度"也可连用，如例（3），但较少见。敦煌变文里的比例我们未作统计，在《全唐诗》中"此回"与"此度"数量相等，"这回"与"这度"之比则是 6∶1。

迹象之二是重叠能力。动量词重叠表示"每一"也是唐代新生的语法现象，当起于口语。敦煌变文有"善恶两般须摄治，莫交（教）回回见蹉跎"之例（敦校 770）。在《全唐诗》中，"回回"与"度度"之比为 8∶1，"回回"之例如：

（16）终日求人卜，回回道好音。（杜牧诗，5994）

（17）去处长将决胜筹，回回身在阵前头。（王建诗，3436）

在现代汉语中，动量词"回"仍活跃，"度"却很少应用了，我们随意翻检了 10 多部现代汉语教材或语法专著，有关动量词部分均有"回"无"度"。但"回"没有什么构词能力，而副词"一度、再度"都进入了《现代汉语词典》，"一年一度"也算常用四字格。这与它们的历史不无关系。"度"多状少补，与动量词朝着多做补语发展的方向相悖，自然不会有很强的生命力。另一方面，常做状语使"一度、再度"副词化，但补语后的数量结构却很难凝聚成词。同时动量状语之前往往另有时间状语，"一年一度、三年两度、千年一度"等等便常出现，在《全唐诗》中"n年n度"或"n年来n度"的格式共有23次之多，仅"一年一度"便有4次，它形成四字格沿用至今就不奇怪了。《全唐诗》中"n年n回"一次也未见，只有"五岁十回、五岁几回"各一见。在现代若讲某事每年进行一次，书面语定用"一年一度"，不说"一年一回"，这是有趣的语言现象。

"度"又为计量单位词，见第五章第二节。

十二、行

《说文》："行，人之步趋也。"古文字"行"像十字路。步趋、行走是其引申义。在敦煌医方中，"行"有一个义项是专用于称量排泄大便次数的动量词，佛经亦以"行"指排便，大小便分别称"大行、小行"，或谓其动量词义源于此。（参见范崇峰2009：477）而据李建平（2011：179）研究，"行"做动量词始于汉代，在汉魏医书与佛经中兼可称量大小便，主要是下利，如"伤寒中风，医反下之，其人下利，日数十行……"（汉张仲景《伤寒论·辨太阳病脉证并治下》），"当问其小便日几行"（《同前·辨阳明病脉证并治》）。至于来源，李建平认为"行"有疏通、疏浚义，东汉至曹魏中，厕所称作"行清"，即本于此义。"大小行"之说产生在这一时代，亦与此义相关。李又谓动量词"行"在道教等汉魏文献中适用范围更广，相当于"遍"。如"……叩头各五行，先上视天，回下叩头于地。"（《太平经·己部之十二》）但本期文献中未见"行"用如"遍"者，只有医方中用于称量大便次数：

（1）服之泻一、两行。（敦煌医方）[①]

（2）必泻三、二行。（同上）

（3）初服，厚覆取微汗，亦当两三行下。（孙思邈《备急千金要方》）

"行"作为医学专用量词在宋至明代医书中仍常见。

十三、拜

（一）《说文》："拜，首至地也。"本为动词，指拱手弯腰，或跪而两手着地顿首的礼节，后用为行礼的通称。《书·顾命》："授宗人同，拜，王答拜。"南北朝时，在佛家用语中产生了一种"礼……拜"的新格式，如《宋书·张畅列传》："民有罪，使礼佛动至数千拜。"《高僧传·诵经篇》："释超辩……礼千佛，凡一百五十余万拜。"《高僧传·义解篇》："诵经五十余万言，常日礼五百拜佛。"在此，"拜"之前出现了数词，但刘世儒（1965：267）认为"这究竟能不能算作动量词实在还成问题"。

刘先生的怀疑是有道理的。从句法看，上文前两例"礼"与"拜"的关系比较松散，更像承接复句或紧缩句中两个前后相关的动词："礼"代表尊敬、礼敬之义，"拜"仍是"以跪拜表示敬意"，只有最后一例"礼五百拜佛"的"拜"最有资格算成动量词（详下），只是当时尚不多见。

（二）本期的动量词"拜"。

1. 本期"拜"的用例增多了，这可能跟宣扬佛经经义的民间俗讲

[①] 例（1—3）转引自范崇峰（2009）。

及禅宗语录大量出现有关，因为它主要还是用于佛门的礼拜。

（1）寻时，大王自便礼拜世尊，才礼一拜依旧，礼两拜亦依旧，比至礼三拜起来，早已化作一千躯佛众……（敦校 474）

（2）才礼世尊三五拜，当时白净软如绵。（同上 1108）

（3）汝若不信，再将状来；若也定实，便自礼佛一百拜……（祖 395）

（4）时薛简闻师所说，豁然便悟，礼师数拜，曰："弟子今日始知佛性本自有之……"（同上 78）

（5）石头曰："莫要点眼不？"对曰："便请点眼。"石头跷起脚示之，师便连礼十数拜不止。（同上 142）

（6）僧问忠塔："如何是诸佛师？"答曰："一切人识不得。"有人举似师，云："是即是，只欠礼三拜。"（同上 286）

（7）问："诸余则不问，请师尽其机。"师云："不消汝三拜。对众道却。"（同上 345）

（8）每日趁斋家，即礼七拜佛。（王诗校辑 21）

（9）高祖礼数十拜，舍利乃于钵内放光……（《梁书·诸夷列传》）

以上诸例具有如下特点：

一，与"拜"相配合的动词只有一个"礼"，"礼"的对象是"佛、世尊"或佛门中地位较高的"师"，即禅师、高僧。

二，在特定的语言环境中"礼"和"拜"的语义都发生了变化："礼"做动词本可表示对（神祇）致敬，如《仪礼·觐礼》："礼日于南门外，礼月与四渎于北门外，礼山川丘陵于西门外。"杜甫《往在》诗

"前春礼郊庙"亦此义。但在"礼……拜"格式中"礼"本身实际变为行礼、施礼之义,而这正是"拜"原本具有的意义。这可以认为是词语在经常连用时发生的"词义粘连"现象。虽然没有任何辞书记载了"礼"的这一义项,但起码在本期它是确实存在过的。"拜"在"礼(若干)拜"的格式中,则失去了"行礼叩拜"的实义,具有了称量叩拜次数的语法意义,这就从质的方面表明"拜"已经语法化,发展为成熟的动量词了。

三,前文引《高僧传》"常日礼五百拜佛"与本期诸例性质相同,与例(8)结构更全同,应该说是南北朝时期新生动量词的萌芽,同类格式本期大量涌现,从量的方面证明"拜"作为动量词不再成为问题。

2. 晚唐五代,"拜"有新的发展,它走出了佛门,出现在表现世俗生活的语料中。

(10)舜子走入宅门,跪拜阿娘四拜。(敦校 200)

(11)政(正)午间跪拜四拜,学得甚塊(鬼)祸述靡(术魅)!(同上)

(12)秋胡至第九载三月三日早朝,忆母泣泪含悲,叉手殿前,跪王四拜……(同上 233)

(13)……跪拜丈人两拜,当时领妻便发。(变文 861)

(14)方干,桐庐人也……王大夫廉问浙东,干造之,连跪三拜,因号方三拜。(摭 118)

在此出现了一种很重要的语法现象——同源动量词。以上各例与"拜"配合的动词是"跪"及"跪拜"。"跪",《说文》释作"拜也",

段注曰:"跪与拜二事不当一之,疑当云所以拜也。"就是说,段玉裁认为"跪"是"拜"的准备动作,跪下才可以拜。不过凑巧的是例(12、14)恰巧把"跪"当"拜"来使用,将二者"一之"了。更确切地说,其中的"跪"等于"跪拜"这一连动结构,所以以上五例的"跪、跪拜"意义相同,都是"跪下再拜"的意思。而"拜……四拜""拜……两拜"则是典型的同源动量词:即动词跟量词是同一个词,同源而异用,这是唐五代新生的语法现象,值得注意。后世"看一看、想一想"之类的格式就是由此产生的。

十四、合

《说文》:"合,合口也。"本为动词,含合拢义,引申为聚合、集合等义。古代两军对阵,从各自营垒来到一起进行交战也叫"合",如《左传·成公二年》:"自始合,而矢贯余手及肘。"表示交战次数的量词"合"早见肇端,如《史记》"多者百余战,少者数十合"(《肖相国世家》),"楚挑战三合"(《项羽本纪》),后面一例更为典型。魏晋南北朝亦有同类用法,如《南齐书·张敬儿传》:"敬儿单马在后,冲突贼军数十合,杀数十人。"(参见刘世儒1965:265)

本期,"合"沿袭此前用法量交战次数:

(1)安禄山反,(曲环)从襄阳节度鲁炅守邓州,拒贼将武令珣,战数十合,环功居多,超授左清道率。(《旧唐书·曲环列传》)

(2)贼徒稍却,(尉迟)敬德翼太宗以出贼围,更率骑兵与世充交战,数合,其众大溃……(《旧唐书·尉迟敬德列传》)

(3)胡人精骑腾突挑战,日数十合,帝怒,欲击之。(隋唐5)

此外,我们发现"合"还有做通用量词之例:

（4）曾降瑶缄荐姓名，攀云几合到蓬瀛。（罗邺诗，7518）

（5）大寇山难隔，孤城数合烧。（贯休诗，9385）

上面两例中"合"即"度、次"，这种情况很少，未见人提及，其后也没有发展下去。本期"合"的用例不多，量交战大为流行当是宋元话本小说兴起后的事。

十五、顿

（一）《说文》："顿，下首也"，本义是动词"叩首"，后又有多义。至于量词"顿"，刘世儒（1965：160—161）谓在魏晋南北朝时首先出现的是量饭食的名量词，例如《世说新语·任诞》："闻卿祠，欲乞一顿食耳。"但他认为动量词"顿"尚未产生。关于产生理据，他说"可能是由'停顿'义转来"，"停一次就叫一顿"，但没有详述转化过程。他所举两例是《汉武帝内传》："受之者四十年传一人，无其人，十年可顿授二人。"《博物志》卷10："人……可顿啖数十枚瓜。"（刘世儒1965：160）但两例之"顿"释为"停顿"似嫌牵强，前者宜释为"同时"，[①]与量词义关联不大；后者可认为是"一顿"的省略，则已然是量词了。[②]我们认为，从停顿义引申出的止宿、驻屯义来探索量词的由来

[①]《汉语大词典》第12卷260页"顿"的第26义项即为"同时；一下子"。

[②]《敦煌变文校注》128页有例曰："下营未了，顿食中间，陵欲攒军，方令击鼓。"黄征等注："顿食中间：停顿吃饭之际。"并举出《世说新语·任诞》篇的以下内容："主人迎神出见，问以'非时何以在此'，答曰：'闻卿祠，欲乞一顿食耳。'"然后判断"此'顿'作量词，即由'停顿'义而来"。（见敦校137页注〔三七〕）"顿食"之"顿"，可以说是"停顿"，但"一顿食"未必就与"顿食之际"直接关联，跟停顿义的距离就更远些。

可能更合理，其用例如《汉书·李广传》"就善水草顿舍"，晋陆机诗"南归憩永安，北迈顿承明"（李善注："顿，止舍也。"）；再进一步可指食宿之地，如《宋书·鲜卑吐谷浑列传》："于是拥马西行，日移一顿，顿八十里。""一顿食"最初就指旅舍提供的一餐饭，后再泛指任一餐饭。这样其语义发展的脉络便清晰可见了：

叩首——停顿——住宿——宿处——宿处的一餐饭——任一餐饭。

（二）关于动量词"顿"的产生时代，除刘世儒外，其他一些名家也认为是在隋唐以后，如王力（1990：52）、潘允中（1982：121—122）等。但据王毅力（2011）近期的研究，在晋代"顿"已做动量词，如晋葛洪《肘后备急方》卷三："待至六日，则饱食羊肉馎饦一顿，永差。"同书卷四："每日服一顿，即微利，不得杂食。"只是当时用例尚不多见。

（三）本期的动量词"顿"。

"顿"属于名、动兼用的量词，下面先谈动量词。与南北朝时期相比，本期的动量词"顿"除可量"进餐"外，还可与"杖、棒"等相配合，量"打"的次数。

1. 量"进餐"的次数。

（1）虽然不饱我一顿，且得噇饥。（敦校565）

（2）汝欲得活，时得瓜（苽）食之一顿，即活君也。（变文866）

（3）晨时以粥充饥，仲时更餐一顿。（祖90）

（4）家家养乌鬼，顿顿食黄鱼。（杜甫诗，2539）

2. 量"杖、打"的次数。

（5）明日早起过案，必是更着一顿。杖十已上关天，去死不

过半寸。(敦校 378)

(6) 则天时以章怀迁谪,臣幽闭宫中十余年,每岁被敕杖数顿,见瘢痕甚厚。(《旧唐书·章怀太子列传》)

(7) 如限满后有违犯者,白身人等,宜付所司,决痛杖一顿处死。(《旧唐书·食货志上》)

(8) 念兹旧勋,免此殊死,宜决一顿,配流钦州。(唐玄宗《流姜皎岭外制》)①

(9) 姚文秀杀妻,罪在委所在决重杖一顿处死。(白集 1274)

(10) 我欲打汝一顿……(朝 112)

(11) 我欲笞汝一顿……(同上 113)

在量"打"时,"一顿"代表"若干下",从例(5、6、7、9)可以清楚看到,杖责数顿导致瘢痕甚厚,痛杖、重杖一顿足以致死,都说明"一顿"绝不是少数几下,动作持续的时间也比较长。

(四) 本期的名量词"顿"。

1. 量饭食的次数。

(1) 从七月十五日得一顿饭吃已来,母子更不相见,为当堕〔于〕地狱?(敦校 1037)

(2) 目连……广造盂兰盆善根,阿娘就此盆中,始得一顿饱饭吃。(同上)

(3) 若不餐,动经三十五十日;要餐,顿可食六七十料不足。(同上 333)

---

① 转引自《王力古汉语字典》1643 页。

（4）帐生岁取餐三顿，乡老盘庚犯五瓯。（蒋贻恭诗，9872）

（5）今日有一顿饱食，便欲残害我儿子。（《南史·徐湛之列传》）①

（6）的以不活，为求一顿食。（广66）

2. 量被打的次数。

（7）至食欲饱，即问仓曹云："可罢未？"仓曹若报道可罢，便嗔责云："汝欲饿煞侬。"乃与杖一顿。若报道未可罢，又责云："汝欲胀煞侬。"复令与杖一顿。（敦文335）

（8）者个子！好吃一顿棒，且放过。（祖272）

（9）此僧合唤转，与一顿棒。（同上205）

把"挨一顿棒"形象地说成"吃一顿棒"，恰提示了量进餐跟被打次数这两种用法最初是怎样通过修辞手段联系起来的。但从（三）、（四）两段的材料来看，"顿"做动量词还是名量词只决定于它在句中的语法位置，语义上并无区别，有时甚至难以区分。

（五）本期之后，"顿"基本延续了这两种用法，动量、名量仍难以区分。其中量打的功能还扩展到打架、责骂、批评、嘲弄等动作。量饮食之例如《水浒传》28回："吃了这顿饭食，必然来结果我。"《红楼梦》35回："林黛玉自不消说，平素十顿饭只好吃五顿。"量打骂之例如《朱子语类》卷33："谓其余人不善学固可罪。然夫子亦不叫来骂一顿，教便醒悟，则夫子于门人，告之亦不忠矣。"《水浒传》18回："连打三四顿，打得皮肉绽，鲜血迸流。"25回："若捉他不着，

---

① 此例沿用《宋书·徐湛之列传》，字句相同。

干吃他一顿拳头。"《红楼梦》53回:"领不成东西,领一顿驮水棍去。"46回:"(他嫂子)只望一说必妥,不想被鸳鸯抢白一顿。"《二十年目睹之怪现状》36回:"说着,我又想起他们的说话,不觉狂笑了一顿。"现代汉语中"顿"的使用总的来看没有超出以上的格局,而搭配之词更为灵活多变,如量饭食可说"爸爸,我欠您一顿烤鸭!"(母国政《父亲的叛逆》),量批评类可说"他没和虎妞商议,省得又招一顿闲话"(《骆驼祥子》)。"一顿"仍代表动作的次数多或时间长,这一特点是与历史上的情况一脉相承的。

十六、壮

《说文》:"壮,大也。"大者强,故指生物或人体强壮。《孟子·万章下》有"牛羊茁壮",汉张仲景《伤寒论·太阳病上》谓"表气壮,则卫固荣守,邪由何入!"。"壮"做量词专用于针灸,一灼为一壮,如《三国志·魏书·华佗传》:"若当灸,不过一两处,每处不过七八壮。"在用艾绒做成的艾炷熏灸时,用完一个叫"一壮"。本期用例如:

(1)嗣明为灸两足趺上各三七壮,便愈。(《北史·艺术传下》)

(2)通天 主瘿,灸五十壮,胸堂、羊矢灸一百壮。(孙思邈《备急千金要方》卷30)

(3)女子无子,咳而短气,刺涌泉入三分,灸三壮。(同上)

(4)凡言壮数者,若丁壮遇病,病根深笃者,可倍多于方数。(同上29)[①]

[①] 关于《备急千金要方》原转引文献多有讹误,蒙衣砵(陈伊擎)博士协助改正。

宋代沈括《梦溪笔谈·技艺·艾灼之壮》说："医用艾一灼谓之一壮者，以壮人为法。其言若干壮，壮人当依此数，老幼羸弱量力减之。"沈说与例（4）可互相参照。"壮"作为中医针灸术语，历代承传至今，唯范围限于灸法，不为一般人所知。[①]

第二节　本期新生的专用动量词

一、场

（一）《说文》："场，祭神道也。[②]一曰田不耕，一曰治谷田也。"本义平展的空地，可用以祭神。又为翻晒、碾轧粮食的空地，《诗·豳风·七月》："十月涤场。"又义"场所"，指许多人聚集之处，如战场、道场、科场，如唐李华即有《吊古战场文》。《旧唐书·食货志下》："（元和）九年四月，诏出太仓粟七十万石，开六场粜之，并赈贷外县百姓。"这个"场"是卖粮的场地。再进一步，指某一场所发生之事件的起讫过程，这就是动量词"场"的词汇意义。名词和量词的"场"现代均有平上两读，意义也有别（详见下文），但二者都是从原始义发展而来的。从唐诗叶韵、《广韵》韵部及反切看，本期它只有平声，并未发生分化，所以在此不作区分。

（二）魏晋南北朝文献中未见动量词"场"，本期不仅出现了，而且十分常见，仅《全唐诗》就多达50例。以下是与它相配合的各类

[①] 现代用法如《针灸经外奇穴图谱》（陕西人民出版社，1963年）59页："艾炷灸法乃是灸法的一种……每灸一个艾炷称为一壮。"

[②] 段注谓"祭神道也"的"也"《广韵》作"处"。

动词：

1. 饮和醉。

多见于诗歌,《全唐诗》以"场"量"饮"和"醉"共 20 例,占其中全部用例的 40%,如：

（1）谁能闻此来相劝,共泥春风醉一场。（白居易诗,4918）

（2）床下酒瓶虽不满,犹应醉得两三场。（同上,5133）

（3）一笑千场醉,浮生任白头。（徐铉诗,10160）

这个比例如此之大是因为宴饮总需在一定的场地排开酒馔,往往形成热闹的场面,"独酌无相亲"的时候是不论"场"的,于邺诗"独酌几回醉"（8313）就是证明,并且确有许多例子在同一句、同一联或下一联诗里点明了饮酒的场所,如：

（4）昔年常接五陵狂,洪饮花间数十场。（李中诗,8544）

（5）芙蓉幕里千场醉,翡翠岩前半日闲。（赵嘏诗,6370）

（6）花园欲盛千场饮,水阁初成百度过。（元稹诗,4508）

（7）千场花下醉,一片梦中游。（贯休诗,9379）

（8）三年闲闷在余杭,曾为梅花醉几场,伍相庙边繁似雪,孤山园里丽如霜。（白居易诗,5013）

有的诗句还叙及为与友人共饮而准备场地的情形：

（9）愿扫鹦鹉洲,与君醉百场。（李白诗,1775）

（10）更待城东桃李发,共君沉醉两三场。（白居易诗,5014）

下例题为《御试》,诗中描述了"九华灯作三条烛,万乘君悬四首题"的场景后说：

（11）明朝莫惜场场醉,青桂新香有紫泥。（黄滔诗,8112）

这个重叠的动量词"场"与殿试试场相联系,意义更实在些。

2. 有关庆典、聚会、乐舞的动词。

(12) 无限罗叉众,跳踯喜三场。(敦校 764)

(13) 娉与他门荣九族,一场喜庆卒难论。(同上 975)

(14) 须知菊酒登高会,从此多无二十场。(白居易诗,4969)

(15) 去秋共数登高会,又被金秋减一场。(同上,5032)

(16) 青门几场送客,曲水竟日题诗。(杜奕诗,3486)

(17) 如何共是忘形者,不见渔阳掺一场。(皮日休诗,7074)

(18) 万骑争歌杨柳春,千场对舞绣骐驎。(高适诗,2242)

例(12)描述无数信众参加法会;例(13)述娉女;例(14、15)从字面看称量的是"无"和"减",从意义看则是"登高会";例(16)写送行;例(17)的"掺"(音 càn)是鼓曲名(隋有《渔阳掺》),亦指一种击鼓之法,如李商隐诗"谁掺祢衡挝"(6251),故在此"掺"可代动词击鼓义;例(18)量舞蹈:总之,以上所述都离不开一定的场地和热闹的场面,故其理据跟第1类相同。

3. 有关战争、竞技的动词,亦与场面、场景有关。

(19) 自从挥剑事高皇,大战曾经数十场。(敦校 66)

(20) 两京大道多游客,每遇词人战一场。(刘禹锡诗,4046)

(21) 千场纵博家仍富,几度报仇身不死。(高适诗,2217)

4. 其他动词。

(22) 此个郎君住何方?何姓何名衣(依)实说,从头表白说一场。(敦校 174)

(23) 目连蒙佛赐威光,依教虔诚救阿娘。不弹(惮)劬劳申

供养，投佛号咷哭一场。（同上 1016）

（24）佛道："我缘帝释请我说法，今朝将汝看天宫去；共看一场，即便归来。"（同上 591）

（25）净土庄严汝见否，可煞丘山有众苦。如斯显现一场间，王乃都之如不都。（同上 829）

（26）有行者问："生死事大，请师一言。"师曰："行者何时曾死来？"行者云："不会，请师说。"师云："若与摩，须死一场去。"（祖 172）

（27）师云："如来路上无私曲，更请玄音和一场。"（同上 313）

（28）天公见玉女，大笑亿千场。（李白诗，1705）

（29）撩乱一场人更恨，春风谁道胜轻飙。（司空图诗，7270）

（30）江南江北旧家乡，三十年来梦一场。（李煜诗，72）

在1—3节各例中还能看出"场"称量的是一定场所发生、进行的事件的过程，而第4节中动词的意义则比较空灵，很难再说与场所有什么必然联系，而是仅指某一动作、事件的过程了。这一动量词的所量对象基本转入了时间的范畴。从语义发展规律看，各种语言借原本表示具体有形的空间概念的词语来表示较为抽象的时间概念是普遍现象，如汉语的前、后、上、下，所以动量词"场"引申后表示时间过程的量也是自然合理的。

（三）动量词"场"还有一个需特别讨论的问题：或谓"场"表示长时间动作的次数，不过大多数用例中看不出它所表时间的久暂。例如"几场花下醉如泥"（窦庠 3047），当然醉的时间不短；可是还有"荣枯忧喜与彭殇，都是人间戏一场"（白居易 5202），既云"彭殇"，可见有长有短,且以演戏喻人世荣枯,本身含有短暂易散之义。前文例(24)有"共看一场,即便归来",也透露出"一场"为时不久。另外在有些对偶句中"一场"对"千载"或"千古",也反衬出"场"代表的时间可能是短暂的,如:

(31)君臣都是一场笑,家国共成千载悲。(李山甫诗,7362)

(32)歌舞一场梦,烟波千古愁。(李中诗,8498)

总之,"场"所表示时间的长短,取决于句中其他词语意义的总和,单看它本身不能判断。

(四)在一部分实例中,"场"出现在名词、形容词之前,这就成了名量词。

(1)思量慈母生身日,苦恼千般难可述……如此思量,一场苦事。(敦校971)

(2)争知于(如)是一场梦,未会人为四毒蛇。(同上808)

(3)皇帝既遭亲顾问,一场惆怅口难开。(同上1089)

(4)我女前生何罪过,一场丑陋卒难陈。(同上1108)

(5)放过,则万事绝言;若不放过,一场祸事。(祖303)

(6)但看木傀儡,弄了一场困。(寒山诗,9099)

(7)子细推寻着,茫然一场愁。(同上,9080)

(8)弃本却逐末,只守一场呆。(同上,9092)

也有个别位于动词前,但无论从语法还是语义来看,这个动词已经体词化了:

(9)连理分枝鸾失伴,又是一场离散。(孙光宪词,10140)

(五)本期之后,"场"的使用越来越多,特别是近代白话小说里十分常见,如《三国演义》40回:"刘琦立于门外,大哭一场,上马仍回江夏。"《水浒传》第5回:"我们赶上去问他讨,也羞那厮一场!"第8回:"今小人遭这场横事,配去沧州,生死存亡未保。"《红楼梦语言词典》分出了"场"的平声与上声(今音 cháng 与 chǎng),前者例如 50 回:"这才是十月里头场雪,往后下雪的日子多呢。"后者如 45 回:"如今天又凉,夜又长,越发该会个夜局儿痛赌两场子。"这就是现代汉语里的格局:平声的"场"着重表示发生的时间,事情经过一次叫"一场";上声的"场"着重发生的场合、场地,在特定场合发生一次叫"一场"。(参见郭先珍 2002)

二、遭

(一)《说文》:"遭,遇也。"原为动词,《礼记·曲礼上》:"遭先生趋而进,正立拱手。"清袁枚《随园随笔》卷下"名数字义"条云:"以一往称一遭者,见扬子《方言》一周曰一傮,即一遭也。"至于"傮",《说文》释为"终也。从人曹声"。它与"遭"属同声同源字。若据袁说,动量词"遭"的产生可能早在汉代,然遍查《方言》,不见"傮、遭"二字,不知袁枚所据是何版本。刘世儒先生(1965:265)说得较为谨慎:"南北朝时代还没有'遭'……'遭'作量词大约是到了唐宋时代才开始产生的。"这是合乎实际的。

(二)同是本期新生的动量词,"遭"的使用不如"场"那么普遍,且只与巡回、围绕、转义动词匹配,其中敦煌变文有两例出自《汉将王陵变》,写于十世纪中叶的五代后汉:

(1)既是当直,与寡人领将三百将士,何不巡营一遭?(敦校 67)

（2）钟离末领三百将士……围绕陵庄，百匝千遭。（同上69）

确凿的动量词"遭"在《全唐诗》中共出现5次：

（3）青山似欲留人住，百匝千遭绕郡城。（李德裕诗，5398）

（4）浮萍重叠水团圆，客绕千遭屐齿痕。（姚合诗，5676）

（5）书成百个字，庭转几遭灯。（李洞诗，8302）

（6）华膏隔仙罗，虚绕千万遭。（孟郊诗，4200）

（7）贾客停非久，渔翁转几遭。（可朋诗，9611）

"遭"量"绕、转"跟其"遇"的本义是有关的：如果画一个圆，笔画首尾相遇则为一周，故"遭"引申为"周围"。刘禹锡《石头城》诗"山围故国周遭在"即用此义。① 甚至与"偕，终也"也不无联系：转完一次为一遭。这个动量词跟其他动词搭配的例子唐代尚未出现。

《全唐诗》另有3例"数+遭"之例：元稹诗"几遭朝士笑"（4520），李白诗"一遭龙颜君，啸咤从此兴"（1739），李旭诗"病鹤多遭蝼蚁侵"（8256），这几例均为数动结构，"遭"为动词，含遭遇义，不是动量词。

（三）上引例（1）中"巡营一遭"的"遭"已经接近"回、趟"，跟它在宋元以降的用法相近。如《朱子语类》卷87："想当时识这道理者亦多，所以孔子亦要行一遭问礼于老聃。"陶岳《五代史补》："且共汝辈赤脚入棘针地走三五遭，汝等能乎？"王实甫《丽春堂三折》："与老丞相脱闷，走一遭去。"《水浒传》第5回："且请哥哥去小寨住

---

① 《说文》又释"遭"谓"一曰迊行"。关于"迊行"，朱骏声解释为"后人所云周遭也"。段玉裁也说"俗云周遭是也"。

几时。刘太公也走一遭。"不过以上各例都还与行走义有些关系,下面的就脱离此义,与"回、次"不易区分了,如《二刻拍案惊奇》卷16:"自从每一遭痛发,便去请僧道保禳,或是东岳烧献。"《红楼梦》30回:"我长了这么大,今日是头一遭儿生气打人……"当然直至现代,动量词"遭"除了相当于"回、次"之外,仍另有一个量环绕义的功能,如可说"捆上几遭"。这是"回、次"不能取代的。(参见郭先珍2002:171)

三、觉

(一)《说文》:"觉,寤也。"义为睡醒,《庄子·齐物论》:"觉而后知其梦也。""觉"在《广韵》中有两读:一,入声觉韵古岳切,今音 jué,有醒悟、感知、觉察等义,此义与量词没有直接关系,姑存不论。二,去声效韵古孝切,今音 jiào,唐玄应《一切经音义》卷9:"觉,寤也,谓眠后觉也。"白居易《长恨歌》"云鬓半偏新睡觉"中的"睡觉"等于现代汉语动补结构的"睡醒"。现代普通话的"觉"(jiào)已失醒义,但在某些方言,如吴语中仍有此义。动量词"觉"正是由此产生的。

(二)唐代以前未见"觉"用为动量词。《汉语大字典》释"觉"为量词的最早例证来自被认为晋人所作的《列子·周穆王》:"西极之南隅有国焉,其民不食不衣而多眠,五旬一觉。"(3675页)然而这样引证是不完整的,原书紧接其下还有:"以梦中所为者实觉之所见者,妄。"连起来句意当为"……(那里的人)五十天醒一次,以为梦中所做就是醒来所见,这是虚妄的"。句中两"觉"字均系动词,义为"睡醒","一觉"乃状动结构,非数量结构。

（三）本期产生了动量词"觉"，多见于诗歌，敦煌文书及佛家语录均未见。《全唐诗》"一觉"连文共 28 次，另有"几觉"1 次。但是诗文中的"觉"并非都是量词，大致可分为两类：

1. 与"梦"相配合，如：

（1）十年一觉扬州梦，赢得青楼薄幸名。（杜牧诗，5998）

（2）灯前一觉江南梦，惆怅起来山月斜。（韦庄诗，8023）

（3）从容一觉清凉梦，归到龙潭扫石矸。（齐己诗，9568）

（4）伤心一觉兴亡梦，堤柳无情识世愁。（方壶居士诗，9749）

（5）春窗一觉风流梦，却是同袍不得知。（李商隐诗，6178）

（6）人之生世，如梦一觉；其间利害，竟亦何校？当其梦时，有乐有悲；及其既觉，岂足追惟！（韩集 323）

这时"觉"前带有"一"字，具备了作为量词的一个条件，但它是否就是量词？从语法结构看，例（1—5）中问世最早的杜牧诗的"十年一觉"与上述《列子》引文的"五旬一觉"格式全同，义为"十年才醒一回"。例（2—5）又与杜牧诗首句格式相同；再看这些诗句中除"觉"之外，有资格充当动词的只有"梦"字，但 5 个"梦"都带有名词或形容词定语，故句中的动词谓语非"觉"莫属。从语义角度看，对例（1）的通常解释是："谓扬州十年，徒然赢得青楼薄情之名，回顾往事，恍然梦醒。"[①] 例（2）韦庄诗题为《含山店梦觉作》，此"觉"明显是动词醒义，而"灯前一觉"之"觉"与标题的"觉"当为同一动词。例（4）可译作"令人伤心的兴亡之梦一醒，无情的堤柳也感知

[①] 见朱碧莲《杜牧选集》，上海古籍出版社，1995 年。

到人世的愁苦了", 等等。总之, 以上与"梦"一起出现的"觉"更近于含有实义"醒"的动词, 然而动量词"觉"却正是从这个意义虚化而来的: 醒一次表示一次睡眠的结束, 而后"一觉"就渐渐成为由睡至醒的一段过程。例(6)韩愈文中出现两个"觉"字, 第二个显系动词, 梦觉应指离世之时; 而第一个"觉"呢? "人之生世, 如梦一觉"却只能理解为"人生一世, 如梦一场", 这样就成了动量词。关于"睡觉"之"觉"的意义变化, 董为光在《量词义语义源流三则》(2003)一文中有比较详细的分析, 可资参阅。

2. 与"眠"或"睡"相配合, 如:

(7) 闲把史书眠一觉, 起来山日过松西。(处默诗, 9615)

(8) 卯饮一杯眠一觉, 世间何事不悠悠。(白居易诗, 5228)

(9) 朝景枕簟清, 乘凉一觉睡。(同上, 5216)

(10) 空腹三杯卯后酒, 曲肱一觉醉中眠。(同上, 5213)

(11) 不知何事迎新岁, 乌纳裘中一觉眠。(皮日休诗, 7069)

(12) 只销几觉懵腾睡, 身外功名任有无。(冯延巳词, 10159)

这类句中"觉"就是无可争议的量词了, 前面说过, 动量词"觉"所量是睡眠的过程, 一个全过程为"一觉", 上类诗句正含此义: "闲把史书"和"卯饮一杯"都是睡前的酝酿, 读后、饮后便入睡了, 睡时可能仍手未释卷; "乘凉"是入睡的时机, "曲肱"是睡姿, "乌纳裘"是睡时被服, "懵腾"是描述睡得昏昏然的感觉, 这些句中的"觉"都不可能仅指醒时。又如:

(13) 清宵一觉睡, 可以销百疾。(白居易诗, 4995)

(14) 暖床斜卧日曛腰, 一觉闲眠百病销。(同上, 5239)

（15）早起上肩舁，一杯平旦醉；晚憩下肩舁，一觉残春睡。（同上，5126）

（16）游罢睡一觉，觉来茶一瓯。（同上，5128）

使乐天居士百病全销的妙药当然是舒舒服服大睡的全过程。例（16）说得更清楚：一句言睡，一句言醒，两个"觉"字前为量词，后为动词。总之，与"眠、睡"相配合的"觉"已是典型的动量词，它是在唐代发展成熟的。其后用法很少变化。

（四）在此谈一个相关的问题，即"觉"本义"醒"，那么与之相反而现代习用的睡眠义（如"午觉、睡一大觉"）起于何时、因何而起？虽然唐慧琳《一切经音义》曾引顾野王云"觉，言眠寐也"（卷78），但存世文献未见较早实例。多种辞书引宋黄公绍《施经斋会戒约榜》"一觉黄粱之梦，百年大槐之宫"为例，值得商榷。因为这与上述本期的"（十年）一觉扬州梦"格式相同，是否套用，"觉"是否已产生了睡眠义，尚有可疑。"睡觉"作"睡醒"解甚至残存于《水浒传》里："没半个时辰，两个公人如梦中睡觉的一般，爬将起来……"（28 回）应该说"觉"的睡眠义产生是很晚的，恐怕是在有了"睡一觉"这样的格式后，才因受其他动宾式结构的类推作用而逐渐产生的。以下诸例未必是最早的，但无疑是睡眠义的确切用例：《红楼梦》第1 回："士隐送雨村去后，回房一觉，直至红日三竿方醒。"《官场现形记》19 回："困了一觉中觉，以补早晨之不足。"鲁迅《阿Q正传》第 4 章："害得我晚上没有觉睡。"

四、转

（一）《说文》："转，运也。"初为动词，是多音多义字。一读陟兖切,今音 zhuǎn,有多义:一,回环、转动,如《诗·邶风·柏舟》:"我心匪石,不可转也。"二,官职调动,如《后汉书·周荣列传》:"出为颍川太守,坐法,当下狱,和帝思荣忠节,左转共令。"另一读知恋切,今音 zhuàn,主要义为旋转、绕某物运动,如《论衡·说日》:"天持日月转,故日月实东行而反西也。"

(二)魏晋以后,"转"与数词结合有三种情况:一,与上声"转动"义结合者关乎道家炼丹的次数,如葛洪《抱朴子·金丹》:"其一转至九转,迟速各有日数,多少以此知之耳。其转数少,其药力不足,故服之用日多,得仙迟也。"这似乎可以视作动量词的萌芽,但刘世儒以为几转神丹的"转"仍是动词。二,由官职调动义产生的指勋位升迁的级数,升一级叫"一转",如《木兰诗》:"策勋十二转,赏赐百千强。"这应该就是动量词了。但刘世儒(1965:141)指出:"'十二转'乃是唐制,南北朝就出现这种用法似不可能。"① 这又涉及《木兰诗》创作时代问题,在此不能详论。三,去声的"转"含旋转义,西晋杜预给《左传·定公九年》"亲推之三"作注有"齐侯自推丧车轮三转"之说,似可视为此类动量词"转"的萌芽,但此例不能跟连动结构划清界限,故量旋转义动词的"转"直到本期之前尚未完全成熟。

(三)本期文献中的"数词+转"实例也需加分析,仅《全唐诗》里数词跟"转"连用即有 67 例,其中大多数还是状动结构,如"我心皎洁君不知,辘轳一转一惆怅"(顾况诗,216),"流水盘回山百转,

---

① 不过下文(三)中的例(4)出自《隋书》,说"十二转"是唐制或不确。

生绡数幅垂中堂"(韩愈诗,3787)。以上二例的"转"依次是转动、转折之义,且句中没有其他谓语动词,说"转"是动量词,在句法上不能成立。这一时期确实可称为动量词的"转",根据材料可分为两大类:

1. 上声的"转"基本沿袭前期用法,作为动量词使用范围仍较狭窄。

A. 量道家炼丹次数。

(1)予烧金丹八转矣,要一人相守,忍一夕不言,则济吾事。(酉235)

B. 量官职升迁或变动。

(2)文武官五品已上先无爵者赐爵一级,六品已下加勋一转。(《旧唐书·太宗纪上》)

(3)文武九品已上及五品已下子为父后者,赐勋官一转。(《旧唐书·高宗纪上》)

(4)京官文武,月别唯得廪食,多遥带一郡县官而取其禄秩焉。扬、徐等大州,比令、仆班。……高凉、晋康等小郡,三班而已。大县六班,小县两转方至一班。(《隋书·食货志》)

(5)文武常参并州府县官子为父后者,赐勋两转。(韩集705)

2. 去声的"转",这是本期开始产生并活跃起来的用法。

A. 量旋转、转动次数。

(6)空里盘旋三五转,追□□攀恋。(敦辞781)

(7)有小猪来师前跪伏,斋毕,绕幢行道数百转乃死。(广140)

B. 进而用作通用动量词，与"回"类似。

（8）一心能起几千心，九转十翻那胖寻。（敦校 635）

此例"翻"义同"番"，"九转十翻"修饰动词"寻"，表示次数之多。

（9）每日上山三五转，回头问汝会也无？（祖 453—454）

（10）俗〔备〕头陀未曾经历诸方，何妨看一转乎？（同上 265）

（11）后因一日辞次，罗山于师身上脱下纳衣，披向绳床，坐云："若要去，取得纳衣，放汝去。"师从东边而向堂中礼三拜，从西边进前云："就和尚请纳衣。"罗山忻然而脱还师，师接得，礼谢而出。罗山遂把驻于师，云："却来一转。"师云："不远辞违和尚则来。"（同上 333）

（12）师云："佛九十日在忉利天为母说法，优填王思佛故，教目连〔十运〕神通三转，摄匠人往彼，彫得三十一相，唯有梵音相彫不得。"（同上 409）

（13）又时上堂云："理上通明，与佛齐肩；事上通明，咸同诸圣；事理俱通，唤作什摩？天下横行，罗笼自在，须是与摩汉，临机隐现搓搽[①]临时自由。不是你呢呢惹惹底，便解会得。……如今且有与摩汉摩？出来试弄一转看，作摩生精彩？……"（同上 263）

（14）两转三回读远书，画檐愁见燕归初。（徐凝诗，5379）

例（9—11）的"上山、看、来"都是日常用语；例（12）的动词"运"系张美兰校注本所加，当是运用之义，宾语"神通"比较抽象，

[①] 张美兰注："搓搽，佛光山（1994）校作：'搓掺。'张华（2001：331）校作：'搓搽。'"

跟这些动词搭配时"转"犹今语的"趟、次、回";例(14)"两转三回"并列,更证明"转"与"回"性质相似。至于例(13)的"弄"本有多义,在此应为显示、示范义,此句无宾语,那么受事是什么呢?(试比较宋人王雾词"杨柳丝丝弄轻柔",词义明显是显弄轻柔的姿态)在此我们特意摘引了较长的上文,"弄"的对象仍不明,这正是"弄"表示"做、干、搞"的萌芽。于是,"转"的通用量词特性就更鲜明地表现出来了。

还应说明一点,除例(8)系变文,作者不详以外,(9—14)将"转"用为通用动量词的禅师或诗人都生活在江浙闽一带,也可能带有方言的性质。[①] 故在上文659页的表中将其标为不常见者。

(四)"转"量授勋次数后世应用范围仍有限,一般见于史志等书面语言,如《宋史·理宗纪》:"丙辰,安丰军统领陈友直以王家岗战功,与官两转。"用于炼丹也只在谈道术或神话时使用,如《西游记》31回:"这件物不知打了多少坐工,炼了几年磨难,配了几转雌雄,炼成这颗内丹舍利。"

"转"量旋转及作为通用动量词都保存在现代方言中,如吴语,王力先生在《中国语法理论》33节说:"苏沪一带方言谓'次'为'转'。"这与唐五代的情形似有关联。现代苏州籍作家叶绍钧的小说《多收了三五斗》有这样的例子:"镇上走一转,买点东西回去。"生长于杭州的张天翼的小说《欢迎会》也说:"游县长没嗑瓜子,只把围着

[①] 例(9—13)涉及的各禅师中紫胡和尚在衢州,雪峰、玄沙、罗山和尚在福州,龙光和尚在金陵,南泉和尚在池州。例(14)的诗人徐凝系睦州人。均在今江浙闽一带。

大菜桌子的几张脸瞧一转。"不过，现代实际的使用范围要更广，川籍作家沙汀小说也有类似用法："去村内走了一转，没发现什么特殊事物。"甚至诗人李季用陕北方言所写长诗《王贵与李香香》也说"一天哭三回，三天哭九转"。但现代汉语普通话确是不再这样使用了。

五、阵

（一）"阵"古作"陈、敶"，《说文》有"敶（下文均写作'陈'）"无"阵"，释为"列也"。动词"陈"的基本义为陈列、摆设，《楚辞·九歌·东皇太一》："陈竽瑟兮浩倡。"引申为交战时摆成的队列，《左传·昭公元年》："为五陈以相丽"，五陈，即五种阵势。又为阵地，晋陆机《辨亡论上》："卒散于阵，民奔于邑。"这个"阵"字大约是汉代分化出来的。（参见《王力古汉语字典》1584页）颜师古《汉书·刑法志》注说："战陈之义，本因陈列为名，而音变耳。"[①]可见"陈列——布阵——阵法，所布之阵"在意义上是相联系的。

（二）动量词"阵"的直接来源是"阵势、阵地"之"阵"。在阵地上进行的一次战斗称为"一阵"，这与在某场地进行的一次活动称为"一场"是同样的道理。刘世儒先生认为在南北朝有些用例，如《幽明录》："须臾云晦雷发，惊耳骇目……如此数阵，云（雷）电息灭，射师得免而鸟亦高飞。"但他认为此例无中心词，作为动量词并

[①]《颜氏家训·书证》谓："太公《六韬》，有天陈、地陈、人陈、云鸟之陈。《论语》曰：'卫灵公问陈于孔子。'《左传》：'为鱼丽之陈。'俗本多作阜旁车乘之车。案诸陈队，并作陈、郑之陈。夫行陈之义，取于陈列耳，此六书为假借也，《苍》《雅》及近世字书，皆无别字；唯王羲之《小学章》，独阜傍作车……"可见成书于隋代的《颜氏家训》仍以"阵"为俗字。

不典型。(参见刘世儒 1965：164、260)

(三) 唐五代形成了典型动量词"阵"，但与"顿、番、场"等词相类，"阵"也是动量、名量兼用的，且二者在实际语言中难以区分，做动量词主要用于战事，交战一次为一阵，但下文多例从句法看也像名量词，如例(3、4、5)等：

(1) 一阵吐浑输欲尽，上将威临杀气高。(敦校 180)

(2) 仆射与犬羊决战一阵，回鹘大败……(同上 181)

(3) 大陈七十二陈[①]，小陈三十三陈，陈陈皆输他西楚王。(同上 66)

(4) 李陵共单于斗战弟三阵处若为陈说：……(同上 130)

(5) 妖邪万众(种)，有耳不闻；器械千般，何曾眼见！然后辟两阵，分四厢，左绕右遮，前驱后截。(同上 533)

(6) 曾经数阵战场宽，用势却还边。(敦辞 493)

(7) 鲜于仲通六万卒，征蛮一阵全军没。(白居易诗，4697)

(8) 大小独当三百阵，纵横只用五千兵。(王建诗，3408)

(9) 吾少长戎马，所经二百馀阵，屡中重疮。(《旧唐书·秦叔宝列传》)

(10) 亭亭天威，风驱连激，一阵而胜，明公以为何如？(玄 124)

(11) 及西戎岁犯边，青春每阵常运剑大呼，执馘而旋……(酉 62)

[①] 敦煌变文中此字多写作"阵"，这篇作"陈"，今依原文照录。

（四）作为名量词，"阵"主要称量风、雨、烟、寒、香等自然现象及变化，如：

（1）面前若有狼藉生，一阵风来自扫了。（敦辞413）
（2）一阵霜风杀柳条，浓烟半夜成黄叶。（裴说诗，8260）
（3）嫩荷花里摇船去，一阵香风逐水来。（花蕊夫人诗，8978）
（4）东风一阵黄昏雨，又到繁华梦觉时。（崔涂诗，7773）
（5）昨夜三更雨，今朝一阵寒。（韩偓诗，7832）
（6）异花奇木簇禅堂，入谷先生一阵香。（李九龄诗，8365）
（7）数星昨夜寒炉火，一阵谁家腊瓮香。（罗邺诗，7507）
（8）一阵东风拂松响，恰如蓬底雨来时。（詹敦仁诗，唐外648）

"阵"偶有群、伙之义，但本期不多见：

（9）绮筵金缕无消息，一阵征帆过海门。（罗隐诗，7596）
（10）轻舟过去真堪画，惊起鸂鶒一阵斜。（陆龟蒙诗，7209）
（11）凶年是物即为灾，百阵野兔千穴鼠。（同上，7148）

与名量词"阵"结合的数词多为"一"，故其描写性重于统计性。

（五）王力先生（1984，第4章）说过："凡事之来势急骤，连续至若干时始止者，叫作'一阵'。最初是由冲杀的事引申到风雨一类的事，是以战事譬喻天文。后来人事也可称为'一阵'……"在唐五代以"阵"量战事及风雨等都很普遍，《全唐诗》即有约30例，但王先生所谓"人事"如"说一阵，笑一阵"当时尚未见到。本节所述3种后世都有延续，量战事者如《水浒传》86回："贺统军……又撞见双枪将董平，又杀了一阵。"量风雨者如宋张辑《点绛唇·南浦月》词的"江头一阵鸣蓑雨"，量成群的动物及舟船者如《西游记》13回的"十来只肥鹿，一大阵黄獐"，鲁迅《故事新编·理水》的"一大阵独木大舟"。现代因战争条件和规模的变化，"决战一阵、杀一阵"之类的说法已罕见，《现代汉语词典》"阵"字条所举量词之例是"几阵雨、一阵风、一阵剧痛、一阵热烈的掌声"。《现代汉语量词用法词典》谓"阵"是"计量延续一段时间的动作或运动"，举出 30 余例，也无一用于战事。但名量、动量兼用，数词多为"一"（少数为"几"）的特点却保存下来了。

六、巡

（一）《说文》："巡，延行貌。"原为动词，有巡视、巡行、逐次等义。有些辞书将下列句中之"巡"视为量词：《左传·桓公十二年》："伐绞之役，楚师分涉于彭。罗人欲伐之。使伯嘉谍之，三巡数之。"晋干宝《搜神记》卷 3："颜置脯斟酒于前，其人贪戏，但饮酒食脯，不顾。数巡，北边坐者忽见颜在，叱曰：'何故在此？'"但从历史的角度看，先秦远未出现动量词，《搜神记》之例在句法上也不具备典型动量词的条件，"三巡、数巡"均宜视为状动结构。

（二）动量词"巡"当由逐次之义发展而来，逐次轮流一遍为一巡。典型的用例出现较晚，唐代始见其例。

1. 主要用于饮酒的场合。宴席上经常要给客人轮流斟酒劝饮，每人一遍是为一巡。如：

（1）大内宴赏，与嫔妃玩乐，同饮数巡，歌吹缤纷。（敦校 336）

（2）此尊大户，直是饮流，每巡可加三十五十分，卒难不醉。（同上）

（3）其道士巡到便饮，都不推辞。……道士被劝校多，巡巡

不阙。(同上)

(4)三巡呷了便颠狂,不怕阎罗兼狱卒。(同上683)

(5)我到他家中,尽见妻妾,数巡劝酒,对坐欢娱。(同上1106)

(6)执手上堂相对坐,索饭同餐酒数巡。[①](同上93)

(7)各称千万寿,共饮三四巡。(元稹诗,4487)

(8)鼎门为别霜天晓,剩把离筋三五巡。(刘禹锡诗,4048)

(9)凤笙龙笛数巡酒,红树碧山无限诗。(章碣诗,7654)

(10)乘舟取醉非难事,下峡消愁定几巡。(杜甫诗,2488)

(11)勾他下盏酒,他勾十巡至。(王诗校辑85)

(12)本巡连索人,樽主告平人。(同上86)

(13)饮酒数巡,便起赴期集院。(摭25)

(14)女郎举酒,众乐具作,萧萧泠泠,杳入神仙。才一巡,此夕月色复明。(博5)

(15)洽饮引满十巡,主人至。(玄43)

(16)母女相顾而笑,遂举酒数巡。(传46)

亦有以茶代酒者:

(17)系马松间不忍归,数巡香茗一枰棋。(黄滔诗,8129)

2. 在同期语料中,有个别以"巡"量其他动词之例:

(18)一双青白鸽,绕帐三五匝,为言相郎道:"绕帐三巡看!"(变文276)

[①] "酒数巡",一本作"吃一巡",见敦校108页注〔一一六〕。

（19）令曰："鸾脑老，头脑好，好头脑鸾老。"传说数巡，因令紫绶下坐，使说令，紫绶素吃讷，令至，但称"鸾鸾"。（玄54）

（20）书生曰："某有瑞露之酒……"谓小童曰："折烛夜一花，倾与二君子尝。"其花四出而深红，圆如小瓶……小童折花至，倾于竹叶中。凡飞数巡，其味甘香，不可比状。（《纂异记》，大观496）

例（18）以"巡"与"匝"互用，量旋绕义，比较少见；例（19）描写众女饮酒作乐，"传说"指每人轮番说酒令；例（20）的"飞数巡"，从前文可知指数次倾花露于竹叶中，亦与饮酒有关。稍后又有以"巡"代"回"之例，如宋王安石诗"杖策窥园日数巡"，这些都未流传下来。现代量词"巡"不常用，且限于书面语，指席间给全座斟酒的遍数，没有其他用途了。

七、重

（一）关于量词"重"的溯源及早期名量词的发展，详见第二章第二十四节。

（二）虽然名量词"重"出现很早，但作为动量词，是唐五代才出现的语法现象，可分为两类：

1. 与重叠或层次义明显相关者，如：

（1）夫妻一个死，喻如黄檗皮，重重被剥削，独苦自身知。（王诗校辑146）

（2）忧来结几重，非君不可释。（韦应物诗，1909）

（3）兵绕临淮数十重，铁衣才子正从公。（皮日休诗，7082）

（4）城南房已合，一夜几重围。（王昌龄诗，1438）

（5）因有鸟毛插地，绕宅周匝数重。（酉132）

例（1—5）依次表示（黄檗皮）一层一层地被剥掉、（忧思）重重郁结于心、（在临淮、城南周围、宅院）严密地围几层，这些显然都与重叠、层次义相关，来自"重"的本义。

2. 重叠、层次义渐失，但往往用于强调多次反复的动作，如：

（6）面载惊惶，心生怕怖，一一申陈，重重告诉：欲过斋时，降临正午。（敦校708）

（7）合玉指而礼拜重重，出巧语而诈言切切。（同上884）

（8）齐到内宫菩萨处，百匝千重礼拜来。（同上962）

（9）……师云："尽乾坤是一个眼，是你诸人向什摩处放不净？"庆对云："和尚何得重重相欺？"（祖207）

（10）在汉则七叶貂蝉，居韩则五重卿相。（游仙窟，近代4）

（11）名高五七字，道胜两重科。（郑谷《送京参翁先辈归闽中》诗，7709）

（12）几转到青山，数重度流水。（钱起诗，2685）

（13）交亲几重别，归梦并愁侵。（杨凌诗，3306）

（14）流霞浅酌谁同醉，今夜笙歌第几重？（苏郁诗，5362）

（15）临行执手重重属，几千回。（魏承班词，10107）

以上有些例句需略加说明。例（10）小说的主人公自夸家世，"五重卿相"即族中有五人次荣任卿相；例（11）"两重"意为两次（登科）（翁先辈即翁文尧，乾宁三年进士及第，四年登博学宏词科，故云"两重科"）。例（14）描述饮酒奏乐，席间"笙歌"会间歇地演奏，"第几重"即指第几次演奏。《游仙窟》还有"能令公子百回生"之句，在不同版本里"回"又作"重"。① 各例的数词分别为"数、百、千",或为动量的重叠,均表次数之多,这与"重"原本具有的重复义还是有关系的。

八、掴

(一)"掴"是后起字,《说文》所无,《广韵》释为"打也",动词。唐人卢仝《示添丁》诗:"父怜母惜掴不得,却生痴笑令人嗟。"(4369)"掴"的方式怎样呢?《现代汉语词典》说:"掴,用巴掌打。"《祖堂集》以"掴"用为动词时与此解相符,如"保福举手而便掴"(351),"临济一掴。师云:'长老且宽宽。'济侧掌"(505)。

(二)据我们所见,唐五代"掴"做动量词之例仅出自《祖堂集》,最典型的仅有一例:

(1)师抬起手,打两掴。(祖334)

这一例"掴"所量正是用手掌击打的次数。另两例跟动词"与"配合:

(2)师拈得把草,拦面与一掷,云:"勿处,勿处。"他无语,便被师与三掴。(祖200)

(3)僧曰:"和尚如何?"师与一掴,云:"过与一脚,不解拈出。"(同上289)

(三)动量词"掴"在现代汉语方言中有迹可寻,如今语"打一巴掌"在河北某些地区说成"打一拐、打一拐子、打一乖子",②"拐、乖"

---

① 指日本名古屋真福寺所藏钞本及庆安五年(1652年)刻本。
② 参见《河北方言词典》262页,商务印书馆,1995年。

或与"捆"有关。

九、息

《说文》:"息,喘也。"本义喘息、呼吸。本期有做医学专用动量词者,或因资料所限,我们未见更早用例,本期也只见于《酉阳杂俎》一书,其例如下:

(1)柳芳为郎中,子登疾重。时名医张方福……与芳故旧……遥见登顶曰:"有此顶骨,何忧也。"因按脉五息,复曰:"不错,寿且逾八十。"乃留方数十字,谓登曰:"不服此亦得。"登后为庶子,年至九十而卒。(酉74)

中华书局方南生校注:"因按脉五息,《学津》本作五六息。"似更自然合理。此例"息"最像动量词,可视为按脉时病人或医生呼吸的次数。

(2)有书生……云游某山深洞,入值物,蛰如中疾,四肢不能动,昏昏若半醉。见一物自明入穴中,却返,良久又至,直附身引颈临口鼻,细视之,乃巨龟也。十息顷方去……(酉279)

此例似表时间。

(3)各录禅师佳语。兰若和尚云,家家门有长安道。(柯古)荆州些些和尚云,自看功夫多少。(善继)无名和尚云,最后一大息须分明。(梦复)(同上249)

这是几位禅师的"佳语",因无上下文,"一大息"意义不甚分明,录此备考。

十、一些特例

以下"辈、间"等均为名量词(包括个体量词、集合量词和计量单位词），在诗文中或偶做动量词，或性质类乎动量词，或表现出向动量词发展的趋势。但由于实例很少，有些可能还跟诗歌的特殊句法有关，所以跟第二章第二十四节所述的兼具名量、动量性质的"番、阵"等不同：

（一）辈：偶做动量词，见第二章第三节。

（二）间：偶做动量词，见第二章第七节。

（三）面：有成为动量词萌芽的趋势，见第二章第九节。

（四）曲：有时位于动宾结构之后，颇似动量词，见第二章第十二节。

（五）出：可认作名量词，亦可认作动量词，见第二章第十二节。

（六）则：有疑似动量词一例，见第二章第二十一节。

（七）般：有似动量词之例，见第三章第七节。

（八）种：性质同"般"，见第三章第七节。

（九）围：非标准计量词，有少数做动量词用例，详见第五章第一节。

第三节　借用动量词

用来表示行为次数或单位的名词称为借用动量词。每个时代的专用动量词数量是比较确定的，可统计的；而借用动量词则难以确定，也难以尽数，可能因作者的语言习惯甚至环境的不同随时借用身边的事物表示动作单位。（譬如现代人们在争斗时顺手抄起"家伙"打人，可能说"给你一铁锹、打他一擀面杖"）因此本节不再区分哪些借用动量词是原有的或本期新产生的,而是将习见者主要分为三类。

一、工具名做动量词

（一）棒

"棒"是击打的工具,做临时量词时,动词多为"打、决丈（杖）"等:

(1) 社内不谏大少,无格席上喧拳,不听上下,众社各决丈（杖）卅棒……（敦煌文书 B77）

(2) 师在市里遇见马步使,便相扑势。马步使便打五棒。（祖 433）

(3) 天子怒,打脊二十棒。（入唐,近代 157）

下例在动词"打"之后,多了一个"与"字:

(4) 文殊、普贤昨夜三更各打与二十棒,一时趁出院。（祖 295）

依句法分析,这里的"与"是补语,二十棒则是"与"的宾语。《祖堂集》里还有"好与二十打"（420）的说法,这跟现代口语里"给他一棍子"之类的表达十分相似。"与、给"语义相同,不知古今这种表示打义的用法之间有无干系。

下二例动词分别为"吃"与"放",《唐五代语言词典》释"吃"的第二个义项为"受、挨","吃二十棒"就是被打二十棒,"放你二十棒"即免打你二十棒:

(5) 者沙弥好吃二十棒。（祖 266）

(6) 仰山云:"和尚只得其体,未得其用。"师云:"子与摩道,放你二十棒。"（同上 414）

又,下例"一棒"在动词前,做状语:

（7）……有人举问踈山："云居与摩道，意作摩生？"踈山云："一棒打杀龙蛇。"（祖150）

（二）笔

用于绘画、书写：

（1）问："一笔丹青，为什摩邈志公真不得？"（祖255）

（2）王勃每为碑颂，先磨墨数升，引被覆面而卧，忽起，一笔书之，初不窜点，时人谓之腹藁。（酉115）

例（1）的动量词性质不太确切，例（2）则很清楚，并且正是南北朝几乎不见的做状语用法。下文（三）、（五）、（七/1）所举唐彦谦诗的"一鞭催马"、《祖堂集》的"一镞破三闗"及"一斧便成"等也都是状动结构，动量词做状语，例多不胜枚举。

（三）鞭

驱马的工具，仅见一例：

行色一鞭催马去，画桥嘶断落花风。（唐彦谦诗，7675）

（四）杵

用来舂米、捣粉末的工具，本期亦可用于击钟：

（1）贞元末，阆州僧灵鉴善弹，其弹丸方，用洞庭沙岸下土三斤，炭末三两，瓷末一两……九味和捣三千杵，齐手丸之，阴干。（酉109）

（2）初铸钟成……一击百千，有规其意，连击二十杵。（同上257）

（五）镞

"镞"是箭头，此例为偈语：

弃个耳还聋，取个眼还瞽。一镞破三關，分明箭后路。（祖393）

以下刀、枪、斧、剑、箭、杖等均为习见的武器，在句中用法也很灵活：

（六）刀

开元二年中三月内，使荆州刺客张行昌诈作僧，取能和尚头。大师灵质被害三刀。（神会语录，近代55）

（七）枪

（1）李陵报曰："体着三枪、四枪者，车上载行；一枪、两枪者，重重更战。"（敦校128）

（2）（蜀将尹偓）悉众出关，逐蛮数里。蛮伏发，夹攻之，大败，马倒，中数十枪而死。（酉78）

（八）斧

（1）师问雪峰："什摩处去来？"对曰："斫槽去来。"师曰："几斧得成？"对曰："一斧便成。"（祖181）

（2）次当至乙，乙伏地受死，其烛忽尔遂灭，乙被砍三斧。（广32）

（九）剑

（1）问："如何是文殊剑？"师便作斫势："只如一剑下得活底人，又作摩生？"（祖274）

（2）争以剑刺之。每下一剑，则有五色圆光，径五六尺，以蔽哲身，刺不能中。（广25）

(十) 箭

"箭"有时看似宾语。但在例(1)中它最有资格做动量词,因为动词"射"另有宾语"几个、一个、一群","一箭"可理解为"射一次"。

(1) 马大师云:"汝是什摩人?"对云:"我是猎人。"马师云:"汝解射不?"对云:"解射。"马师云:"一箭射几个?"对云:"一箭射一个。"……进曰:"一箭射几个?"〔马〕师云:"一箭射一群。"(祖366)

(2) 一点不来,犹同死汉,当锋一箭,谁肯承当?(同上263)

(3) 翻身向天仰射云,一箭(一作笑,一作发)正坠双飞翼。(杜甫诗,2268)

(4) 三刀梦益州,一箭取辽城。(杨巨源诗,3743)

(5) 田单漫逞烧牛计,一箭终输鲁仲连。(汪遵诗,6956)

例(2、4、5)中都省略了动词,应为"射"。下举例(6)不像动量词,列此备考:

(6) 师驰至其后,于黄埃中发十余箭……(《旧唐书·郭子仪列传》)

(十一) 杖

(1) 李龟年善羯鼓,玄宗问卿打多少杖,对曰:"臣打五十杖讫。"(隋唐61)

下例"杖"之前的动词不是"打",而是"有",然"杖"仍是动量词,因为下句说"谢和尚放过",故话语间其实隐含着"打"的意思:

(2) 峰才见师,便问:"近离什摩处?"对云:"亦未到和尚此间。"峰云:"若是诸方,则有二十杖。"师云:"谢和尚放过。"

(祖 330)

在工具类借用动量词中,出现了一种新现象,即在工具名称前加物料"铁"做定语,成为双音动量词:

(十二)铁棒、铁杖、铁跻

(1)不缘未辞本主,左胁下与一百铁棒!(敦校 304)

(2)既将铁棒,直至墓所,寻得死尸,且乱打一千铁棒。(同上 1077)

(3)在前白衣者四人为取遵言不到,大王已各使决铁杖五百,死者活者尚未分……(博 28)

(4)妾非人也……居此山北,有恒明王者,鬼之首也,常每月一朝。妾自事金郎,半年都不至彼。向为鬼使所录,榜妾铁杖百。(集 57)

例(4)的动词"榜"是古代的一种刑罚,方式为击打或鞭打。

(5)(裴)度尝狎游,为两军力人十许辈陵轹,势甚危窘。度潜遣一介求救于(胡)证……证饮后到酒,一举三钟,不啻数升,杯盘无余沥。逡巡,主人上灯,证起取铁灯台,摘去枝叶,而合其跗,横置膝上,谓众人曰:"鄙夫请非次改令,凡三钟引满一遍,三台酒须尽,仍不得有滴沥。犯令者一铁跻。"(摭 30—31)

例(5)也省略了动词,犹如今语"不听话一巴掌!"。

二、人的肢体、器官名做动量词

(一)脚

僧曰:"和尚如何?"师与一掴,云:"过与一脚,不解拈出。"

（祖289）

（二）口

"口"借为动量词有两种功能：

1. 量言语类动作，如念诵、责骂。

（1）臣骂汉王三五口，不施弓弩遣抽军。（敦校91）

（2）才念文殊三两口，大圣慈悲，方便潜身救。（敦辞1719）

（3）骂他一两口，他骂几千声。（王诗校辑，84）

2. 用于与吃、喝相关的动作。

（4）子胥即欲前行，再三苦被留连。人情实亦难通，水畔蹲身，即坐吃饭。三口便即停餐，愧贺女人，即欲进发。（敦校4）

（5）旱涝忍苦自耕耘，美饭不曾沾一口。（敦辞1644）

（6）待你一口吸尽镜湖水，我则向你道。（祖275）

（7）问："如何是超佛越祖之谈？"师云："蒲州麻黄，益州符子。"问："一口吞尽时如何？"师云："老僧在你肚里。"（同上302）

（8）上又与诸王会食，宁王对御坐喷一口饭，直及龙颜。（因97）

（三）拳

（1）大愚才见，便拟棒师。师接得棒子，则便抱倒大愚，乃就其背，殴之数拳。（祖485）

（2）面似三拳作，心知一代休。（王诗校辑80）

（3）澄使季舒殴帝三拳，奋衣而出。（《北史·魏本纪·东魏孝静帝》）

刘世儒（1965：270）引《魏书·孝静纪》谓"文襄使季舒殴帝

三拳",叙同一事件,文字相近。

(四)面

关于"面"做动量词已与其做名量词一起叙述,详见第二章第九节。

三、两个特例

(一)步

"步"的本义是行走。它作为计量单位词也是源于此义,详见第五章第二节。作为动量词,就是计量行走时举足的次数:

(1)一步一倒向前来,目连抱母号眺泣。(敦校 1033)

(2)一步一望陇山东,忽见君□愁似结。(敦辞 1254)

(3)会将銮驾,一步步,却西迁。(同上 460)

(4)其僧行十步来,振锡三下……(祖 109)

(5)庆退三步而立。(同上 212)

(6)十三娘放身近前三步,叉手而立。(同上 263)

(7)洞门苍黑烟雾生,暗行数步逢虚明。(刘禹锡诗,3995)

(8)不如江畔月,步步来相送。(白居易诗,4763)

(9)……尸乃激扬而起,蹭蹬十余步;行刑者踏倒,还起坐;如此者三,乃绝。(朝 155)

以上与"步"配合的动词有"行、进、退、近前、蹭蹬"等。例(1、2、8)等句中则可认为是省略了"行"类的动词。

下列二句的"步"也可认为是动量词,但意义较抽象,近似步骤义:

(10)问:"诸佛出世,普润含生。未申招庆出世如何?"师云:"我不敢瞎却汝底。"问:"无居止处还许学人立身也无?"

师云:"于上不足,匹下有余。"学云:"与摩则学人进一步也。"(祖340)

(11)问:"古佛道场如何得到?"师云:"更拟什摩处去?"学云:"与摩则学人退一步。"(同上)

"步"又为计量单位词,见第五章第二节。

(二)声

"声"是十分常见且比较特殊的动量词。刘世儒(1965:275)称"声"的功能是"兼含有'宾位'意义的动量补语",所举之例如"巴东三峡巫峡长,猿鸣三声泪沾裳"(《全晋诗》卷8),"子蔼亦醉……呼晔为别驾数十声"(《宋书·范晔列传》)。这种从名词借用为动量词的情况相当复杂,往往名词原型仍存,如"黯黯严城罢鼓鼙,数声相续出寒栖"(崔护诗,4148),"卷发胡儿眼睛绿,高楼夜静吹横竹。一声似向天上来,月下美人望乡哭"(李贺诗,4441)。"数声"是"相续"的主语,"一声"是"来"的主语,也都是施事,显系名词。又如"有患应声病者……其人每发一声,腹中辄应,唯至一药,再三无声"(隋唐28),其中"应声、无声"之"声"为名词做宾语;那么在同一句中,"发一声"之"声"语义全同,很难做另类分析,应该也是名词。这样分析无论在语义还是句法关系上都无疑问。至于刘世儒所举"鸣三声、呼数声"之类的例子,唐代诗文甚为多见,它们跟"发一声"很相似,应该如何分析呢?刘认为从源头上看,"声"原是"鸣、呼"等动词的宾语,后来在南北朝时被量词所同化,"因之,它所充当的宾语自然也就跟着补语化了"。他所举最明显的例子恰出自本期变文,即下文例(1):

（1）……监官遂唤童子问曰："何不听打鼓？"童子答曰："某乙此鼓切不可打，若打者必有不祥之事。……于是打其三声，天地昏暗，都无所见。（敦校 243）

刘认为"'三声'为'三下'的类化显然可见"。（详见刘世儒 1965：269—275）同样，像这样"声"做动词补语的例子本期还有很多：

（2）兵士悉皆勇健，怒叫三声。（同上 17）

（3）入阵之时。汗流似血。齐喊一声而呼歇。（敦辞 493）

（4）师因一□□□□□□□□□〔夜后，山上径行至中夜〕而大笑一声……（祖 130）

（5）岩头问："凡圣相去多少？"师喝一声。（同上 163）

（6）师平生预有一言："者老汉去时，大吼一声了去。"以中和五年乙巳岁，天下雁乱，凶徒炽盛。师于四月四日偿债而终，临刃之时，大叫一声，四山回避之人悉闻其声。（同上 202）

（7）五年花下醉骑行，临卖回头嘶一声。（白居易诗，5199）

（8）万里长风啸一声，九贞须拍黄金几。（贯休诗，9312）

（9）猎蕙微风远，飘弦唳一声。（薛涛诗，9036）

（10）后百余日，属诸子尽哭，光本因复恸哭百余声。（广 75）

（11）（皇甫）政即以谟笛授之，老父始奏一声，镜湖波浪摇动，数叠之后，笛遂中裂……（乐 34）

"叫、喊、哭、笑、嘶、唳、啸、奏"等动词都可以直接跟"声"搭配，说是动宾关系似亦无不可。而当"动词+声"形成一种定式后，其他动词之后也可出现"声"，这时它们跟"声"的关系就不同了：

（12）空林伐一声，幽鸟相呼起。（皮日休《樵斧》诗，7048）

（13）月中抛一声，惊起滩上鸟。（同上《钓车》诗，7044）

（14）謼奴寻一声，灌注咽群籁。（韩愈诗，8907）

"伐木、抛钓具、寻找（向人询问）"都是会发出声音的，但相关动词在语义上并不能跟"声"直接组成动宾关系，其后的"一声"更近于补语。再进一步，"数词+声"可出现在动宾结构之后：

（15）……长庆云："若向两头会，尽不见赵州意。"僧进云："赵州意作摩生？"长庆便弹指一声。（祖450）

（16）晨光出照屋梁明，初打开门鼓一声。（白居易诗，4965）

（17）勒集囚徒于阙前，挝鼓千声，释枷锁焉。（《隋书·刑法志》）

（18）二使因大呼生之姓名数声，生遂发寤如初。（传62）

（19）每至春之日，冬之夜……闻《霓裳羽衣》一声，则天颜不怡，左右歔欷。（同上96）

例（15—19）的动词"弹、打、挝、呼、闻"各有宾语"指、鼓、鼓、姓名、《霓裳羽衣》"，则其后的"×声"定为补语，是动量词无疑了。

借用动量词"声"在诗歌里有时又可能做定语，形式上被称量的对象往往是发出声音的施事：

（20）马上欲垂千里泪，耳边唯欠一声猿。（雍陶诗，5927）

（21）独坐正无言，孤庄一声杵。（喻凫诗，6278）

（21）古塞一声笛，长沙千里风。（刘威诗，6523）

（22）千里梦随残月断，一声蝉送早秋来。（李中诗，8496）

（23）凤衔金榜出云来，平地一声雷。（韦庄词，10077）

第四节　本期动量词的新发展

从魏晋南北朝至唐五代，专用动量词的发展十分迅速。原有动量词不过十多个，新生动量词却有六、七个，比例很大。刘世儒先生说："现代语有一些极为常见的动量词，如'打一顿''见一面''去一趟''走一遭''干一场'之类，在南北朝有的就还只以用为名量词为限……，有的就根本还没有露面（如'面''遭''趟''场'）。"（参见刘世儒1965：74、260、266）刘所举的南北朝只做名量词及根本没有露面的动量词，除"趟"之外，"顿、遭、场"以及他没有提到的"觉"，在本期不但产生了，还迅速发展成了常用词。"面"做借用动量词也有了萌芽。此外南北朝虽然出现但很不成熟的"阵、转"，在本期产生了多种典型的动量词用法。

原有动量词也有很大发展，其中"回"和"度"双双成为使用度极高的通用动量词。在同一时期，通用名量词是"个"，它对魏晋南北朝的"枚"呈取代态势而不是并驾齐驱。究其原因，盖名量词极为丰富，在唐五代仅专用的就达到200多个，有一个通用名量词差可满足需要。专用动量词总共才20多个，故在文学，特别是诗歌空前繁荣的唐代，一个通用动量词在语言运用及修辞上就不敷所需。仅以对偶而论，本章第一节"回"（二）的例（50），"度"（三）的例（1—10）均为"回、度"出现于同一联的两句诗文中，这时就找不到另外的动量词代替其中的任何一个。像"度"（二）例（2）那样的重复"三度过海，两度上汉"在民间文学中偶尔可用，在律诗中绝对不行。这里所说当然不是全部理由，然而可以解释两个通用动量词共存的部分原因。

据刘世儒与柳士镇的研究，魏晋南北朝时借用动量词还不多见，柳更明确说那时常用者只有四五个。他们都只举出了"拳、口、杵、槌、声"。[①]（刘世儒 1965：270—275；柳士镇 1992：213）总之从以上几节的内容可知，从数量看本期借用动量词已较前更为丰富了。

刘书还指出当时借用动量词多做补语，很少乃至根本不做状语。本期借用动量词不但数量有所增加，用法也较为复杂，出现了大量做状语的实例。如前文所引的"一笔书之、行色一鞭催马去、一镞破三關、几斧得成、一斧便成、一箭射几个、一箭取辽城、一口吸尽镜湖水"，这些例中的"笔、鞭、镞、斧、箭、口"都是借用动量词做状语。这是现代汉语"写得一笔好字、踢得一脚好球"之类说法的源头。

除专用、借用动量词以外，现代汉语还有一种常用的同形动量词，如"想一想、看一看"。这种形式在南北朝是没有的，在本期已有了少量萌芽，如"舜子走入宅门，跪拜阿娘四拜"（敦校 200），"若有人能解弹得，一弹弹尽天下曲"（祖 209）。特别是"跪拜阿娘四拜"的"拜"已经非常典型，只是所见用例较少，难以做更多分析。

[①] 柳还举出《齐民要术》中"煮三四沸、煮一沸"之句，作为罕见的以动词为借用动量词的例子。这跟现代的"把肉煮一开儿（把汤倒掉）"何其相似，按理本期承上启下，也应有同类用例，只是我们没有见到。

第九章 本期量词的一些特点

本书绪论里谈到魏晋南北朝时期汉语量词的数量大增，约占现代通用名量词的三分之一，规模相当可观。在质的方面门类齐全，"数量名"语序确立，量词体系已臻成熟。刘世儒先生（1965：71）说，南北朝之后"量词的发展已经进入了相当稳定的阶段"，变化"只是对于新体系的局部改进，个别补充而已，至于大经大法则基本上还是一样的"。我们同意这个看法，因此不再全面叙述本期量词与前期基本相同的语法特征、句法功能等内容。而另一方面，有唐一代加上前后的隋及五代一共近四个世纪，在历史的进程中语言的发展变化自然是巨大的。胡明扬、吕叔湘先生分别主张近代汉语的上限在隋末唐初及晚唐五代，都指向本书研讨的时代。（较之另一种"近代汉语始于宋元"说，这两种主张的赞同者似更多些）作为汉语中的重要词类，在近代汉语登上历史舞台之际，不可能没有新的增长及发展。关于单词的具体变化在前文各章节里有较为详细的论述。最后一章就重点研讨本期量词在总体上跟前期相比有何不同的特点。这里所述未必能顾及本期量词系统所有的新发展，但我们认为是比较重要的。

第一节 本期新生的个体与集合量词

本节从量的方面谈这一时代量词的发展。据统计，魏晋南北朝时期常用名量词约计240多个（详见第一章第二节），我们统计了前文描述过的本期新生个体与集合量词，共 66 个。因个人视野有限，所做统计肯定是不完全的，容或有本期已经产生而我们未曾见到的；列入下表者，有的也可能在更早的文献中出现过却被误认为新生量词。不过这个数字相信能大致反映新生量词的数量。现将其依音序排列如下：

般、板、瓣、榜、柄、餐、场、橼、串、簇、搭、代、带、蔕（蒂）、顶、堆、对、队、驮、垛、钩、基、缄、茧、结、窠、经、局、炬、绝、孔、络（子）、联、梁、料、列、林、绺、纶、脉、抹、朋、坯、铺、絇、拳、阕、色、笙、丝、穗、坛、帖（贴）、团、弯、席、星、筵、眼、样、引、院、藏、则、炷、座

此外还有一些量词，有的在南北朝时期偶见但并不常用，如"朵、叶、幢、滴、截"；有的只见于唐代作者所写的前代史书但未见于当时的其他作品，如"角、轮"；有的不够成熟，如"端（刘世儒说它'一直就不够典型'）、缕、扇"；有的原为计量单位词在本期发展为个体量词，如"成、柯"，或为临时量词，如"盏"，而在本期这些都成为成熟的个体量词了，这些尚未统计在上述数字中。

这些量词的产生有的跟隋唐发端的科举制度有关，如"场、榜"；有的跟佛教兴盛有关，如"藏、铺"等。更多的可能是在文学兴盛的唐代因修辞手法而产生的，如量月的"团、弯、钩"，量泉的"眼、脉"。这一类最初只是一种描写、形容，用的多了，慢慢就演化为普通的量词了。

第二节　指量结构

本书绪论已说明，汉藏语系的量词（这里主要指个体量词）最初是在计数时为补韵律的不足仿照计量词创造出来，并逐渐形成系统的。其基本功能就是参与计量。而在发展过程中，又逐渐衍生了一些其他功能，主要是与指示代词结合表示指称及诗歌等文学作品中的修辞功能。由于指量结构的形成是量词发展进程中一个比较重要的方面，本期有丰富的资料，而前辈、时贤的研究尚有可补充探讨的余地，故在此列为一个专节做些简要的说明。

量词的指称作用是由"指量结构"来体现的。"指量结构"即指示代词与量词，或指示代词与数量词结合的名词性结构。（数）量词与指示代词较早结合者如《仪礼》的"每一个释一箅"（详见下文），今存《仪礼》成书约当汉代，彼时用例尚少。刘世儒（1965：10、19）举出了南北朝时的"此辈（人）、此等（人）、此副（急泪）、此段、此三种（人）、此一函（书）"等，说明指量结构在当时确已产生。而本期则有较大发展，用例大增，进入这种结构的指示代词及量词也更多了。张赪（2012：159—178）注意到过去学者们对这种结构的研究较少，她从类型学的视野出发对汉语指量结构的产生、演变进行了比较全面的考察，认为这将有助于研究"数—分类词"（我们称之为个体量词）扩展到"非数量表达结构"的过程。这一研究具有新意。不过由于张书关注的是通史，统计时在唐五代的语料中只选择了《祖堂集》一种，对这一时期此种结构的研究难免受到局限。本节我们拟根据敦煌变文、以《祖堂集》为代表的释家语录、唐人诗文、史书注疏等文献材料对隋唐五代指量结构的发展状况做一较为全面的考察。本期常用的指示代词主要是"每、此、这、那"四个。一至四小节分别讨论这四个词跟量词连用,第五小节一并讨论它们跟数量词连用的情况。

本节附带述及"疑问代词＋量词",因为"疑＋代"同样构成名词性结构,语法性质与指量结构有相类之处;再者汉字"哪"本期未见,[①]"那"字承担了指示代词与疑问代词两种功能,也有必要加以辨析。

一、"每"＋量词

指示代词"每"表示"全体中的任一个",具此义的"每"先秦即已出现,主要跟名词结合,如《论语·八佾》:"子入太庙,每事问。"《孟子·离娄下》:"故为政者,每人而悦之,日亦不足矣。"后又有"每"之后加数词"一"的情况,如《论衡·谈天篇》:"复更有八州,每一州者四海环之,名曰裨海。"以上各例中"事、人"和"州"的量词性还不强,或只能算作准量词,但下例却是比较典型的"每＋数量词":"乃射,若中则释获者坐而释获。每一个释一筹。"(《仪礼·乡射礼》,十三经1002)故此类结构在汉代即已产生。南北朝也有其例,如南朝皇侃《论语集解义疏》:"每一亩则广六尺长百步。"以下是本期用例:

(一)"每"＋计量单位词

(1)断作地价每亩壹拾贰硕。(敦煌文书 B39)

[①]《集韵》始收"哪"字,有二解:《戈韵》:"哪哪,傩人之声。"《简韵》:"语助。或从口,从奈。"可见,即使在宋代"哪"也只做拟声词与语气词,直到《红楼梦》仍如此。"哪"字用作疑问代词是现代文学作品里才有的。

（2）其京兆来秋税，宜分作两等，上下各半，上等每亩税一斗，下等每亩税六升。(《旧唐书·食货志上》)

（3）江淮钱监，岁共铸钱四万五千贯……每贯计钱二千，是本倍利也。（同上）

（4）以钱重货轻，出内库钱五十万贯，令两市收市布帛，每端匹估加十之一。（同上）

值得注意的是例（4）中"每"之后出现的是并列的量词"端"和"匹"。

（5）诸道节度、观察使，置店停上茶商，每斤收搨地钱……(《旧唐书·食货志下》)

（6）推戴日之北每度晷数……从此起差，每度增一，终于二十五度。(《旧唐书·历志》)

（7）忽见一人……奔跳如电，每步可三十余丈，或在空，或在地，步骤如一。（博36）

"步"是由非标准计量词演变为地积单位的标准计量单位词，详见第五章第二节。此例出自传奇，语涉虚妄，未必合于标准，姑列此。

（二）"每"跟其他量词结合，包括集合、个体、临时量词，举例时不再加以区分。

（1）当时便欲酬倍价，每束黄金三锭强。（敦校359）

（2）欲得藏钩语少多，嫔妃宫女任相和。每朋一百人为定，遣赌三千匹彩罗。（敦辞718）

（3）牡丹昨日吐深红，移向新城殿院中。欲得且留颜色好，每窠皆着碧纱笼。（同上717）

（4）又壹张内每窠各师子贰，四绿红番锦，伍色乌玖拾陆。（敦

煌文书 B39)

（5）又佛灭后，付法于迦叶，以心传心，乃至此方七祖，每代只传一人。（祖 170）

（6）谢朓每篇堪讽诵，冯唐已老听吹嘘。（杜甫诗，2494）

（7）（驴）多者至数百头，每头价至万余。（《隋书·食货志》）

（8）每丁量税一千五百钱……（《旧唐书·食货志上》）

（9）若一户数处任官，亦每处依品纳税。（同上）

（10）尚食所料水陆等味一千余种，每色瓶盛，安于藏内，皆是非时瓜果及马牛驴犊麋鹿等肉，并诸药酒三十余色。（《旧唐书·睿宗诸子列传》）

（11）向北进军，每头军事得蕃兵一二须百骑引行。（李德裕《河东奏请留沙陀军马状》）

（12）……发悉解散，每缕皆为七结。（集 61）

（13）宫悬四面，天子乐也……每面五架……每面石磬及编钟各一架，每架列钟十二所，亦依律编之。（乐 21）

（14）遂赐酒两盘，每盘贮十金碗，每碗容一升许，宣令并碗赐之。（摭 161）

（15）楷书每函可二十余卷。（唐张彦远《法书要录·武平—徐氏法书记》）

（三）"每"＋通用量词"个"

（1）更见每个房中，有一天男天女。（敦校 592）

（2）每个树边消一日，绕池行匝又须行。（王建诗，3414）

（3）宫前内里汤各别，每个白玉芙蓉开。（同上，3375）

（四）"每"+动量词

柳士镇（1992：216）指出，南北朝时，指示代词加动量词的组合形式极为少见。这一点在本期已有很大变化，从本段及下文可以看到，"每、此、这"都有不少跟动量词组合的用例，其中"每"与动量词结合或为本期首现。

（1）此尊大户，直是饮流，每巡可加三十五十分，辛难不醉。（敦校 336）

（2）每度下来回首望，如从天上到人间。（敦辞 972）

（3）每度暗来还暗去，今年须遣蝶迟留。（王建诗，3416）

（4）供御香方加减频，水沉山麝每回新。（同上，3446）

（5）十口系心抛不得，每回回首即长颦。（李群玉诗，6595）

（6）中有兰膏渍红豆，每回拈著长相忆。（韩偓诗，7835）

（7）每遍舞时分两向，太平万岁字当中。（王建诗，3440）

（8）燕公问曰："学士能一遍诵千言，能十遍诵万言乎？"对曰："未尝自试。"燕公遂出一书，非人间所见也。谓之曰："可十遍诵之。"敬忠依命，危坐而读，每遍画地以记。（封 95）

（9）开元中，河西骑将宋青春，骁果暴戾，为众所忌。及西戎岁犯边，青春每阵常运剑大呼，执戠而旋……（酉 62）

张赪对含"每"指量结构发展的评价是，在唐宋时期"仍处于同量词结合的初期阶段"（2012：169），"到元明时期，有一些发展，但仍很不完全，像现代汉语中常用的'每个人'、'每斤米'这样的'每+量+N'的形式都还没有产生；另外搭配量词的范围和数量也仍然很有限，所以我们认为'每'的指量结构在魏晋时就已产生，但直到元明时期都未完全成型"（2012：179）。我们上文所举的语言事实大大突破了这些结论。事实上，此类结构在本期是很多的，"每+个"也并不罕见，"每个房中、每个树"跟现代"每个人、每斤米"形式和意义完全相同。据我们的不完全统计，本期跟"每"搭配的计量单位词有"亩、斤、端、度（'度'在此为天文测量术语）"，货币单位词"贯"，个体量词"丁、篇、头、面、处、头、缕、窠（其中'窠'兼具个体与集合量词功能）"，集合量词"朋、代、束、色"，临时（容器）量词"盘、函"，通用量词"个"，甚至有动量词"巡、度、回、遍、阵"，"每"绝非处于同量词结合的初期阶段。

在此附带谈一谈，据洪艺芳（2004:41）研究，本期敦煌吐鲁番文书中，有以"名词+别"表示"每"的情形，如"笔两管，管别一十五文""小麦伍硕，斗别卅文""绿豆子叁胜（胜别捌文）计贰拾肆文"。

二、"此"+量词

指示代词"此"产生于上古，《诗·小雅·黄鸟》："此帮之人，不我肯穀。"在魏晋南北朝时常与名量词组合，如前文所引之"此副、此辈、此等、此段"等。至本期，"此+量"仍很常见。

（一）"此"+个体量词

（1）此篇中还有能证所证及随缘行人名耶？（祖504）

（2）谁言此处婵娟子，珠玉为心以奉君。（刘希夷诗，885）

（3）古人劝加餐，此餐难自强。（孟郊诗，4229）

（二）"此"+集合量词

（1）此等诸痴子，论情甚可伤。（寒山诗，9074）

（2）今为不孝子，世间多此样。（同上，9083）

（3）人间是物皆求得，此样欲于何处传。（欧阳炯诗，8639）

（4）半日无耕夫，此辈总饿死。（徐仲雅诗，8649）

（5）又遣（长孙）晟往索（杨）钦，雍闾欲勿与，谬曰："客内无此色人。"（《北史·长孙道生列传》）

（三）"此"＋通用量词"个"

刘世儒（1965：10—11）举出多例"此＋一般名量词"之例，但其中没有当时最常见的通用量词"枚"。本期则出现不少"此"与新兴通用量词"个"连用的现象：

（1）用色相，以音声，不能如说解修行。此个名为邪见相，菩提佛果大难成。（敦校640）

（2）若闻冥途刑要处，无过此个大将军。（同上1028）

（3）此个地狱中有青提夫人已否？（同上1029）

（4）自迷失，珠元在，此个骊龙终不改。（同上126）

（5）此个门中始终事如何？（同上387）

（6）问："此个门风如何继绍？"（祖303）

（7）此个真珠若採得，岂同樵夫负黄金。（同上123）

（8）若更见一法如丝发许不是此个事，我说为无明翳障。（同上355）

（9）莫言此个尖头物，几度撩人恶发来。（罗隐诗，7545）

（四）"此"＋动量词

（1）王子此度且放。但某乙愿请弓箭，射雕供养单于。（敦校304）

（2）外道自叹甚希奇，看我此度诤强弱。（同上565）

（3）今天更遇释迦文，此度恶缘应舍离。（同上558）

（4）药山问："阇梨到何处来？"岩云："此回去到南泉来。"（祖410）

（5）某甲去山门已经二十八年，此回住，心中也足。（同上293）

（6）第三遣使去时，王曰："此度若不得曹山大师来，更不要相见。"（同上222）

（7）至穆宗即位，重降旨，使曰："此度圣恩，不并常时。"（同上397）

（8）合村看我面，此度必须得。（王梵志诗，28）

（9）任之选……来谒张公，公遗绢一束，以充粮用。之选将归，至舍不经一两日，疾大作，将绢市药，绢尽疾自损，非但此度，余处亦然，何薄命之甚也！（朝16）

（10）此度非论舞姬，亦当彼夫人。（玄41）

关于"此"与"这"在本期的消长，见下文第三段。

三、"这/者"＋量词

首先说明，本期"者"做指代词同于"这"，在口语化诗歌及禅宗语录中常见，如齐己诗："青嶂者边来已熟，红尘那边去应疏。"（9570）下举例中更有"这个、者个"在上下文里混用的现象，如例（15），故一起例举，不再分述。

（一）"这/者"＋"个"及其他名量词

本期与"这/者"连用的名量词大多数是"个"，据统计，仅《祖堂集》即有"这个"215例，"者个"10例。它们多做定语：

（1）思想慈亲这个恩，门徒争忍生辜负。（敦校977）
（2）佛道婆婆这个人，命终必堕阿鼻狱。（同上）
（3）三界主，唱奇裁（哉），这个威仪无可倍。（同上809）
（4）欲得来生者个事，数听经来能不能？（同上1167）
（5）吾曰："启师兄：莫下这个言词，佛法不在僧俗。"（祖134）
（6）问："古人有言：'一句了然超百亿。'如何是'超百亿'底句？"师云："不答汝这个话。"（同上343）
（7）某甲虽在他彼中，只为是不会他这个时节，便特归来。（同上410）
（8）若不改这个身心，难得再复……（同上233）
（9）你若择得，许你有这个眼；你若择不出，敢保你未具眼在。（同上287）
（10）看汝不是这个脚手。（同上290）
（11）你还梦见这个僧堂不？（同上336）
（12）作这个话语，滴水也消不得。（同上407）
（13）赵州和尚上堂举者个因缘云："这个是先师勘茱萸师兄因缘也。"（同上412）
（14）者个师僧过在什摩处？（同上208）
（15）更与师到佛殿，见雀儿在佛头上放粪。相公问："者个雀儿还有佛性也无？"（同上391）
（16）彼中还有这个样人也无？（同上491）
（17）阳和若不先留意，这个柔条争奈何。（成文干诗，唐外590）

也有做主语的：

（18）刺他两脚成疮，这个是阿谁不是？（敦校 201）

（19）国师云："这个是马师底，仁者作摩生？"（祖 379）

（20）这个是老婆心。（同上 341）

（21）这个是先师勘茱萸师兄因缘也。（同上 412）

以下做宾语：

（22）还见这个摩？（祖 343）

（23）争奈这个何？（同上）

（24）师入园中，见一株菜，尽圆相裹却，谓众曰："辄不得损著者个。"（同上）

（25）更不要苦救这个也。（大唐）[①]

另外，在敦煌歌辞和《祖堂集》常有"只这个"，从上下文看，可理解为"只有这个"，故"这个"也可归为宾语或兼语：

（26）头上缘何白发多？只这个是无常抛暗号。（敦辞 1122）

（27）国师云："只者个？为当别更有不？"师又过东边立。（祖 379）

（28）师云："作摩生是上座本分事？"上座拈起纳衣角，师云："只这个，为当别更有？"（同上 286）

除"个"外，与"这"连用的名量词不是很多，我们所见只有"般"：

（29）这般灾难不由天，祸本无门人自招。（敦校 1176）

[①] 转引自蒋冀骋等（1997：390）。

（30）轮回三恶道，六趣在死生。从来改却这般名，只是换身形。（敦辞1459）

（31）这般底论劫不奈何。（祖336）

（32）只为这般汉。（同上387）

又，《祖堂集》里有"这一片、这一则"，见下文第五段。

(二)"这"＋动量词

（1）这度青鸾才失伴，后回花小为谁春。（敦校1089）

（2）舍利弗小智拙谋，鲁班前头出巧。者回忽若得强，打破承前并抄。（同上565）

关于"者回"黄征等谓："者，原校作'这'。按：不烦校，'者'同'这'。"（敦校585注〔三〇〇〕）

（3）除非证果离胞胎，这回不向千门化。（敦辞1058）

（4）数回赌得这回输，少智没盈余。（同上777）

（5）笑问中庭老桐树，这回归去免来无？（白居易诗，4927）

（6）泉下阿蛮应有语，这回休更怨杨妃。（罗隐诗，7609）

此外，记于宋初的《庐山远公话》还有"这遍"，录此备考：

（7）这遍若不取我指拟，不免相公边请杖决了，趁出寺门，不得闻经。（敦校265）

"这"和"那"是唐代才用作指示代词的，但发展迅速，尤以"这个"最多。如在《祖堂集》中，"这个"与"此个"之比为215∶7。"那个"共有21例，没有"彼个"。当然由于"这"和"那"还在产生初期，不能说完全取得了优势。如《祖堂集》有"此回"，没有"这回"，"此＋量词"的出现率仍然是较高的。

四、"那"＋量词

在唐五代，文字写作"那"的，对应着疑问代词和远指代词，即今天的"哪"和"那"两个词，二者都主要跟"个"结合。本期实际用例不太多，蒋冀骋、吴福祥（1997：394）谓"那个"在《敦煌变文集》中仅一例（见下文例1），《祖堂集》中凡14例。他们统计的《祖堂集》数据不确，应为"那个"单用15例，另有"那个人"4例，"那个师僧"2例。

实际义为远指代词"那"与量词结合者举例如下（因例少，未区分此类结构在句中的语法作用）：

（1）帝曰："与朕答问头，又交（教）朕大开口，何□（也）？"子玉奏曰："不是那个大开口。臣缘在生官卑，见□（任）辅阳县尉。乞陛下殿前赐臣一足之地，立死□（亦）幸！"（敦校322）[①]

（2）师将锹子划草次，隐峰问："只划得这个，还划得那个摩？"（祖117）

（3）师又时拈起球子问僧："那个何似这个？"对云："不似。"师云："你什摩处见那个，便道不似？"（同上406）

（4）师因行粽子，洞山受了，又展手云："更有一人在。"师云："那个人还吃不？"洞山云："行即吃。"（同上146）

（5）师遂拈问僧："尊者无头，什摩人觅牛？"对云："那个人。"师云："只如那个人还觅牛也无？"（同上343）

（6）那个师僧若在，今年七十四也。（同上450）

[①] 蒋冀骋、吴福祥所指在《敦煌变文集》中的一例即为此例，出自《唐太宗入冥记》，本书所记为《敦煌变文校注》页数。

(7) 至明日，三圣问讯曰："昨日答那个师僧一转因缘，为只是光前绝后，古今罕闻。"（同上 440）

(8) 师一日见僧上来立次，竖起物，问："你道这个与那个别不别？"（同上 305）

此外亦有少数系"那"与其他量词结合，但在句中量词性都不强：

(9) 我是曲江临池柳，者人折折那人攀。（《敦煌掇琐》）[①]

(10) 推道那家娘子卧，且留教住待梳头。（李昌符诗，9864）

"那"代表疑问代词"哪"之例详见下文"**附：疑问代词＋量词**"。

五、"每、此、这、那"＋数量词

吕叔湘（1985：197）曾指出："在这、那跟个之间加用一字，这个形式在早期很少见，宋以后才渐渐多起来。……在个以外的量词（及名词）的前头，加一的形式是早期通行的唯一形式。"本期文献中确实未见到"这、那"跟"个"之间加入数词的例子。但指代词与数量词结合南北朝已有实例，且数词不限于"一"，如前述之"此三种人、此一函书、每一亩"。本期则除有"每/此/这＋一＋'个'"以外的其他量词"，还有"此/每＋其他数词＋其他量词"。

(一)"每"＋数量词

(1) 一日迢迢每一餐，我心难伏我无难。（薛能诗，6520）

(2) 丈夫著妇人衣，徐步入场行歌。每一叠，旁人齐声和之云……（《教坊记》，大观 128）

(3) 按《尚书》，一期有四时，故四面各一所开门；每时有三月，

[①] 转引自吕叔湘（1985：191）。

故每一所开三门……(《旧唐书·礼仪志二》)

（4）永泰元年五月，京兆大稔，京兆尹第五琦奏请每十亩官税一亩，效古什一之税。(《旧唐书·食货志上》)

（5）每一口即如此种也。(《汉书·循吏传》"令口种一树榆、百本薤、五十本葱、一畦韭，家二母彘、五鸡"句颜师古注)

（6）每一家则如此养也。(同上)

颜师古生当隋唐之交，可见"每＋数量词"在本期是产生较早的语言现象，不但有"每一＋量词"，还有更大的数量：

（7）平叔请定盐价每斤三十文；又每二百里每斤价加收二文，以充脚价……(韩集 648)

(二)"此"＋数量词

（1）经云："皆是大阿罗汉，众所知识。"此两句是总标千二百五十人俱也。(敦校 668)

（2）佛子文殊菩萨，当生之时，有此十般希奇之事，所以名为妙吉祥菩萨。(同上 614)

（3）师云："……恰似丛林兄弟学处不通，只执一问一答往来言语。殊不知亦有时中问答，分为三般：……"乃有僧问："未审此三般分不分？"(祖 324)

（4）吟此一曲歌，歌终不是禅。(寒山诗，9099)

（5）端溪石砚宣城管，王屋松烟紫兔毫，更得孤卿老书札，人间无此五般高。(安鸿渐《题杨少卿书后》诗，8738)

例（5）"人间无此五般高"的意思是"人间没有像端溪石砚、宣城管、王屋松烟、紫兔毫和杨少卿书法这五般那么高级的东西了"。"五般"之后省略了名词。

(6) 文宣抱延宗曰,可怜止有此一个。(《北齐书·安德王延宗列传》)①

(三)"这/者"+数量词

(1) 这一片田地,好个卓庵。(祖 407)

(2) 云岩不知有这一则事。(同上 410)

(3) 者一队汉向这里觅什摩?(同上 394)

(4) 者一队汉,无一个有智慧!(同上)

(四)目前尚未见本期单纯的指示代词"那"加数量词的例子,但在佛家语录中有一种特殊格式,即在"这个、那个"之后再加数量结构:

(1) 主事向和尚说:"僧众不肯和尚佛法,总发去。"……先师教主事锁却僧堂门。处分后,来烧茶阁里向某说:"这个一队子去也,然转来。"(祖 232)

(2) 妙旨难辨,呼为兼带,皆为明这个一段事。(《抚州曹山元证禅师语录》)②

(3) 三人同行,一人解语,一人不解语,那个一人是什么?(洞山 517b)

此外《景德传灯录》引云门语录有"遮个一场狼藉不是小事",云门亦生当本期,因灯录成书于宋代,本书未将其作为正式语料,仅列此备考。这种格式有点另类,故吕叔湘先生(1985:199)设想其中

---

① 转引自吕叔湘(1999:147)。

② 第(四)段例(2、3)及其后提到的《景德传灯录》之例均转引自冯春田(2000:94)。

的"个"本身不是量词，而是韵尾 -g 的遗留。这样虽解释了此类结构里显得冗余的"个"，不过并不圆满。因为如上所述，"这/者个"仅《祖堂集》即有 215 例，若"这个一队子"里的"个"是韵尾，那么其他 214 例里的"个"如何定性？如果说同一部书里常用的相同书写形式"这个"的"个"分别代表量词和 -g 韵尾是很难想象的。而且其中有的"这个"是句中宾语，新兴的指示代词"这"能否单独做宾语？还有"这个"与"那个"在同一句中相对应的用例（例见上文），如果"这个"的"个"是韵尾，"那个"的"个"也是韵尾吗？这样推论能够得到音韵学的支持吗？我们以为"这个一队子"之类不经意流露出来且被记录在书面语中，只能说明指代词加量词——在口语文献中特别是"这个、那个"已经使用得太多，太习见了而已。张赪（2012：181）对此也提出了不同意见，可备一说。

附带提一下，本期还有一种类似的格式，即"方位词＋数量词"，如"曾闻前两篇中，俱明能证之人，所证之法，乃至随缘行人，各各有名"（祖 504）。此时，方位词也起定语的作用。

附：疑问代词＋量词

（一）疑问代词"那"或"阿那"＋量词（多为"个"）

（1）人生百岁寻常道，阿那个得七十身不夭？（敦校 1176）

（2）其大王……问言大臣曰："那个是前来者一躯佛？交（教）朕如何认得？"（同上 474）

（3）五个姮娥结彩楼，那个见牵牛？（敦辞 1226）

（4）三身中，阿那个身不堕众数？（祖 175）

（5）师曰："阿那个山敢住？"对曰："阿那个山不敢住？"（同

上 181）

（6）今时人不得相似，只为拟将心学。若欲得似他去，死人一息不来，阿那个人直似这个？（同上 232）

（7）师云："还有脚手也无？"僧云："有。"师云："阿那个是？"（同上 337）

（8）则今阿那个是鼻孔？（同上 409）

（9）师敲禅床云："这个是色，阿那个是空？"（同上 419）

（10）去到大梅山，夹山自问："此二人道，阿那个最亲？"（同上 389）

（11）问："蚯蚓斩两段，两头俱动，佛性在阿〔+那〕①个头？"（同上 441）

（12）一瓶铸金成，一瓶埏泥出。二瓶任君看，那个瓶牢实？（寒山诗，9088）

（13）满空垂列宿，那个是文星？（齐己诗，9477）

（14）孤艇小，信横斜，那个汀州不是家？（缺名诗，唐外 427）

疑问代词"那"跟"个"之外的其他量词结合很少，下例的"处"量词性也并不强：

（15）今生不了无生理，纵复生知那处生？（徐灵府诗，9640）

（二）疑问代词"若"+量词

作为代词，"若"在上古多用来指示，表"这，此"，如《论语·宪问》："南宫适出，子曰：'君子哉若人！尚德哉若人！'"或为第二人称，

---

① 原文无"那"，此系张美兰校注所加，是。吴福祥、顾之川（1996：390）亦谓此句"'个'前疑脱一'那'字"。

如《史记·项羽本纪》:"吾翁即若翁。"本期所见则多为疑问代词,与量词"个"连用诗文习见:

（1）二更孤帐理秦筝,若个弦中无怨声?（敦辞 1248）

（2）承闻欲采摘,若个动君心?（游仙窟,近代 8）

（3）若个与好言,若个与恶语?（王诗校辑 36—37）

（4）请君暂上凌烟阁,若个书生万户侯?（李贺诗,4401）

（5）莲房若个实?竹节几重虚?（杨炯诗,615）

（6）不知园里树,若个是真梅?（东方虬诗,1075）

（7）条峰五老势相连,此鹿来从若个边?（贾岛诗,6689）

（8）年来与问闲游者,若个伤春向路旁?（唐彦谦诗,7693）

（9）若个高情能似我?且应敲枕睡清晨。（韩偓诗,7800）

（10）巨曰:"不知若个军将能与相公手打贼乎?"（《旧唐书·李巨列传》)

疑问代词"那、若"表示要求从多个人或物中确定一个或几个,是本期新生的语法现象。二者用法相近,且跟量词连用时多选择"个",在部分文献中有此无彼。如据张美兰统计,《祖堂集》中仅"阿那个"即共有 40 例,"那个" 7 例,但没有出现"若个"。《全唐诗》里"若个"约 30 次,远高于"那个"。"那"之后的量词,除个别如（一）中例（15）的"那处",多为通用量词"个"。

（三）疑问代词"几"＋量词

（1）偏见赌钱还赌命,几个心平正。（敦辞 777—778）

（2）救度阎浮大地人,几个是心真。（同上 877）

（3）出门尽是劳生者,只此长闲几个能?（子兰诗,9288）

（4）借问省中何水部，今人几个属诗家？（秦系诗，2898）

（5）宫前遗老来相问，今是开元几叶孙？（韩愈诗，3857）

（6）且叹高无数，庸知上几番？（同上，3855）

（7）丹宵能有几层梯？懒更扬鞭笞翠蚴。（司空图诗，7267）

（8）不知俱出龙楼后，多在商山第几重。（胡曾诗，7436）

（9）不知月夜魂归处，鹦鹉洲头第几家？（白居易诗，5044）

（10）开经犹在松阴里，读到南华第几篇？（施肩吾诗，5605）

（11）借问落梅凡几曲，从风一夜满关山。（高适诗，2243）

（12）乱兵何日息，故老几人全？（郑谷诗，7755）

（13）春兴不知凡几首，衡阳纸价顿能高。（郭受诗，2908）

（14）不知笔砚缘封事，犹问佣书日几行。（窦群诗，3042）

（15）不知烟雾里，几只到衡阳？（陆龟蒙诗，7200）

"几"作为疑问代词产生很早，它要求回答具体数量。当然作为一种修辞手法，在反问句中也可表示否定或认为数量很少，如例（1、2、12）。上古可以单独使用，如《左传·文公十七年》："畏首畏尾，身其余几？"也可加在名词前，《孟子·离娄上》："子来几日矣？"至本期则多与量词同用，且不同于"那、若"的是，跟"几"结合的量词很多，仅上列所举，即有"个、叶、番、层、重、人、家、篇、曲、首、行、只"等。

第三节　量词独用及其前"一"的省略

第四章专门研究了通用量词"个"之前省略"一"的问题，其中也涉及其他量词前省略"一"，但没有详细讨论。吕叔湘先生（1999：

145—175）发表于 1944 年的论文——《个字的应用范围，附论单位词前一字的脱落》提到过这一问题，但因属于"附论"，故未深入探讨。其实量词前面不带数词"一"的现象并不单纯，为避免把一些不同性质的语言事实混为一谈，有必要对于上古以来的有关材料加以梳理，并对不同性质的语言现象进行分析、探讨。

一、上古的"匹马、只轮"类结构

不带数词的"量名"结构，上古以来有"匹马、只轮、束帛"之类，如"晋人与姜戎要之殽而击之，匹马只轮无反者"（《公羊传·僖公三十三年》）。这种结构可以视为量词前"一"的省略吗？"匹马、只轮、束帛"虽可大致理解为"一匹马、一只轮、一束帛"，却不能看作是"一"的省略。因为在这种结构萌生之时，汉语量词范畴并未发展成熟，"数量名"语序也尚未确立，使用率远低于"名数量"结构。以"匹"而论，全部十三经中不乏"马若干匹"之例，但并未出现一例"一匹马"或"若干匹马"，含"匹"字的短语只有《孟子·告子下》的"一匹雏"看似"数量名"关系，而朱骏声在《说文通训定声》中指出这个"匹"实为"尐"的误字，义为"小也"，言之有理。（参见郭锡良 2005：37—38）同时十三经中多次出现"匹妇、匹夫"，后者仅《孟子》就有 9 次，其中"匹"并非量词，都只是以"匹"为定语，强调"单独、个别"或数量极少。全部十三经中只有由容器量词组成的"数量名"结构，如《论语·雍也》的"一箪食、一瓢饮"，据不完全的统计，连"丈、尺、寸、升、斗"等计量单位词都没有组成同类结构的例子。既然"一匹马"并不存在，何谈省略"一"的问题。刘世儒先生（1965：11）在谈到南北朝量词的句法特征时，将"尺布斗粟"之类视为量词做定语,他认为这都是上古语法的沿用,与《诗·陈风·东门》"(遗我)握椒"相类。吕叔湘先生(1999:145—175)也认为"匹马只轮"之类的用法与近代汉语里量词(先生此文称为单位词)前"一"的省略无关。① 前辈的这些见解都是很有道理的。

二、"匹马、只轮"类结构在后世的沿用

魏晋南北朝时代,"数量名"结构已经确立。对于类似"匹马、束帛"式的结构,柳士镇(1992:108)的看法是:"量词前面表示的数目是'一'时,'一'字可以省略不用。先秦两汉时期,度量量词有过此类用法;而此期中,个体量词也可以这样运用。"柳的看法与刘、吕二位不尽相同。他是主张上古有省略"一"这回事的,并肯定魏晋南北朝仍有同类用例,但是为数不多,所举之例有《三国志·吴书·赵达传》的"(取盘中)只箸"与《世说新语·德行》的"(见地有)片金"。应该如何看待魏晋以降的同类结构呢?

我们认为这确如刘世儒所说,是上古语法的沿用,且直到本期仍不乏同类用例,如:

(1)斗粟　持男易斗粟,掉臂莫肯酬。(韩愈诗,3768)

(2)滴血　……地上滴血无余,惟一只履在旁。(酉141)

(3)片衣口食　假使起模尽样,觅得片衣口食,总须作奴婢偿他定也,专甲敢保。(祖186)

(4)寸丝　洞山云:"大地一齐火发。"曹山云:"为什么寸丝不留?"(同上172)

---

① 《汉语大词典》"匹"字条中,也并未将"匹马只轮"列入量词义项。

（5）寸草　师有时云："直须向万里无寸草处立。"（同上178）

可以看出，以上这些"量+名"结构大多还是表示数量少，而且在语感上跟"一+量+名"并不全同。如例（2）同时有"滴血"和"一只履"，前者强调"无余"，就是"连一滴血都没有"，后者只是客观叙述地上有一只履。同样的形式至今仍习用，如"滴水不漏、片甲不留"，意思还是强调"一点也没有"。不过，这种用法虽来自上古，由于魏晋以来人们已经习惯了"数量名"的结构，如果有人将其重新分析，理解为省略了前面的"一"也未为不可。

三、量词的独用

以下要讨论的才是量词的"独用"。这种现象跟上古遗留的"匹马、束帛"完全不同，因为其后没有连用的名词。洪艺芳（2004：38）称之为量词的"独用"，这个说法很恰当。量词独用所表示的意义大体有以下四种：

（一）表"每一"

这类现象也是古已有之的，《左传·襄公二十九年》："郑子展卒，子皮即位。……以子展之命饩国人粟，**户**一钟。是以得郑国之民。"《史记·平准书》："而不轨逐利之民，蓄积余业以稽市物，物踊腾粜，米至**石**万钱，马一匹则百金。"《诗·周南·关雎》毛传："《关雎》五章，**章**四句。"以上各句中的"户、石、章"就是独用的量词。刘世儒（1965：11—13）也列举了不少南北朝时的同类用例。此类用法本期多见于书面语，常出现于句子或小句的主语位置，一般不与名词结合。据洪艺芳（2004：38—39）研究，在她统计的敦煌社会经济文书里名量词独用出现了10次，她认为其中涉及的量词皆为"标准量词"

（即计量单位词），是省略数词"一"，表示"每一"。现列举本期各类文献用例如下：

（1）壹万肆伯伍拾硕肆斜壹胜捌合粟，**斗**估廿七文……（敦煌文书 B39）

（2）伍阡陆伯匹大生绢，**匹**估四百六十五文，计贰阡陆伯肆贯文。（同上）

（3）叁伯贰拾柒屯壹拾铢大绵，**屯**估一百五十文，计肆拾玖贯伍拾文。（同上）

（4）建中三年，初榷酒，天下悉令官酿。**斛**收直三千……（《旧唐书·食货志下》）

（5）元象、兴和之中，频岁大穰。谷**斛**至九钱。（《隋书·食货志》）

（6）其田，**亩**税米二斗。（同上）

（7）又解田之所收数，言上地谷**亩**一钟。（《诗·小雅·甫田》"倬彼甫田，岁取十千"句孔疏，十三经 473）

（8）天统初，济南来府君出除谯郡……于时春夏积旱，送别者千余人，至此涧上，众渴甚思水，**升**直万钱矣……。（酉 86）

例（1—8）的"斗、匹、屯、斛、亩、升"与洪艺芳所指的独用量词性质相同。不过可以这样使用的不限于计量单位词，也包括个体量词与集合量词，这种情况在上古也存在，如下面例（9）的"篇、句"与上文引《关雎》毛传中的"章"用法就是相同的：

（9）序曰，凡九千二百五十二言，断为五十篇。**篇**无定句，**句**无定字。（白居易诗《新乐府》序，4689）

第九章　本期量词的一些特点　783

(10) 阁有五层,**层**有四院……(西域 830)

(11) 间架法:凡屋两架为一间,屋有贵贱,约价三等,上价**间**出钱二千,中价一千,下价五百。(《旧唐书·食货志下》)

(12) 大象百头,**头**有十牙……(酉 31)

(13) 又殿庭大莎罗树,大历中,安西所进。其木桩赐此寺四**橛**,**橛**皆灼固。(同上 263)

(14) 医饵之药,其物多空青雄黄,诸奇怪物,**剂**钱至十数万……(韩集 547)

(15) 骑兵四十队,**队**百人置一纛。十队为团,**团**有偏将一人。(《隋书·礼仪志三》)

(16) 凡起徒役,无过**家**一人。(《隋书·食货志》)

(17) 一金,万钱也。计十一级,**级**十七万,合百八十七万金。(《史记·平准书》"请置赏官,命曰武功爵,级十七万,凡直三十余万金"句下唐人司马贞索隐引初唐人颜游秦语)

例(9—14)中的"篇、句、层、间、头、橛、剂"是个体量词。例(15—17)的"队、团、家、级"是集合量词。

(二)量词独用有时仅表示"一×",如"分/寸/尺/丈"即"一分/寸/尺/丈","步"即"一步"等。

(1) 凡权衡度量之制:度,以北方秬黍中者一黍之广为**分**,十分为**寸**,十寸为**尺**,十尺为**丈**。(《旧唐书·食货志上》)

(2) 武德七年,始定律令。以度田之制:五尺为**步**,步二百四十为**亩**,亩百为**顷**。(同上)

例(2)中的第一个"步、亩"及最后的"顷"分别是"一步、一亩、一顷",第二个"步、亩"表示以步数及亩数计算,意义约同于以下第(三)类。

(3)掩关来几时,髣髴二三年。著书已盈**帙**,生子欲能言。(白居易诗,4748)

(4)十千方得**斗**,二八正当垆。(同上,4878)

(三)单个量词或同类量词连用可代表与之相关的计量方式甚至事物种类。

(1)右弟子僧惟晓,房内除缘身衣物外,更无钱物**匹段斛斗**等。如后有人糺告,称前件亡僧房内别有钱物等,师主僧圆仁及同学僧惟正请蒙科罪。(入唐,近代151)

(2)其度量,**斗**则三斗当今一斗,称则三两当今一两,**尺**则一尺二寸当今一尺。(《隋书·食货志》)

(3)凡缣帛之类,必定其长短广狭之制,**端匹屯綟**之差焉。(《唐六典·户部·金部郎中员外郎》)

(4)其旧纳虚估物,与依虚估物回计,如纳实估物并见钱,即于**端匹斤两**上量价回计。(《旧唐书·食货志上》)

(5)而诸州送物,作巧生端,苟欲副于**斤两**,遂则加其**丈尺**,至有五丈为匹者。(同上)

(6)天下田计其**顷亩**,官收十分之一。(《旧唐书·食货志下》)

(7)泗口税场,应是经过衣冠商客金银、羊马、**斛斗**、见钱、茶盐、绫绢等,一物以上并税。(同上)

(8)特放开成年青苗钱并赐**斛斗**六万硕。(刘禹锡《谢恩赐粟

麦表》①）

（9）凤翔府隋扶风郡。……天宝领县九，**户**五万八千四百八十六，**口**三十八万四百六十三。(《旧唐书·地理志一》)

（10）武峨州下……领县五，**户**一千八百五十，无口。(《旧唐书·地理志四》)

（11）福禄州下……领县二，无**户口**及两京道里、四至州郡。（同上）

（12）旧律多比附断事，乃稍难解。**科条**极众，数至三千。隋日再定，惟留五百。……今日所停，即是参取隋律条易，**条章**既少，极成省便。(《旧唐书·刑法志》)

（13）又以军需迫蹙，常平利不时集，乃请税屋**间架**、算除陌钱。(《旧唐书·食货志下》)

（14）揭阳去京华，其**里**万有余。（韩愈诗，3828）

例（1）的"匹段斛斗"代表布帛粮食，即上文"钱物"的具体化；例（2）的"斗、尺"分别表容量和度量，跟中间非量词的"称"一起，说明的就是度量衡的规定，只不过顺序是"量、衡、度"；例（3、4、5、6）的"端匹、丈尺"表长度，"屯綖、斤两"表重量，"顷亩"表面积；例（7、8、9）的"斛斗、户"和"口"分别代表粮食、居民家庭和人；例（10）的"户"也代表居民家庭，而（10、11）的"口"和"户口"则分别为人口和户籍的统计资料，"无口、无户口"就是欠缺这方面的统计资料（因为州县以内，没有人是不可能的，"无口"只能

---

① 转引自《王力古汉语字典》815 页。

是没有准确的人口数字）；例（12）"科条、条章"也可认为是代表法律的内容。例（13）较为特殊，"税屋间架"是"房屋按间架收税"之义。另一例十分可疑，亦出自《旧唐书·地理志一》："每岁经费，衣赐则千二十万**匹段**，军食则百九十万**石**，大凡千二百一十万。"在此数目虽是加在"匹段和石"之前的，但细看"千二十万"和"九十万"相加，正好是"千二百一十万"；而不同单位的物品是不能相加的，犹如不能说"十本书和五支笔共十五"，所以单就此例而言，"匹段"应代指纺织品，"石"代指粮食，而"千二十万"和"九十万"都是这些物品所值的银钱数，加起来就是每岁的经费之数。但这是一个孤证，同是《旧唐书·地理志》里的类似内容，其他段落未见同样巧合。至于例（14）的"里"则是代表距离的。

　　这种量词独用无论什么含义，多见于史书、账册等书面语，像例（14）韩诗那样的例子较为少见。同是出自白居易之手，上引（一）段例（9）序文里有"篇（无定句）、句（无定字）"这样的独用量词，而在口语化的白诗里，往往就加上了"一"，如"扬簸净如珠，一车三十斛"（4667），"宣城太守知不知？一丈毯，千两丝"（4703），"一石沙，几斤重？朝载暮载将何用？"（4708）。有的注疏若跟较古的原文对照也会显示出这种区别，如《汉书·循吏传》："（龚遂）劝民务农桑，令**口**种一树榆、百本薤、五十本葱、一畦韭，**家**二母彘、五鸡。"颜师古在"令**口**种……一畦韭"后注曰："每一口即如此种也。"在**家**二母彘、五鸡"后加注曰："每一家则如此养也。"唐人颜师古在班固的"口"和"家"之前都加上了"每一"。《史记·平准书》："（日者，大将军攻匈奴，斩首虏万九千级……）请置赏官，命曰武功爵。**级**十七万，凡直三十余万金。"此句之后，司马贞索隐："大颜云'一金，万钱也。计十一级，**级**十七万，合百八十七万金。'而此云'三十余万金'，其数必有误者。颜氏按：〔或〕解云初一级十七万，自此已上每级加二万，至十一级，合成三十七万叶。"可见这类独用是上承古汉语的用法，大颜系颜师古之叔，当亦隋唐间人，他也在《史记》原文的"**级**"之前加上了"一"，可见那时的语言习惯已经有所不同了。

（四）表示少义。

代表少量的"铢、两、分、毫、寸"等标准计量词单用时常有此义，在第五章有详述，不再重复，略举几例如：

（1）阎魔王，亲断决，一一招当敢抵揭。不论**铢两**总还他，如此相仇几时歇。（敦辞1611）

（2）在生不觉**分毫**善，恶事专心羡。（同上870）

（3）肉重千斤，智无**铢两**。（祖159）

四、口语中除"个"之外量词前"一"的省略

现在讨论本期口语中量词（"个"除外）前"一"的省略，与上古文献中独用的量词不同的是，这类"量+名"结构只出现在介词或动词宾语的位置，这才真正是量词前省略了"一"。这种现象究竟始于何时呢？吕先生没有明确回答，但所举文献实例最早是唐五代的，[①] 如：

（1）家内无**斤**包子皮。（《敦煌掇琐》）[②]

[①] 王力先生（1990：44）认为这种现象大量出现在宋元以后，看来不大准确。

[②] 转引自吕叔湘（1999：169）。

我们所见的例子还有：

（2）玉叶不生端正相，金藤结**朵**野田花。（敦校 1106）

（3）若有一般弟子，把**口**刀于手里。（同上 742）

（4）师拈得**把**草，拦面与一掷，云："勿处！勿处！"（祖 200）

（5）汤添**勺**水煎鱼眼，末下刀圭搅曲尘。（白居易诗，4893）

（6）岩崿无**撮**土，树木多瘦坚。（同上，4734）

书面语也偶有所见：

（7）仙马有灵，迹在于石；棱而宛中，有**点**墨迹。（韩集 690）

例（7）出自韩愈《高君仙砚铭》，全文四字为句。"点"前省"一"可能是受格式的影响。（参见第二章第十九节）

（8）相传裴旻山行，有山蜘蛛垂丝如**匹**布……（酉 137）

可以肯定，这种语言现象确是始于本期的。

值得注意的是，除"个"之外其他量词前省"一"的例子很少，即便口语体的《祖堂集》也只发现少数例子，上面我们仅举了一例，即例（4）。而同书"个"前省"一"却很常见。王力先生（1990：45）在《汉语语法史》中所举量词（先生称之为"单位词"）前省略"一"的 14 个实例，从《朱子语类辑略》到《三国志通俗演义》，其中也有多达 12 个是"个"的例子。说明即使在唐五代之后长达数百年的时期内，"个"仍享有前面省略数词"一"的优先权。"个"前省"一"为量词"个"语法作用的扩展打开了广阔的天地。关于这个问题详见第四章第二节。

第四节 本期表总称的"名+量"结构

现代汉语里有一种"名(词)+量(词)"组成的复合词，表示一类事物的总称，如纸张、书本、车辆、马匹、花朵、枪支等。对于这类结构的性质、构成、产生时代等问题，学者历来意见分歧。这一节主要根据本期的语言材料，描述它在隋唐五代的面貌，并追本溯源谈谈我们对上述分歧的看法。

一、表总称"名量"结构产生的时代

表总称"名量"式结构产生于何时？主张最早的是潘允中（1982：119—120），认为个别例子见于《易·中孚》"马匹亡"，《汉语大词典》词条"马匹"亦以此为"马的总称"之书证。此例原文为"六四，月几望，马匹亡，无咎"。关于"马匹亡"，董志翘（2010：37—38）认为不该分析为"马匹|亡"，而应为"马|匹亡"，"匹"是匹偶之义。此说甚恰。孔颖达为此句所作之疏就明白地说"如马之亡匹……乃得无咎"。可见当时"马匹"尚未结合成双音词。黄盛璋（1961：23）认为是在汉代，他从《淮南子》《居延汉简》及《汉书》中举出了"金分、人口、车辆[①]"三例。刘世儒（1965：16—17）认为那还是偶然出现的萌芽，但南北朝就大有不同，他举出车乘、钗朵、蒜颗、书本、书卷、马匹、荆株等，说明南北朝时代已有了较多"名量"结构的词语。王力（1984：350）则举元、明小说里的"官员、船只"为例，主张起源于宋代以后。董志翘（2011：105）综合刘、王两位先生的意见，主

[①] "辆"在当时一般文献中多作"两"，与汉简写法不同。

张产生于中古时期，但是为数很少，可以根据已有模式类推产生较多的"名量"式复合词是在宋元以后。

"名量"结构的复合词为数不多，而这类词语的产生又是一个渐进的过程。认真考察黄盛璋所举汉代的三个例子，只有"金分"比较可靠，《淮南子·氾论训》："有轻罪者，赎以金分。"高诱注："以金分出金，随罪轻重有分两也。"可知句中的"金分"已结合成了双音词，其中的"分"原是标准计量单位词，符合"名＋量"结构的要求。而黄文举出的"人口"出现在以下的句中："羌豪良愿等种人口可万二千人。"(《汉书·王莽传》)《汉语大词典》"人口"一条所举汉代之例恰与此相同，可见用例罕有。此句中华书局 1960 年版断作"羌豪良愿等种，人口可万二千人……"不过"人口若干人"的说法古今罕见，故更合理的断句应是"羌豪良愿等种人，口可万二千人……"。证之以《汉书·地理志》，凡人口统计均谓某地户若干，口若干，未见"人口若干"之说。黄文所举的"车辆"出现以下句中："史燮贾石四百车辆折軥一。"此句出自《居延汉简》，魏德胜（2000：6）曾指出，甘肃的汉简"释读的难度较大，很少能见到前后连贯的语句……"。因此，过去只限于对"其中的量词等在词这一层次上的研究，很难用于在句子的层次上的探讨"。而"名＋量"的结构是介于词与句之间的，仅凭上引汉简一个句子的孤证，不能肯定"车辆"的结构性质。总之汉代只能算有了"名量"式复合词的萌芽。刘世儒所举南北朝的"车乘"等例大都可靠，这些双音词都概括表示一种事物，例句也没有断句两可的问题（详见刘世儒 1965：16—17），所以说南北朝时代确已形成了具有表类功能的名量式双音词。不过，刘世儒也指出有看似"名量式",实则仍为"名+名"的例子:"谷皮两书帙,壶卢一酒樽。"(庾信《咏怀》)他认为书帙、酒樽就是"书之帙、酒之樽",不是名量结构,这也是对的。(同前)[①]"书帙、酒樽"就是偏正式名词结构。

二、本期表总称名量式双音词的发展状态

有人说这类结构"除了为数不多的几个例子以外,绝大多数出现在唐宋时期"(李计伟 2011:290)。我们未做详尽统计,但确实本期存在较多"名量"式双音结构,当然这些材料同样需加以分析,不可一视同仁,它们大致可分为三类:

(一)指具体事物,例如:

书帙　脱体似蟬虫,咬破他书帙。(寒山诗,9091)

雪片　拖枪半夜去,雪片大如掌。(贯休诗,9304)

桃株　细摇柳脸牵长带,慢撼桃株舞碎红。(许浑诗,6123)

酒卮　竹韵迁棋局,松阴递酒卮。(同上,6133)

肉块　百姓王丰兄弟三人……尝于太岁上掘坑,见一肉块,大如斗……(酉 214)

稻粒　成式尝见一蝎负十余子,子色犹白,才如稻粒。(同上 170)

钱贯　(1)共占花园争赵璧,竞添钱贯定秋娘。(元稹诗,4570)

　　　(2)滕王婴、蒋王恽皆不能廉慎,大帝赐诸王,名五王,不及二王,敕曰:"滕叔、蒋兄自解经纪,不劳赐物与之。"以为"钱贯"。二王大惭。(朝 76)

[①] 其实被刘归入名量式词的"首级、荆株"也与"书帙、酒樽"性质相同。此外他还在小注里举了"蒜条、米粒"等例。

灯盏　尝夜宴亲宾，各举坐中物以四声呼之，诸宾未言，绾应声指铁灯树曰："灯盏柄曲。"（《旧唐书·杨绾列传》）

棋局　（1）百千家似围棋局，十二街如种菜畦。（白居易诗，5041）
　　　（2）晋罗什与人棋，拾敌死子，空处如龙凤形。或言王积薪对玄宗棋局毕，悉持出。（酉 115）

菜畦　见上举"棋局"例（1）。

书帙被虫咬破、雪片大如手掌都是个别现象，均非表类；桃株、肉块分别是许浑及王丰等手触、眼见的实际事物；酒卮、钱贯、灯盏、稻粒各指酒杯、成串的钱、杨绾用手指着的"铁灯树"和形似蝎卵的稻粒，也都有具体含义。"钱贯"的第（2）例更用了一种引申义，正如今语的"钱串子"，指过分爱财的人。所以这些都不属于表类范畴。进一步分析，其中的第二个字"帙、片、株、卮、块、贯、盏、粒"在本期虽已发展出量词义项，但在该结构里仍有实义，可视为名词。如果删去，整个双音结构的意义就改变了：书≠书帙，雪≠雪片，等等。"棋局"例（1）的白诗在"棋局、菜畦"之前分别还有"围"和"种"，形成两个三音节词语。且该诗题为《登观音台望城》，描写城池的格局，所以也是具体的。仅有"棋局"的第二例比较概括。

（二）表示一类事物的总称，如：

田亩　（1）是年京师旱，田亩少所收。（韩愈诗，3768）
　　　（2）自春及秋，男十五已上，皆布田亩。（《隋书·食货志》）

马匹　诏又课天下富人，量其赀产，出钱市武马……于是马匹至十万。（同上）

车乘　后周太祖作相创制六官。载师掌任土之法，辨夫家田里之

数，会六畜车乘之稽……（同上）

舟乘　丁巳大风主自西北，激涛水入石头城，淮渚暴溢，漂没舟乘。（《陈书·后主纪》）

船乘　敦恐其为己患，诈称北伐，悉召承境内船乘。（《晋书·谯刚王逊列传》）

船艘　陈船者，陈列船艘，欲渡河也。（《史记·淮阴侯列传》司马贞索隐）

诗篇　老去诗篇浑漫兴，春来花鸟莫深愁。（杜甫诗，2443）

诗章　怜渠已解咏诗章，摇膝支颐学二郎。（同上，4901）

诗句　旋吟诗句罢，犹见远山横。（海印诗，9061）

诗卷　微之诗卷忆同开，假日多应不入台。（同上，4867）

文篇　少小涉书史，早能缀文篇。（韩愈诗，3775）

文卷　近来文卷里，半是忆君诗。（同上，4852）

文章[①]　（1）文章千古事，得失寸心知。（杜甫诗，2509）

　　　　（2）战功高后数文章，怜我秋斋梦蝴蝶。（李商隐诗，6242）

乐章　（1）其体顺而肆，可以播于乐章歌曲也。（白居易诗序，4689）

　　　（2）从事有示愈以《荆潭酬唱诗》者……宜乎施之乐章，记诸册书。（韩集263）

[①] "文章"的本义是斑斓的花纹，后发展出多义。其中最常用的意义是指独立成篇的文字，今亦泛指著作，此义跟本义固然不可割裂，但当"章"已成为量文辞的专用量词后，"文章"也可视为"名量"结构。

歌曲　久住寒山凡几秋，独吟歌曲绝无忧。(寒山诗，9087)

经卷　家有寒山诗，胜汝看经卷。(同上，9102)

书卷　雨槛卧花丛，风床展书卷。(杜甫诗，2332)

书册　(1)卧床书册遍，半醉起梳头。(鱼玄机诗，9052)

　　　(2)(先生)载书册，问道所由，告行于常所来往；……(韩集279)

事件　(李泌)子繁……其夕乃径诣延龄，具述其事(引者按：盖指谏议大夫阳城欲上疏密奏裴延龄过恶事)。延龄闻之，即时请对，尽以城章中欲论事件，一一先自解。(《旧唐书·李泌列传》)

物件　书谓条录送死者物件数目多少，如今死人移书也。(《礼记·曲礼下》孔疏)

官员　宣帝嗣位，事不师古，官员班品，随意变革。(《周书·卢辩列传》)

墨挺　漆虽黑，向其前；墨挺虽黑在王边。(敦校370)

以上名量式双音词中的量词意义有所虚化。如"诗篇、诗章、诗句、诗卷"指的都是诗，变换使用，往往是诗歌韵律的要求。如不考虑诗文韵律节奏，一般例中均可将第二字删去，整个双音词的意义无大改变，如"船艘"即"船"，"歌曲"即"歌"，"书册"即"书"，"官员"即"官"等等。

(三)介于以上两类之间。这种情形稍显复杂，试以"人口、花朵"为例进行分析。二者现代都是习见的名量式双音词，出现也较早，但它们在本期的状态如何？

1. 人口

虽然黄盛璋举例称"人口"在汉代已见，但这个结构结合得紧密吗？关于汉代书证该如何断句上文已谈及，其实直到隋唐五代"人口"用例仍不多，如：

（1）舜子问云："冀都姚家人口，平善好否？"（敦校 203）

（2）凡人口十已上，宅五亩；口九已上，宅四亩；口五已下，宅三亩。（《隋书·食货志》）

事实上本期在做宏观人口统计时还是用"口"，"人口"确已产生了较为概括的意义，但它常指一个家庭内所有的人，例（1、2）即可为证，其中例（2）在重复同一概念时还两次用了"口"。《隋书·地理志上》开篇就说全国"大凡……户八百九十万七千五百四十六，口四千六百一万九千九百五十六。"《旧唐书·地理志》共 4 卷，在叙述每个州、郡、府等地理单位的人数时均用"口"，粗略估计可达数百次，且跟近千年前的《汉书·地理志》一样，并未发现"人口"一词。

有时"人口"另有他义，指在人群中的口碑，如"三年为刺史，无政在人口。唯向城郡中，题诗十余首。"（白居易诗，4763）这种用法不多见，与量词无关。

"人口"用于较大范围内的人数统计大约出现于宋代，岳飞《条画合行事件札子》："本军头口老小正兵七万人口。"不过直到明清仍多指家庭里的人或人数，《水浒传》第 6 回："近日好生狼狈，家间人口都没了，丈夫又患病……"《红楼梦》第 6 回："按荣府中一宅人合算起来，人口虽不多，从上至下，也有三四百了。"

总之，"人口"连用虽已见于汉代，但本期结合仍不紧密，且从本期直到清代作为双音词多指家庭中的人数,其"指国家、地区内总人数"这一义项的出现及广泛使用是很晚的事。

2. 花朵

东晋葛洪《西京杂记》卷三:"复铸铜人十二枚,坐皆高三尺……皆缀花朵,俨若生人。"刘禹锡诗有"行到中庭数花朵"句(4122),均似与今"花朵"义近。它是什么性质的结构?跟"人口"相似,现代人们耳熟能详的"花朵"一词,在唐代也不多见。如杜甫诗中"花蕊、花门"各出现达7次,"花萼、花絮、花钿"等也不罕见,唯独没有"花朵"。李商隐、杜牧诗亦均无"花朵"字样。"朵"在南北朝是一个新兴量词(见刘世儒 1965:189),到本期确已发展成熟,[①] 详见第二章第二节;但正如许多量词一样,本期"朵"仍保有名词性,如杜甫诗"白花檐外朵,青柳槛前梢"(2442),白居易诗"花房腻似红莲朵"(转引自王力 1980:243)。还有人举出敦煌变文"莲花朵里托身生"(敦校 978)的例子,证明"朵"字独立性较强(王新华 1994),也是有道理的。故"花朵"似还不具备名量式双音词的资格。

三、"名量"式结构双音词的性质及构词方式

现代构词法理论一般把汉语复合词分为联合、偏正、主谓、支配、补充、附加(即词缀构词)几类。名量式结构如何分析?李计伟(2011:288—306)总结各家之说归纳为四种意见:第一种,补充式复合词,以量词为名词的补语;第二种,词根加词缀,以量词为词缀、

[①] 不过有人说量词"朵"的成熟形式(如"一朵花")最早出现于宋代(董志翘 2011)。这个论断不符合事实,仅唐诗里可证实"朵"为量词的例子就很多,如"百镒黄金一朵花"(杜牧诗,6013)、"独折南园一朵梅"(同前,5974)等。

词尾或叫后加成分；第三种，同义语素组成的并列复合词[①]；第四种，名词加形状标志成分。（这种主要根据侗泰、苗瑶等语言材料，可不加探讨）第五种，李计伟本人又根据"事件、船只、马匹"等词的形成过程，提出"提取式缩略构词"说。

我们认为，组成联合、偏正、主谓、支配、补充这五类复合词的成分都含有实义，结合成词的时候语素本身没有发生语法化的过程。只有附加式的词缀是一种语法范畴，但词缀有两个特点：一，结合面广、构词能力强，如"子、儿、头"；二，在现代读轻声。[②]用上述观点来衡量，首先成熟的名量式双音词中的量词意义虚化，单纯从表义的要求看，甚至可以忽略。所以"名量"式结构不可能属于联合、偏正等五类；其次每个量词只跟它适配的名词结合，组成的双音结构很少，大部分仅限于一个，且在现代不读轻声，故亦不是附加式。"名量式"双音词很难纳入任何常见构词方式。这种双音词在南北朝已经形成，至唐五代产生了大量实例。其中有些跟现代形式相同，如"田亩、马匹、物件、文章、歌曲、诗篇、诗句"等；有的当时尚未发展成熟，现代则成为常见的基本词，如"人口、花朵"等；有的只是所取量词不同，如"船艘、书册"分别被"船只、书本"取代。（"船只"宋代已见，"书本"南北朝即有，本期理应存在，但笔者未见）

总之，这是一种为数不多但很独特的构词方式，只能称为名量式复合词，不属于任何其他结构。

[①] 董秀芳（2013）同意将名量式定性为并列式复合词，理由是个体量词很多来源于名词，在演变为量词后仍带有一些名词的句法特征。

[②] 详见王绍新《谈谈后缀》，载《语言学论丛》第十七辑，商务印书馆，1992年。

第五节　量词重叠

古人把由两个相同的字组成的词语称为"重言"或"迭字",它们多数为形容词,用以描写事物的性状,有的还是象声词,《诗经》《楚辞》中习见。此外还有名词的重叠形式,也出现较早,如:《孟子·离娄上》:"人人亲其亲,长其长,而天下平。"《诗·大雅·皇矣》毛传:"皇矣,美周也。天监代殷,莫若周,周世世修德,莫若文王。"《汉书·游侠传·原涉》:"自哀平间,郡国处处有豪杰,然莫足数。"此类多表逐指,那个时代名词与名量词尚未划清界限,有些重叠的名词也可看作准量词,如"世、处",这就为量词重叠形式的产生打开了通路。

太田辰夫(2003:155)认为,量词重叠使用在古代汉语中是罕见的,那么确切的量词重叠形式起于何时?孙锡信(1992:293)认为:"真正算得上量词重叠的,是在汉末及六朝时期出现的。"所举之例如"枝枝相覆盖,叶叶相交通"(《焦仲卿妻》),[①]"军书十二卷,卷卷有爷名"(《木兰诗》)等。柳士镇(1992:213)也认为魏晋南北朝时期确有"AA式量词重叠表示逐指的语法意义",并指出"主要限于名量词,尚未出现动量词重叠。"

刘世儒先生(1965:14)把量词重叠归为"构形法",称在南北朝它仍尚未与名词重叠分家。其实"军书十二卷"这一"名数量"结

[①] 孙书引为《古诗十九首》,误。

构已把"卷"的量词身份揭示得很清楚了。但刘认为只有现代语"一朵朵、一朵一朵"的格式才可将其与名词重叠形态相区别。可能正是出于这种估计,他就未谈量词重叠所表示的语法意义。

到了本期已经出现了刘所说的"数词+量词重叠"的形式,我们也更有理由讨论量词重叠表示的多种意义了。下面总结本期实际语料所体现的意义。

一、名量词重叠

(一)表"每一"

量词重叠表"每一"与前文谈到的量词独用表"每一"有一点细微的区别,即其重叠强调"逐指",表示"每个或每×(都是如此)"。此类之例本期较前增多,而且被重叠的词量词身份明确,这从以下丰富的实例中很易判别。最常见的是通用量词"个"。举例如下:

个

(1)我见如今人,终日怀嗔喜。个个美顺言,人人愁逆耳。(敦校707)

(2)出处垂慈不偶然,还如男女一般看。……个个总令齐悟了,慈悲方始称身心。(同上762)

(3)释迦圣主慈悲力,但是众生总怜惜。个个提携证涅盘(槃),不曾有意言恩德。慈母心,无顺逆,但是女男皆护借。个个教招立得身,不曾有意言恩德。(同上976)

(4)师把针次,洞山问:"作什摩?"师云:"把针。"洞山云:"作摩生把针?"师云:"个个与他相似。"洞山云:"若有,个个则不相似。"(祖172)

（5）夫教道太不容易，个个须解主宰始得。（同上 326）

（6）萧萧千里足，个个五花文。（杜甫诗，2545）

（7）村鼓时时急，渔舟个个轻。（同上，2455）

（8）我见百十狗，个个毛鬇鬡。（寒山诗，9070）

（9）我见世间人，个个争意气。（同上，9102）

（10）远公林下莲池畔，个个高人尽有才。（齐己诗，9543）

（11）菜团个个皆钳项，粳米头头尽剪鬏。（陈裕诗，唐外 620）

（12）横排三十六条鳞，个个圆如紫磨真。（吴王称号时广陵黄冠道人歌，谣 373）

其他量词之例如：

辈

言辈作者，合家尽行，辈辈俱作。（《诗·周颂·载芟》"千耦其耘"句郑玄笺"辈作者千耦"孔疏）

朵

但恐莲花七朵一时折，朵朵似君心地白。（齐己诗，9589）

幅

我愿九州四海纸，幅幅与君为谏草。（贯休诗，9336）

行

（1）声声句句悲心重，字字行行妙理全。（敦校 744）

（2）金言而句句亲闻，玉偈而行〔行〕听受。（同上 754）

家

（1）湖南七郡凡几家，家家屏障书题遍。（李白诗，1729）

（2）应念衢民千万户，家家皆置一生祠。（贯休诗，9432）

句

师有时谓众曰:"这里直须句句不断始得,如似长安路上,诸道信耗不绝。"(祖185)

篇

不能发声哭,转作乐府诗。篇篇无空文,句句必尽规。(白居易诗,4663)

首

遗篇三百首,首首是遗冤。(齐己诗,9525)

条

寒风又变为春柳,条条看即烟蒙蒙。(李贺诗,4434)

轴

遗文三十轴,轴轴金玉声。(白居易诗,4974)

株

柽桂株株湿,猿猱个个啼。(贯休诗,9407)

直至现代汉语,量词重叠仍多表示"每"的意思。(朱德熙1982:26;赵元任1979:107)

(二)表繁多、众多,带有夸张意味。

从唐五代的材料来看,更多的量词重叠表示"众多",带有夸张的意味。这类材料在南北朝亦有所见,如《宋书·西南夷列传》:"众多勇士……著种种衣,犹如天神。"本期各种文献里的用例则大量涌现。

1. 第一种是单纯的量词重叠,常见者有:

般

(1)城南建立大道场,神通各自般般出。(敦校562)

（2）般般罗绮皆能出，种种金银一切随。（同上934）

层

（1）龙盘虎踞树层层，势入浮云亦是崩。（许浑诗，6138）

（2）静里层层石，潺湲到鹤林。（刘得仁诗，6290）

（3）临江一嶂白云间，红绿层层锦绣班。（白行简诗，5306）

重

（1）人浩浩，语喧喧，云叠重重映碧天。（敦校770）

（2）重重地狱有何因，只为阎浮五逆人。（同上969）

（3）乌几重重缚，鹑衣寸寸针。（杜甫诗，2575）

（4）闭小楼深阁，春景重重。（欧阳炯词，10130）

处

（1）阿难名字头头唤，嘱咐言音处处陈。（敦校755）

（2）处处伤心心始悟，多情不及少情人。（白居易诗，4863）

（3）独标海隅外，处处播嘉名。（寒山诗，9096）

丛

（1）郁郁黄花还自秀，丛丛翠竹本来青。（敦校745）

（2）杂沓奔腾尽愿行，队队丛丛皆别样。（变文642）

簇（簌）

（1）剑轮簌簌似星明，灰尘扑地。（敦校1031）

（2）簇簇竞相鲜，一枝开几番。（李建勋《採菊》诗，8426）

滴

中秋八月演朝露，滴滴如珠草上悬。（敦校645）

点

（1）其城广阔万由旬，仓卒没人关闭得。刀剑晶光阿点点，受罪之人愁戚戚。（敦校1032）

（2）霏霏点点回塘雨，双双只只鸳鸯语。（敦辞502）

"点点"有时表示少（见下文），但这两例不是。例（1）从前句可知在"广阔万由旬"的战场上到处剑光点点；例（2）"点点"与"霏霏"连用，"霏霏"历来表示雨雪纷纷，如《诗·小雅·采薇》："今我来思，雨雪霏霏。"故二例中的"点点"应表示繁多。

队

（1）队队野猿，潺潺流水；有心永住临泉，无意暂游帝里。（敦校706）

（2）高低队队如云雨，总到菴园会里来。（同上763）

对

（1）黄金乍（作）骨，珊瑚之鹦鹉双双；白玉为条，翡翠之频伽①对对。（敦校812）

（2）惆怅遥天横渌水，鸳鸯对对飞起。（孙光宪词，10143）

行

（1）飞腾千里，恰似鱼鳞；万卒行行，犹如雁翅。（敦校11）

（2）行行舞伎似无见，接接笙歌如不知。（同上930）

节

对仗高低满路排，层层节节映金台。（敦校917）

---

① 频伽："迦陵频伽"的省称，鸟名。《旧唐书·宪宗纪下》："诃陵国遣使献僧祇僮及五色鹦鹉，频伽鸟并异香名宝。"

颗

（1）睹碧天，珠露洒，颗颗枝头蜜悬挂。（敦辞 1057）

（2）曾见白家樊素口，瓠犀颗颗缀榴芳。（赵鸾鸾诗，9032）

窠

裛露牵风夹瘦莎，一星星火遍窠窠。（陈翥《金钱花》诗，9981）

此例第二句有两个重叠量词，"窠窠"用于花，该诗的后两句是"闲门永巷新秋里，幸不伤廉莫怕多"，故知一窠一窠的金钱花表示多。"一星星"的意义见下文。

片

（1）闲云当户，如片片之奇峰；……（敦校 812）

（2）身挂纳袍云片片，手摇金锡响玲玲。（同上 928）

（3）瑶台雪花数千点，片片吹落春风香。（李白诗，1728）

（4）其树花片片落池中。（博 5）

双

（1）笙歌沥沥，闻如耳上之风；彩女双双，睹似眼中之刺。（敦校 812）

（2）双双瑞鹤添香印，两两灵禽注水瓶。（同上 706）

（3）渡口双双飞白鸟，烟蝪，芦花深处隐渔歌。（阎选词，10132）

头

（1）头头增罪，种种造殃，死堕三涂。（敦校 1077）

（2）事事憎嫌非此世，头头毁骂出多生。（同上 938）

(3) 今日言，是衷恳，万计头头相接引。(敦辞 1602)

(4)（李）揆门户第一，文学第一，官职第一。致仕东都，大司徒杜公罢淮海，入洛见之，言及头头第一之说。(《刘宾客嘉话录》)[①]

事

事事贪婪似线牵，头头忘（妄）念如针钉。(敦校 761)

只

霏霏点点回塘雨，双双只只鸳鸯语。(敦辞 502)

支

……今日交（教）伊手攀剑树，支支节节皆零落处；刀山白骨乱纵横，剑树人头千万颗。(敦校 1029)

枝

(1) 蝉声晚篴枝枝急，云影晴分片片高。(齐己诗，9539)

(2) 紫阁春深烟霭霭，东风花柳折枝枝。(虞有贤诗，9672)

种

(1) 种种不净物，充满于身内……(敦校 753)

(2) 发其大愿，种种苦行，无不修断，令其心愿满足。(同上 507)

(3) 林中鸣，种种有。更有醍醐沽美酒。(敦辞 603)

(4) 恒沙诸佛体皆同，何故说有种种名号？(祖 443)

2. 另一种是本期出现的新格式，即在重叠的量词之前加数词表"繁多、众多"，这就是刘世儒（1965：14）所谓的可以与名词重叠形

[①] "头"之例(4) 转引自蒋礼鸿（1994：319）。

态相区别的特点。在本期重叠量词前除可加"一"(这种是多数)之外,敦煌文献里还有个别加"千、万、几、数"的例子,恐怕更能体现量词的性质。

首先是大量"一+重叠量词"之例:

重

凤楼春望好,宫阙一重重。(元淳诗,9060)

丛

(1)宫人美女一丛丛,太子出樊笼。(敦辞 801)

(2)春圃紫芹长卓卓,暖泉青草一丛丛。(王建诗,3411)

堆

香和红艳一堆堆,又被美人和枝折,缀金钗。(敦辞 610)

队

一队队,绕金台,还列高低次第排。(敦校 928)

个

(1)一个个总交(教)成立后,阿娘方始可[①]忧烦。(敦校 975)

(2)一个个总交(教)成佛了,未曾有意略言恩。(同上 976)

(3)况此天女,一个个形如白玉,一个个貌似鲜花……(同上 888)

在《祖堂集》里有一个特殊的例子,不但"个"重叠,数词"一"也是重叠的。这只能理解为禅师的个性化语言,强调"许许多多":

(4)师云:"他时后日若欲得播扬大教去,一一个个从自己胸

[①] 或谓"可"疑当作"不",但黄征等认为"可"有病愈义,故可不烦改。详见敦校 992 页注〔一九六〕。

襟间流将出来,与他盖天盖地去摩!"(祖199)

这种用法很少见,本段下文有"万万层层"之例,但那出现在韵文里,跟此例的口语对话有所不同。

群

(1)一群群若四色花敷,一队队似五云秀丽。(敦校884)

(2)金似衣裳玉似身,眼如秋水鬓如云,霞裙月帔一群群。(韦庄词,10072)

人

一个个如花菡萏,一人人似玉无殊……(敦校884)

双

(1)闻道彩鸳三十六,一双双对碧池莲。(李郢诗,6855)

(2)正是霜风飘断处,寒鸥惊起一双双。(陆龟蒙诗,7218)

条

(1)琼窗时听语莺娇,柳丝牵恨一条条。(李珣词,10122)

(2)受尽风霜得到春,一条条是逐年新。(李山甫《柳十首》诗之二,7376)

枝

双脚跟头皱又僻,发如驴尾一枝枝。(敦校1103)

以下是个别加"千、万、几、数"的例子:

(1)贤圣赞扬千蔟蔟,天人欢喜万丛丛。(敦校708)

(2)万万层层光瑞彩,似一林宝树放花开。(同上762)

(3)公子王孙一队队,管弦歌舞几般般。(敦辞624)

(4)十一月仲冬冬雪寒,戎衣造得数般般。(同上1264)

（三）需要说明的是，表每一和繁多已成为量词重叠的一种语法意义。但也有个别量词的重叠表示逐一、少量或同样（包括前边加"一"的形式），这可能跟每个单词所具有的词汇意义有关，或许还不能认为是语法意义。下面分别举例说明。

1. 表"逐一、一一、一×一×地"。

寸

（1）他州外乡逐乐去，父母肝肠寸寸断。（敦校1007）

（2）可使寸寸折，不能绕指柔。（白居易诗，4657）

点

（1）轻舟栏下去，点点入湘霞。（李群玉诗，6594）

（2）横云时平凝，点点露数岫。（韩愈诗，3763）

（3）……闻床前腥气，起而视之，则一方凝血在地，点点而去。（玄115）

节

歌利王〔时〕，割截身体，节节支解。（敦校434）

茎

鬓发茎茎白，光阴寸寸流。（白居易诗，4932）

2. 表少量。

点

往（枉）施为，没计避，一点点怨家相逢值。（敦校1174）

个

通用量词"个"重叠多表每一，但由于"个"还有单个、一个之义，故其重叠后又可表示少数几个：

燕飞犹个个，花落已纷纷。(徐铉诗，8554)

丝

更被夕阳江岸上，断肠烟柳一丝丝。(韦庄诗，8026)

"丝"本身含"少量"或"极少量"的意思，这种意思重叠后更加强了。

些

不定量词"些"本身即含少量义，其重叠形式详见第七章第一节。

星

"星"有一个后起义指细碎如星之物，作为量词即表少量，重叠之后加强了此义：

(1) 尽日春风吹不起，钿毫金缕一星星。(皮日休《病孔雀》诗，7072)

(2) 袅露牵风夹瘦莎，一星星火遍寰寰。(陈翥《金钱花》诗，9981)

(3) 青烟幂幂寒更恨，白发星星晓镜悲。(李郢诗，唐外519)

有学者研究了重叠的量词及其句法功能、句中位置、量词性质、语法意义之间的关系并列出了表格(李曰辉1982)，可以参考。不过我们以为本节所述量词重叠的意义跟它们在句中位置及语法功能的关联并不明显，有时倒是其词汇意义更值得关注。[1]

---

[1] 量词"般"重叠并在其前加"一"表示"同样"就完全是源于词汇意义，如"亭际夭妍日日看，每朝颜色一般般"(方干诗，7474)、"年年模样一般般，何似东归把钓竿"(罗隐诗，7604)、"粉英香萼一般般，无限行人立马看"(王周诗，8680)。可以说与量词重叠的语法意义无关，故不列入正文。

二、动量词重叠

前面提到,柳士镇曾指出,魏晋南北朝时期尚未出现动量词的重叠。而本期一个重要发展是动量词重叠已成普遍现象,所表示的意义有两种:

(一)与名量词重叠相似,普通动量词"回、巡、遍、场、顿"等的重叠多表每一(次),如:

遍

上棚知是官家认,遍遍长赢第一筹。(花蕊夫人诗,8972)

场

(1)将军纵博场场胜,赌得单于貂鼠袍。(岑参诗,2106)

(2)明朝莫惜场场醉,青桂新香有紫泥。(黄滔诗,8112)

度

度度醒来看,皆如死生隔。(皮日休诗,7051)

顿

家家养乌鬼,顿顿食黄鱼。(杜甫诗,2539)

回

(1)善恶两般须摄治,莫交(教)回回见蹉跎。(敦校770)

(2)翻身入破如有神,前见后见回回新。(岑参诗,2057)

(3)终日求人卜,回回道好音。(杜牧诗,5994)

(4)七过褒城驿,回回各为情。(元稹诗,4554)

巡

道士被劝校多,巡巡不阙。(敦校336)

（二）个别动量词的重叠表"多次"。如：

番

渥泽番番降，壶浆处处陈。（贯休诗，9371）

这也决定于它的词汇意义，因为动词"番"的本义就是轮流、更代，含有反复多次之义。

重

"重"主要充当名量词，表示层数，其作为名量词重叠之例见上文"一（二）"。有时用为动量词，表示次数。因本身含有重复义，故"重重"即表多次：

（1）合玉指而礼拜重重，出巧语而诈言切切。（敦校884）

（2）因此师云："尽乾坤是一个眼，是你诸人向什摩处放不净？"庆对云："和尚何得重重相欺？"（祖207）

（3）临行执手重重嘱，几千回。（魏承班词，10107）

第六节　量词兼类

这里所说的量词兼类指的是同一个词可以兼任不同种类的量词，在以上的有关章节里都曾指出，现在加以总括，归类说明。

一、名量词内不同类别间的兼类

（一）不同名量词兼类表

名量词包括个体量词及集合量词等等，已见第二至七章。以下表中所列都具个体量词功能，同时又分别兼具其他种类名量词的功能：有的或原为其他量词，如"副、具"基本属于集合量词，但后来发展出个体量词的用法；有的类别难以判定，如"团、帙"既是集合量词，又似有个体量词性质；"处"在量建筑物时是指一座还是聚集的多座不易分辨，等等。有的词同时兼有两种、三种甚至四种功能。下表左栏是个体量词所兼的其他量词种类，右栏是该类包含的单词：

表 1　个体量词兼类

兼集合量词	辈、番、院、部、铺、筵、窠、层、联、络（子）、副、具、帖、线、团、等、级、处、驮
兼临时量词	头、身、树、尊、艘、角、盏、封、函、帙、架、笼、合、叠、面
兼计量单位词	分、节、丝、端、粒、方、席、乘、竿、把、匹、梃（挺、铤、廷）
兼不定量词	点
兼集合及临时量词	院、房
兼集合及计量单位词	驮、两
兼集合、临时及计量单位词	床

以上是从作为个体量词的角度看所兼之类，所列共 52 个。

除上表所列，还有非个体量词兼类的情况。较多的是集合量词，第三章第七节包括了量类别的 10 个量词，它们所量对象有时是包含多个个体的一类事物，有时是单个的具有某类特征的事物，故可能是集合量词，也可能是个体量词，二者甚至往往很难截然划分。这 10 个词是"般、种、样、类、色、门、等、品、级、阶"。

此外，还有非标准计量词"围"、集合量词"种、般"和个体量词"辈、座、面、曲、出、则"等偶尔兼动量词，临时量词"勺、钟"兼计量单位词等还没有列入上表。

（二）兼类原因简析

由于汉语语法自古没有数的范畴，在实际语言中某事物究系单数或复数有时并不清晰，语言使用者也没有数范畴的概念，即不要求对词语分清单复数。如"铺、龛、塔"是称量佛像的，然而一铺所绘、一龛一塔所供或为一尊或为多尊神佛，所以若以量佛像论，这些量词属于个体或集合皆有可能。张美兰在《〈祖堂集〉校注》的校记中解释"铺"时说："量词，原多指图画等一幅或一套。""一幅、一套"即分别为个体、集合量词。量植物花、果的"窠、房"，从整个植株论它们是个体量词，从花朵或果实论就成为集合量词了。又如"具"量配套的东西，"驮"量一头牲畜所载的货物，从不同角度看，所量可能是多数的，也可能是单个的。而"驮"之所量若有规定，它就又有了计量的功能。

临时量词多数是容器名（如尊、盏、角、函、帙等）或起承载作用的其他名词（如身、树、院等），是较早产生的量词类别。开始时含义仍然具体清晰，一盏酒即一盏所盛之酒，一函书即一个盒子里所装的书籍，无疑是临时量词；但在使用过程中词义总会扩展，"盏"可盛酒亦可盛油，加上灯芯就成为灯，当人们说"一盏灯"时所指就不是里面的油而是整个的灯了。函内可放书也可放信笺，久之，"函"就成为称量信件的个体量词。"院"量建筑物的整体时是个体量词，量一所院落里包含的房间时是集合量词，量住在同一院内的人时则是临时量词。

形成这种兼任有的是由于语用的原因,如名词"辈"原指一类人,常说"某辈若干人",在实际语言中就可能因结构类推产生"某人若干辈",成为个体量词。(详见第二章第三节)

二、名量词兼任动量词

名量词和动量词的语法性质及用法差异较大,而这样的两类却也时常由同一量词兼任。可以兼任名、动两种量词的大致有以下三类(以下所举用例选自本期文献,在前文各有关章节均有出处,不再一一注明):

(一)动量、名量并重。

这一类词本身的词汇意义就跟动态密切相关。如"阵、顿、番、场",王力先生(1984:355—358)在《中国语法理论》中说:"这四个字有一个共同之点:它们在最初的时候都用如事物的单位名词,就是放在名词或首品的前面。……但是,'阵'、'顿'、'番'、'场'表示一种动态,实在和一般的事物单位名称不同,所以很容易变为行为称数的单位名词。"[①]它们充当名量词和动量词的用例都很丰富,不是暂时的相互借用。往往既可组成数量名结构也可组成"动宾+动量补语"或"动量状语+动宾"结构。如"阵",既有"一阵霜风、一阵

[①] 在讨论现代汉语语法时,他也表达过相同的意思,《中国现代语法》第三十三节:"'阵'、'顿'、'番'、'场'的用法,总是凭习惯而定,例如'骂一阵'、'骂一顿'、'骂一番'、'骂一场'都可以说。……'阵'、'顿'、'番'、'场'又可用为人物的单位名词,但它们的位置须在那人物的前面,如'一阵大雨'、'一顿饭'、'一番话','一场是非'等。"(278—279页)

黄昏雨、一阵香"，也有"决战一阵、征蛮一阵"；"顿"既有"一顿饭、一顿食"，也有"餐一顿、食之一顿"；"番"有"一番春雨、春风一番"，也有"射一番、几番熟金桃"；"场"有"一场梦、一场祸事"，也有"战一场、醉一场、千场对舞"。（"番"详见第二章二十四节，"阵、顿、场"详见第八章第二节）与王先生所举几个词相类似的还有"重"和"通"。"重"做名量词可组成"一重门、两重天、万重山"等数量名结构，也可组成"几重围、重重被剥削、结几重"等状动或动补结构；"通"做名量词可组成"一通文书、三通明主诏、著述三通"，也可组成"更为三通"，只是动量词"通"在本期使用频率降低，用例不多，不能与"阵、顿"等比肩。（名量词"重、通"详见第二章二十四节，作为动量词"重"又见第八章第二节，"通"又见第八章第一节。）

（二）名量词和个别计量单位词偶尔暂用为动量词，又可分为以下两类。

1. 较常见的是个体量词借用为动量词。从意义看又有两种不同情况。

一种名量词原来用于游艺、讲经、谈禅、交际等活动，称量节目、讲话的段落、场次等等。作为动量词词汇意义大多没有明显变化，表示的是这些活动进行的次数。这类有"曲、出、座、则、围"等，依次分别详见第二章第十二节、第四节、第二十一节及第五章第一节。

另一种原义指人的生理器官，包括"口"和"面"。"口"作为名量词用途很广，可量人、动物、器物、房舍等（见第二章第三节）；借为动量词可量人用口进行的言语与吃喝两类动作（见第八章第三节）。"面"作为名量词量乐器、日常用具等带有平面的器物，借为动量词

表示见面的次数，本期发展尚不成熟。（两种用法均见第二章第九节）

2. 部分集合量词借用为动量词。

"种"和"般"作为集合量词例多不烦列举，二者有时与"百、千"等数词组成数量结构做状语或补语，如"百种求""百种鸣""千般怜惜，万种教招""千般赞叹""百种谈论""辞退千般""求哀万种"等。这与典型动量词的功能相同，如"遍"可组成"一遍宣扬（妙法经）""（碑铭）经磨两遍"，"过"可组成"往来十过"。不过"种、般"的这种用法只出现在韵文里，且数词只有"百、千"等，不能自由运用。（详见第三章第七节）

另外"辈"是一个兼类最多的量词，既可做个体量词量人及物，又可做集合量词量人群及动植物，还可做动量词，意义略同于"次、返"。（详见第二章第三节）

（三）动量词暂用为名量词。

有些动量词可暂做名量词使用，这种情况不太多见。如用于量人群饮酒或其他活动遍数的动量词"巡"可组成"饮酒数巡、引满十巡、传说数巡"等，也可用作名量词组成"数巡酒、数巡香茗"。又如从名词借用的动量词"声"本期诗文常见，如"喊一声、喝一声、怒叫三声"，用为名量词则有"一声猿、一声杵、一声笛"等。

第七节　量词的换用与连用

一、量词的换用

在不同时代，称量同一事物用不同量词很常见，如《史记·货殖列传》"马蹄躈千",司马贞索隐引小颜(颜师古)云:"蹄与口共千,则为二百匹。"说明以"蹄"计量马匹的方式在唐代已经被淘汰。又如《北户录·鹦鹉瘴》:"(鹦鹉)有鸣曲子如喉啭者……每飞则数千百头。"该书注曰:"《南史》云,天竺迦毗利国元嘉五年献赤白鹦鹉各一头,又《汉书》曰,献帝兴平元年,益州蛮夷献鹦鹉三枚。"[①]说明汉代用"枚"之处在唐代所写的史书中换成了"头"。这都是历时的发展,是很自然的。

现在我们讨论的是共时条件下的量词换用,指的是以下情形:在诗文里相同或相邻的句子中针对同一个名词先后使用不同的量词;在异文里出现不同的量词;叙述同一历史事件的不同文本中,语句大致相同,但换用了量词,等等。

(一)诗文同句、邻句或正文与诗题中的不同量词。

1. "点"与"片"

(1)瑶台雪花数千**点**,**片**片吹落春风香。(李白诗,1728)

2. "根"与"枝"

(2)(菆鹰)其背毛、并两翅大翎覆翮、及尾毛十二**根**等并拔之,两翅大毛合四十四**枝**、覆翮翎亦四十四**枝**。(酉193)

3. "只"与"头"

(3)人有鹅二百余**只**……每日为虎所取,以耗三十余**头**。(广175)

4. "种"与"色"

[①] 刘世儒(1965:92)指出"头"在汉代用于量兽类,南北朝才扩展到禽类的。

（4）尚食所料水陆等味一千余**种**，每**色**瓶盛，安于藏内，皆是非时瓜果及马牛驴犊麋鹿等肉，并诸药酒三十余**色**。(《旧唐书·睿宗诸子列传》)

5."茎"与"竿"

（5）野塘水边碕岸侧，森森两丛十五**茎**。(白居易诗，4816)

白居易此诗题为《画竹歌》(并引)，在引文中是这样说的：

协律郎萧悦善画竹……知予天与好事，忽写一十五**竿**，惠然见投。(同上，4815—4816)

6."篇"与"首"，"章"与"首"，"章"与"篇"

详见第二章第十一节。

7."轴"与"卷"

（6）(王粲、徐干)因出袖中五**轴**书示(顾)总曰："此君集也，当谛视之。"……既而王粲、徐干与总殷勤叙别。乃携刘桢集五**卷**，并具陈见王粲、徐干之状，仍说前世是刘桢……(玄48—49)

8."艘"与"只"

（7）官舟千**艘**，不损一**只**。(国史199)

9."辈"与"人"

（8）坊中诸女……约为香火兄弟，每多至十四五**人**，少不下八九**辈**。(《教坊记》，大观125)

10."事"与"条"

（9）且万乘之主，欲使自专庶务，日断十**事**，而有五**条**不中者，何况万务乎？(大唐13)

11. 通用量词"个"在上下文中跟其他量词换用更为常见，如：

（10）黑木垒子壹拾伍**枚**，内欠肆**个**。（敦煌文书 B178）

（11）三只投子掷下，失却一**个**。（祖 408）

（12）石霜病重时，有新到二百来**人**，未参见和尚，惆怅出声啼哭，石霜问监院："是什摩人哭声？"对云："二百来**个**新到，不得参见和尚，因此啼哭。"（同上 189）

（13）（史论与僧至一处）有桃数百株……论与僧各食一**蒂**，腹果然矣。论解衣将尽力苞之，僧曰："此或灵境，不可多取。……昔日有人亦尝至此，怀五六**枚**，迷不得出。"论亦疑僧非常，取两**个**而返。（酉 22）

例（10—12）分别是"个"与"枚、只、人"换用，例（13）更先后与"蒂"及"枚"换用，所量同为桃。这也反映出"个"在本期通用性越来越强，这类例子较多，详见第四章第二节。

（二）异文使用不同量词。

（1）流水一**通**（一作**道**）何时有,垂条落蕊暗春风。（武元衡诗，3547）

（2）斫石种松子，数**根**（一作**株**）侵杳冥。（许浑诗，6061）

（3）唯将一**星**（一作**点**）火，何处宿芦洲。（张乔诗，7327）

（4）数声翡翠背人去，一**番**（一作**朵**）芙蓉含日开。（皮日休诗，7066）

（5）父归坟兮未朝夕，已分黄金争田宅。高堂老母头似霜，心作数**支**（一作**枝**）泪常滴。（贯休诗，9320）

（6）露魄冠轻见云发，寒丝七**炷**（一作**柱**）香泉咽。（温庭筠

《水仙谣》诗,6704)

(7)月照何年树,花逢几**遍**(一作**世**、一作**番**、一作**度**)人。(卢纶诗,3170)

(8)几**回**(一作**通**,又作**封**)奏事建章宫,圣主偏知汉将功。(韩翃诗,2753)

例(1—6)都是不同名量词换用,说明其后的名词可与不同量词搭配。唯例(7、8)包含动量词与名量词的换用,只是诗人采用的不同表达方式,不能作为这些量词可以通用的例证。

(三)校注反映出不同量词可换用的情况。

(1)赖值凤凰恩择(泽),放你一**生**草命。(敦校 379)

黄征等注:一生,同"一**笙**",义即一茎、一条。

(2)至七月七夕,西王母头戴七**盆**花,驾云母之车,来在殿上,空中而游。(同上 244)

黄征等注:"原校(引者按,指《敦煌变文集》王重民等校注,见该书 165 页):'丙卷七盆花作七笙花。'按:《敦煌宝藏》'美 855 号'《悉达太子诞质图》所画太子头顶有七枝花,故知'七笙花'、'七盆花'皆即七枝花。'笙'犹'茎','盆'盖指花朵而言。"(敦校 249 页注〔六〇〕)

(3)给孤长者心中大越(悦),偏(遍)布施五百**头**童男,五百**个**童女,五百**头**牸牛……(同上 1134)

此例敦煌变文中"**头**"一作"**个**",黄征等依原卷校改为"**头**"。详见敦校 1136 页注〔二二〕。

(4)汉家五**叶**才且雄,宾延万灵朝九戎。(李峤诗,689)

此例原诗在"五**叶**"下注:"一作四**世**"。在此,"叶、世"均同于世代的"代"。

（5）明旦，谛视之，拾得翠钗数**个**……（玄54）

此例出自2006年中华书局以明稽古堂刻本为底本的《玄怪录》，程毅中校注谓，在《太平广记》《艳异编》等书所见的《玄怪录》佚文中"**个**"作"只"（见该书55页注〔一八〕）。

（6）策问五道，旧例：三**通**为时务策，一**通**为商，一**通**为征事。（封17）

中华书局2005年本《封氏闻见记校注》的底本是雅雨堂本，赵贞信校注本据《唐语林》引文改三个"**通**"字为"**道**"。这跟上文第（二）节例（1）武元衡诗的异文不谋而合，说明"通"与"道"无论在量文书或流水时时功都能相近。

（7）一**絢**丝，能得几日络？（隋唐39）

对此例，中华书局程毅中点校本39页注〔二〕云："'**絢**'，《广记》作'**两**'"。

（四）异书叙同事反映的量词换用。

宣宗召（公权）升殿，御前书三**纸**……一**纸**真书十字……一**纸**行书十一字……一**纸**草书八字。（《旧唐书·柳公权列传》）

《新唐书·柳公权列传》叙及相同事件时"书三**纸**"写作"书纸三**番**，作真、行、草三体"。可见在量写有文字的纸张时，"番、纸"功能相同。

以上各种换用并非个别现象，说明量词的理据并不重要，"点"和"片"形状迥异，但雪花在同一首诗里的相连两句时而论"点"，时而论"片"，可见其任意性。何况在同一时代的不同文献里，更非一成不变的。这也说明"分类词"之说对汉语是不适用的。

二、量词的连用

刘世儒谓南北朝时创造了两个量词连用的形式,他举了《世说新语·雅量》注引《续晋阳秋》的例子(详见刘世儒 1965:30),但实际此例是该书刘孝标注引《谢车骑传》之例,刘书引文亦有不确,应为:"(谢)玄为前锋都督……俘获数万计,得伪辇及云母车,宝器山积,锦罽万端,牛、马、驴、骡、驼十万头、匹。"刘说这是由于当时量词分工较前严格,以前典籍常见的"一量对多名"(如《左传·襄公二年》"马牛皆百匹"以"匹"对应马、牛两个名词)已不合规范。不过据中华书局 1984 年版《世说新语校笺》注,在影印金泽文库藏宋本及沈宝砚校本中此处无"匹"(见该书 209 页),而刘书仅举此一例,我们未及详细调查当时语料,只有下举例(4)见于南北朝末至初唐之间的吐鲁番文书,故还不能说当时确有量词连用。可以肯定的是本期则确有其例,如"头匹"在敦煌文献中就多次出现(参见洪艺芳 2000:329),此外变文及史书亦有所见:

(1)决战一阵蕃军大败。……收夺得驼马牛羊二千**头匹**,然后唱《大阵乐》而归军幕。(敦校 180)

(2)……收夺得驼马之类一万**头匹**。我军大胜,匹骑不输,遂即收兵……(同上 181)

除"头匹"外,两词连用的还有"匹段、具乘、张双"等:

(3)每岁经费,衣赐则千二十万**匹段**,军食则百九十万石,大凡千二百一十万。(《旧唐书·地理志一》)

(4)……官车牛伍具,单车壹**具乘**,合得银钱究(玖)拾壹

文。(吐鲁番文书,洪书A330)

例(4)洪艺芳谓因系仅见之例,不排除误写的可能。她说得有道理,因为前面的名词是单一的"单车",不过"具"有成套的含义,以"具乘"量单车,或包括车辆及所配附件之类。下文例(5)"粗筋五十张、双"与此类同,因系转引,不知引文是否有误。

(5)细匙、筋五十**张、双**,粗筋五十**张、双**。(《济渎庙北海坛祭器碑》)①

有的文献里甚至有更多量词连用,最明显的是法门寺碑文:

(6)新恩赐到金银宝器、衣物、席褥、幞头、巾子、靴鞋等共计七百五十四**副、枚、领、条、具、对、顶、量、张**。(法251)②

(7)银金花供养器物共四十**件、枚、只、对**。(同上)

(8)以前都记二千四百九十九**副、枚、领、张、口、具、两、钱、字**等。(同上252)

多个量词连用其他文献亦有所见:

(9)六月丙申……已前百姓所欠诸色课利、租赋、钱帛,共五十二万六千八百四十一**贯、石、匹、束**,并宜除免。(《旧唐书·顺宗纪》)

量词连用,特别是记账式文章里出现的连用现象说明,在本期汉语量词已充分发展成熟,不可忽略:即便在文辞简略的账单里,将

---

① 转引自刘世儒(1965:31)。

② 标点符号为引者所加。

物品种类及数量集中列出后，也要对其所用量词有所交待，否则如以数词结束，就会感到语句缺损，语意不确。

量词连用在本期之后仍有所见，如宋代朱彧《萍洲可谈》："宫闱每有庆事，赐大臣包子银绢各数千匹两。"应当一提的是，现代的量词连用性质完全不同，不再是多种事物适用量词的并列，而是另有含义，有人称之为"复合量词"。如"吨公里"表示一吨货物运输一公里的运量，"千瓦小时"表示一千瓦功率的电量工作一小时所作的功，等等。在科学技术文献中，复合量词尤为常用。

第八节　数量词加词缀与复音量词

一、数量词＋词缀

（一）前缀——表序数之"第"与数量词

《说文》无"第"有"弟"，释为"韦束之次弟也"，后加竹字头成"第"，原为名词。"第"因次第义表序数加诸数之前始于西汉，《史记·太史公自序》："作五帝本纪第一。"《汉书·叙传》亦有"述《贾谊传》第十八"，《王力古汉语字典》"第"字条将此例之"第"归为助词。东汉时已形成"第＋数词＋中心词"的完整表达形式，《论衡·吉验篇》："光武帝……生于济阳宫后殿第二内中。"可以说此时"第"已完成了虚化过程，我们视之为序数词前缀。至魏晋南北朝则相当通行，且形成"第＋数词＋量词＋名词"的格式，《魏书·释老志》："乃入第三重石室而卒。"（参见柳士镇 1992：193—195）

本期在各类文献中的次第数词与名量词结合未见新的发展，然

数量大为增加。变文常写作"弟",可分为以下几类:

1. "第+数量名"或"名+第数量"。

(1) 言海此岸者,对南阎浮提说彼此,即须弥山下,弟七重海外,弟八重海里。此香生在弟七重香水海岸上,故名此岸。(敦校 722)

(2) 此是弟四摄取法身心中弟二段经文。(同上 640)

(3) 不可,事须要第二杓恶水浆泼?作摩?(祖 165)

(4) 世亲室南五十余步第二重阁,末笯曷剌他论师于此制《毗婆沙论》。(西域 247)

(5) 上造,第二等爵也。(颜师古《汉书·食货志》"六百石爵上造"句注)

(6) 大庶长,第十八等爵也。(同上"万二千石为大庶长"句注)

以上诸例的顺序都是"第数量名"。以下是"名第数量":

(7) 上方台殿第三层,朝壁红窗日气凝。(王建诗,3405)

(8) 老住西峰第几层?为师回首忆南能。(罗隐诗,7267)

(9) 不知俱出龙楼后,多在商山第几重?(胡曾诗,7436)

(10) 流霞浅酌谁同醉,今夜笙歌第几重?(苏郁诗,5362)

这四例都是诗句,或与韵律、字数的影响有关。

2. "第数量"后的名词承上省略。

此类指在前文中明确出现过相应词语,下文省略:

(11) 舜子才上得仓舍西南角便有火起。弟一把是阿后娘,续得瞽叟弟二。(敦校 202)

(12) 六段文中弟四段,都公案上唱将罗。(同上 639)

(13) 十二种头陀，和尚是第几种？（祖 407）

(14) 阁有五层，层有四院……上第一层唯置佛像及诸经论；下第五层居止净人资产什物；中间三层僧徒所舍。（西域 830）

(15) 宝函一副八重并红锦袋盛 第一重真金小塔子一枚并底衬△……第二重……第三重……第八重檀香镂金银棱装铰函一枚银锁子及金△。（法 251）

(16) 一品宅中有十院歌姬，此乃第三院耳。（传 151）

(17) 及览状，所论事二十余件，第一件取同姓女子入宅。（摭 21）

例（11—13）分别省略了（弟一把）"火"、（弟四段）"文"、（第几种）"头陀"，例（14）省略的是（第一层）"阁"，例（15）省略了（第一重、第二重、第三重……第八重）"宝函"，例（16、17）分别省略了（第三院）"歌姬"和（第一件）"事"。

3. 仅有"第数量"，邻近之上文无相应明确的被省略名词。

(18) 放出大军，二将第四队插身，楚下并无知觉……（敦校 67）

(19) 言"如来说诸相具足"者，此明相好本从法身上起也。言"是名诸相具足"者，此明虽异不乖一，成弟二句也。（同上 637）

(20) 孔子曾参说五孝，讲出开宗第一章。（敦辞 735）

(21) 斋后到涅槃院，见贤座主于高楼上讲止观，讲第四卷欲终，有卅余僧同听。（入唐，近代 125）

(22) 远法师问："据何知菩提达摩在西国为第八代？"答："据《禅经序》中具明西国代数。"（神会，近代 57）

（23）黄口小儿口莫凭，逡巡看取第三名。（杨莱儿诗，9027）

（24）拟占名场第一科，龙门十上困风波。（刘复诗，3470）

（25）堂心八柱，各长五十五尺。……八柱四辅之外，第三重三十二柱。（《旧唐书·礼仪志二》）

（26）骑兵四十队，队百人置一纛。十队为团，团有偏将一人。第一团，皆青丝连明光甲、铁具装、青缨拂，建狻旗。第二团……第三团……第四团，乌丝连玄犀甲、兽文具装、建缨拂，建六驳旗。（《隋书·礼仪志三》）

（27）（薛用弱）亦常至其居，就求第一本视之，笔迹宛有书石之态。（集8）

（28）舞至第二叠，相聚场中……（《教坊记》，大观124）

（29）诸第一与第二、第三碗次之，第四、第五碗外，非渴甚莫之饮。（《茶经·茶之煮》）

此外，敦煌歌辞里有"十偈辞"，每首前均有"第一首、第二首……"（敦辞971—973），亦属同样用例。

4. "第"＋数词＋动量词

柳士镇（1992：205）在《魏晋南北朝历史语法》一书中说："笔者曾认为在唐代语料中才见到带有前缀'第'字的序数词同动量词结合的用例，据《法显传》一例，则此期已有，不过仍然极为罕见。"他仅举了一例："初转法轮时，先度……供养三宝者，第二、第三次度有缘者。（《法显传》）"（1992:195）。本期则出现在变文、语录、诗歌、注疏等不同文体中，例（4、5）的"第七遍、第三番"更出现在日僧用汉文撰写的著作里，应该已成习见用法：

（30）李陵共单于斗战弟三阵处若为陈说：……（敦校 130）

（31）其院主僧再三请和尚为人说法，和尚一二度不许，第三度方始得许。（祖 129）

（32）师有一日法堂里坐，直到四更。当时侍者便是云岩和尚也，三度来和尚身边侍立，第三度来，和尚驀底失声便唾。（同上 371）

（33）初造此菩萨时，作了便裂，六遍捏作，六遍颊裂。……第七遍捏作此像，更不裂损，每事易为，所要者皆应矣。（入唐，近代 126—127）

（34）（僧尼还俗之事）商量次第，且令卅巳下还俗讫，次令五十巳下还俗，次令五十巳上无祠部牒者还俗。第三番令祠部牒磨勘差殊者还俗……（同上，158）

（35）愿持厄酒更唱歌，歌是伊州第三遍。（陈陶诗，8472）

（36）释曰，云"未犹不也"者，若言"未"谓此第一番，初时未有拾取矢，礼以其第一番……（《仪礼·乡射礼》"众宾未拾取矢"郑玄注"未犹不也"句贾疏，十三经 1002）

（二）后缀——加"子"尾

量词带"子"尾起于何时？刘世儒（1965：73）认为："南北朝'子'用作名词尾已经是通常的事实……这种名词，如果词汇意义许允也可以借用为量词，如……'真经一厨子'之类。"不过这仅限于名词借用为临时量词。苏旸（2001）则举出敦煌文书之例，认为量词带"子"尾是起于五代。我们的看法是，名词的"子"尾起源甚早（兹不详述），加于量词之后是本期产生的现象，但要早于五代。因为本节下文所引例句有的出自《酉阳杂俎》《北齐书》《南史》，三书作者都是唐代人，分别为段成式、李百药、李延寿；有的出自《入唐求法巡礼行记》，作者日僧圆仁（公元794—864年）亦生于中国的唐代。既然加"子"尾的现象已经进入笔记小说、史书和外国人的著作，说明在此时的汉语里已并不鲜见了。

1. 较常见的仍是加在由名词转化的临时量词之后，有些呈"游离状"，尚未与名词紧密结合：

（1）从京将来圣教功德帧及僧服等，都四笼子……（入唐，近代163）

（2）冯坦者，尝有疾，医令浸蛇酒服之。初服一瓮子，疾减半。（酉140）

"四笼子、一瓮子"确有称量作用，但未与称量对象组成名数量或数量名结构，而是分处在相邻的句子里。

在记账式的敦煌经济文书里，临时量词加子尾有了进一步的表现：

（3）史家女便油壹平子，至秋一平子半。（敦煌文书B112）

（4）果食两盘子，胡饼二十枚。（同上）

（5）今当镇僧庆净手上付草豉子一袋子……（同上）

显然，"便油壹平子、果食两盘子、草豉子一袋子"都是名数量结构，例（4）中跟"果食两盘子"并列的"胡饼二十枚"更是一个明证。

2. 个体量词+"子"

个体量词加"子"尾当是后缀"子"跟量词结合更成熟的例证。

（6）绿锦捌片子。（敦煌文书B111）

（7）铜铁各一片子。（同上）

（8）出钱贰伯文，付市城安仁坊叱半庆蜜，充还家人勿悉满

税草两络子价。(同上)

(9) 破幡两放(方)子。(同上)

(10) 舍壹口子城外园舍地叁亩,更不残寸垄。(同上)

(11) 玉钏子一截子。(同上 112)

(12) 师有时谓众云:"有一句子如山如岳,有一句子如透网鱼,有一句子如百川水,为当是一句?为当是三句?"有人拈问福先:"古人有言:'有一句如山如岳,有一句子如透网鱼,有一句子如百川水。'如何是如山如岳底句?"福先云:"凡圣近不得。""如何是透网鱼底句?"先云:"汝不肯,又争得?""如何是如百川水底句?"先云:"互用千差。""如何是和尚一句?"先云:"莫错举似。"(祖 332)

上例(12)似表明"句"后是否加后缀"子"是任意的,但梁晓虹(1998:51)认为"一句"与"一句子"内容稍有不同:"前者只是指一般的'一言一句',引申而表一真理之句。后者却从'一言'之义,引申指表诠佛法究竟之语,也特指无言无说之究竟之语,这只用于禅门。"她所用语料出自《景德传灯录》等成书于本期之后的文献。为了究其确义,特引了较长的一段对话,但或许是我们对禅宗语言修炼不深,从《祖堂集》的材料里还是体会不出梁所说的区别。现仅将她的观点引述如上供参考。

3. 集合量词+"子"

(13) 绣红求子壹并珠子壹索子。(敦煌文书 B112)

(14) 石珠子五索子。(同上)

(15) 鲽线叁索子。(同上)

（16）这个一队子去也，然转来。（祖 232）

（17）定难坊巷东壁上舍壹院子，内堂壹口……又基上西房壹口……又厨舍壹口……（北图生字 25 号《郑丑挞出卖宅舍地基与沈都和契》975 年）①

4. 计量单位词＋"子"

（18）莫高乡百姓龙章佑、弟佑定，伏缘家内窘阙，无物用度，今将父祖口分地两畦子，共贰亩中半，只（质）典已（与）莲畔人押衙罗思朝。（斯 466《龙章佑、佑定兄弟出典土地契》，953 年）②

（19）一把子贼，马上刺取掷着汾河中。（《北齐书·恩倖列传》）③

（20）侯景登石头城，望官军之盛，不悦，曰："一把子人，何足可打？"（《南史·陈本纪》）④

《说文》谓"田五十亩曰畦"，当属标准计量单位。但实际应用上并不一致，详见第五章第二节。"把"为一手所握之量，是非标准计量词，详见第二章第十五节，上引例（19、20）均出自唐人所撰前期史书，这种用法至少不晚于本期，而"一把子"更是计量词的一种活用，犹如今语的"一小撮"，带有贬损的感情色彩。

5. 不定量词＋"子"

不定量词中未见"点"加后缀之例，只有"些"加"子"，且只见于

---

① 转引自苏旸（2001：37）。
② 同上。
③ 转引自张美兰（2001：136）。
④ 转引自王启涛（2003：460）。

《祖堂集》：

（21）速去速来，你若迟晚些子不见吾。（祖 114）

（22）师曰："此沙弥有些子气息。"（同上 137）

（23）体得佛向上事，方有些子语话分。（同上 178）

（24）何不抖擞眉毛，著些子精彩耶？（同上 284）

（25）行脚人亦须著些子精神好。（同上 418）

（26）德山云："我宗无语句，实无一法与人。"岩头云："实即实，于唱教中犹交些子。"（同上 294）

另外，李煜词中有一例比较特殊，在"些"之后加了"儿个"：

（27）晚妆初过，沈檀轻注些儿个。（李煜词，10047）

量词加"子"实际就形成了复音量词，除此之外，还有其他形式的复音量词。

二、复音量词

本书的绪论已经说明，量词的产生机制与韵律相关。为形成清晰而简洁的音步，汉语的单音节数词容易跟另一单音节成分配合，这是量词得以迅速发展的重要语音条件。所以量词的队伍原本是难以容纳复音词的，但南北朝时汉语双音节化发展成熟，复音词语比较容易被词汇系统接纳了，同时又因受到佛经译音的影响，开始出现了"由旬、首庐、伽陀"等复音量词（参见刘世儒 1965：15）。本期的复音量词多数为器物名做临时量词，只有音译词为计量单位。总的说来有以下几类：

1. 联绵词。

这是汉语自古就有的，训诂学称"联绵字"或"连绵字"。

栲栳[①]

联绵叠韵字,《齐民要术·作酢法》:"量饭著盆中或栲栳中……"唐卢延让诗谓:"五陵年少粗于事,栲栳量金买断春。"(8213)在这句里"栲栳"是容器名,但也说明它是可以用来称量的。以下为用作量词之例:

> 官健……作一百姓装裹,担得一栲栳馒头,直到萧磨呵寨内,当时便卖。(敦校 300)

2. 在单音词上加修饰成分,成为偏正式双音词。

竖柜

> 李龟年善羯鼓,玄宗问卿打多少枚,对曰:"臣打五十杖讫。"上曰:"汝殊未,我打却三竖柜也。"(隋唐 61)

瓷瓶

> 李侍御送路物不少,吴绫十匹,檀香木一,檀龛像两种,和香一瓷瓶……(入唐,近代 160)

药匕

> 其长一周尺,其阔一药匕。(卢仝诗,4367)

钵〔盂〕

汉语原有"钵",字或作"盋",是一种似盆而小的容器。后传入梵语。"钵"又为钵多罗(Pātra)的省称,僧人的食器,并指传法之器,加汉语故有的"盂(釪)"构成复合词,南北朝始见,《世说新

[①] 敦校 311 页注〔九五〕:"栲栳:亦从'竹'头,用柳条或竹篾编成的笆斗之类盛物器具。"

语·赏誉》:"王语刘曰:'向高坐者,故是凶物。'复更听,王又曰:'自是钵釪后王何人也。'"但作为量词始见于本期:

(1) 难陀七瓮饭,只得世尊半钵盂已来饭。(敦校 591)

"钵盂"同"钵",同篇紧接着的下文又有一例,讲述同一件事:

(2) 难陀取得半钵饭,遂与世尊,便拟入来。(同上)

此外,诗文中也有量词"钵",为了叙述方便,一并列此:

(3) 饥来一钵饭,困来展脚眠。(王诗校辑 201)

王梵志系僧人,此处用"钵",当与变文义同。

(4) 独盛一钵水,以刀搅旋之……(《次柳氏大观》,大观 467)

旁箕

忽然逢着故醋担,五十茄子两旁箕。(敦校 1173)

黄征等谓,"此联不详何意,存疑俟考。任半塘校'旁箕'为'螃蜞',近是。"(敦校 1182 注〔六〇〕)但我们认为"螃蜞"亦费解,疑为"簸箕"。"簸箕"初见于南北朝,《齐民要术·种槐柳楸梓梧柞》:"至秋,任为簸箕。"但当时未见用于量词。五十个茄子装满两簸箕,担在两边,应是合乎情理的。① "簸箕"是用来簸扬的箕,故归为偏正式一类。

刀圭

这个量词起源较早,是一种中药量器名,《武威汉代医简》② 有

---

① 这里有一个问题:"簸、旁"声韵并不相合,簸,布火切,上声果韵,帮母,歌部。旁,步光切,平声唐韵,并母。但书写变文的民间写手用字常有不规范之处,这样替代并非不可能。

② 文物出版社 1975 年出版。

"旦药饮一刀圭"（第二类45简）之说，晋《抱朴子·金丹》："服之三刀圭，三尸九虫皆即消坏，百病皆愈也。"本期用法仍旧：

（1）每日将何疗饥渴，井华云粉一刀圭。（白居易诗，4874）

（2）昨有神仙遗灵丹一刀圭……（传160）

（3）……遂刺其心及脐下各数处，凿去一齿，以药一刀圭于口中……（续玄193—194）

顾名思义，"刀圭"似是刀形之圭。《现汉》收有"调羹"一词，释为"羹匙"，今口语仍用。章炳麟《新方言》谓："斟羹者或借瓢名，惟江南运河而东，至浙江、福建数处，谓之刀圭。音如条耕。"但二者音义是否相关不得而知。

另有工具名加质料"铁"形成的偏正式双音词"铁棒、铁杖、铁跻"，详见第八章第三节。

3. 音译外来词。

由旬

梵文 Yojana 的音译，古印度长度单位，又称"踰缮那"。[①] 已见于南北朝《百喻经》等译作，唐释道世《法苑珠林》卷3谓："八拘卢舍为一由旬，合有四十里。"本期不仅讲佛经的变文使用，文人笔记中亦有所见。

（1）六师闻语，忽然化出宝山，高数由旬。（敦校564）

（2）东西各一由旬，南北四十余里。（同上729）

---

① 《大唐西域记》卷2："夫数量之称，谓'踰缮那'。（原书自注：旧曰由旬）踰缮那者，自古圣王一日军程也。旧传一踰缮那四十里矣。印度国俗乃三十里，圣教所载唯十六里。"

(3)积崖山,高三百由旬,有七楯七箱。(酉32)

第九节　诗歌中的"非典型数量名结构"
——兼谈量词的修辞作用

众所周知,量词有修辞作用,不少学者谈论过这个问题,不过大多是从文学研究的角度观察的。本节则拟从量词特性的视角来谈一谈,研究方式与修辞学相关但不相同。主要起修辞作用的量词与数词和名词的组合,我们称之为"非典型数量名结构"。[①] 这种结构基本只出现在诗歌里,指的是在常态下不会出现的名量搭配,如"一方明月、一行愁、一点青螺、桂一轮"之类。月亮明明是圆的,怎么论"方"呢?愁是无形的,为何有"一行"呢?"一点青螺、桂一轮"如何理解?这种情况虽然南北朝诗中已见,如陆凯《赠范晔》:"江南无所有,聊增一枝春。"庾信《和庾四诗》:"离关一长望,别恨几重愁?"但大量出现还是在诗歌鼎盛的唐代。本书在分类描写各类量词时常接触到这个问题,很多例子曾分别出现在不同量词的讲述中。这里再总括地探讨这类搭配有哪些类型、特点,它们的形成说明了什么?对量词的发展有何影响?

一、非典型数量名结构中常见名词的类型

经常见到的有如下几类:

[①] 洪艺芳(2000:144)在谈到量词与中心词搭配的问题时也提出"非典型性"之说,但未予详细分析。

(一) 季节名——春与秋。

（1）雨余芳草净沙尘，水绿沙平一带春。（于鹄诗，3511）

（2）湖山万叠翠，门树一行春。（项斯诗，6419）

（3）好住湖堤上，长留一道春。（白居易诗，5033）

（4）雾捻烟搓一索春，年年长似染来新。（崔道融诗，8211）

（5）浪花有意千里雪，桃花无言一队春。（李煜词，10043）

（6）郢唱一声发，吴花千片春。（孟郊诗，4220）

（7）柳底花阴压露尘，醉烟轻罩一团春。（李山甫诗，7373）

（8）城头击鼓三声晓，岛外湖山一簇春。（翁洮诗，7640）

（9）太尉园林两树春，年年奔走探花人。（吴融诗，7880）

（10）金榜高悬姓字真，分明折得一枝春。（袁皓诗，6942）

（11）一架长条万朵春，嫩红深绿小窠匀。（裴说诗，8269）

（12）经声终卷晓，草色几芽春。（贾岛诗，6672）

（13）巴客青冥过岭尘，雪崖交映一川春。（张乔诗，7329）

（14）斜阳众客散，空锁一园春。（刘禹锡诗，4020）

（15）龙髯凤尾乱飔飔，带雾停风一亩秋。（李群玉《移松竹》诗，6610）

（16）江连故国无穷恨，日带残云一片秋。（赵嘏诗，6353）

（17）经启楼台千叶曙，锡含风雨一枝秋。（同上，6349）

（18）剪雨裁烟一节秋，落梅杨柳曲中愁。（张乔《笛》诗，7328）

（19）因思灵秀偶来游，碧玉寒堆万叠秋，（罗道成《游岳》诗，唐外660）

（20）峨眉山月半轮秋，影入平羌江水流。（李白诗，1726）

（21）行客语停孤店月，高人梦断一床秋。(李咸用《草虫》诗，7411)

（二）天体名——月、日及其别称。

（1）长安一片月，万户捣衣声。(李白诗，1711)

（2）高坐寂寥尘漠漠，一方明月可中庭。(刘禹锡诗，4118)

（3）一带窗间月，斜穿枕上生。(韦庄诗，8015)

（4）半夜觉来新酒醒，一条斜月到床头。(雍陶诗，5928)

（5）影疏千点月，声细万条风。(孟郊诗，4260)

（6）一潭明月万株柳，自去自来人不知。(许浑诗，6137)

（7）窗临杳霭寒千嶂，枕遍潺湲月一溪。(齐己诗，9571)

（8）一川虚月魄，万崦自芝苗。(李商隐诗，6240)

（9）孤舟移棹一江月，高阁卷帘千树风。(许浑诗，6093)

（10）一船明月一竿竹，家住五湖归去来。(罗隐诗，7531)

（11）山偷半庭月，池印一天星。(曾弼诗，唐外655)

（12）侵僧半窗月，向客满襟风。(杜荀鹤诗，7932)

（13）登楼夜坐三层月，接果春看五色花。(章碣诗，7651)

（14）西楼半床月，莫问夜如何。(许浑诗，6048)

（15）林残数枝月，发冷一梳风。(曹松诗，8225)

（16）一笛月明何处酒，满城秋色几家砧。(沈彬诗，8456)

（17）一轮湘渚月，万古独醒人。(贯休诗，9339)

（18）一钩初月临妆镜，蝉鬓凤钗慵不整。(李煜词，10046)

（19）玉宇无人双燕去，一弯新月上金枢。(花蕊夫人诗，8973)

（20）半环新月上重床。(钱弘俶诗，唐外605)

（21）一道残阳铺水中，半江瑟瑟半江红。（白居易诗，4946）

（22）朝怜一床日，暮爱一炉火。（同上，5119）

（23）一溪寒色渔收网，半树斜阳鸟傍巢。（杜荀鹤诗，7958）

（24）两岸晓霞千里草，半帆斜日一江风。（许浑诗，6121）

以下是以"轮"量"桂、清镜、寒魄"等月之别称的例子：

（25）嫦娥老大应惆怅，倚泣苍苍桂一轮。（罗隐诗，7555）

（26）数尺断蓬惭故国，一轮清镜泣流年。（同上，7542）

（27）又见去年三五夕，一轮寒魄破烟空。（齐己诗，9560）

"轮、钩、弯、环"用于月、初月、新月或其别称在第二章第十四节里曾经论及，就是说，我们承认它们已形成固定的名量搭配关系。只是这些源于修辞手法的量词始见于本期，语法化程度不太高，所以仍在此列出，以观各种称月量词的全貌。

（三）气象名——风、雨、雪、霜、露、云、霞、雾、烟、尘等。

（1）来如霹雳急，去似一团风。（敦校 1025）

（2）一队风来一队尘，万里迢迢不见人。（敦辞 535）

（3）去路三湘浪，归程一片风。（杜牧诗，6011）

（4）两岸晓霞千里草，半帆斜日一江风。（许浑诗，6121）

（5）千里帆遮馆娃寺，一川风暖采香村。（赵嘏诗，唐外492）

（6）数点石泉雨，一溪霜叶风。（唐求诗，8306）

（7）一路凉风十八里，卧乘篮舆睡中归。（白居易诗，5169）

（8）一带清风入画堂，撼真珠箔碎玎珰。（韩偓诗，7822）

（9）影疏千点月，声细万条风。（孟郊诗，4260）

（10）经年荒草侵幽迳，几树西风锁弊庐。（黄滔诗，8114）

（11）客吟孤峤月，蝉躁数枝风。（冷朝阳诗，3471）

（12）坐销三伏景，吟起数竿风。（李咸用诗《庭竹》，7400）

（13）深秋帘幕千家雨，落日楼台一笛风。（杜牧诗，5964）

（14）沈檀烟起盘红雾，一箭霜风吹绣户。（徐昌图词，10160）

（15）林残数枝月，发冷一梳风。（曹松诗，8225）

（16）二客月中下，一帆天外风。（孟郊诗，4245）

（17）一棹春风一叶舟，一纶茧缕一轻钩。（李煜词，10043）

（18）楼移庾亮千山月，树待袁宏一扇风。（罗隐诗，7536）

（19）满座马融吹笛月，一楼张翰过江风。（谭用之诗，8670）

（20）划尽寒灰始堪叹，满庭霜叶一窗风。（罗隐诗，7537）

（21）窗户几层风，清凉碧落中。（张乔《登慈恩寺塔》诗，7318）

（22）一席清风雷电疾，满碑佳句雪冰清。（罗隐诗，唐外607）

（23）一窠松风冷如冰，长伴巢由伸脚睡。（徐仲雅诗，8650）

（24）归来困顿眠红帐，一枕西风梦里寒。（花蕊夫人诗，8975）

（25）去为万骑风，住为一川肉。（懿宗朝举子诗，8849）

（26）骨瘦神清风一襟，松老霜天鹤病深。（徐仲雅诗，8650）

（27）祖龙跨海日方出，一鞭风雨万山飞。（同上）

（28）满目路岐抛似梦，一船风雨去如飞。（罗隐诗，7574）

（29）夜榜归舟望渔火，一溪风雨两岩阴。（许浑诗，6118）

（30）山簇暮云千野雨，江分秋水九条烟。（同上，6125）

（31）虹收千嶂雨，潮展半江天。（可朋诗，9612）

（32）云色鲛〔绡〕拭泪颜，一帘春雨杏花寒。（唐彦谦诗，7669）

（33）孤棹今来巴徼外，一枝烟雨思无穷。（郑谷《荔枝树》

诗，7738）

（34）万枝香雪开已遍，细雨双燕。（温庭筠词，10061）

（35）闻道郭西千树雪，欲将君去醉何如。（韩愈诗，3842）

（36）夜卷牙旗千帐雪，朝飞羽骑一河冰。（李商隐诗，6230）

（37）一林霜雪未露头，争遣藏休肯便休。（齐己诗，9593）

（38）风吹杨柳丝千缕，月照梨花雪万团。（刘兼诗，8694）

（39）衰鬓千茎雪，他乡一树花。（司空曙诗，3333）

（40）零叶翻红万树霜，玉莲开蕊暖泉香。（杜牧诗，6004）

（41）莫道少年头不白，君看潘岳几茎霜。（同上，6029）

（42）万枝朝露学潇湘，杳霭孤亭白石凉。（陈陶《竹十一首》诗，8489）

（43）万颗真珠轻触破，一团甘露软含消。（卢延让《谢杨尚书惠樱桃》诗，8212）

（44）玉峰青云十二枝，金母和云赐瑶姬。（陈陶诗，8475）

（45）将谓岭头闲得了，夕阳犹挂数枝云。（成彦雄《松》诗，8627）

（46）有时软縠盈，一穗秋云曳空阔。（吴融诗，7899）

（47）阆风游云千万朵，惊龙蹴踏飞欲堕。（皎然诗，9256）

（48）一炷玄云拔，三寻黑稍奇。（皮日休诗，7062）

（49）青城丈人何处游，玄鹤唳天云一缕。（曲龙山仙诗，9751）

（50）云一緺，玉一梭，澹澹衫儿薄薄罗。（李煜词，10043）

（51）一簇烟霞荣辱外，秋山留得傍檐楹。（李咸用诗，7415）

（52）千重碧树笼春苑，万缕红霞衬碧天。（韦庄诗，8011）

（53）一钩冷雾悬珠箔，满面西风凭玉阑。（冯延巳诗，10150）

与云、霞等相近的还有烟、尘：

（54）浪生溢浦千层雪，云起炉峰一炷烟。（来鹄诗，7357）

（55）数穗远烟凝垄上，一枝繁果忆山中。（卢纶诗，3172）

（56）数点渭川雨，一缕湘江烟。（牟融诗，5319））

（57）平阳池馆枕秦川，门锁南山一朵烟。（王建诗，3414）

（58）袅袅古堤边，青青一树烟。（雍裕之诗，5349）

（59）金堤堤上一林烟，况近清明二月天。（孙鲂诗，10018）

（60）占断瞿塘一峡烟，危峰迥出众峰前。（刘隐辞诗，唐外617）

（61）明年自此登龙后，回首荆门一路尘。（齐己诗，9566）

（62）满川碧嶂无归日，一榻红尘有泪时。（罗隐诗，7532）

（63）一骑红尘妃子笑，无人知是荔枝来。（杜牧诗，5954）

（64）去年今日到荣州，五骑红尘入郡楼。（刘兼诗，8697）

（四）无形事物——声、歌、韵、香、光、影、空、气等。

（1）一道水声多乱石，四时天色少晴云。（廉氏诗，9015）

（2）却嫌殷浩南楼夕，一带秋声入恨长。（陆龟蒙诗，7197）

（3）满楼山色供邻里，一洞松声付子孙。（李洞诗，8298）

（4）一壑暮声何怨望，数峰积势自癫狂。（罗隐诗，7536）

（5）荻花芦叶满溪流，一簇笙歌在水楼。（曹邺诗，6871）

（6）一片揭天歌吹，满目绮罗珠翠。（尹鹗词，10113）

（7）最忆阳关唱，真珠一串歌。（白居易诗，5177）

需说明的是，"歌"作为有词句、可和乐吟唱的艺术作品有其专用量词"曲",详见第二章第十三节,此处之"歌"乃指歌声。

（8）千年朽栿魍魉出,一株寒韵锵琉璃。(齐己诗,9590)

（9）那堪谢氏庭前见,一段清香染郄郎。(陆龟蒙诗,7176)

（10）昨夜月明浑似水,入门唯觉一庭香。(韦庄诗,8044)

（11）松柏楼窗楠木板,暖风吹过一团香。(花蕊夫人诗,8975)

（12）殿前供御频宣索,追入花间一阵香。(同上)

（13）桓伊曾弄柯亭笛,吹落梅花万点香。(张祜诗,唐外480)

（14）蝶醉蜂痴一簇香,绣葩红蒂堕残阳。(贯休诗,9423)

（15）画堂流水空相翳,一穗香摇曳。(孙光宪词,10138)

（16）东风恼我,才发一衿香。(全唐五代词483)

（17）犀梳金镜人何处,半枕兰香空绿云。(晁采诗后附小注,8999)

（18）可惜秋眸一饷光,汉陵走马黄尘起。(李商隐诗,6239)

（19）数间素壁初开后,一段清光入坐中。(刘禹锡诗,4062)

（20）地僻无人秋寂寂,一川红影夕阳间。(贾岛诗,唐外454)

（21）满目笙歌一段空,万般离恨总随风。(无名氏诗,8863)

（22）陇头一段气长秋,举目萧条总是愁。(杂曲歌辞,379)

（五）抽象事物——心、闲、愁、义、恩、胆、意、情、兴、疑、相思、风流、惆怅等。

（1）倘值明主得迁达,施展英雄一片心。(敦校9)

（2）收裙整髻故迟迟,两点深心各惆怅。(韩偓诗,7834)

（3）樱桃花下送君时,一寸春心逐折枝。(元稹诗,4576)

（4）卷舒莲叶终难湿,去住云心一种闲。(同上)

（5）已同庭树千株老，未负溪云一片闲。(齐己诗，9565)

（6）病身来寄宿，自扫一床闲。(贾岛诗，6667)

（7）摇落江天欲尽秋，远鸿高送一行愁。(李群玉诗，6600)

（8）云笼远岫愁千片，雨打归舟泪万行。(李煜诗，72)

（9）几时金雁传归信，剪断香魂一缕愁。(司空图诗，7265)

（10）（彩云）散作五般色，凝为一段愁。(李邕诗，1168)

（11）新妆面面下朱楼，深锁春光一院愁。(刘禹锡诗，4122)

（12）师问座主："久蕴什摩业？"对云："《涅槃经》。"师："问座主一段义，得不？"对云："得。"(祖448)

（13）能销造化几多力，不受阳和一点恩。(罗隐诗，7548)

（14）唯爱刘君一片胆，近来还敢似人无？(元稹诗，4576)

（15）问人远岫千重意，对客闲云一片情。(李山甫诗，7365)

（16）谁教一片江南兴，逐我殷勤万里来。(白居易诗，5077)

（17）今辰幸乞赐慈悲，愿决昏昏一段疑。(敦校827)

（18）春心莫共花争发，一寸相思一寸灰。(李商隐诗，6164)

（19）一点相思，万般自家甘受。(锺辐词，10071)

（20）一段风流难比，像白莲出水中。(敦辞354)

（21）欲作闲游无好伴，半江惆怅却回船。(白居易诗，4925)

（六）颜色——色、红、青、黑、白、绿、金、银等。

（1）一片池上色，孤峰云外情。(杨巨源诗，3740)

（2）处世堪惊又堪愧，一坡山色不论钱。(李洞诗，8294)

（3）一溪寒色渔收网，半树斜阳鸟傍巢。(杜荀鹤诗，7958)

（4）青青一树伤心色，曾入几人离恨中。(白居易诗，4946)

(5) 一束苍苍色，知从涧底来。(白居易《赠卖松者》诗，4770)

(6) 一床空月色，四壁秋虫声。(孟郊诗，4205)

(7) 脉脉两条秋水色，农夫贱卖古城旁。(李郢诗，唐外 516)

(8) 阵云暗塞三边黑，兵血愁天一片红。(沈彬诗，189)

(9) 要识吾家真姓字，天地南头一段红。(田达诚借宅鬼诗，9789)

(10) 三月崧少步，踟蹰红千层。(韩愈诗，3803)

(11) 一抹浓红傍脸斜，妆成不语独攀花。(罗虬诗，7626)

(12) 影转高梧月初出，簇簇金梭万缕红。(温庭筠诗，6694)

(13) 豪少居连鸡鹊东，千金使买一株红。(刘言史诗，5323)

(14) 羲和若拟动炉鞴，先铸曲江千树红。(施肩吾诗，5606)

(15) 秋阳弄光影，忽吐半林红。(许浑诗，6081)

(16) 佳人自折一枝红，把唱新词曲未终。(司空图诗，7264)

(17) 数朵殷红似春在，春愁特此系人肠。(吴融诗，7872)

(18) 借问烧丹处，桃花几遍红。(储嗣宗诗，6882)

(19) 霁来还有风流事，重染南山一遍青。(章碣诗，7651)

(20) 面南一片黑，俄起北风颠。(李群玉诗，6591)

(21) 东海一片白，列岳五点青。(白居易诗，4655)

(22) 白马披鬃练一团，今朝被绊欲行难。(平曾诗，5778)。

(23) 灼灼百朵红，戋戋五束素。(白居易诗，4676)

以上例(22)的"练"原指白色的绢，例(23)的"素"原指未染色的帛，在诗中都代表白色、原色。

(24) 一夜秋声入井桐，数枝危绿怕西风。(陆龟蒙诗，7172)

（25）露缀晚花千滴玉，菊摇寒砌一丛金。（敦校 770）

（26）陶公岂是居贫者，剩有东篱万朵金。（徐夤诗，8152）

（27）吴王宫里色偏深，一簇纤条万缕金。（牛峤诗，402）

（28）一株金染密，数亩碧鲜疏。（徐凝诗，5376）

（29）千峰笋石千株玉，万树松萝万朵银。（元稹诗，4568）

（七）其他形容词。

（1）四畔傍人总远去，从他夫妇一团新。（变文 277）

（2）新正定数随年减，浮世惟应百遍新。（方干诗，7495）

（3）气度风标合出尘，桂宫何负一枝新。（韦庄诗，8012）

（4）长说满庭花色好，一枝红是一枝空。（唐求诗，8310）

（5）数枝艳拂文君酒，半里红敧宋玉墙。（罗隐诗，7549）

（6）一株繁艳春城尽，双树慈门忍草生。（李绅诗，5484）

（7）一园红艳醉坡陀，自地连梢簇蒨罗。（韩偓诗，7794）

（8）双鬟翠霞金缕，一枝春艳浓。（温庭筠词，10062）

（9）凝情不语一枝芳，独映画帘闲立，绣衣香。（毛熙震词，10117）

（10）未有长钱求邺锦，且令裁取一团娇。（段成式诗，6769）

（11）城阴一道直，烛焰两行斜。（白居易诗，5027）

（12）一道潺湲溅暖莎，年年惆怅是春过。（罗邺《洛水》诗，7513）

下例量纸而未直接提到"纸"，却代之以"轻明"二字，"轻明"是描述优质纸张的形容词，上文诸例有"（一枝）红、（一株）繁艳"，均代替"花"，与此是同样的手法。

（13）烘焙几工成晓雪，轻明百幅叠春冰。（齐己《谢人惠纸》诗，9581）

下二例分别以"清急、泓澄"代指湍急或清澈的流水：

（14）一支清急万山来，穿竹喧飞破石苔。（崔橹《宿寿安山阴馆闻泉》诗，9997）

（15）到渭桥下，一潭泓澄，何计自达。（续玄171）

下例以"淡红香白"代指美女：

（16）肠断入城芳草路，淡红香白一群群。（韦庄诗，8040）

（八）其他

唐诗中非典型数量名结构丰富多彩，难以尽述。除以上比较集中的几类，下面再补充一些特例，当然也只能是挂一漏万。

（1）银烛尽，玉绳低，一声村落鸡。（温庭筠词，10066）

（2）两轴蚌胎骊颔耀，柱临禅室伴寒灰。（齐己诗，9542）

（3）看经竹窗边，白猿三两枝。（贯休诗，9308）

（4）两卷素书留贳酒，一柯樵斧坐看棋。（李群玉诗，6601）

（5）一笛月明何处酒，满城秋色几家砧。（沈彬诗，8456）

（6）一桁珠帘闲不卷，终日谁来？（李煜词，10046）

（7）一壶酒，一竿身，快活如侬有几人？（同上，10043）

（8）云一緺，玉一梭，澹澹衫儿薄薄罗。（同上）

（9）菊花开，菊花残，塞雁高飞人未还。一帘风月闲。（同上）

以"柯、笛、桁、帘、梭"做量词更是很少见的，"竿"量风较多，量身罕见。这些词中有的未必不合理据，如"柯"本有斧柄义，只因使用较少，才成为非典型的量词。

二、此类结构的一些特点

（一）以上各类名词所代表的事物，大多是不可或不需以数计的：无形或抽象事物及表颜色性状的形容词不可数，春秋、日月则都是独一无二的。

（二）在这类结构里同一名词可与多个量词搭配，如上文所举跟"月"搭配的为 20 个（未计"月"的别称），与"风"搭配的为 28 个，跟"春"搭配的有 14 个，跟"色"搭配的 7 个，跟"香"搭配的为 9 个，与颜色词"红"搭配的有 11 个，其中甚至包括动量词"遍"。而我们的列举远未穷尽，所以实际存在的搭配绝不止此。而且有些名词经常使用的量词并未列入，如"风、雨"都可与"阵"搭配，不属于非典型的搭配，上文未收。

（三）起用了一些特殊的量词，如"一柯樵斧"的"柯"，"一桁珠帘"的"桁"，"玉一梭"的"梭"，"一帘风月"的"帘"，"一笛风、一笛月"的"笛"等，这些原本只是一般的名词。

（四）数词常为"一、半、几、数、千、万"等，其他较为少见。

三、形成的原因

诗歌常常运用修辞手段，诗人喜欢别出心裁地用词，这是一个方面。同时诗歌的造句多与散文不同，主要是近体诗对格律、对仗等的要求，使其句法与散文的距离加大，产生较多的省略和错位等。蒋绍愚（1990，第三章）对此所论甚详。受这种句法的影响，产生了大量的"非典型数量名结构"。

（一）修辞手法的运用

诗歌常把一些无形或抽象的事物形象化。如"春"本来只是一个季节名,用量植物的"朵、树、枝"来量之,春便活起来了,"万朵/两树/一枝春"是多么生机盎然!春本无形,"一行/一带/一道/一队春"可见花草树木连绵不绝,"一簇/一团/一片/一川春"的搭配更表明诗人笔下的春色花团锦簇,无所不在。

颜色词"红、青"即"变红、变青"的动态过程,用"度、回"称量更合逻辑,是普通的用法,而用"遍"称量这一过程则能突出、渲染其所含的周遍义。我们不妨比较一下:于武陵诗"浮世若浮云,千回故复新"(6890)只是表现周而复始的新旧交替,上举方干诗"浮世惟应百遍新"除言次数多,还带有整个世界万象更新的意思。寒山诗"不及河边树,年年一度青"(9073)重在强调"每年一次",章碣诗"重染南山一遍青"则重在描写整座山峰郁郁葱葱。可见内容相似的诗句,所用量词不同,语义重点也不同,量词的烘托作用有不可替代之功。"愁"本来无形迹,但加上"一行"或"一缕"仿佛使人感到它的悠远或缠绵无尽。

比喻还造成许多独特的搭配,如以"秋水"喻眼,故量词用"双";"寒魄、清镜"喻月,故量词用"轮";以"香雪"喻繁花,故以"万枝"称量;"青螺"喻依稀可见的湖中远山,故以"点"量之;把"红腮"比作花,故用"朵"量之;以"蚌胎"喻内容精粹的著作,故以"轴"量之,等等。白诗"何郎小妓歌喉好,严老呼为一串珠"(5152)以珠喻歌喉,"一串珠"还是常见的搭配,同是白诗"最忆阳关唱,真珠一串歌"(5177)就成为非典型数量名搭配了。二诗对照还可看出这类结构在诗歌里是怎样形成的。此外本书谈个体量词的有关章节也涉及了修辞。如第二章第二节解释"竿"为何可以用于量"身、风、饵"时，详细分析了其中的理据，在此不重复。

关于景物名做量词的修辞作用，可参见第六章第三节。

（二）诗句的错位和省略

"'错位'中最常见的是倒置。"（蒋绍愚 1990：203）白诗"城阴一道直，烛焰两行斜"（5027）即属倒置，本义"一道城阴直，两行烛焰斜"。又如李端诗"后夜相思处，中庭月一方"（3235），本义为"……一方中庭里洒满月光"。

造成错位的原因还有节奏，如张祜诗"吹落梅花万点香"（唐外 480），按本义"万点"应是说明"梅花"的，"梅花万点"是一个名数量结构。由于诗句"四三"的节奏，变成了"万点香"。还有"林残数枝月"（曹松诗，8225），"数枝"意义上是与"林"相联系的，由于"二三"的节奏，却形成了"数枝月"。另一例含动量词，"花逢几遍（一作世、一作番、一作度）人"（卢纶诗，3170），这里既有倒置，也有节律的关系，字面的意思是"花是几遍（／世／番／度）遇到诗人了呢？"，实际的意思则是"诗人（我）几遍（／世／番／度）遇到（此处的）花了呢？"。由于四三的节律，"遍、世、番、度"都处于称人量词的位置。

省略也是诗歌常见手法。"骑"本是量马或马与骑手的量词，但诗中常以之量尘，如上文一（三）例（63）"一骑红尘"实为"由一骑飞奔的马带起的褐色烟尘"，诗句省略了许多。"红尘"本不是"骑"的称量对象，用得多了，也许还有名句魅力的影响和人们对诗歌特殊节奏的宽容与认知，给"一骑红尘"之类不合逻辑的结合赋予了合法性。省略之例还有温庭筠词"一声村落鸡"（10066），"鸡"实为"鸡啼"之省；同理李群玉诗"湘雁两三声"（6594）也省略了动词"啼叫"，将鸟名与实为动量词的"两三声"联系起来，成为惯用形式，此后诗歌里"孤雁两三声、秋虫一声"等都极为习见。又如上文一（三）例（44）陈陶诗题为《巫山高》，"玉峰青云十二枝"的"青云"一作"翠耸"，故本义是"直入青云的玉峰十二座"，以"枝"量之，既有比喻之义，又有省略，才形成"青云十二枝"的搭配，这些在散文中都是不会有的。

（三）类推

以"点"为例，名词"点"本义黑点、痕迹，作为量词先是量颜色，后推及其他点状物，早在南朝就有"可怜数行雁，点点远空排"（庾信《晚秋》）。及至后来原本跟"点"状毫不相似的山峰、孤帆、旗帜等远看很小的东西也都可用"点"了，如"秋色墙头数点山"（刘禹锡诗，4053）、"数点渔帆落暮汀"（吴融诗，7851）、"山寒一点旗"（张祜诗，5824）等，再发展下去，又可称量少量的事物，包括抽象概念，如"一点相思、一点恩"等，详见第二章第十九节。

（四）用典及其他

一些本不相干的事物被众人熟悉的典故联系起来，于是用于甲物的量词便可量乙物，如"桂一轮"（罗隐诗，7555）用月桂之典，"灵台一点"（周昙诗，8359）用《庄子·庚桑楚》"万恶不可内于灵台"句之典，等等。另《朝野佥载》卷五记有一则童谣"一片火，两片火，绯衣小儿当殿坐"是为拆字，暗指裴炎的"炎"字，这是比较少见的。

四、一点启示

量词多数来自名词，用作量词原本就常与其形象有关，而当量词义占据一词的主要义项后,其他义项,包括较为形象的意义便逐渐弱化,这就是量词的语法化。如"颗"《说文》释为"小头",后多指小而圆的粒状物,魏晋以来用作量词且使用率很高,至现代已成为意义单纯的量词,在《现代汉语词典》里只有这一个义项,多数人浑然不知其"小头"的本义。

"非典型数量名结构"的特点在于量名搭配不习见,其实新兴量词开始出现时,它跟名词的搭配大多经历了由不习见到习见的过程。如"片",《说文》释为"判木",本义破开,引申为切开的薄片,做量词最接近原义"判物"的如《后汉书·高士列传》"自买猪肝一片",其后又可用于天然的薄片,如树叶之类。人心本不能切割,而王昌龄诗"洛阳亲友如相问,一片冰心在玉壶"(1448)的名句却使以"片"量心的功能广为人知。与王昌龄同时代且更知名的李白也有"平生一片心"(1666)、"别欲论交一片心"(1753)之句。谁是首创不重要,要之这种用法确是本期形成,并从此与"心、心意"等搭配,成了量词"片"的正式功能,历代不绝,并载入了《现代汉语词典》。又如"一轮月""一弯/一钩新月"借量词描写月的形象,现代都已习见,而这种用法很多是从唐代诗歌肇端的。

许多"数量名"结构从非典型转化为典型、从诗人独出心裁的修辞用法变为正常的用法,从而丰富了量词的数量、功能,并促进了量词词义的发展。

引用书目及简称

书名（简称）	作 者	出版者	出版时间
敦煌变文校注（敦校）	黄征、张涌泉校注	中华书局	1997
敦煌文学作品选（敦文）	周绍良主编	中华书局	1987
敦煌歌辞总编（敦辞）	任半塘编著	上海古籍出版社	1987
敦煌变文集（变文）	王重民等编	人民文学出版社	1984
敦煌吐鲁番文书中之量词研究（敦煌文书A）	洪艺芳著	文津出版社（台湾）	2000
敦煌社会经济文书中之量词研究（敦煌文书B）	洪艺芳著	文津出版社（台湾）	2004
敦煌变文12种语法研究（敦变12种）	吴福祥著	河南大学出版社	2004
敦煌愿文集（敦愿）	黄征、吴伟编校	岳麓书社	1995
祖堂集校注（祖）	张美兰著	商务印书馆	2009
近代汉语语法资料汇编唐五代卷（近代）	刘坚、蒋绍愚主编	商务印书馆	1995
六祖坛经（六祖）	杨曾文校写	宗教文化出版社	2001
大唐西域记校注（西域）	季羡林等校注	中华书局	2000
中国佛教思想资料选编（佛资）	石峻等编	中华书局	1983
法门寺志（法）	李发良著	陕西人民出版社	2000
唐代文献丛考（唐文献）	万斯年辑译	商务印书馆	1957
全唐诗（只写作者名、页码）	清·彭定求等编校	中华书局	1992
全唐诗外编（唐外）	王重民等辑录	中华书局	1982
全唐诗补编（唐补）	陈尚君辑校	中华书局	1992

（续表）

书名（简称）	作　者	出版者	出版时间
唐诗别裁集（别裁）	清·沈德潜编	中华书局	1975
全唐五代词（唐五代词）	张章，黄余编	上海古籍出版社	1986
王梵志诗校辑（王诗校辑）	唐·王梵志著，张锡厚校辑	中华书局	1983
古谣谚（谣）	杜文澜辑	中华书局	1958
唐六典	唐·陆坚等编	中华书局	1992
酉阳杂俎（酉）	唐·段成式撰	中华书局	1981
朝野佥载（朝）	唐·张鷟撰	中华书局	1997
隋唐嘉话（隋唐）	唐·刘餗撰	中华书局	1997
大唐新语（大唐）	唐·刘肃撰	中华书局	1984
明皇杂录（明）	唐·郑处诲撰	中华书局	1994
东观奏记（东）	唐·裴庭裕撰	中华书局	1994
博异志（博）	唐·谷神子撰	中华书局	1980
集异记（集）	唐·薛用弱撰	中华书局	1980
玄怪录（玄）	唐·牛僧如撰	中华书局	2006
续玄怪录（续玄）	唐·李复言撰	中华书局	2006
封氏闻见记校注（封）	赵贞信校注	中华书局	2005
羯鼓录（羯）	唐·南卓撰	中华书局	1958
乐府杂录（乐）	唐·段安节撰	中华书局	1958
独异志（独）	唐·李冗	中华书局	1983
宣室志（宣）	唐·张读撰	中华书局	1983
冥报记（冥）	唐·唐临	中华书局	1992
广异记（广）	唐·戴孚	中华书局	1992
唐摭言（摭）	五代·王定保撰	上海古籍出版社	1978
因话录（因）	唐·赵璘撰	上海古籍出版社	1978

（续表）

书名（简称）	作 者	出版者	出版时间
唐五代笔记小说大观（大观）	丁如明等点校	上海古籍出版社	2000
唐国史补（国史）	唐·李肇撰	上海古籍出版社	1979
韩昌黎文集校注（韩集）	清·马其昶校注	上海古籍出版社	1986
白居易集（白集）	唐·白居易著，顾学颉校点	中华书局	1979
唐宋传奇选（传）	张友鹤选注	人民文学出版社	1982
十三经注疏（十三经）	清·阮元校刻	中华书局	1980

主要参考文献

专著、论文集

曹广顺　1995　近代汉语助词，语文出版社。
陈梦家　1988　殷墟卜辞综述，中华书局。
陈望道等　1987　中国文法革新论丛，商务印书馆。
戴庆厦　2004　双语学研究（第二辑），民族出版社。
丁声树等　1961　现代汉语语法讲话，商务印书馆。
方一新、王云路　1993　中古汉语读本，吉林教育出版社。
冯春田　2000　近代汉语语法研究，山东教育出版社。
冯胜利　2000　汉语韵律句法学，上海教育出版社。
高名凯　1986　汉语语法论，商务印书馆。
郭绍虞　1979　汉语语法修辞新探，商务印书馆。
郭锡良　2005　汉语史论集，商务印书馆。
何乐士　2000　古汉语语法研究论文集，商务印书馆。
何乐士　2005　《史记》语法特点研究，商务印书馆。
洪艺芳　2000　敦煌吐鲁番文书中之量词研究，（台湾）文津出版社。
洪艺芳　2004　敦煌社会经济文书中之量词研究，（台湾）文津出版社。
胡　附　1984　数词和量词，上海教育出版社。
黄征、张涌泉　1997　敦煌变文校注，中华书局。
蒋冀骋、吴福祥　1997　近代汉语纲要，湖南教育出版社。
蒋绍愚　1990　唐诗语言研究，中州古籍出版社。
蒋绍愚　1994　蒋绍愚自选集，河南教育出版社。
金桂桃　2007　宋元明清动量词研究，武汉大学出版社。
黎锦熙　1992　新著国语文法（《汉语语法丛书》重印本），商务印书馆。

黎锦熙、刘世儒　1978　论现代汉语中的量词，商务印书馆。
李锦芳等　2005　汉藏语系量词研究，中央民族大学出版社。
李宇明　2000　汉语量范畴研究，华中师范大学出版社。
刘世儒　1965　魏晋南北朝量词研究，中华书局。
刘子瑜　2008　《朱子语类》述补结构研究，商务印书馆。
柳士镇　1992　魏晋南北朝历史语法，南京大学出版社。
吕叔湘　1979　汉语语法分析问题，商务印书馆。
吕叔湘　1982　中国文法要略，商务印书馆。
吕叔湘　1985　近代汉语指代词，学林出版社。
吕叔湘　1999　汉语语法论文集，商务印书馆。
吕叔湘、王海棻　1986　马氏文通读本，上海教育出版社。
〔美〕罗杰瑞　1995　汉语概说（张惠英译），语文出版社。
马建中　1983　马氏文通，商务印书馆。
潘允中　1982　汉语语法史概要，中州书画社。
丘光明、邱隆、杨平　2001　中国科学技术史·度量衡卷，科学出版社。
邵敬敏　2000　汉语语法的立体研究，商务印书馆。
邵荣芬　1979　汉语语音史讲话，天津人民出版社。
孙锡信　1992　汉语历史语法要略，复旦大学出版社。
〔日〕太田辰夫　2003　中国语历史文法（蒋绍愚、徐昌华修订译本），北京大学出版社。
汪维辉　2000　东汉—隋常用词演变研究，南京大学出版社。
汪维辉　2007　《齐民要术》词汇语法研究，上海教育出版社。
王　力　1980　汉语史稿（新1版），中华书局。
王　力　1984　词类，上海教育出版社。
王　力　1984　王力文集（第1卷），山东教育出版社。
王　力　1985　中国现代语法，商务印书馆。
王　力　1990　王力文集（第11卷），山东教育出版社。

魏德胜　2000　《睡虎地秦墓竹简》语法研究，首都师范大学出版社。
吴福祥　2004　敦煌变文12种语法研究，河南大学出版社。
向　熹　1993　简明汉语史（上、下），高等教育出版社。
徐　丹等　2010　量与复数的研究——中国境内语言的跨时空考察，商务印书馆。
杨逢彬　2003　殷墟甲骨刻辞词类研究，花城出版社。
杨建国　1993　近代汉语引论，黄山书社。
姚振武　2015　上古汉语语法史，上海古籍出版社。
张　赪　2012　类型学视野的汉语名量词演变史，北京大学出版社。
张美兰　2001　近代汉语语言研究，天津教育出版社。
张振德等　1995　《世说新语》语言研究，巴蜀书社。
赵元任　1979　汉语口语语法，商务印书馆。
〔日〕志村良治　1984　中国中世语法史研究（江蓝生、白维国译，1995），中华书局。
周祖谟　1966　问学集，中华书局。
朱德熙　1982　语法讲义，商务印书馆。

工具书

北京语言学院语言教学研究所　1986　现代汉语频率词典，北京语言学院出版社。
曹先擢、苏培成　1999　汉字形义分析字典，北京大学出版社。
〔日〕大岛吉郎　1998　容与堂本《水浒传》语汇索引，（日本）近代汉语研究会。
丁福保　1922　佛学大辞典，山海书店（1991年影印）。
郭先珍　2002　现代汉语量词用法词典，语文出版社。
江蓝生、曹广顺　1997　唐五代语言词典，上海教育出版社。
蒋礼鸿　1981　敦煌变文字义通释，上海古籍出版社。

蒋礼鸿　　1994　敦煌文献语言词典，杭州大学出版社。
李　波等　1997　《十三经》新索引，中国广播电视出版社。
李崇兴等　1998　元语言词典，中国广播电视出版社。
李　荣等　1997　上海方言词典，江苏教育出版社。
吕叔湘等　2000　现代汉语八百词，商务印书馆。
任继愈等　1985　宗教词典，上海辞书出版社。
王　还等　1985　汉语词汇的统计与分析，外语教学与研究出版社。
王　力等　2000　王力古汉语字典，中华书局。
王　锳、曾明德　1991　诗词曲语辞集释，语文出版社。
袁　宾等　1997　宋语言词典，上海教育出版社。
张万起　1993　《世说新语》词典，商务印书馆。
张　相　1958　诗词曲语辞汇释，中华书局。
周定一、钟兆华、白维国　1995　红楼梦语言词典，商务印书馆。

论文

安丰存、程工　2011　汉语量词形态句法属性研究，《汉语学习》第 2 期。
〔法〕贝罗贝　1998　上古、中古汉语量词的历史发展，《语言学论丛》第二十一辑。
毕永峨　2007　不定量词词义与构成的互动，《中国语文》第 6 期。
曹广顺　1994　说助词"个"，《古汉语研究》第 4 期。
陈玉冬　1998　隋唐五代量词的语义特征，《古汉语研究》第 2 期。
陈玉洁　2007　量名结构与量词的定语标记功能，《中国语文》第 6 期。
陈治文　1964　近指指示词"这"的来源，《中国语文》第 6 期。
褚福侠　2009　从名量式复音词看量词的词尾化进程，《语言文字修辞》第 3 期。
戴庆厦、蒋颖　2004　萌芽期量词的类型学特征——景颇语量词的个案研究，载《汉藏语系量词研究》，中央民族大学出版社。

戴庆厦、蒋颖　2005　论藏缅语的反响型名量词,《中央民族大学学报》(哲学社会科学版)第 2 期。
戴庆厦、蒋颖　2006　从词源关系看藏缅语名量词演变的历史层次,《语言学论丛》第三十四辑。
董为光　2003　量词义语义源流三则,《中国语文》第 5 期。
董秀芳　2013　从现代汉语个体量词的名性特征看其内部差异,《世界汉语教学》第 1 期。
董志翘　2010　关于汉语中的名量式复合词,《汉语学报》第 2 期。
董志翘　2011　汉语"名量"式复合词的几个相关问题,《东南大学学报》(哲学社会科学版)第 13 卷第 3 期。
范崇峰　2007　词语训释二则(之一)——谈敦煌卷子中的量词"掘",《中国语文》第 2 期。
范崇峰　2009　敦煌医方量词两则,《中国语文》第 5 期。
范崇高　2003　名量词"人"示例,《中国语文》第 3 期。
方环海、沈玲　2016　西方汉学视域下汉语量词的性质与特征,《语言教学与研究》第 3 期。
傅铭第　1965　关于动量词"匝"和"周",《中国语文》第 1 期。
郭攀　2001　古汉语"数(量)·名"二语序形式二论,《古汉语研究》第 3 期。
何九盈　1994　商代复辅音声母,载《第一届国际先秦汉语语法研讨会论文集》,岳麓书社。
洪诚　1963　略论量词"个"的语源及其在唐以前的发展情况,《南京大学学报》(人文学科)第 2 期。
洪诚　1964　王力《汉语史稿》语法部分商榷,《中国语文》第 3 期。
华学诚　2008　两汉之交文学语言中的名量词——基于扬雄作品用例的研究,《民俗典籍文字研究》第五辑。
黄高宪　1982　《诗经》数词量词的用法及特点,《福建论坛》第 1 期。

黄盛璋　1961　两汉时代的量词,《中国语文》8月号。
黄载君　1964　从甲文、金文量词的应用,考察汉语量词的起源与发展,《中国语文》第6期。
江蓝生　1999　处所词的领格用法与结构助词"底"的由来,《中国语文》第2期。
金福芬、陈国华　2002　汉语量词的语法化,《清华大学学报》(社科版)增1期。
〔韩〕金海月　2006　"之"字结构对汉语量词语法化的影响,《中国学研究》第38辑,(韩国)中国学研究会。
李计伟　2011　论"名+量"式双音词的形成与结构,《语言学论丛》第四十四辑。
李建平　2011　动量词"行"产生的时代及其来源,《中国语文》第2期。
李丽云　2009　汉语名量式合成词的结构及其界定标准,《河北师范大学学报》(哲学社会科学版)第32卷第5期。
李　讷、石毓智　1998　句子中心动词及其宾语之后谓词性成分的变迁与量词语法化的动因,《语言研究》第1期。
李　讷、石毓智　1998　汉语发展史上结构助词的兴替——论"的"的语法化历程,《中国社会科学》第6期。
李若晖　2000　殷代量词初探,《古汉语研究》第2期。
李先银　2009　汉语个体量词产生过程构拟,《韩中言语文化研究》第21辑。
李宇明　1998　量词与数词、名词的扭结,第6次青年现代汉语语法研讨会论文。
李宇明　2000　拷贝型量词及其在汉藏语系量词发展中的地位,《中国语文》第1期。
李曰辉　1982　《敦煌变文集》量词重叠的语法分析,《延边大学学报》第4期。
李宗江　2002　关于语法化的并存原则,《语言研究》第4期。

梁晓虹　1998　禅宗典籍中"子"的用法,《古汉语研究》第2期。
廖名春　1990　吐鲁番出土文书新兴量词考,《敦煌研究》第2期。
刘　洁　2004　《齐民要术》词汇研究,北京大学博士论文。
麻爱民　2010　汉语个体量词研究中的语料使用问题,《中国语文》第2期。
孟繁杰　2009　量词"条"的产生及其发展演变,《宁夏大学学报》第1期。
孟繁杰、李如龙　2010　量词"张"的产生及其历史演变,《中国语文》第5期。
亓文香　2005　从《世说新语》、《搜神记》等看魏晋南北朝物量表示法,山东大学硕士论文。
亓文香　2006　从《世说新语》、《搜神记》等看魏晋南北朝物量表示法——对刘世儒、王绍新先生相关研究的一点异议,《上饶师范学院学报》4月号。
邵敬敏　1996　动量词的语义分析及其与动词的选择关系,《中国语文》第2期。
沈家煊　1994　"语法化"研究纵观,《外语教学与研究》第4期。
史文磊　2008　汉语中真的存在量词"掘"吗?,《中国语文》第3期。
宋丽萍　2006　数量名结构语序及其分布的类型学考察,《语言学论丛》第三十四辑。
宋玉柱　1980　关于量词重叠的语法意义,《浙江师范学院学报》第1期。
苏　旸　2001　量词加词尾五代已见,《中国语文》第1期。
孙宏开　1988　藏缅语量词用法比较——兼论量词发展的阶段层次,《中国语言学报》第3期。
孙银新　1996　现代汉语的数名结构,《吉林大学学报》第4期。
唐钰明　1990　古汉语动量表示法探源,《古汉语研究》第1期。
唐钰明　1999　汉简中的动量词"下"和序数词"第",中国语言学会第十届年会(福州)论文。
王贵元　2002　战国竹简遣策的物量表示法与量词,《古汉语研究》第3期。
王建军　2008　敦煌社邑文书中的特殊量词,《中国语言学报》第13期。

王　宁　1996　汉语的模糊量词及其意义容量，载《训诂学原理》，中国国际广播出版社。
王启涛　2003　量词加词尾不晚于唐代，《中国语文》第5期。
王松木　1999　试论《吐鲁番出土文书》的量词及其所展现的物质文明，《敦煌学》第二十二辑。
王新华　1994　敦煌变文中量词使用的几个特例，《中国语文》第4期。
王毅力　2011　动量词"顿"的产生及其发展，《语言研究》第3期。
魏德胜　2000　《敦煌汉简》中的量词，《古汉语研究》第2期。
吴福祥　2007　魏晋南北朝时期汉语名量词范畴的语法化程度，载《语法化与语法研究》，商务印书馆。
吴福祥等　2006　汉语"数+量+名"格式的来源，《中国语文》第5期。
徐　丹、傅京起　2011　量词及其类型学考察，《语言科学》第10卷第6期。
杨德峰　1996　量词前数词"一"的隐现问题，载《中国对外汉语教学学会第五次学术讨论会论文选》，北京语言学院出版社。
杨晓敏　1990　先秦量词及其形成与演变，载《王力先生纪念论文集》，商务印书馆。
杨永龙　2011　从"形+数量"到"数量+形"——汉语空间量构式的历时变化，《中国语文》第6期。
姚振武　2008　《汉语"数+量+名"格式的来源》读后，《中国语文》第3期。
姚振武　2009　上古汉语个体量词和"数+量+名"结构的发展以及相关问题，《中国语言学》第二辑。
姚振武　2010　上古汉语名量词称量特征初探，载《量与复数的研究》，商务印书馆。
叶松华　2006　《祖堂集》量词研究，上海师大人文与传播学院硕士论文。
殷国光　1998　《吕氏春秋》词类研究概说，载《古汉语语法论集》，语文出版社。
游汝杰　1985　汉语量词"个"语源辨析，《语文研究》第4期。

游顺钊　1988　从认知角度探讨上古汉语名量词的起源,《中国语文》第 5 期。
曾仲珊　1981　《睡虎地秦墓竹简》中的数词和量词,《求索》第 2 期。
张　赪　2009　论汉语数量短语与中心名词语序的演变,《中国语言学》第二辑。
张　赪　2012　汉语通用量词的发展与汉语量词范畴的确立,Journal of Chinese Linguistics, Vol.40, No.2.
张　军　2005　量词与汉藏语名词的数量范畴,载《汉藏语系量词研究》,中央民族大学出版社。
张丽君　1998　《五十二病方》物量词举隅,《古汉语研究》第 1 期。
张世禄　1987　因文法问题谈到文言白话的分界,载《中国文法革新论丛》,商务印书馆。
张万起　1991　论现代汉语中的量词并用现象,载《纪念王力先生九十诞辰文集》,山东教育出版社。
张万起　1998　量词"枚"的产生及其历史演变,《中国语文》第 3 期。
张万起　2006　一量对多名和名词对量词的选择问题,《中国语言学报》第 12 期。
张延俊　2002　也论汉语"数·量·名"形式的产生,《古汉语研究》第 2 期。
张永言　1989　汉语外来词杂谈,《语言教学与研究》第 2 期。
赵中方　1991　唐五代个体量词的发展,《扬州师院学报》第 4 期。
赵中方　1992　唐五代宋元集体量词的发展,《南京大学学报》第 4 期。
庄正容　1980　《世说新语》中的称数法,《中国语文》第 3 期。
宗守云　2011　量词范畴化的途径和动力,《上海师范大学学报》(哲学社会科学版)第 3 期。
宗守云　2014　量词的范畴化功能及其等级序列,《上海师范大学学报》(哲学社会科学版)第 1 期。

量词索引

A

			745		359		741
		本	75		441	出	276
			246	常	583		745
岸	637	畚	614	场	358	厨	615
案	632	笔	747		407	杵	747
盐	623	壁	636		721	处	193
厫	633	编	228	抄	588	川	641
		鞭	747	车	630	船	631
## B		遍	659	铛	628	椽	181
把	288	鬓	647	成	390	串	465
	559	柄	223	乘	199	窗	643
拜	712	饼	325		580	床	162
般	478	(併)	325	程	560		477
	745	钵〔盂〕	833	盛	604		633
伴	683	箔	630	秤	574	幢	152
瓣	225	步	566	池	641	瓷瓶	833
榜	438		576	匙	626	次	681
棒	746		752	尺	562	丛	441
抱	556	部	230	重	105		441
杯	618		441		165	(簇)	141
辈	66				198		444
	105	## C			366	(攒)	444
	128	餐	169		401	簇	141
	441	层	105		441		441

		444		366		412	分	385
村		644	叠	279	墩	450		563
寸		563		363	顿	175		573
撮		559	（叠）	625		407	封	66
		589	丁	139		716		234
			町	580	朵	94	峰	638
	D		顶	161	驮	63	缶	606
搭		341	鼎	627		477	扶	586
代		438	锭	104		569	服	174
带		313		602	垛	337	幅	210
袋		617	洞	639			幞	618
担		570	斗	567		**F**	襆	617
笪		623	豆	587	番	105	斧	748
瓱		608		591		141	釜	628
刀		748	堵	182		175	副	470
刀圭		834	度	580		394		
舠		631		700		441		**G**
道		246	端	349		669	竿	87
		301		564	（翻）	394		559
等		494	段	367		669	缸	607
滴		324	（断）	367	（反）	691	篙	559
（蒂）		105	堆	448	返	691	合	569
蒂		105	（塠）	448	方	338	个	514
点		327	队	66		569	（個）	514
		655		431	房	105	（箇）	514
调		274	对	66		141	根	70
楪		625		141		428	宫	643
牒		218		165	筐	614	拱	557

量词索引

钩	285	锾	601	江	639	句	265
谷	638	镮	601	角	66	具	292
股	384	回	692		175		473
管	222	会	435		219	炬	291
贯	469	镬	628		246	聚	446
			595	脚	647	卷	258
罐	609	**J**			750	撅	373
捆	743	积	447	觉	728	绝	264
裹	616	基	186	窖	634	橛	373
过	667	级	499	阶	501	爵	619
		笈	612	街	645	钧	590
H		剂	174	节	105		
		偈	268		373	**K**	
函	237	骑	57		575	龛	153
	618	家	420	结	300		635
行	141	架	179		461	栲栳	833
	441		633	桀	186	柯	224
	461	间	176	截	371	科	79
毫	585		745	介	140	窠	66
合	228	缄	236	斤	570		81
	615	械	610	衿	648	榼	620
	715	茧	294	襟	647	颗	105
壑	638	件	165	茎	83		315
泓	641		246	井	635	坑	634
壶	625		352	颈	647	口	66
斛	569	剑	748	径	645		115
湖	640	箭	559	掬	554		751
户	423		749	局	278	窟	635
环	283						

库	633				415	M		旁箕	834
块	335				570			盆	605
筐	612	（辆）		165	脉	280	朋	437
梜	608			415	枚	505	坯	340
篑	612	料		167	眉	647	匹	52
		列		440	门	426		564
L		林		105		504	篇	251
栏	644			639	面	214	片	376
（阑）	644	岭		638		648	瓢	623
絫	571	领		153		745	品	496
类	490	绺		300		752	瓶	607
厘	585			461	缗	597	坡	638
篱	644	笼		611	名	138	泊	640
礼	156	（陇）		579	抹	343	抔	553
里	563	垄		579	亩	577	（坏）	553
粒	175	楼		643			掊	554
	318	炉		629	N		铺	149
	566	脔		175	囊	616		269
缣	575			336	捻	555	浦	640
联	66	纶		298	弄	276		
	263	轮		205	搦	556	Q	
	417			280			畦	578
两	165	（罗）		614	O		器	604
	202	箩		614	区	587	千	599
	415	络[子]		298	瓯	624	钱	572
	570			461			枪	748
（辆）	202	落		434	P		腔	60
（量）	165	缕		294	派	642	（羫）	60
					盘	624		

量词索引

锹	632		626	艘	204	庭	642
篋	609	（杓）	626	穗	456	（停）	391
顷	577	身	140	所	188	（挺）	101
丘	638		147	索	461	梃	101
区	186		647	索[子]	467	（铤）	101
躯	141	升	567	**T**		通	165
渠	644	声	753				246
绚	299	笙	292	塔	153		398
曲	269	胜	568		636		679
	745	石	566	榻	632	桶	613
拳	340	事	165	踏	342	筒	613
	751		344	滩	640	（箇）	613
阕	275	首	66	坛	436	头	44
困	634		153		608		358
群	66		205	潭	641	突	579
	417		246	塘	641	团	141
R		黍	572	蹄	62		286
		束	453	天	637		335
人	106	树	71	条	105		441
仞	584	竖柜	833		306		450
S		双	66	帖	172	屯	575
			105	（贴）	172	囤	634
色	502		140	铁棒	750	**W**	
山	638		165	铁跻	750		
扇	184		408	铁杖	750	弯	285
	392	硕	567	汀	640	湾	641
舫	620	丝	297	（廷）	101	丸	175
勺	590		585	亭	391		322

(埦)	621	箱	609	貤	366	杖	749
碗	621	甏	621	镒	590	帐	433
畹	591	巷	645	引	440	嶂	638
围	557	些	649	由旬	565	阵	407
	745	星	286		835		736
尾	65		294	盂	622	支	105
位	136	行	711	庚	586		382
味	165	袖	647	园	644	只	39
硙	632	轩	643	员	121		205
文	592	绚	575	缘	160	卮	620
瓮	606	穴	639	苑	644	枝	89
握	552	寻	583	院	197		392
屋	633	巡	739		441	纸	240
瓠	608				645	指	551
						咫	586
			Y			帙	239
	X	(延)	170		Z	钟	587
息	744	岩	639	匪	684		619
溪	640	(莚)	170	藏	245	种	485
席	170	筵	141	遭	726		745
	559		170	则	356	众	125
袭	158		441		745	周	689
	198	檐	643	簪	630	轴	175
	366	眼	279	扎	552		243
匣	610	样	492	盏	226	肘	551
峡	639	腰	156		627	株	66
下	674	药匕	833	张	206	铢	571
线	315	野	637	章	254	柱	643
	468	叶	97	丈	562		

灶	457	子	459	镞	747	（樽）	143
箣	627	字	574	尊	143		627
转	731	缞	301		627	座	145
壮	720		461				

后　记

　　我的本职工作是对外汉语教学，汉语史只是业余爱好。多年前我在论文集《课余丛稿》的后记中曾自嘲从事这项研究像是没有戏班的票友，自拉自唱，甘苦自知。1998年退休后应该有了充裕的时间，但先是陷入《汉语教与学词典》的编写四五年之久，继而反复患病手术，自己最倾心的专题却一拖再拖，成了烂尾楼。

　　如今这座小楼终于封顶了。在本书即将付梓之际，回想起漫长的写作过程不禁感慨系之。1958年，我们北大中文系56级语言班曾发愿要编出一部"全新的"《汉语发展史》，甚至已请郭沫若先生写好了书名。由于种种原因，后来只出了油印的四册初稿。已故先辈张清常教授曾对我说，可惜你们的书没有正式出版，否则也算一家之言。20世纪70年代末，我和程湘清、何乐士等重又聚首，想完成自己的夙愿。那时我们已人到中年，深知原来的想法和书稿都有幼稚和不切实际之处。张先生的话是对一群初生牛犊的宽容和鼓励，如果再做，必须有新的高度和水平。我们不图功利，不畏艰难，只为一个青春时代难以割舍的梦。我们没有项目经费，没人布置任务，只有相互的理解和激励。由于各有专职，工作繁重，于是决定把目标定为编写汉语史断代研究丛书。我的第一篇有关本书课题的论文《唐代诗文小说中名量词的运用》写定于1990年，就是发表在丛书的第四册《隋唐五代汉语研究》里。从90年代起，我又陆续发表了围绕这个题目的论文十来篇。其中《从唐诗中的场、遭、觉、回、度看唐代动量词的发展》

《隋唐五代的动量词》《隋唐五代的一组称人名量词》《隋唐五代的事类名量词》《谈汉语史上的量词语法化问题》分别为参加第二至第六届国际古汉语语法研讨会的论文；《试论"人"的量词属性》《量词"个"在唐代前后的发展》分别发表于《中国语文》及《语言教学与研究》杂志。这些论文得到不少同行的关注，并建议将其整合成书。这启发、鼓励了我，才开始认真考虑编书之事。

在写作过程中，给我帮助的人太多太多，在此要表达对他们的衷心感激之情。

1990年8月，业师朱德熙先生在第三届国际汉语教学讨论会期间，认真告诫北京语言学院时任的领导："对外汉语教师应该把视野放宽。"他指着在座的我说："像王绍新做汉语史研究就很好嘛。"当时，我校教师做现代汉语和教学法之外的题目是否"不务正业"尚有争议，先生的话给我的支持何等可贵！

此后得到了更多同辈和年轻同行的帮助。我的同窗兼同事、邻居彭庆生对唐诗研究造诣很深。我的书里用了不少唐诗的材料，常常向他请教诗歌特殊句法的理解问题，我随便写个小条给他，他就会用因病发颤的手写上一大段。热心赠送图书、提供资料和咨询意见的还有民族大学戴庆厦教授、台湾同行洪艺芳女士、我的同窗李延祜、齐裕焜、蒋绍愚、孙锡信。年轻同行有梁晓虹、刘子瑜、卢烈红、汪维辉、王云路、魏德胜、吴福祥、杨逢彬、姚振武、张赪、张美兰等。这里有个有趣的巧合，为了考察计量单位词，需要一些科技史的资料。有两位年龄、性别不同却都名为"杨平"的朋友赠送或借出了自己珍藏的有关著作。在电脑技术方面本校的胡翔、郑艳群老师做了许多费时费力而我自己又不能胜任的工作。我从教几十年，没有教过一个中国学生，"桃李"真的飞到"满天下"去了。清华大学的张美兰，我校的忘年小友程娟、金海月、张美霞或主动提出派自己的研究生来帮忙，或代劳做了大量实事。最近程娟的学生吕依儒已经在查找资料、校对书稿等方面做了大量工作，她基础扎实，积极负责，确实是一个好帮手。还要特别感谢的是李宇明、崔希亮同志在工作繁忙的情况下分别拨冗撰写序言、题写书名。商务印书馆周洪波总编一直关心支持拙作，我们编写词典时就开始合作的责编段濛濛精心审稿，十分敬业。所有这些长辈、同辈及年轻的朋友都让我心存感激，永志不忘。

在此赘述几句，我的老伴施光亨、女儿施正宇都是从事对外汉语教学与研究的同行，十分理解我的工作，并给予很多支持。随着我们渐渐老去，可能会遗忘不少往事，但老伴始终记得我在写书，常说你的量词最重要，不能打扰。

而今朱德熙先生和何乐士、彭庆生、孙锡信同学已先后辞世，他们的精神仍在砥砺耄耋之年的我们。由于精力、水平的限制，写作中留下了很多遗憾、缺点。有不少资料没有吸收，如《大藏经》外的佛典语料价值极高，我们未能顾及；许多应该过细分析的问题，如文献性质与作家个人语言特色对量词使用的影响等都没有深入下去；全书定稿后又见李建平先生与拙作同名的著作问世（山东人民出版社，2016年12月），惜未及拜读参阅；由于写作时间延续太长，虽然经过反复校对检查，在内容、体例方面仍难免留有不尽一致之处。诸如此类的问题不少，真诚希望得到大家的批评指正。至于重写汉语史的愿望我们这一代已经没有条件实现,这本小书只是给后人提供一些材料和基础,更为成熟宏伟的汉语发展史著作,只能有待来者了。

王绍新
2018年5月